DUMMHEIT

Brinkmann & Bose Berlin 2005

Avital Ronell

Dumm-
heit

Aus dem Amerikanischen von Rike Felka

SPÄTZÜNDER
Einführung

Spätzünder

Die Versuchung besteht darin, der Dummheit den Krieg zu erklären – als wäre sie ein bezwingbares Objekt, als wüßten wir noch, wie ein Krieg zu führen sei oder ein Objekt so zu umschreiben wäre, daß Bedeutung entstehen oder Zukünftigkeit aufscheinen könnte. Nur schwer sind Umstände vorstellbar, die eine staatliche Behörde oder eine Regierung, selbst eine U.S.-Regierung, dazu bringen könnten, der Dummheit den Krieg zu erklären, so wie sie sich einen großangelegten Drogenkrieg vorgenommen hat. Denn das unterstellte Objekt der Drogenkriege war wenigstens greifbar, obwohl es in den Umkreis einer politisch suspekten »Bande« gehört. Die Dummheit dagegen überbordet und unterläuft Greifbarkeit, sie schießt los, liegt ein paar Runden vorne, fällt zurück, und wird in den Fängen der Verleugnung nach Haus geschleppt – um wiederzukehren. Mit dem in Verbindung stehend, was sich nicht erschöpft, ermüdet die Dummheit das Wissen und läßt die Geschichte in abgetragenen Kleidern daherkommen. Von Schillers erschöpftem Eingeständnis, daß sogar die Götter die Dummheit nicht besiegen können, bis zu Hannah Arendts frustrierter Bemühung, den genauen Status und das Niveau von Adolf Eichmanns *Dummheit* in einem Brief an Karl Jaspers zu bestimmen, bis hin zu den neuesten psychoanalytischen Beschreibungen der dumpfen Innenwelten des despotischen Geistes (der Erbe des Idioten-Königs, den Lacan erwähnt) – hat Dummheit stummen Widerstand gegenüber den politischen Dringlichkeiten geleistet, ein Beispiel für einen nicht berechenbaren ethischen Hiatus.[1] Wirklich schweigt die Dummheit, der Zulieferer selbstgewisser Anmaßung, genau über all das, was ihre empfindungslosen Hierarchien stören könnte.

Sie spielt bei den gefährlichsten Verfehlungen menschlichen Strebens eine Rolle, wobei sie weder eine Pathologie noch direkt ein Index für moralische Versäumnisse ist. Weil ich eine deskriptive Analyse vermeiden möchte, zögere ich hier zu sagen, was Dummheit ist – denn sie wechselt die Spur und gruppiert sich neu, verdreht sich und fasziniert sogar, so wie sie Flauberts Heiligen Antonius zu faszinieren wußte.[2] Dummheit ist, »was der Fall ist«, und doch kann sie nicht einfach lokalisiert oder schlicht auf den Punkt gebracht werden. Nicht, seit Nietzsche die Weichen für die starken Kräfte umgewerteter Werte gestellt hat. Typisch für den Genealogen, wird die Dummheit letztendlich gelobt, weil sie das Leben und das Wachstum voranbringt. In dem Maße, wie die Moral uns den Haß auf eine zu große Freiheit lehrt, implantiert sie das Bedürfnis nach begrenzten Horizonten und unmittelbaren Aufgaben, sie unterrichtet uns die Verengung der Perspektiven »und also in gewissem Sinne die Dummheit, als eine Lebens- und Wachsthums-Bedingung«. Nietzsche hat die Tyrannei der Dummheit und die mit ihr einhergehende Disziplinierung gleichmäßig auf die Sklavenmoral, die christlichen Werte und die Gelehrten verteilt, und das ist nicht folgenlos geblieben. Perspektivenverengung und Freiheitsbeschränkung – diese starken historischen Strömungen, die tyrannisch und willkürlich sind in der Art und Weise, wie sie die menschlichen Angelegenheiten reguliert haben – sind bei Nietzsche Beispiele für die »strenge und grandiose Dummheit, [die] den Geist erzogen« hat. Der Dummheit mangelt es nicht an Strenge, so Nietzsche, sie ist im Gegenteil für die Disziplin und das Brüten, für die Erziehung verantwortlich (sie ist »das unentbehrliche Mittel auch der geistigen Zucht und Züchtung«).[3] Nietzsche, wohlwollend und verachtungsvoll zugleich, reserviert ihr einen Platz, nachdem alles gesagt und getan worden ist, der sie auf die Seite des Lebens, der Disziplin und der Erziehung stellt. Wie entwertet und christlich, grandios oder versklavt die Dummheit auch immer agiert, sie gehört zu den mächtigsten, bestimmenden Kräften, die gemeinsam unser Schicksal beaufsichtigen.

Gerade weil sie so viele verblüffende Widersprüche generiert, bekommt sie für die Philosophie oder für das Ende der Philosophie einen Status, dem Rechnung zu tragen ist – wenn die Dummheit nicht gar verlangt, vollständig verstanden zu werden. Was hat sie mit dem Denken, den angrenzenden Wissensgebieten oder der Gelehrsamkeit zu schaffen? Wo ist ihr Ort auf der Karte der dogmatischen Philosophie, die damit fortfährt, die Bereiche des Denkens in empirische und transzendentale Sektoren aufzuteilen? Nietzsche sagt nicht, wo sie zu verorten, wie sie zu lesen sei und ob sie wirklich dort hingehört oder nicht, wo die Philosophie regiert. Sie ansprechend, läßt er die Dummheit stehen, wie einen Regenschirm. Aber dann fällt es ihm wieder ein; er erinnert sich an sie, nämlich wenn er die protektiven Werte der Täuschung und des Selbstzweifels bejaht: »Eins der feinsten Mittel, um wenigstens so lange als möglich zu täuschen und sich mit Erfolg dümmer zu stellen, als man ist – was im gemeinen Leben so wünschenswert ist wie ein Regenschirm –, heißt *Begeisterung*.«[4] Als ein Teil der Grammatik des gewandten Verhaltens, das zum Alltag gehört und mit Selbstschutz zu tun hat, öffnet sich die Dummheit dem Himmel, während sie den aufdringlichen Regen der Transzendenz empfängt oder von sich abperlen läßt. Sie, die der Begeisterung implizit ist, erlaubt einem, tagtäglich einen guten Tag zu haben – treibend auf der Oberfläche der Dinge. Jedenfalls gehört die Dummheit heute zum berühmten Repertoire der Posen Nietzsches, zum Bereich der Fiktionen und zum Willen zur Macht.

Ich werde das Situieren der Dummheit nun etwas aufschieben, da an einem bestimmten Punkt des Verstehens alle anderen sowieso einen Bericht über sie lanciert und eingereicht haben, was meistens so viel heißt wie: sie fallengelassen haben.[5] Ob sie nun links liegen gelassen oder zum Arbeiten gebracht worden ist, ihr Schicksal lief auf dasselbe hinaus: die Akte über die Dummheit wurde geschlossen, als wäre sie, so oder so, adäquat abgehandelt worden. Zögern und Aufschub scheinen, an diesem Punkt ihrer Karriere, die am wenigsten leidenschaftlichen Weisen zu sein, sich der Dummheit zu nähern. Je länger wir das Thema aufschieben, um so mehr wird das Wissen, welches wir über das Wissen zu haben meinen, geschwächt. (Solange ich nicht *weiß*, was Dummheit ist, bleibt das, was ich über das Wissen weiß, unsicher, sogar gefährlich.) Alles, was wir an dieser Nahtstelle wissen, ist, daß die Dummheit es nicht zuläßt, daß man sie auf irgendeine simple Weise dem Wissen entgegensetzt, und sie ist auch nicht das Andere des Denkens. Sie steht nicht der Weisheit im Wege, denn die Maskierung des Weisen ist das Eingeständnis des Nichtwissens. Im Moment kann ich nur sagen, daß der Frage nach der Dummheit mit der Entdeckung der negativen Grenze des Wissens nicht Genüge getan ist; sie bezieht sich vielmehr auf die Abwesenheit einer Beziehung zum Wissen. Nietzsche zufolge zieht diese Abwesenheit einer Beziehung (die auch eine Art Beziehung ist, Blanchots »rapport sans rapport«) zumindest zwei Typen von Bewertung nach sich, die, unerschöpflich und widersprüchlich, vom Krieg abgeleitet worden sind. Es gibt da jene, die versuchen, der Dummheit den Krieg zu erklären oder sich davon angegriffen und bedrängt fühlen, und – angenommen, es gäbe eine Alternative zum Krieg, einen Raum, in dem die Kampfzone in einen Rasen oder einen Strand neutralisiert, umgewandelt wäre, ohne Haie, ohne Ozonlöcher – es gibt das Andere des Krieges, die eigentümliche Erfahrung eines exorbitanten Friedensschlusses, eine Form des Verzichtens, die sich in Passivität verwandelt.

Kommen wir zunächst auf die Dichter zu sprechen und dann auf den Krieg.

Zweifellos wäre es beruhigend, davon auszugehen, daß diese beiden Richtungen zwei verschiedene sind, Hölderlins Bemerkung eingedenk, daß die Dichtung die unschuldigste aller Bemühungen ist. Aber von Anfang an ist uns, durch Homer und auch Hölderlin, nahegelegt worden, daß die Hinwendung zum Dichter das Kriegertum einschließt. Ob nun polemologische Karten gelesen, Angriffs- oder Rückzugsstrategien ersonnen, ein feindlicher Bereich überwacht, Posen der Unterwerfung praktiziert werden oder man durch eine bestimmte Wendung des Satzes oder des Windes »einfriert« – die Anstrengungen des Dichtens und die des Krieges scheinen sich oft zu überlappen.

Was beide verbindet, in einer Syntax des Handelns oder durch eine gemeinsame rhetorische Energie, sind vor allem die Themen des Aufgebens und des Rückzugs, Seinsmodalitäten, die notwendigerweise mit einer Schwächung einhergehen – es gibt ein demütiges Sich-Hinwenden in Richtung Endlichkeit, eine Demut, so könnte formuliert werden, die mit Mut einhergeht, da sie sich mit dem Näherrücken des Endes auseinandersetzt. Kriegsgeschrei umhüllt die poetische Einsamkeit des *Schreibens/Schreis** – die Energie historischer Einschreibung, die sich in der Erschöpfung nach dem Gefecht auflöst und in reine Stumpfheit übergeht. Sie hat mit dringlicher Nichtigkeit einen Zusammenstoß herbeigeführt. Die Dichter wissen über die Dummheit Bescheid, sie kennen jene wesentliche Trübung oder Schwächung, die die Voraussetzung der Äußerung bildet. Vielleicht ist das der Grund, warum Hölderlins Gedichte *Dichtermuth* und *Blödigkeit* gleichzeitig entstanden sind, warum das eine Gedicht das andere hervorgebracht hat – sie waren dazu bestimmt, die Trope des Muts mit der Trope der Dumpfheit, mit der wegbahnenden Trübsinnigkeit des Dichters zu verweben.[6]

Dichtermuth ist oft als Blaupause für das Gedicht aufgefaßt worden, auf das sich im Folgenden meine Auseinandersetzung stützt. Es ist durch einen mysteriösen Vertrag an das gebunden, was Hölderlin »Blödigkeit« nennt. Wie enigmatisch die Verbindung auch sein mag, die zwischen dem Mut des Dichters und der gänzlichen Einschüchterung des Geistes – eine Facette der Dummheit – in diesen Gedichten gestiftet wird, das irritierende Driften der Gedichte, ein jedes ein Anamorph des anderen, findet sich nicht nur bei Hölderlin. Der strengste aller Dichter wagte sich in einen geheiligten Bereich vor, so als sei dies die Folge irgendeiner transzendentalen Verpflichtung, wo die Sprache ihrer eigenen Auflösung in Dummheit, Idiotie, Debilität und anderen Verwandten des Nichtwissens begegnet.

Die äußerst konfliktuöse Auseinandersetzung eines Dichters mit der Idiotie, mit dem Verlegenheit bereitenden Gedanken, daß die Äußerung auf wiederholte Jammerlaute und Stottern reduziert ist, wird uns besonders beschäftigen, obwohl Wordsworth nicht unbedingt der einzige Dichter ist, mit dem man eine Unterhaltung über den Rückzug des Seins führen kann, über das Nichts, zu dem die Dichtung einen verantwortlichen Bezug hält. Rilkes *Lied des Idioten*, wo nichts passiert (»Wie gut. / Es kann nichts geschehn.«), könnte – wird – ins Spiel kommen oder Hart Cranes *The Idiot* oder Richard Wrights Haiku *#579*, wo gesagt wird: »The idiot boy / Has dignity.« Und es gibt da noch, »auf der schwarzen Erde, auf der stummen Erde«, Joseph Conrads *Die Idioten*, »Kreaturen, [die] von der Zeit vergessen werden und unberührt von den Jahren leben, bis der Tod sie an seine mitleidige Brust drückt«.[7] Und Signale noch von woanders her, von denen wir einige aufgreifen: zum Beispiel zeichnet sich im Werk von Dostojewskij deutlich ein Kampf zwischen Idiotie und Dummheit ab, tut sich eine aus Zitaten bestehende Kriegsfront zwischen Flaubert und Gogol auf. Dort, wo das begriffliche Erkennen versagt, ist der Bereich der literarischen Sprache, obwohl es schwierig ist, von Versagen zu sprechen, wo nichts versprochen, geprüft oder versucht wurde; doch bleibt die poetische Sprache reines Versprechen und, wie Hölderlin gezeigt hat, begabt, das Fremde zu hören, das ungesagt geblieben ist.

Es ist nicht mehr möglich, im Ton Heideggers zu sagen, es sei ein historisches Ereignis gewesen, als Nietzsche mit Wagner kämpfte (oder der-und-der dies oder jenes sagte). Dennoch können wir, wenn Hölderlin *Blödigkeit* und *Dichtermuth* verklammert, unabhängig davon, wie kompliziert das ist, noch immer andeuten, daß etwas in Erscheinung tritt, das der Aufmerksamkeit wert ist. Indem auf die kodifizierten Mytheme der heroischen Posen verzichtet wird, enthüllt *Blödigkeit* das stumpfe, drangsalierte Sein des Dichters, der sich seiner Aufgabe stellt, sich erhebt, um ihren Ruf entgegenzunehmen. Und das ist ein anderes Muskelspiel, es ernüchtert allen äußeren Schein – eine innere, beschränkende Ordnung, die mit dem zurückhält, was mit der Intelligenz des Tuns und dem glorreichen Griff nach dem, was da ist, assoziiert wird. Der Mut des Dichtens besteht darin, die schreckliche Mattigkeit der geistigen Entkräftung zu umarmen, er ist die Fähigkeit, die sich aufdrängende Faktizität der Schwachsinnigkeit auszuhalten. Die Lesarten und Übersetzungen, die aus Hölderlins Ode *Blödigkeit* hervorgegangen sind, haben versucht, die peinliche Offenheit auszulöschen, mit der der Dichter die Dummheit benennt, selbst dann, wenn dies so verstanden werden könnte, daß Hölderlin die Pindarsche heilige Scheu auf seine Weise in die Moderne holt, die griechische Auffassung des von Furcht und sprachlosem Staunen Erfaßtseins. In Walter Benjamins exaltierter Lektüre, die Gershom Scholem als »zu metaphysisch« eingestuft hat, und die Benjamin unpubliziert gelassen hat, ist das störende Moment in der semantischen Kette ausgelassen, so daß Benjamin ohne allzu große heuristische Beunruhigung behaupten kann, daß *Blödigkeit* die Überwindung von *Dichtermuth* darstelle.[8] Dennoch hat die Ausstrahlung des ungelesenen Titels einen Einfluß auf seinen Kommentar, der eine Syntax aufweist, die von Subordination bestimmt ist, »in einem selbst in schlechten akademischen Texten bislang ungehörtem Maße« eine Kultivierung des Passivs betreibt.[9] Diese Mortifikation, dieser äußerste Gebrauch des Passivs fördert die Lesart zutage, die Benjamin und andere vermieden haben und die man als jene Enteignung bezeichnen könnte, die den Schreibenden sowohl ins Recht setzt als auch ihm seine Kraft raubt, indem sie das wissende Subjekt, das in die Welt des Poetischen eintritt, befreit und gleichzeitig säumen läßt. Das Passiv ist der Seismograph eines geheimen Einverständnisses mit dem auf eine nicht erklärbare Passivität anspielenden Titel, die es zu übergehen versucht hat.

Die Tradition, von den störenden Implikationen des Titels abzulenken, ist vor kurzem durch Bart Philipsen, Michael Jennings und Stanley Corn-

gold beehrt worden, die Gründe haben, den Ausdruck *timidity* als englischen Titel für »Blödigkeit« zu privilegieren (in einer seiner Übersetzungen spricht sich Michael Hamburger für *diffidence* aus).[10] Vor der Entscheidung legt Corngold bedachtsam eine Pause ein und bemerkt, daß »Benjamin dem störenden Wort *Blödigkeit* nicht die adäquate Aufmerksamkeit zukommen läßt, das, obwohl es fraglos ›timidity‹ *(Scheu, Schüchternheit)* bedeutet, auch, wie das Wort ›Blödheit‹, Kurzsichtigkeit und in gewissen Zusammenhängen Dummheit heißt. Selbst wenn man diese unangenehme Konnotation beiseite läßt, bleibt da der relativierende Effekt, den dieser Titel auf die uneingeschränkte Bejahung des Poetischen ausübt, die Benjamin in diesem Gedicht wahrnimmt.«[11] Möglicherweise muß das Gedicht dialektisch seinen Titel überwinden, der dann außer Sichtweise gerät. Es überrascht nicht, festzustellen, daß ein solches Manöver, das die unangenehme Spur der Dummheit zum Verschwinden bringt, selbst wenn sie von Hölderlin als wesentliches Merkmal der poetischen Existenz eingeschrieben worden ist, eine ganze Serie von Gesten von Kritikern und Philosophen wiederholt, die sich darum bemühen, aus den Behauptungen des Dichters einen erkennbar bindenden Sinn zu ziehen.[12]
Das Bedürfnis, den Weg der Dummheit umzulenken oder sie zu vergessen, ist nicht schwer zu verstehen, denn, jenseits ihres anstößigen Aspekts, produziert sich die Dummheit, wie Musil erschöpfend gezeigt hat, wenn man ihr näherkommt, erst einmal von selbst. Wir können mit Hölderlin sagen, daß es in der Natur der Dummheit liegt, ratlos zu machen, zu schwächen und einzuschüchtern, aber auch zu entlasten. Deshalb kann »Blödigkeit« nicht als oppositioneller Term zu »Dichtermuth« begriffen werden; vielmehr verändert erstere entscheidend die Auffassung des Muts des Dichters, sie bietet möglicherweise einen anderen Weg an, um die geheiligte Aufgabe zu benennen, welcher der Dichter sich verschrieben hat. Insofern die Dummheit als entscheidendes Anzeichen des Dichterischen figuriert, empfängt Hölderlin neuerlich seine Fingerzeige von Rousseau, dessen Vertrauen in die »Einfachheit« und »Trägheit« er weiterträgt, in Form der exemplarischen »Selbstvergessenheit, die das Selbst auf eine andere Art des Seins« öffnet.[13] Die besondere Resonanz von *Blödigkeit*, die Entlastung mit sich bringt, ist ein Echo Rousseaus, für den Faulheit *(paresse)* »und sogar eine gewisse ›Dummheit‹ die Voraussetzungen für einen Bezug zum Sein sind«.[14]
In Hölderlins Revisionen zeigt sich die dichterische Disposition. Das Gedicht ist, ähnlich wie *Dichtermuth*, eine Ermahnung, es lädt den dichterischen Geist dazu ein, sich der Zeit und der Welt auszusetzen, sich »zur Wende der Zeit« bei »des Himmels Gott« aufzuhalten. Selbst die »Entschlafenen« sind »aufgerichtet an goldnen / Gängelbanden, wie Kinder«.[15] Während das Gedicht, das sich mit dem Mut des Dichters befaßt,

anfängt mit: »Sind denn dir nicht verwandt alle Lebendigen«, beginnt 4.261
die spätere Version, *Blödigkeit*, mit der Frage: »Sind denn nicht dir be-
kannt viele Lebendigen?« Eine Frage des Bezugs oder der Nähe und 5.699
des Wissens, richtet der anfängliche Ruf die dichterische Disposition
auf die Lebendigen aus. Der Dichter – oder genauer, das Gedicht – ist
dem Vergehen der Zeit unterworfen. Gebändigt durch das, was seinen
kindlichen Geist an die Leine nimmt, wird der Dichter durch goldene
Gängelbänder gehalten. Die beschränkende Ordnung der »Blödigkeit«,
so schließt Benjamin, ist »die eigentliche Haltung des Dichters« gewor-
den.[16] Die dichterische Befindlichkeit situiert ihn in der Mitte des Le-
bens, unter den Lebenden. Aber diese Situierung zerstreut den Dichter,
dem nichts übrig bleibt, kein Kern, nur »das reglose Dasein, völlige Pas-
sivität«. Eine solche Selbstentäußerung ist, Benjamin zufolge, das We- 125
sen des Mutes: Sein, das fähig ist, sich ganz hinzugeben. »Fähig« könn-
te möglicherweise noch ein Element des Erkennens bezeichnen. Der
Dichter überlässt sich selbst, er tut nichts anderes »als sich ganz hinzu-
geben der Beziehung«. Beziehung beginnt und endet mit dem Dichter 125
– oder, besser, mit dem Gedicht. »Dichter und Gesang sind im Kosmos
des Gedichts nicht unterschieden.« 125

Der Dichter (das Gedicht) ist nichts anderes als die Grenze, die gegen
das Leben gesetzt wird, reine Indifferenz, das unberührbare Zentrum
aller Beziehungen. Der Dichter ist keine Figur, sondern das Prinzip der
Figuration. Hervortretend aus der »Blödigkeit« ist der Dichter eine Sus-
pension, eine Zäsur, ein totes und stumpfes Zentrum, ohne Herz. Der
dichterische Mut besteht darin, den Schritt in Richtung auf diese Dar-
stellung, diejenige der puren Ausgesetztheit, zu tun: »tritt nur / Baar ins
Leben«. 5.699

Wenn der Dichter mit Schmeicheleien in die Richtung der Lebenden ge-
zogen werden muß und als jemand gezeigt wird, der durch die Zeit-
lichkeit verführt wird, in dem Maße, wie sie eine Passage und ein Vor-
beigehen gewährt, dann ist dies teilweise dem Faktum zuzuschreiben,
daß der inaugurale Rückzug, den das Gedicht benennt, während es
ermahnt, einlädt, in Richtung der Lebenden drängt, mit dem Nichtle-
ben beginnt. Die extreme Passivität, der nahe Stupor, der für die dich-
terische Disposition charakteristisch ist, bringt diese in eine gefährli-
che Nähe zur Erschöpfung, sogar zum Tod; deshalb muß der Dichter
sprunghaft beginnen, mit dem täuschenden Versprechen: »Drum so
wandle nur wehrlos / Fort durchs Leben, und sorge nicht!« *(Dichter-* 4.261
muth) »Drum, mein Genius! tritt nur / Baar ins Leben, und sorge nicht!« 5.699
(Blödigkeit) Der poetische Geist wird eingeladen, wehrlos und ohne
Sorge ins Leben zu treten, nackt, er wird aufgefordert, einer rhythmi-
sierenden Ordnung zu folgen, die von einem anderen Ort des Selbst
ergeht: »*Drum!*« In der zweiten Version ruft der Dichter, der in zwei auf-

gespalten ist, den Geist oder *Genius** selbst an, welcher der *Blödigkeit* innewohnt. Der Dichter setzt sich schutzlos aus, und, mutig wie Wordsworths »Idiot Boy«, besteht sein Abenteuer darin, daß er durch eine unerzählbare Gefahrenzone hindurch muß, wo er, auf unerklärliche Weise immun und geschützt, der größten Gefahr begegnet.

Sich Gefahren auszusetzen und ein Risiko einzugehen – ein Risiko, von dem man nicht weiß und sagen kann, wohin es geht – verweist in diesen Gedichten nicht auf die Facette des handelnden Helden, der schnell und präsent eine Aufgabe erledigt und sich seines Ziels sicher ist, sondern auf das erschöpfte Sein, das durch Angst oder Indifferenz (wir sind nie sicher, was von beiden) zurückgehalten wird, ein Sein, das von Anfang an dumpf, nicht-präsent, »nicht ganz da« ist. Keiner ist fähig gewesen, von dem Rechenschaft abzulegen, was im poetischen Schaffensprozeß fehlt, abwesend ist, doch die Dichter haben auf ihre Weise die geheime Erfahrung der Dummheit eingestanden, die innerste Erfahrung des Schreibens (die von nun an nicht mehr einfach zuinnerst ist, da die Dummheit eine Struktur des Sich-Aussetzens bezeichnet), und sie haben dies im offenen Raum versteckt, der einen Titel umgibt, auf dem Kaminsims, wie einen entwendeten Brief. Als Rilke sein Gedicht mit dem Titel *Das Lied des Idioten* versehen hat, machte er das Unangenehme, das spezifisch für die Idiotie ist, zu einem Gegenstand des Poetischen – als wäre jedes Lied, jedes Gedicht das Lied eines Idioten, in diesem Fall eines Idioten, der mit Rilke unterzeichnet, der »das Lied des Idioten gesungen hat«. Was so unbedarft als dichterischer Schaffensakt bezeichnet worden ist, ist zurückgenommen, entleert worden. Der Idiot agiert nicht wirklich aus freiem Willen: mit unterdrückter Stimme und ohne feste Form sagt er unhörbare Geschehnisse von reiner, stummer Poetizität voraus.

Selbstverständlich hat die Literatur andere Wege gefunden, ihr Geheimnis preiszugeben, ohne notwendigerweise Schwachsinnsbeziehungen und dumme Überreste zur Überschrift zu machen. Henry James, der Schriftsteller des Geheimen, hat uns viel über Dummheit, aber mehr noch über Intelligenz zu sagen. In einem Aufsatz über Maurice Blanchot und James schreibt Pierre Alferi über das nicht-mitteilbare Geheimnis der Intelligenz in den Romanen von James und, im besonderen, über die Figur des Idioten Gilbert Long, in *Der Wunderbrunnen*, dessen unerklärlicher Intelligenzschub Verwüstung mit sich bringt.[17] Eine Art hydraulisches System ist hier am Werk, denn Long empfängt nur in dem Maße, wie May Server gänzlich ihrer Intelligenz beraubt wird, und da, wo sie einst blühte, nur mehr die Hülle eines Zombies zurückläßt. Die Dummheit vampirisiert; sie kann deine Freundin anzapfen, deinen Liebhaber erledigen, deinen Lehrer stumpf machen. »Er war tatsächlich beschränkt und hatte deshalb in Newmarch nichts zu suchen; aber zwei-

fellos hatte er auch seine Logik, die er ohne Rücksicht auf Unterschiede anwandte.«[18] Bei James dient souveräne Intelligenz dazu, das Leben hervorzubringen. Eine höhere Form des Lebens, belebt sie den Puls der Zeitlichkeit und, ins Soziale gewendet, bringt sie die Zeit voran, erneuert sich permanent im Witz und in der Replik, sie improvisiert, sie bezieht Rhythmen ein, das unendliche Gespräch. Die schnelle und alerte Intelligenz, die immer geistesgegenwärtig ist und aufmerksam handelt, sollte im Werk von James keinesfalls verwechselt werden mit Präsenz. Durch das Thema und die Performanz von Subtilität stellt sich Intelligenz in der Modalität einer besonderen Abwesenheit dar, derjenigen der Reserve. Sie bremst ab, selbst wenn sie die kollektive, kritische Sensibilität in Gang bringt. Enthüllung vermeidend, unterbricht sie Texte, in denen Ereignisse erscheinen, deren Gründe nicht gekannt werden können. Die Reserve hält die andere Seite des Nichtwissens aufrecht, die einen Sinn für Tiefe oder Zurückhaltung simuliert. Dummheit, auf der anderen Seite, neigt dazu, mit der Illusion der Tiefe und des Rückzugs zu brechen, indem sie sich an den seichten Eindruck hält. Ohne Reserve, exponiert die Dummheit, während die Intelligenz verbirgt.
Wenn Dummheit so einfach wäre – wenn Dummheit so dumm wäre, hätte sie nicht Tiefen mit Löchern verwechselt und nicht Roland Barthes oder Robert Musil oder Kindergartenkinder terrorisiert. (Das erste Verbot, das die Kleinen auferlegt bekommen, lautet, daß sie niemanden »dumm« nennen dürfen – der Grundkurs, der Verzicht, der die Sozialisation in dieser Kultur vorbereitet.) Nicht immer liegt die Dummheit mit der Intelligenz im Widerstreit, vielmehr kann sie mit deren Eigenschaften in einen bewußten Austausch eintreten, wie dies der Fall ist mit Gilbert Long oder einer Anzahl von Punktemachern bei den standardisierten Tests der sozialen Gemeinschaft. Intelligenz selbst beruht auf einem zurückhaltenden Verhaltensmuster, das in einigen Fällen mit der nicht behebbaren Verweigerung des Dummen übereinstimmt. Dummheit kann ihrerseits die Leiche der Intelligenz ausrauben, sie kann sich verkleiden, oder sogar teilhaben an der Formierung gewisser Typen von Intelligenz; sie neigt sogar dazu, mit dieser verwechselt zu werden. Für den Schriftsteller besetzt das Problem der Dummheit den Ort des beabsichtigt Latenten; immer schon auf dem Sprung, bereit für den Augenblick deiner größten Verletzlichkeit, bereitet sie wieder einen schleichenden Angriff auf dich vor. Wenn du mal nicht wirklich weißt, was du tust – dann steht es dir im Gesicht geschrieben, du stehst da wie ein begossener Pudel. Die Dummheit kennt kein Mitleid. Sie eignet sich deine Bemühung um das Autobiographische an, nimmt den Platz deines »Ichs« ein, das von nun an geschwächt ist, voller Scham. Deshalb schreibt Barthes, delikat und aufmerksam, über sich selbst, sich in der dritten Person ansprechend: »Es ist erstaunlich, daß ein Autor, der über

sich selbst sprechen soll, so von der Dummheit besessen ist, als wäre dies das innere Ding, das er am meisten zu fürchten hätte: bedrohlich, immer bereit, auszubrechen, um sein Recht, zu sprechen, zu behaupten (warum sollte ich nicht das Recht haben, dumm zu sein?); kurz, *Das Ding*.« Barthes spielt, in seiner lacanianischen Phase der Furcht vor dem Ding, den Narren, während er versucht, es auszutreiben: »Er versetzt sich selbst in es hinein. ... Das ganze kleine Buch spielt gewissermaßen, auf eine abwegige und naive Weise, mit der Dummheit – nicht der Dummheit der anderen (das wäre zu einfach), sondern der Dummheit des Subjekts, *das dabei ist, zu schreiben*. Was zuerst an Gedanken kommt, ist dumm.«[19] Wenn Barthes sich selbst in die dritte Person versetzt, dann ist Dummheit die erste Person, das, was zuerst kommt, was im Zeitlosen geschehen ist, zu jener Zeit, die die ganze Zeit ist, wenn das Subjekt schreibt, symbolisch danach strebend, die Läsion, die ihm durch das Ding zugefügt wurde, zu reparieren.

Dummheit ist so radikal, sie durchwirkt so sehr das Innere, daß sie der Subjektbildung vorausgeht (»bedrohlich, immer bereit, auszubrechen«, Barthes »versetzt sich selbst in es, das Ding, hinein«). Flaubert, das andere Subjekt, das unaufhörlich schrieb, hat das Schreiben als »l'acte pur de bétise« bezeichnet, und er hat argumentiert, daß Schreiben immer ein Eintauchen in die Dummheit sei. Was ist neu daran? Wir leiden nur an einem einzigen Ding, hat Flaubert entschieden behauptet, *la bêtise* – eine Einsicht und Erfahrung, die Barthes nicht aufhört, zu wiederholen.[20] Dummheit, der untilgbare Rest der Moderne, ist unser Symptom. Sie verwandelt sich, eine ursprüngliche Erniedrigung des Subjekts markierend, in das von Energielosigkeit geprägte, alltägliche Trauma des Lebens, mit dem wir leben. Es wirft uns. Barthes zufolge ist sie »das Ding«, in dem Maße, wie sie die Symbolisierung pariert, die sie zugleich einklagt. Wie das Leben selbst kann Dummheit, Flaubert zufolge, nicht zusammengefaßt oder richtig verstanden werden, sondern ähnelt einem natürlichen Objekt – einem Stein oder einem Berg. Man kann einen Stein oder einen Berg nicht verstehen oder kritisieren oder ihnen ein Zwölf-Punkte-Programm anbieten, um ihre Beschreibungen zu ändern.[21]

Über das Ende von *Candide* bemerkt Flaubert: »Diese ruhige Konklusion, die Dummheit, ›wie das Leben selbst‹, ist für mich der schlagende Beweis für Voltaires Genius. Weder Melodram noch Synthesis, weder Tragödie noch Erfolg, ist das Ende ruhig und sogar mittelmäßig. Schwächer werdend, explizit Überlegungen zurückweisend über die letzten Dinge, behauptet es seine eigene Realität und bricht dort ab, ›dumm wie das Leben selbst‹.«[22] Was für eine Art von Leben ist das? Es ist ein Leben, das weder durch die feinen Bewertungsinstrumente erfaßt werden kann, die Nietzsche oder James zur Verfügung standen, um die vitalen Kräfte

und die Zukunft zu ermessen, noch einfach eine Lebenskraft, die Nietzsche als dekadent abschütteln würde. Als Zäsur – als Zögern, ob Leben eine vitale Kraft oder ein Abstieg ist – läßt es die Dummheit wie einen Fremdkörper hervortreten, der weder ganz zurückgewiesen noch erfolgreich assimiliert werden kann. Flauberts Forschungen zur Dummheit lassen sie als unbegründete, allerdings unauslöschliche Einschreibung auf unseren Körpern erscheinen, und sie tritt auf als Einkratzung in erinnerungsstiftende Monumente. In seinen Briefen gibt er ein einprägsames Beispiel für die Oberflächlichkeit und Schalheit, die schnell hingeworfene Effekthascherei der Dummheit, und dieses Beispiel betrifft die dümmliche Allgegenwart der Graffiti. Graffiti in der U-Bahn ist (oder war) das eine. Die Oberfläche einer U-Bahn zu bemalen, nimmt jedoch das Erhabene nicht in derselben Weise in Anspruch, wie dies eine fremde Signatur auf einem alten Monument tut. Flauberts Orientreise wäre beinahe durch diese andere Graffiti-Erfahrung entgleist. Was könnte dümmer sein als jene *bêtise sublime*, in Großbuchstaben den eigenen Namen auf die Säule des Pompejus einzuritzen? »Der Name selbst – ›Thompson‹ – ist ziemlich bedeutungslos«, schreibt Culler, »doch starrt er einem auf herrische Weise ins Gesicht, er türmt sich auf als eine Oberfläche, von der man nicht weiß, was man von ihr halten soll.«[23]
Flaubert beklagt sich: »Er kann aus einer Meile Entfernung gelesen werden. Es gibt keine Möglichkeit, die Säule anzusehen, ohne den Namen ›Thompson‹ zu lesen und folglich ohne an Thompson zu denken.«[24] Ist das nicht echt dumm? Dieser Thompson hat Gustave Flaubert dazu gebracht, an ihn zu denken, und den Namen unsterblich werden zu lassen, indem er ihn in seine Säulen einritzte. »Dieser Idiot ist ein Teil des
Monuments geworden und verewigt sich selbst in ihm«, schreibt der 2.243
monumentale Flaubert. Flaubert sieht die Situation so: »Nicht nur das,
er überwältigt es durch die Pracht seiner gigantischen Buchstaben.« Die 2.243
Signatur in der Größe von Lettern, die ein Industriegebäude beschriften könnten, zeigt uns die »heitere Gelassenheit« der Dummheit. Thompson, ein Orientalist anderer Art, hat, durch die Großartigkeit der Entweihung enthemmt, die Natur der Säule verändert: sie ist, signiert und gezeichnet durch die Geschichte des Vandalismus und durch die gewaltsame Aneignung, zum Monument der Dummheit geworden – sozusagen der Geschichte überliefert.

Die Geschichte verkalkt. Flaubert selbst ist von der Medusa gebannt und versteinert worden: er verwandelt die Dummheit in Stein. (»Elle
est de la nature de granit, dure et résistante.«) Dummheit hat den Mo- 2.243
nolithen verdrängt. Wenn man es mit Flauberts exkrementeller Politik hält (seine Arbeiten und Briefe, beginnend mit der *Éloge de la constipation*, zeigen, daß er auf diese Körperfunktionen achtete), wird deutlich, daß »Thompson« einen riesigen Haufen Scheiße hinterlassen hat, dort,

wo einmal ein Monument stand. »Thompson« hat uns die Säule hinterlassen, als Rest und als Hieroglyphe, verändert, widerständig, geschlagen durch dies eine Zeichen ihres Besiegtseins durch die Dummheit. Ein Parasit der Ägypter, stellt dieser selbstherrliche Thompson das alterslose Monument in den Dienst seiner eigenen, kleinen, touristischen Auffassung von Zeit und Ort, und er schafft es sogar, wenn auch unabsichtlich, mit den Leichen der Pharaonen zu trampen. Es geht nicht allein darum, daß dieser aufgeblasene und wichtigtuerische Niemand Thompson der Meinung war, daß sein Name es verdiene, sich in bedrohlichen Schwüngen über die unlesbare Bedeutung der Säule zu setzen, mumifiziert, eingemeißelt zu werden, sondern daß dieses gigantische Beschriften sich mit derartiger Selbstgewißheit aufdrängt, ein früher John Hancock in punkto selbstgerechter Insistenz. Flaubert schrieb in seinem Brief vom 12. Juni 1852: »l'on meurt presque toujours dans l'incertitude de son propre nom, à moins d'être un sot.« Wenn man kein 1.442
kompletter Trottel ist, dann verläßt man diese Erde in der Ungewißheit über seinen eigenen Namen: man bleibt dumm, was seinen Bestimmungsort angeht. Thompson jedoch – sein Name war ihm sicher, für immer.

Nun, die Geschichte von Thompsons Unterschrift, die Geschichte, wie Herr Thompson an diesem Tag für immer in die Ewigkeit einging, kann in ihrem Rang oder ihrer Bedeutung nicht beschränkt werden auf den Status eines Beispiels oder einer Anekdote, einer Parabel, in der die Säule stehenblieb. Strenggenommen hat Thompson die Säule einem Kontext entzogen, den sie ohne seinen aneignenden Namenszug inne gehabt hätte. Es ist vielmehr so, als hätte das Signieren, eine Synekdoche der Dummheit, die das Denkmal entstellt, Konsequenzen gehabt, die nicht mehr rückgängig zu machen sind. Von nun an haftet dem Monument wesentlich Dummheit an und wird immer, zumindest für Flaubert, seine Eigenschaft gewesen sein: Thompson hat diese Eigenschaft erhärtet, denn ohne Monument gibt es keine Dummheit. Indem er das antike Monument mit seiner Flagge ausstattet, hat er einem Ruf geantwortet, der nicht ergangen ist. Die naive und überhebliche Arroganz die darin besteht, zu antworten, wo keine Antwort erwartet wird, ist eine Wirkung der monumentalen Arroganz. Derrida schreibt in Klammern, so als ob er die anmaßende Geste diskret ausgleichen wolle: »(und für Flaubert ist die Dummheit immer monumental, sie gleicht in der Größe einem steinernen Monument, das mit Einschreibungen überzogen ist).«[25]

Antworten, wo keine Antwort verlangt wird, sei es durch das Eingravieren riesiger, kindlich wirkender Buchstaben in eine alexandrinische Säule oder – das ist nicht weit davon entfernt – auf den Ruf Gottes antworten, so als wärest du das einzige Wesen, das dazu aufgerufen ist (Kaf-

kas Abraham) – das sind Reflexe der Dummheit. Das Antworten auf einen Ruf, der nicht stattfand – doch *wissen* wir das so genau? –, entgrenzt bei Flaubert den Handlungsbereich der Dummheit, die einen Typus der verleugneten Intervention ankündigt. Sie besteht in dem, was gerade nicht gefragt ist, im Agieren eines kolossalen Fauxpas'. An dieser Stelle kommt Kafka ins Spiel, der mit erbarmungsloser Präzision das Dilemma desjenigen erforscht, der meint, daß der Ruf ihm gälte. Abraham, der Urvater, verwandelt sich in eine Art Thompson, der uns im Zuge einer monumentalen Verirrung seinen Namen aufgedrängt hat. Indem er Dostojewskijs Bearbeitung einer entscheidenden Facette der Figur Christi aufgreift, betont Kafka die lächerlichen Züge der Figur Abrahams – einer der Namen auf der Säule, der an eine gemeinsame Vergangenheit erinnert. Diese unvergeßlichen Namen, die mit den größten Unterwerfungshandlungen assoziiert worden sind und Rufe beantwortet haben, die nicht mehr eruiert werden können, haben sich ihren Weg in unser historisches Gedächtnis gebahnt. In den Händen von Dostojewskij und Kafka werden Christi und Abrahams Nachfolger zu denjenigen, die Erasmus die »Foolosophen« genannt hat.[26]
Jeder, der sich gegen die zudringliche Kraft der Dummheit stellt, geht das Risiko ein, zum »Foolosophen« zu werden; wir sind sogar der Ansicht, daß sich der so wunderbare *Dichter des Denkers*, Hölderlin, einer solch profunden Demütigung aussetzte. Und tatsächlich war fast jeder, der sich zu seinem Verhängnis auf den Nicht-Gedanken oder Para-Begriff oder auf das quasi-Transzendentale des Ur-Signifikanten Dummheit eingelassen hat, dazu gezwungen, apotropäische Rituale zu erfinden, um den Megatod, den der ungreifbare Terminus verspricht, abzuwehren. Die Dummheit – gefährlich und obszön, lächerlich, lachhaft, das Attribut der Macht und des Monuments, der Komplize von Mißbrauch und Grausamkeit, eine Form des Hochmuts, die mit Erniedrigung einhergeht – ist der Name, der den Ruin jedes Denkmals manifestiert, so wie das Denkmal für Flaubert von »Thompson« ruiniert worden ist, jenes Denkmal, wo der Name das Ding betrauert. In dieser Version der Verfallsgeschichte ist der Tempel nicht durch Samson zerstört worden oder gar durch die Winde, die Gottes Zorn geschickt hat, sondern durch den Makel der Dummheit, durch jene exkrementelle Spur, die, unzerstörbar, der Ewigkeit übergeben wurde. Unter dem Druck jenes Makels zerfällt das Monument in Teile. Flaubert faßt diese Episode, die sich nicht zusammenfassen läßt, so zusammen: »Die Dummheit ist unerschütterlich. Nichts kann sie angreifen, ohne daran zu zerbrechen. Sie ist wie Granit, hart und widerständig.«[27]
Die Gefahr, um die es hier geht und die immer wieder durch die hier in Rede stehenden Texte bezeugt wird, scheint in der angstbesetzten Vorstellung des Zerbrechens zu bestehen; sie entsteht aus der Drohung

des Pulverisiertwerdens, die jene befällt, die sich gegen die sagenhaften Kräfte der Dummheit stellen. Das ist der Grund, warum Barthes die Dummheit *Das Ding* nennt – die zentrale Widerständigkeit, die jedes Schreiben aufbricht. *Das Ding* setzt das *Dasein* nicht zusammen, sondern konfrontiert es mit der Angst und der Phantasie, zerstückelt zu werden. Selbst die stärksten Typen weichen vor dieser lauernden Aggressivität zurück.

Es ist schon seltsam, daß in vielen Texten, die sich damit befassen, die semantische Kette einzurichten, welche die Dummheit, die Idiotie, die Blödheit, die Kinderei, das Lächerliche usw. generiert, an der Spitze der Feuersfront fast zwangsläufig die Figur des Deutschen erscheint – unvermeidlich der Buffo des gesamten Konvoluts. Obwohl man ihn mit Studium und Anstrengung assoziiert, bekommt er die schlechtesten Noten, wobei ihm gleichzeitig die höchste Sichtbarkeit in der weltgeschichtlichen Chronik der Dummheit zugesprochen werden kann. Natürlich werde ich es mir nicht entgehen lassen, dieser phänomenalen Deformation des Geistes nachzugehen. Das Wort *Dummkopf* braucht einfach keinen Untertitel. Flaubert zwingt beispielsweise einen deutschen Mathematiker – das Emblem der ernsthaften intellektuellen Anstrengung – in den literarischen Dienst. In der ersten Fassung der *Éducation sentimentale* gibt es »Shahutsnischbach, ... der immerzu an der Mathematik arbeitete, die Mathematik fraß sein Leben auf, er verstand nichts davon. Niemals hatte M. Renaud einen studierwilligeren und dümmeren jungen Mann ...«[28]

Und nun zum Krieg.

Die Truppen der Dummheit, extrem und doch gewöhnlich, schieben eine Fata Morgana der Aggression vor sich her, eine Front ohne Grenzen. Seinen Frühschriften mit dem Titel *Rhapsodien* zugehörig, schrieb der Romantiker Jean Paul einen kurzen Artikel, *Von der Dumheit*, der thematisch in den Kontext gehört, der auf entscheidende Weise durch Friedrich Schlegels Aufsatz über die Unverständlichkeit geprägt und durch die Arbeiten von Pope und Erasmus direkt inspiriert ist.[29] Dieser besondere Text ist deshalb so von Belang, weil erklärt wird, daß die größten Geister das Problem der Dummheit zwar berührt, dabei aber ärgerlich vorsichtige Töne angeschlagen hätten. Jean Pauls Aufgabe, so wie er sie sieht, besteht darin, mit Härte gegen das Reich der Dummheit vorzugehen. Der selbstgerechte Ton, mit dem er vorgeht, wird durch die Behauptung gerechtfertigt, daß die Dummen die Kräfte der Klugen auf feige Weise zerstören. Ihnen erklärt er den Krieg. Jean Paul begreift die Lage als Kriegszustand, dennoch scheinen die Positionen, die bezogen werden, nicht vollkommen stabil zu sein. Doch er faßt sein Ziel ins Auge, führt politisierte Auseinandersetzungen, die organisiert sind um eine Rhetorik des Kriegsgeschäfts, derzufolge die Dummen als unent-

schuldbar isoliert werden. Wenn diese Dummen schon keine Gefangenen machen, so erlauben sie sich doch einiges an Vergnügungen. Denn das Vergnügen des Dummkopfs besteht darin, so erfahren wir, aufgeklärte Köpfe anzugreifen.[30] Diese angriffslustigen Schwachsinnigen stellen ein Problem dar, denn Größe wird nicht durch Größe überboten, sondern durch intellektuelle Zwerge. Diese Kreaturen, die nie allein stehen, bewegen sich in Gruppen vorwärts, sie stimulieren sich gegenseitig, um den Klugen den Krieg zu erklären.[31] Zu einer geistlosen Gruppe versammelt, beginnen die Dummen, eine Schlägerbande, den Armeen des *Ressentiments* zu ähneln, die später bei Nietzsche auftauchen. Die Edlen oder die Klugen – die Starken, die sich als die Verletzlichsten herausstellen – werden durch das gestürzt, was ständigen Insektenstichen der Dummen gleicht. »Der grosse Mann verachtet die Mükkenstiche der
kleinen Geister; er betrügt sich.« Größe sollte die Dummheit nicht miß- 1.270
achten, so Jean Paul, denn obwohl die Dummheit nicht die Kraft der Elephanten hat, so frißt sie sich doch wie Termiten heimlich durch den Thron der Erhabenheit, bis dieser zusammenstürzt und zerbröckelt. Ist Olavides durch einen zweiten Olavides zerstört worden? Nein, durch die Heilige Inquisition.

Die Dummheit ist ein Pakt mit dem Krieg und sie ist eine Bedingung des Krieges, dem diejenigen, die nicht dumm sind, ein blindes Auge zuwenden: sie sehen die Verwüstung nicht, die durch die blinden Piloten der dummen Revolution angerichtet worden ist – einer Revolution, die andauert. Interessanterweise wird die Dummheit in Jean Pauls Arbeit ihrem reaktionären Unterton entsprechend definiert. Sie ist von Anfang an ein politisches Problem gewesen, das vom Vater herkommt. Das dumme Subjekt weist, unfähig zur Erneuerung oder Überwindung, wenig ödipale Energie auf: Er hat sich an die Ideen gehalten, an die Relikte und Dogmen, die ihm in seiner Jugend von seinem Vater übermittelt worden sind. Ohne Willen, den Vater zu überholen oder ihn zu unterdrücken, bleibt der Dumme auf der Seite des Todes: sein Kopf, begrenzt und tot, reflektiert ein Herz, das genauso tot und klein ist.[32] Jene, die eine Allianz mit der Dummheit eingehen – das heißt, mit dem Vater, Jean Paul zufolge – kämpfen mit patriotischer Verve um das ererbte Vermächtnis ihrer Vorväter, indem sie alle vorhandenen Waffen der Bösartigkeit und der Dummheit in Anschlag bringen, um die Feinde ererbter Rechte von sich fernzuhalten. Daher beraubt jede neue Entdeckung die Dummen ihrer Gewißheit, ihres Friedens und ihres Stolzes, sie zerstört das Gebäude ihres Wissens und bewirkt, daß sie sich mit Wut gegen den Erfinder richten. Ihr kleinlicher Geist braucht kleinliche Dinge, das heißt, daß die großräumigen und großen Dinge sie mit Niederlage bedrohen. Jean Paul ändert seine Adresse, um dich zu erreichen: du meinst, daß du einige der Spinnennetze aus der Vergangenheit zerstören kannst, aber weißt du denn nicht, daß es da einige Wesen gibt, die diese Netze brauchen, um sich zu ernähren?

Der Dummkopf arbeitet nur mit schon Bekanntem. Ein bloßer Schmeichler, ein Geschöpf der Mimesis, hat er eine passive, sogar eine tote Imagination. Alles wird ihm überlassen. Vater war immer der Beste. Selbst als Toter irgendwie lebendig, fährt der Vater damit fort, auf dich Druck auszuüben. Es gibt keine Widerrede. Deshalb identifiziert Jean Paul den Grad der Dummheit mit der schalen Ehrerbietung, mit der Unterwerfung jener, die den Vater nicht aufgeben und sich nicht von ihm trennen mußten. Der Vater liegt begraben in ihrer Imagination, die durch die Last des Toten verbogen ist, und er bleibt immer aktuell. Der Dummkopf arbeitet mit dem, was man weiß, denn was man weiß, oder was zu uns kommt als wissenswert, ist schon tot, DOA (»Death on the Arrival«). Er selbst ist dumpf, halbtot, doch gefährlich. Weil die dümmliche Attrappe »die Dinge nicht lebhaft sieht«, versteht er nicht. Unsere Ein- 1.268
sicht in die Dinge hängt von der Vitalität und dem Leben ab, auf dem die Basis des Denkens geformt ist. Wenn wir verstehen wollen, müssen wir die Toten von unserem Rücken abschütteln.

Merkwürdigerweise ist das dumme Subjekt für Jean Paul ein Leser, der mehr Interesse am Denken der anderen zeigt, als darin, sein eigenes Denken in Gang zu setzen.[33] Die Art, wie er liest, spiegelt den Hang des Dummen, das Landleben und den Vater zu lieben. Möglicherweise haben wir hier einen Goethekomplex, der zum Hintergrund des Kriegsgeschreis des Essays gehört. Sei dies, wie es will, sei es eine Angelegenheit Goethes oder deines Doktorvaters, es wäre besser, du würdest versuchen, über ihn hinauszukommen (oder über sie, obwohl wir es hier hauptsächlich mit der väterlichen Fiktion zu tun haben). Der Leser, der ein Dummkopf ist, so wie ihn Jean Paul darstellt, bleibt dem Text treu; er hat nicht die Energie, zu supplementieren, zu verdrehen oder zu verzerren. Es gibt im sklavischen Leser keinen Drang, etwas für sich aufzuschließen, nur einen toten Zwang zur Wiederholung, der das Gedächtnis verschließt und das Denken abstumpft. Wenn du der Ansicht bist, daß dieser Dummkopf nichts über »Differenz und Wiederholung« gelesen hat, liegst du richtig. Das Einzige, was die Dummen den Klugen voraushaben, ist ein mechanisches Gedächtnis.[34] Sie können sich an alles erinnern, so lange sie nicht ihre eigenen Gedanken oder Bilder produzieren müssen. Wer nicht für sich selbst denken kann, kann den anderen nicht denken, kann nicht greifen, was andere denken. Aus diesem Grund, so argumentiert Jean Paul, verwandelt er sein Gedächtnis in ein »Archiv der Dumheit«, macht es zu einem Behältnis wertloser Bestandteile. Der Geist des Dummkopfs bewahrt vieles – hält es zurück –, erhält es, ohne es zu erinnern. Er hat kein interiorisierendes Gedächtnis, oder, so könnten wir formulieren, er kann niemanden vollständig begra-

ben, wirklich trauern: er hält alles fest, läßt es weder los, noch internalisiert er es: der Dummkopf kann durch Negation und Transformation nichts behalten. Alles ist da, so Jean Paul, aber nur unter der Bedingung, daß dem »Gesezze der Gleichzeitigkeit« gefolgt wird – einer Form der 1.267
schalen Gegenwärtigkeit. »Ein besserer Kopf merkt weniger auf einmal aber eine einzige Sache erinnert ihn an tausend ähnliche.« Die Dummen 1.267
sind nicht in der Lage, Brüche zu vollziehen oder Abbrüche; sie sind zudem auf einem bestimmten rhetorischen Niveau gehemmt, denn sie können nicht mit grammatischen Lücken oder metonymischer Diskontinuität umgehen. Sie sind nicht fähig, allegorisch Bezug zu nehmen oder die Verzögerung zu begrüßen.

Jener treue Leser, den Jean Paul als dumm bezeichnet, und der nur treuherzige Urteile über die Vergangenheit anzubieten hat, bewegt sich im Bereich der Heuchelei, das heißt, innerhalb der beschränkten Parameter der abgesegneten Religion. Religiös ist jene qualvoll dumme Sensibilität, die für Jean Paul mit Aberglaube und Vorurteil einhergeht. In dem hier in Rede stehenden Aufsatz weicht er einer Auseinandersetzung mit den schwierigen Implikationen der Religion und ihrer ausgesprochenen Vorliebe für die Einfachheit des Geistes aus – wir sehen, daß dieser Streit bei Dostojewskij ausgetragen wird, für den Christus notwendig lächerlich war, durch und durch idiotisch, eine Erscheinung geheiligter Dummheit – Jean Paul jedoch bleibt an der Grenze einer unzweideutigen Schlacht stehen, angetrieben von dem »Bild des dummen Heiligen«. 1.274
Der rhapsodische Jean Paul ist kein Narr, der sich für Christus engagiert, wie später viele Spätromantiker. (Seine nachfolgenden Arbeiten, wie die berühmte *Rede des todten Christus vom Weltgebäude herab Dass kein Gott sei*, ringen verzweifelt mit den Mißbräuchen des Christentums, auf eine Weise, die Dostojewskij ankündigt.)[35] In der Art, wie das Christentum in seinem Text evoziert wird, die Nietzsche nahesteht, sieht er die Dummen als diejenigen, die die Erde geerbt haben und die Zeichen der Macht tragen: sie haben die Positionen inne, sie haben die Macht, während die Feinen und Klugen und Denkenden bettelarm sind.[36] Die Brüderschaft der Dummköpfe hat sich selbst fest in die pragmatische Welt eingepflanzt, welche die fragile Nobilität der Intelligenz unterminiert. Die an diesem Bündnis Beteiligten verleihen einander Preise, sie fördern die Ursachen der planetarischen Mittelmäßigkeit. Nicht nur beleidigend, sondern auch verletzend, hat die Ordnung der Narrenköpfe noch jeden verbannt, der klarsichtig genug ist, um im gefälligen Bereich der Esel ein Rebell zu werden. Nietzsches Tiergestalten beginnen sich auf dem Radarschirm abzuzeichnen.[37]

Es gibt da noch eine Sache, noch ein Problem. Die Dummen können sich nicht selbst betrachten. Kein Spiegel ist bislang erfunden worden, in dem sie sich selbst anschauen können. Unaufhaltsam flüchten sie vor

der Reflexion. Keine Katoptrik kann ihnen, diesen Wesen, die von allen am schalsten sind, am oberflächlichsten, das historische Desaster widerspiegeln, das sie ankündigen. Die Kriegserklärung endet mit dem polierten Schild, das Jean Paul hochhält, sie endet mit dem Bild der Spiegel. Der Autor geht bei diesem unmöglichen Widerspiegeln ziemlich schnell verloren, welches sein Text dennoch projiziert. Er registriert einen Verlust, erkennt Konfusion an, aber er schiebt sie dem Dummen zu. »– Man irrt sich – der Spiegel ist längst da – gebt dem Dummen erst Augen zum hineinsehen, d.h. macht ihn klug!« Diese Worte beschließen 2.275
den Aufsatz, falten ihn zurück auf sich selbst oder entstellen die ursprüngliche Absicht. (Ein anderes Stück, *Übungen im Denken*, zeigt auf, wie der Genius und der Dummkopf sich gegenseitig camouflieren, und es endet abrupt, aus Angst von seiten des Autors, daß er möglicherweise genau zu dem Narren wird, über den er schreibt: »Ich muß also aufhören – vom Narren zu reden.«[38]) Am Ende des Aufsatzes verwandelt sich die Reflexion in Reflektoren, die Strahlen auszuschicken beginnen. Jean Paul installiert eine Katoptrik, ein Gerät, durch das Strahlen mithilfe einer Serie von konkaven Spiegeln konzentriert und in einem Strahl zurückgeworfen werden, um diesen in großer Entfernung sichtbar zu machen. Ob es sich nun um einen Spiegel oder einen polierten Körper handelt, dieses Spekulum reflektiert durch Ablenkung, von ferne auf sich selbst verweisend. Wenn Jean Paul nach Augen für den Dummen ruft, verfehlt er den entscheidenden Punkt der Katoptrik, was er auf verschobene Weise eingesteht: »– Man irrt sich –.« Der Dumme könnte klug 2.275
werden (an wen adressiert sich der nicht-religiöse Autor? flehentlich?), gäbe man ihm Augen. Was seinen eigenen Blick angeht, ist dieser nicht abgelenkt worden? Jean Paul selbst schaut weg, nicht auf sich selbst – so daß er, der Logik des Strahls zufolge, im Bühnenlicht stehen könnte, gespiegelt wird, da sein Blick sich an keinem Punkt als ein selbstreflexiver bestätigt.

Beunruhigender als die Tatsache, daß die Katoptrik alle Arten von Selbstreflexion abbricht, ist die Art, wie der Essay endet – er endet so, wie dies oft bei einem bestimmten Genre von Horrorfilmen der Fall ist, wo die Distanz zusammenbricht, die vorher scheinbar verbürgt war, und die Flut der erzählten Ereignisse heimlich gegen das sichere Nachhausekommen des gefährdeten Helden gewendet wird. Was zeigt uns das Ende des Aufsatzes, trotz seiner selbst, anderes, als daß die Dummen ein Spiegel sind, der uns reflektiert – betrachten Sie nur die undurchsichtige und seichte Sprache, durch welche sie in ihrem Oberflächendasein geprägt worden sind. In einer Art von rhetorischem Trick, Köder und Angel betreffend, wird der Krieger Jean Paul zum spekulären Ziel am Ende des Krieges, den er gegen den angeblich Anderen geführt hat. Es stellt sich heraus, daß die Dummen ihn absichtslos verdoppelt haben, daß sie eine geisterhafte Nähe gegenläufiger Kräfte hergestellt haben. Es bezeugt vielleicht nicht gerade wenig Ironie, daß der Schriftsteller Jean Paul das *Doppelgängermotiv** erfunden hat; er hat das unheimliche Element der Verdoppelung in unser modernes literarisches Vokabular eingeführt.

Das Spektrum der Impotenz, das bei Jean Paul vom *Leser** bis zum Laser der Dummheit reicht – von der Figur des Lesers zu jener der Katoptrik –, deutet den Anfang einer anderen, möglicherweise »alternativen« Ethik an, deren Konturen ich hier nachgehe. Es gibt da einen Raum, um es noch genauer zu sagen, eine Zäsur, von der keine Rechenschaft abgelegt wurde, obwohl ihre unterbrechende Kraft in verschiedenen historischen Ausformungen anerkannt worden ist. Wie Musil nach ihm, war Jean Paul der Ansicht, daß er die Prinzipien der Aufklärung verfeinerte und auf seine Weise auf die beharrliche Frage antwortete: Was ist Aufklärung?* Dummheit, die nicht überprüft werden kann, jenseits des Subjekts, das von der Aufklärung offiziell zugelassen wird, tritt als Herausforderung meiner Souveränität und Autonomie auf. Wo Politik und Ethik sich überschneiden, entsteht die Frage, wo die Linie zu ziehen ist, sollte es da eine geben, nämlich der Verantwortlichkeit. Um das zu sein, was sie ist, muß Verantwortlichkeit immer exzessiv sein, jenseits der Grenzen, sie muß als im strengen Sinne unvollendbar angesehen werden.[39] Man ist nie verantwortlich genug, und es ist unklar, ob es genügt, wie im Falle Heideggers, den ich in Kapitel 1 diskutiere, zu sagen: »Ich habe einen Fehler gemacht«, um über einen Fehler im verantwortlichen Denken zu entscheiden.

Um die extreme Grenze einer solchen Verantwortlichkeit zu erforschen, habe ich mich auf das eingeschränkte Subjekt berufen – es geht um das dumme, idiotische, infantile, schwelende Angegriffensein des ethischen Seins, das meiner Ansicht nach nie in einer Gewißheit oder in der Erziehung oder im Luziden oder in der auf Vorschreibungen beruhenden Gehorsamkeit verankert sein kann. Diese Themen werden auf die zwingendste Weise durch den von Verzweiflung heimgesuchten Dostojewskij adressiert, dessen große Aufmerksamkeit für das Antworten auf den anderen von Emmanuel Levinas wiederaufgerufen wird: »Wir sind alle für jeden anderen verantwortlich – aber ich bin noch verantwortlicher als die anderen.«[40] Dostojewskij bringt uns etwas über die Voraussetzung der ethischen Verläßlichkeit bei, indem er die Verantwortlichkeit in die Nähe der Auslöschung des Bewußtseins rückt, wo es notwendig wird zu fragen: Was kann durch das begrenzte Subjekt angenommen werden? Der Bereich des Menschlichen, allzu Menschlichen, der die Aufklärung mit Trübsinnigkeit bedroht, läßt jede Hoffnung auf eine ursprüngliche Form von Ethik brüchig erscheinen, die Dostojewskij für *Der Idiot* dennoch setzt.

Wie der Bösartigkeit, der Grausamkeit oder der Banalität, mit denen sie oft Allianzen eingeht oder verwechselt wird, ist es der Dummheit weitestgehend gelungen, sich den Kontrollsystemen der philosophischen Befragung zu entziehen. In *Differenz und Wiederholung* setzt sich Deleuze für die Notwendigkeit ein, sich mit ihrer beunruhigenden Vorhandenheit auseinanderzusetzen, indem er den trägen Horizont einer transzendentalen Dummheit erforscht.[41] Dummheit ist in erster Linie in die Nähe des Irrtums und abgeleiteten epistemologischen Gesichtspunkten gebracht worden. Die Reduktion der Dummheit auf die Figur des Irrtums hat den hybriden Charakter ihres faden Begriffs hervorgebracht, welcher aus dem inneren Bereich des reinen Denkens ausgeschlossen worden ist, zu dem er dennoch gehört. Dummheit, schreibt Deleuze, muß woanders gesucht werden, unter anderen Figuren als denjenigen, die man unter dem Irrtum subsumieren könnte. In gewisser Hinsicht haben einige Philosophen nicht aufgehört, auf die Notwendigkeit einer solchen Unternehmung hinzuweisen. Die Philosophie hat sich umgehört nach der Dummheit; zumindest ist eine Notwendigkeit zum Ausdruck gekommen, den Begriff des Irrtums durch Bestimmungen einer anderen Art zu erweitern. Der Begriff des Aberglaubens, der für Lukrez, Spinoza und im 18. Jahrhundert für Fontenelle, unter anderem, wichtig war, schob den verhüllten Gegenstand vorbei an dem, was durch das dogmatische Denken als legitime Trennung zwischen dem Empirischen und dem Transzendentalen eingerichtet worden war. Die Stoiker waren verantwortlich dafür, den Begriff der *stultia* einzuführen, um gleichzeitig Wahnsinn und Dummheit zu bezeichnen. Selbst die Kantsche Idee einer inneren Illusion – im Inneren der Vernunft – setzt sich vom extrinsischen Mechanismus des Irrtums radikal ab. Mehr noch, so erinnert Deleuze, gibt es da die Sache der Hegelschen Entfremdung, die eine tiefgehende Neuordnung in der Beziehung von Wahrheit und Falschheit voraussetzt. Weder wahr noch falsch und an einen ganz anderen Vertrag gebunden, hat die Dummheit keinen Platz auf der Landkarte, die der Dogmatismus gezeichnet hat – eine Landkarte, die immer noch dazu dient, den Philosophen vorzuschreiben, wo's langgeht, egal, von woher sie kommen.

Der Irrtum hat als Kompaß gedient, mit dem die Philosophen ihre Begriffe vorwärts gebracht haben. Doch kann der Begriff des Irrtums nicht für die Einheit von Dummheit und Grausamkeit oder für die Beziehung des Tyrannen zum Dummen einstehen. Deleuze zufolge ist der fortgesetzte Glaube in die *cogitatio* genau das, was uns dazu gebracht hat, zu vermeiden, aus der Dummheit ein transzendentales Problem zu machen: »Die Dummheit kann dann nur eine empirische Bestimmung sein, die auf die Psychologie oder die Anekdote – schlimmer noch: auf Polemik und auf Beleidigungen – und auf die Stilblütensammlung als beson-

ders abscheuliche, pseudoliterarische Gattung verweist.« Aber wessen 196
Fehler ist diese Deportation der Dummheit in die elenden Gebiete der
Äußerung? Ist dies nicht, so fragt Deleuze, in erster Linie der Fehler der
Philosophie, die es zugelassen hat, sich durch den Begriff des Irrtums
einfangen zu lassen, ohne Rücksicht auf seine arbiträre und letztlich
unbedeutende Natur? Selbst die schlimmste, degradierteste Form der
Literatur nimmt in ihren Katalog idiotische Fehler auf und macht alle
Arten von dümmlichen Entscheidungen halbgebackener Figuren oder
selbstzufriedener Erzähler zur Handlung; die beste Literatur wird vom
Problem der Dummheit heimgesucht und weiß dieses Problem bis zur
Schwelle der Philosophie zu bringen, indem ihm kosmische, enzyklopä-
dische, gnoseologische Dimensionen (Flaubert, Baudelaire, Bloy) gege-
ben werden. Es würde genügen, wenn die Philosophie das Geschenk der
Literatur mit der notwendigen Bescheidenheit annehmen würde, in-
dem sie begreift, daß die Dummheit nie die eines anderen ist, sondern
Gegenstand einer wesentlich transzendentalen Frage: »comment la bê-
tise (et non l'erreur) est-elle possible?«; »wie ist Dummheit (nicht Irrtum)
möglich?« Feigheit, Grausamkeit, Gemeinheit und Dummheit sind weder 197
greifbare Formen (obwohl es sich, für das, was folgt, als notwendig er-
weisen wird, die Körper des Nichtwissens zu lesen) noch sind sie bloße
Fakten der Gesellschaft und des Charakters, sondern eher *Strukturen
des Denkens als solche*. Die Frage nach der Dummheit neu zu formulie-
ren, ist eine andere Art, den fragenden Anspruch *Was heißt Denken?**
aufrechtzuerhalten: Was ruft das Denken hervor, oder warum denken
wir immer noch nicht?

Aber es gibt da noch etwas anderes, das den Gedanken nahelegt, daß das Denken ein Tun oder eine Fehlhandlung ist, und dies wird in Zeiten akuter politischer Notlagen klar. Auf die immer noch von Angst begleitete Frage, wie man auf klarsichtige Weise auf die Nazis hätte antworten können in den frühen 1930ern, hat Robert Musil eine Reihe von herausragenden Essays veröffentlicht, einschließlich *Bedenken eines Langsamen* und *Über die Dummheit*. Er hatte beabsichtigt, den ersten, 1933 geschriebenen Aufsatz in *Die Neue Rundschau* zu veröffentlichen, einer der wichtigsten intellektuellen Zeitschriften, deren Redakteur er früher gewesen war. Obwohl die Details, warum der Artikel nicht erscheinen konnte, unklar bleiben, zeigt der Essay Musils Versuch, zu verstehen, was vor sich ging, während er zugleich die Gemeinschaft der Intellektuellen aufrütteln sollte. Seine Bemühungen in *Bedenken eines Langsamen* erforschen die mögliche Unabhängigkeit des Intellekts hinsichtlich der Politik und der Gruppenbildungen. Das Problem verschärft sich seiner Ansicht nach durch den Nationalsozialismus, der »von allem fordert, daß es sich ihm völlig angleiche und unterordne«[42] und sich deshalb der Unabhängigkeit des Intellekts von der Politik entgegenstelle.

Musil betont, daß diese deutsche Revolution, anders als die Französische Revolution oder die marxistische, nicht von bemerkenswerten Schriftstellern und einer Literatur, die man hätte ernst nehmen können, begleitet worden ist.[43] Musil zufolge läßt sich die nationalsozialistische Revolution nicht verstehen, wenn »man ihre Vorgeschichte in der deutschen Geistesgeschichte [suchte]«. Diese Revolution, die vorgab, einen neuen Geist hervorgebracht zu haben, war keine des Intellekts; sie zeigte im Gegenteil »den Kampf des Geistes mit dem Ungeist« und war ein Beispiel dafür, daß der Intellekt auf seine Wirkkraft verzichten mußte. Das dunkle Vorhaben einer »Erneuerung des deutschen Geistes« führte Musil dazu, zu behaupten: »Die Politik schreibt dem Geist das Gesetz vor: das ist neu.«[44]

Ich bin mir nicht sicher, wie neu das ist, noch teile ich Musils Glauben an den Intellekt oder an den sogenannten Intellektuellen, dessen Stabilität bei Musil oft darauf beruht, die Frauen zu zerbrechen, die in den Beispielen, die er bringt, eine Rolle spielen. Diese Opfer kommen im allgemeinen im Zusammenhang mit Begriffen vor, die auf dem universalen Subjekt aufbauen.[45] Während seine Seitenhiebe im Namen des Intellekts von beachtlicher Bedeutung sind, in dem Sinne, daß sie die Integrität einer solchen Argumentation ausmachen, lassen sie sich nicht auf die privaten Vorurteile des Herrn Musil eingrenzen (für die ich ihn dennoch anklage). Wie dem auch sei, Musil stellt eine unverzichtbare Herausforderung für das Denken der deprimierenden Verbindung von Dummheit und Politik dar – eine Verbindung, die bis auf den heutigen Tag unwiderlegt bleibt. Eines der Themen, mit dem sich die ersten Abschnitte dieses Buches auseinandersetzen werden, ist Musils Annahme, daß der Bereich des Intellekts von dem der Politik unterschieden werden könne, was bedeuten könnte, daß sein Ansatz davon ausgeht, daß die Beziehung zwischen Politik und Intellekt nicht politisiert ist. Durch die Dringlichkeit der Situation möglicherweise gerechtfertigt, ist Musils Definition der Politik dazu angetan, den engsten Sinn des Politischen festzuhalten. Dennoch beruht die Argumentation auf einer Serie von Ausschließungen und humanistischen Bollwerken, die zur weiteren Reflexion Anlaß geben: es kann nicht sein, daß die Warnung vor den Degradierungen des Totalitarismus auf derartig regressiven Positionierungen basiert, die die Hoffnung auf eine gerechte Politik nur schmälern können. Was man im Auge behalten sollte: in dem Moment, wo die Politik sich als in der Krise befindlich begreift, wo sie ethische Angst hervorruft und die Richtlinien der Gerechtigkeit verläßt, wird ein Schrei laut (Schreiben/Schrei, cri/écrit): »Dummheit!«

In neueren und ganz und gar anderen Kontexten hat Stanley Cavell über die Politik der Dummheit und die damit verbundenen Delegitimierungen folgende Bemerkung gemacht: »Es ist so, als ob wir und die Welt abgemacht hätten, daß wir dumm, das heißt stumm, ohne Artikulation bleiben sollten. Dies deutet auf ... die spezifische Schwierigkeit der Philosophie hin und ruft ihre besondere Kraft auf, Inspiration für Gedanken gerade aus Voraussetzungen zu beziehen, die sich dem Denken entgegensetzen; als wäre der Wille zum Denken genauso imperativ wie der Wille zur Gesundheit und Freiheit.«[46] Der Beginn des Absatzes kündigt die Möglichkeit eines geheimen Investierens in die Dummheit an, eine Gemeinsamkeit, die »wir und die Welt« unter Umständen teilen können im Sinne ihrer Institution. Indem sie ein Echo zu Adornos Beschäftigung mit der »planetarischen Dummheit« in *Wishful Thinking* herstellen – Adorno setzt einen englischen Titel[47] –, bringen uns Cavells experimentelle Beobachtungen auf eine Frage, die auf weitere Reflexion wartet: Vorausgesetzt, es gibt ein geheimes Konto, ein gemeinsames Interesse, wer sind die geheimen Nutznießer der Vorherrschaft der Dummheit? Was kann, in eher freudianischen Begriffen, als sekundärer Gewinn der Dummheit angenommen werden? Cavell zeigt wesentlich mehr Vertrauen in die Kraft der Philosophie, von diesem Gewinn abzusehen, als auf diesem Untersuchungsgebiet gefragt ist – ein Gebiet, das möglicherweise der effektiven Reichweite der Philosophie nicht so fremd ist, wie der Absatz suggeriert: die Dummheit ist nicht so dumm, sich der Philosophie entgegenzusetzen (mit der Cavell das Denken verbindet). Inspiriert durch genau das, was sie zurückweist, treibt die Philosophie einen Schwarzhandel mit dem Denken, von einem Gebiet aus, das ihren Prämissen fremd ist. Sie wird angetrieben von einem Willen, sich das anzueignen, was, so die Sicht Cavells, dem Denken fremd bleiben sollte. Doch wenn man begreift, daß die Dummheit zum Denken strebt, daß sie sich der Kraft der Philosophie unterordnet und sich ihr zuordnet, dann muß dieser seltsame Umstand aus der Art abgeleitet werden, wie die Dummheit sich der Subsumtion unter eine Einheit oder der Substanzialisierung zu einer Einheit widersetzt, die man dem Denken einfach entgegensetzen könnte – oder vielleicht sogar der Gesundheit und der Freiheit. (Es bleibt unklar und wäre weiterzufolgen, ob Gesundheit und Freiheit verschworene Feinde der Dummheit sind.)

Die Hoffnung, daß Philosophie Denken nach sich ziehen könnte, um sich von der Dummheit abzusetzen, hat ihren Ursprung in der Aufklärung. Die letzte Version, vom Krieg und vom Genozid verfolgt, hat ihre grundlegenden Bahnen wieder aufgenommen, und die Hoffnung, die durch das Licht des 18. Jahrhunderts aufgekommen war, sah sich erneuert. Die Prinzipien der Aufklärung wurden von neuem statuiert, als ob die Wahrheit einer Lehre momentweise verdeckt gewesen wäre, verdunkelt, hinweisend bloß auf eine Abweichung, die im wesentlichen korrigierbar wäre. Das fortdauernde Eintreten für die Freiheit, den Internationalismus und »die Moralität des Menschlichen«, welche das Kernstück von

Musils Antwort auf die Heraufkunft des Nationalsozialismus bildet, wird ebenfalls in so entscheidenden Zeugnissen wie Primo Levis *Ist das ein Mensch?* und Jean Amérys *An der Grenze des Geistes* reflektiert (der übersetzte Titel, *At the Mind's Limits*, zeigt eine andere Art, sich überanzustrengen, bis zu dem Punkt, wo der Geist debil wird). Améry hat die Folter der Gestapo und Auschwitz überlebt, bis zu seinem Selbstmord am 17. Oktober 1978, nachdem er den Hamburger Lessing-Preis erhalten hatte. Ein Artikel, der viele von Musils prinzipiellen Positionen reflektiert, zeigt durch den Titel – *Aufklärung als philosophia perennis* –, daß Améry, wie Musil und Levi auf das »Licht der klassischen Aufklärung« rekurrierten, »das keine optische Täuschung, keine Halluzination war. Wo es zu verschwinden droht, ist das humane Bewußtsein eingetrübt. Wer die Aufklärung verleugnet, verzichtet auf die Erziehung des Menschengeschlechts.«[48]

Amérys Position, an den Werten der Aufklärung festzuhalten, ist ohne Ambiguität: jede Zurückweisung ist ausgeschlossen; er zieht nicht in Betracht, wie sich moderne Formen des Rassismus durch Hauptvertreter des Aufklärungsmotivs herausgebildet haben. Vielleicht gab es nichts anderes, auf das man sich hätte berufen können; vielleicht wollte Améry nicht auf eine letzte Hoffnung verzichten, nach der Gewalt, die statthatte. (Die Gewalt hat nie aufgehört, es gab kein »danach«, aber das ist ein anderes Thema.) Gewiß, niemand kann die Geistesschärfe und Anziehungskraft der Aufklärung leugnen, auf der sein Schreiben sich ausbalanciert; die Autorität seiner Darstellung neutralisiert jede Kritik, jedes Abwägen der Anstrengung Amérys, etwas vom Zusammenbruch der Würde wiederherzustellen. Die schwere Melancholie, aus der seine Bindung an die Aufklärung hervorgeht, verbietet den Impuls, die Vertretbarkeit eines solchen Verstehens zu befragen. Aber die Gewalt, der die Welt erlegen ist, *ist* eine des Verstehens: Verstehen ist selbst das Thema. Es gibt eine Grenze, über welche die Aufklärung, um ihre Unterstützung anzubieten oder die Armut des Seins zu illuminieren, nicht hinauskann. Das ist u.a. der Grund, warum ich mich auf die andere deutsche Tradition beziehe, auf die, welche das Dossier der Unverständlichkeit und des Nicht-Verstehens öffnet. Durch ein anderes Territorium des Denkens schneidend, erkundet die Tradition, die durch Schlegels Reflexionen auf das initiiert worden ist, was nicht dem menschlichen Verstehen adaptiert werden kann, ohne Kompromiß eine Sprache, die durch eine Krise der permanenten Parabasis geprägt ist, eine Sprache, die in der Lage wäre, auf die bestrafenden Schläge einer indezenten, nicht-assimilierbaren historischen Verletzung zu antworten.

Ist die Aufklärung stark genug, den permanenten Aufruhr der Dummheit in sich zurückzuhalten, zurückzuweisen oder zu beruhigen? An diesem Punkt unserer gemeinsamen Erfahrung der Geschichte könnte es an der Zeit sein, daran zu denken, von der Denkdroge runterzukommen, die Gleichungen zwischen Erziehung und Zurückhaltung, Humanismus und Gerechtigkeit erlaubt, mächtig und verführerisch wie sie war. Wenn Améry sich durch das Gespenst des Irrglaubens provoziert fühlt und darauf bestehen muß, daß die Aufklärung keine Halluzination ist, dann wird uns zu verstehen gegeben, daß die Drohung unaussprechlich über ihm schwebt – immer gibt es da die Gefahr, daß die Aufklärung mit der Halluzination in Verbindung steht, mit begünstigenden Formen beruhigender Täuschung. Im Sinne Nietzsches muß man sich selbst dazu zwingen, sich mit jeder Maske des guten Gewissens zu konfrontieren, für die mit Dringlichkeit eingetreten wird. Auf der anderen Seite ist es einem auferlegt, zu dem vorzudringen, was massive Handlungen von ungerechtfertigter Indezenz verdeckt hat. Oftmals sind solche Handlungen im Bereich der Politik der Dummheit vorfindlich – es handelt sich um einen historischen Typus des Narkotischen, wie Marx beobachtet hat, historische Dummheit eingeschlossen. Selbst wenn die Philosophie dies unterdrücken konnte, verlangt die Geschichte von uns, mit diesem Dope zu dealen.[49]

In einem anderen Register der ethischen Angst, das sich aber nicht diskontinuierlich verhält in bezug auf das, was bislang gesagt worden ist, versetzt die Dummheit in eine Stimmung, die jeden befällt, der es sich erlaubt, zu schreiben. In dem Maße, wie das Schreiben durch eine interne Alterität gesteuert wird, die immer unter Beweis stellt, daß sie zu unreif, ziemlich vorlaut und oft belastet ist mit einer ausgesprochen narzißtischen Unordnung, unabhängig davon wie sehr sie dich dazu bringt, dich verbergen und isolieren zu wollen; oder aber, und das gehört zur selben, schwächenden Struktur, in dem Maße, wie der Krafthaushalt in deinem Inneren für die blöden Positionierungen von Sprache heute zu klug, zu erwachsen ist, selbst für die Einschnitte des Über-Ichs, und viel zu überlegen für den Versuch, die Redensart in Wörter umzuwandeln; und weiter, in dem Maße, wie das Schreiben dich dazu bringt, der Zeit zu begegnen und noch einmal das Drama des verlorenen Objekts, das nie genug verloren ist, aufzurufen, Szenen und Regressionen durchzumachen, die alle vor einem dunklen Über-Ich-Tribunal aus Lehrern und Kollegen aufgeführt werden und vor jenen, die dich fallengelassen haben und vor den gemeinen Hauptstudiumsstudenten, die versuchen, dich zu überholen (manchmal wollen sie sich lossagen, aber das passiert nicht allzu häufig) – sie überläßt dich, aus diesen und aus anderen Gründen, auch vernünftigeren, die sich mir aber momentan entziehen, der Erfahrung deiner eigenen Dummheit. Es gibt da noch die zusätzliche Drehung der Spirale, wenn es darum geht, zu veröffentlichen, was du schreibst und du dich einem Urteil ohne Ende aussetzt. Die Verrücktheit des Publizierens zusammen mit dem Gefühl der ausgesprochenen Schweigsamkeit, die dich befällt, wenn du dich an die Leitung begibst – und überhaupt, wen kümmert das schon; und Heidegger denkt immer noch über die Leitung nach – welche Leitung denn nun? – all das bringt dich dazu, in den Bereichen einer ungewissen Richtigkeit des Gesagten zu wandern.

Als er seine Aufsätze für die Publikation vorbereitete, hat Paul de Man bemerkt, daß ihn ein Schuldgefühl überkam, einem B-Movie beizuwohnen.[50] Die Melancholie, welche die Beschäftigung mit dem eigenen Fehlgehen begleitet, um einen Tiefpunkt an Dummheit (die eigene oder die der anderen) beim Schreiben zu überwinden, ist von vielen Schriftstellern empfunden und zum Ausdruck gebracht worden; manchmal wird dieses ethische Empfinden, sollte es im akademischen Publizieren auftauchen, kleingehalten und in die Danksagungen verschoben, wo denjenigen, denen man dankt, gesagt wird, daß sie für die Dummheit der nachfolgenden Arbeit nicht verantwortlich seien, welche die testamentarische Politik der Freundschaft ankündigt. Das ist auch eine Art, die Schuld, die man ihnen gegenüber hat, zu widerrufen – indem man sich selbst zwischen zu vielen Freunden aufteilt, gibt man öffentlich die Defizienz der Anerkennung zu –, und es ist ein Raumlassen, in ihrem Namen, für die Artikulation eines wesentlichen Versäumnisses, welches die Arbeit produziert und in dem sie ihren Ursprung hat. Es ist so, als ob die Heideggersche Verknüpfung von Danken und Denken die Notwendigkeit produzieren würde, die wahrnehmbare Schwachstelle jeglichen Projekts zu benennen.

Thomas Pynchon ist jemand, der sich dem mit Melancholie einhergehenden Selbstvorwurf ausgesetzt hat. Seine frühen Schriften zu einem Sammelband zusammentragend, konfrontiert er sich erbarmungslos mit der Dummheit des Schriftstellers, der er einmal war, und die Agonie des Bekennens durchzieht das ganze einführende Ritual zu *Spätzünder*: »Wie Sie vielleicht aus eigener Erfahrung wissen, kann es dem Ego einen gewaltigen Stoß versetzen, wenn man irgendetwas zu Gesicht bekommt, das man vor zwanzig Jahren geschrieben hat, und sei es ein geplatzter Scheck. Meine erste Reaktion beim Wiederlesen dieser Stories war *O mein Gott*, begleitet von physischen Symptomen, bei denen wir nicht verweilen wollen. Mein zweiter Gedanke war der einer Überarbeitung von A bis Z.« Am Ende gelingt es ihm, eine Ebene der Akzeptanz, eine Beruhigung zu finden, die es ihm erlaubt, das Schreiben und sogar das Publizieren stattfinden zu lassen. »Schließlich kann ich diesen Burschen nicht einfach in die Maschine spannen und aus meinem Leben ausixen.«[51]

Was mich selbst angeht, so kann dem Ego sogar ein Stoß durch etwas Geschriebenes versetzt werden, das erst vor zwanzig Tagen entstanden ist. Selbst vor zwanzig Minuten. Es handelt sich hier um einen unerbittlichen Überfall und einen Angriff auf alles in dir, was denkt, daß es schreiben kann und leben, um darüber zu berichten. Schreiben, von Hölderlin bis Pynchon, von dir zu mir, schmettert dich nieder, führt einen Schlag gegen dich, der von jemandem oder etwas ausgeht (das ist der Grund, warum da etwas ist und nicht einfach nichts), der an dich gerichtet ist, sich aber deinem Zugriff entzieht. Daß du den Schlag empfängst, liegt schon jenseits deiner Fähigkeit, zu verstehen. Du weißt nicht, unter welcher Fernsteuerung du da durchkommst, an wen du schreibst, oder warum es auf diese Weise gehen muß. Im Sinne Becketts gibt es da nicht viel anderes zu tun, als genauso blöd weiterzumachen, du kannst nicht weiter, du mußt weiter. Der Imperativ unterbricht nicht die Welle der Dummheit, sondern reitet sie, hält sich an der Dummheit fest, um sie nach Hause zu bringen.

Ein Aspekt der krankmachenden Sachlage, die Pynchon hier darstellt, betrifft die Somatisierungen, die in der Nahaufnahme der Dummheit in Erscheinung treten. Pynchon ist diskret genug, sie nicht weiter zu erwähnen. Ich tue es. Das heißt, ich bin nicht ganz so diskret, was die Gewohnheiten des Körpers angeht, sich zu verkrümmen, oder ich bin mir nicht ganz so sicher über den Abstand, den ich von der Dummheit habe, die sich meiner bemächtigt. Der entführte Körper, der stummen Chronik und dem Chronischsein der Krankheit anheimgefallen, ist einer der Schwerpunkte dieser Meditation über die Dummheit. Ich wache über dem Ort der Begegnung, wo die Psyche ins Soma übergeht, über die Oberflächen, auf denen der geborgte Körper sein Leid einritzt, um dort einen unangemessenen Text in seinen Wegspuren zurückzulassen. Wenn der Körper schreibt – Schweiß, Ekel, plötzliche *highs*, bestimmte Zusammenbrüche, Kopfschmerzen, Magenbeschwerden – und geschrieben, sogar »überschrieben« wird, wie ich sage, dann kann er nicht einfach ignoriert werden im Drama der sich selbst anklagenden Spurensuche. Schreiben heißt, jeden Tag erneut eine Probe durchzustehen (selbst dann, wenn du – brütend, steckenbleibend, verängstigt – nicht schreibst, im empirischen Sinne), es heißt, einen Körper vorbereiten, deinen *drive* anpassen, ins Über-Ich einchecken (ohne Respekt), das Ich sedieren, wenn du nicht ein völliger »Idiot« bist, nach dem Motto: »Ich-schreibe-meine-Memoiren-kenne-mich-selbst-und-will-meine-Singularität-teilen«. Während er seine Schriften durchsieht, gesteht Pynchon sich eine kindische Haltung ein, seine Fähigkeit, ein Idiot zu sein, und er sieht das Problem der »jugendlichen Wertbegriffe, ... [die] in mein Schreiben einsickern und eine sonst sympathische Figur zugrunde richten konnten«, Wertbegriffe, die jedoch ein gewisses »In-die- 17
Zeit-passen« ermöglichen: »Das Positivste, was ich heute daran finden kann, ist, daß es für seine Zeit wahrscheinlich ziemlich authentisch klingt. ... Es existierte seit geraumer Zeit und weiterhin ein ganzes Sy-

stem von Vorurteilen und feinen Unterschieden, die weder offen ausgesprochen noch bezweifelt wurden und Jahre später, in den 70ern, ihren vollkommensten Ausdruck in der Figur des TV-Serienhelden Archie Bunker fanden.« Der *archedebunker*, in de Mans Charakterisierung, wird 19
die dümmlichen Anhänglichkeiten der amerikanischen Kultur an das exponiert haben, was die Leser einer Frühgeschichte als »unakzeptable Menge von rassistischem, sexistischem und proto-faschistischem Gerede« ansehen würden. Dummheit ist oft passendes Verhalten; sie funk- 19
tioniert als die Gelenkstelle des Aktuellen, sie ist das Versäumnis, Inkongruenz zu produzieren oder auf den Nietzscheanischen Ruf nach dem Unzeitgemäßen zu antworten. Sie ist das, was rechtzeitig ankommt, sie befriedigt eine Art von umgekehrter Harmonie.

In den hier bearbeiteten Texten kritisiere ich das Funktionieren der Dummheit, um sowohl rassistische, sexistische und protofaschistische Impulse zu benennen als auch um die angeblichen Gegenstände solcher diskursiven Tendenzen als »dumm« herauszustellen. Nicht länger bloß ein verbales Zeichen, hat sie, in anderen Worten, Mythen auf den Schleuderspuren irriger Attributionen verbrochen. Destruktiv und klar in ihren Zielen, führt die Dummheit durch Zuschreibungen kaum nachweisbare Handlungen des Ethnozids aus (das schließt das Zielen auf ethnische Gruppen ein, deren Mitglieder als auf blinde Weise intelligent oder auf mechanische Weise kompetent angesehen werden – die dümmlich Cleveren).

Auch wenn es heutzutage nicht länger akzeptabel ist, sich offen in rassistischen Tönen auszudrücken, die Dummheit läßt sich wiederaufgreifen, aufladen und, wie dies eine Anzahl öffentlicher Institutionen tut, auf das Subjekt, das einer Minderheit angehört, richten. Nichts drückt dich mehr nieder als das Brandmal der Dummheit. Nichtsdestotrotz ist es auf einigen Gebieten des Lebens das, was dich durchkommen läßt.

Pynchon nun wird, soweit das möglich ist, *clean* und bietet uns seine Entschuldigungen an. Während er sich entschuldigt, widersteht er der Versuchung, sich selbst von Schuld freizusprechen, im Rahmen der performativen Selbstgefälligkeiten, die mit einer Entschuldigung einhergehen. Er reflektiert darauf, wie wir gespalten wurden und von daher relativ arm und kraftlos geblieben sind. »Aber auch, wenn das gesagt ist, bleibt die Erzählerstimme von *Tiefland* die eines klugscheißerischen Wichtigtuers, der es nicht besser wußte, und ich entschuldige mich dafür.« Er setzt sich aus, und er denunziert das erbarmungslos Kindische 19
seiner Zeit, seine Haltung als Studienanfänger, seine Einstellung, »mehr von Entropie zu verstehen, als tatsächlich der Fall ist. Selbst der normalerweise unbestechliche Donald Barthelme hat sich in einem Zeitschriftenmagazin zu der Vermutung hinreißen lassen, daß ich eine Art Eigentumsrecht daran besäße.« Pynchon beharrt, er zieht diejenigen mit nach 20

unten, die ihn seiner Dummheit frönen ließen, er läßt sie, wie im Falle von Barthelme, durch seine sich selbst denunzierenden Einwürfe, ihre blinde Seite zeigen. »Dennoch möge man die Oberflächlichkeit meines Verständnisses nicht unterschätzen. ... Ich war vollauf damit beschäftigt, unschuldiges Papier mit einer Reihe von Fehltritten zu bedecken, von denen ich als Beispiel hier das Überformulieren nenne.« Er weist 22f.
noch auf eine andere Facette der Dummheit hin, er erhöht die Einsätze mit Blick auf das, was zunächst so aussah, als ob es auf einer Ökonomie des Verlusts oder des ermeßbaren Fehlhandelns beruhen würde. Folgt man den Begriffen, die durch die Selbstprüfung seines Schreibens etabliert werden, dann entsteht Dummheit eher aus dem Experiment eines Exzesses als aus einem Experiment des Mangels – man strengt sich zu sehr an, man schreibt um; oder in Kants Beispiel für die Dummheit: man studiert zu viel. Blindes Zuvieltun – in Kants Ausdrucksweise: »Überstudieren« – steigert sich, bis es sich der Geschwindigkeit des Kurses der Dummheit angepaßt hat. Nach vorne schießend, weisen diese Geschwindigkeiten auf die verhindernde Schnelligkeit dessen hin, der auf überzogene Weise übermäßig viel leistet; gemeint sind damit jene, die auf der Überholspur fahren: sie haben eine Situation geschaffen, in der die konventionellen Konnotationen von *schnell* entgleisen und nicht länger eine Gleichwertigkeit mit dem *Klugen* aufweisen. Unvermeidlich meint schnell langsam, dabei eine scharfe Kurve der Logik nehmend. Sich beeilen, fertig zu werden, etwas zu leisten, zu einer Konklusion zu kommen – diese Zuviel-Leistenden beweisen, daß man schnell und dumm sein kann. Man kann frühreif sein, und dann blickt man auf die Chronik seiner Frühreife zurück – und bricht vor Erkenntnis zusammen. Pynchon bemerkt über seine eigenen, sein Verfahren betreffenden Irrtümer: »Wenn sich das dämlich anhört, dann zu Recht.« 24

Obwohl das Übermaß an Dummheit, dem sich Pynchon gegenübersieht, dem Begriff des Irrtums nahekommt und im Prinzip korrigierbar ist, so als wolle er sich von der Vergangenheit befreien, hat diese Konfrontation die Funktion, eine historische Beziehung zu verdeutlichen, welche das reflektierende Subjekt mit sich selbst unterhält. Sowohl nach vorwärts als auch nach rückwärts weisend, kommt die Dummheit aus einer Vergangenheit, die sich selbst in den Diskontinuitäten und Brüchen einer sich entfaltenden Geschichte enthüllt, wobei die Geschichte sich auf das rohe Sich-Abkämpfen – den einsamen Krieg – eines gepeinigten Subjekts zusammengezogen hat. Sehr oft spricht derjenige, der einen dummen Fehler benennt oder einer Ansammlung aus Doofheiten begegnet, die man eben erst entdeckt, von einem aufklärenden Ort aus, so als ob die Dummheit die Unterwerfung unter einen strapaziösen Prozeß des Geraderückens erzwungen hätte. Von daher der Akzent der Aufklärung auf dem Lernen, egal, wie langsam das vonstatten geht. Doch ist die Struktur der eigenen Dummheit so verfaßt, daß sie damit fortfährt, heimzusuchen und zuzusetzen, sie kriecht herauf als jene andere Arbeit, die noch nicht fertig ist, und die uns mit einem vagen Vorgefühl der Zukunft bedroht.

Kein Willensakt oder Abschütteln einer vergangenen Beklemmung kann garantieren, daß man Dummheit sicher hinter sich gelassen hat – oder daß sie nicht zum Kern deines schreibenden Seins gehört. Was du jedes Mal riskierst, ist die Ausgesetztheit, die Hölderlin *Blödigkeit* genannt hat. Pynchon formuliert das so:

> Jedem wird geraten, nur über Dinge zu schreiben, die er kennt. Das Ärgerliche ist bei vielen von uns, daß wir in den jungen Jahren unseres Lebens alles schon zu kennen glauben – oder um es zweckdienlicher zu formulieren, daß uns das Ausmaß unserer Ahnungslosigkeit nicht bewußt ist. Ahnungslosigkeit ist mehr als nur ein weißer Fleck auf der mentalen Landkarte eines Menschen. Sie hat Konturen und Zusammenhang, und ich bin überzeugt, daß sie auch nach eigenem Gesetz funktioniert. Daher sollten wir dem Grundsatz, über das zu schreiben, was wir kennen, vielleicht als logische Ergänzung anfügen, daß wir mit unserer Ahnungslosigkeit und ihren Möglichkeiten, eine gute Story zu ruinieren, vertraut werden müssen. 24

Die Ahnungslosigkeit, als logische Ergänzung zu dem, was wir kennen, hat ihre eigene Geschichte, eine Geschichte, die erzählt werden muß, aber vielleicht nur den Ruin nachbuchstabieren kann. Dennoch, wie Pynchon uns auf etwas paradoxe Weise anbietet, ist Ahnungslosigkeit nicht einfach nur ein leerer Schauplatz. Während sie eine Leerstelle bezeichnet und *vom* Bilden der Leerräume handelt, legt sie, die sowohl auf schädliche Weise kohärent ist als auch ernsthaft einen Mangel an Kohärenz aufweist – was nicht von vornherein verachtenswert ist – einen niedrigeren Gang ein als die Dummheit, in dem Sinne, daß du vielleicht immer noch irgendwo das Handbuch des Besitzers findest oder sie über ein paar Vorgehensweisen Bescheid weiß. Ahnungslosigkeit läßt einiges an Hoffnung zu, du kannst sie kennenlernen, vielleicht sogar weiterkommen. Was die Dummheit angeht, bin ich mir nicht so sicher. Sie liegt näher an Blanchots Konnotation von Nichtigkeit – das bestürzend Nutzlose, das, was auf nichts hinausläuft; die gescheite Seite des Nichts besteht darin, daß das Werk, seine wesentliche Möglichkeit, darin seinen Ursprung hat: »Die Lektion ist traurig, wie Dion immer sagt, aber wahr.« 22

Ich hatte früher über das Schreiben etwas zu sagen, über die Instabilität seiner Richtung, den Tod des Schreibens, den ich betrauere, Übriggebliebenes, das ich hüte, überdenke, introjiziere, und mir von Zeit zu Zeit wiederansehe, entsprechend eines besonderen

»timers« für die Sterblichkeit. Das Schreiben ist für mich immer sehr unterschiedlich gewesen, und ich werde nie genau wissen, wie ich all das benennen soll, außer mit Lieblingsnamen und durch Metonymie, im Durchgang durch unterschiedliche Erfahrungen des Ekels und der Manie – ein Freund erwähnte einmal, daß für ihn das Schreiben die Erfahrung der Manie sei, während das Lesen die Zeit der Trauer markiere. Wenn überhaupt etwas, dann ist das Schreiben ein Unort für mich, wo man sich selbst verlassen und sich der Verlassenheit überlassen kann – ich, die unendlich Verlassene (eines meiner »Themen«). Ich bin immerzu am Schreiben, besonders in den Momenten des Zusammenbruchs, in die Zeit des suspensiven Nichts eingesperrt, des Hiatus, der Unterbrechung, wo nichts passiert, und es ist eine hohle Zeit, eine Zeit der Wiederherstellung ohne Erholung. Schreiben und Trauma: eine Verbindung, die zu erforschen ist – besonders, wenn das Trauma als die Unmöglichkeit gesehen wird, auf Erfahrung beruhende Markierungen zu empfangen, als die Zerreißung selbst der Erfahrung. Es bleibt unklar für mich, ob das Schreiben eine Erfahrung als solche sein kann. Wie dem auch sei, immer komme ich spät zu dieser Begegnung. Heute, um auf einen Anspruch zu antworten, der sich aus einem Gespräch ergeben hat, laufe ich hinter etwas her, das jemand zu mir gesagt hat – sie sind sich dumm vorgekommen. Ich bin damit beschäftigt, das Problem und also tatsächlich die Erfahrung der Dummheit zu eruieren: Es ist ein äußerst schwieriges Thema, so zeigt es sich, und es kam aus zwei gegenläufigen Zonen.

Die erste war meine Tai-Chi-Klasse, als ich im Herbst in New York City ankam. Ich war regelrecht dyslexisch in der Reproduktion der einfachsten Gesten, die man von mir erwartete. Mein Gefühl, eine Idiotin zu sein und mich vor dem Tai-Chi-Lehrer zu schämen, ließ mich an Szenen des Dummseins in der Schule denken – und auf einmal erinnerte ich mich, nach all diesen Jahren, die sich aufgeschichtet haben, wie dumm ich als Kind war, besonders als Schülerin. Ich konnte anrührende Entschuldigungen für mich erfinden, ich mache eine Voraussetzung und sage, ich war eine Immigrantin, habe kein Englisch verstanden, aber außerdem war ich auch noch dumm in Mathe, und ich verstehe Umgangssprache immer noch nicht ganz, und wenn jemand mit mir spricht, kann ich Anfälle somatischer Willfährigkeit bekommen, einen Ausschlag bekommen, das Telefon zu früh aufhängen, den anderen unterbrechen, ohne überhaupt besonders viel verstanden zu haben.

Das andere Motiv, über die Dummheit zu meditieren, hat mit Gilles Deleuze zu tun. Während ich also definitiv das Tai-Chi-Vokabular nicht erfasste, hat Deleuze seinem Leben ein Ende gesetzt. Unter den hinterlassenen Erinnerungen und Papieren, so wurde berichtet, war ein Aufruf von Deleuze, ein Denken der Dummheit zu entwickeln: niemand habe je einen Diskurs produziert, so wurde erinnert, daß er gesagt habe, der die transzendentalen Prinzipien der Dummheit befragt hätte. Ich habe diesen Ruf als Aufgabe wahrgenommen – wenn ich schreibe, nehme ich immer einen Ruf an, ich werde von woanders angerufen, gewiß von den Toten, selbst dann, wenn sie meine Zeitgenossen sind. Nietzsche und später Levinas haben gesagt, daß niemand der Zeitgenosse des anderen sein kann, nicht wirklich. So habe ich gewissermaßen mein Stichwort von Deleuze erhalten. Ich hatte gerade Berkeley verlassen, was eher einem banalen Register angehört und dachte, daß ich wirklich darüber nachdenken sollte, was diese Erfahrung für mich bedeutet hat, daß ich vielleicht herausfinden sollte, warum diese Leute und Institutionen so unerklärlich hoch auf der nationalen Anzeigetafel für universitäres Lernen rangieren. Wie dem auch sei, Deleuze hat, um auf ihn zurückzukommen, einiges an rätselhaften Spuren zurückgelassen, einschließlich dessen, was er in seinem Buch über die Wiederholung geschrieben hat, wo er die bêtise (die Dummheit) als »l'indéterminé adéquat de la pensée« und als »genitalité de la pensée«[1] darstellt. Ich gebe zu, daß dies irgendwie sexy klang.

Es gab da noch einen anderen Ruf, in einem internen Anrufweiterleitungssystem. Das war Beckett. Ich erinnere mich daran, ein Interview gelesen zu haben, ein mittlerweile ziemlich berühmtes, wo er sagt, daß Joyce als Künstler zur Allwissenheit und Omnipotenz geneigt habe, aber ich selbst arbeite mit Impotenz, Unwissenheit. Das war es, was er sagte; es ist mir wirklich im Gedächtnis geblieben, es war für mich ein enormer Durchbruch. Die ganze Wegstrecke sowohl vereinfachend als auch komplizierend, passte es zu jenen Momenten, wo er sagt, »Ich weiß nicht, warum ich diese Geschichte erzählt habe« oder zu dem Eingeständnis in »Texte um Nichts«: »Ich versuche nicht mehr zu begreifen, ich werde nie mehr versuchen zu begreifen, das sagt man so, zur Zeit bin ich da, seit jeher, für immer, ich werde keine Angst mehr vor großen Worten haben, sie sind nicht groß.«[2]

DIE FRAGE

DER DUMMHEIT

Warum wir in der Provinz bleiben

Ohne Zweifel ist jemand verantwortlich dafür, das zu benennen, was dumm ist. In der jüngsten Vergangenheit ist die Aufgabe, die Dummheit zu denunzieren, dem »Intellektuellen« zugefallen oder demjenigen, der die Sprache jenseits der Sphäre ihrer privaten Kontingenzen handhabt, als würde dies auf einen ethischen Ruf antworten. Zumindest ist dies Teil der Phantasie: denken Sie nur an den Ton der französischen, deutschen und englischen Schriftsteller, von gewissen Akademikern ganz zu schweigen, die ununterbrochen darstellen, was dumm ist oder das Verstehen verfehlt hat. Den Ort der Dummheit zu entdecken, ist Teil eines Repertoires, das jede intelligente – oder letztlich dümmliche – Aktivität prägt, die danach strebt, sich selbst zu etablieren und ihre Funde zu territorialisieren. Der Bezug der Dummheit zur Intelligenz und, was möglicherweise von größerer Reichweite ist, der Status von Intonationen, Nutzungen, Verbrechen und Bewertungen der Dummheit werden in hohem Maße von den Anliegen der gegenwärtigen Forschung ausgespart. Keine Ethik oder Politik ist bemüht worden, um auf ihre alles durchdringende Anziehung zu reagieren. Und doch ist die Dummheit überall.

Hegel hat, im Vorwort zur *Phänomenologie*, Schelling dafür angegriffen, daß er die Dummheit an den Ursprung des Seins gesetzt hat. Hegel war ausnahmsweise entnervt. Ganz klar, für Hegel war die Vorhandenheit der ursprünglichen Dummheit im menschlichen *Dasein** ein »Thema«, das ihn ins Stolpern brachte und eine phänomenale Fehllektüre nach sich zog. Schelling geht von einem primitiven, permanenten Chaos aus, einer Abwesenheit von Intelligenz, die Intelligenz entstehen läßt. Der anmaßende Mensch hat sich geweigert, die Möglichkeit solch abgründiger Ursprünge einzuräumen und wird als jemand gesehen, der sich selbst aus moralischem Grund verteidigt.[1] Möglicherweise mit Ausnahme Nietzsches hat sich die Philosophie jedoch im allgemeinen selbst davor bewahrt, sich zu weit in Richtung Dummheit vorzuwagen. Auf den zwei Seiten, die diesem Thema in der *Dialektik der Aufklärung* gewidmet sind, sehen Horkheimer und Adorno die Dummheit als Narbe, als eine »kleine Verhärtung, an der die Oberfläche stumpf ist«. Es wird ferner angenommen, daß sie jenen »hoffnungslose[n] Zwang« hervorruft, »wie wenn der Löwe im Käfig endlos auf und ab geht und der Neurotiker die Reaktion der Abwehr wiederholt, die schon einmal vergeblich war«.[2] Die gegen eine harte Grenzlinie stoßende Dummheit hat keine Hermeneutik für sich interessiert, die ihre Grenzen sichern oder einschränken würde. Für Horkheimer und Adorno stellt sie gleichzeitig eine lähmende Kraft und eine unaufhaltsame Gangart dar, die sich mit den repetitiven Mechanismen neurotischer Wiederholungshandlungen parallelisieren läßt. Die Philosophie hat über die Dummheit nicht sehr viel mehr zu sagen, außer Nietzsche ist an der Reihe, um eine Gangart vorzugeben und uns zwei Valenzen der Dummheit anzubieten – die gute und die böse Dummheit, was die Register verdoppelt, die uns die Aufgabe nahelegen, auf die dissonante Reichweite des widerspenstigen Themas zu reflektieren.

In der Literatur taucht die Dummheit als Thema auf, als Genre, als Geschichte – aber sie ist auf keinen Fall mit etablierten oder sicheren Bestimmungen zu fassen. Henry James' *Washington Square* beläßt es im Unentscheidbaren, ob Catherines grenzenlose Loyalität für ihren Geliebten als dumm oder sublim aufzufassen ist. Aus dem Orient an seinen Schreibtisch zurückgekehrt, läßt Flaubert bekanntlich Charles Bovarys hoffnungslose Stumpfsinnigkeit auf die zerstörerische *jouissance* seiner Ehefrau prallen; die Lebensspanne der Nicht-Dummen, frustriert und verkürzt, schrumpft schnell dahin, während die Dummbeutel, der berechnende Apotheker eingeschlossen, überleben. Charles Bovary rasselt zwar anfangs durch, aber er steigt nicht aus, anders als Emma, deren Begabung ihr höhere, wenn auch von der Art her unterschiedliche Erfolge einträgt: er bleibt, langsam und dumpf, in seiner Machtposition. Aber die Dummheit ist nicht einzig und allein für die mit einem lahmen Geist reserviert; Bouvard und Pécuchet sind davon überzeugt, daß sie *schnell* zu Doktoren und Ingenieuren geworden sind. Ob in den Bereichen des Literarischen oder des Psychologischen, die Dummheit bietet ein Knäuel aus Imponderabilien an: als irreduzible Obstinatheit, Hartnäckigkeit, Kompaktheit, das Nicht-Spaltbare ist sie sowohl dicht als auch leer, gebrochen, das endlose »*duh!*« unseres zeitgenössischen Umgangs in Amerika. Als totaler Verlierer ist die Dummheit immer auch das, was herrscht, sich selbst in Klischees reproduziert, Unschuld und Abundanz der Welt. Sie ist gleichzeitig unangreifbar und Gegenstand einer schrecklichen Gewalt. Auf der einen Seite kann und muß die Vorhandenheit der Dummheit kritisch unter die Lupe genommen werden – haben wir es nicht in jedem einzelnen Fall mit verworrenen Verdrängungen, Pfuschwerk, Irrtum und Blindheit zu tun? – und auf der anderen Seite kann und muß die Dummheit exponiert werden. Man wundert sich jedoch irgendwie, denn wer würde sich nicht in der Verantwortung fühlen, wo es um die Dummheit geht. Gibt es da nicht einen Verdacht, eine Angst, daß du – jemand, der vor der Dummheit auf der Flucht ist – knapp davor bist, (schließlich) durch eine Bombe getötet zu werden, die auf dein Haus geworfen wird?

Es gibt da diese unglaublich begabten Schriftsteller, deren rhetorische Effizienz teilweise davon abhängt, die geheimen Versteckplätze der Dummheit aufzustöbern. Der Ton in einigen Aufsätzen Jacques Lacans ist in dieser Hinsicht exemplarisch, denn hier ist ein Denker, der selbst bei seinen eigenen Schülern in punkto Aufdecken der Dummheit nicht schüchtern ist. Melanie Klein ist auf schreckliche Weise dumm, aber (gelegentlich) schafft sie es, das Richtige zu tun. Die Amerikaner sind hoffnungslos dumm (Ego-Psychologen). Philippe Lacoue-Labarthe und Jean-Luc Nancy haben in ihrem Buch über Lacan das erreicht, wozu keiner seiner Schüler fähig wäre, weil sie zu doof sind, das zu erfassen, worauf es wirklich ankommt, bei seiner Rückkehr zu Freud. Um auf Kleins Vermächtnis zurückzukommen: »Die Kliniker, die sich [den Kleinschen Kategorien] mehr oder weniger angeschlossen haben, landen – ich zeige es Ihnen gleich und werde es in der Folge auch begründen – bei einem ziemlich reduzierten und ziemlich kindischen Begriff dessen, was man eine Atherapie nennen könnte.«[3] Es gibt in der Haltung, praktisch jedermann als kindisch und dumm zu behandeln, fraglos etwas Nietzscheanisches (obwohl Nietzsche das nie getan hat – er ging von Klugheit aus und meinte höchstens, daß sie dumm oder wie Christen *handelten* – die Christen, die eine substantiell neue und stärkere Welle der Dummheit auslösten, indem sie den dummen Idioten aufwerteten und verehrten: *o sancta simplicitas!*). Keine Konzessionen eingehen in bezug auf den vornehmtuenden Bann eines imaginierten Konsensus', sich fähig erweisen, den anderen während des Aktes selbst zu erwischen, die Dummheit mit Blitzlicht treffen – solche Gesten können mutig und einschneidend sein, insofern sie Positionen klar machen. Gleichzeitig gibt es etwas sehr Traditionelles in solchen sich scharf abgrenzenden Bestimmungen, zumindest was die Historizität der Dummheit angeht. Flaubert hat dies kodifiziert, aber er war nicht der erste, der, im *Dictionnaire,* die Überlegung anstellte: »Imbéciles – ceux qui ne pensent pas comme nous.«[4]

Während dieser Eintrag den unverwechselbaren Tonfall von Flauberts ironischen Bestimmungen aufweist, gibt es eine historische, wenn auch an diesem Punkt störende Wahrheit des Wegschiebens des nicht dem Konsensus entsprechenden Anderen in die Bereiche der Dummheit. Der Gebrauch dieses Terminus als Invektive, Anklage oder Denunziation mit referentiellem Bezugspunkt ist relativ neu und die Performanz einer solchen Verletzung, in Form der Rhetorik der sozialen Gewalt, macht eine Untersuchung erforderlich. Zu welchem Zeitpunkt hat ein *différend* den anderen in das geprügelte und niedergemachte Objekt der Dummheit verwandelt? Wann wurde »dumm« zu einer Denunziation? Oder, anders gesagt, warum haben wir damit angefangen, den anderen als dumm zu betrachten? Aufgrund einer umfassenden, doch unterirdischen Geschichte der Unterdrückung spielen diese Fragen, die unter ihrem notwendigerweise entwürdigenden Aspekt gestellt wurden, in den zeitgenössischen Debatten auf dieser Seite des Atlantiks über *affirmative action,* der Aufhebung der Diskriminierung von Minderheiten, eine Rolle; Debatten, die dazu tendieren, auf der Einführung von zweifelhaften kulturellen Taxonomien von Begabung zu beruhen. Um den amerikanischen Gebrauchsweisen und Verhaltensweisen der Dummheit Genüge zu tun, um der rhetorischen Sedimentierung des Begriffs zu entsprechen, müßte man das konsistente Einordnen des Sklaven als nichtmenschlich und unerziehbar untersuchen, das zu den Phantasmen kalkulierbarer Intelligenz gehört.[5] Was sich in scheinbar weniger verletzenden Behauptungen über Dummheit abzeichnet (»schal«, »hohlköpfig«, »dummer Kerl«, »hirnverbrannt«, etc.), gehört in eine sinistre, sich teilweise wiederholende Geschichte des Zerstörens von Alterität.

Den Dummkopf erfinden

»Der andere ist dumm«: Dieser Satz würde eine der Dimensionen der Behauptung abstecken, daß es Dummheit gibt, um deren Verständnis es hier geht, aber er deckt auf keinen Fall den Schauplatz der Dummheit ab oder gar die verschiedenen Tonlagen dieser Äußerung. Für die Athener waren die Dümmsten jeweils die unmittelbaren Nachbarn; für sie mußte der Begriff der Idiotie erfunden werden. Immer schon, seit der strategischen Entscheidung des Perikles, war der ein Idiot, der kein Athener war. Tatsächlich waren die einzigen internen, von Athen selbst produzierten »Idioten« die Zyniker.[6] Diese Philosophen, häusliche Idioten, die in der Stadt wohnten, waren Bettler, Herumziehende; sie hatten keine Unterkunft und trugen kurze Mäntel. Der Zyniker neigte dazu, sich dumm zu verhalten; er wurde wie ein Narr behandelt. Abgesehen von den Zynikern, die als urbane Impfung funktioniert haben könnten, war Athen aber sonst sauber.

Gleichwohl haben die Griechen keinen Begriff der Dummheit entwickelt, der im genauen Sinn dem modernen Gebrauch korrespondieren würde – stattdessen haben sie nur einen Hinweis auf Kindlichkeit, auf Unreife gegeben; *nēpios* legt Unschuld nahe, evoziert die Unwissenheit eines Kindes oder eine infantile Naivität. Darüberhinaus sprachen sie von *apaideusia* (»Mangel an Bildung«), oder *aphronēsis* (»Unkenntnis«). Es gibt Figuren der Dummheit, von denen die Arbeiten von Aristophanes (*moros*) und Platon wimmeln; Platon hat eine Theorie der Unschuld in den *Dialogen* und im *Phaidros* entwickelt. Dort sagt Sokrates in einer erfinderischen Wendung, wobei er sich den rhetorischen Prätentionen der Sophisten entgegensetzt, indem er den Einfaltspinsel mit einem Bauern
zusammenbringt: »Ich gebrauche grobe Worte«. Oder die Dummheit 269 b.1
konfiguriert sich mit ihrem erklärten Anderen, der Geschicklichkeit und der Intelligenz. Das geschieht bei der Paarbildung von Prometheus und seinem Bruder, Epimetheus. Während Prometheus durch wache Vorahnung und besondere Luzidität oder durch so etwas wie Alertheit charakterisiert ist, weiß man von Epimetheus, daß er die Dinge immer erst hinterher begreift; er wird als jemand dargestellt, der zu spät versteht und der vergißt. Eine Drohung des Vergessens verknüpft die Handlun-

gen, die der Dummheit ähnlich sehen. Die Dumm-Unschuldigen sind jene, die alles hinunterschlucken; sie sind vergeßlich in bezug auf das, was sich wiederholt, auf Omen und Verbote. Für Aristoteles tritt die Dummheit im *agroikos* in Erscheinung, der, stur und ignorant, in den ethischen Abhandlungen auf der Seite des Exzesses steht. Regelmäßig als unsensibel *(anaisthētos)* angesehen, wird der *agroikos* als humorlos charakterisiert, oder es mangelt ihm an Sensibilität für das Vergnügen. Der *agroikos*, dessen Sprechen ohne Raffinesse ist, der keinen Sinn für das *juste mesure* hat, ist ohne Erziehung, innerlich ein Wilder. Die Stadt dagegen kultiviert die Qualitäten der Eleganz, der Intelligenz, der Verfeinerung. Nachbarn und Feinde galten den Athenern als dumm; sie waren Bauern, sie waren jene, die immer erstaunt waren – oder genauer, *nicht* erstaunt.

Wenn man die historischen und linguistischen Mutationen dieses Quasi-Begriffs mitbedenkt, hat das griechische Verständnis dessen, was man als Dummheit betrachten könnte, immer noch Bestand, vor allem durch die politischen Implikationen, die für uns weiterhin Gültigkeit besitzen. Bevor diese erörtert werden, möchte ich anmerken, wie ungriechisch – in der Tat, anti-griechisch – Heideggers kurze Erklärung »Warum bleiben wir in der Provinz?« ist.[7] Heidegger entschied, nicht nach Berlin zu ziehen, sondern setzte sich gegen die Polis, die Stadt und ihr philosophisches Erbe, als er die »Authentizität« wählte, ein Bauer bleiben zu wollen. Auf den Weg der philosophischen Dorfnase heißt es also achtgeben, er vollzieht sich in einfachen Bewegungen, die gemacht oder verweigert werden, entsprechend einer hochgradig besetzten Karthographie. Aber ich gebrauche grobe Worte – *agroikizomai* (*Phaidros*). Die 269 b.1
Frage nach der Komplizität der Authentizität mit der Dummheit wird in Kürze wiederaufgenommen werden. Im Augenblick sollten wir in Erinnerung behalten, daß Heidegger das Wort »Dummheit« nur ein einziges Mal verwendet, nämlich als er auf seine politische Verwicklung, auf seine *Dummheit* von 1933–34, zu sprechen kam.[8] Gegen den griechischen Horizont gehalten, auf den sein Denken gestimmt war, ist diese Bestimmung eine kuriose Wendung – aber ich möchte auch in etwas allgemeineren Begriffen dem regelmäßigen Rekurs auf die Dummheit nachgehen, wenn es um die theologischen und legalen Systeme des Sich-Freisprechens geht, und ich möchte auch, was das »Aufs-Land-Gehen« betrifft, eine frühere Bewegung in den Blick nehmen, die die Romantiker vollzogen haben, in Verbindung mit den Werten der Einfachheit, auf welche ihre tropologischen Systeme in vielen Fällen einen Hinweis gaben. In der Lage zu sein, Dummheit einzugestehen, wie dies Heidegger tut, zeigt zunächst eine verantwortliche Handlung an, zugleich hat dieser Gestus aber auch teil an einem christlichen Typus der *Aufhebung** von Dummheit. Als die Christen die Dummheit freudig begrüßten – ge-

wiß ein ungriechischer Gestus – »Ich war dumm« oder »das war dumm« – entstand eine Qualität der Vergebung: »Ich war dumm, aber nun verstehe ich (ich bereue). Ich habe das Licht gesehen.« Wenn ich das Dumme an meinen vergangenen Verwicklungen in die Politik betrachte, fange ich an, politisch Verantwortung zu übernehmen.

Für die alten Griechen gehörte die Dummheit nicht zum Bereich des Politischen, weil sie auf den Mangel an Politik hinweist: Dummheit heißt, außerhalb des Politischen zu sein. In Begriffen einer politischen Anthropologie müßte die griechische Auffassung oder Antizipation der Dummheit im Vorpolitischen, im Vergessen des Politischen situiert werden. Der Dumme ist unfähig, in einer Gemeinschaft zu leben. Im Wesentlichen autark, ist der vorpolitische Dumme durch eine Abwesenheit von Beziehung oder Bezug *(ataktos)* charakterisiert. Für Plutarch drückt der Begriff »Idiot« soziale und politische Inferiorität aus; er ist keine Bescheinigung für das Bürgerrecht – der Idiot ist vielmehr derjenige, der kein Bürger *(politēs)* ist. *Dummheit,* rückübersetzt ins Griechische meint eine Suspension des Politischen, in dem Moment, wo Heidegger uns eine seiner minimalistischen Äußerungen anbietet, die seine Verbindung zur Politik des Dritten Reichs betreffen.

An diesem Punkt wäre es schlau, das Problem der *Unübersetzbarkeit* einzubeziehen, das die folgenden Seiten bestimmen wird. Schon die griechischen Annäherungen an die »Dummheit« weisen eine interne Brüchigkeit auf – eine sprachliche Instabilität, die nur mittels eines beachtlichen Aufwands an rhetorischer Gewaltanwendung überwunden werden konnte. In einem anderen Register enthüllt die Bewegung zwischen französischen, deutschen, spanischen und englischen Verwendungen des Begriffs der »Dummheit« mehr als das Thema der semantischen Varianz. »Stupidity« widersetzt sich dem Transfer in *Dummheit,* ebenso wie es kaum die Prämissen von *bêtise* mit seiner begleitenden Zoologie, den Tieren oder der Animalität, enthalten kann, welche die wenigen, aber bemerkenswerten Diskussionen der Dummheit im Französischen bevölkern.[9] Auf einer anderen Ebene gibt es jedoch eine Dissoziation von Bedeutung und Intention, von der gesagt werden kann, daß sie im englischen Gebrauch auftritt, eine Dissoziation, die ein zweites Lesen der einzigen Bezugnahme Heideggers auf seine *Dummheit* erforderlich macht. Und hier wird die Angelegenheit der Unübersetzbarkeit sogar noch vertrackter, doch nicht weniger fundamental. Was würde geschehen, wenn wir dieses Geständnis der *Dummheit* dem allgemeinen Gebrauch gemäß als »stupidity« übersetzen würden? Würde eine andere Übersetzung, genauso akzeptierbar, wenn auch weniger gängig, den Bedeutungshorizont verändern? Lassen Sie uns sagen, daß Heidegger sich eher auf seine »Blödheit« (»dumbness«) von 1934 als auf seine »Dummheit« (»stupidity«) bezogen hat. Das Datum bleibt dasselbe, aber die moralische Bedeutung hat sich geändert, nimmt einen anderen Wert an. Diese intrasprachliche Drehung wiederholt den intersprachlichen Knoten, der »stupid(e)« mit »bête« verknüpft. Der Unterschied zwischen dem Eingestehen von Dummheit und der Aussage, daß man »blöd« gewesen sei (»Das war blöd«; »ich war einfach blöd 1934«), ist signifikant. Während die Darstellung, blöd gewesen zu sein, keinen Rekurs mehr erlaubt oder keinen Raum mehr läßt für eine Auseinandersetzung, steht die Dummheit (»stupidity«) in Verbindung mit einer Wirkung oder einem Übel; tatsächlich verlangt sie nach einem Urteil. In anderen Worten, während die Blödheit zu einer irreparablen Faktizität der Existenz gehören könnte, gibt es eine Ethik der Dummheit, oder, so könnte man formulieren, sie ruft nach einer Ethik. Seit den *Athenäumsfragmenten* ist der Dummheit Bewußtheit und Verantwortlichkeit zugeschrieben worden: »Die Narrheit ist bloß dadurch von der Tollheit verschieden, daß sie willkürlich ist wie die Dummheit.« [»Wilkürlich« ist in der amerikanischen Ausgabe mit »conscious« übersetzt.][10] Diese semantischen Oszillationen im Gedächtnis behaltend, müssen wir weitergehen und begreifen, daß die Reinheit der Differenz nicht aufrechterhalten werden kann und daß jede Übersetzung ihren anderen verwandelt, was die Knoten der Dummheit noch enger zieht.

»Es gibt keine Sünde außer Dummheit« (Oscar Wilde)

In *Bonheur bête* ruft Henri Michaux aus: »Il n'a pas de limites, pas de ... il est tellement sûr qu'il me désespère ... Il n'a pas de limites, il n'a pas de ..., pas de.« (»Es hat keine Grenzen, es hat keine ... keine ... es ist so zuverlässig, daß es mich zur Verzweiflung bringt ... Es hat keine Grenzen, es hat keine ... keine.«)[11] Die Erzählstimme wird zur Verzweiflung gebracht durch die grenzenlose Sicherheit desjenigen, der sich als wahrhaft dumm darstellt.

Es gibt mindestens zwei Momente in dieser Äußerung, deren wir uns bewußt sein müssen. Zunächst gibt es da die Frage nach der Grenze: Dummheit kennt keine Grenzen, sie bietet eine der raren Erfahrungen der Unendlichkeit. Brecht hat einmal bemerkt, daß Intelligenz begrenzt ist, aber die Dummheit unendlich sei. Daß sie keine Grenze kennt, heißt, daß sie kein Gesetz kennt, keine Alterität; sie ist gleichgültig gegenüber der Differenz und blind der Hierarchie gegenüber. Aber was den Erzähler zur Verzweiflung zu treiben scheint, ist die Sicherheit, auf der die glückselige Dummheit gedeiht, die Gewißheit, die sie zur Schau stellt. Während eine ihrer Erscheinungsformen nur darin besteht, »dumme« Fragen zu stellen, lehnt sich die vorherrschende Form der Dummheit gänzlich gegen das Fragen auf; sie erlaubt keine Fragen über die Welt, um erst gar nicht zu reden von den Fragen, die ihren eigenen Platz in der Welt, in der Sprache betreffen; noch fragt sie, welche Form solche Beziehungen haben. Schon immer dem Fragen Widerstand leistend, löscht die herrschende Dummheit diese im Gegenteil mit einer schnellen Antwort aus. Das ist vielleicht der Grund, warum der Erzähler, der von ihrem Auftreten Rechenschaft abzulegen versucht, in die Negativität hineinstottert und -stolpert, unfähig, auf die haushohe Obstinatheit des Dummen zu antworten (»pas de ... pas de«). Es gibt da keinen Raum für Fragen und keinen Bereich für die Figur des Zweifels. Die Dummheit erhebt einen stärkeren Anspruch auf das Wissen und auf das Vergegenwärtigen von Wissen, als sich eine strenge Intelligenz je selbst erlauben würde. Das ist der Grund, warum, in gewisser Hinsicht, Tests, die Kindern auf invariable Weise auferlegt werden, in den Bereich der Dummheit fallen. In dem Maße, wie sie eine Antwort wollen und das Moment der Frage instrumentalisieren, fliehen sie vor der Qual der Unentschiedenheit, der Komplikation oder der hypothetischen Verdoppelung, die für die Intelligenz charakteristisch ist. Im Moment des Produzierens einer Antwort muß der intelligente Geprüfte dumm *spielen*.

»Zeitweise ein Trottel oder Schlemihl zu sein, gehört zum Entwicklungsprozeß«[12] Die Notwendigkeit des Dummspielens weist auf politischen Druck hin, was ich in Kürze erklären werde, denn, so wie in Nietzsches Beispiel des russischen Fatalismus (du liegst, nicht wissend, ob du dich mit einem überwältigenden Problem auseinandersetzen sollst oder nicht, einfach mit dem Gesicht nach unten im Schnee), ist das zeitweilige Eintauchen in die Dummheit die nützlichste Überlebensstrategie.

Aber wenn Dummheit nicht gespielt wird, sondern sich selbst ohne Gewissensbisse behauptet, dann befindet sie sich paradoxerweise auf der Seite der Wahrheit, oder sie situiert sich zumindest als eine Replik des absoluten Wissens: sie vollzieht die Schließung, sie kennt ihren Grund und ihre Bedeutung, und so ist die Dummheit der Komplize des Narzißmus der Systeme, die sich in sich selbst abschließen als Wahrheit. Um sich sicher zu sein (»sicher«: ein anderer Reflex der Dummheit), gibt es keinen Prozeß, Verborgenheit ist nicht gefragt, und die Dummheit bleibt ein Phantom der Wahrheit, auf welche sie hinweist. Nichtsdestotrotz ist die Ähnlichkeit beider unmittelbar einleuchtend. Die Dummheit gibt niemals einen Fehler oder einen Irrtum zu; sie ist abhängig von miteinander verstrickten Vorurteilen und epistemologischen Illusionen. Doch anders als die Wahrheit oder die Geschichte ihrer Einschreibung leidet die Dummheit nicht an ihrem eigenen Mangel, weil sie in gewisser Weise ohne Abweichung oder Verzögerung angekommen ist. Die Dummheit kann als ihr eigener Überdruß situiert werden, als die Erfahrung des Vollseins, Erfülltseins und Vollendetsein: *le bonheur bête*.

Geschützt vor jeder Alterität, voller Sinn in bezug auf andere und sich selbst, eingehüllt in eine narzißtische Sicherheit, die sich innerlich reimt – Sein, alles in allem ohne Sorge – kann die Dummheit sehr wohl nahe an der Fülle sein. Sie könnte so nahe an der Fülle sein, wie es uns Sterblichen möglich ist. Angefüllt mit sich selbst, immun jeder Kritik gegenüber, ohne Widerstand oder die Anstrengung der Negativität, trägt die Dummheit ein geheiligtes Element in sich: es ist die Wonne.[13] Wer wäre so arrogant, diese Bedingung des Glücks zu zerreißen, mit einer Gegensicherheit oder mit der kleinlichen Behauptung, daß Fülle Betrug sei? Einer der Gründe, warum sogar von den Göttern gesagt wird, daß sie alle Hoffnung aufgegeben hätten, gegen die Dummheit ankommen zu können, ist, daß sie keinen Ort der Intervention anbietet, der nicht einen Bumerang-Effekt produzieren würde; die Dummheit wird an den Absender zurückgeschickt, der angeblich gegen ihre Selbstzufriedenheit vorgehen wollte.

Wenn die Dummheit jemals ein Gegenüber hatte, das in der Lage gewesen wäre, sie anzugreifen und sie in sich aufzunehmen, dann wäre dies in der Aufklärung der Fall gewesen, als die Götter außer Dienst waren, im Zeitalter der Vernunft, das seinen Feind mit der stetigen Klarheit des Ziels vor Augen ins Visier nahm. Die Pädagogik der Aufklärung bringt die Dummheit auf die Bühne, indem sie wiederholt die Brutalität, das Vorurteil, den Aberglauben und die Gewalt, jene zahlreichen Manifestationen der Verfinsterung der Vernunft, mitwirken läßt. Die Aufklärung war hinsichtlich der Dummheit ein Kontrollfreak, aber manchmal schaffte sie es nicht ganz, sie zu kontrollieren, sogar während sie damit beschäftigt war, die Menschheit vor regressiven Versuchungen zu bewahren. Voltaire war möglicherweise flexibler im Konturieren der Vernunft und sah, in seinem *Essai sur les mœurs,* eine ständige Oszillation im Gange, eine Art Struktur der manisch-depressiven historischen Entwicklung, wo brutale Regressionen darauffolgende, leuchtende Perioden der Vernunft zuwege bringen würden. Doch fielen Dinge vor, welche die vorherrschenden Stimmen auf ihrem Kreuzzug gegen die Dummheit widerlegten, Dinge, die uns dazu bringen, gewisse Aspekte der Aufklärung als das *Old New Age* anzusehen.

Die Marginalisierung der populären Kultur, die durch die Allianz der Unvernunft mit dem Wunderkult gekennzeichnet ist, fing im 16. Jahrhundert an. Eines der Ereignisse, das sowohl Diderot als auch Hume in Erstaunen versetzte, war »l'affaire des convulsionnaires«, die im wesentlichen den Erfolg von Wunderkuren für Epileptiker betraf, welche unerklärlich waren, wenn man dem Vertrag der Vernunft gehorchte.[14] Die demystifizierende Kraft der Vernunft war an ihre Grenze gestoßen. Unfähig, unautorisiertes Heilen oder Wundererscheinungen nachzuvollziehen oder zu erklären, wurde die Aufklärung zudem durch das Auftre-

ten von Fanatikern und dem überall vorhandenen Einfluß der Astrologie, des Okkulten, des Magnetismus und der Wissenschaft der Magie frustriert – Themen, die eine Anzahl von zeitgenössischen Buchläden unter der Überschrift »Metaphysik« einordnen. Die Wege der Körper, das was sie gesunden ließ oder zum Innehalten zwang, haben sich größtenteils den Taktiken der Aufklärung entzogen. Es war so, als ob der Körper nicht aufgeklärt werden konnte und letztlich zu einer anderen Ordnung des Seins gehörte. Doch heißt das nicht, daß die Religion als fähig erachtet wird, eine saubere Rechnung der Gesundheit vorzulegen.
In den Begriffen, die das Erbe der Aufklärung hinterlassen hat, steht die Dummheit auf seiten der sentimentalen Besetzungen und deutet auf eine Komplizenschaft zwischen Aberglauben und Fanatismus hin; in anderen Worten, die Dummheit gehört auf die Seite des Glaubens (des »blinden« Glaubens) und der religiösen Leidenschaft. Da religiöse Manie heute globalen Widerhall findet, könnte es der Mühe wert sein, wenn auch nur kurz, die theoretisch-historischen Verbindungen einer derart massiven Unordnung innerhalb des Bereichs der Dummheit zu betrachten. In der Tat, das Christentum hat einen Zugang zur westlichen Szenerie der Dummheit geschaffen, der bis dahin unbekannt war. Jean-Luc Nancy schreibt in einem aphoristischen Aufsatz, der den onto-theologischen Modulationen der *bêtise* nachgeht: »Der griechische Jude hat die Erfahrung einer gewissen Verrücktheit, eines mit dem Zustand der Demenz einhergehenden Exzesses. Der Christ erfährt die Verrücktheit des Glaubens (welche auf die Verrücktheit seines Gottes antwortet). Diese Verrücktheit demütigte die Vernunft und die Weisheit der Welt. Dummheit gehört deshalb zum Wesen des Sündenfalls und zur Notwendigkeit des Erlöstwerdens.«[15] Durch die Leidenschaft schieren Glaubens herabgesetzt, ist die Vernunft von Anfang an durch diese andere Logik des notwendigen Sündenfalls ins Wanken gebracht worden. Die Vernunft ist durch das Versprechen einer Erlösung niedergestreckt, der sie kein Gegengewicht entgegenzusetzen hat, gebunden wie sie ist an die endlichen und fragilen Grenzen der Existenz. Die Möglichkeit der Erlösung ist auf komplizierte Weise mit der Dummheit und dem Sündenfall, für den sie steht, verwoben. Das Christentum ist von einer gewissen Dumpfheit und von der Aversion gegen den Bereich des weltlichen Wissens und der Wissenschaftlichkeit abhängig, eine Dumpfheit, die das Christentum zugleich verordnet. Unter anderen Wirkungen sieht Nancy diese Abhängigkeit als Verstärkung des modernen Optimismus der Einfachheit, und, umgekehrt, als der Einfachheit des Optimismus in unserer Moderne förderlich. In dem Aphorismus über das Christentum und das Wesen der Dummheit zitiert Nancy Bloys Erkenntnis der »abstoßenden Mittelmäßigkeit der christlichen Welt«, die ihn dazu führte, den nihilistischen Pessimismus als Teil derselben historischen Erfahrung wie

den simplistischen Optimismus aufzufassen, wenn auch nur als sein angenommenes Gegenteil.[16] Die Umkehrung, die den Optimismus in Pessimismus verwandelt, ist unkontrolliert.
Gleichzeitig könnte die christliche Einfachheit letztlich nicht ganz so einfach sein, da sie beachtliche Anteile von Unwissenheit einbezieht – eine gewollte Unwissenheit sozusagen. Wenn die Einfachheit als Wert überall auftretende Formen der Mittelmäßigkeit hervorgebracht hat, dann hängt diese Entwicklung zweifellos auch mit anderen Faktoren als denjenigen zusammen, die sich aus den christlichen Beschränkungen der Wissenschaftlichkeit ergeben haben. Solche Begrenzungen können nicht verleugnet werden, ebensowenig wie die Einsicht, daß Wissenschaftlichkeit, so Nietzsche, zur Bejahung des intrinsisch Bösen eingeladen hat. Die Wissenschaft wird als böse erkannt, weshalb Eva, die erste westliche Wissenschaftlerin, das erste *Dasein,* das den wissensdurstigen Geist darstellt, bestraft wurde. Einfachheit, in einem theoretischen Sinn, bekennt sich zu den Grenzen dessen, was man wissen kann. Es ist ein Begriff, der in den Schriften von Nikolaus von Kues wiederkehrt, in *De docta ignorantia* ebenso wie in *Idiota de sapientia*, wo gelehrte Dummheit zur unbestreitbaren Komponente unserer Endlichkeit wird. Nicht auf kognitive Weise gelangen wir zu Gott, der unendlich ist. Alles was wir über Gott wissen, ist, daß wir Ihn nicht kennen können, sowohl in dieser Welt, als auch in der kommenden Welt.[17] Die Fiktion des Wissens, die wir über Gott produziert haben, hängt von einer Figur der Analogie ab, die der Möglichkeit der Fehllektüre ausgesetzt ist. Tatsächlich ist die Rhetorik selbst gefragt, wo Wissen vorausgesetzt wird, und die Einfachheit wäre ein Weg, um die abgründige Abhängigkeit von rhetorischen Strukturen, den Trägern der Glaubenshandlungen und des Wissens, zu bezeichnen. Indem er den fragilen Status der Funktion der Analogie zur Darstellung bringt, schreibt Jasper Hopkins: »Wenn wir die Gnade, die Gerechtigkeit [Christi] etc. empfangen sollen, werden wir sie analog unserer Erfahrungen in der menschlichen Dimension empfangen müssen. Deshalb werden wir sie unendlich verfehlen, und sie dementsprechend nicht wirklich empfangen, sondern nur etwas unendlich Verkürztes. Im System von Nikolaus von Kues gibt es eine Zwischenverbindung zwischen unserer Unfähigkeit, Gott zu verstehen und unserer Unfähigkeit, weltliche Dinge präzise zu verstehen.«[18]
Nikolaus selbst geht, in *De possest,* von einem unvermeidlichen Verfehlen aus, das dem Wissen innewohnt: »Denn solange er den Grund nicht
kennt, kann er sich nicht als begründet erkennen.« In *De docta ignoran-* 11.2.46.
tia argumentiert er auf ähnliche Weise: »Abgeleitetes Sein ist nicht verstehbar, denn das Wesen, von dem es abgeleitet ist, ist nicht verstehbar.« In der *Apologia doctae ignorantiae* sagt Nikolaus, daß Gott nicht 1.1.4

erkannt werden kann, weil Er »die Wurzel der wissenden Unwissenheit ist«. Wissende Unwissenheit, so fährt er fort, setzt ein »Wissen davon« 2.21.14
voraus, daß »alle Ähnlichkeiten [mit Gott] ... völlig unentsprechend sind.« 2.24.20-22
Zudem wird in *De docta ignorantia* das Unendliche, als Unendliches, als unbekannt begriffen, da es sich allen Vergleichen entzieht. Wissende Unwissenheit tritt dann auf den Plan, wenn der Intellekt, der sich seiner Begrenzungen bewußt geworden ist und seiner Unfähigkeit, jenseits eines gewissen Punktes zu verstehen, weniger geneigt ist, Figuren, Symbolismen und Projektionen für irgend etwas anderes zu halten als eine unentsprechende Annäherung an Referenz oder eine »Ähnlichkeit« mit ihr. Nikolaus zitiert den göttlichen Dionysos, der sagt, daß unser Verstehen Gottes uns eher in die Nähe von Nichts als von Etwas bringt. Im Bereich der semantisch-theologischen Frage zeigen die Qualitäten der Einfachheit, der Unwissenheit und der Laienhaftigkeit eine gelehrte Akzeptanz des Unverständlichen an, dessen, was nicht gewußt, sondern nur in rhetorischen Figuren dargestellt werden kann, der Konvention und der Trope entsprechend. Das Christentum stellt nicht so sehr das Gebot dar, dumm zu bleiben, vielmehr bezeichnet es die Annahme der menschlichen Dummheit angesichts des nichtdarstellbaren *Maximum Absolutum*; das bedeutet, das absolute Maximum, »alles, was sein kann«, »dasjenige, für das es nichts Größeres gibt«, kann nur durch die inhärente Demut der Figuration aufgerufen werden.[19] Da das Wissen um die fundamentale Essenz des Seins ohne die Implikation des rhetorischen Faulspiels nicht ausgesagt werden kann, sind die Menschen nur im Rahmen der ontologischen Idiotie erfolgreich – selbst dann, wenn sie die besondere Gunst erlangt haben sollten, *wissende* Unwissende geworden zu sein.

Testfall: Über das Dumm-Dastehen: »Je suis emporté, mais stupide.« (Jean-Jacques Rousseau)

Unter den Überschreitungen, die Rousseau in seinen *Bekenntnissen* dargestellt hat, und den entwendeten Bändern, die sich durch seine Erzählung winden, ist die Darstellung der Furcht vor der Dummheit unbemerkt geblieben. In Buch 3 beschreibt er eine Art von Berufungsprüfung, die ihm auferlegt wurde, und bei der er schließlich durchsauste, weil er dazu bestimmt war, nicht mehr erhoffen zu dürfen, als Dorfpriester zu werden. Mme de Warens hat mit M. d'Aubonne, »einem klugen Menschen«, über die Aussichten von Jean-Jacques gesprochen: »er erbot sich, mich zu prüfen, festzustellen, wozu ich mich eigne, und mir, falls ich etwas tauge, eine Stelle zu verschaffen.«[20] Es verhielt sich jedoch so, daß Rousseau der Prüfung ohne sein Wissen ausgesetzt worden ist, eine Prüfungsbedingung, die einige Turbulenz in seinem Text verursacht. Mme de Warens schickte ihn zu seinem Prüfer unter verschiedenen Vorwänden und unter dem Anschein, daß es sich um eine Plauderei handeln würde. Obwohl diese Situation scheinbar als ein Moment von extremer Besonderheit dargestellt wird, wird sehr bald klar, daß für eine empfindliche Seele fast jede soziale Begegnung eine geheime Prüfungssituation ist, die dazu angetan ist, einen als armselige Figur erscheinen zu lassen. Worauf Rousseau nicht eingeht, ist die Frage, obwohl sie der Entfaltung seiner Erzählung implizit innewohnt, ob es für ihn blöder war, durchgefallen zu sein oder nicht gewußt zu haben, daß er getestet worden war. Davon auszugehen, daß eine Begegnung sozusagen »wirklicher« ist als ein Test, macht sie paradoxerweise weniger wirklich und auf jeden Fall weit weniger bestimmend als dies der Fall wäre, wenn sie von Anfang an als Prüfung aufgefaßt worden wäre. Auf der einen Seite könnte es so sein, daß eine wirkliche Begegnung als solche niemals statthat, daß aber immer, wenn auch auf versteckte Weise, eine Prüfung abgenommen wird. Doch ist Geprüftwerden keine gute Art, jemandem zu begegnen. Auf der anderen Seite, wenn ein echtes Zusammentreffen begrüßt oder antizipiert wird, kann es nicht die Charakteristika einer Prüfung annehmen. Wenn es ein Test ist oder, wie im Falle Rousseaus, es sich herausstellt, daß dies ein Test gewesen ist, dann kann die Begegnung nicht gleichzeitig beanspruchen, ihr Wesen als Begegnung aufrechtzuerhalten, in dem Maße, wie eine Begegnung, um das zu sein, was sie ist, nicht programmiert und determiniert werden kann oder kalkulierbare Ergebnisse in der Art einer Prüfung vorlegen muß.

Was Rousseaus Beispiel nahelegt, ist unsere Unfähigkeit festzulegen, ob eine Begegnung eine Prüfung war, ohne einen der Begriffe aufzulösen. Um im Zuge eines *Tests* eine *Begegnung* weiterhin aufrechtzuerhalten, kann man nur ein »vielleicht« annehmen und nicht mehr – vielleicht war es ein Test, aber das ist alles, was wir wissen. Man kann nicht ganz die Möglichkeit ausschließen, daß eine Begegnung ein Test gewesen sein könnte. Auf jeden Fall gelingt es Rousseau, was ihn betrifft, damit ins Reine zu kommen: »aber das Ergebnis seiner Beobachtungen lautete, daß ich trotz meines vielversprechenden Äußeren und meines lebhaften Gesichts wenn nicht völlig unfähig, so doch ein recht unbegabter, begriffsarmer, kenntnisloser, kurz mit einem Worte, ein in jeder Beziehung recht beschränkter Junge sei, dem die Ehre und die Aussicht, eines Tages Dorfpfarrer zu werden, für das höchste Glück gelten müsse,
nach dem er streben dürfe.« Rousseau ist ziemlich beschäftigt damit, 143
Mama gegenüber sein armseliges Zeugnis zu erklären. Es gibt da eine Logik der Serie: »Schon zum zweiten oder dritten Mal war so über mich geurteilt worden, und dieses blieb auch nicht das letzte Mal, denn die
Meinung des Herrn Masseron ist noch gar oft bestätigt worden.« Rous- 143
seau verspürt nun das Bedürfnis, den irgendwie einmütigen Ergebnis-

sen derartiger Intelligenztests, denen er wiederholt ausgesetzt worden ist, etwas entgegenzusetzen. Buch 3 kündigt an, daß diese Ergebnisse, seinen Charakter und seine Begabung betreffend, Fehlurteile waren. Interessanterweise liegt Rousseaus Verteidigung nicht im Entdecken der versteckten Quelle einer wahren Intelligenz, sondern darin, entschlossen seine Dummheit zu bestätigen: »Ich bin im höchsten Grade erregt,
aber völlig benommen.« Bis zum Exzeß stimuliert (Rousseaus mittlerer 144
Name), befindet er sich, auf eine nicht wiedergutzumachende Weise, im Zustand der Dummheit.

Der dem Text innewohnenden Logik zufolge liegt der Dummheit am Ende die Illusion der Unmittelbarkeit zugrunde und impliziert einen Anspruch auf die impromptu-Produktion von Bedeutung. Vielleicht ist es an dieser Stelle wichtig, sich hier daran zu erinnern, daß Rousseau, für Hölderlin, der Denker der Vermittlung war. Ein Held des *Entzugs**, stellt der eher anthropologisch eingebettete Rousseau der *Bekenntnisse* die Erfahrung der Dummheit als durch Präsenz bestimmt dar, die eine gewisse Blockierung in der Bewegung des Entzugs mit sich bringt.

Das heißt, daß die Metaphysik mit dem Vergessen der Dummheit einhergeht, auf der sie basiert. Rousseau, der seine Beteiligung an der westlichen Episode der Vergessenheit bedenkt, ist, von Rousseau beurteilt, dumm, in dem Maße, wie er der Präsenz nicht entsprechen kann, sondern den Aufschub braucht und auf der Welle des Zuspätseins reitet: »nur langsam entstehende unklare Gedanken, die sich niemals im richtigen Augenblick einstellen. ... Erstaunlicherweise besitze ich dabei dennoch ein ziemlich sicheres Feingefühl, Scharfsinn und sogar Schlauheit,
wenn man mir Zeit läßt.« Sich leicht in Widersprüche verwickelnd, be- 144
hauptet Rousseau, daß er im Prinzip durchaus in der Lage sei, spontane Antworten zu geben und Verhaltensweisen zu zeigen, wenn sie quasi nur nicht spontan sind. (»Brieflich würde ich zum Beispiel eine ganz geistreiche Unterhaltung führen können ... wenn man mir Zeit läßt ... aber im Augenblick habe ich noch nie etwas von einigem Werte fertig-
gebracht oder gesagt.«) Das Bedürfnis, Zeit zu haben, enthüllt sich als 144
chronische Voraussetzung, die sich nicht auf die Ansprüche der Unmittelbarkeit oder auf jene eines live-Publikums begrenzen läßt.

> Diese mit der äußersten Lebhaftigkeit des Empfindens verbundene Langsamkeit des Denkens ist mir nicht nur im Gespräch eigen, sondern auch, wenn ich allein bin und wenn ich arbeite. Die Gedanken ordnen sich in meinem Kopfe nur mit der unglaublichsten Schwierigkeit; sie schwanken dumpf darin auf und nieder und fangen an zu gären, wodurch sie mich aufregen, erhitzen und mir Herzklopfen verursachen, und inmitten dieser großen Erregung sehe ich doch nichts deutlich und würde nicht ein einziges Wort niederzuschreiben wissen. Ich muß warten. Unmerklich beschwichtigt sich

dieses große Durcheinander, das Chaos klärt sich, und jedes Ding kommt, wenn auch langsam und nach einem langen und wirren Streben, an seinen Platz. 144

Rousseau beschreibt hier die Bedingung, die er als Dummheit erkennt und das nachfolgende Sich-Einstellen der Klarheit – analog den Szenenwechseln in der italienischen Oper. »Bei dem Szenenwechsel herrscht auf diesen großen Theatern eine unangenehme, ziemlich lange andauernde Unordnung« und »von allen Seiten wird aufs gräßlichste daran herumgeschoben, und jeden Augenblick fürchtet man, alles möchte zusammenstürzen.« Der Übergang von der Verwirrung zur Luzidität, den 144
Rousseau hier nachzeichnet, hängt auf ziemlich überraschende Weise von einer Rhetorik des Schauspiels und der Repräsentation ab. Im Moment, wo er die Überwindung der Dummheit zu beschreiben versucht, greift er auf jene obsolete Rhetorik zurück, die er so unbarmherzig kritisiert hat. Erscheinung und Klarheit hängen von der Fiktion des Schauspiels ab, von einer ausdrücklichen Rhetorik der Täuschung. Zwischen den Szenen, aber innerhalb des Schauspiels oder im Moment seines Aussetzens, scheint, so Rousseau, alles zusammenzustürzen.

Indessen ordnet sich aber alles nach und nach, nichts fehlt mehr, und zu seinem höchsten Überraschen sieht man auf diesen langen Wirrwarr ein entzückendes Schauspiel folgen. Ungefähr so läßt es sich in meinem Gehirn an, wenn ich schreiben will. Hätte ich es verstanden, erst abzuwarten und dann die Dinge in all ihrer Schönheit, wie sie sich mir nun boten, wiederzugeben, würden wenige Schriftsteller mich übertroffen haben. 145

Diese destruktive Unordnung, mit der Rousseau seine Erfahrung der Dummheit assoziiert, setzt, »zu seinem höchsten Überraschen« mit dem Beginn des Schauspiels aus, das heißt, mit dem Aufbau der Fiktion einer Totalität, in der nichts fehlt, in der sich das Phantasma bevorstehender Verstümmelung und Zerstückelung auflöst. »Jedes Ding kommt an seinen Platz« – und wenn Rousseau zu warten verstanden hätte, dann wä- 144
re er ein einzigartiger Schriftsteller geworden, so schreibt er.
Aber er schreibt in dem Moment, wo das Theater aussetzt, und er hat auf das kommende Spektakel nicht zu warten gewußt. Dieser Moment, der ein Vorgriff auf die Wahrheit als Kastration sein könnte, konstituiert, jeglicher Verschleierung vorangehend, den Moment der Wahrheit für Rousseau als unentwirrbare Dummheit. Dummheit, eine Bedingung, die die Vertuschung erforderlich macht, ruft das Spektakel auf. Dummheit führt sich selbst auf der Bühne auf, als die Auflösung der Szene, wenn die Dinge sich mischen und »herumgeschoben [werden], durcheinanderstehen«. Sie findet zwischen den Akten statt, wenn die Illusionen

verschwinden und die Arbeiter auf der Bühne sind. In gewisser Weise
ist die Dummheit dann der Ausbruch des Realen, dessen, was unassimi-
lierbar ist, »zusammenstürzt«, der Moment der nicht-symbolisierbaren
Lücke. Rousseau sagt nicht, daß der destruktive Moment der Nicht-Re-
präsentation eine Illusion konstituiert, denn seine Logik würde eine sol-
che Behauptung nicht zulassen, sondern daß die zerreißende Wahrheit
der Szene auf den Aufbau der Illusion folgt, welche den Geist beruhigt.
Die Dummheit zieht sich hinter die Kulissen zurück, wenn ihr anderer,
als Illusion, ins Blickfeld tritt.
Um zu zeigen, wie langsam er als Briefeschreiber ist (»ich kann weder
einen Anfang noch ein Ende finden, mein Brief ist dann ein langer ver-
worrener Wortschwall, aus dem man kaum entnehmen kann, was ich
will«), gibt Rousseau im nächsten Absatz zu, daß es ihm unmöglich sei, 145
irgendetwas von dem zu begreifen, was vor seinen Augen geschieht –
in anderen Worten, obwohl er es anders formuliert, enthüllt er, daß er
auf konstitutionelle Weise blind ist, was das Schauspiel, die Figur selbst,
betrifft, die zur Überwindung der wesentlichen Dummheit beitragen
sollte: »Ich habe weder Gefühl noch Verstand für irgendetwas, das ge-
sagt oder getan wird oder das sich vor meinen Augen abspielt.« Die bei- 145f.
den Hauptprinzipien, die für ihn regulierend sind – Gefühl und Verstand
– fallen dauernd durch den Test der Unmittelbarkeit, um zu der Aussa-
ge zu gelangen: »Allein ich bin nicht imstande, etwas von dem zu be-
greifen, was ich sehe.« Indem diese Aussage die auf Gegenwärtigkeit 145f.
zielende Potentialität des Schauspiels ausfallen läßt, setzt sie den figu-
ralen und fragilen Aspekt der Klarheit wieder ein. Das Gegenwärtige vor
allem geht verloren; es kann als solches nicht einfach in Erscheinung
treten, ausgenommen als gestotterte und sich blamierende Selbst-Dar-
stellung. Im weiteren macht Rousseau klar, daß es keine Unmittelbar-
keit der Wahrnehmung geben kann; er weist darauf hin, daß da, wo sie
angeblich statthat, Unmittelbarkeit eine Täuschung ist. »Ich begreife
nur das, dessen ich mich erinnere, und nur in meinen Erinnerungen
bin ich klug. ... Später jedoch tritt mir dann alles wieder vor Augen, ich
entsinne mich des Ortes, der Zeit, des Tones, des Blicks, der Gebärde,
der Umstände, und nichts entgeht mir.« Der andere der Dummheit, den 146
Rousseau nie als solchen nennt (was ihn selbst betrifft, so ordnet er
sich nie irgendein Attribut der Intelligenz oder der Schnelligkeit oder
ein festes Zugreifen auf die Dinge zu), wird als erinnerungsmächtig dar-
gestellt, er gehört zur Logik des wiedereinsetzenden Gedächtnisses,
zu dem, was zu ihm zurückkommt, nachdem er zunächst einen nur
schwer nachvollziehbaren Weg gegangen ist. Umgekehrt ist die Dumm-
heit ganz gewiß auf der Seite des Lebens zu finden, der lebendigen Ge-
genwart und des wahrnehmbaren, wenn auch instabilen Geschehens,
der blitzlichtartigen Unmittelbarkeit. Um sich von dieser wesentlichen

Dummheit zu erholen, mußte Rousseau das wiederaufrufen, was sich nie als Anwesenheit gezeigt hatte: der lebendige Logos ist von Anfang an verschwunden gewesen. Es gibt für das Gegenwärtige keinen Ort, wo es statthaben kann, außer in Form einer erinnerten Wiederkehr, der nichts entgeht.
Reflexion, auf der anderen Seite, zeigt eine gewisse Erfahrung des Todes an, eine Auszeit, die, gerade wegen der Verzögerung und Distanz, die sie impliziert, die Basis bildet für die eigene Gelassenheit:

Für mich gibt es keine schrecklichere Pein als die Verpflichtung, auf der Stelle und ohne Unterbrechung zu sprechen. Ich weiß nicht, ob das mit meiner tödlichen Abneigung gegen jegliche Abhängigkeit [assujettissement] zusammenhängt, aber die Notwendigkeit, daß ich sprechen muß, genügt vollkommen, um mich unfehlbar eine Dummheit sagen zu lassen. Noch verhängnisvoller für mich ist, daß ich, anstatt mich aufs Schweigen zu verstehen, wenn ich nichts zu sagen habe, dann, um meine Schulden schneller zu bezahlen, eine wahre Sprachwut bekomme. Hastig stottere ich sehr schnell ein paar gedankenlose Worte heraus und bin glücklich, wenn sie wirklich wenigstens gar keinen Sinn haben. Will ich gar meine Ungereimtheit besiegen oder verbergen, so verrate ich sie erst recht. 146f.

Eine ganze Anzahl von dringlichen Erklärungen werden hier ins Spiel gebracht. An dieser Stelle erscheint die dumme Äußerung so, als stünde sie auf der Seite der Abweichung, als sei sie ein Protest gegen das Genötigtwerden. Sie wird als Antwort auf die Gewalt angesehen, die der sozialen Verpflichtetheit, auf der Stelle zu sprechen, inhärent ist. Was so wirkt, als würde es Rousseaus Aversion gegen diese Nötigung bezeichnen, ist sein eigenes geheimes Einverständnis (»wahre Sprachwut«) mit der sozialen Polizei, die ihn dazu bringt, sich den Autoritäten auszuliefern, wobei er sich genau dann exponiert, wenn er sich eigentlich zurückziehen möchte. Aus dieser Passage lernen wir, daß dumme Handlungen, die beim Sprechen unterlaufen, in der ethischen Angst ihre Wurzel haben: Da Rousseau, so schnell es geht, seinen gesellschaftlichen Schulden nachzukommen sucht (»meine Schulden schneller zu bezahlen«), bringt er Worte hervor, die im besten Fall gar nichts bedeu- 146
ten. Nun, Leser von Rousseau haben diesen ethischen Doppelschritt schon vorher bemerkt, in der Marion-Episode, wo Rousseau zu demonstrieren versucht, wie er seinem Pflichtgefühl entspricht – er produziert einen Signifikanten, der nur so aussah, als ob er eine Referenz hätte, aber tatsächlich arbiträr und zufällig war. Diese Anstrengung wird in Buch 2 geschildert. Damit sind wir bei einer Szene eines noch weniger verbrecherisch erscheinenden Verbrechens angelangt, nämlich bei der Dummheit, die ein Surplus an Beschämung hervorruft.

In *Excuses* bringt Paul de Man den Versprecher, der Bedeutung produziert, mit Rousseaus exhibitionistischen Neigungen in Verbindung.[21] Wir begegnen in der hier in Rede stehenden beschämenden Episode einem ähnlichen Schwanken Rousseaus, zwischen dem Wunsch, sich zu verbergen und der Notwendigkeit, eine »Unfähigkeit« zu enthüllen. Es wäre vorschnell, die *jouissance* der Darstellung auszulöschen, die sein Bekenntnis zur Dummheit begleitet. Denn, wie die Oper zwischen den Akten, führt die Dummheit – als politischer Protest oder als reine Exposition – genau im Moment ihrer Konstitution die Mortifikation des *sujet-en-scène* auf, den Augenblick ihres Auseinanderfallens. Wir lernen aus unserer Lektüre der benachbarten Abschnitte, daß Rousseau unfähig ist, das Schauspiel, das er beschreibt, zu betrachten; diese Disjunktion von Aussage und Performanz würde ebenso destabilisierend wirken wie die Bühne, die umgebaut wird, hätten wir nicht in die falsche Richtung geschaut. Auf eine verstohlene, wenn auch insistente Weise, zeichnet es sich ab, daß der Ort des Schauspiels, das nur mit Verhinderungen in den Blick kommt, der unterstellte Zuschauer ist, nämlich Rousseau selbst – und es gibt keinen besseren Weg, aus sich selbst ein Schauspiel zu machen, als seine Dummheit zur Darstellung zu bringen. Dies ist Rousseaus »wahre Sprachwut«, die mit den Begriffen der Sterblichkeit, der Destruktion und der Fatalität zusammenhängt; er schreibt,
daß »sie den Schlüssel zu gar vielen seltsamen Dingen [enthält]«. Rous- 148
seau kann nicht anders als sich selbst enthüllen, wobei er in sein Repertoire der Selbstdarstellung einen fremden Charakter aufnimmt und die Untertitel in Anspruch nimmt, die seine *Bekenntnisse* bereitstellen: »Ich würde die Geselligkeit wie jede andere lieben, wenn ich nicht sicher wäre, mich darin nicht nur zu meinem Nachteil, sondern auch völlig
anders zu zeigen, als ich wirklich bin.« Wenn man davon ausgeht, daß 148
seine lebendige Anwesenheit, wenn sie gegenwärtig ist, einem fremden Charakter Ausdruck gibt, dann hat Rousseau für sich eine andere Rolle gewählt, eine Rolle, die von ihm verlangt, den Schauplatz zu verlassen, den er nie aufhören wird, darzustellen: »Das Teil, das ich erwählt habe, nämlich mich zu verstecken und zu schreiben, paßt wirklich am vortrefflichsten zu mir. Meine Gegenwart hätte nicht nur zu erkennen
gegeben, sondern selbst zu ahnen verhindert, wer ich war.« Aber den- 148
ken Sie jetzt bloß nicht, daß Rousseau, nachdem er die Rolle des Schreibenden angenommen hat, eine Praxis gefunden hätte, die ihm dazu verhalf, nicht herabgesetzt und beschämt zu werden. Keineswegs. Noch nicht einmal auf der thematischen Ebene. Als er den Abschnitt abgeschlossen hat, der die analogen Ähnlichkeiten zwischen seinem Gehirn und der italienischen Oper beschreibt, behauptet Rousseau, so als sei sein Gehirn auf eine Manuskriptseite übertragen worden: »Daraus ergibt sich die ungeheure Schwierigkeit, der ich beim Schreiben begeg-

ne. Meine durchgestrichenen, hingesudelten, mit Einschaltungen ver-
sehenen und unleserlichen Manuskripte verraten die Mühe, die mich
ihre Abfassung gekostet hat. Es gibt nicht eines, das ich nicht vier- oder
fünfmal hätte abschreiben müssen, ehe ich es in den Druck geben konn-
te.« Sogar in der Zurückgezogenheit, an jenem Ort, wo er, ohne die Ty- 145
rannei der Präsenz, seinen Wert behaupten kann, öffnet Rousseau das
endlose Dossier der Schnitzer und der Unfähigkeiten und bekennt seine
unauslöschliche Dummheit: »und die enttäuschte Erwartung der Leute
ließ meine Torheit noch größer erscheinen.« 148

»O Te Beata Gregia!« (Giacomo Leopardi)

Die Kultur, die durch Marx und Nietz-
sche als mit der Dummheit auf unentwirrbare Weise verstrickt beschrie-
ben worden ist, die deutsche »Kultur«, hat uns Simplicius Simplicissimus,
den Taugenichts, Eulenspiegel, den Schlemihl und andere literarische
Verwandte des historischen Trottels geschenkt. Außerdem gibt es, dank
Robert Musil, auch noch eine Anzahl von intensiven Gedankengängen
über das, was die Dummheit charakterisiert, über ihren figuralen Status
und ihre serielle Entfaltung im Rahmen von so etwas wie einem Begriff.
Im *Nachlaß zu Lebzeiten* bietet Musil einen kurzen Text an,[22] überschrie-
ben mit *Schafe, anders gesehen.* Lassen Sie uns die Schafe als Metonymie
auffassen, als Metonymie der Figur, so daß wir die Evolution durch die
christlichen Weideländer dieser gruppenpsychologischen Einheit hin-
durch in Augenschein nehmen können. Im Körper des Textes konstru-
iert Musil eine Allegorie des christlichen Märtyrertums: »In den weißen
Ringeln ihrer Haare wiederholten sich die Wolken des Himmels. Es sind
uralte katholische Tiere, religiöse Begleiter des Menschen. *Überall*: Scha-
fe sind ängstlich und blöd, wenn der Mensch naht; sie haben Schläge
und Steinwürfe des Übermuts kennengelernt. Aber wenn er ruhig ste-
hen bleibt und in die Weite starrt, vergessen sie ihn.« Zitternd und ner- 485
vös, ein Abbild des Himmels, aber versehen mit den zierlichen Schädeln
der Märtyrer, ertönen die Stimmen der Schafe und »[es] klang wie das
klagende Gebet der Prälaten im Dom«. Dummheit, die sich mit »Ängst- 484
lichkeit« verbindet, wird hier als eine Reaktion des Tiers, als Antwort auf
den Betrug und die Brutalität des Menschen begriffen. Es ist das, was
sich dem Menschen zeigt, aber vom Menschen vergessen wird, wenn
er seinen Blick abwendet. In den nachfolgenden (und letzten) Essays
von Musil über die Dummheit verwandelt sich diese Szene in eine der
häuslichen Gewalt, indem die Produktion der Dummheit als Antwort,
gewöhnlich einer Frau oder einer politisch eingeschüchterten Bevölke-
rungsgruppe, auf Schläge vorgeführt wird. Doch werden die Schafe in
diesem Kontext noch unter einem anderen Aspekt gesehen, mit einem
doppelten Fokus auf ihre Aura und die angsterfüllte Gruppenbildung,

zu der sie neigen. Sie sind, obwohl sie eine begleitende Funktion in der Religion haben, sowohl Objekte des Spotts für die Menschen als auch die geliebten Objekte Gottes. Aber Gott sieht in den Schafen eine Figur des Menschen. Um die doppelte Lesart zu unterstreichen, wird die Arbeit in zwei Teile unterteilt; der Hauptteil des Textes wird überschrieben durch eine kurze vorangehende Passage, die beinahe wie ein Zitat wirkt:

Zur Geschichte des Schafes: der Mensch findet heute das Schaf dumm. Aber Gott hat es geliebt. Er hat die Menschen wiederholt mit Schafen verglichen. Sollte Gott ganz Unrecht haben?
Zur Psychologie des Schafes: der sichtbar gestaltete Ausdruck hoher Zustände ist dem der Blödheit nicht unähnlich. 484

Schafe haben eine Geschichte, wirklich eine Historizität, und sie haben es sogar dazu gebracht, für die Dummheit selbst zu stehen – oder zumindest könnte dies die Version sein, in der der Mensch der Gegenwart das Schaf einschreibt. »Aber Gott hat es geliebt.« Ein Meister der disjunktiven Analogie, hat Gott auf beharrliche Weise den Menschen mit dem Schaf verglichen, und umgekehrt hat der Mensch diesen verworfenen Teil seiner vom Auge Gottes unterstellten Verfaßtheit abgewehrt und verfolgt. Der Punkt, um den es hier geht, ist jedoch, daß Gott das katachrestische Manöver *braucht*, um lieben zu können. Gottes Liebe für den Menschen führt ein Problem der Referenz ein: der Mensch soll nicht Mensch sein, sondern Tier (*bête*) und zwar das unterwürfigste, als lächerlich hingestellte und ängstlichste aller Tiere, dasjenige, das nie als solches eines ist, denn Schafe stehen nicht allein und leiden nicht an der Individuation. Um die Wirkungen der disjunktiven Analogie weiterzuentwickeln: wenn Er den Menschen liebt, dann erwacht Gott im Prinzip, wie in so vielen Slapstick-Komödien, als Bettnachbar eines Schafes. Doch wie der Dichter Leopardi in dem Vers »die seligen Schafe« andeutet, hängt »beata«, »*selig*«, englisch »silly«, mit »dumm« zusammen; sie sind die sowohl Gesegneten als auch Glückseligen.[23] Es handelt sich hier um einen auf Übersetzung beruhenden Transfer, durch den Musils Beobachtung getragen wird, wenn er seinerseits eine Analogie zwischen der Miene der Dummheit und dem Ausdruck exaltierter Bewußtheit zieht. Doch die Überkreuzung zwischen dem mystischen, ekstatisch-starren Blick und demjenigen der verblödeten Abgestumpftheit wartet noch immer auf eine Diskussion. Es ist eine *ideé reçue*, daß der christliche Gott weniger zornig ist, stärker für seine Herde eintritt und fähig ist, in bezug auf die Heilung einen festeren Willen zu zeigen als der Gott des Alten Testaments, der immer schon von einem Platz des Mangels oder der Not aus zu agieren scheint (obwohl diese Sicht bestritten werden kann aufgrund der komplizierten Wiederholungen und Ausgeklügeltheiten des Neuen Testaments). Wenn man einem der wenigen Autoren, die diesem Thema einen substantiellen Aufsatz gewidmet haben, ein Ohr leiht, hat die Dummheit jedoch immer eine bestimmte Art von Freistätte geboten, die der Glückseligkeit förderlich ist, die sich an die Wonne des Ignoranten anschließt. Dr. J. E. Erdmann, der immer schon ein nietzscheanischer Schüler Hegels war, auf den wir später zurückkommen, hat in einem Band, der mit *Ernste Spiele: Vorträge, theils neu, theils längst vergessen* überschrieben ist, über die exzeptionelle Protektion, die die hoffnungslos Dummen genießen, geschrieben.[24] Nachdem er eine Geschichte erzählt hat, in der eine Mutter ihren kleinen Jungen, der gerade etwas besonders Dummes gesagt hat, mit Küssen überschüttet, beobachtet Erdmann:

> ... und nicht nur von der eigenen Mutter, wie Jener, sondern von der Mutter aller Menschenkinder ward man so regalirt von Fortuna, deren Vorliebe für die Dummen sprüchwörtlich ist. Nicht mit Unrecht, denn daß er ohne Umsicht handelt, wie der Nachtwandler auf dem Dach oder Blondel auf dem Seil, gar nicht um sich sieht, oft sein Ziel erreicht, daß die Dummen, gerade wie die Kinder, auch wenn sie auf die Nase fallen, sie nicht verletzen, während mancher Gescheidte sie bricht, wenn er auf den Rücken fällt, das ist bekannt.[25]

Das Schicksal lächelt auf den Dummkopf hinab und bietet demjenigen einen zusätzlichen Schutz, der, wie ein Schlafwandler, nicht verwundbar ist. In dieser Hinsicht ist die Dummheit etwas, das wie ein Schutzschild vor sich hergetragen wird, sie ist eine kugelsichere Investition mit Blick auf unbewußtes Geschehen. Solch eine Perspektive entspricht genau dem Klischee »was du nicht weißt, verletzt dich nicht«, bei der das Wissen, wie bei Ödipus, mit der Kastrations- und Todesdrohung verbunden wird. Der Charakter, der mit Dummheit assoziiert wird – in zeitgenössischen pikaresken Darstellungen ist er ein Abkömmling von Forest Gump – kann serienmäßig nur vorwärts kommen (er verliert dabei seine Bügel) in dem Maße, wie ihm das Wissen um die Positionen, die er einnimmt oder um die ausgeführten Taten abgeht. Moralische Reinheit – der amerikanische Stil – kann nur durch radikale Unwissenheit garantiert werden. Das Zeichen für diese Reinheit wird gestützt, und nicht erschöpft, durch die zitathafte Qualität seiner Beziehung zu Mutter (»Mutter sagt, daß...«) – sie ist eine verwandelte Fortuna, die, indem sie ihr strahlendes Lächeln aussendet, den Schlafwandler durch traumatische Episoden der amerikanischen Geschichte lenkt. Solche Figuren, geschützt durch Fortuna oder Gott, je nachdem, wer gerade am Steuer sitzt, zeigen eine gewisse Umkehrung der griechischen Werte an oder betonen zumindest den Begriff der kompensatorischen Protektion. Aber wer soll eigentlich vor dem Dummsein geschützt werden? Das schien nie Gottes Anliegen gewesen zu sein.

Die Dummheit wird oft als ansteckend angesehen, dazu angetan, der Verbreitung von Drogen und Krankheit zu dienen. An Nietzsches Überzeugung erinnernd, daß die Starken Schutz brauchen – in seiner Umwertung der Fortuna werden die Gesunden als die angesehen, die am meisten »immunverletzbar« sind[26] –, gibt es eine Angst, dumm zu *werden*, die in verschiedenen Diskursen auftaucht. Schopenhauer glaubte, man könne seine Studenten dumm machen, wenn man ihnen Hegel zu lesen gäbe. Rosa Luxemburg machte sich Gedanken über die *Volksverdummung*, eine Form der nationalen Verblödung. Rousseau erkannte die Gefahr, dumm zu werden, wenn man nicht wagt, allein zu leben, sich selbst in einer quasi mimetischen Häuslichkeit einsperrt, die durch den »esprit d'imitation« dominiert wird. Diejenigen, die nicht alleine leben, sind für die Dummheit empfänglich, in dem Maße wie sie sich spiralförmig in den Raum hinein fortsetzen, wo der Mensch ohne Unterlaß den Menschen kopiert. Obwohl die Dummheit anfangs begrüßt wird (Hegel lesen, Rauschmittel, mit anderen leben), überkommt sie einen wie ein aufdringliches Trauma, indem sie dich in einen Wiedergänger ihrer Verlaufsgeschichten verwandelt. Die verführerischen Bereiche der Populärkultur – Sport, Musik, Massenmedien – müssen in Betracht gezogen werden, wenn die Orte der Ansteckung im Hinblick auf die Angst, verdummt, abgestumpft oder in Techno-Räusche versetzt zu werden, erforscht werden.

Es ist oft gesagt worden, daß das Fernsehen verdumme: mechanische Wiederholung jeglicher Art kann dich mit einem Anflug von Dummheit zeichnen. (Als Zeugin von zeitgenössischer(n) Sozial-Geschichte(n) beschäftigt es mich, daß die *Arbeit* die Leute verblödet, indem sie ihnen wesentliche Spielarten der Nicht-Produktion, des Vergnügens, der Meditation und des Spiels wegnimmt. Es wird vom ethischen Standpunkt aus notwendig werden, einen Weg zu finden, um mit Grund die Nicht-Arbeit zu bejahen, das Ausruhen zu subventionieren, die Faulheit, das Herumlümmeln, ohne sich den allgemeinen Verurteilungen oder Abwertungen zu unterwerfen, die mit Blick auf die Logik der anderen »Aktivitäten« statthaben – Rousseaus *far niente*. Aber Ethik ist eben auch Arbeit, deshalb erlauben Sie mir, dies lediglich in den untätigen Zwischenraum einer in Klammer gesetzten Bemerkung zu setzen, ohne darin das bestrafende Surplus der gewaltigen Leiden an der Arbeit, noch nicht einmal der Arbeit des Negativen, unterzubringen. Die Reduktion der menschlichen Figur auf Arbeit muß verstanden werden als Gleichsetzung des Menschen mit dem arbeitenden Tier. Dienstbarkeit und Fügsamkeit von Natur aus verlangend, ist die Arbeit, im Herzen der modernen Erfahrung der Entfremdung, unmenschlich und antisozial. Umgekehrt kippt das Spiel, wenn es bis ins letzte legitimiert werden muß, in Arbeit um, es wird zum »working out«. Im Restaurant fragt Sie der Ober, ob Sie »immer noch daran arbeiten«. In unserer Kultur, die auf beschämende Weise auf Überarbeitung, Oberflächeneffekte und das Verfügbarmachen von »menschlichen Reserven« abhebt, verlieren allzu viele ihren Kopf in einem nicht zu rechtfertigenden Ethos der Produktion. Werner Hamacher geht davon aus, daß selbst der Begriff des »Durcharbeitens« zu einer nicht-hinterfragten Arbeitsauffassung gehört.[27]

Historisch-materialistisches Verblöden

Keiner hat entfremdete Arbeit besser als Marx begriffen. Er hat sie, neben anderen wohlbekannten Effekten, für die Produktion der Dummheit verantwortlich gemacht. Im *Historisch-Kritischen Wörterbuch des Marxismus* ist *Dummheit* tatsächlich ein entscheidender Eintrag.[28]

Ohne Apologie oder Verdünnung wird sie als einflußreiche historische Kraft begriffen, als die dritte Kraft nach Gewalt und Ökonomie. Es wird dargelegt, daß die Dummheit weitläufig und variantenreich ist, und sie wird in eine Anzahl von Komponenten zerlegt. Zuallererst aber wird die Dummheit verstanden als das, was von der Philosophie und ihren Axiomatiken ausgeschlossen ist. Eine Großmacht im Sinne der Kräfte, die historisches Werden bestimmen, ist Dummheit Abwesenheit des Begriffs, ein blinder Passagier auf dem großen Frachtschiff der historischen Bedeutung. Mehr noch, es gibt da etwas Unzulässiges, aber Massives im Verkehr der Dummheit. Der Staat unterstützt sie, indem er sie in starken Dosierungen dem Arbeiter verabreicht: in erster Linie ist sie Opiat, eine Waffe, die gegen die arbeitende Klasse gewendet wird, mit der man sie fertig, unfähig macht.

Gefährlich und gewohnheitsprägend, ist die Dummheit verbunden mit
sprachlichen Gewohnheiten: »Die Dummheit ist dann *das Gewohnheits-
recht einer Meinung*. In der Sprache haust die Dummheit in der Phra-
se.« Als leere Wiederholung und Gewohnheitsrecht der Meinung wohnt 857
die Dummheit den wesentlichen Möglichkeiten der Sprache inne. Ob-
wohl das marxistische Wörterbuch darauf besteht und spezifiziert, daß
Dummheit die Wiederholung »vorfabrizierter Sprachteile [sei], in denen
der Gewohnheitsmensch, der Konsument zu Haus ist« – und welche 857
Sprachhandlung ist nicht in solch einer Wiederholung oder in ähnlichen
Behausungsprojekten gefangen? –, lokalisiert es zugleich die Unvermeidbarkeit von Dummheit in der Sprache und in der Zeit. Diese strukturelle Notwendigkeit korrespondiert jedoch nicht der deutlich zum Ausdruck gebrachten Intention dieses ausführlichen Eintrags, der ziemlich explizit darauf abhebt, daß für Marx sich Dummheit in der »Unfähig-

keit zur Dialektik« in einem historisch-materialistischen Sinne manife- 859
stiere.
Marxens die *Dummheit* aufspürende Detektoren waren entwickelt, seit
er ein Teenager war, und sie dienten dazu, seine Sensibilität zu radikali-
sieren. Als er neunzehn war, hat er seinem Vater ein Epigramm gewid-
met. »In seinem Sessel, behaglich dumm/Sitzt schweigend das deut-
sche Publikum.« Frei übersetzt heißt das, daß die Deutschen, in stum- 859
mem Schweigen befangen, auf die sie umgebenden politischen Auf-
stände schauten (er schien kaum bemerkt zu haben, daß es so noch
am besten war). Vier Jahre später hat Marx, auf den Spuren Epikurs, in
seiner Dissertation bemerkt: »Auch die Dummheit und der Aberglaube
sind Titanen.« Und: »Wenn *Aristoteles* daher den Alten vorgeworfen hat,
sie glaubten, der Himmel bedürfe zu seiner Stütze des Atlas, so tadelt
Epikur dagegen die, die glauben, der Mensch bedürfe des Himmels; und
den Atlas selbst, auf den sich der Himmel stützt, findet er in der mensch-
lichen Dummheit und dem Aberglauben.« Die Dummheit hat mal wie- 859
der den Himmel erreicht, oder präziser, sie ist aus dem Himmel herab-
gestiegen, als Teil eines transzendentalen Bedürfnisses, das die Sterbli-
chen noch zu überwinden haben.
Im begrifflichen Rahmen, der die *Pariser Schriften von 1844* bestimm-
te, erhielt der diagnostisch-polemische Begriff der Dummheit zum er-
sten Mal eine kritische, ökonomische und politische Basis. Nicht nur
wurden Machtstrukturen in ihrer Funktion erkannt, »den Blödsinn in
Verstand, den Verstand in Blödsinn« umzukehren, sondern innerhalb
des Herrschaftsbereichs des Privateigentums schufen die Arbeiter
»Wunderwerke für die Reichen, aber ... Entblößung für den Arbeiter ...,
Paläste, aber Höhlen ..., Schönheit, aber Verkrüppelung für den Arbei-
ter«. Und, indem er dem Lexikon der Dummheit eine neue Vokabel 860
hinzufügt, ein Wort das begeistert aufgenommen wurde und unter an-
deren Schriftstellern und Aktivisten wie Rosa Luxemburg zirkulierte,
schreibt Marx: »Sie [die Arbeit] producirt Geist, aber sie producirt Blöd-
sinn, Cretinismus für den Arbeiter.« Während also der Arbeiter sklavisch 860
an die Produktionsmittel gebunden ist, ist das, was für und auf dem
Körper des Arbeiters produziert wird, wie in der *Strafkolonie*, Kretinis-
mus. Ein Ableger der Dummheit, ist der Kretinismus eine *Produktion*
des machtvollen Staatsapparats, ein unvermeidbarer Wert, der durch
den Kapitalismus geprägt wurde. Wenn etwas durch den Kapitalismus
und seine schrecklichen Entfremdungen produziert worden ist, dann
ist es dieser Typus von Stillstand, der zu einer ganzen Typologie von
bewußter Unterentwicklung gehört, ganz besonders, was die Produkti-
on von Blödsinn und Kretinismus angeht. In einem Brief an Ruge, der
die Politik der Dummheit unterstreicht, gibt Marx zu verstehen: »In
Deutschland wird alles gewaltsam unterdrückt, eine wahre Anarchie

des Geistes, das Regiment der Dummheit selbst ist hereingebrochen.« 860
Das Land ähnelt einem Narrenschiff. Dummheit bricht schließlich in den Politkörper ein und bestimmt ihn; sie kommt auf, wenn gewaltsame Unterdrückung sich durchsetzt, wenn Starrsinn anstelle der Fähigkeit, zu antworten, herrscht.

Obwohl Marx die Dummheit zu den kapitalen Gewinnen der herrschenden Klassen zählte, die durch und für die Bourgeoisie Umsatz einbrachte, war er nie so naiv, das Proletariat von der Klasse der Dummköpfe auszunehmen. Nach den epochalen Enttäuschungen der europäischen Revolutionen und Gegenrevolutionen von 1848 schrieb Marx an Engels: »Wir wissen jetzt welche Rolle die Dummheit in Revolutionen spielt und
wie sie von Lumpen exploitiert werden.« Während Engels, Rosa Luxem- 861
burg, Ernst Bloch, Lenin und (oder besser gegen) Lukács sowie Bela Kun eine Menge über die Herrschaft der Dummheit auf beiden Seiten der Barrikaden zu sagen hatten, innerhalb und außerhalb von Parteimanövern und entlang nationaler Grenzen, fokussierte sich Gramsci auf einen bestimmten Typus der im Kapitalismus vorfindlichen intellektuellen Dummheit: »Intelligenz« funktioniert hierbei als Hülle für Dummheit, als Teil einer Dialektik der ewigen Aneignung von Macht. Diese Einsicht, die irgendwie nietzscheanisch ist, weil das Benennen tatsächlich eine Neubewertung mit sich bringt – das intellektuelle Aufsaugen und die Zitatmaschine, die als intelligent gilt, die ganze Grammatik und das Verhalten des Spionierens und des »Wissens«, das als intelligent gelesen wird, und so weiter – deutet auf eine Instabilität in der Bestimmung der Intelligenz hin. Aber es enthüllt auch den Charakter der Investition des Kapitalismus in seine eigene Intelligenz, obwohl diese Investition immer noch mit böser Absicht gemacht wird.

Künstliche Dummheit

Soziale Manipulation von Intelligenz kann nicht auf ein paar Film-noir-Erinnerungen an den Kommunismus beschränkt werden, der feindselige Phantasien auf den Kapitalismus projiziert. Denn das Überprüfen, Testen und Auswählen von Intelligenz trägt ganz allein die Last einer trübseligen und schrecklichen Geschichte. Es ist die Geschichte einer auf Selektion beruhenden Erfindung der Dummheit, die in die Register der sozialen Ungerechtigkeit fällt. Es hat einige lesenswerte Artikel gegeben, die der Aufdeckung der traurigen Geschichte jener Diskurse der Psychiatrie und Psychologie gewidmet sind, die an der Aufstellung von Thesen über Vererbbarkeit und an der Politik der sozialen Selektion beteiligt waren. Das Intelligenz-Quotientensystem basiert, wie Stephen Jay Goulds Arbeit über den IQ-Test zeigt, auf mißbräuchlich verwendeten philosophischen Voraussetzungen.[29] Was mich am meisten interessiert, was die Markierungen und Determinationen angeht, die auf den Körpern der jungen Studenten Narben hinterlassen, ist die Art und Weise, wie Benotungen abgeleitet wurden, um eine ganze Gruppe von Schülern zugrundezurichten. Die Benotungen wurden konstruiert, um zu zeigen, daß *Idiotie*, im Wörterbuch der Prüfung, das geistige Alter von drei oder jünger bezeichnet; der *Schwachsinnige* erreicht ein geistiges Alter, das zwischen drei und sieben Jahren liegt. Wir verdanken die Einführung des Begriffs *Schwachsinniger (moron)* den amerikanischen Psychologen, die ihn von den Griechen herleiteten, um leichte Debilität zu bezeichnen, die knapp unter dem »Durchschnitt« liegt. Der Begriff ist erfunden worden, um ihn für die Prüfungen von Immigranten zu verwenden und, im besonderen, für ihre Kinder beim Eintreffen in den Vereinigten Staaten. Diese Schwachsinnigen wurden auch definiert als »unfähig, ihre eigenen Angelegenheiten mit gewöhnlicher Intelligenz zu regeln oder am Überlebenskampf teilzunehmen«.[30] Bewertet und herabgesetzt, ist der kleine Immigrant von Anfang an in die hintere Reihe geschickt, zurechtgebogen und in den Akten einer Kriminalanthropologie im Profil dargestellt worden.

Dabei ist vor allem im Auge zu behalten, daß die Bürokratie der Beschämung auf der Ideologie des wissenschaftlichen Tests basierte. Diese Tests bemühen sich an keinem Punkt, sich selbst zu theoretisieren oder gar ihre Aktivität zu beschreiben oder zu erklären, warum der »Überlebenskampf« nicht zu den Unternehmungen gehört, die instinktiv, eingetrichtert oder teilweise dumm sind. Was hat es mit dem Überleben *(survival)* auf sich, daß daraus eine Angelegenheit der Befähigung oder der Intelligenz wird? (Der Begriff ist eine Übersetzung des deutschen Wortes *Lebensunfähigkeit*.) Ein verwirrendes Axiom, wenn man an jene hochintelligenten Befragten denkt, die nicht überleben konnten, selbst dann nicht, wenn sie in einigen Fällen weiterleben konnten. Die Begriffe zur Evaluierung »kleiner« Immigranten sind auf verblüffende Weise inkommensurabel. Durch die Spur der Passivität zurückgehalten, die auf sie projiziert wird, kann sie nicht passieren oder am Überlebenskampf teilnehmen. Ihr Paß ist gestempelt mit Begriffen, die mit dem Wort Debilität verwandt sind. Irgendwie hängt die Einreise nach Amerika von einem staatlich unterstützten *imaginaire* des Dummen ab. Was dies unter anderem impliziert, ist der Grad, in dem die Frage der Dummheit, eine Frage der Grenzen par excellence, mit einem fundamentalen Bekenntnis zur Gerechtigkeit verbunden ist. Der Neuankömmling wird, abgewertet, zu einem geistigen Flüchtling gemacht, zu einem totalisierten Zeichen der Armut. Dieser kleine Immigrant ist überall, er ist eine extreme Herausforderung. Wenn man in ethischen Termini die einzig mögliche Position mit Blick auf dieses immer in Ankunft begriffene Wesen formulieren würde, dann müßte sie lauten: Ich bin dumm vor dem anderen.

Musil, »Dasein«, der Angriff auf Frauen und meine Erschöpfung

DIE POLITIK DER DUMMHEIT

Die Politik der Dummheit

Ist diese Dame dumm? … Aber die Höflichkeit wie auch die Gerechtigkeit erfordern die Einräumung, daß sie es nicht durchaus und nicht immer ist.

Robert Musil, Über die Dummheit

Bedenken einer Langsamen

Robert Musil, der mit Sicherheit dem Kanon der deutschen Literatur der Moderne angehört, ist für undurch*queer*bar gehalten worden, politisch »sauber«, eine feministinnenfreie Zone. Tatsächlich wurde auf einer Konferenz zu seinem hundersten Geburtstag gesagt, daß Musil für Feministinnen, Homosexuelle und politisch korrekte Praktiker unangreifbar sei.[1] Diese Art von Gewißheit ließ meine Antennen ausfahren. Worum geht es hier ?

Selten vertraut jemand, der schreibt, der Stimmung, in der ein Schreibakt statthat. Manchmal bleibt die *Stimmung**, die Tonhöhe und Stimmlage sogar dem Schreibenden selbst verborgen, oder sie ignoriert die Kopfschmerzen und schreibt weiter, oder etwas hat ihn geärgert, das er zu unterdrücken versucht, während er mit der anstehenden Aufgabe weitermacht. Oder ein Finger drückt gegen ihr Herz, innen, direkt aufs Herz, während er schreibt und versucht, ein sich ausdehnendes Gefühl von Weltverlust zu vertreiben. Aber da sind auch Momente, in denen Schreiben dich high macht und Welt schafft, deine Wüste plötzlich mit Gefährten und Musik bevölkert, die den Verlorenen, den Schweigenden supplementieren. Von welchen Zufälligkeiten diese innere Atmosphäre abhängt, bleibt ein Geheimnis, aber es ist mir zur Gewohnheit geworden, meine Stimmungen wahrzunehmen und die Energiekanäle zu überwachen, während ich mich dir nähere, jeden Tag, ein paar Stunden jeden Tag, mit unvermeidlicher Langsamkeit, mit einer Art Schüchternheit, im Versuch, dich ausfindig zu machen. (Obwohl dies seinen Ursprung haben muß in Gewalt, die zum Schweigen gebracht wurde, denn, wie das mit menschlichen Wesen so ist, bin ich friedlich und freundlich – jedem fällt dies auf und jeder sagt mir, daß es wirklich mysteriös ist, wenn man an meinem Hintergrund denkt, ich müsse eine riesige Wut verbergen.) Eines Tages hatte ich eine Auftragsarbeit abzuliefern, etwas, das ich jetzt seltener mache als in den Tagen meiner akademischen *Selbst-Behauptung** – dieser Heideggerschen Abwandlung der Selbst-Bestimmung, die an Universitäten üblich ist. Ich hatte ein Angebot bekommen, zu sprechen – nun, nicht genau ein Angebot, denn es schien nicht mit einer Option verbunden zu sein, die Einladung ablehnen zu können. Ich mag es nicht, aufgefordert zu werden, einen Vortrag über ein Thema, das sich jemand anders ausgedacht hat, zu schreiben – aus meiner Sicht eine Art Test: so viele Abwege, verfehlte Begegnungen, unangenehme Forderungen. Es gab da also eine Konferenz über Musil. Ich sollte einen Vortrag über einen seiner Essays schreiben. Selten habe ich mich in meiner Freiheit so eingeschränkt gefühlt wie während der Vorbereitung für dieses Projekt. Es gab dafür viele Gründe, und es war schwer, unter solchen Zwängen zu schreiben. Doch hat wohl jeder schon die Erfahrung des unfreiwilligen Schreibens gemacht.

Wahrscheinlich geht es beim Schreiben um den schwierigen Ort, wo die Fata Morgana der Freiheit und die ödeste Unfreiheit aufeinandertreffen. Mich unfrei zu fühlen, war durchaus nicht grandios – es lag keine Überheblichkeit darin; ich möchte nur sagen, daß die Phase mir dunkel und erzwungen vorkam. Vielleicht sollte ich dieses Erstickungsgefühl in moll etwas begründen, wie überdeterminiert dies auch immer erscheinen mag. Während dieser Arbeit stieg eine Welle der Angst in mir auf. Machst du dich erst einmal daran, der Dummheit deine Aufmerksamkeit zuzuwenden, so überkommt dich eine irgendwie lähmende Atmosphäre, als ob aus einer undichten Stelle Gift entweicht, unsichtbar, aber durchdringend. Benjamin stieß auf dieses Problem, als er über Krieg und *Denkfaulheit** schrieb, eine Art von unabwendbarer Lethargie, die das Denken begrenzt. Ich stoße in diesem Fall, damit beschäftigt, den geheimen Zugangscode zu einem Zustand und einer Erfahrung des Nicht-Denkens zu finden, auf ein nicht nachlassendes Empfinden von Verfehlung. Das hat vor allem mit den performativen Aspekten des Wortes »Dummheit« zu tun, die im folgenden noch einmal untersucht werden. In einem Zeitalter, in dem man die Transzendenz aufgeben und die Unmittelbarkeit suspendieren muß, wendet man seine Gedanken der Dummheit zu.
Hatte ich auch anfangs mit Kurzschluß und Niedergeschlagenheit zu kämpfen, einer Art Erschöpfung während des Schreibens, so hatte diese doch nichts zu tun mit der Erschöpfung, die in der Arbeit von Lévinas auftaucht, noch mit jener Ermattung, die *L'Entretien infini* von Blanchot durchzieht – Erschöpfung als eine Figur, die sich dem metaphysischen Zustand von Wachsamkeit entgegenstellt und die *action*-Helden und schlaflosen Rund-um-die-Uhr- Krieger der Metaphysik lahmlegt, die immer auf dem Sprung sind, Teil einer Denkambulanz, die innerhalb von Minuten nach der Benachrichtigung über ein Verbrechen oder Rätsel zur Stelle ist. Ich war es gewohnt, Teil dieser Notfalltruppe zu sein, und habe den Hochdruck geliebt, der dich zum Schreiben, Rennen und Spurten bringt, die Pistole im Rücken.
Vielleicht kann die entscheidende Wendung – in einer Erfahrung des Zusammenbruchs – als Enttäuschung aufgefaßt werden, die mich erfaßte, als ich die gesammelten Essays von Musil las, von denen ich einige wegen ihres bemerkenswerten Scharfsinns und ihrer Beherztheit überaus schätzte – wegen der unvergleichlichen Ironie des Verstehens, die sie zur Darstellung bringen, der Geistesschärfe, mit der sie voranschreiten, wie dies der Fall ist mit *Der deutsche Mensch als Symptom*. Unter anderem behauptet Musil hier, zusammen mit den Besten unter ihnen, daß die Philosophie unserer Zeit darin bestünde, keine Philosophie zu haben; er sagt, daß Philosophie eine »Aufräumungsarbeit« gewesen sei und schreibt: »Die Phil. ist hinter den Tatsachen zurückgeblieben.«[2]

Das ist der Punkt, wo Musil seine äußerste Grenze erreicht, wo er Multiplizität, Formlosigkeit, Mangel an Glauben und die Bedingung der Fragmentierung als Qualitäten der Zukunft benennt und entdeckt. Aber es ereignete sich noch etwas anderes mit mir, als ich diesem Schriftsteller begegnete, und ich gehöre zu jenen Lesern, die leicht Narben zurückbehalten und die durch bestimmte textuelle Begegnungen zerbrechlicher werden – oft ist es so, daß das von einem Text Ausgelöste in eine Latenzphase eintritt und viele Jahre lang keine Symptome (sogar die Deutschen als Symptome) zeitigt. In anderen Momenten ist es, ganz im Gegenteil, ein direkter Schlag, und ich kämpfe und stolpere und bin am Straucheln, ich kann mich nicht mehr davon erholen und kann es nicht verwinden. Ich muß meine Texte sehr vorsichtig auswählen, denn in meinem Fall, und ich leugne nicht die pathologischen Implikationen dieses Eingeständnisses, überhaupt nicht, sind sie in der Lage, mir weh zu tun, und im besten Fall kann es eine ganze Weile dauern, um die schädlichen Effekte dieser fast magischen Äußerungen zu verdauen. Gleichzeitig ist meine Ambivalenz so groß und dreht sich so schnell um sich selbst, daß ich mich bei dem Gedanken winde, den introjizierten Musil zu enthüllen, der eine schlechte Nachricht ist. Es gibt da auch den anderen, immer den anderen, der zu mir zurückkehren wird: der gute, der exquisite und der überlegene Musil.

Der Schlag ging aus von einem Essay, der 1934 geschrieben wurde und den Titel trägt *Der Dichter in dieser Zeit*. Ich hätte klüger sein und mich nicht auf dieses Terrain begeben sollen. Es war eine abgekartete Sache und, dumm und unbedarft wie ich war, wollte ich alles, was es gab, über Robert Musil wissen und lief direkt in die Falle. Ich kenne mich gut genug aus, und hätte es nicht mit etwas aufnehmen sollen, das Ernsthaftigkeit oder Nostalgie für den *ernsthaften* Intellektuellen und den *ernsthaften* Schriftsteller – in unserer Zeit – verlangt.[3] Ich war Nietzsche-Schülerin, was kurz und formelhaft gesagt heißt, daß ich Unzeitgemäßes vertrete – aus allen möglichen Gründen, auch im Sinne der Schwierigkeit, dem echten Denken Zeitzonen zuzuschreiben. »Aber wir denken noch nicht«, sagt Heidegger. Nichtsdestotrotz bin ich dort, in einer isolierten Ecke von *Der Dichter in dieser Zeit*, es besser wissend, indem ich auf die hochmütigen Prätentionen von Ernsthaftigkeit, was unser Vokabular betrifft, speie, aber dort bin ich nun gelandet, ich halte Ausschau nach Ärger und Aporie, während ich die Szene beäuge, und kurz bevor es passiert, begreife ich Musils Haltung zum Individuum, über dessen Degradierung er lamentiert. Ich kann das irgendwie nachvollziehen. Das Individuum dreht sich für Musil um die Frage der Schicklichkeit. Tatsächlich sagt er später, in dem Aufsatz über die Dummheit, daß Dummheit damit anfange, daß wir »wir« sagen anstelle von »ich«: Dummheit »[tritt auf] im Schutze der Partei, Nation, Sekte oder Kunstrichtung.«[4] Das ist nicht schlecht, und möglicherweise bin ich auch ein Feind des »wir«. Zumindest reagiere ich ziemlich allergisch auf das »wir«, auf eine Weise, die ich nicht kontrollieren oder von der ich nicht einfach sagen kann, sie sei bewußt. So, da bin ich nun angekommen bei *Der Dichter in dieser Zeit*, und offensichtlich passieren da ein paar interessante Dinge. Etwa wenn Musil sagt, »Der Mensch, die ›Persönlichkeit‹, der Geist verhielt sich so, wie sich der Körper im Artilleriefeuer verhalten hatte, er duckte sich. Es schien zwecklos, aufzuspringen und die Arme gegen den Himmel zu heben. Und wahrscheinlich wäre es auch wirklich zwecklos gewesen. Aber welcher Unterschied ist es, der sich da seit den klassischen Tagen des Geistes in Deutschland ausgebildet hat!«[5] Ausrufezeichen! Der Junge hatte wirklich ein Faible für den Geist als Substanz, als SUBJEKT; und dennoch ließ er ihn einfach laufen, denn er hatte sich im Ersten Weltkrieg »geduckt«. Nun, ich muß ehrlich sein, ich denke, bin ich denn verrückt, ich fange an zu spinnen, ich komme mir gerade vor wie ein Beispiel aus Erasmus' *Lob der Torheit* – ich blicke wirklich nicht ganz durch, denn ich spreche über den falschen Text. Lassen Sie mich zurückspulen und neu ansetzen, und wenn Sie denken, ich sei eher verrückt als dumm, dann lassen Sie mich sagen, daß ich hier den Rhythmen eines traumatisch ausgelösten Stupors folge, ich kann die Szene des Verbrechens nicht finden und zitiere die falsche Passage. Es hat in einem anderen Text stattgefunden, in einer ganz anderen Nachbarschaft, alles in allem. Während ich nun darüber schreibe, komme ich nicht darauf, und ich sage Ihnen all das in Echtzeit, denn diese Sache mit der Dummheit hat mich wirklich aus der Bahn geworfen. Nun kommt mir der Gedanke, daß Dummheit auch eine Abwehr ist, ich meine, es ist eine Art, sich mit etwas nicht zu befassen. Wie dem auch sei, lassen Sie uns jetzt weitermachen – was mich so betroffen hat, steht in dem anderen Text über Dummheit, in dem ostentativ politischen, der 1933 geschrieben worden ist, *Bedenken eines Langsamen*. Ich mochte den Titel; fing sofort an einzusteigen. In diesem Aufsatz spricht Musil über »wir Arier«, aber hier nun, was passiert ist:

Entweder man sagt: die deutschen Juden haben ehrenvollen Anteil am deutschen Geistesleben, oder man muß sagen: dieses ist so von Grund aus verdorben, daß ihm kein Urteil mehr einwohnt. ... Was geschehen ist, erscheint uns ungerecht; aber selbst wenn wir ihm die Gerechtigkeit zugestehen wollten, müßte uns noch die Form ihres Gebrauchs in einer Weise ungesittet erscheinen, die – sich leider aufs genaueste mit der Verletzung einer Sittlichkeit deckt, die heute außer Kurs gesetzt ist, nämlich der des Humanen. Humanität ist ... jetzt ein Wert blahblahblah.[6]

Das war, um das Mindeste zu sagen, eine Enttäuschung. Es fängt noch recht gut an, indem Ansprüche auf pauschale Denunziation zurückgewiesen werden. Geschickt das intellektuelle Leben angreifend, ohne die deutsch-jüdische Stimme zu isolieren, erhebt Musil seine Stimme, um zu protestieren; die Begriffe in denen dieser Protest laut wird, lösen jedoch eine Reihe unangenehmer Fragen aus. (Mir wurde auf der besagten Musil-Konferenz gesagt, ich läge da falsch, ich würde es wirklich nicht verstehen, Musil war fraglos einer der Besten unter ihnen, der dezenteste, und er habe für seine Zurückhaltung bezahlt, und meine paranoiden Lesesysteme würden das Ziel verfehlen [oh, wirklich?]. Das ist mir unangenehm. Ich denke an Th. Bernhard und mache weiter. Ich mache weiter. Lassen Sie sie nur beweisen, daß ich falsch liege.) Ich möchte aufzeigen, daß Musil, hier ebenso wie woanders auf der Seite der »Sittlichkeit« steht, mit ihrer humanen Gesellschaft, von der man erwarten könnte, daß sie mit der Gerechtigkeit säuberlicher verfährt. Die Sittlichkeit bleibt durchgängig ein Standard für das historische Urteil, aber der Gewalt und der halluzinatorischen Kraft des Begriffs werden die kritische Prüfung verweigert. Tatsächlich erlaubt die Einführung der »Sittlichkeit« die gewaltsame Konzession, denn »selbst wenn wir ihm die Gerechtigkeit zugestehen wollten«, dem, was als ungerecht beschrieben worden ist, hätte dies in geeigneterer Form geschehen sollen, angenehmer; denn die ausgeprägte Sensibilität, die Moralität des Humanen hätte in die Form des Bezugnehmens auf den deutschen Juden integriert sein sollen. Der Kontext ist möglicherweise bedeutungshaltiger als ich annahm. Das ist die Art von Schreiben, die ein Mädchen aus der Bahn werfen kann. Ich mußte meinen Ekel überwinden. Es ist nicht mein Stil, ein Individuum zu verdammen, ich bin eher verwundert darüber, was in einer Schreibweise wirksam ist, die so raffiniert, ironisch und intelligent ist wie die von Robert Musil, daß sie solche Äußerungen aufweist.

»Das Verbot, für dumm gehalten zu werden« (Musil, »Über die Dummheit«)

»Dummheit ist nicht meine Stärke.« Mit diesem Satz beginnt Valérys berühmter Text, um den Prototyp der Künstlichen Intelligenz, Monsieur Teste, auf den Plan zu rufen. Vielleicht sollten wir nicht allzu überrascht darüber sein, daß ein Werk, das sich so feurig wie Valérys *Monsieur Teste* für die Frage der Intelligenz einsetzt, ob nun künstlich oder nicht, keine Skrupel zeigt, sich direkt auf die Dummheit zu berufen; so als ob ihre Grenzen bestimmbar wären, als ob Dummheit etwas wäre, das sich, wie eine unangenehme Einladung, ablehnen läßt. Doch die Grenzen der Dummheit können nicht mit überlegener Leichtigkeit lokalisiert werden. In unserem technologischen Zeitalter sind über die Dummheit eine Menge Behauptungen aufgestellt worden; auf jeden Fall bringen wir die Frage der Intelligenz, dem angeblichen Gegenstück zur Dummheit, für alle möglichen Kontrollen in Anschlag, denen Berechnungsschemata und wahrscheinlichkeitstheoretische Annahmen zugrunde liegen. Man muß sich klarmachen, daß unser Verständnis von Wissen – das keiner wirklichen Befragung der Grenzen der Intelligenz unterzogen worden ist – alle möglichen verhängnisvollen politischen Gewißheiten darüber produziert hat, wer an den Bildungsanstalten zugelassen und wer nicht zugelassen wird; darüber hinaus hat dieses Verständnis eine Anzahl rassistischer Behauptungen und sozial-rassistischer Auseinandersetzungen hervorgebracht. Man muß sich nur an solche Publikationen erinnern wie *The Bell Curve,* um zu erkennen, daß es da eine unbestreitbar rassistische Konstruktion gegeben hat, die auf der Erkennbarkeit der Dummheit basiert.

Die Frage der Dummheit ist immer eine sozialpolitische, auch wenn sie den Einzelnen betrifft; in anderen Worten: Die Frage der Dummheit richtet sich immer an die Gemeinschaft und bleibt nicht auf den Einzelnen beschränkt. Wie wir gesehen haben, bezieht sich Dummheit immer auf etwas anderes als das, was sie selbst ist, und dennoch läßt sie sich nur bedingt theoretisieren.

Obwohl »Dummheit« unter Philosophen kein großes Thema gewesen ist – es gibt kein Buch, das den Titel trägt: *Vom Wesen der Dummheit* –, kann sie doch als konstitutiv für das philosophische Unternehmen als solches angesehen werden. Geschützt, was die Kosten des Wissens angeht, sind die Philosophen diejenigen, die ein Problem bewohnen und von Rätseln leben; obwohl ihr Ton oft erhaben ist, steht es in ihren Stellenbeschreibungen, daß sie bekennen müssen, durch die Grenzen des Erkennbaren in Verlegenheit gebracht zu sein und daß ihre Reflexionen ihren Ausgang im Staunen haben. Allerdings ist dies ein Aspekt philosophischer Untersuchungen, der oft durch das Vergessen verschleiert wird, zur Seite geschoben wird, als ob eine Verbindung mit grundlegender Dummheit beschämend wäre. Und doch gäbe es keine Philosophie, ohne diese verworfene und weitgehend verdrängte Bedingung ihrer Möglichkeit. Man könnte sogar noch weitergehen und bemerken, daß die Philosophie der Dummheit um so näher kommt, je erfolgreicher sie verdrängt ist. Wer hat nicht gewisse philosophische Behauptungen am Ende als dumm erkannt? Schlußendlich gibt es wohl nichts Dümmeres als Hegels »absolutes Wissen« – ein Zustand oder eine Projektion, völlig unhaltbar, die davon ausgeht, daß Wissen sich schließlich selbst unmittelbar wird. Grundlegende Dummheit ist noch nicht wirklich zum Problem erhoben worden, da die Philosophen nur selten geneigt waren, sich dieser Frage zuzuwenden – sie ist daher keine Frage, sondern völlig außer Frage; oder man begegnete ihren Versuchen, das

Thema zur Sprache zu bringen, wie im Falle des Hegel-Schülers J. E. Erdmann, mit Gelächter und Spott. In gewisser Hinsicht hat die Dummheit also in unseren diskursiven Begegnungen keinen legitimen Status. Sie trägt das Zeichen einer thematischen Narbe, die niemals aufhört, sich anzukündigen.

»Warum der gegenseitige Vorwurf der Dummheit heute so ungeheuerlich verbreitet ist« (Musil, »Über die Dummheit«): Die Episteme des Bimbos, Schwachkopfs, Hirntoten, Bekloppten etc. Der Umstand, daß Dummheit in unserem *Denksport*, wie Robert Musil die Philosophie nennt, keinen Ort hat, zieht einiges nach sich. Man weiß kaum, wie man vorgehen soll, wenn man ein Thema verfolgt, das so gelassen ist wie die »Dummheit«, und ganz bestimmt fühlt man sich fortlaufend miteinbezogen in eben den Versuch, diesen zurückgewiesenen Begriff zu beleuchten (es bleibt abzuwarten, ob »Dummheit« als Begriff angesehen werden kann). Allerdings gibt es eine subtile Geschichte literarischer Betrachtungen zur Frage der Dummheit. Musil scheint mit Flauberts Verständnis von Dummheit übereinzustimmen, wenn er sie in die Koordinaten von Klassenunterschieden einschreibt (alles, was Dummheit betrifft, dreht sich um die Variablen des »Unterschieds«); beide Ironiker beschreiben auch die Effekte der Dummheit in Begriffen des Schließens und des Schlußfolgerns. Während Flaubert sagt, daß Dummheit in dem Bedürfnis bestehe, zu einer Konklusion zu kommen (»La bêtise consiste à vouloir conclure«), schreibt Musil in *Der Dichter in dieser Zeit*, daß Kunst als eine Kraft, die der Dummheit widersteht, bedeutsam ist, denn »das Noch-nicht-zu-Ende-Gekommene des Menschen [erhält] den Anreiz seiner Entwicklung«.[7] Wir kommen also zu einer Art Minimalkonsens hinsichtlich einer Bestimmung von Dummheit, zumindest bei diesen beiden Schriftstellern. (Baudelaire und Nietzsche stellen weitergehende Probleme, was den modernistischen Topos im Kontext der Kunst, des Kunstwerks und der Schließung angeht.) Darüber hinaus ist es sicherlich schwierig, überzeugend von »Bestimmung« zu sprechen, wo die Dummheit prinzipiell durch und in Unbestimmtheit zu bestehen scheint – nichtsdestotrotz: Lassen Sie uns mit diesen Überlegungen fortfahren.

Doch bevor ich weitergehe, so als wäre ich dafür klug genug, lassen Sie mich einen Schritt zurückgehen. Ich bin auf einen weiteren *Holzweg** geraten, in eine Schwierigkeit, die benannt werden muß. Zweifellos ist der Mangel an Bestimmtheit ein Merkmal der Dummheit. Tatsächlich wird mit diesem ein ganzes Denken der Un-Unterschiedenheit wachgerufen, ein Mangel an Unterscheidung in jedem Sinn des Wortes »Unterscheidung«: Mangel an Geschmack, Mangel an Urteilskraft, Unbestimmtheit. Zugleich allerdings drängt sich ein anderer, offensichtlich widersprechender Zug der Dummheit auf, der, wenn wir in dieser Sache genau sein wollen, in Betracht gezogen werden muß. Dieser Zug besteht in der Dummheit reiner Bestimmtheit und blinder Meisterung, dieser falschen Meisterschaft, von der es Beispiele im Überfluß gibt (betrachten Sie die autoritäre Persönlichkeit des »Ich-weiß-alles«, oder stellen Sie sich nur einen großmäuligen Rassisten vor – die Beispiele sind endlos und scheinen arbiträr –, für den Archie Debunker in Paul de Man's Essay *Semiologie und Rhetorik* das Vorbild sein könnte, dieser Rassist [Archie, nicht de Man], der mit der Frage »Was macht's? Was macht den Unterschied?« endet, die ich für unsere Zwecke in »Was macht die Unterscheidung?« verwandeln möchte). Sind einmal beide Stränge der Dummheit freigelegt, geht es nicht mehr darum, herauszufinden, welcher bedeutsamer ist. Vielmehr oszillieren wir ständig zwischen beiden Seiten, gleichzeitig die Unbestimmtheit und die bloße Bestimmtheit des Kreislaufs der Dummheit bezeichnend. Die eine haben wir mehr oder weniger abgehandelt, während die andere von der Art ist, die besagt: »Du bist so dumm, daß du noch nicht mal weißt, daß du dumm bist.« Die Grenzen, die diese Bedeutungen der Dummheit voneinander scheiden, sind nicht sehr sicher, da es ein unvermeidliches Gleiten von einer in die andere Form der Dummheit gibt.

Unentscheidbarkeit verweigert

Folgt man Flaubert und zieht dazu die Beobachtungen Musils in Betracht, dann kann Dummheit im großen und ganzen als etwas angesehen werden, das mit Kurzschluß und mit Schließung zu tun hat, und zwar mit einer Schließung, die sich selbst mit einem Schluß verwechselt. Eine Sache »ein für allemal« zu beenden, scheint wirklich mit dem Zwang des westlichen Logos übereinzustimmen, »abzuschließen«, zu einem Ende zu kommen. Obwohl Musil diesen Konsequenzen des behaupteten Zusammenhangs von Dummheit und Schließung selbst nicht weiter nachgeht, wird doch bald deutlich, daß Dummheit vor allem als Verweigerung von Unentscheidbarkeit angesehen werden muß. Dummheit ihrerseits hat entschieden, sie denkt, daß sie weiß und daß sie ein Urteil gefällt hat; sie ist immer sch(l)ußbereit und kann die Klappe nicht halten. – Nun sind diese Formulierungen allerdings selbst hochproblematisch und erfordern, daß wir ihren Skandierungen Aufmerksamkeit zukommen lassen. Ich habe gerade bemerkt, daß Dummheit »denkt«, in der Tat, daß sie »denkt, daß sie weiß«, daß sie »ein Urteil gefällt hat«. Damit bin ich alles in allem an einem aporetischen Punkt angekommen, wenn nicht gar in einer Sackgasse. Denn Kants *Anthropologie in pragmatischer Hinsicht* zufolge – die Musil gelesen zu haben scheint –, ist Dummheit vielmehr genau die Unfähigkeit zu urteilen, sie zeigt einen *Mangel** an *Urteilskraft** an.[8] Wird das Urteil in die Mangel genommen, so haben wir einen Fall von Dummheit. Wie kann es also im Gegenteil sein, daß von der Dummheit gesagt wird, sie gäbe Urteile ab, und sei es auch nur ein immer schon voreiliges Urteil? Wie kann sie einen Mangel an Urteilskraft aufweisen und dennoch entschieden urteilen?

Eine vorläufige Antwort liegt im Versagen der Dummheit, ihre Urteile dem Kreuzfeuer der Unentscheidbarkeit zu unterziehen. Ein Urteil ist nicht wirklich ein Urteil, wenn es sich nicht dem abgründigen Anspruch gestellt hat, zu dem es aufgerufen ist. Dummheit hat ein Urteil zur Folge, das, einmal zum Schluß gekommen, sich selbst als unerschütterliche Wahrheit ausgibt. Das Urteil, das von dieser Art von Dummheit gefällt wird, stellt, unter anderem, eine Reihe zeitlicher Probleme, von denen das vordringlichste ihre Geschwindigkeit betrifft. Obwohl sie andauernd mit Langsamkeit assoziiert wird, der endlosen Frustration des Nicht-Vorankommens, ist Dummheit in Wirklichkeit zu schnell. Hochgeschwind und in Eile ist sie immer (schon) ein Sich-Stürzen ... aufs Urteil. Insofern Dummheit von allen möglichen Beschleunigern unterstützt wird, sind die wesentlichen Merkmale ihrer Verbreitung unzweifelhaft auf unser Zeitalter technologischer Herrschaft zurückzuführen, das zu allen Zeiten »schnell vorwärts« spult – eine Geschwindigkeit, die sich in Wirklichkeit als ein Rückwärts erweist. Wo der Architekt sagte: »Weniger ist mehr«, müssen wir dem Lexikon zeitgenössischer Paradoxa hinzufügen: »Schnell ist langsam.«

In der Vorbereitung auf Musils Text ist eine Verlangsamung angebracht. Wir sind bislang auf eine Menge aporetischer Schwierigkeiten gestossen, die, wenn sie auftreten, beobachtet und registriert werden müssen, sei es auch nur zur Unterstreichung der Schwierigkeit, Dummheit zu theoretisieren. Es gab Momente, in denen Gedanken zur »Dummheit« so versammelt waren, als wäre sie eine Substanz; ich habe frei mit einigen selbstverständlichen Annahmen gespielt, zeitweise voraussetzend, daß wir alle wissen, was Dummheit sei, so als hätte sie ein Wesen, einen identifizierbaren und lokalisierbaren Ort. Auf einer gewissen Ebene sind wir versucht, davon auszugehen, daß die Dummheit sich identifizieren ließe, als wäre sie aufgereiht und wir dazu aufgerufen, den Angeklagten zu identifizieren. »Ja, das ist sie, dort ist Dummheit – ich würde ihn überall wiedererkennen (aber des öfteren leider: sie).« Und dennoch kann die Dummheit – während sie überall ist und als Beschimpfung, Entschuldigung, Anklage, liebevolles Necken, Beschreibung, Sport und Benehmen wiederauftaucht – nicht wirklich die Stelle einer Wesentlichkeit einnehmen. Dies bringt Musil zugegebenermaßen zu Fall, denn wenngleich er mit der Frage nach dem Wesen beginnt (»Was ist eigentlich Dummheit?«)[9], stellt es sich heraus, daß sie sich in dem Maße entzieht, wie sie gegenwärtig ist. Obwohl die Frage nach ihrem Wesen hartnäckig Antworten hervorruft, ist die Dummheit doch grundsätzlich eine Sache der *Darstellung**, das heißt, dessen, was sich als Dumm-Sein *zeigt.* Dummheit ist, was dumm erscheint; der Doublebind, mit dem der Schriftsteller konfrontiert ist, so ermahnt uns Musil verschiedentlich, besteht in der Gefahr, ist das Thema einmal angeschnitten, selbst als dumm zu erscheinen, auch wenn alle möglichen Sicherheitsmaßnahmen ergriffen sind. Um selbstsicher über Dummheit zu schreiben, muß man sich zuallererst als frei von ihren Anfechtungen zeigen; doch zur Schau zu stellen, wie klug man ist, ist dumm. Tatsächlich ist das *Vorzeigen*, wie im Fall eines Angebers oder in allen Behauptungen besonderer Klugheit, geradezu ein Etikett der Dummheit. Und jeder besondere Ausdruck der Klugheit bringt eine Typologie von Dummheiten mit sich. Es gäbe also keine Intelligenz an sich, kein Ding, das nicht mit einem Sonderangebot schon wartender Dummheiten und deren Geschichte versehen ist (was einmal dumm war, kann nun aufgewertet werden und umgekehrt). So kommt Musil die Figur des Professors entgegen, die, geprägt durch das Doppelmerkmal wacher und ergebener Wissenschaftlichkeit, ergänzt wird durch ihre unvermeidliche Ausdehnung ins leere Reich des verrückten oder zerstreuten Professors.

Das besondere Produktionsstudio der Dummheiten ist das Sich-Verstecken hinter allen Formen von Leistung oder Intelligenz. Man könnte Musils Erkenntnis auf den Techno-Schwachkopf neu anwenden, was zur doppelten Besetzung des Dumm-Intelligenten passen würde. Die unmögliche Grenze zwischen dem, was als dumm daher kommt, und dem, was definitiv als intelligent eingestuft werden könnte, bleibt den Essay hindurch erhalten; sie zeigt sich noch am Ende, wo Musil der Versuchung widersteht, »einen Schritt ins Jenseits« zu gehen, obwohl er, »den Fuß auf der Grenze«, verweilt: »denn einen Schritt über den Punkt, wo wir halten, hinaus, und wir kämen aus dem Bereich der Dummheit, der selbst noch theoretisch abwechslungsreich ist, in das Reich der Weisheit, eine öde und im allgemeinen gemiedene Gegend.« Nun, wie 1291
es mit Zitaten so geht, dieses scheint genau dem, wozu ich es aufgerufen habe, zu widersprechen. Bis zum allerletzten Wort, mit welchem er eine Grenze zwischen Dummheit und Weisheit zieht – ihren Unterschied ironisierend –, tanzt sein Fuß auf eben dieser beweglichen, ständig verwischten Grenze. Durch den ganzen Essay hindurch kämpft Musil darum, den eigentlichen Bereich der Dummheit abzustecken, anerkennend, daß die Frage der Dummheit, obwohl sie unzeitgemäß ist, ihre eigene Geschichtlichkeit hat. Das beharrlich Unzeitgemäße und Deplazierte der Frage »Was ist Dummheit?« wird durch die Tatsache, daß sie keine entschiedene literarische oder wissenschaftliche Erwiderung zuläßt, nur noch verstärkt. Die Frage kreist um sich selbst, kaum philo-

sophisch, ein von sinnvollen Diskursen abgekoppelter Satellit. Die scharfen Kanten der Dummheit als Fragestellung geben ihr eine politische Zuspitzung, eine abweichende Artikulation einer Ungerechtigkeit, die sich nicht aufhalten läßt.

Transzendentale Dummheit Um die Dummheit in den Griff zu bekommen, muß Musil die Umwertungsmaschine einschalten, was ihm zugute gehalten werden kann – wenn er auch dazu gezwungen ist, sie zu dialektisieren, ihren Lauf immer schon zu spalten und die Dummheit ständig in ihr Anderes zu kehren. (In dieser Hinsicht ist es bemerkenswert, daß Musil in seinen *Tagebüchern* nachdrücklich betont, er plane, einen Essay über das Geniale zu schreiben, eine Absicht, die er nicht weiter verfolgte; wir dürfen nicht aus dem Auge verlieren, daß er seinen Essay auf einer das Maskuline privilegierenden Spur angelegt hat, da alle Auseinandersetzungen um das Geniale aus einer spermatischen Ökonomie hervorgehen, die die »Frauen« notwendig ausschließt. Historisch kann eine »Frau« nicht in Begriffen des Genialen vorgestellt werden; sie kann verrückt sein, sie kann dumm sein, und sie kann in der Tat kulturell als heilige Ikone der Dummheit funktionieren – aber ich eile mir voraus, das heißt, ich falle schon wieder zurück.) Obwohl er es nicht direkt sagt, mußte Musil sein Vorhaben, das Wesen der Dummheit zu entdekken, aufgeben; dies unter anderem, weil jenseits der Möglichkeit, daß Dummheit nicht *ist*, einfach gesagt (und »Einfachheit« mag bereits an Dummheit grenzen), nun, was kann man schon sagen, als daß die Existenz selbst, einfach gesagt, in ihrem Anwesen dumm ist.
Alles, was wir tun, kann als dumm angesehen werden – daß man letzte Nacht nicht schlafen konnte, daß ich den ganzen Sommer damit zugebracht habe, durch die Dusche des Nachbarn gequält zu werden, daß Du dabei bist, etwas zu Mittag zu essen, daß Du in einer Beziehung lebst, daß Du in keiner Beziehung lebst, daß von Ronald Reagan und auf ihn folgende Nachbildungen jetzt behauptet wird, sie hätten eine Persönlichkeit gehabt, daß Du auf dein Gewicht aufpassen mußt, daß sie davonkommen, daß wir davonkommen, daß man Dinge tun muß, um seinen Lebensunterhalt zu *verdienen*, daß man mehrmals am Tag aufs Klo muß, daß Du mit demselben Satz mehrere Stunden beschäftigt bist – es gibt nichts, was nicht dumm ist, aber nichts ist Dummheit an sich. Dummheit hat zu tun mit unserer Natur als endliche Wesen; sie ist die Grenze der Grenze – das Begrenzte –, ein Zeichen unserer Zeitlichen Bedingtheit im und als Verfall. Dennoch ist sie selbst nicht begrenzt, sondern berührt sogar Unendlichkeit (Brecht sagte, wie man sich vielleicht erinnert, daß Dummheit, im Gegensatz zur endlichen Intelligenz, unendlich sein kann; Einstein fügte hinzu: »Zwei Dinge sind

unendlich, das Universum und die menschliche Dummheit, aber bei dem Universum bin ich mir nicht ganz sicher«).[10] Schiller begriff, daß Dummheit den Bereich des Unendlichen in Frage stellen kann, daß sie sogar den Göttern paradoxerweise eine Grenze setzt: »Mit der Dummheit kämpfen Götter selbst vergebens.«[11]

Daß es im historischen Drama ein Denken der Dummheit geben soll, erstaunt. Schillers *Jungfrau von Orléans*, seine Übersetzung von Jeanne d'Arc, bringt eine Figur auf die Bühne, in der unschuldiges Versagen des Verstandes sich selbst in einer besonderen Weise transzendiert: Illiterat und ungebildet, wird sie zur Empfangsstation für den Ruf zu Höherem. Eine Kreatur der transzendentalen Dummheit, öffnet sie sich auf die mystische Ekstase und die höhere Berufung zur geschichtlichen Neugründung. Ein jungfräuliches Wesen, von Anmut und reiner Idiotie durchdrungen, eine von der Gegenwart unberührte Unschuld, die nichtsdestotrotz mit dem Diskurs des Anderen und dem Versprechen der Zukunft erfüllt ist. Der Idiot, so sagt uns die Etymologie, ist sehr besonders, sehr *eigen**, als wäre er festgeschrieben in einem gleichbleibenden Idiolekt. Gezeichnet durch eine extreme Erfahrung der *Eigenschaft**, das heißt, durch das, was als das nur Eigene wahrgenommen wird, deutet reine Idiotie auf eine radikale Form des Eigentums hin, die eine unverwechselbare und einzigartige Berufung umfassen kann. Solch ein Begriff der Selbst-Aneignung, die das Subjekt entleert, dem sie immanent bleibt, unterstreicht, ziemlich paradox, was mit Idiotie, mit Schwachsinn gemeint ist: ein Beispiel vollkommener und, wenn transzendentalisiert, absoluter Dummheit.

Hat man jedoch keine *Eigenschaften**, wie im Fall des *Mann ohne Eigenschaften**, kann man zwar seltsam sein, verlassen, enteignet, und sogar nichtssagend und bedeutungslos, aber man ist offensichtlich nicht in einer Liga der Dummen. Das Auftreten der Dummheit geht mit einer Eigenschaft einher – ein Zug, der mit Aneignung zu tun hat; damit ist eine Heideggersche Thematik gestreift. Ohne Zweifel könnte man Ulrich (so der Name des Mannes ohne Eigenschaften) über eine Partnerschaftsagentur mit Heideggers »*Man*«* vermitteln – sie sind nur ein paar Minuten voneinander entfernt. Oder noch mehr auf den Punkt gebracht: Das Problem der Dummheit kann in existentiellen Abstufungen im Licht der *Uneigentlichkeit** betrachtet werden, deren ausdrückliche Assoziation mit Dummheit dennoch vermieden worden ist. In seinem Werk hat sich Heidegger niemals zur Dummheit herabgelassen, eine Weigerung, die verblüffend erscheint, da er so viele Abstufungen des Mittelmäßigen ins Auge gefaßt hat, die Verfehlung des Denkens betreffend oder mehr noch den »Erfolg« der Technik und das Herumpfuschen des *Man*. Dennoch bleibt die Ablehnung der *Dummheit*, mit der bemerkenswerten Ausnahme der politisch-autobiograpischen Verwendung dieses Worts in bezug auf sein Verhalten 1934, aufschlußreich. Es ist, als läge da Schlimmeres als Dummheit in der schlechten Einfachheit des *Man*.

Uneigentlichkeit ist durch ein Register bestimmt, das in Moral und Technik aufgespalten ist. Obwohl wir ihm weder Bewußtsein noch individuelles Verhalten zuschreiben können, ist es zugleich schwierig, sich dem Eindruck zu entziehen, daß das *Man** einfältig ist (»abruti«, wie Jean-Luc Nancy vom *Man* sagt); daß es das Geschick mißversteht; daß es »mittelmäßig« ist, wie Heidegger sagt, wenn das *Man* das Geschick sich nicht entfalten und seine Eigentlichkeit nicht entscheiden läßt. Ohne hier auf Heidegger einzugehen (angenommen, man hätte eine Wahl), läuft das Problem, das sich stellt, auf folgendes hinaus: Das »Uneigentliche« ist die Erfahrung des *Daseins**. Eigentlichkeit kann nichts anderes sein als das, was in der Uneigentlichkeit auf dem Spiel steht und entschieden wird. Das *Man* ist auch eine Art und Weise zu sagen, daß eine unendliche, nicht-integrierbare und integrierende Dummheit ihren Ort in der Erfahrung selbst habe. Folgen wir den Protokollen dieser Lektüre, dann müßte unsere Frage also lauten: Was ist die Erfahrung von Dummheit, die wir erfahren? Ist Erfahrung möglich ohne die Erfahrung von Dummheit? Wollte man länger bei Heideggers Œuvre verweilen, müßte man die Vororientierung des Seins durch das Dasein* untersuchen, das auch sein eigenes Verständnis oder Verstehen und das Verstehen der Existenz als solcher umfaßt. Was den Text angeht, hat dieses Vorverständnis weder mit Dummheit noch mit Intelligenz viel zu tun, was vermuten läßt, daß Dummheit und Intelligenz für Heidegger lediglich untergeordnete Möglichkeiten des prinzipiellen und konstitutiven Verstehens von Dasein* sind. Dennoch ist die Vororientierung des Seins durch das Dasein* mehr oder weniger durch Dummheit geprägt. Oder wie Nancy über Heidegger schreibt: »Il aurait pu dire aussi: c'est une compréhension ›toute bête‹.«[12] Das primäre Verstehen versteht alles; aber es versteht auch nichts. Es versteht und versteht sich selbst nicht, es stolpert über sich selbst, verwirrt durch das, was es verstehen soll. Nach alledem, was ist schwachsinniger als die Voraussetzung der Geworfenheit – wobei ich damit die Erfahrung des Schwachsinns meine, die der Geworfenheit des Seins eingeschrieben ist. *Geworfenheit** ist die unbestreitbare Mittelmäßigkeit durchschnittlichen Verstehens.

»Unter Knaben und Sportbrüdern [wird] einer, der sich ungeschickt anstellt, dumm heißen, auch wenn er ein Hölderlin ist.« (Musil, »Über die Dummheit«) 1279
Zusammen hätten sie *Das Man ohne Eigenschaften* geschrieben. Jenseits der Komplikationen, die mit den nun mal geringen Begabungen des *Man* verbunden sind, wird Musils Beschäftigung mit der Dummheit noch durch

ein anderes Moment in Heideggers Reflexionen instruiert. Heidegger hat uns beigebracht, einen aporetischen Impuls zu lesen, der, Musils Essay initiierend, diesen zugleich in Mitleidenschaft zieht. Denn ähnlich wie Heidegger in seinem Kommentar zu Hölderlins Gedicht *Andenken*, müssen wir in Betracht ziehen, was die Unmöglichkeit von Musils Titel konstituiert, ein Dilemma, das auch durch seine rhetorischen Skrupel eingeräumt wird. *Über die Dummheit*, der Titel des Essays über Dummheit, weist unter anderem auf einen Ort hin, auf eine implizite Hierarchie und einen Begriff der Meisterschaft. Es existiert eine Spannung zwischen Titel und Thema. Während die Dummheit als die Erfahrung der Nicht-Meisterschaft angesehen werden kann, suspendiert der Titel dieses schwindelerregende Moment, indem er ihren Ort bezeichnet im Gestus des Meisterns dessen, was unterhalb von ihm ist, oder der Titel läßt uns annehmen, als Titel, daß er die Dummheit funktionell gemeistert habe. Das ist in sich selbst nicht widersprüchlich. Viele Titel setzen und legitimieren Ansprüche auf das Meistern des Themas. Der Titel kommt von einem Ort und öffnet einen Ort der Meisterschaft: er ist eine legale Institution, und kein Buch kann ohne einen Titel publiziert werden. Auch ist kein Titel jemals mit der Aufgabe versehen worden, mit dem zu koinzidieren, was ein Werk signifiziert.

Über die Dummheit präsentiert zumindest zwei Probleme des Anfangens, die es schwierig machen, über die Grenze zu gehen und direkt in den Text einzusteigen, wenn der Text selbst nicht schon durch seinen unmöglichen Titel verschluckt worden ist. »Über« impliziert, daß der Text nicht nur über sondern sogar »oberhalb« der Dummheit steht, daß er die Dummheit dominiert und seinem Material sozusagen voraus ist, wenn nicht sogar drüber – er ist »*über* die Dummheit«. Der Titel verspricht, über der *Dummheit* zu bleiben, um den Text mit einem Schutzschild zu versehen oder ihn einem mit einem Titel versehenen Ort zu assimilieren, von dem aus eine Abhandlung, die den Eindruck vermitteln soll, mit Blick auf die Dummheit an einem Ort der geschützten Exteriorität zu sein, angeboten wird. Doch Musil ist ziemlich schnell bereit, einzugestehen, daß die *Dummheit* uns im Gegenteil dominiert – sie ist uns voraus, sie zerbricht uns und zieht uns herunter. Musil erwähnt
»das Gefühl ... der Herrschaft der Dummheit über uns«. Man kann nicht 1271
über der Dummheit schweben oder über sie schreiben, ohne Gefahr zu laufen, niedergeworfen zu werden. Von daher hat selbst die Geste des Benennens der Dummheit performativ Wirkungen, die ein magnetisches Feld des Stupors und der Negativität formen und damit drohen, jedermann einzubeziehen. Später behauptet Musil, daß die Dummheit keine Referenz habe; sie scheint keine einfache konstative oder kognitive Basis zu haben, und sie stellt, wenn sie überhaupt etwas stellt, Fragen des referentiellen Zweifels. Gleichzeitig wird sie jedermann einbe-

zogen haben, der »dumm genug war«, sich auf ihre psychologischen Kraftfelder einzulassen, wobei sie den Leser und den Schriftsteller gleichermaßen in eine Aura der Ambivalenz taucht:

Ein Gefühl von der ... Herrschaft der Dummheit über uns legen denn auch viele Menschen an den Tag, indem sie sich freundlich und konspiratorisch überrascht zeigen, sobald sie vernehmen, einer, dem sie Vertrauen schenken, habe vor, dieses Untier beim Namen zu beschwören. Diese Erfahrung habe ich nicht nur anfangs an mir selbst machen können, sondern habe bald auch ihre historische Geltung erfahren, als mir auf der Suche nach Vorgängern in der Bearbeitung der Dummheit – von denen mir auffallend viele bekannt geworden sind; aber die Weisen ziehen es anscheinend vor, über die Weisheit zu schreiben! – von einem gelehrten Freund der Druck eines im Jahre 1866 gehaltenen Vortrags zugeschickt worden ist, der zum Verfasser Joh. Ed. Erdmann, den Hegelschüler und Hallenser Professor, gehabt hat. Dieser Vortrag, der »Über Dummheit« heißt, beginnt denn gleich damit, daß man schon seine Ankündigung lachend begrüßt habe; und seit ich weiß, daß das sogar einem Hegelianer widerfahren kann, bin ich überzeugt, daß es mit solchem Verhalten der Menschen zu denen, die über Dummheit sprechen wollen, eine besondere Bewandtnis hat, und befinde mich sehr unsicher in der Überzeugung, eine gewaltige und tief zwiespältige psychologische Macht herausgefordert zu haben. 1271 f.

Eine leichte Verschiebung ist in das semantisch Geläufige eingetreten, von Musil unbemerkt, die sich aber zu einem nicht anerkannten Symptom auswachsen wird, wenn sie sich in den Text schleicht: Erdmanns Text trägt und trägt nicht den gleichen Titel wie Musils Text, und die Differenz, die sich so leicht übersehen läßt, wird eine »gender«-Konfrontation von bedeutsamen Ausmaßen initiieren. Erdmanns Text heißt nämlich »Über Dummheit«, während Musils Text den Titel trägt »Über die Dummheit«. Während die begriffliche Seite dadurch ein Mehr an Spezifität erhalten könnte, verliert sie an Boden, was die Allgemeinheit angeht und bekommt den Hauch einer femininen Konnotation. Diese Angelegenheit des von oben abgeworfenen Wörtchens »die« greift Musil nicht direkt auf, sondern beutet sie unbewußt aus, wenn die Frauen wiederholt zur Referenz des quasi-Begriffs werden, für den, so behauptet er, es keine feste Referenz gibt. Auf einem bewußteren Niveau der Intervention bemerkt Musil den Hohn, den eine Untersuchung, die Dummheit betreffend, auf notorische Weise auf sich zieht.
Professor Erdmann aus Halle, der aufgerufen wird, um als sein ernannter Vorläufer zu figurieren, hat Musils Gefühl der Unsicherheit über sein leidenschaftliches Abenteuer gesteigert. (Musil blieb beim Thema der Dummheit bis zum Ende seiner Tage, er schrieb immer weiter an unpu-

blizierten Reflexionen über ihr Wesen und ihre Implikationen.) Warum hatte Erdmanns Versuch Spott ausgelöst und welchen Einfluß wird das auf Musils Vorhaben haben? Es könnte sehr wohl der Fall sein, daß das vorgängige »Über Dummheit« Gelächter ausgelöst hat, unter anderem wegen der Sonderbarkeit, die dem Titel, so wie er dasteht, inhärent ist, aber es ist auch äußerst wahrscheinlich, daß der Titel die philosophischen Dachbalken erschütterte, denn es war ein abgesegneter Hegelianer, der diese Untersuchung signiert hat. Trotz der notorischen Schwierigkeiten, die darin bestehen, die subtilen Untertöne oder die graduellen Nuancen der Historizität zu analysieren, können wir uns gewiß den unfehlbaren Effekt vorstellen, der auftritt, wenn ein Mitglied einer gewissen Schule oder Gemeinschaft einen Aufsatz einem Thema widmet, das nicht innerhalb der Reichweite der ernsthaften Anliegen jener Schule liegt. Es entsteht bestimmt ein ziemlich abweichendes Bild, wenn der ernsthafte, arbeitsorientierte, nach absolutem Wissen Suchende anbietet, ein Kolloquium über die Dummheit abzuhalten, deren einziger Ort im Hegelschen System ein Außerhalb wäre, oder, wie im Vorwort der *Phänomenologie*, mit Bestimmtheit deplaziert und degradiert wird auf ihren Rang als Unwesentlichkeit. Etwas anderes ist es, wenn ein Nietzsche oder ein Marx die Frage der Dummheit in das diskursive Arsenal einer nicht nachlassenden Erkenntnisarbeit inkorporiert. Die Auseinandersetzung mit der Dummheit kann nur ein Protestschrei sein, eine Umwälzung, eine philosophische Operation, die im Geheimen stattfindet; sie taugt nicht zum Systembau.

»Das Selbstporträt der Menschheit, wie es unbeaufsichtigt aus gegenseitigen Gruppenaufnahmen entsteht« (Musil, »Über die Dummheit«)

Für Musil ist das Studium der Dummheit vorläufig und provisorisch geblieben, und man könnte tatsächlich annehmen, daß eine solche Untersuchung auch nur provisorisch sein kann, da sich Dummheit mit ihren unsicheren Grenzen jeglicher Verständlichkeit entzieht. Musils Essay wird als Experiment eingeführt, als ein Durchgangsstadium in der Selbstprüfung eines Schreibenden. Irgendwie schließt das eine Wette ein, ein fatales Wagnis. Wenn Musil diesen spät publizierten Essay, seinen letzten, der Dummheit gewidmet hat, so mag die Voraussetzung dafür der Wunsch gewesen sein, das Unheil von sich selbst abzuwenden. Er weist auf die verzweiflungsvolle Unvermeidlichkeit hin, daß der Dummheit alles zum Opfer fallen und Teil ihrer unermeßlichen Produktionsmaschinerie werden kann. Beim Eintauchen in den unautorisierten Bereich, über welchen er schreibt, gibt es nichts Gewisses; nichts garantiert, daß er nicht als ein kleiner hegelianischer Degenerierter daraus hervorgeht. Oder überhaupt wieder auftaucht. Wenn er das Risiko eingeht, die Wette ak-

zeptiert, dann nicht um die Arbeit mit sich hinabzuziehen. Im Gegenteil,
eine andere Ökonomie ist hier das Thema. Der Text ist in jedem Stadium
seiner Entwicklung durch die Rhetorik von Gesundheit und Krankheit
bestimmt: Oft erweckt Musil den Eindruck, als nehme er das um sich
greifende Gift auf, um seinen Text-Körper vor der Krankheit zu schüt-
zen. Auf den ersten Blick mag dies absurd erscheinen. Wie kann Robert
Musil annehmen, sein Werk sei für Dummheit anfällig? Warum sollte er
zu diesem Zeitpunkt noch das Bedürfnis haben, seinen Körper durch
eine Impflogik abzusichern? Eine solche Verletzbarkeit entsteht am Ort
des Erforschens selbst und bedroht das Werk von wenigstens zwei In-
terventionspunkten aus. Vor allem ist die Dummheit selbst doppelt. In-
dem sie ihre Wertigkeit teilt und verdoppelt, wird sie zunehmend ver-
hängnisvoller und merklich zweischneidiger, und sie zieht das Werk in
die Spannung zwischen einer ehrlichen Verfassung einerseits (»die ehr-
liche Dummheit ist ein wenig schwer von Begriff« – ein Zustand, der be- 1286
reitwillig mit Bezug auf das Thema eingestanden wird – und einer vul-
gären Ordnung andererseits (»die anspruchsvolle höhere Dummheit«) 1287
– eine Verfassung, die gefürchtet wird. Mit dem Fortschreiten des Es-
says wird die Dummheit, die sich beständig in ihre guten und schlech-
ten Gebiete aufteilt, in die Nietzscheanischen Bewertungskriege einge-
treten sein, eine Bewegung, die sichere Urteile hinsichtlich der Grenzen
und Erkennbarkeit von Dummheit aufschiebt bzw. aussetzt.

Wir jedoch wissen, daß schon die wagemutige Erwähnung der Dummheit, etwa im Titel eines Vortrags oder vor einer Klasse, das Vorhaben affiziert, ebenso wie sie das Publikum Erdmanns zum Lachen gebracht hat. Seinen ganzen Vortrag hindurch scheint Musil von der performativen Natur dieses Wortes heimgesucht zu werden: Dummheit. Obwohl sie selbst keine Referenz haben mag, so hat doch allein schon ihre Artikulation kontagiöse Dummheitseffekte zur Folge, und dies mag zu ihrem Status als Ersatzfigur, wenn nicht gar als fetischistische Äußerung, beitragen. Als Akt der Denunziation oder Anklage repliziert die Dummheit sich in der Gemeinschaft. Man kann nicht ohne weiteres die Dummheit anklagen, ohne das Risiko einzugehen, daß man zu ihrem Agenten wird. In einem anderen Register deckt sie eine Reihe von sozialen Zuschreibungen und nicht-repräsentierte Grausamkeiten. Es gibt immer soziale Konsequenzen, die auf ein Benennen zurückgehen oder durch die Dummheit geprägt werden. Deshalb reagiert Musil empfindlich auf politische Gewalt, die häusliche Gewalt miteinschließt, die dem »schlechten« Gebrauch des Wortes inhärent ist, während er es zugleich einsetzt, um einen politischen Gegenangriff vorzubereiten. Als Kampfwort erniedrigt »Dummheit« einen Arbeiter, eine Ehefrau, eine Freundin oder ein Kind; auf die Macht gerichtet, bietet sie Trotz auf, oder sie breitet sich aus, wie ein Bumerang. Lacan bemerkt, daß man in eine unsichere

Zone eintritt, wenn man den König dumm nennt oder »wenn das Subjekt ganz einfach bemerkt, jeder weiß es, daß sein Vater ein Idiot ist«.[13] Das ist keine Aufblähung des Subjekts, das aus der Dialektik der Ambivalenz Energien ziehen könnte, sondern die Aussage verblüfft und bedroht das System der Unterstützung. Die Position ist eine gefährdete. Die Kastrationsdrohung zu begreifen, die am Horizont des Vaterlands auftaucht, die aus ihm zugleich einen Schwächling und einen aggressiven Rabauken macht, bringt keine Erleichterung für das Subjekt, das sie benennt, sondern hat teil an der Schaffung eines politischen Über-Ichs. Während er sich schuldig fühlt, daß er die Deutschen in entlarvenden Posen reiner Idiotie eingefangen hat, arbeitet »der Dichter in dieser Zeit« an der Stärkung der Instanz des Gewissens. Am Ursprung des politischen Über-Ichs steht eine Form der Trauer – es wäre angebracht, sich daran zu erinnern, daß Freud in seinen Reflexionen über Trauer und Melancholie auf die Liste der unwiederbringlich verlorenen Objekte sein eigenes oder adoptiertes Land setzt, ein Land, das enttäuscht oder betrogen hat oder dessen erklärte Ideale verschwunden sind. An Boden verlierend, beendet der Schriftsteller den Handel mit einem toten oder mörderischen Land. (Unwillkürlich denkt man an das politische Über-Ich, das Thomas Bernhards Invektiven gegen seine gemeinen und dummen Landsleute, die Österreicher, beherrscht.)
Das Nachdenken über Dummheit bietet Musil einen Weg, zur moralischen Ermahnung einer Nation anzusetzen, die auf einen in der Weltgeschichte beispiellosen Einsatz von Brutalität zusteuert. Dummheit, die in Verbindung steht mit einem Angriff und mit dem Ausdruck von Brutalität, macht den Rekurs auf eine politische Psychologie erforderlich, die Musil anhand einiger Beispiele Eugen Bleulers skizziert. Seine größte politische Sorge ist allerdings die Entfesselung von Dummheit im staatlichen Gemeinwesen und in der Masse, wo diese einen Entzivilisierungsprozeß einleitet:

… daß in der Welt besonders ein Hang ist, daß sich die Menschen, wo sie in großer Zahl auftreten, alles gestatten, was ihnen einzeln verboten ist. Diese Vorrechte des groß gewordenen Wir machen heute geradezu den Eindruck, daß die zunehmende Zivilisierung und Zähmung der Einzelperson durch eine im rechten Verhältnis wachsende Entzivilisierung der Nationen, Staaten und Gesinnungsbünde ausgeglichen werden soll; und offenbar tritt darin eine Affektstörung … in Erscheinung, die im Grunde dem Gegensatz von Ich und Wir und auch aller moralischen Bewertung vorangeht. 1276 f.

Im Vergleich mit dem Rhythmus, in dem sich der Essay sonst entfaltet, ruft dieser Gedanke eine Art Angstanfall hervor und erweist sich als unfähig, die vorher dargestellte Verbindung von Politik und Dummheit

wiederaufzunehmen. Es ist, als geräte Musil an der Grenze politischer Einsicht in Panik und als würde er sich abrupt von seinen Verlusten abwenden; als müßte er vor dem Ort der Verurteilung zurückweichen. Seine Wut kentert durch die turbulente Welle eines schwerwiegenden Schuldgefühls.
Musil rennt, wie Kafka sagen würde, zu den Frauen, indem er das Leitthema ins Unbestimmte verschiebt: Er schlägt vor, die Richtung dieser Frage durch Hingabe an den weiblichen Charme umzuleiten. Nicht ganz Manns genug, sich mit der Politik anzulegen (angenommen, irgendjemand wäre »Manns« genug dafür), zeigt er, daß er ein tougher Typ ist, indem er ein paar Frauen ohrfeigt:

> Aber lassen Sie uns doch lieber noch vor der Antwort an einem Beispiel, das nicht unliebenswürdig ist, Atem holen! Wir alle, wenn auch vornehmlich wir Männer, und besonders alle bekannten Schriftsteller, kennen die Dame, die uns durchaus den Roman ihres Lebens anvertrauen möchte und deren Seele sich anscheinend immer in interessanten Umständen befunden hat, ohne daß es zu einem Erfolg gekommen wäre, den sie vielmehr erst von uns erwartet. Ist diese Dame dumm? Irgend etwas aus der Fülle der Eindrükke Kommendes pflegt uns zuzuflüstern: Sie ist es! Aber die Höflichkeit wie auch die Gerechtigkeit erfordern die Einräumung, daß sie es nicht durchaus und immer ist. Sie spricht viel von sich, und sie spricht überhaupt viel. Sie urteilt sehr bestimmt und über alles. Sie ist eitel und unbescheiden. Sie belehrt uns oft. 1277

Atemlose Erschöpfung. Szenenwechsel. Der welthistorische Raum der Brutalität löst sich in einem Salon auf; der Schriftsteller schöpft wieder Atem, er ist angetan, nicht so sehr von einer Frau als von einem Beispiel. Er wiederholt grammatisch das Vergehen, das im Bereich des politischen Über-Ichs denunziert werden mußte: er läßt »uns Männer« vortreten, er läßt bei einem zivilisierten Tee eine entzivilisierende Komponente zu. Denn es handelt sich hier darum, »uns Männer« gegen eine Dame zu stellen, ein wissendes »Wir« gegen eine einsame und dumme »Sie«. Und es sieht so aus, in diesem Fall und in diesem reizendem Beispiel – keine toten Körper, keine Deportierten –, daß »wir Männer« geschützt sind durch Höflichkeit, sogar durch Gerechtigkeit, indem »wir« die Gewalt des »Wir« weitertragen, domestiziert und abgesichert durch die unsichtbaren Angriffswaffen grammatikalischen Einverständnisses. Indem er die Blickrichtung ändert – es ist, als ob das Teleskop, die Ferngläser des Krieges, umgedreht worden wären – und die Geschlechtszuschreibung verändert, zieht der Krieger-Schriftsteller, der die Dummheit des Vaterlandes bezeugt hat, sein Abendjacket an und tut sich mit den Brüdern zusammen, sowohl verlockt als auch zurückgewiesen durch die nicht immer absolut dumme Frau. Das Beispiel reicht bis zu dem Ort, wo politischer Protest riskiert worden ist, er versammelt die Männer in einem Moment, wo sie begannen, auseinanderzudriften und abzuziehen. Das Beispiel kam zupaß am Ort der kenternden Schuld, es hatte etwas von einem Lebensfloß. Es unterstützt das Überleben der Wir-Männer. Musil nimmt die Argumentation wieder auf. Dummheit wird oft (wenn auch nicht immer und nicht absolut) mit dem assoziiert, was unsere Erfahrung als Männer uns über Frauen gelehrt hat, wovon aber Höflichkeit und ein Gerechtigkeitssinn uns abhalten, es auszusprechen. Jedenfalls hat die Erkenntnis, daß Dummheit ein vorherrschender Zug des Anderen sei, oft eine Feminisierung, wenn nicht sogar eine Marginalisierung zur Folge. Wenn also das Vaterland infragesteht, trauert das Subjekt oder es geht zu einer Teeparty; es erlaubt sich, abgelenkt und bezaubert zu werden durch ein Beispiel, das sein Gefühl für Meisterschaft und Gerechtigkeit wiederherstellt. Aber die Last der Dummheit – als Wunder oder Waffe – droht auch, das Subjekt zu erschöpfen. Während die auf der Seite der Brutalität stehende Dummheit unvermeidlich auf einen Angriff hinausläuft, weist sie einen gewissen Mangel an Stärke oder Männlichkeit auf, unabhängig davon, wie viel Höflichkeit die Szene verdeckt. Dummheit ist in ihrer Kraft abhängig von dem Impuls eines Mannes, der mit dem Schießen nicht warten kann, einer, dessen Brutalität sich mit impulsivem, unüberlegtem – weiblichem – Geplapper durchaus messen kann.

Die hingezauberte Verschiebung zu den Frauen kündigt ein wiederkehrendes Symptom an. Weniger höflich als Musil dies jemals zum Ausdruck bringen würde, und in der basalen Logik seines Arguments dennoch angelegt, kommt die ziemlich gewohnheitsmäßige Rede von dem »dummen Weibchen« ins Spiel. Eine Frau ein dummes Weibchen zu nennen, ist der Beginn von Gewalt – es ist zwar nicht ihre Ursache, jedoch bereits ihre performative Ausübung –, und »dumm« ist dabei wohl zerstörerischer als »Weibchen«, das lediglich als sexuelle Metonymie funktioniert. Musil nimmt selbst an der Ausübung dieser Gewalt teil, obwohl er eigentlich sehr empfindlich auf die Politik der Dummheit reagiert. »Die schlichte Dummheit ist wirklich oft eine Künstlerin.« Die Frau als 1287
Figur der Dummheit taucht mehrmals auf, obwohl dies blind und fast unbewußt geschieht, etwa, wenn er sich ausruht, Atem holt – das avisierte Ziel scheinen die Massen und das Kleinbürgertum zu sein. Die dumme Frau durchbricht die Klassenschranken. Sie stiftet den ernsthaften Schriftsteller, sie organisiert eine Komplizität unter uns Männern, die durch die Angstattacke der politischen Denunziation verstreut worden sind.

Ein Vergleich kann nun herangezogen werden, an dem Punkt, an dem über sexuelle Differenz entschieden worden ist, ein Vergleich, zu dem

Musil einlädt, um zu klären, worum es geht. Beide, Musil und Nietzsche, schimpfen ihren Redegewohnheiten entsprechend auf die Frauen, obwohl Nietzsches Tiraden vielleicht weniger konventionell und gewiß weniger »höflich« sind als jene Musils. Was macht die Ziele dieser Männer (Nietzsche ist kein Mann, er ist Dynamit) so inkompatibel, selbst wenn ihre Äußerungen zeitweilig übereinstimmen? Musils anstrengende Höflichkeit verrät ihn, sie exponiert die Gewalt, die er zu verbergen sich bemüht. Indem Nietzsche der Wiederholung gängiger Klischees widersteht, bezieht er klar Stellung, ohne in die Falle zu tappen, einen Konsens von »uns Männern« anzunehmen; auch gelangt er zu keinem Konsens im Hinblick auf sichere Geschlechtszugehörigkeit (seine maßlosen Identifikationen mit dem Gekreuzigten, Dionysos, den Juden und den Frauen, seine Umarmungen von Tieren brachten ihn dazu, in jeden möglichen Verein einzutreten – nun, zwar nicht in *jeden* und alle, aber zweifellos in zu viele). Wo Nietzsches Beleidigungen, mit Seitenhieben gegen das Empirische, auf die Metaphysik abzielen, da hält sich Musil in seinen Beobachtungen trotz allem an die allgemeine Meinung und das anthropologische *Aperçu*. Da er in keinem Moment die Begriffe unterminiert, mit denen die Argumentation fortschreitet, erleidet die Rhetorik der Erkenntnis im Laufe seines Gedankengangs keinerlei widersprüchliche Infragestellung.
Nietzsches Verhältnis gegenüber einer beunruhigenden, anstößigen Ansicht zieht letztlich eine viel weniger auf ängstliche Weise verführerische oder mit sich selbst identifizierte Artikulation nach sich als Musils ziemlich narzißtische Überlegungen, die im Namen dessen stattfinden, oder vielmehr: sich darauf zurückziehen, was ich als »schlechte Höflichkeit« bezeichnen würde. Die Politik der Höflichkeit, die von beiden Ironikern mit verschiedenen Zielen verfolgt wurde, und die die Stile Nietzsches mit denen Musils verbindet, kann hier nicht weiter verfolgt werden. Höflichkeit setzt sich den rüden Auftritten schlechter Dummheit oder der unbedarften Unbeirrbarkeit einer besseren Dummheit entgegen. Schlechte Höflichkeit, die ein ausgedehnteres Strafregister verdient, kann an diesem Punkt nur in verkürzter Form dargestellt werden: sie baut auf dem schlechten Gewissen auf, sie verhüllt kaum das zähneknirschende Grinsen, das ihr Zögern, anzugreifen, deckt. Hungrig, aber sich selbst verleugnend, wird sie durch die Ironie verlassen. Ohnehin, ob nun gut oder böse im Ursprung und Ziel, der Zwang zur Höflichkeit verbirgt eine ungeheure Gewalt, während sie freundliche Entwaffnung verspricht. Raum gebend für seine eigenen höflichen Zögerlichkeiten, wenn er sich mit Dummheitshäufungen befaßt, unterläßt Musil es im wesentlichen, die Gründe einer Geschichte des Schweigens und der Unterdrückung zu untersuchen – es gibt hier keinen genealogischen Instinkt – oder die geheimen Nutznießer der Hegemonie

der Dummheit über die Politik und die Frauen herauszufinden. Vielmehr sind seine Anliegen beherrscht von einem unvermeidlichen Machtverlust, auf verschiedenen Ebenen des sozialen Engagements, ein Verlust, der bescheiden als irgendwie persönliches Versagen betrachtet wird. Er ist nicht auf der Höhe seiner Aufgabe (niemand ist es); er vermeidet einen blinden Fleck. Und dennoch ist in Musils Entdeckungen eine gewisse Grausamkeit der Bescheidenheit; denn Bescheidenheit erweist sich am Ende als das einzige Gegenmittel zur Dummheit; ihr In-Erscheinung-Treten ist es wert, zitiert zu werden. Das Ethos der Bescheidenheit erweist sich als die andere Seite von Nietzsches Äußerung »Warum ich so klug bin« und könnte die in ihrer Bescheidenheit trotzige Überschrift tragen: »Warum ich so unwissend bin«. Ob dieser rhetorische Gegensatz strenggenommen wirklich einen Gegensatz bildet, ist allerdings eine andere Frage:

> Ich will darum auch lieber gleich meine Schwäche bekennen, in der ich mich ihr gegenüber befinde: ich weiß nicht, was sie ist. Ich habe keine Theorie der Dummheit entdeckt, mit deren Hilfe ich mich unterfangen könnte, die Welt zu erlösen; ja ich habe nicht einmal innerhalb der Schranken wissenschaftlicher Zurückhaltung eine Untersuchung vorgefunden, die sie zu ihrem Gegenstande gemacht hätte, oder auch nur eine Übereinstimmung, die sich wohl oder übel bei der Behandlung verwandter Dinge in Ansehung ihres Begriffs ergeben hätte. Das mag an meiner Unkenntnis liegen, aber wahrscheinlicher ist es, daß die Frage: Was ist Dummheit? so wenig den heutigen Denkgepflogenheiten entspricht, wie die Fragen, was Güte, Schönheit oder Elektrizität seien. 1272

Musil hat noch nicht die Bescheidenheit genannt, als eine Kraft, die es vermag, Dummheit(en) zu stoppen, aber von Anfang an übt er ihren Ton ein, zur Aufwärmung in unseren »Denksport«. Obwohl die Rhetorik der Bescheidenheit dazu dienen mag, ihr Gegenteil zu verbergen, besteht ein brisanteres Moment dieser Passage in der Möglichkeit, Dummheit ganz und gar zu übersehen – in anderen Worten: Dumm zu sein im Hinblick auf das Thema, schon Teil davon und daher unfähig zu sein, es zu bewältigen. Je mehr man mit Dummheit zu tun hat, desto weniger kann man sie erfassen, je mehr Intelligenz man hinsichtlich Dummheit aufbietet, desto weiter ist man davon entfernt, sie verstanden zu haben. Die Logik folgt hier einem anderen Schritt, einem anderen Rhythmus der Begegnung: Je näher man kommt, desto weiter ist man entfernt. In dieser Hinsicht kommt sie dem Bild der blendenden Sonne nahe – man muß seinen Blick abwenden, um lesen zu können, man muß anderswo Ausschau halten, aber wo? Dummheit kann keine Sache des Lichts sein, denn sie ist düster; sie kann sich selbst dieser Frage nicht stellen, in ihrer guten oder schlechten Verkleidung, denn sie hat alle Antworten – selbst wenn es sich darum handelt, stumpf zu sein, matt, dumpf. Sie korrespondiert nicht oder metaphorisiert nicht und doch ist sie nicht. Aber selbst in ihrer Weigerung, sich selbst Theoretisierung oder Wissenschaftlichkeit zu erlauben, stellt sie sich so altertümlich dar wie die Fragen der Güte und der Schönheit – und so verbreitet wie eine philosophische Ladung Elektrizität. Instabil und der Definition widerstehend, gehört sie dem kritischen Denken nur insofern an, als sie sich ständig seiner Kontrolle entzieht.

»Grausamkeit provoziert, aber Dummheit entmutigt.« (Camus, L'État de siège)

Wem entspricht die Dummheit? Auf was antworten die Dummen? In einer alles in allem provokativen Passage des Aufsatzes bezeichnet Musil das dumme Wesen als eines, dem der Widerstand fehlt und das sich zur Gewalt hinziehen läßt. Selbst wenn du vom Temperament her nicht gewaltsam bist und eher milde wie Musil, wirst du durch die wirklich Dummen aufgeweckt. Du verfolgst sie. Du willst sie festnageln, willst über sie schreiben und sie foltern, sie fixieren. Der höfliche Schriftsteller, der die Themen der Grausamkeit bei Nietzsche und der Rücksichtslosigkeit bei de Sade evoziert, setzt mit dem Appetit eines Raubtiers an. Wenn Musil gut ist und gegen seine eigene Angst, daß man ihn für dumm halten könnte, gefeit, schreibt er:

Aber auch die Dummheit ... vermag zu reizen und besänftigt durchaus nicht unter allen Umständen. Um es kurz zu machen, sie erregt gewöhnlich Ungeduld, sie erregt in ungewöhnlichen Fällen aber auch Grausamkeit; und die Abscheu einflößenden Ausschreitungen dieser krankhaften Grausamkeit, die landläufig als Sadismus bezeichnet werden, zeigen oft genug dumme Menschen in der Rolle des Opfers. Offenbar rührt dies davon her, daß sie den Grausamen leichter als andere zur Beute fallen; aber es scheint auch damit zusammenzuhängen, daß ihre nach allen Seiten fühlbare Widerstandslosigkeit die Einbildung wild macht wie der Blutgeruch die Jagdlust und sie in eine Öde verlockt, wo die Grausamkeit beinahe bloß darum »zu weit« geht, weil sie an nichts mehr eine Grenze findet. Das ist ein Zug von Leiden am Leidenbringer selbst, eine Schwäche, die in seine Roheit eingebettet ist; und obwohl die bevorrechtete Empörung des beleidigten Mitgefühls es selten bemerken läßt, so gehören doch auch zur Grausamkeit, wie zur Liebe, zwei, die zueinander passen! 1274

Es gibt ein Moment von Leiden in der sadistischen Antwort auf Dummheit: sie geht zu weit, sie schlägt unaufhörlich zu, foltert das Opfer, mit dem sie ein Paar bildet. Dummheit wird nicht selbst als pathologisch angesehen, sondern derjenige, der sich genötigt fühlt, sie niederzutreten, hat einen pathologischen Zug. Das dumme Opfer ist in der Logik eines »danach Verlangens« gefangen. Wenn der Folterer nur wüßte, wo er aufhören soll, so geht die Argumentation. Die Schwäche des Folterers, sein einziges Leiden: daß er nicht innerhalb der Grenzen einer sauberen Prügelei bleiben kann, den Takt nicht respektiert. Nun, dieser Idiot, der da quält, kündigt eine äußerst undelikate Beobachtung an, die an Nietzsche erinnert, aber der möglicherweise seine elegante Verachtung fehlt. Was sie jedoch nicht-nietzscheanisch erscheinen läßt, ist der Aspekt einer »Jagdzeit« für die Opfer, was in der Tat die beschriebene Attacke verschärft. Während Nietzsche vorzugsweise die Aktionen der Sieger angreift, selbst wenn sie sich durch Duckmäusertum maskieren, überschreitet Musil die Grenze und enthüllt einen gewissen Geschmack für unverblümte Grausamkeit, ein Verlangen, die Dummen aufs Korn zu nehmen. Nietzsche, als Wolf verkleidet, hatte auch einen goût für die Lämmer – aber er würde angeben, sie nur aus Liebe zu verschlingen. Es ist schwierig und es gehört Mut dazu, einzugestehen, daß die Dummen dir den Wunsch, sie zu töten, einflößen. Nun, wenn du innerlich grausam bist, wirst du die Dummen ins Schlepptau nehmen. Wenn deine angeborene Grausamkeit unter Kontrolle gebracht ist, werden sie dir einen neuen Horizont an sadistischem Engagement eröffnen. Nicht immer, und du kannst nicht voraussagen, welche unkontrollierte Eruption sie auslösen werden. Dummheit produziert eine ganze Stufenleiter und Logik von Wirkungen* – so Erdmann in seiner Abhandlung über die Dummheit: Warum bringen uns manche Formen von Dummheit zum Lachen, während andere Mitleid hervorrufen, uns zurückschaudern lassen oder uns die profunde Lust eingeben, zu töten – und wieder andere machen uns dagegen phobisch, flößen uns die Angst ein, daß wir selbst dumm werden, wenn wir dieser Idiotie ausgesetzt werden?

»... A Boosted Blasted Bleating Blatant Bloaten Blasphorous Blesphorous Idiot« (James Joyce, »Finnegans Wake«)

Musil hat bemerkt, daß dumm oft in Paaren auftritt – so wie Dumm und Dümmer oder Dick und Doof* (die deutsche Version von Laurel und Hardy) oder Bouvard und Pécuchet, oder, wenn man weiter zurückgeht, zur griechischen Tragödie, *alazon* und *eiron*, die das signifikante Narren-Paar der Reflexionen de Mans auf die Ironie wurden. Das durch die Dummheit gesegnete Paar muß jedoch nicht anthropomorphisiert werden. Was Musil im Sinn hat, ist ein Bedeutungspaar wie »gemein und dumm«, »eingebildet und dumm«, sogar »fett und dumm«. Jean-Luc Nancy hat allerdings bemerkt, daß man nicht »dumm und grausam« sagen kann, weil Grausamkeit auf Souveränität hinweist, wohingegen »gemein« eher erbärmlich ist und reaktiver. Man

kann nicht sagen »dumm und grausam«, aber jemand oder jemandes Hund kann als »dumm und gemein« bezeichnet werden.
Solche rhetorischen oder sozialen Paare sind Reflex einer alles durchdringenden häuslichen Gewalt, eingeschrieben durch die Dummheit oder das, was Musil als Politik der Dummheit exponiert hat, die vorrangig und zuallererst an der Heimfront statthat. Die Äußerung »dumm« – wie etwa »du bist dumm« – ist eine erbarmungslose Art, andere niederzumachen. Die Hierarchie innerhalb eines Paares verlangt nach einem strategischen Rekurs auf dümmliche Handlungen, nach einer Praxis der Dummheit, es gibt da ein Arsenal an feindseligen Umarmungen fürs häusliche Büro. Was geschieht mit demjenigen, der attackiert wird, dem, der immer den Crash-Test-Dummy spielen muß? Zunächst mal ruft der vermeintliche Unterschied zwischen Dummsein und Klugsein vor allem ein Problem der Repräsentation auf: Ob du nun der eine oder der andere bist, du mußt verstecken, daß du dumm bist, aber du kannst nicht zeigen, daß du klug bist, weil das aussieht, als ob du wirklich dumm wärst:

> Daß jeder, der über Dummheit sprechen oder solchem Gespräch mit Nutzen beiwohnen will, von sich voraussetzen muß, daß er nicht dumm sei; und also zur Schau trägt, daß er sich für klug halte, obwohl es allgemein für ein Zeichen der Dummheit gilt, das zu tun! Geht man nun auf diese Frage ein, warum es als dumm gelte, zur Schau zu tragen, daß man klug sei, so drängt sich zunächst eine Antwort auf, die den Staub von Urväterhausrat an sich zu haben scheint, denn sie meint, es sei vorsichtiger, sich nicht als klug zu zeigen. 1273

In einer Weise, die an Kants Auseinandersetzung in der *Anthro* erinnert und die jene Mitglieder der modernen Gesellschaft betrifft, die zu tief stehen, um hoch zu kommen – anders gesagt, jene, die, von bürgerlicher Schwäche gezeichnet, es sich nicht leisten können, sich betrunken oder high in der Öffentlichkeit zu zeigen, die sich weder Pannen erlauben können noch die Beherrschung verlieren dürfen (Kant sagt, daß Juden, Frauen und Kirchenmänner nüchtern bleiben müssen, um die soziale Gerechtigkeit zu festigen: kein geselliges Trinken für sie[14]) –, beginnt Musil mit einer Diskussion der »Dummlistigkeit«, die sich häufig in Abhängigkeitsverhältnissen findet. Da gibt es Verhältnisse, »wo es für den Schwächeren wirklich klüger war, nicht für klug zu gelten: seine Klugheit konnte dem Starken ans Leben gehn! Dummheit hingegen lullt das Mißtrauen ein; ›sie entwaffnet‹. ... Spuren solcher Pfiffigkeit und Dummlistigkeit finden sich denn auch wirklich noch in Abhängigkeitsverhältnissen, wo die Kräfte so ungleich verteilt sind, daß der Schwächere sein Heil darin sucht, sich dümmer zu stellen als er ist ...« 1273

Musils Beispiele für kunstvolle Dummheit umfassen Verhältnisse von Dienstboten zu ihrer Herrschaft, von Soldaten zu ihren Vorgesetzten, von Kindern zu ihren Eltern und Schülern zu ihren Lehrern. Klugheit ist ein Risiko für den Schwachen – am Unterwürfigen wird sie geschätzt, »aber nur so lange, als sie mit bedingungsloser Ergebenheit verbunden ist. In dem Augenblick, wo ihr dieses Leumundszeugnis fehlt und es unsicher wird, ob sie dem Vorteil des Herrschenden dient, wird sie seltener klug genannt als unbescheiden, frech oder tückisch.« »In der 1273
Moral«, so fährt Musil fort, »hat es zu der Vorstellung geführt, daß ein Wille um so böser sein müsse, je besser das Wissen sei, wider das er handle.« 1273

All about Eve

Das Licht, das auf die Gefahren, klug zu erscheinen, geworfen wurde, weist auf ein entscheidendes Moment in der Argumentation Musils hin. Neben anderen Orten und Dingen, bringt uns das auf eine von Nietzsches feministischen Verwandlungen, da, wo Nietzsche klar wird, daß dem Ur*-Bild echter Wissenschaft und Klugheit beträchtliches Unrecht angetan wurde: Eva ist böse, weil sie wissen möchte, untersuchen möchte, und dennoch wird sie dargestellt, als hätte sie einen dummen Fehler begangen, für den wir immer noch bezahlen. Ihre Dummheit entsprang ihrem Bedürfnis zu wissen, ein Bedürfnis, das entwertet und als bloße Neugierde verstanden wurde. Eva war die erste Wissensdurstige; ihr Bedürfnis zu wissen, hat sie als dumm exponiert, denn was sie nicht wußte oder verstand, war das Verbot, das durch ihren Ehemann und seinen Schöpfer über das Wissen verhängt worden war. Eva ihrerseits wußte, daß sie barfüßig und unwissend war – aber es wäre sogar noch schlauer gewesen, es sich nicht anmerken zu lassen, daß sie um die Grenze wußte. Sie entdeckte und benannte die Grenze; sie machte die Erfahrung der Grenze, sogar im Paradies, ihrem heimatlichen Aufenthaltsort. Sie war immer schon Madame Bovary, an Charles, den Mann, gebunden.

Eva, die uns die mutige und notwendige Überschreitung enthüllt, die dem Wissen innewohnt, würde sich nicht dumm stellen, keinen Unwillen oder keine Unfähigkeit (einen dummen Fehler) zur Schau stellen, für die sie eindeutig bestraft worden ist. In der Tat: Bist du nicht willig, dich dumm zu stellen, so machst du die unglaublichsten Geschäfte mit dem Teufel. Nur wenn er so an- und ausgezogen wie Eva ist, kann Nietzsche »Warum ich so klug bin« schreiben. In einem allgemeineren Sinn, der jedoch nicht so weit von Nietzsches Eva-Kostüm entfernt ist, verweist Musils Beobachtung auf eine gewisse Tendenz in moralischen und rechtlichen Beurteilungen, wonach der kluge Übeltäter irgendwie als schuldiger angesehen wird als derjenige, der das gleiche aus Dummheit getan hat. Obwohl das Recht Unwissenheit als »Entschuldigung« für die Ausführung eines Verbrechen nicht anerkennt, geht die Tendenz doch dahin, zu dem Blödian nicht zu hart zu sein, in einem System, in dem der Kluge verdächtig ist, das heißt, in einem System, in dem ein gewisser Grad an unterstellter Bewußtheit und freiem Willen verdächtig sind – Eigenschaften, die das Rechtssubjekt allererst auszeichnen. Klugheit zahlt höhere moralische Steuern und ist anfälliger für Kriminalisierung, zumindest seit es das Gerücht von Evas klug-gerissenem Verhalten gibt.

»Um die Gesellschaft glücklich und die Leute selbst unter den niedrigsten Verhältnissen zufrieden zu machen, ist es notwendig, daß ein beträchtlicher Teil davon sowohl unwissend als auch arm sei. ... Zurschulegehen [ist] im Vergleich zum Arbeiten Müßiggang.« (Mandeville, »Die Bienenfabel«) [15]

Irgendetwas an der Grundstimmung* dieses Abschnitts macht uns noch zu schaffen, ruft nach weiterer Bearbeitung. Der Ruf entspringt Nietzsches Forderung nach einer virtuosen Dummheit oder, wie in Kathy Ackers Werk, der Bejahung emanzipatorischer Dummheiten. In anderen Worten, die Behandlung der Dummheit kann nicht nur der denunziatorischen Arbeit überlassen werden. Es gibt andere Arbeit zu tun. Bis jetzt ist die Frage nach der Dummheit, so wie Musil sie stellt, entschieden auf die Seite einer gewissen Dunkelheit geraten, einer Verzweiflung, obwohl es kein Einverständnis darüber gab, daß Dummheit wesentlich als die eine oder die andere Sache aufgefaßt werden könnte, sondern vielmehr immer als die eine *und* die andere Sache. Das Spektrum des politischen Schreckens und der individuellen Niederlage ist in den Nuancen der Dummheit kodiert worden. Doch gibt es auch eine Tonart des Dummen, die in die Register einer fröhlichen Wissenschaft gehört und dazu befähigt, an der Affirmation und dem Ja-Sagen teilzuhaben. Montaigne bringt die Erfahrung des als »dumm« Festgenageltwerdens in Richtung Vergnügen.
Montaigne bekennt, während er enthüllt vor seinen Freunden steht, daß es ihm ein ungeheures Vergnügen bereite, wenn ihm jemand sagt, er sei ein Idiot – nur eine gute und tiefe Freundschaft könne eine solch liebenswürdige Umarmung aushalten. Intimität und Vertrauen können dir deine Dummheit auf eine leidenschaftliche Weise widerspiegeln. Deine Freunde sind jene, die das Risiko der Gewaltanwendung eingehen, die dich ein bißchen rauh angehen, Distanz vertiefen, die Grenze bloßer Höflichkeit überschreiten. Du sehnst dich nach Gewaltanwendung, du hast ein Vergnügen an ihrem Ausdruck:

Ich komme durchaus damit zurecht, von Freunden roh behandelt zu werden. »Du bist ein Idiot!« »Du bist doch verrückt!« Ich genieße es, wenn die

Herren unter sich aufrichtig sind, wenn ihre Worte das zum Ausdruck bringen, wohin ihre Gedanken sie lenken. Wir sollten unsere Ohren wappnen und dagegen stärken, durch den Klang höflicher Worte verführt zu werden. Ich liebe eine starke, intime, männliche Freundschaft, die Art von Freundschaft, die sich an scharfen, kräftigen Wortwechseln erfreut, so wie die Liebe sich an Bissen und Kratzern, die eine Spur Blut hinterlassen, erfreut. ... Wirklich suche ich regelmäßig die Gesellschaft jener, die mich mißhandeln.[16]

In *Die fröhliche Wissenschaft* ist selbst Nietzsche darüber beunruhigt, daß die kreative Seite der Dummheit durch ernsthafte Kränkung und Mißverständnis angezapft wird, sie hinunterzieht, ihren immer wiederkehrenden Rhythmus auslöscht. (»Es bedarf also der tugendhaften Intellekte – ach! ich will das unzweideutigste Wort gebrauchen – es bedarf der *tugendhaften Dummheit*, es bedarf unerschütterlicher Taktschläger des *langsamen Geistes*, damit die Gläubigen des großen Gesamtglaubens beieinander bleiben und ihren Tanz weitertanzen.«[17]) Musil bemerkt, daß Schimpfworte etwas »unvorstellbar Aufregendes« an sich 1282
haben können, die, obwohl sie mit ihrer Intention verbunden sind, ihrem eigenen Inhalt gegenüber indifferent bleiben. Baudelaire kommt ins Spiel mit einer ambivalenten Aussage über Mode; er beobachtet, daß die Dummheit die Wirkungen der plastischen Chirurgie ersetzt, wobei die unentrinnbar alternden Gelehrten übergangen werden. Indem er an die »aufgeblasenen Esel« erinnert, die erröten, wenn sie entdecken, daß die Frau, die sie geliebt haben, dumm ist, macht der Dichter des Bösen die Dummheit zum Parergon der Schönheit, wenn nicht zur Bedingung ihrer Möglichkeit: »Die Dummheit ist oft der Schmuck der Schönheit; sie verleiht den Augen jenen düsteren Schimmer der schwärzlichen Teiche, und diese ölige Glätte der tropischen Meere. Die Dummheit ist stets die Bewahrerin der Schönheit; sie hält die Runzeln fern; sie ist ein göttliches Kosmetikum, das unsere Angebetete vor den Bissen schützt, die der Gedanke uns, den garstigen Gelehrten vorbehält.«[18] Vom Vergehen der Zeit und den Falten betroffen, sind wir Gelehrte elend und endlich, wir werden von Gedanken verzehrt, die mit dem Leiden einhergehen. Die Dummheit, eine göttliche Formel, kommt typisch geschlechtsspezifisch daher (die Trope des »Tropischen«) und, bei Baudelaire, rassistisch. Sie kann das Grab der Schönheit sein, ist vielleicht, noch zwingender, mit der Trauer und einer Todeserfahrung verbunden – das heißt, einer anderen Erfahrung des Todes. Hier angesprochen in ihrer erhaltenden Funktion, ist sie in gewisser Weise eine Form der Mumifizierung, festgehalten in Handlungen des poetischen Aufbewahrens und in einem Begriff von Zeit, der sich der Zeit entzieht. Derweil kommen wir Gelehrte nicht zurechtgemacht und zerrauft daher... – aber ich habe versprochen, die gescheiten Aspekte der Dummheit auf

diesen Seiten darzulegen: »der düstere Schimmer der schwärzlichen Teiche« muß für eine andere Falte in der Zeit aufgehoben werden.
Wann also kann man fröhlich der Dummheit in einer ihren freien Formen nachgeben? Denn im Reich des Idiotischen gibt es eine unleugbare Sucht nach Vergnügen, nach kleinen Belustigungen durch blödes Benehmen und Handeln. Man muß sich nur an die Vergnügungspaläste der Dummen erinnern, wo vorgefertigte Lüste verpaßt werden. Die narkotische Seite inerter Dummheit ist der späten technologischen Psychopathologie eingeschrieben, den Vergnügungen, die durch die industriellen Formen der Freizeitgestaltung gespiegelt und erfunden werden. Muß man wirklich an die peinlich dummen TV-Shows erinnern, an das »Einfach-nur-Abhängen«, an Cultural Studies, an die Aufhebung der Zensur im Reden, daran, daß man sich dumm verhält und dumme Sachen macht, die an völligen Unsinn grenzen oder an die amerikanische Ideologie von Fun, Fun, Fun? Auf der gescheiten Seite ihrer im Übermaß vorhandenen Manifestationen zieht die Dummheit Schönheit an, Aufregung, die Hitze freundlicher Vulgarität und unerlaubter Vergnügungen. Alle diese Qualitäten spalten sich auf, wie im Fall der Lust, die angeblich vermittelt wird. Denn wo es Lust gibt, tastet man sich im Zeichen eines minderwertigen Todestriebs den Freudschen Weg entlang. Die Dummheit markiert die Leerstelle, die manchmal bis jenseits des Lustprinzips reicht, indem sie Lüste hervorbringt, die träge und stumpf werden, in dem Maße wie sie tödliche Richtungen nehmen. Auf der Seite der Trägheit und des Todes tragen diese Formen des Dummen die Zeichen eines langsamen Niedergangs, eines irreversiblen Energieverlusts. Gibt es einen Moment, wo das Ding »Dummheit« lebendig funkelt? In anderen Worten, wann wird das über die Dummheit verhängte Verbot aufgehoben? Wann darf man schließlich und endlich dumm sein? Wenn man verliebt ist, zum Beispiel; wenn man sich gegenseitig mit unsinnigen Namen belegt, mit Tiernamen, und im Deklinieren des eigenen, privaten Idiolekts der Liebe. Liebe ist einer der wenigen Schauplätze, an denen es öffentlich erlaubt ist, dumm zu sein. Einem Brief von Valérys Mme Emilie Teste zufolge, ist genau dies die Definition der Liebe: »Liebe besteht darin, miteinander tierisch-töricht sein zu können, mit jeder Freiheit zu Dummheiten und Bestialität.«[19] Liebe gibt das Freizeichen für geteilte Dummheit, für einen Abstieg in die bestialische Verlassenheit einer ekstatischen Sprache. Als reine Hingabe öffnet die Liebe die Kanäle für die kindischen Ausuferungen des Miteinanderseins. Gesetze, die soziale Intelligenz und sinnvolle Handlungen sichern, sind suspendiert für die Dauer der Sprache hervorbringenden Szenen der Liebe. Das könnte auch heißen, daß man wirklich herunterkommen, erstaunlich dumm werden muß, um sich zu verlieben, aber auf alle Fälle weist all das verstärkt darauf hin, daß die Dummheit eine unterdrückte Grund-

lage menschlicher Affektivität ist, die zu entfesseln allein die Liebe die Macht hat.

»Whatever!«

Als Darstellung von Negativität, direkt aufgefaßt, ohne die Droge der Liebe oder Narkose, drückt die Dummheit die Notklingel. Die zeitgenössischen Erscheinungen der Dummheit sind letztlich Abwehrformen jener Panik, deren Sinn sich verliert und die Dummheit produziert. Dazu gehört die Insistenz von »whatever...« oder »es nervt« sowie die dialektische Umkehrung der Straßenpoesie, für die »dumm« eine Form der Großartigkeit darstellt. (Eine Reflexion auf die amerikanische Verwandlung des Dummheitsbewußtseins in das Laschheitsethos des «whatever« würde einen bislang unbemerkten Gegenimpuls zur Dummheit amerikanischer Kultur aufdecken; denn «whatever« bezeichnet ein Nichtbezeichnen und bringt, neben anderen existentiellen Eigenschaften, entlastende und befreiende Intonationen des »letting be« zum Ausdruck.[20]) In Musils Text steht eine Kollektivmetapher hirnloser Dummheit zur Diskussion, die einen Zusammenhang mit der allgemeinen Panik unterhält. In dem präpolitisierten Raum des Außen – obwohl dieser Raum sich schnell mit Politischem füllt – entfaltet sich das Spektakel der öffentlichen Pleiten unter dem Druck einer sich ausbreitenden Panikattacke. Diese Panik ist, mit Blick auf eine gewisse Essenz der Geistlosigkeit, vielsagend. Die Sprache, dominiert von dem Impuls eines phobischen Flugs, verliert ihre Grenze, Worte werden unterschiedslos herausgeschleudert. Musil bemerkt nun, daß Schimpf-, Neck-, Mode-, und Liebesworte miteinander dadurch verbunden sind, daß sie, im Dienst eines Affekts, eine Ungenauigkeit und Unsachlichkeit gemeinsam haben, »was sie im Gebrauch befähigt, ganze Bereiche besser zutreffender, sachlicher und richtiger Worte zu verdrängen«. Musil spricht die Panik an: »das Haupt- und Staatsbeispiel der Kopflosigkeit«. 1282

Wenn etwas auf einen Menschen einwirkt, das zu stark für ihn ist, sei es ein jäher Schreck oder ein anhaltender seelischer Druck, so kommt es vor, daß dieser Mensch plötzlich »etwas Kopfloses« tut. Er kann zu brüllen beginnen, im Grunde nicht anders, als es ein Kind macht, kann blindlings vor einer Gefahr davonlaufen ..., eine berstende Neigung zum Zerstören, zum Schimpfen oder zum Jammern kann ihn erfassen. ... Man kennt diese Art des Widerspiels am besten durch den »panischen Schreck«; aber wenn das Wort nicht zu eng verstanden wird, läßt sich auch von Paniken der Wut, der Gier und sogar der Zärtlichkeit sprechen. ... Psychologisch wird das, was sich beim Eintreten einer Panik abspielt, als ein Aussetzen der Intelligenz, und überhaupt der höheren geistigen Artung angesehen ...; aber es darf wohl hinzugefügt werden, daß mit der Lähmung und Abschnürung des Verstandes in solchen Fällen ... ein Hinabsinken vor sich geht ... und [zu] einer letzten Notform des Handelns führt. Diese Handlungsweise hat die Form völliger Verwirrung, sie ist planlos und scheinbar von der Vernunft wie von jedem rettenden Instinkt verlassen; aber ihr unbewußter Plan ist der, die Qualität der Handlungen durch deren Zahl zu ersetzen, und ihre nicht geringe List beruht auf der Wahrscheinlichkeit, daß sich unter hundert blinden Versuchen, die Nieten sind, auch ein Treffer findet. Ein Mensch in seiner Kopflosigkeit, ein Insekt, das so lange gegen die geschlossene Fensterhälfte stößt, bis es durch Zufall bei der geöffneten ins Freie »stürzt«, sie tun in Verwirrung nichts anderes, als es mit berechnender Überlegung die Kriegstechnik tut, wenn sie ein Ziel mit einer Feuergarbe oder mit Strohfeuer »eindeckt«, ja schon wenn sie ein Schrapnell oder eine Granate anwendet. 1282 f.

Das Subjekt, das in Panik ist, verfolgt wird, versteinert, es zieht sich zusammen in einem Aufheulen, einem Klagen, in einem Anfall von Verfluchung oder Destruktion. Panik stachelt an, überflutet, beschleunigt die Bewegung, während sie gleichzeitig die Vernunft paralysiert und Ligaturen erzeugt. Etwas wird in Anspruch genommen, während das intelligente Antworten demobilisiert wird. Immer im Zusammenhang unserer gemeinsamen sprachlichen Ordnung stehend, entspricht die Panik nicht einem Moment synkopischer Sprachlosigkeit, sondern sie annektiert Dummheit, indem sie nicht nur ungenaue Worte, sondern auch eine exorbitante Menge von Worten erzeugt. Merkwürdigerweise überschwemmt der Choke der Panik mit Sprache: Es gibt *zu viele* Worte in den Beschimpfungen der Dummheit. Sie führt zu einem verbalen Anschwellen, sie nimmt *zu viel* Raum ein: »denn je undeutlicher ein Wort ist, um so größer ist der Umfang dessen, worauf es bezogen werden 1283
kann.« In dieser Hinsicht verweist Dummheit auf einen Exzeß von Sprache, der wie die Fliege, die versucht zu entkommen, durch die Gegend summt. Ein Sprachschwall, ähnelt sie einem Mediensperrfeuer, das eine Kartographie der Qual füllt und durchtränkt. Gleichzeitig grenzt dieser Sprachexzeß, eine Art Begriffsstutzigkeit, an Sprachlosigkeit, der dieser Exzeß niemals einfach nur entgegengesetzt ist. Musil hat entdeckt, daß Dummheit einen blinden Fluchtdrang enthüllt, einen Drang, der einer ihr inhärenten Neigung zur Zerstörung entspringt. Von zu vielen Worten getrieben, frenetisch suchend nach der frischen Luft der Referentialität, entdeckt die Dummheit, die in Panik ist, daß die Worte unangemessen sind, daß sie rasend über sich selbst hinausweisen. Wörter sind leer, aber hart; man kommt nicht über sie hinaus. Dieser nichtssagende Exzeß im schlagenden Herzen der Sprache schafft es nicht, Bedeutung zu artikulieren, versagt darin, Sicherheit zu bieten und nimmt stattdessen die Tätlichkeit vorweg: Es »läßt sich an dem rechten Gebrauch des Vorwurfs, etwas sei wahrhaftig eine Dummheit oder eine

Gemeinheit, nicht nur ein Aussetzen der Intelligenz erkennen, sondern
auch die blinde Neigung zum sinnlosen Zerstören oder Flüchten. Diese
Worte sind nicht nur Schimpfworte, sondern sie vertreten einen gan-
zen Schimpfanfall. Wo etwas bloß noch durch sie ausgedrückt werden
kann, ist die Tätlichkeit nahe.« Wuterstickt und sprachlos kämpft man, 1283
sagt Musil, um sich Luft zu verschaffen. »Das ist der Grad der Sprachlo-
sigkeit, ja Gedankenlosigkeit, der dem Zerbersten vorangeht! Er bedeu-
tet einen schweren Zustand der Unzulänglichkeit, und schließlich wird
der Ausbruch dann gewöhnlich mit den tief durchsichtigen Worten ein-
geleitet, daß einem ›endlich etwas *zu* dumm geworden‹ sei«. Das Zer- 1283
bersten, das dem Benennen des Dummen vorangeht, tritt dort auf, wo
die Sprache sich als unfähig erweist, eine Richtung zu nehmen, etwas
Signifiziertes festzuhalten oder ein Fenster aufzumachen.

Musils Schlußfolgerung ist selbst eine Art Überraschungsangriff, denn
anstatt mögliche Schichten von Sprachversagen oder Konstruktionen
von außersprachlichen Rettungen herauszuschälen, entscheidet er sich
dafür, den Überschuß bzw. Mangel (»zu dumm ... Ungenügen«) nach
innen, auf das Selbst, zu wenden: »Dieses Etwas«, schreibt er, »ist man
aber selbst.« Sicherlich spiegelt dumme Wut eher den Wütenden als den 1284
mutmaßlichen Adressaten. Man kann Musil in dieser Beobachtung em-
pirisch nicht widerlegen, da es nicht einfach so ist, daß sie unwahr wä-
re, denn die Grammatik, die das Selbst aufspaltet, bleibt ein Puzzle – et-
was, nämlich man selbst, ist einem zu dumm geworden, man erträgt
sich nicht mehr. Die Grammatik weist darauf hin, daß der Satz woanders
hinging, tendenziell in die Richtung des «Sich-selbst-eins-Auswischens«.
Musil zieht sich von der Welt zurück, vom Politischen, um ein Selbst zu
versammeln, das sich selbst irritiert. Was aber an der Konklusion beun-
ruhigend ist, ist die Art, in der er eine Stabilität des Selbst (sogar als *al-
lergen* und im Zustand flirrender Panik) anzunehmen scheint, und hier
und an anderen Stellen den Ort der Vernunft, der Vernünftigkeit zu ret-
ten scheint – als ob sich ein Zerbersten unmöglich inmitten kunstfertig-
ster Sprache ereignen könnte. (Ich sehe Dummheit nicht nur auf der
anderen Seite der Barrikaden, sondern sie steckt mitten im Herzen der
Vernunft und ihrer verhängnisvollen Institutionen, einschließlich sol-
cher der höheren Bildung. Das ist zwar nichts Neues, aber wert, wieder-
holt zu werden.) Im wesentlichen zielt Panik auf das leere Zentrum der
sprachlichen Bedeutung ab, sie schwirrt am Sinnhorizont herum, unfä-
hig, Sinn zu machen. Stattdessen löst sie einen Schwall von Worten aus,
um, in der schieren Kontingenz, ein Fluchtmoment zu lokalisieren. Die-
se Nothandlung, die Musil als den Kernimpuls von Dummheit identifi-
ziert, zeigt nicht weniger auf als unser wesentliches Verhältnis zur Spra-
che und zum Sein, vergrößert dargestellt in der Form einer Verkleine-
rung, beschleunigt im Fluchtreflex tierischer Panik.

Was Musil mit großer Klarheit und Eindringlichkeit deutlich gemacht hat, ist das allgemeine Einsickern der Dummheit, das Bedürfnis nach einer doppelten Bewertung (»es gibt ganz bestimmt gute und schlechte Dummheit«), die Art, in der sie solche Werte wie Talent, Fortschritt und Hoffnung vortäuscht und nachmacht – tatsächlich die Art und Weise, in der Dummheit unsere höchsten Werte durchdringt, und er gibt hierfür ein nietzscheanisches Beispiel. Er zeigt, wie die unbestreitbare Tugend der Loyalität leicht der Dummheit des Wir, des Man verfällt; wie sie zu einer zur kollektiven Parade antretenden Schule der Gefolgsamkeit wird. Letztlich kann das Wir nicht einfach auf das andere Ufer verbannt werden, sondern es fällt auf mich, auf meine Singularität zurück, zumindest gelegentlich, in bestimmten Abständen. Ich werde durch das Man getroffen, dem ich zeitweilig angehöre. Ich werde nicht von meiner eigenen Dummheit befreit, derjenigen des Man, wenn ich ins Wir eintrete. Schließlich wird Dummheit mit der Endlichkeit des Wissens in Verbindung gebracht: »Gelegentlich sind wir alle dumm.« Weil unser »Wissen 1290
unvollendet ist, müssen wir in allen Wissenschaften im Grunde voreilig urteilen.« Während diese Beobachtung in Stimmung und Tonfall ein 1290
Happy-End für Musils beunruhigendes Thema in Aussicht stellt – das geht uns alle an, wir werden durch das Wesen der Endlichkeit genötigt, anzuerkennen: Dummheit ist das, was wir alle teilen; sie ist das Gemeinsame der Existenz, an der wir teilhaben – errichtet über dem Abgrund des Urteilens. Dummheit, die jedem von uns *gelegentlich* unterläuft, so schreibt Musil, beruht auf dem wackeligen Maßstab eines voreiligen Urteils. Aber wäre es nicht möglich, daß jegliches Urteil konstitutiv voreilig ist, der Gerechtigkeit, der es Folge leistet, immer voraus?

Wäre ich nicht getrieben von dem blinden Drang hinauszukommen, dann hätte ich Ihnen gerne mehr von der Erfahrung der Dummheit erzählt, da ich eine Menge Feldforschung in diesem Gebiet betrieben habe und mich die meiste Zeit meines Lebens dumm gefühlt habe – aber vielleicht sollte ich eher sagen, die meiste Zeit meines Todes als meines Lebens, denn wenn ich dumm bin oder verdummt, wenn ich mir des blödsinnigen Drucks bewußt bin, der mich stillegt, dann ist dies eine Todeserfahrung: sie ist vielleicht einer ontologischen »Erfahrung« so nahe wie für mich irgend möglich, und sie ereignet sich oft gerade vor meiner Periode, diesem Vorbereiten und Blutvergießen, das Frauen dummerweise durchzumachen haben. Ich werde an meinen Tod erinnert, weil Nietzsche, während des Todes, der seinem Tod vorherging, nachdem er sich an den Hals eines Pferdes geworfen hatte, ein Tier, ein *bête* umarmt hatte, eine Figur der Dummheit, wiederholte, noch lange nach jenem vorhergehenden Tod: »Ich bin tot, weil ich dumm bin« oder »Ich bin dumm, weil ich tot bin.«[21]

DIE RHETORIK DES PRÜFENS

Die Rhetorik des Prüfens

In Shelleys Abwesenheit ist die Aufgabe, die Entstellung dergestalt wiedereinzuschreiben, auf den Leser übertragen worden. In *The Triumph of Life* hängt die letzte Prüfung des Lesens davon ab, wie man die Textualität dieses Ereignisses liest, wie man über Shelleys Körper verfügt.

Paul de Man, *Die Rhetorik der Romantik*

Enfin, je sortis de cette cruelle épreuve en pièces, mais triomphant.

Jean-Jacques Rousseau, *Les Confessions*

Er hätte nicht, wie Heidegger gegenüber Freunden, von sich gesagt, seine größte Leistung sei das Denken der nur schwer greifbaren Prämissen der Technik gewesen. Soweit ich weiß, hat er in den vielen Diskussionen mit Freunden und Schülern, mit Kollegen und Kritikern zu diesem Thema geschwiegen. Wenn er auf diesem Gebiet nicht geschwiegen hat, so ist er doch zumindest stumm geblieben. Die trockene Präzision seines Gedankens wäre höchstwahrscheinlich in einem anderen Idiom zum Ausdruck gekommen, gemäß anderer Protokolle des Lesens. Dennoch hat Paul de Mans Arbeit auf entscheidende Weise die Frage nach der Technik aufgenommen und ist durch sie beeinflußt worden. Seine Texte scheinen uns die Geschichte der Verfehlung, zu lesen, zu erzählen; die Notwendigkeit, die einer solchen Verfehlung innewohnt – sie wird nicht nihilistisch aufgefaßt, sondern seltsamerweise als eine Quelle von großem Nutzen und Einfluß – zeigt sich in einer gewissen referentiellen Unbestimmtheit und Abirrung, im lautstarken Hin und Her der Transzendenz, das unser technisch dominiertes Zeitalter prägt. De Man hat die Logik der Parabase in eine technische Einsicht umgemünzt, indem er, unter anderem, die Priorität der Werte der Unterbrechung und Interferenz herausgearbeitet und sich von jenen Werten, die historisch Kontinuität etablieren, abgesetzt hat; außerdem gibt es da keinen Garanten, um die Trope des menschlichen Bewußtseins abzusichern. Im Zuge einer epistemischen Konversion, die darauf abzielt, Metaphern der Organizität und andere figurale Bestätigungen von weichen Totalitäten zu irritieren, war de Man der unaufhaltsamen Technik einer Grammatik auf der Spur: er exponierte einen Aspekt grammatikalischer Automatisierung, die dich, wenn man ihr Funktionieren kennt, in Schwierigkeiten bringen kann (Rousseau), dich in einen gezeichneten Menschen verwandelt (Kleist) oder als jemand erscheinen lassen könnte, der einem unverfrorenen Lügner auf den Leim gegangen ist (Proust). De Man hat eine neue gegenseitige Ausrichtung der konstativen und der performativen Enden der Sprache erwirkt, wobei das konstative Moment (das Aufdecken, Enthüllen, Hinweisen, Sagen, *was ist*) immer begriffen wird als durch die performative Einwirkung (das Produzieren, Einrichten, Transformieren) in Frage gestellt.[1] Aber das vielleicht Singuläre an de Mans Handhabung dieser Begriffe ist seine beharrliche Hinterfragung der nichtanalysierbaren, unterbrechenden Instanz, die im Text wirksam ist, einer Instanz, die von dem technischen Charakter eines Versagens der Macht herrührt.

Weitläufig und schematisch gedacht, ist de Man den Interferenzlinien gefolgt, die durch kanonische Projekte und Ideologien verlaufen, wobei er die Zeit in den Blick nahm und immer wieder die erbarmungslose

Logik der Grenze der Technik. Da, wo zwei widersprüchliche Erkenntnisweisen existieren, interferiert die Dimension der Performanz mit intentionalen Layouts. Performanz, Wiederholung, Produktion von (nicht) vorhersehbarer Strukturierung, von der das Schicksal der Bedeutung abhängt – sie sind machtgestützt durch die Maschine.[2] Wenn *Allegorien des Lesens*[3] den Anspruch erhebt, die Dekonstruktion im »technischen« Sinn zu praktizieren und zu erforschen, indem auf die »Techniken der strukturalen Analyse, die fast bis zur Vollkommenheit verfeinert worden sind«, referiert wird, dann gehört diese Insistenz zu der tech- 31
nischen Notwendigkeit, die hinter einer Arbeit wirksam ist, die zu einem so frühen Zeitpunkt wie *Semiologie und Rhetorik* den »programmierten Mustern der Grammatik« und der »unpersönlichen Präzision der Grammatik« gewidmet ist. Mit der Zeit gelangt er zu einer Diskussion 46
von Rousseau; der *Gesellschaftsvertrag* wird eine maschinenähnliche Diktion hervorgebracht haben; der textuelle Körper wird sich in eine textuelle Maschine verwandelt haben: Indem sie den Körper als Text abwirft, »ist die Maschine wie die Grammatik des Textes, wenn sie von ihrer Rhetorik isoliert ist. ... Es kann keinen Sprachgebrauch geben, der nicht, innerhalb einer gewissen Perspektive, radikal formal, d.h. mechanisch ist, unabhängig davon wie weitgehend dieser Aspekt durch ästhetische und formalistische Täuschungen verdeckt wird.«[4] Es wird nicht klar, warum formalistische Determinationen manchmal von der Maschine abgetrennt sind oder was mit dem Körper geschehen ist, der für den Scanner der Grammatik abgeworfen worden ist. Zumindest der Körper wird uns mit seinen konvulsivischen Neigungen heimsuchen und durch das ganze Werk hindurch wiederkehren, das Stottern einschreibend, das der maschinellen Unordnung vorbehalten war.

De Mans Arbeit hat die Notwendigkeit erforscht, die erwirkt, daß Erkenntnis und Performanz divergieren. Aber trotz einer Anzahl von exzellenten Interventionen, die dieser Spaltung gewidmet sind, legt das Ausmaß, in dem die Performanz Erkenntnismodi unterhöhlt, weitere Betrachtung nahe, besonders dann, wenn man davon ausgeht, daß Performanz eine unhintergehbare technische Komponente involviert. In gewisser Hinsicht hat de Man den Begriff, der durch Heidegger vorangebracht wurde, übersetzt und neu eingeschrieben, dahingehend, daß das Wesen der Technik sich in den Momenten ihres Zusammenbruchs zeigt. Was genau ist es, das sich durch die persistente Energie zeigt, die der Unterbrechung innewohnt, durch die Faktizität der wesentlichen Interferenz, auf welche de Mans Texte wiederholt hinweisen?

Eine der Entdeckungen, auf welche seine Texte sich stützen, betrifft den nicht-intentionalen Prozeß der Bedeutungsgebung – die Tatsache, daß »l'effet machinal« für Bedeutungseffekte verantwortlich ist, die durch schiere Kontingenz entstehen, und Elemente hervorgebracht werden, die sich der Kontrolle entziehen und der Improvisation entspringen.[5] Die Disjunktion von Performanz und Bedeutung oder Intention, wo sie nicht aus dem enthüllenden Gestus hervorgeht, ist so etwas wie ein humanistischer Affront geworden, ein Skandal. Die Disparität zwischen der intentionalen, bedeutungsgebenden Dimension der Arbeit und ihrer schier mechanischen, formalen Komponente oder Grammatik impliziert Gewalt: »Das Primat des Mechanischen tut sowohl der Bedeutung Gewalt an als auch dem Körper und der Sprache.«[6] Ein Teil dieser Gewalt liegt in der verdummenden Monotonie, die das Mechanische erfordert und in der kognitiven Verblödung, die von ihm ausgeht. Das heißt nicht nur, daß die performative Dimension des Textes sich nicht mit seiner behaupteten Bewußtheit verträgt, sondern daß ein zufallsbedingter oder mechanischer Aspekt der Sprache existiert, »der nicht an ein System von Intentionen, Wünschen und Motiven assimiliert werden kann«.[7] Im Falle von Rousseau weist die Entdeckung des Mechanischen, des Funktionierens einer Maschine, die seine Fähigkeit unterstützt, sich zu verstellen, auf etwas Unverzeihliches hin. Es gibt keine Entschuldigung für die Reproduktionen der Intention, der Erkenntnis oder der simulierten Intersubjektivitäten, die von kontingenten Mechaniken abgeleitet werden oder von der blinden Technomacht einer Grammatik, die sich von der Rhetorik abgelöst hat. In de Mans Kleist-Essay involviert die Fähigkeit, zwischen einer aktuellen Bedeutung und dem Prozeß des Bedeutens zu unterscheiden, eine »kontinuierliche Neuverhandlung der Bedingung des Bedeutens« – eine Modalität des Prüfens oder eine Übung, wie man eine Auseinandersetzung führt. Kleists Figur hierfür, so wie de Man sie aufgreift, ist das Fechten: »So auch die Sprache: sie stößt immer und trifft nie. Sie referiert immer, aber nie auf den richtigen Referenten.« 227

Die Sprache, die nie nach Hause kommt und unfähig ist, zu treffen, ist in eine permanente Auseinandersetzung verwickelt; unablässig prüft sie sich in einem Streit, von dem noch nicht einmal gesagt werden kann, daß er ungleich sei oder alles in allem überflüssig, denn das Faktum bleibt, daß diese Auseinandersetzung immer weitergeht und nur von Zeit zu Zeit ausgesetzt wird, um die Verluste abzuschätzen. Die Wettkampfstruktur, die nicht mehr als eine armselige Punktzahl abwirft, hängt paradoxerweise vom Versagen ab, um ihre Kraft und ihre Macht zu erhalten. In dieser Hinsicht ähnelt sie dem ironischen Bewußtsein und der Erfahrung der permanenten Parabase, den »Parabasen des ironischen Bewußtseins, das seine Energie nach jedem Fehlschlag zurückgewinnen muß, indem es diesen Fehlschlag in den fortschreitenden Prozeß einer Dialektik einschreibt. Aber eine Dialektik, die von wiederholten Negationen zerstückelt wird, kann nie ein Tanz sein.« Viel- 229
leicht könnte man sagen, daß ein Tanz, als Wettkampf – um den un-

wahrscheinlichen *pas de deux* Nietzsches und Hegels noch einmal zu beschwören – nie eine Dialektik sein kann, sondern daß der Tanz, während man auf fundamentale Weise in die (verfehlte) Partie verwickelt ist, immer weitergehen muß, im Sinne Becketts, auf der Suche nach einem Referenten und einem Zufluchtsort. Es ist nicht so, daß die Sprache sich nach dem »richtigen Referenten« umsieht, wie de Man sagt, sondern daß sie, als Auseinandersetzung, dieses Ding setzt, um es als solches zu verfehlen, um sich selbst weitergehen zu lassen.
Sprache punktet nie; sie verwickelt einen in die Erfahrung des Verfehlens, während der Ort der Prüfung sich auf den unlösbaren Konflikt zwischen Erkenntnis und Performanz öffnet. Wenn man im Punktesystem den tiefsten Punkt ausfindig machen würde, dann wäre er auf der Seite der Erkenntnis. Performanz (die nie einfach nur der Erkenntnis und der Intention entgegenzusetzen ist – aber das wissen Sie ja jetzt schon) ist maschinengestützt, sie fährt auf skandalöse Weise damit fort, »clowneske Kunststücke der Improvisation« aufzuführen.[8] Angesichts der Erkenntnis des Niedergangs und während man den in die Leere gehenden Hieben der performativen Darstellung folgt, wird die Verläßlichkeit einer jeden Behauptung des Wissens in Frage gestellt. Was auf potentielle Weise in de Mans Arbeit subversiv ist und sie mit den Schrumpfungsübungen der freudianischen und marxistischen Bestimmungen in Verbindung bringt (die permanent das Subjekt auf seine Größe zurechtstutzen), ist, neben dem kritischen Fokus, den de Man dem fundamentalen Nicht-Wissen gibt, die Wichtigkeit, die er dem *Existential* der Dummheit beimißt. Das könnte die Leser de Mans irgendwie überraschen. Gewiß nimmt de Man die Tragweite dieses Topos nur widerwillig in den Blick, in einer Weise, die seiner Verleugnung entgegenkommt, aber vergleichsweise häufig sind seine Texte klar und sogar fröhlich, was den Platz angeht, den man der Dummheit einräumen muß. De Man wägt also den Einsatz ab, den er der Interpretation der Gefährdetheit des Geistigen einräumt. Auf der einen Seite sagt er beispielsweise, daß das »Lesen« einem geistreichen »Gefecht vergleichbar« sei, auf der anderen beschäftigt er sich mit einem Dilemma, das ihn stark zu beeindrucken scheint, mit der Figur des »verwirrten Lesers«.[9] Aber egal wie geistreich oder vermeintlich geistlos man auch ist (die Polarität bricht immer dann zusammen, wenn die Trottel den Schauplatz des Lesens betreten) – den Wettstreit der Geistreichen kann man nur verlieren; man kann nur mit provisorischen und offensichtlichen Pyrrhus-Siegen angeben. Es dauert nicht lange, bis klar wird, daß man zwangsläufig reingelegt worden ist (also als dumm geoutet wurde), reingelegt durch die schamlosen Betrügereien der sprachlichen Setzungen. Wenn man davon ausgeht, daß es zur Natur der Sprache gehört, einen reinzulegen, ist es irgendwie überraschend, daß de Man am »verwirrten« Leser,

an seiner Geringschätzung, festhält – so als ob man hoffen könnte, seinen Verstand an subjektiver Meisterschaft zu schärfen, genau das, was die Sprache nicht erlaubt. Man kann nur dumpf werden durch die wiederholten Schläge, die das lesende Ego erfährt, so daß der schärfste Verstand der dumpfeste und die Kante zum Stumpf wird. Die Sprache wird immer klüger; das Subjekt dagegen immer blöder. Doch wer würde klaren Verstandes das de Mansche Milieu mit der Schwachköpfigkeit assoziieren?

Wenn man ein Werk der Literatur zu nennen hätte, das die Zusammenführung all der zerstreuten Fäden des Bewußtseins antizipiert und gesteuert hat, dann könnte man sich bei Melvilles großer Allegorie der Prüfung aufhalten, *Billy Budd* – obwohl wahrscheinlich alle literarischen Texte, indem sie verschiedene Versionen von Mut darstellen und mit Bewußtseinslücken vertraut sind, die Bedingungen des Verstehens in Zweifel ziehen. Billy Budds resolute Einfachheit und sein symbolisches ebenso wie sein tatsächliches Analphabetentum sind geradezu dazu angetan, auf das Prüfungssystem des ironischen Zweiflers zu treffen, auf den immer-destruktiven und quälenden Claggart. Billy, durch »blanke Unwissenheit« charakterisiert, kann nicht lesen; er kann weder Spaltung noch Ambiguität ausstehen. Seine Rede…, nun seine Rede: die Sprache Billy Budds stottert; sie ähnelt einer Art Technogestammel, das die mechanische Wirkung von Sprache zum Vorschein bringt. Hinsichtlich seines Stotterns bemerkt Barbara Johnson, daß »in diesen Momenten der konstative oder referentielle Inhalt ausgeschaltet wird; Sprache überträgt nur mehr ihr eigenes leeres, mechanisches Funktionieren.«[10] Die Lücken im Verstehen, die »metaphysischen Auslegungsmöglichkeiten der Diskontinuitäten im Wissen« sind das, was Melville uns zu 95
verstehen nahelegt.

Billy Budd prüft die Bedingungen, die das wissende Subjekt zusammenhalten. Ein Emblem der Prozesse, denen er sich unterwirft, reflektiert der eponymische Held auf die Voraussetzung des Romans. Er wird vor allem als heilige Verkörperung der Dummheit in Szene gesetzt, dazu gezwungen, Prüfungen durchzustehen, bei denen er nur versagen kann (oder die er, einem anderen, höheren Maßstab zufolge, auf transzendentale Weise bestehen kann). Mehr noch, je weiter Melvilles Porträt voranschreitet, um so mehr beschreibt und verwickelt es in »einen unendlichen Regreß des Wissens«, so Johnson. Ein wechselseitig destruk- 94
tives Paar, repräsentieren Budd und Claggart zwei Typen des Lesens – Budds naive oder buchstäbliche Tendenzen werden gegen Claggarts ironische Einfälle gesetzt, die besagen, daß die Beziehung zwischen dem Zeichen und der Bedeutung arbiträr sein kann. Zusammen wirken sie ein auf das Element der Veränderlichkeit, das jedes Lesen bedingt: »Arbitrarität und Motivation, Ironie und Buchstäblichkeit sind Parame-

ter, zwischen denen die Sprache ständig fluktuiert.« Johnsons Lektüre 101
dieser ständigen Arbitrarisierung hilft uns dabei, ins de Mansche Lexi-
kon der Tropen der Dummheit, der Ironie, der Mechanizität und des
Prüfens einzusteigen (»er ist bereit, einen anderen Test zu versuchen«;
»Claggarts letzter Test ist abgeschlossen worden.«) und bietet eine Ver- 96
feinerung an, die man im Zuge einer Untersuchung der Implikationen
dieser Schlüsselbegriffe nicht übersehen sollte.

Augenblicke der Absenz darstellend, die auf charakteristische Weise die
Möglichkeit des Wissens unterminieren, weist Johnson darauf hin, in
welchem Ausmaß Melville uns darauf aufmerksam macht, daß Bewußt-
seinslücken »weit davon entfernt sind, bloße Absenzen zu sein; viel-
mehr nehmen sie die performative Kraft von wahren Handlungen an.
Die *Kraft* dessen, was nicht gewußt wird, ist um so wirksamer, wenn
sie als solche nicht wahrgenommen wird.« Anders gesagt, kann der Riß 108
im Wissen nicht in Begriffen der Absenz, der Verfehlung oder der Defizi-
enz verstanden werden, so als ob etwas gefüllt, vervollständigt oder
gewußt werden könnte, indem es aus seinem Zustand der Absenz in
eine Unverhülltheit überführt wird. Vielmehr muß der Interferenzzug,
der Lücken produziert und das Bewußtsein durcheinanderbringt, als
Kraft begriffen werden, die performativ eingreift und gelesen werden
muß. Das unterbrechende Moment der Interferenz selbst ruft danach,
gelesen zu werden. Johnson beendet ihren Kommentar mit einer Beob-
achtung, die de Mans Bild eines blinden Stößeversetzens, seine Auffas-
sung der Sprache, die immer stößt, aber nie trifft, unterstreicht. Sie
schaut sich noch einmal die Oppositionen an, die *Billy Budd* zugeschrie-
ben werden, das Wissen und die Handlung, das Bewußtsein und die
Performanz. Die kritische Differenz ist verschoben »in Richtung auf das,
was innerhalb des Bewußtseins als Handlung funktioniert; sie ist das,
was uns, innerhalb der Handlung, davon abhält, je zu wissen, ob das,
was wir treffen, mit dem koinzidiert, was wir verstehen. Und das ist es,
was die Bedeutung von Melvilles letztem Werk so *schlagend* macht.« Des- 109
halb werden die handelnden Helden in Melvilles großer Allegorie des
Prüfens nie in der Lage sein, einen substantiellen Punkt zu erzielen, was
das wahre Verstehen angeht. (Wenigstens das.)

Obwohl es in der de Manschen Szene des Schreibens ziemlich viele Treffer gibt, verfehlt der Hieb unvermeidlich das vom Bewußtsein aufgestellte Ziel. Die Logik des Zielens produziert mit Blick auf die Möglichkeit des Verstehens ein konsistentes Schauspiel von Ansätzen und Fast-Treffern. Diese Hiebe, die ohne Zweifel Gewalt evozieren, weichen jeder tragischen Dimension des Erkennens aus, um beim Slapstick anzukommen; sie bieten dort einen ins Symbolische umgelenkten Ausdruck von Stärke auf, wo von der Sprache gezeigt wird, daß sie einer fehlenden Referenz habhaft zu werden versucht. Mit gleicher Beharrlichkeit wird das Subjekt der Sprache als Komödiant und als »Lackierter« des Nicht-Verstehens auf die Bühne gebracht, ein Subjekt, das in Richtung auf ein unmögliches Wissen dahinstolpert und in den »unendlichen Regreß« gerät, aus dem angenommenen Hort des abrufbaren Wissens herausgefallen. Diese Finten und Verfehlungen sind für die Darstellungsweise de Mans ziemlich typisch, obwohl sie oft durch die Eleganz einer Sprache absorbiert werden, von der, so scheint es, etwas eigentümlich Tröstendes ausgeht. Sie antworten auf eine allegorische Darstellung einer gewissen Anzahl von Dissoziationen, welche die textuelle Maschine auszuwischen versucht hat. Tatsächlich sollen die Hiebe und Fehltreffer, die mit dem aporetischen Gang des Denkens einhergehen, zeigen, daß jeglicher Text es zwangsläufig verfehlt, die Dinge zu harmonisieren, sie zu besänftigen und zu verkleiden und sogar die Abruptheit des Entstehungsprozesses zu vergessen: der Akt des sprachlichen Setzens ist unverbunden und abrupt. Deshalb entspringt der Text aus einer Art von Gewalt der ursprünglichen Interferenz, aus einem ersten Gedröhn oder aus einer Störung, auf die man weder zählen noch sie verstehen kann.

»Daß es überhaupt Sprache gibt, ist nicht verstehbar.« Zwischen dem Text und dem, worauf er zu referieren behauptet, »ist der Riß des Nicht-Wissens, ob diese Beziehung besteht. Der Text steht da als Trümmer, von dem man nicht weiß, wo er hingehört.«[11]

Ob sie nun fehlgeht oder sich einem Treffer widersetzt, jede Arbeit unterwirft sich zwangsläufig den Lücken des Nicht-Wissens, die den Imperativ bilden für die andauernden Prozesse, die sie aushalten muß. Zu behaupten, daß sie sich unterwirft, heißt nicht nur die Negativität des Fallens einzubeziehen, sondern auch den Schritt, einer Versuchung nachzugeben, sich der Prüfung der Grenzen zu unterziehen, von denen sie abhängt, um zu sein. Das trifft besonders auf die Autobiographie zu, wo die Lektüren de Mans vielleicht am stärksten sind, in dem Maße wie sie die Grenzen der historischen und referentiellen Komplizenschaften ausloten. Unabhängig davon, wie stark ein Text im Referentiellen verankert sein mag, er trägt den Zug der Unverständlichkeit, aus dem er hervorging, in sich. Die Betonung des Nichtwissens, der Punkt seiner eigenen, entscheidenden Verblüffung fehlt keinem Text, obwohl Interpretationshandlungen so auftreten können, als erwirkten sie eine Suspension seiner wesentlichen Unwissenheit in bezug auf sich selbst. Interpretation meistert die Interferenz und die Kontingenzen der textuellen Störung. Sie erlaubt kein Stottern und keine Verzögerungen, welchen sich das Lesen, so wie de Man es versteht, notwendigerweise gegenübersieht. Das Lesen tritt in die Zone des Nicht-Verstehens ein und versucht auf irgendeine Weise den Kummer, den der Text mit sich führt, zu kanalisieren. Doch hat der Stil dieses Kanalisierens wenig mit Verdrängung zu tun, was die bevorzugte Taktik im Haus der Interpretation wäre. Lesen und Interpretation werden in Rousseaus autobiographischen Erinnerungen handgreiflich, wo die Erinnerung an eine Bestrafung als Lektion des Lesens aufgefaßt wird, für ein Selbst, das zu verstehen sucht, in dem Maße wie es seine eigene Geschichte einschreibt. Der übel zugerichtete Grund trägt ein Vermächtnis in sich, das aus Protokollen besteht, die zu lesen sind, und sie prüfen die von neuem zur Disposition stehenden Grenzen des Verstehens. Während Rousseau mit der Erzählung anfängt, wie er geschlagen wurde, richtet er seinen Text auf den Thrill und Schlag konstanter Unterbrechung aus – ein gewisser Grad an Störung hält ihn offen, exponiert ihn, oder, so könnte man in diesem Fall sagen, hält ihn offen zum Narren. Rousseau erinnert sich, als Kind einer ganzen Reihe von Prüfungen unterzogen worden zu sein, wobei einige seiner Fehlleistungen auf seiner Rückseite notiert wurden. Als er dann schrieb, fanden die Prüfungen auf dieser Seite der Seite statt, wobei der Widerspruch der Kräfte, der die Schläge in erster Linie auslöste, wiederholt wird.

E. S. Burt liest das sexualisierte Schlagen in Rousseaus *Confessions* (das *fessée* in *confesser*) als eine Sequenz, ein Buchstabieren, wobei zwei Typen von Verstehen und Erinnern vorgestellt und gegeneinander gehalten werden.[12] Der Held entdeckt ein Zeichen (das Schlagen), über die Absicht des Strafens hinaus, welches, in Burts Worten, »es unentscheidbar macht, ob seine voluntaristische Sicht der Zeichen tatsächlich verfehlt ist oder ob ein weitergehendes, teleologisches System, weitergehend, als er bislang angenommen hatte, Bossey beherrscht.« Das Kind 196
ist einer ganzen Serie von »mises à l'épreuve« ausgesetzt worden, das heißt, »Tests, Vorladungen, Studium«. Aber »kein Subjekt könnte je verstehen was all diese Buchstaben sagen, da sie das Ende des Verstehens buchstabieren.« Der in Frage stehende Abschnitt »behauptet eine Dis- 207
junktion, ein gegenseitiges Mißverstehen zwischen zwei Arten des Organisierens von Episoden einer Autobiographie«. Die lokale Logik der 210
Störung – die Klarheit der Disjunktion, die der de Manschen Innovation inhärent ist – ist in der Differenz zwischen Lesen und Interpretation lokalisiert. Für Burt ist es von Interesse, ob die einer Synekdoche entsprechende Beziehung, die Lesen und Interpretation einander entgegenbringen, »eine metaphorische Relation ist, was das Lesen lediglich in einen besonderen Fall des Verstehens verwandeln würde, oder eine metonymische Relation, in welchem Falle das Verstehen eine Art des Lesens wäre«. 192 f.

Das Lesen zieht die Auflösung interpretativer Figuren nach sich, in dem Maße wie es fragt, ob eine Synthesis, eine einzelne Bedeutung, einen Text abschließen und über seine Konstituierung adäquat Rechenschaft abgeben kann. Im Gegensatz zur Interpretation, die eine Entwicklung

im Verlauf einer Erzählung darstellt, in Richtung auf eine einzige Figur, welche die diversen Momente versammelt, »beharrt das Lesen auf der Logik von Figuren und der Logik von Erzählungen als ständig divergierend«. Eher als Bedeutung auf die disparaten Episoden der Erfahrung 192
eines Subjekts zu übertragen, führt die Divergenz, die den autobiographischen Text prägt, nicht so sehr zur Selbsterkenntnis des Autors und Lesers, vielmehr »dient sie der weitergehenden Funktion, jene Ereignisse für den Leser als Allegorie verfügbar zu machen, nämlich als exemplarisch für die Art, in der alle Erzählungen konstruiert sind«. Autobiogra- 192
phie zeigt die Wege auf, entlang denen Verstehen sich in dem Moment abspielt, wo es sich mit Figuralität auseinandersetzt.

Burt bindet die Autobiographie an die Logik der Interferenz: »Wir könnten sogar jedes textuelle Muster der Interferenz, der Unterbrechung oder der Überkreuzung als autobiographisch definieren, das durch die Konfrontation einer bewußten Erzählung mit Effekten jener Ordnung produziert wird, die sich jenseits der Fähigkeit, Figuren zu totalisieren, sie zu regulieren, herstellt.« Auf beiden Seiten der Konfrontation, die sie 192
etabliert, perpetuiert eine zentrale Unfähigkeit – des Bewußtseins oder seiner Erzählung, der figuralen Arrangements – Rousseaus Prüfungssystem, für welches keine Antwort oder Schlußfolgerung genügt, um zu einem Abschluß zu kommen. Sie werden nie damit aufhören, Rousseau Schläge zu versetzen. Was er erinnert, ist die Prüfung selbst, bestehend aus verfehltem Verstehen und unbefriedigenden Antworten. Was ist ein Schlag, wenn nicht das, was in Erscheinung tritt, am und als Ende des Verstehens, ob lokalisiert oder nuklearisiert, als das, was auf der Linie der hermeneutischen Adressierung immer auf den Grund trifft? Lesen ist Schläge-Versetzen, Synkopierung und Störung, der mechanisch schlagende Rhythmus, der teilweise beerbt worden ist von dieser Praxis an der Endstation des Verstehens. Es antwortet auf eine strafende Mechanizität und es wird angetrieben von der techno-epistemischen Konversion, es schreitet voran entsprechend der Logik der Störung, indem das Drama des Verstehens dem tröstlichen Schmeicheln der interpretativen Synthesis vorgezogen wird.

2. Die negative Grenze des Verstehens

Wenn irgendein Leben zur Teststrecke für eine allegorische Existenzweise geworden ist – angenommen, das wäre möglich –, dann wäre es dasjenige von Paul de Man. Was wir über ihn wissen, bleibt auf unzugängliche Weise partial und begrenzt, mehr als im Falle anderer öffentlicher Figuren, deren Geschichten zumindest auf die Möglichkeit einer anamnestischen Totalität hinweisen oder die, was die Figuren betrifft, die ihre Entwicklung kontrollieren, in homogenisierende Totalisierungen zurückfallen. Was auch immer über die Dre-

hungen und Wendungen einer kummervollen Verlaufsgeschichte gesagt werden kann, de Man sah sich einer Anzahl von Trennungen gegenüber und hat in seinem Schreiben Szenen eines unmöglichen Trauerns verschlüsselt. Von seinem Vater ist gesagt worden, daß er mit seinem Körper experimentierte, um die Strahlen-Technologie voranzubringen. (Sein späterer Krebs stand in Verbindung mit diesen frühen väterlichen Experimenten.) Sein Leben völlig neu aufbauend, hat de Man eine Geschichte, eine Familie zurückgelassen, einen stark determinierten Namen und was als eine kollabierte Versuchsanordnung angesehen werden kann, die ihr Vorbild im trotzigen Vertrauen jugendlicher Selbstbehauptung hatte: Meinungen eines zwanzigundnochwasjährigen Journalisten. Wenn ich das Leben von de Man als Allegorie betrachten würde, dann nicht nur, weil, entgegen dem philosophischen Brauch und dem Heideggerschen Minimalismus (»Er wurde geboren, er schrieb, er starb«[13]), ich auf eine Weise an seinem »Leben« *interessiert* bin, sondern auch, in dem Maße wie die Allegorie in den Tod reicht, weil das »Leben« dieser enigmatischen Figur in der Form eines Überraschungsangriffs zurückkam, für all jene, die auf entfernte Weise an ihn gebunden waren oder genauer gesagt, ihn vermieden. Diese nicht erwartete Kursabweichung rekonfigurierte die Fronten des kritischen Denkens in Amerika. Es kann gesagt werden, daß das Denken in Amerika, wenn man der kurzen und gewaltsamen Rückkehr Paul de Mans nach seinem Tod nachgeht – oder die quasi-mythische Atmosphäre, die einen das Ereignis des Denkens fühlen macht –, einen Sturzflug erlitt. Ich sage nicht, daß jeder im akademischen Bereich plötzlich stupide wurde (oder de Man einfach das Gegenteil von dumm war), aber der Geist hat etwas mit sich hinabgenommen, er hat einen Typus des Trauerns unterbrochen, der bemerkenswerte und wertvolle Festschriften hätte hervorbringen sollen, ein Festival des Denkens, das sich auf die bislang unvergleichbare Insistenz auf Strenge und Gedächtnis hätte berufen können.
Stattdessen haben wir den oft brillanten, manchmal lächerlichen und alles in allem außergewöhnlichen Band *Responses*, der sich in defensiven Manövern erschöpfte, zu deren Veranstaltung man sich gezwungen sah. Es war so, als ob jedermann durch die Rettungsaktion, die das Nachleben de Mans verlangte, ausgelöscht wurde. Unklar war auch, ob er den Zusammenbruch überlebt hatte, aber er war dazu gezwungen, wiederzukehren, in der einen oder anderen Form, nachdem sich der Nebel einer kollektiven Verdutztheit gehoben hatte. Für einige von uns ist er nie wirklich verschwunden, nicht mehr, als zu dem Zeitpunkt, als er noch lebte. Wie dem auch sei, ein Bruch war da, der möglicherweise einen Bruch in seinem Leben verdoppelte, als er versuchte, sich von Europa abzusetzen, und der Kalamität, die er in seiner Jugend mitunterzeichnet hatte. Wie dies sich mit so vielen Zeichen für einen Bruch ver-

hält, war er nur eine Wiederholung des ersten, des trüberen Bruchs und konnte nicht auf einen Moment reduziert werden.
Zu argumentieren, daß jemandes Existenz allegorisch gelesen werden könne und mehr noch, daß dies eine allegorische Angst auslöse, heißt nicht, daß der Referent zergeht oder die Geschichte irgendwie nicht zählt. Im Gegenteil. Fragen, die sich auf das historische Darstellen und die Darstellbarkeit beziehen, nötigen die Register der Allegorie geradezu auf. Wo die Allegorie maßgebend ist, gibt es eine akute Krise in der Handhabung des früher Gewesenen. Das ist die Bedeutung von de Mans Annahme, daß »die Beziehungen zwischen dem allegorischen Zeichen und seiner Bedeutung (signifié) nicht dogmatisch verordnet sind«.[14] Das Relais zwischen Zeichen und Bedeutung ist nicht mit Gewißheit festgelegt oder wird als aus einer begrifflichen Autorität hervorgehend angesehen, sondern kapituliert vor immer wieder erneuerten Pressionen einer noch zu bestimmenden Vergangenheit. Die Vergangenheit ist nicht so sehr der Auslöschung ausgesetzt, sondern sie verlangt immer noch mehr skrupulöse Aufmerksamkeit für ihre expliziten, aber auch für ihre nicht intendierten Modalitäten des Bedeutens. Allegorie heißt, daß sehr wenig über unseren jetzigen Stand des Wissens vorausgesetzt werden kann[15] und daß das Referentielle selbst kontinuierlich befragt, einem Prozeß unterzogen werden muß, der, indem er kritisch die Schutzfunktion gegenüber den Spuren bewahrt, ein Prozeß der Nicht-Einschreibung ist. Das heißt nicht, daß die Vergangenheit, die unendlich viele Erwartungen an aufmerksame Lektüren hat, uns, wie eine grausame Mutter, in monumentale Historiker verwandeln möchte, die durch ihre Forderungen müde geworden sind. Die Art, wie wir die Vergangenheit lesen und wiederlesen, indem wir die Ansprüche unserer Geschichte wahrnehmen, reflektiert die Einladung, durch welche die Zukunft angesprochen wird, das Willkommen, das von uns Sterblichen vorbereitet wird, die wir an eine Vergangenheit gebunden sind, die nie ganz gelesen werden kann.
In einem Essay, der sich auf den Historismus und die Sucht nach Referenz bezieht, schreibt Tom Cohen, daß, für Walter Benjamin, »die Allegorie einen Ort der Transformation bezeichnet, an welchem das früher Gewesene selbst auftritt, um umgeformt, neu *eingeschrieben* zu werden und um Zukünfte zu verändern, die im Entstehen sind«.[16] In anderen Worten, die Allegorie ist seit Benjamin weder repräsentativ noch, entsprechend ihrer modernistischen Version, eine Weise der Reflexion auf die dem Werk eigene Produktions- oder Konsumtionsbedingung. Cohen ist damit beschäftigt, »eine ungenannte oder unnennbare ›Allegorie‹« zu konfigurieren, eine Kraft, die einschreibt, die in der Lage ist, 10
Veränderung im Gewesenen und in der Zukunft nach sich zu ziehen. Dem *Trauerspiel* folgend (Allegorie »bedeutet etwas anderes als sie ist.

Und zwar bedeutet sie genau das Nichtsein dessen, was sie vorstellt.«[17]), lokalisiert Cohen die Allegorie als unterbrechende Spur, und, im Falle von Benjamins Drogentext, als ein Moment in der Technizität des Haschischs, als Teil einer Pharmaka-Poetik, die eine Transmutation des Gedächtnisses vorbereitet. Cohen, der die materialistische Historiographie ausarbeitet, die den Thesen *Über den Begriff der Geschichte* implizit ist, liest, den Bruch in historischen Erzählungen durch eine Art von Zäsur markierend, die Allegorie als das, was alternative Vergangenheiten dazu befähigt, neu eingeschrieben zu werden und andere, virtuelle Zukünfte von neuem auslotet. Die Allegorie, die eine Logik des Stampfens und der Maschinentechnik einbezieht, evoziert »eine Technologie, die
immer virtuell ist, um das Gewesene und die Zukunft zu verwandeln«. In 233
der Tat wird der Allegorie das Vermögen zugeschrieben, »am *Ursprung* die prä- und post-historischen Zeichenketten zu evozieren und technisch zu verändern«: 233

... nicht länger die traditionelle Allegorie, die selbst eine Ikone des Mimetismus ist (eine Textsorte, die eine isolierbare Bedeutung bereitstellt), ist Benjamins auslotende Katachresis auch nicht diese bloß reflexive Figur, die heute als «modernistisch» angesehen wird – in der die Reflexivität selbst abgestempelt wird als (bloß) ästhetischer Effekt. Eher ist es genau das reflexive Moment dieser Allegorie, das eine mnemotechnische Handlung und geschichtliche Veränderung erwirkt – eine Bewegung in Richtung auf das hypothetische Ereignis – innerhalb der epistemisch-politischen Ordnung durch Unterbrechung, Umwandlung, dann im Löschen der Grundlagen oder der »Natur«, von der ausgehend der Terminus sich anbot. 234

Die Register wechselnd, um das hypothetische Ereignis zu umarmen, und auf Mnemotechnik sich einstellend, ist die Allegorie eine andere Art, den Testapparat zu konstruieren – ein Apparat, dessen im Gang befindliche Untersuchungen notwendigerweise jegliches System unterbrechen, das epistemisch-politische Gewißheit aufbaut. In dem Maße, wie sie eine immer wieder sich erneuernde Form dessen einklagt, was Freud »Realitätsprüfung« genannt hat, befragt die Allegorie das, was nicht präsent ist, aber uns unermüdlich aufruft, die Materialität dessen aufzusuchen, was außerhalb unserer Reichweite blieb. Verständlicherweise verwandelt die Offenheit, die die Allegorie auf rigorose Weise aufrechterhält, der unabschließbare Weg, auf den sie uns bringt, und ihre Widerständigkeit in bezug auf die Belohnung der Mühe, sie in eine Quelle beachtlichen Ärgernisses: Sie spricht genau die Bedingung der Angst aus.

Im Verein mit ihrer Fähigkeit, Angst zu mimen und auszulösen, stört die Allegorie die Möglichkeit der hermeneutischen Reflexion. Indem sie

sich selbst disfiguriert, sogar im Moment ihrer Entfaltung, attackiert das Allegorische das Verstehen, in dem Maße wie sie eine Kraft nachzeichnet, um dem Verständnis zu trotzen. Sie trotzt dem Verständnis – in der Tat der Verstehbarkeit –, die das Symbol verspricht, welches ein Bild organischer Totalität anbietet. Im Gegensatz dazu zerschneidet das Allegorische die organische Einheit der Welt, die durch das Symbol erwirkt wird. Während die Angst in Heideggers Frühwerk das Verstehen begleitet und ermöglicht, und Benjamin auf ähnliche Weise für die Rechte der Nerven als ein Prinzip der Interpretation eintritt, arbeitet die allegorische Angst entsprechend anderer Übereinkünfte. Wie zuerst Benjamin erkannte, ist die Allegorie ein »amorphes Bruchstück, als welches das allegorische Schriftbild sich zeigt«.[18] Die Materialität der Einschreibung, mit welcher de Man die Allegorie in Verbindung bringt, ist weder »eine Figur, noch ein Zeichen, noch eine Erkenntnis, noch ein Begehren, noch ein Hypogramm, noch eine Matrix«.[19] Wirklich unterbricht die Allegorie das »Versammeln, die Erinnerung oder die Gabe der Essenz«.[20] Benjamin schreibt: »Wo das Symbol den Menschen in sich zieht, schießt aus dem Seinsgrund Allegorisches der Intention auf ihrem Weg hinab entgegen und schlägt sie dergestalt vors Haupt.«[21] Die Allegorie, die sich entgegenstellt und unterbricht, die sich regelmäßig über die Intention lustig macht, hebt ein Stopschild hoch vor dem Versprechen der Transzendenz, das mit den symbolischen und ästhetischen Aspekten der literarischen Arbeit verbunden ist. Sich dem widersetzend, was sie als vorgetäuschte Wiederaneignung ansieht, ist sie bezogen auf die Trauer und teilt die Tendenz des »wahren Trauerns«, das Nicht-Verstehen zu akzeptieren und dafür einen Platz zu lassen.[22]
Die Konzeption der »Allegorie als Trümmer, als Bruchstück« läßt die Kluft zwischen *Wort* und *Satz* neu hervortreten. Vielleicht in dieser Richtung formuliert Benjamin seine enigmatische und unnachgiebige Beobachtung: »Ist doch Allegorie das einzige und das gewaltige Divertissement, das da dem Melancholiker sich bietet.«[23] Obwohl der Melancholiker hier keine perfekte Partie mit dem etwas festhaltenden Helden von Freuds *Trauer und Melancholie* abgibt, hängt sich die ihren Kummer in der Allegorie ertränkende Melancholikerin an eine rhetorische Form, in welcher die Markierung sich nur durch ihre Auslöschung bemerkbar macht. Die Allegorie bringt einen katastrophischen Verlust ins Spiel, den permanenten Abbruch, das *Nichtsein** dessen, was sie repräsentiert. Sie prüft fortwährend die Grenzen dessen, was angeeignet, besessen oder gehabt werden kann, während sie die Nicht-Koinzidenz des Zeichens und der Bedeutung aufrechterhält. Während sie die kluge Seite der barocken Weitschweifigkeit betrachtet, vergnügt sich die Allegorie mit der Andersheit; in dem Maße wie sie sich selbst um die Differenz und Abwesenheit herum organisiert, kommt sie nie auf sich selbst zurück,

denn literarische und philosophische Werke können »nur so, als Leichen, in die allegorische Heimat eingehn«.[24]
Es gibt da etwas Mechanisches und Lustgetriebenes, aber auch notwendig Geisterhaftes, das der Allegorie anhaftet: »die allegorische Form erscheint als rein mechanisch, als eine Abstraktion, deren ursprüngliche Bedeutung noch mehr bar jeder Substanz ist als ihr ›phantomhafter Stellvertreter‹, der allegorische Repräsentant; es handelt sich um eine immaterielle Form, die ein reines Phantom darstellt, ohne jede Form und Substanz.«[25] Ein Kommentar von Michael McDonald, der sich auf diesen Absatz bezieht, deutet an, wie eine Spur des Allegorischen jede Arbeit und jede Lektüre, wie die unheimliche Anwesenheit eines anderen Geistes, heimsucht, »das, was die Stoiker *allegoria* oder *hypnoia* nennen – selbst dann, wenn dieser *spiritos* nicht ganz lebendig ist«.[26] Es ist der Geist in der Maschine. Der Effekt des Allegorischen erscheint uns »erschütternd« und »plötzlich«, wie ein »Blitzstrahl«, der »auf einmal die dunkele Nacht erleuchtet« oder wie ein »plötzlich erscheinender Geist«.[27] Für de Man scheint es etwas ganz klar Verhinderndes in der Natur der Allegorie zu geben, etwas, das in Erscheinung tritt, obwohl es sich nicht auf substantielle Weise manifestiert, sondern nur im flüchtigen Aufblitzen gewaltsamer Folgen. Indem er die Dimension der Gewalt, die notwendigerweise die Blockierung nach sich zieht, zurückhält, schreibt de Man: »All das, was in solch einer Allegorie dargestellt werden wird, wird vom Akt des Lesens ablenken und den Zugang zu seinem Verständnis blockieren.«[28] In dem Maße, wie das Allegorische mit seiner Blockierung beschäftigt ist, sind die Wirkungen des Sich-Zeigens sicherlich bestürzend, wie Benjamin behauptet, oder angetan, dem plötzlichen Erscheinen eines Geistes zu ähneln. Die Plötzlichkeit einer ungewollten Rückkehr zu einem Ort, der verflucht worden ist, ist das, was uns hier interessiert.

3. Geister (The Scheining)

Aber bevor ich den technischen Charakter der Allegorie mit dem Problem des Prüfens verknüpfe und der Investition de Mans in posthumanistische Fragen nach der Technik nachgehe, möchte ich mich den Geistern, die dieses Schreiben begleiten, zuwenden. Für die Wissenschaftler meiner Generation gibt es keine Annäherung an de Man, die nicht von Geistern oder bestenfalls von den peinlichen und unvermeidbaren Figuren der Übertragung und pädagogischer Intensität umgeben wäre. Das Wiederlesen de Mans – wenn auch nur für die aufeinander bezogenen Zwecke, die Genesis der Dummheit nachzuvollziehen und eine Rhetorik des Prüfens herauszuarbeiten, die in seiner Arbeit implizit vorhanden sind – hat mich auf die Spur eines autobiographischen Zögerns gebracht; ich gestehe das nur widerwillig ein,

da ich sehe, wie dies in seine eigene Partikularität versponnen sein könnte, die keine verallgemeinerbare Lektion oder ein »Interesse«, das daraus abgeleitet werden könnte, in sich trägt.
Cohens Benjamin-Lektüre über Haschisch geht von einer Verwandlung des Gedächtnisses aus, von einer in den *Thesen* eröffneten, »aktiven Séance«, welche unerwartete Manifestationen der Geschichte heraufbeschwört. Cohen fährt fort: »Auf eine unveränderliche Weise könnte jede Begegnung mit Geistern, sowohl der Vergangenheit als auch der *Zukunft*, als Vorbereitung auf eine *Entscheidung*, begleitet sein von einer Art Klopfen unter dem Tisch, einem metronomischen oder prä-mimetischen Effekt, der einem Anklopfen, apollinischen (A-)Rhythmen, der Deregulation von Mimesis und Linearität ähnelt.« Obwohl es zu spät ist 234
oder vielleicht zu früh – es ist nie der richtige Zeitpunkt – ist der Moment gekommen, das Klopfen unter dem Tisch zu lesen; bei dem Unterbruch einer ganz besonderen Geschichte stehen zu bleiben, die sprechen möchte.

In der Chronik meiner eigenen Dummheit hätte de Man eine signifikante Rolle zu spielen. Die Kontingenzen meines speziellen Falles sind, wie ich schon sagte, nicht besonders instruktiv, und ihr einziges Interesse könnte darin liegen, daß sie mich mit einem Zugangscode zu einer geheimen Obsession in seinem Text versehen haben, was die aufsässige Frage der Dummheit angeht. Wer anders als ich könnte diese Frage entdeckt haben, denn de Man hat sie an mich adressiert und, nun fällt es mir ein, er hat dies sogar zu *mir* gesagt. Wir alle sind von de Man auf die Bedeutsamkeit des Irrtums, des exemplarischen Irrtums oder der Erfahrung der Verrücktheit des Textes aufmerksam gemacht worden. Möglicherweise – und das ist allen außer mir verborgen geblieben – hat de Man sich entschieden, Irrtum und Verrücktheit auf die gleiche Ebene wie die Dummheit zu stellen. Vergessen Sie die Tropen der Erkenntnis und der Überredung (obwohl sie zu meiner Entdekkung gehören), die geisterhaften, postmarxistischen Texte und die Verschiebungen von figuraler Sprache zu nicht-tropischer, grammatikalischer Sprache (obwohl meine Entdeckung auf einzigartige Weise diese Beobachtungen illuminiert). Eine der großen ambivalenten Reflexionen dieses hochambivalenten Signatars betrifft seine Beziehung zur Dummheit in ihrer kodifizierbaren Form.

Es gehört vielleicht zu den Ironien des de Manschen Vermächtnisses, daß diejenigen, die seine kompetentesten Leser sind, eine besondere Empfänglichkeit für das Idiotische von ihm geerbt haben, jenseits des Schmerzes und der Brillanz, die er uns hinterlassen hat; sie können die Idiotie aufspüren und denunzieren, selbst da, wo sie unschuldig und in ihrer größten seelsorgerischen Zurückhaltung auftritt. Ich bin durch diesen symptomatischen Fingerzeig eigentümlich berührt und habe oft das Gefühl, daß er gerechtfertigt ist, im amerikanischen Kontext sogar hier und da kühn ist (in deutschen, britischen und gelegentlich in französischen Kontexten ist die Entdeckung, daß das Werk und die Politik eines jeden anderen hoffnungslos dumm ist, Teil eines festen Repertoires, und leitet sich ab aus einer maskulinen Wut, dem letzten Residuum, um es freundlich zu sagen, eines kriegerischen Impulses). Die Wichtigkeit des Themas »Dummheit« für de Man kann nicht hoch genug eingeschätzt werden, selbst dann, wenn dieses Thema sich zu allen Zeiten der Aufmerksamkeit entzogen, sich innerhalb eines ausgedehnten semantischen Maßstabs verwandelt hat und im Rahmen hochambivalenter Kategorien registriert werden mußte. (Habe ich *ambivalent* oft genug geschrieben?) Hier geht es ausdrücklich um die Kategorien des Verstehens, denn de Mans (Nicht-)Lektüre der Dummheit umfaßt eine eindrucksvolle Bandbreite an Themen: angefangen bei den verschiedenen Erscheinungsformen von Archie Bunker, über das mit den Schlegels in Zusammenhang stehende Problem der *Unverständlichkeit**, bis hin zur Ironie; die verschiedenen Fehlschläge der Erkenntnis, die de Man untersucht hat, sowie ganze epistemologische Netzwerke und das Verdoppeln des Effekts der Unverständlichkeit eingeschlossen, den er von Zeit zu Zeit inszeniert hat. Beachten Sie die Bemerkung von Rodolphe Gasché, die eine Wiederholung der de Manschen Angst ist: »Von einer traditionell philosophischen Perspektive aus betrachtet, ist es tatsächlich ganz und gar unverständlich, warum bestimmte Passagen, auf die sich de Man in seiner Lektüre bezieht, als ›verblüffend‹, ›überraschend‹, ›bestürzend‹ oder ›erstaunlich‹ wahrgenommen werden und daher als Schlüsselpassagen gelten.«[29] Gasché findet unverständlich, was de Man unverständlich findet. Von daher ihre Differenzen. Ein Aspekt des Unverständlichen entspringt der Geistesschärfe (Gasché versteht nicht, was nicht zu verstehen ist), der andere Aspekt ist eher eine Form der Verblüffung oder der List – es ist unentscheidbar, ob de Mans Beteuerungen des Verblüfftseins aufgesetzt oder wirklich sind. Ob er nun die Kontrolle hat über das Verdutztsein oder nicht, das die textuelle Auseinandersetzung ausmacht – de Man hat sich oft im toten und dumpfen Zentrum der Bedeutung lokalisiert. In einem anderen Text geht er der Voraussetzung nach des Blöd- und Noch-Blöderseins für die griechische Komödie. Er liebt es, den Narren zu spielen. Und er liebt es, diese Position zu dialektisieren und in eine der freischwebenden Überlegenheit aufzuheben. (Im sechzehnten Jahrhundert waren diese Oppositionen nicht haltbar; wir glaubten an das abstruse Wissen des Narren. Aber ich glaube nicht, daß ich eine Geschichte der Narren schreibe.) De Man hat, so insistiert Gasché, gewisse Passagen so eingeführt, als sei er durch sie in Verlegenheit gebracht worden. Auch da, wo eine Beziehung ist und die Anzeichen der Kohärenz gegeben sind, optiert de Man für das absolut Singuläre und macht einen Schnitt. Diese seine Haltung bindet ihn an die Angst vor barer Unwissenheit, eine Bedingung, die durch die Sprache in dem Maße stipuliert wird, wie sie sich durch Referentialität verfolgt sieht.

Es scheint so, als ob de Man für sich ein Übermaß an Unverständlichkeit erfinden mußte, um einen besonders blinden oder sinnlosen textuellen Defekt zu produzieren oder als Nullpunkt einzuführen, um lesen zu können. Was die »traditionelle philosophische Perspektive« vor ein Rätsel stellt, ist de Mans behauptete Verblüffung, seine unverhüllte Bezugnahme auf das Nicht-Wissen, die seine Einsichten aufs Spiel setzt – in das, was den Sinn verfehlt, oder was als ein Moment schierer Dummheit funktioniert –, in einem Text, wo es in hohem Maße Ansprüche auf Selbsterkenntnis gibt. Da de Man in *The Concept of Irony* auf das griechische Denken rekurriert, sollten wir diesem Relais Beachtung schenken und der Verweigerung des Sinns nachgehen – mit Blick auf die im Text ausgearbeitete Ökonomie, die anfängliche Erfahrung des verweigerten Sinns, sei diese nun motiviert oder unverständlich – durch das hindurch, was Platon und Aristoteles an den Anfang philosophischen Fragens stellten: *thaumazein*. Philosophisches Fragen beginnt mit dem Staunen, der Verwirrung, der Verblüffung – Heidegger hat dies in seinen Freiburger Vorlesungen hervorgehoben.[30] Die Verblüffung, die die Öffnung bezeichnet, wirft einen aus der Bahn; sie erwirkt ein Zurückweichen: der Schritt zurück, der uns aus der Unmittelbarkeit heraussetzt, das Aufgeben der Singularität in einem dumpfen Rückzug, die Erfahrung der Blödheit, die, Hegels *Ästhetik* zufolge, den ersten, notwendigerweise mit einem Befremden einhergehenden Schritt der philosophischen Untersuchung in Gang setzt. Es ist ein zögernder Schritt, und de Man, der schon immer der erste war, um einen Sturz abzufangen, insistiert auf dem Gestotter der Sprache, welches unvermeidlicherweise den FALL verdoppelt.

Zu sagen, daß de Mans Werk, das einen Schritt zurückgeht in Richtung Verwunderung, eine zeitgenössische Wiederaufnahme des *thaumazein* ist, ermöglicht uns die Beobachtung, daß dieses Werk sowohl kritisch in die Frage nach dem absolut Verblüffenden und von woanders Herkommenden, von einem Ort der Exteriorität, involviert als auch in die autistische Dimension eines solchen Repertoires verstrickt ist (das nicht von der Spaltung heimgesuchte Einzelne). Vom autoritären philosophischen Standpunkt aus gesehen – solche Standpunkte existieren –, ist von de Mans Arbeit gesagt worden, daß sie »an einer irreparablen philosophischen Naivität« kranke.[31] Aber vielleicht ist es interessanter, im Sinne des Flirtens mit dem Desaster begrifflicher Debilität, daß sich de

Mans Destruktion der philosophischen Differenz, jener »Differenz, die
die Philosophie aufgrund ihrer Ansprüche auf Allgemeinheit und Uni-
versalität charakterisiert«, in der radikalen Singularität seines Idioms 287
vollendet. Diese extreme Singularität, so Gasché, »[besiegt] alle Versteh-
barkeit«. Er ist kurz davor, wenn auch nur auf der Ebene des etymolo- 287
gisch motivierten Klatsches, de Man einen *Idioten* zu nennen. (Auf der
Ebene des Signifikanten ist es vielleicht mehr als Zufall, daß der Essay
Gaschés mit einem Schnitzer, der das Idiosynkratische betrifft, endet.[32])

Die für sich stehenden Eigentümlichkeiten, die in de Mans
Arbeit enthalten sind, erlauben keinen Raum für die Heraufkunft von
etwas, das wirklich »universal« sein könnte. Das klingt vielleicht etwas
verbraucht, zeigt aber de Mans Abstand von einem traditionell philo-
sophischen Vokabular an, das er oft verwendete. An bestimmten Schalt-
stellen seiner Argumentation erinnern die Vorwürfe, die Gasché gegen
de Man erhebt, an diejenigen Sartres bezüglich Georges Bataille, der
sich bemühte, eine radikale Singularität einzuholen. Gasché, dessen frü-
hes Werk Bataille gewidmet ist, fährt fort: »Anstatt sich auf das *eine* Uni-
versum von Fragmenten zu öffnen, die wie Samenkörner ausgestreut
und empfänglich dafür sind, Welten hervorzubringen, erarbeitet und
akzentuiert de Mans Philosophie ein wesentlich dunkleres Bild. Seine
Welt besteht aus für sich stehenden Eigentümlichkeiten, jede so idiosyn-
kratisch, daß alles Universale ausgelöscht wird; eine Welt heterogener
Fragmente, die ein Ganzes nur insofern bilden, als sie durch ihre ge-
genseitige Indifferenz und ihren Mangel an generativer Kraft alle gleich
sind, endlos die Punktualität ihrer einsamen Bedeutungslosigkeit wie-
derholend.« Dieser Zusammenstoß von Kräften, der eine Indifferenzie- 287
rung nach sich zieht, ist bezogen auf die sinnlose Kraft der sprachlichen
Setzung – eine Kraft, die ihr Vorbild nicht an reproduktiven Potentiali-
täten hat (keine »Welten erzeugend«, »Mangel an generativer Kraft«). So
gesehen löscht sich de Mans »Philosophie« – falls es das ist, wonach er
strebt – selbst aus.

Die Destruktion philosophischer Differenz durch de Man ist in Gaschés
Diskussion der Kantschen Problematik des *Augenscheins** kühn demon-
striert worden. Gasché arbeitet an dieser Stelle seines Aufsatzes mit ei- 285 ff.
ner Facette des nicht-phänomenalen Lesens, mit einem formalen Mate-
rialismus, der, obwohl er nicht de Mans letztes Wort zu diesem Thema
ist, auf einigen basalen Annahmen beruht, die er nicht verleugnet. Der
Augenschein ist eine Synthese der Phänomenalität, die auf minimal phä-
nomenale Weise gegeben ist. Bei Kant wird diese Synthese dadurch er-
möglicht, daß der Augenschein, sobald er in den Dienst des Erhabenen
getreten ist, nicht mehr länger etwas Bestimmtes sieht, sondern das
Nicht-zu-Sehende selbst. Gasché schreibt: »Aber letztlich verfehlt das

Nicht-zu-Sehende, das durch den *Augenschein* enthüllt wird, durch den
einen Blick, der sowohl das Zentrum als auch die Peripherie umfaßt,
zu zeigen, was es zeigt. Für Kant handelt es sich um ein unmögliches
Bemühen, die intelligible Totalität darzustellen *als* Totalität der Natur,
nicht nur, weil diese Totalität grundsätzlich undarstellbar ist, sondern
auch, weil es keine Totalisierung der Natur geben kann.« Jedoch bietet 285
der Augenschein, der das Intelligible nicht zu zeigen vermag, es dem
Denken an. Der Augenschein zeigt angelegentlich, daß die Imagination
zur Vernunft strebt; »er steht dafür ein, daß die Imagination eine mini-
male Beziehung zu diesem Vermögen hat«. Seine Argumentation geht 286
so weit, zu behaupten, daß der Augenschein, statt ein Hindernis für die
Darstellung von Ideen zu bilden, ein anderer Name für die ausgedehnte
Einbildungskraft zu sein scheint und folglich für die Darstellung selbst
des Vermögens der absoluten Totalisierung, wie negativ auch immer,
mit der Kants Diskussion des Erhabenen beschäftigt ist. Beobachten Sie
nun, wie de Man jeden Begriff des Geistes aus dieser Kantschen Schlüs-
selpassage abschöpft, um zum rein Formalen, zur »materialen Sehwei-
se« zu gelangen, ohne Geist. De Man schreibt: »Bei dem von Kant be-
schriebenen Sehen des Ozeans und des Himmels ist hingegen kein
menschlicher Geist im Spiel.«[33] Diese »rein materiale Sehweise, ohne je-
de reflexive oder intellektuelle Komplikation, ist auch rein formal, ohne
jede semantische Tiefe und auf die formale Mathematisierung oder Geo-
metrisierung reiner Optik reduzierbar.« 27
Eine solche Wahrnehmung überschreitet, so de Man, die Grenzen jegli-
cher Bezüglichkeit und situiert sich, wie Gasché sagt, als »einzigartig,
ganz und gar unintelligibel in ihrer Singularität«. De Man fährt fort: »Him- 286
mel und Ozean sind als Gebäude a priori, vor allem Verstehen«, und sie 26
sind untrennbar von der materialen Sehweise selbst. Wir können, was
de Mans Gang seiner Untersuchung angeht, bis zum »steinernen Blick«
vorspulen, dem er, in *Kant's Materialism*, Geltung verschafft, indem er
die Einheit des *Augenscheins* und Kants architektonischer Welt evoziert.
Der steinerne Blick ist die Stillstellung eines Moments, der vom »absolu-
ten, radikalen Formalismus [bestimmt wird], der keinen Begriff der Re-
ferenz oder des Semiotischen aufweist«[34]; ein Moment, das in dem Ver-
such der *Dritten Kritik*, zwischen der Vernunft und dem Empirischen ei-
nen Übergang zu schaffen, vergessen ist. Gasché fügt hinzu: »Genauer
gesagt ist die *Dritte Kritik* selbst das Ergebnis eines Vergessens ihrer
Quelle in einem rein formalen, materialen und geistlosen Blick.« In der 286
nicht-phänomenalen Phase seiner Lektüre der Philosophie bringt de
Man eine materiale Sehweise ins Spiel, von der gesagt wird, daß sie dem
Begriff äußerlich bleibe. Die Figur des verblüfften Hinstarrens – tatsäch-
lich geht sie der Figur voraus – ist eingefroren in das, was auf irredu-
zible Weise singulär ist, aller denkbaren Beziehungen ledig. Der disfigu-

rierende und die Artikulation außerkraft setzende Blick, wie steinern auch immer, wird, Gaschés Lektüre zufolge, in die Figur der Theorie hineingenommen:

Genau in dem Maße, wie solch eine Theorie oder Philosophie »positiv« wäre, hätte sie es verfehlt, zu verkörpern, was sie pointiert und hätte vergessen, woran sie zu erinnern sucht: die irreduzibel singuläre, setzende Kraft der Sprache. Wenn eine rhetorische Lektüre darin besteht, daß sie zuerst demonstriert, daß ein Text auf seinem thematischen und semantischen Niveau bereits das auflöst, was er webt, und zweitens darin, daß sie zeigt, daß die Einschreibung der Figuren in den Text selbst auf die setzenden Kräfte der Sprache hinweist, indem jegliche Produktion von Bedeutung disfiguriert wird, dann wird die dritte Facette der rhetorischen Lektüre darin bestehen, den figuralen Status der letzteren zu dekonstruieren – die Illusion, mit der Arbitrarität und der Sinnlosigkeit der Materialität der Sprache und ihren Setzungen fertig geworden zu sein. 290 f.

Nicht nur wird man also daran scheitern, mit der Arbitrarität und der sinnlosen Vorhandenheit der Sprache, ihrer Materialität und ihren Setzungen, fertig zu werden: während Kant des *Augenscheins* bedarf, um ein unmögliches Bemühen zu bezeichnen, das mit dem Irrepräsentablen zu tun hat (und von daher notwendigerweise verfehlen muß, zu zeigen, was es zeigt), bietet der *Augenschein* genau das, was er darzustellen verfehlt – das Intelligible – dem Denken an. Kant operiert an den Grenzen der Intelligibilität, in einem Raum, den sein gescheiter Nachfolger, Friedrich Schlegel, in Begriffen verhandelt, die de Man später interessieren werden. Zunächst folgt de Man hier dem Faden Kants, der zu dem außerhalb des Begriffs bleibenden, verblüfften Blick führt, welcher das Unintelligible auf seine schiere Technizität reduziert, auf einen stumpfen Formalismus – was er, vor jeder Spur einer Reflexion, die »Quelle« nennt: »einen rein formalen, materialen und geistlosen Blick.« Es sind dies hochkomplizierte, sowohl idiosynkratische als auch überdeterminierte Begriffe. Den einzigen Punkt, den ich zum jetzigen Zeitpunkt dringlich empfehlen möchte, ohne mich auf die vielen heuristischen Forderungen von *Phänomenalität und Materialität bei Kant* einzulassen, betrifft de Mans konsistentes Investieren in die Figuren der Verblüffung, der Geistlosigkeit und der Blödheit, selbst da, wo Kant in eine andere Richtung geht (in Gaschés Lektüre in Richtung auf die ausgedehnte Einbildungskraft).[35] Bereits schlegelianisch, sieht de Man, daß diese Termini einen Platz bezeichnen, der dem Verstehen vorausliegt. Doch wir werden das Ausmaß zeigen (obwohl wir wissen, wenn wir es mit Kant halten, daß ein solches Zeigen eine fragwürdige Anstrengung bleibt), in dem die Bestimmungen, »vor und nach« dem Verstehen, nicht als temporale Kategorien angesehen werden können, denn das Vorläufige hat einen finalen Charakter, und das »vor« liegt in der Zukunft.

In seinem nächsten Buch über de Man behandelt Gasché einige der Themen, die hier von Interesse sind. *The Wild Card of Reading* ist eine wichtige Reflexion auf das negative Wissen, das de Mans Arbeiten einschreiben. Die Problematiken des Nichtwissens sind auf den verschiedenen Niveaus der Arbeit, im Innen und im Außen des de Manschen Textes registriert. Gasché steigt unmittelbar ein, in der Einführung, ein Subjekt setzend, nicht notwendigerweise sich selbst, obwohl das eine naheliegende Vermutung wäre, das »die Unfähigkeit eingesteht, einen Gegenstand zu verstehen«. Seine Diktion wird durch Konnotationen des Unverständnisses, der Dunkelheit und des Unergründlichen unterstützt; er führt aus, wie die Kraft der Nicht-Intelligibilität den Leser zu einem Ort zieht, der vor dem Verstehen liegt. Er fährt fort:

Jedoch nur wenigen, wenn überhaupt jemandem, die versucht haben, die Schriften von de Man zu lesen, ist, zumindest anfangs, die Erfahrung totaler Unverständlichkeit erspart worden. Seine Prosa ist dicht, opak bis zu dem Punkt fast völliger Obskurität; die Abfolge seiner Argumente ist unbegreiflich; und die Relevanz der Schwerpunkte, die er setzt, wenn man überhaupt in der Lage ist, diese aufzunehmen, ist weit davon entfernt, klar zu sein. Wenn man jedoch de Mans Prestige im akademischen Bereich Nordamerikas bedenkt, dann haben nur wenige sich getraut, ihr Scheitern einzugestehen, einen Ansatzpunkt in de Mans Werk zu finden. Und viele fühlten sich verpflichtet, ein Urteil abzugeben, um nach außen Autorität zu wahren. [De Mans einzigartiger Umgang mit der Terminologie] läßt einen ... konfus und mit der Ahnung zurück, daß de Mans Sprache eine Privatsprache ist, zugänglich nur ihrem Verfasser.[36]

In Kapitel 6, »Adding Oddities« kritisiert Gasché die Art und Weise, in der »bloßes Lesen« den Text von jeder kognitiven Funktion entleert, wobei das Problem des negativen Wissens als etwas behandelt wird, das der Grammatikalisierung des Rhetorischen inhärent ist:

Es ist klar, daß die Rhetorisierung der Grammatik uns mit leeren Händen zurückläßt, aber das negative Wissen, das sich aus der Grammatikalisierung der Rhetorik zu ergeben scheint, wird durch das Faktum durchkreuzt, daß die figurative Darstellungsweise des Titels [von Keats' Gedicht »The Fall of Hyperion«] nicht auf Grammatik reduziert werden kann. Die Grammatik, die ein Isotop der Logik ist, deren Ansprüche referentiell und von daher kognitiv sind, selbst dann, wenn sie negativ sind, wird unvermeidlich durch die rhetorische Darstellungsform des Titels unterminiert. Das doppelte Lesen des bloßen Lesens befreit daher den Text von jeder kognitiven Funktion, da es in gleicher Weise unmöglich ist, irgendeinen Referenten, sei er buchstäblich oder figural, für den Titel festzulegen. 181 f.

Doch trifft Gasché direkt ins Herz einer originalen Dummheit, wenn er demonstriert, daß für de Man noch das Wissen um die Unmöglichkeit des Wissens zu sehr auf die Seite des Wissens gehört, weil de Man mit kognitiver Paralyse arbeitet, mit barer Unwissenheit, mit dem vollständigen Sich-Entledigen von jeglichem Wissen. (»Und wenn man davon ausgeht, daß das Lesen sich aller Arten des Wissens entledigt, woher weiß ich dann, daß ich dabei bin zu lesen, und nicht einer anderen Aktivität nachgehe?«) 183

Wenn das rhetorische Lesen so zu verstehen wäre, daß es zu einem negativen Wissen tendiert und von daher dazu, die kognitive und sprachliche Machtlosigkeit des menschlichen Lesers zu erweisen, dann könnte dies »einer Ontologie des endlichen Seins« entgegenkommen. Folgt man jedoch de Man, dann basiert selbst eine negative Gewißheit der Blindheit eines endlichen Subjekts auf einer (illegitimen, aber unvermeidlich reduktiven) Grammatikalisierung der Rhetorik. Jegliches Wissen, selbst das der Unmöglichkeit des Wissens, ist von daher strikt unmöglich. Die uneingeschränkte Unwissenheit, verursacht durch die Bedingung der Sprache, die Referentialität betreffend, unterläuft sogar das Begreifen dieser Offenbarung der Sprache, und sie unterläuft das Lesen als eine Funktion menschlicher Endlichkeit (oder als etwas, das ihr angemessen wäre). Es scheint hoffnungslos, davon auszugehen, daß das Spiel der Sprache einen Einfluß auf das Bewußtsein hat. In der Tat – wenn die Sprache alles Wissen negiert, das Wissen um die Unmöglichkeit des Wissens eingeschlossen, dann wird es schwierig, festzustellen, auf welche Weise und auf welchem Level dies die Gewißheiten des Subjekts in Frage stellt. 182 f.

In der Beschäftigung mit der Erschöpfung des Erkennens und mit sprachlicher Ohnmacht deutet sich, auf den Raum unserer Lektüre zielend, eine subtile Thematik der Dummheit an, die auf beiden Seiten der de Manschen Entzweiung auftaucht. Wir können feststellen, daß de Man, für seinen Teil, verstrickt ist in das, was Gasché später einen »kritischen Idiolekt« genannt hat, eine sich der Tiefe widersetzende Obskurität. Sein Werk grenzt ans Unverständliche, indem es auf konsistente Weise idiolektisiert, herausfordernd opak ist. Diese Qualitäten sind nicht dazu angetan, vermieden zu werden, sondern sollten situiert, eingebunden werden.
Worin besteht der Wert des (fast) Unverständlichen in unserem Zeitalter des (beinahe) Lesens? Was läßt uns annehmen, daß diejenigen, die das

Universale setzen, intelligibel sind, ohne bloß der Tautologie zu verfallen? Ist der Idiolekt, streng gesprochen, überhaupt möglich, oder ist er nicht vielmehr die Bedingung der Möglichkeit jeder gedanklichen Elaboration? Wie viele sogenannt originelle Denker sind nicht bezichtigt worden, daß sie erfinden, eine Sprache prägen, einen Jargon schaffen, mit traditionellen Werten brechen und haben idiomatische Geläufigkeit erreicht? Gaschés Punkte sind mit Sorgfalt gewählt und sie haben eine heilsame Funktion. Sie helfen uns, unter anderem, zu verstehen, wie schwierig es manchmal sein kann, zwischen dem Geschwür des Erkennens, den bösartigen Wucherungen des Wissens und dem philosophischen Erfindungsgeist zu unterscheiden. Vielleicht liegt das Problem in der Assemblage, die sich unvermeidlich um »Philosophie« herum gruppiert. Unklar bleibt, ob de Man davon ausging, daß er Philosophie trieb, ebenso wie Heidegger in einer anderen Serie von kontextuellen Bestimmungen die Philosophie zugunsten des Denkens vermieden hat. In dem Maße jedoch wie de Man beharrlich kognitive Ansprüche erhob, müssen seine Interessen auf ihre äußeren Grenzen hin geprüft werden.

Was die Dimension der Rezeption betrifft, so haben auf der anderen Seite die Kritiker die Arbeit von de Man beurteilt, ohne seine komplexen theoretischen Grundlagen zu befragen – wenn auch nur als Teil einer defensiven Strategie, um zu beweisen, daß sie nicht dumm sind. Zu sagen, daß de Man falsch liege, nihilistisch sei, implizit totalitär, heißt anzudeuten, daß man etwas verstanden hat. Wie ich in Kapitel 1 darzulegen versucht habe, ist das Urteilen mit dem Problem der Dummheit unentwirrbar verknüpft, obwohl Kant behauptet hat, daß die Dummheit sich über einen Mangel an Urteil konstituiert. Die Grenze, die das Urteil von einem Mangel an Urteil trennt, ist oft porös, insofern als ein Mangel an Urteil impliziert, daß zumindest ein Urteil gefällt worden ist, wenn auch nur andeutungsweise. Wenn man ein Urteil abgibt, ohne genau zu wissen, um was es geht – ein aporetischer Knoten, welcher der Struktur eines jeden Urteils innewohnt und zugleich ein Problem der menschlichen Begrenztheit –, dann lädt man sich damit die ganze Last der Dummheit, der man ausweichen wollte, auf. Für diejenigen, die, wie Gasché, de Man wohlwollend gegenüberstehen und die entsprechende philosophische Reife haben, stellen Urteile – die zugleich formuliert und als »nahezu total unverständlich« aufgeschoben werden – die Begriffe bereit für ein mögliches Verstehen. Die Bezugnahme auf seine Arbeit scheint eine Sache der Integrität zu sein, obwohl wir hier über die Möglichkeit der Ironie nicht entscheiden können. Es fällt schwer, sich Gasché als jemanden vorzustellen, der de Man nicht versteht; dennoch konzipiert er sein Buch als eine Allegorie des Stupors, als ein Bekenntnis zur Unfähigkeit, zu verstehen.

4. Über gebildete Unwissenheit

Es ist nicht sicher, so lautet ein wiederkehrender Gedanke in Werner Hamachers Aufsatz über de Man, ob es eine Wissenschaft der Literatur, im Sinne einer wissenschaftlichen Anstrengung, gibt.[37] Hamacher stellt, das Thema der Singularität aufnehmend, aber dessen Konnotation verschiebend, die Frage nach der *Möglichkeit des Wissens*, so wie dieses durch die Literatur destabilisiert worden ist. »Diese Fragen lassen sich mit Aussicht auf eine Antwort nur an die wenigsten Literaturtheoretiker der Moderne richten. Einer von ihnen ist Paul de Man.« In diesem Licht erscheint de Mans Werk als eine Arbeit, die 153 skrupulös der Singularität des literarischen Textes folgt und diese wiedergibt. Seinen eigenen Prämissen entsprechend ist das Werk, das nicht auf die Allgemeinheit eines Projekts reduziert werden kann, bemüht, die Koordinaten, die das *Verstehen* unterstützen, schrumpfen zu lassen. Mehr noch, in dem Maße, wie er sein Leben lang mit den akzeptierten Formen der Literaturwissenschaft sowie mit der Wissenschaft*, von der diese abhängt, eine Auseinandersetzung geführt hat, sind durch de Man auch eine Anzahl epistemologischer Festungen geschleift worden.

Alles in allem ist de Mans Werk, obwohl es in sich verschiedenartig ist und sich ganz pointiert der Zusammenfassung widersetzt, damit befaßt, die Täuschungen des Wissens aufzudecken – und es setzt sich selbst der Prüfung aus, die es an anderen Werken erprobt. Was die Frage nach der Dummheit angeht, kann de Man in dieser Hinsicht nur ambivalent sein, denn es gibt da eine Zone der Unentscheidbarkeit, die den Unterschied zwischen Wissen und Unwissenheit speist, zwischen dem, was verständlich ist und dem, was nicht intelligibel ist, und weil die Dummheit, in einer ihrer phänomenalisierten Formen, weiß, daß sie nicht weiß. Wenn das Allgemeine in de Mans Arbeit auf dem Spiel steht, dann deshalb, weil das sich als verstehbar und verständlich Gebende einer konstanten Defigurierung ausgesetzt ist. De Mans *The Concept of Irony*, der Text, auf den ich den Rest meiner Diskussion beschränken möchte, beginnt und endet mit auffälligen Figurationen der Dummheit, angefangen mit dem emblematischen Paar »Dumm und Dümmer«. Vielleicht bin ich wirklich nicht die erste, die das Werk de Mans mit der Angst vor der Unwissenheit in Verbindung bringt, aber ich bin ohne Zweifel die einzige, die dies bewußt macht, freiwillig, mit gelehrter Schamlosigkeit. Fast jede kritische Arbeit über de Man hat das heimliche Lexikon der Dummheit, ein gewisses Pathos der gebildeten Unwissenheit mobilisiert – obwohl *sie* das unbewußt tun –, um die Spannungen innerhalb seiner Argumentation zu situieren, so als ob sie von deren Implikationen frei wären. Ich könnte, wenn ich wollte, eine substantielle Beweisliste anführen, aber sie wäre für unsere Zwecke zu lang und würde über meinen Ansatzpunkt unter Umständen hyperbolisch hinausschießen. Belassen wir es hier bei einem zufälligen Beispiel oder zweien, die metonymisch vermehrt werden können.

In ihrem Aufsatz über de Man bietet uns Carol Jacobs eine Textstelle an, die besagt, daß es »unmöglich sei, von diesem Text [*Allegorien des Lesens*], sei es als einer Form des Wissens oder als einer Form der Unwissenheit, zu sprechen«.[38] Cynthia Chase, die aufzeigt, daß die performative Dimension des Textes im Verhältnis zu seiner behaupteten Bewußtheit quer steht, schreibt, daß »de Mans Aufsatz über Kleist die historischen Dimensionen seiner Lektüre nicht kennt oder diese ignoriert«.[39] Hamacher spricht über die Unverläßlichkeit des Wissens, das durch Sprache erlangt werden kann. Shoshana Felman eröffnet einen Aufsatz über ethische Verantwortlichkeit mit dem »Erzähler, der über den Kapitän des Schiffes nicht alles weiß, was er wissen sollte – oder nicht alles, was es da zu wissen gibt«. »Wissen wir jemals alles, was wir wissen sollten – oder alles, was es da zu wissen gibt – über die Figuren, die einen Einfluß auf uns haben, die spontan als metaphorische Kapitäne herausragen – Führer, Mentoren oder Rollenvorbilder?«[40] Davon ausgehend, daß diese Texte hauptsächlich sich selbst betreffen, deckt de Man ihre unlösbaren Aporien auf, im Sinne der Spannung von Bewußtheit und Performanz und im Rahmen der »Unversicherbarkeit der Bedeutung«[41] und der Dimension der Unbestimmtheit der Sprache. Ihr Bezug zur Unwissenheit, Dummheit oder Idiotie mag zufällig sein, keineswegs essentiell, und doch, wie beim obsessionellen Neurotiker, formulieren sie die Worte, ohne sie notwendigerweise zu intendieren, ohne »Dummheit« sagen zu wollen, so wie Hamacher von der »stummen und scheinlosen Entstel-
lung sprachlicher Figuren« spricht. Es kann auch passieren, daß die Be- 162
schäftigung mit der Dummheit nach außen wandert, intertextuell wird, semantisch zu einer neuen Spielart der Idiotie gerät. In einem Kapitel über de Man, überschrieben mit »Absolute Konstruktionen«, evoziert Thomas Pepper die paradoxen Implikationen einer Idiotie, die philosophisch greift, wenn er schreibt: »Im Hegelschen Sinne ist Russell ein Idiot. Aber Idiotie – kluge Idiotie – ist das, was man braucht, um eine starke Hegellektüre zustandezubringen.«[42] Idiotie könnte in diesem Fall eine Vorgehensweise sein, um exzessive Formen paralysierenden Widerstands zu unterbrechen, oder sie könnte die Finte bezeichnen, die notwendig ist, um einen wirklich respektlosen und überschreitenden Akt auszuführen. De Man selbst schließt, in *Semiologie und Rhetorik*, dem inauguralen Essay in *Allegorien des Lesens*, mit einem entscheidenden Wort über die Angst – oder die Wonne – vor Unwissenheit, die offensichtlich so weit geht, die Angst vor der Referenz zu verdrängen:

Wir enden also im Fall der rhetorischen Grammatikalisierung der Semiologie im selben Zustand fortwährender Unwissenheit wie im Fall der grammatikalischen Rhetorisierung illokutiver Sätze. Jede Frage über die rhetorische Form eines literarischen Textes ist notwendigerweise eine rhetorische Frage, die nicht einmal weiß, ob sie wirklich fragt. Das resultierende Pathos ist Angst (oder Wonne, je nach der momentanen Stimmung oder dem individuellen Temperament) vor Unwissenheit, nicht Angst vor Referenz – was in Prousts Roman thematisch daran deutlich wird, daß Lesen in der Beziehung zwischen Marcel und Albertine nicht als Reaktion des Gefühls auf das, was Sprache tut, dramatisiert wird, sondern als Gefühlsreaktion auf die Unmöglichkeit zu wissen, worum es in ihr gehen mag. 50

Die Angst vor Referenz wird abgelöst durch die Wonne (oder die Angst) der Unwissenheit – sie ist der Ort, so de Man, wo wir enden, im Zustand schwebender Unmöglichkeit, zu wissen, was die rhetorische Darstellungsweise des literarischen Textes angeht. Wir werden in die Richtung einer Frage gelenkt, in einen Bereich, der zu unsicher ist, um zu wissen, was gefragt oder sogar, ob wirklich gefragt wird – es geht um eine absolute Frage, deren Status selbst in Frage steht. Eine wahre Frage gibt ihre Pose auf, ihre behauptete Haltung, und schwankt in ihrer extremen Nicht-Identität. Das Thema der Unmöglichkeit des Wissens, worum es in einem Text gehen mag, wenn eine irgendwie wonnige Unwissenheit eintritt, die sich immer schon selbst unterbricht —

————————— Aber ich habe mich von meinem Vorhaben, eine autobiographische Zerreißprobe zu enthüllen, entfernt, etwas, was Ihnen helfen könnte, meine Vermeidung von de Man zu verstehen, die nie absolut war oder sogar auf zurückgezogene Weise erfolgreich. Ich habe de Man vermieden, sogar bevor er mir gesagt hat, daß er denkt, Goethe sei dumm. Genaugenommen verlief die Szene, in der diese Äußerung fiel, etwas anders, mit mehr Nuancen, als ich internalisiert habe. Das Ganze fand in Paris statt. Ich sagte zu ihm, in der projektiven Weise von Emporkömmlingen, daß er »meine« Autoren vermieden hatte; ich erinnere mich, unter anderen, Goethe genannt zu haben. Seine Antwort kam schnell. »Weil Goethe so *dumm* sein kann.« Ich bin perplex. »Ich meine, theoretisch, in seiner Theorie.« Das könnte ein Mädchen auf ihrem Weg nach oben ins Schleudern bringen. Nicht, daß ich zu dieser Zeit einen Job hatte.

Ich war ihm letztlich sehr dankbar, da er mir, als ich ziemlich verarmt und nicht zu vermitteln war, geholfen hat, da ich in der Tat umstandslos, aber dankbar, ohne Zweifel illegal, von der Universität von Virginia gefeuert worden war – ich bin froh, daß das Schicksal mich zu diesem Zeitpunkt aus der Universität ausgespuckt hat, denn was hatte ich, ein *alazon* im Wunderland, wenn ich eine glücklose Figur aus der griechischen Tragödie aufrufen darf, im Süden zu suchen? Nach Paris und

Berlin schickte er mich nach Kalifornien, in ein System, so sagte er, dessen Verdauungstrakt nicht in der Lage wäre, so einfach mit mir fertig zu werden. Das war seine Formulierung. Auf jeden Fall fing ich in Riverside an und kam dann nach Berkeley, wo ich bis zum Schluß die Rolle eines Fremdkörpers inne hatte, der weder ausgespuckt noch ausgeschieden werden konnte. (Was tat ich dort, wenn ich meine Identität von Lacan ausleihen darf, petite a *alazon*, im Westen?) Ich weiß nicht warum, aber Paul de Man hatte Interesse daran, mir zu helfen, und es geschah nur durch seinen Ansporn, daß ich bei Gelegenheit von der Germanistik (die es geschafft hatte, mich auszuspucken) überwechselte zu dem, was er die sicheren Ufer der Komparatistik nannte. (Ich hatte ihm erklärt, daß ich mich in einem germanistischen Fachbereich zu jener Zeit endlosen Rekursen auf den Zweiten Weltkrieg ausgeliefert sah, mit allen Arten von Gespenstern, die auftauchten und mich angriffen. Er verstand diese Phantasmen unmittelbar, indem er mir in den weniger primitiv germanischen Bereichen der Komparatistik Sicherheit bot.) Er war mitfühlend, stark, kein Sexist; er bot mir spontan Schutz, als er sah, wie ich am laufenden Band von den höheren Bildungsanstalten in die Pfanne gehauen wurde. Aber ich gehe nun weiter, und erzähle, was später in meinem Lebenslauf passierte. Ich hatte mich – rein empirisch und historisch gesehen, schon vor dem Erlebnis der unvermeidlichen, stellenvergebenden und wieder feuernden Gruppierungen, schon bevor ich ihn kannte und er ein Ratgeber, mein Kompaß und Freund wurde – entschlossen, nicht nach Yale zu gehen, als die Gelegenheit da war, sondern stattdessen für Distanz optiert, für das Vermitteltwerden und die Mittelmäßigkeit, wie es sich herausstellte, indem ich eine Universität in New Jersey wählte. Ich zögere nicht zu sagen, daß ich in diesem Fall, als ich mich entschloß, Examenskandidaten zu begleiten, es vermied, in nächster Nähe von de Man zu arbeiten, aus Angst, er würde meine schon jetzt nichtexistierenden Chancen zerstören. Und doch gab es niemand anderen, mit dem ich hätte arbeiten können. Meine Beziehung zu de Man ist größtenteils eine Fernbeziehung geblieben.

——————— Er war unvermeidlich, er war etwas, mit dem man nie zu Ende kommen konnte. Er provozierte und schrieb das Drehbuch für die Rückkehr. Die Ironie, die in der auf ihn bezogenen Wiederkehr lag, segnete er ab. Was die Arbeit angeht, könnte man de Man dieselbe Frage stellen, die er an Rousseau gerichtet hat, als Jean-Jacques sich gezwungen fühlte, ein Bekenntnis zu wiederholen, welches ihn in einem früheren Text beschäftigt hatte. Warum kehrt de Man zur Struktur der Ironie zurück, wenn man die ausgedehnten Überlegungen einbezieht, die in *Die Rhetorik der Zeitlichkeit* dargestellt werden? Warum signiert er diesmal seine »Wiederkehr« mit dem Satz: »Was ich heute zu sagen

habe, ist eine Selbstkritik«? Welcher Automatismus greift hier? Die Ironie wird auf den Begriff einer technischen Bestimmung gebracht werden, einer arbiträren, zugleich erbarmungslosen Wiederholung dessen, was sich der Intelligibilität entzieht – oder sie erfindet sich eine neue Logik der Intelligibilität und experimentiert mit ihr. Wenn der Text von de Man eine Möglichkeit darstellt, mit Grund eine technische Redeweise ins Spiel zu bringen, dann geht es nicht darum, fremde Mächte auf eine ursprüngliche Form von Literaturkritik zu stülpen.
De Mans Werk beschäftigt sich sehr weitgehend mit aus dem technischen Feld kommenden Modalitäten des Bewußtseins sowie mit dem mechanischen Funktionieren von Texten. In seiner Arbeit ist eine Theorie der Technik enthalten, die notwendig mit der tropologisch ungewissen Natur der Ironie verknüpft ist. Einige seiner Anliegen, die ich hier zu skizzieren begonnen habe, laufen in dem späteren Aufsatz *The Concept of Irony* zusammen, welcher dank der Anstrengung von Andrzej Warminski in dem Band *Aesthetic Ideology* erschienen ist. Obwohl die Ironie für de Man auf der Überholspur ist, uns ins Schleudern bringt und unvermeidlich auf einen Absturz hinausläuft, gehen wir es von nun an langsam an, nett und langsam, aber ohne jede Gewißheit, ein Überborden verhindern zu können. Mein Anliegen besteht darin, zu erforschen, inwieweit dieser Aufsatz in die Dimensionen des Prüfens verwickelt ist, und uns, mit Blick auf das Problem des Verstehens, in eine Geschichte der Dummheit einführt.
Wenn es um Ironie geht, die rhetorische Teststrecke par excellence, ist Nietzsche nicht weit. Und wenn Nietzsche da ist, ist auch Goethe nicht weit, obwohl de Man sein ganzes Leben lang Megamonumenten mißtraut hat. Einige Details aus dem Kontext verdienen, erwähnt zu werden: in *The Concept of Irony* diskutiert de Man Schlegels Gedanken des »Einfältigen und Dummen«.[43] Er zitiert Schlegels *Über die Unverständlichkeit* und erinnert an die Überfülle der »etymologischen Wortspiele in der Art Nietzsches«; und führt dann, durch ein Goethe-Zitat bei Schlegel, ein Moment ein, wo der Sprachgebrauch den Sprechenden übersteigt; de Man begreift dieses Moment als einen technischen Zug der Sprache. Schlegel: »Die Worte verstehen sich selbst oft besser, als diejenigen, von denen sie gebraucht werden.«[44] De Man bemerkt dazu:

Es gibt da eine Maschine, eine Textmaschine, eine unausweichliche Bestimmung und eine *unbedingte Willkür*, so sagt Schlegel [Lyceum, *Fragment 37*], welche die Wörter auf der Ebene des Spiels des Signifikanten bewohnt; der Signifikant löst jede narrative Konsistenz der Linie sowie das reflexive und dialektische Modell auf. Beide bilden, wie Sie wissen, die Basis jeglicher Erzählung. Es gibt keine Erzählung ohne Reflexion, keine Erzählung ohne Dialektik, und was die Ironie unterbricht (nach Friedrich Schlegel) ist genau diese

Dialektik und diese Reflexivität, nämlich die Tropen. Das Reflexive und das Dialektische sind das tropologische System, das Fichtesche System, und das löst die Ironie auf. 181

Ironie ist irgendwie mit der Maschine als Text in Konnex und sie verbindet sich mit einer unterbrechenden Kraft, die das tropologische System aufzulösen vermag. Es handelt sich um eine destruktive Kraft, die, folgt man de Mans Bezugnahme auf Fichte, die Möglichkeit der Erzählung gefährdet; aber hier möchte ich dafür plädieren, die Heideggersche Unterscheidung zwischen Destruktion und Verwüstung im Auge zu behalten. Nicht, um eine ausgleichende Geste zu machen, welche die Bandbreite und Verve der Ironie limitieren würde, sondern weil ich zunächst die Rigidität des Fokus aufrechterhalten möchte, um uns davor zu bewahren, lautstark in verkürzte, nihilistische Äußerungen hineinzurutschen. Destruktion ist sowohl bei Heidegger als auch bei Benjamin eine Kraft, die freiräumt und nicht den Stillstand der Verwüstung impliziert, der beispielsweise mit der Kriegsneurose einhergeht. Lassen Sie uns diese Unterscheidung in Erinnerung behalten, obwohl de Man selbst mich möglicherweise vor ein Kriegsgericht stellen würde, dafür, daß ich als Szondi-Spionin arbeite. In der Tat, jeder, der dabei erwischt wird, ausgleichende Handlungen zu versuchen, wird durch den Schwung der de Manschen Räumung zurückgeholt. Und was die Ironie angeht, heißt das, daß fast jeder seine Portion abbekommt. An einem Punkt – und wir sollten bei diesem Punkt bleiben – holt de Man sich selbst zurück.
In einem Versuch, Schlegel vor allgemeinen Vorwürfen der Frivolität zu schützen, haben die besten Kritiker, so schreibt de Man, »die Kategorien des Selbst, der Geschichte, der Dialektik [wiederhergestellt], die genau die Kategorien sind, die Schlegel auf radikale Weise verworfen hat«. 182
Benjamin hat, de Man zufolge, die Bedeutung der Parabase sehr viel besser verstanden als Szondi. Doch wird die überlegene Luzidität Benjamins in Mitleidenschaft gezogen, denn *Der Begriff der Kunstkritik in der deutschen Romantik* folgt immer noch Lukács, was Benjamin dazu bringt, das Werk wiederherzustellen, in einem Moment, wenn alles verloren scheint; die radikale Destruktion, so stellt sich heraus, deren Weg gebahnt wird, befindet sich durch ein dialektisches Moment im sicheren Hafen; nach dem Hegelschen Schema wird sie im Rahmen einer historischen Dialektik aufgefaßt, die in Richtung auf das Absolute fortschreitet. Die Sprache Hegels aufgreifend, sagt Benjamin: »Die Ironisierung der Darstellungsform ist gleichsam der Sturm, der den Vorhang vor der transzendentalen Ordnung der Kunst aufhebt und diese und in ihr das unmittelbare Bestehen des Werkes als eines Mysteriums enthüllt.«[45] Was Benjamin jedoch, im Unterschied zu Szondi, erfaßt, ist die

schiere Wirkung der Parabase. De Man zufolge begreift Benjamin »die destruktive Kraft, die negative Kraft der Parabase ganz und gar. Er sieht, daß ›die Ironisierung der Darstellungsform in einer beabsichtigten Destruktion der Form besteht‹ – keine ästhetische Wiederherstellung, sondern, ganz im Gegenteil, eine radikale, vollständige Destruktion der Form, die er als ›Kritik‹ bezeichnet, die die Form durch Analyse auflöst, durch Demystifikation die Form zerstört.« Die Form, welche das Werk 182
verhüllt, wird zerstört; so etwas wie das »unmittelbare Bestehen des Werkes« enthüllt, es wird für die Darstellung geklärt – obwohl in gewisser Hinsicht dieses Erscheinenlassen als eine Allegorie der Darstellung aufgefaßt werden muß.

Mit einer kleinen Anzahl anderer Autoren, die sich mit dem Thema beschäftigt haben, erinnert uns Hamacher an die naheliegendsten Bestimmungen der Ironie und der Allegorie, die, weil sie auf unentscheidbare Weise miteinander verknüpft sind, kontinuierlich das kritische Projekt unterminieren, dem sie angehören. Indem er die Verwandtschaft zwischen Ironie und Allegorie bei de Man interpretiert, zeigt Hamacher auf, inwiefern die Möglichkeit selbst der Literaturwissenschaft einem doppelten Imperativ unterworfen ist: »dem der Allegorie, der sie in immer neuen Figuren und Argumenten zum Bekenntnis ihres Scheiterns zwingt, und dem ironischen Imperativ, der ihr jeden Rechts- und Erkenntnisgrund entzieht, unter dem es kein Scheitern gibt und unter dem jedes Wort, so irrig es scheint, trifft. Ironisch läßt der Imperativ – der Sprache, des Verstehens – keine Entscheidung darüber zu, ob er allegorisch sei oder ironisch.«[46] Es bleibt unklar, wie die Wörter so erscheinen können, als würden sie, in dieser Welt des Verfehlens, die de Man unablässig konstruiert, passen. Doch im Sinne der Imperative der Sprache und des Verstehens müssen Ironie und Allegorie zusammen auftreten, ohne eine auf klaren Trennungen beruhende Konstruktion, welche die eine über die andere stellt. Sie werden dann in jedem Moment gleichzeitig geprüft und prüfen selbst, wobei Figuren, Argumente und Schlußfolgerungen ihrer Legitimation entzogen und wiederhergestellt werden. Gleichzeitig könnte der Vorteil der Ironie, im Vergleich mit der Allegorie in bezug auf das Testen, in der Differenz liegen, auf welche Hamacher uns aufmerksam macht: die Ironie fällt in den *performativen* Bereich und läßt die Allegorie im Staub des bloßen Figurseins zurück.[47] Es bleibt zu entdecken, wie die Ironie, wenn man von ihrer Komplizität mit der allegorischen Bruchstelle ausgeht, auf die Teststrecke wesentlichen Einfluß nimmt, wobei sie insbesondere deren Verlauf, was die Destruktion von Grenzen angeht, bestimmt und eine »Ideologie« des nietzscheanischen Anzweifelns hervorbringt, die in vielen seiner Gedanken über die experimentelle Disposition und die Notwendigkeit des Tests als *Versuch** vorhanden ist. Im Blick zu behalten ist, daß de Man ständige Selbstironie, die er in *The Concept of Irony* auf schwindelerregende Weise praktiziert, mit Nietzsches *gaya scienza* assoziierte.

In dem Maß, wie die Tropen der Ironie, der Allegorie und des Prüfens
– wenn sie denn Tropen sind – die epistemischen und legitimierenden
Untergründe, von denen sie existenziell abhängen, unterminieren, wei-
sen sie implizit auf die Sprache des Verstehens hin. Und so beginnt
de Man seine Vorlesung über die Ironie damit, daß er alle nach Hause
schickt. »Sie werden nie etwas verstehen – wir können direkt hier auf-
hören und alle nach Hause gehen.« Zuhause ist da, wo das Nichtverste- 164
hen regiert oder zumindest ist es ein Raum, der von den Aporien des
Verstehens nicht groß belangt wird. Ob das Zuhause die Illusion häus-
licher Sorglosigkeit oder die Bühne für eine dysfunktionale Bindung
bietet, »home« kann »sweet home« sein, wenn es die Anstrengung und
die Sprachen des Verstehens suspendiert. Die Beziehung zum Verste-
hen beginnt dann, wenn du das Haus verläßt, als Wanderarbeiter, unter
Druck gesetzt durch die Hitze und die Aporien der Verpflichtung des
Verstandenhabens. Du bist draußen, auf der Suche nach Grund und im-
mer neuen Figuren. Getrieben durch irgendeine Art von Bedürfnis, wäh-
rend eine Erfahrung der Armut auf die nächste folgt, fühlst du dich in
Richtung Gewissenhaftigkeit oder einer epistemischen Sicherheitszone
gedrängt. Während wir dem hermeneutischen Zwang unterliegen – dem
Drang, zu verstehen –, gibt es das Gefühl, daß wir nicht verstehen oder
wir noch nicht verstanden haben, oder es gibt da das »Bin ich verstan-
den worden?« in der Form einer unterbrechenden Frage, die bei Nietz-
sche nachklingt. Zuerst muß er, de Man, zeigen, wie schwierig es ist, die
Ironie zu fassen zu bekommen, und wie jeder den anderen aus seinem
eigenen Bereich hinausgedrängt hat, und jeder denkt und sagt, daß je-
der andere sie falsch verstanden habe. (Von daher greift Friedrich Schle-
gel August Wilhelm Schlegel an, Hegel beschwert sich über Solger, Kier-
kegaard unterminiert Hegel – er notiert, daß der große Philosoph nicht
zu wissen scheint, was Ironie ist – und wenn wir schon dabei sind, sei-
en wir ehrlich, hat de Man wirklich einen unfehlbaren Zugriff auf sich
selbst?) Ohne Zweifel würde man sich eine logische Geldstrafe einhan-
deln, wenn man de Man in die Liste der Angeklagten einschließen wür-
de, denn es ist gerade sein Text, der bei der Ironie nicht heimisch ist,
und der, zumindest anfänglich, Ironie als etwas setzt, das nicht als sol-
ches dingfest gemacht werden kann; sie entzieht sich den ständigen
Bemühungen, sie festzunageln und weicht allen Versuchen verstehen-
der Identifikationen aus:

Es scheint unheimlich schwer zu sein, die Ironie zu definieren. Es sieht so aus, als sei der Definition des Begriffs eine Schwierigkeit inhärent, denn einerseits scheint sie alle Tropen zu betreffen, ist aber andererseits nur sehr schwer als Trope zu definieren. Ist die Ironie eine Trope? Traditionellerweise, natürlich, aber: ist sie eine Trope? 164

Der Titel von Kierkegaards Buch, der wiederholt zitiert und von de Man ebenfalls als Titel verwendet wird, wird als ironisch aufgefaßt: Ironie ist kein Begriff. Der Status des Titels als Irreführung lädt zu weiterer Betrachtung ein, denn was bedeutet es, daß jegliche Bestimmung der Ironie selbst ironisch sein muß? Verdoppelt der Titel, den de Man aufgreift, einen immer schon ironischen Titel, um ihn zu negieren, einen Titel, der auf seinem eigenem Irrtum fußt und durch ihn besteht? Und welche Art von Paar bilden Kierkegaard und de Man hier? Der Essay beginnt: »Der Titel dieser Vorlesung ist *The Concept of Irony*, ein Titel, der von Kierkegaard stammt, der das beste Buch geschrieben hat, das es über Ironie gibt; es hat den Titel *Über den Begriff der Ironie*.« Indem 163
de Man sich die Geste aneignet und wiederholt, die dem »besten Buch« zugeschrieben wird, schreibt er das Buch über Wiederholung um, aber er arbeitet auch eine allegorische Distanz in das ein, was sich als ein Moment der Identität darstellt. Soll das heißen, daß de Man das »beste Buch« geschrieben zu haben beansprucht, die beste Vorlesung oder den besten Aufsatz, der über Ironie zu haben ist, oder schafft er eher einen Ort der Auseinandersetzung, der es ihm irgendwie erlaubt, mithilfe der Mechanik der Wiederholung das Buch, das als das beste Buch bezeichnet worden ist, zu überbieten? Doch weil das beste Buch, dem er anhängt, einen Titel trägt, der sich selbst aufhebt, könnte de Mans Titel wenig zu tun haben mit dem »identischen« Titel von Kierkegaards Buch. Oder er veranstaltet in bezug auf eine unmögliche Unternehmung einen Wiederholungstest. Wie Kierkegaard nenne ich meine Arbeit »Der Begriff der Ironie«, in dem Wissen, daß Ironie kein Begriff ist, und so greife ich den Punkt auf, wo er ins Stolpern geriet, und meine Luzidität wird dieses Buch an seinen Ort bringen, den es verfehlte, und das beste Buch sein, das dazu zu haben ist. Es ist einigermaßen typisch für de Man, den Gewinner zu nennen, aber auch, mit derselben Geste, die Möglichkeit selbst des Gewinnens zu unterminieren, im Rahmen dessen, was trotzdem ein Streit bleibt. Als ob er die Ordnung allegorisieren wolle, die er zwischen seiner eigenen, späteren Arbeit und der Kierkegaards konstruiert hat – seine Arbeit ist die *Übersetzung* des Titels von Kierkegaard –, trianguliert de Man zunächst, indem er zu einem anderen zurückkehrt, der der »Hauptautor« seiner Beschäftigung mit der Ironie sein wird, und etabliert dann, was als eine Parabel angesehen werden kann, die am Ende des Essays wiederkehrt. Wie er woanders schreibt, »es spielt eine große Rolle, wie wir den Titel lesen – als eine Übung nicht nur in Semantik, sondern in dem, was der Text tatsächlich bei uns bewirkt.«[48] Was der Titel bei uns bewirkt, ist in diesem

Fall, wenn man von seiner kontextstiftenden Wirkung ausgeht, die Fra-
ge, ob diese Struktur als tropologisch gelesen werden kann, das heißt,
ob sie wie eine Metapher, eine Substitution auf der Ebene der Ähnlich-
keit und der Differenzierung zwischen zwei Einheiten strukturiert ist
oder ob sie asymptotisch ist – sich immer schon einem unmöglichen,
aber gesetzten Ideal annähert, wie etwa im Falle der Fichteschen Frei-
heit. Oder vielleicht gehört er eher einem performativen als einem bloß
kognitiven Aspekt der Sprache an – in diesem Fall, trotz unheimlicher
Ähnlichkeiten mit dem Titel von Kierkegaards Buch, würde er an der Ka-
tachresis von *setzen** ironisch partizipieren, an einer ursprünglichen
Sprachhandlung, die weitergehende Systeme hervorbringt. Dies gehört
zu den Dingen, die der Titel bei uns bewirkt.
Bevor er die tropologischen Implikationen der Ironie prüft, ihren Status
als »radikalere Negation, als man sie in einer gewöhnlichen Trope wie
der Synekdoche oder der Metapher oder der Metonymie antreffen wür-
de«, gesteht de Man zu, daß »definierende Sprache in Schwierigkeiten
zu geraten scheint, wenn es um Ironie geht«. Er weist auf die performa- 165
tive Funktion der Ironie hin, die es ihr erlaubt, zu trösten, zu verspre-
chen, zu entschuldigen (»Ironie tröstet und sie verspricht und sie ent-
schuldigt«). Die Temporalität und sogar das Phasengebundene solcher 165
Handlungen des Tröstens, des Versprechens und der Entschuldigung
werden nicht dargestellt, doch es ist klar, daß die Ironie einen unab-
schließbaren Handel treibt, der Raum läßt für Zukünftigkeit. Ironie prüft
die Grenzen dessen, was Sprache bewerkstelligen kann, wobei sie »al-
le Arten von performativen, linguistischen Funktionen, die aus dem
tropologischen Feld herauszufallen scheinen, aber ihm auch sehr nahe
sind«, verkörpert. Fähig, so vieles zu veranstalten, für das sie nicht zur 165
Rechenschaft gezogen werden kann (wenn das Versprechen hinfällig
wird, dann hat die Ironie nur das Versprechen versprochen, nicht sei-
ne Konversion in die Garantie einer ausgeführten Handlung), entzieht
sich die Ironie der begrifflichen Festlegung. Um einen Zugang zu ihrer
schwierigen Begriffsbildung zu finden, wählt de Man die tiefergelege-
ne Straße, das heißt, er rekurriert auf eine Figur der Dummheit, die in
der griechischen Komödie auftritt. Die griechische Figur ist in ein Paar
aufgespalten, eine kluge und eine dumme Nummer, in der der Dümme-
re sich als der Klügere entpuppt. Auf einem mikrosyntaktischen Niveau
müssen wir uns über die offensichtliche Ungeschicklichkeit wundern,
welche die Darstellung des ironischen Menschen strukturiert: »Der iro-
nische Mensch ... wie sie in der griechischen oder hellenistischen Komö-
die auftreten.« Und doch ist dieser anakoluthische Kratzer kein Fehler,
sondern eine Notwendigkeit, die den unaufhaltsamen Spalt nachvoll-
zieht und das fortgesetzte Verdoppeln einer jeden Person, die für die
Ironie (ein-)stünde. Was das Verstehen der Ironie angeht, führt de Man

diese Szene ein, um zu helfen – nun, um »ein bißchen« zu helfen. Ich wiederhole seine Bemerkungen hier und versuche, die in Rede stehende Spannung in der Beziehung zwischen Kierkegaard und de Man, was die Titel angeht, herauszuarbeiten:

> Es hilft ein bißchen, über dieses Thema mit Blick auf den ironischen Menschen nachzudenken, im Sinne der traditionellen Opposition zwischen *eiron* und *alazon*, der kluge und der dumme Junge, so wie sie in der griechischen oder hellenistischen Komödie auftreten. Fast alle Diskurse über Ironie sind so aufgezogen. ... Es ist dann im Auge zu behalten, daß der kluge Junge, der notwendigerweise der Sprecher ist, sich immer als der dumme Junge entpuppt, und daß er immer durch die Person dargestellt wird, von der er annimmt, sie sei der dumme Junge, der *alazon*. In diesem Fall ist der *alazon* (und ich erkenne an, daß das aus mir den wahren *alazon* dieses Diskurses macht) die amerikanische Kritik der Ironie, und der kluge Junge ist die deutsche Kritik der Ironie, was ich natürlich verstehe. 165

In den Streit der Fakultäten verwickelt, etabliert sich de Man in der Ordnung, in der er sich vorfindet, indem er sich an dieser Schnittstelle gegen einen anderen »*(e)iron(y) man*« stellt, den Autor von *A Rhetoric of Irony*. Der Haupteinsatz dreht sich um das Verstehen, ein Begriff von fast geheiligtem Wert, von dem Wayne Boothe annimmt, daß er der Ironie einen Halt geben könne. Das Mittel, die Ironie zu unterbrechen, so bemerkt Booth gescheit, ist das Verstehen: »Konsequent zu Ende gedacht, kann das ironische Temperament in einer unendlichen Kette von Zersetzungen alles auflösen. Es ist nicht die Ironie, sondern das Bedürfnis, Ironie zu verstehen, die solch eine Kette dazu bringt, auszusetzen. Deshalb ist eine Rhetorik der Ironie notwendig, wenn wir nicht, wie viele Menschen unserer Zeit von sich behauptet haben, in einem unendlichen Regreß der Negierungen gefangen sein wollen. Aus diesem Grund möchte ich die folgenden Kapitel dem ›Lernen, wo man aufhören soll‹ widmen.«[49] Verstehen, so tröstet und verspricht uns Booth, kann den essentiellen Bruch, den die Ironie mit sich bringt, unterbrechen; doch muß dieses Unterbrechen der Ironie noch erlernt werden, bevor wir gestoppt werden. Was man Booth zugute halten muß, obwohl weder er noch de Man sich viel aus dem nur schwer faßbaren Punkt machen, ist, daß das Verstehen nicht die schnellen Verkehrungen der ironischen Regression blockiert. Booth schreibt über *das Begehren, Ironie zu verstehen* als movens, die Notbremse zu ziehen. Das Begehren, zu verstehen bringt als solches nicht die unendliche Kette zum Anhalten; es verweist nur auf den Mangel des Verstehens in jeglichem Vorhaben und situiert die Unterbrechung als ein Erzittern im Zustand des Begehrens (es ist schwer, sich ein Erzittern Booths vorzustellen).

So würde derjenige, der die Unterbrechung erwirkt, die Position des *eiron* bezeichnen, des klugen Jungen oder des amerikanischen Kritikers, der die Ironie stoppen möchte, der sie durch etwas anhält und sie begrenzt, das er, wie de Man es sieht, vertrauensvoll »Verstehen« nennt. Auf gewisse Weise geht Booth gegen Kierkegaards schwer bestimmbare Grenzen vor, der durch seine Definition der Ironie als absolute, unendliche Negativität gezeigt hat, daß sie »in sich selbst Zweifel auslöst, sobald ihre Möglichkeit in unsere Köpfe eingetreten ist, und es gibt keinen inneren Grund, den Prozeß des Zweifelns an irgendeinem Punkt vor der Unendlichkeit abzubrechen«.[50] Der amerikanische Schlaukopf Booth ist also dafür, das unaufhaltsame Momentum des Zweifels anzuhalten, das durch Kierkegaard in Gang gesetzt wurde, er vertraut darauf, daß das Zweifeln beigelegt werden kann. De Mans Aufgabe besteht darin, zu zeigen, daß das Verstehen etwas ist, das nicht einfach garantiert werden kann, daß die Ironie in Wirklichkeit mit der Unmöglichkeit des Verstehens verknüpft ist: *Die Ironie besteht aus Verstehen.* »Um was es bei der Ironie geht, ist die Möglichkeit des Verstehens, die Möglichkeit des Lesens, die Lesbarkeit von Texten, die Möglichkeit, sich für *eine* Bedeutung zu entscheiden oder für ein vielfältiges Gewebe aus Bedeutungen oder für eine kontrollierte Polysemie des Bedeutens.« 167
Indem sie vieles in Frage stellt, auf dem die Herrschaft des Bedeutens beruht und das die Praxis des Lesens bestimmt, ist die Ironie gefährlich; sie bedroht die Interpreten der Literatur, »denen an der Verstehbarkeit von Literatur liegt«. Lassen Sie uns, an dieser ominösen Grenze, versuchen, zu verste- 167
hen.

Nun, bevor wir weitermachen, lassen Sie mich versuchen, mich selbst zu verorten und den Zweifel, der jeden Fortschritt nichtig macht. Ich habe diese Passage gewählt, um einen hermeneutischen Zwang zu skizzieren, das heißt, um eine Trassierung des Vorverstehens zum Tragen zu bringen, die Struktur, durch welche man sich einem Gegenstand des Verstehens annähert oder durch welche eine Annäherung stattfindet. Meine Behauptungen waren falsch, selbst da, wo sie eine legitimierende Interpretation skizzierten. Ich habe Behauptungen aufgestellt über die Position, die de Man in diesem Text einnimmt, so als ob er, trotz seiner Proteste, sich selbst als Subjekt situieren würde, dem man das Wissen unterstellt. Wenn man sich diese Passage noch einmal vornimmt, dann versteht man, daß de Man Erwartungen aufbaut, die er dann durchkreuzt – es sei denn, er wird durch die Natur der Ironie zum Stolpern gebracht. Erst geht er auf den »ironischen Menschen« ein; dann spaltet er ihn auf in zwei Positionen mittels der traditionellen Opposition zwischen *eiron* und *alazon*. Der kluge Junge, sagt de Man, ist notwendigerweise der Sprecher, wobei die Dummheit in die irgendwie herabwürdigende Position von unterwürfiger Rezeption gezwun-

gen wird. Am Ende stellt es sich heraus, daß der scheinbar Kluge natürlich der dumme Junge gewesen ist. De Man identifiziert sich jedoch, obwohl er seine Vorlesung hält, mit dem *alazon*, dem Nicht-Sprechenden, der sich notwendigerweise als der Klügere herausstellt. Bei einer ersten Lektüre posiert de Man nun als der dumme, aber kluge Junge, der einen in Erstaunen setzt, wer der »Sprechende«, der durch diesen Text hindurch spricht, sein könnte. Vielleicht Kierkegaard, der das Buch über Ironie schrieb und auf den der Titel zurückgeht? Vielleicht. Doch kompliziert sich die Logik der Positionierung etwas, wenn es sich herausstellt, daß *eiron* und *alazon* nicht so sehr für zwei Burschen stehen (nur am Ende tun sie das, angefangen mit Wayne Booth und Friedrich Schlegel) als vielmehr für kritische Befragungen. Der beharrlich wiederkehrende Satz lautet: »In diesem Fall ist der *alazon* (und ich erkenne an, daß das aus mir den wahren *alazon* dieses Diskurses macht) die amerikanische Kritik der Ironie, und der kluge Junge ist die deutsche Kritik der Ironie, was ich natürlich verstehe.« Die ganze Konstruktion dieser Passage beschäftigt sich mit der Frage, wie wir die Ironie erkennen können (»Wie erkenne ich, daß der Text, mit dem ich zu tun habe, ironisch
ist?«). Die Frage wird auf de Mans Beispiel bezogen. Nimmt de Man, der 165
darauf insistiert, sich selbst innerhalb der Opposition, die er zur Darstellung bringt, zu verorten, die amerikanische oder die deutsche kritische Haltung zur Ironie ein? Wenn er spricht, tut er dies von einer Position aus, die als deutsch oder als amerikanisch identifizierbar ist? – eine Frage, die ich natürlich verstehe. Es gibt da eine rhetorische Kollision, die sich zwischen »natürlich« und »ich verstehe« ereignet, und ein Thema in Mitleidenschaft zieht, das Ansprüche an das Verstehen stellt. Das »natürlich«, situiert in einem Kontext, der die Instabilität des Verstehens unterstreicht, scheint anzuzeigen, daß de Man sich in hohem Maße auf die Ironie stützt. Heißt dieses Bekenntnis dann, daß er kein Deutsch versteht – der Ort der Unverständlichkeit, wie er wiederholt sagt –, so daß er, mehr noch, weiß, daß er nicht versteht und daher souveräner und verständnisvoller ist als jene Amerikaner, die denken, daß sie verstehen und deshalb die ironische Destruktion aushebeln können. Oder ist er nicht vielmehr der Amerikaner par excellence, denn *alazon* ist ein anderer Name für die amerikanische Kritik und im selben Satz bringt ihn das dazu, sich als *alazon* zu erkennen zu geben?

Das Beispiel aus der griechischen Komödie, das sich mit seinen vielen intentionalen Schichten in die Quere kommt und konstruiert worden ist, um uns »ein bißchen« aufzuhelfen, scheint auseinanderzufallen. Sprechend stellt sich de Man selbst als dumm dar, als Amerikaner. Doch eine implizite Hierarchie und Bewertung ist am Werk, nicht unähnlich derjenigen, die Lacan veranlaßt, auf das amerikanische Ego (die Psychologen) Schüsse abzugeben. In diesem Fall, was die Driftigkeit der ameri-

kanischen Kritik infragestellt, wäre eine deutsche Geschichte, die eine eindringliche Studie der Ironie hervorbringt. Die deutsche Tradition, die zensierende Antworten auf destruktive und verunendlichende Gefahren verweigert und über die Booth so gut wie nichts weiß, ist den irgendwie prosaischen, wenn auch sensiblen Hoffnungen, die durch die amerikanischen Reflexionen belegt werden, klar überlegen. Warum also tritt de Mann an diesem Punkt so auf, als würde er sich mit der amerikanischen Kritik identifizieren? Warum spielt er den klugen Jungen? Oder warum soll die amerikanische Kritik überhaupt als *alazon* aufgefaßt werden, sozusagen als der scheinbar dumme Junge, der in Wahrheit klüger ist als der scheinbar kluge Junge, die Deutschen (»Der kluge Junge wird die deutsche Kritik der Ironie sein, was ich natürlich verstehe«). Ich, de Man, der dumme Amerikaner, der das Seminar über die Theorie der Ironie in Yale unterrichtet und der die Vorlesung »The Concept of Irony« an der Ohio State University abhält, kenne und verstehe die deutsche Kritik der Ironie, und, sie verstehend, weiß ich auch, daß ich meine Ironie nicht dem Verstehen unterwerfen kann: ich muß, als Deutscher, und das heißt, daß ich das Verstehen verstehe, Amerikaner werden, derjenige, der nicht versteht und von daher wahrhaftig versteht, wenn er nicht nur die Aporie des Verstehens zur Darstellung bringt, sondern die Erkenntnis, daß die Ironie kein Begriff sein kann. Von daher bin ich, de Man, wenn ich über die deutsche Tradition spreche, Kierkegaard eingeschlossen, der der kluge Junge zu sein scheint und der das beste Buch geschrieben hat, das über die Ironie zu haben ist (andere, wie das meine, können nicht als *zu haben* betrachtet werden), das *eiron*. Denn wir zusammen sind der ironische Mensch. Ja, das Problem der Ironie scheint in der deutschen Tradition ausgearbeitet worden zu sein: »Sie müssen sich das bei Friedrich Schlegel (mehr als bei August Wilhelm Schlegel [ein weiteres entzweites Paar]) und auch bei Tieck, Novalis, Solger, Adam Müller, Kleist, Jean Paul, Hegel, Kierkegaard
und bis zu Nietzsche ansehen.« Aber wenn all das in der deutschen Tra- 167
dition ausgearbeitet wurde, hat de Man nicht bewerkstelligt, was Booth wollte, nämlich, einen unkontrollierbaren Regreß der Negation anzuhalten? Indem er einen Begriff und einen Terminus gefunden hat, indem also andere Kritiken und Möglichkeiten ausgeschlossen wurden, und indem die Deutschen verstanden worden sind, wird de Man gelernt haben, »wo er aufhören« soll?

Aber es gibt da in dieser Logik eine zusätzliche Drehung. So wie das Beispiel angelegt ist, hätte sich de Man mit dem *eiron* zusammentun müssen, mit demjenigen, der spricht und der den Schauplatz betritt, um die Dinge auf die richtige Bahn zu bringen, mit dem Nachfolger einer doppelten Abstammungslinie ironischer Denker (die französischen Linien läßt er hier außer acht). Und in gewisser Weise entfaltet sich das

Exempel folgendermaßen: de Man versteht die Geschichte einer Falle,
läuft direkt hinein und findet sich auf vorhersehbare Weise durch die
dummen Amerikaner reingelegt. Von daher, wenn er den *alazon* mit der
amerikanischen Kritik identifiziert, dann schreibt er sich nicht selbst
in diesen Kontext ein, sondern spaltet sich davon ab, und er gesteht
sich ein, daß ihn das zu einem »wirklichen *alazon* macht«. Der wirkliche
alazon unterscheidet sich von dem augenscheinlichen *alazon*, der in
die konventionelle, griechische Dialektik von klug und dumm paßt. Die
situierende Geste: »dieser Diskurs« scheint sich auf die amerikanische
Kritik zu beziehen, deren dummer Gegenspieler de Man wäre. Ich bin
der Dumme, so geht die Logik weiter, denn Booths Annäherung an die
Ironie ist »eminent sensibel: er fängt mit einer Frage der praktischen
Kritik an, er verwickelt sich nicht in Definitionen oder in die Theorie der
Tropen«. Auf amerikanischer Seite dann »ein maßgebendes und ausge- 165
zeichnetes Buch über das Problem der Ironie, Wayne Booths *A Rhetoric
of Irony*«. Er ist der Kluge, der über Rhetorik schreibt. Aber hier nehme
ich nochmal den Titel auf und lasse mich auf ihn ein. Ich bin so dumm,
daß ich mich in eine Theorie der Tropen verstricke. Ich bin so dumm,
daß ich klug bin. Was den anderen Burschen angeht, so ist »Wayne
Booths Projekt des Verstehens der Ironie von Anfang an zum Scheitern
verurteilt, denn, wenn die Ironie aus Verstehen besteht, wird kein Ver-
stehen der Ironie jemals in der Lage sein, die Ironie unter Kontrolle und
zum Anhalten zu bringen, wie er das vorhat«. Ich beispielsweise verste- 167
he deutsch (was vielleicht dazu beitragen könnte, die seltsame deut-
sche Kommasetzung zu verstehen, die in diesem Moment der Satzbil-
dung auftritt: »because, if«). Indem er innehält und das eben Gesagte
kontrolliert, schreibt er: »Es wäre schwierig gewesen, wenn auch nicht
ausgeschlossen, aber doch schwieriger für Wayne Booth, auf diese Wei-
se zu schreiben und den Satz zu schreiben, den ich gerade zitiert ha-
be, wenn er die deutsche Tradition besser kennen würde.« (Was ich na- 167
türlich verstehe.)

So hat Wayne Booth den Kopf hingehalten; er nimmt seinen Platz ein als dummer Junge, der die deutsche Tradition nicht kennt und diese auf närrische Weise als »teutonischen Trübsinn« falsch eingeschätzt hat. De Man findet Schlegel seinerseits nicht besonders trübsinnig. Der Streit verwandelt sich in eine Schlacht der Sensibilitäten, einen Raum eröffnend, in dem kein zufriedenstellender Entscheid möglich ist. De Man verschiebt die Ordnung der Debatte, vermutlich um seine Empfänglichkeit für Ironie über die dummen »Schicksal und Verhängnis«-Anwandlungen von Booth zu stellen. Doch korrespondieren diese Begriffe nicht mit dem, was die Frage der Ironie und ihr Verstehen situieren könnte, wie jeder in den Streit Verwickelte bestätigen würde. De Man, der die Deutschen versteht, sieht sie nicht als besonders düster an. Warum sollte Düsternis ein Mittel sein, das Lesen zu verhindern, Grund genug sein, eine Denktradition zu verabschieden? Anzunehmen ist, daß Booth die Deutschen nicht gelesen hat, wegen ihrer Düsterkeit; de Man wendet sich Schlegel zu, der alles andere als düster war. De Man erforscht nicht die Beziehung zwischen Ironie und Düsterkeit; er deutet auch nicht seine Vermeidung des Düsteren als eine Kategorie des Verstehens. Lediglich anderer Meinung, was die düstere Natur der Deutschen betrifft, nimmt er Abstand davon, über die Grenze zu gehen, welche die Düsterkeit für Booth darstellt.

Auf den ersten Blick erscheint der Rückfall ins Düstere als seltsam undeterminiert, in dem Maße wie eine unreflektierte Rückkehr zu Themen des Geschmacks und der Sensibilität stattfindet. De Man scheint auf eigentümlich regressive, literarische Werte Rekurs zu nehmen, er regrediert auf einen Unterschied in der Sensibilität. Nicht länger mit wörtlicher Auslegung beschäftigt, ist der andere der Ironie nun zur Düsternis geworden, ein Echo der Wahrnehmungen, die mit der Ästhetik des 18. Jahrhunderts verknüpft werden. Booth und de Man haben das Spiel »Dumm und Dümmer« ersetzt durch die Rivalität von »Düster und noch Düsterer«. Der unreflektierte Rückfall in die Empfindsamkeit, der ohne Angabe Madame de Staëls Entdeckung der teutonischen Düsternis zitiert, evoziert eine gotische Stimmung – eine diskursive Atmosphäre, die die destruktiven Ränder der Ironie vermeidet. Gleichzeitig gibt es alles in allem etwas Ironisches, in bezug auf den Weg, über den sich der Unterschied zwischen Booth und de Man organisiert, um die Düsternis herum, deren Bewertung unsicher bleibt. De Man lokalisiert die Düsternis an der Grenze, als den Ort seiner Trennung von Booth, als ein Anfang oder ein Ende einer Reflexion über Ironie; es ist der Ort, wo sie sich trennen, ohne Erklärung, alles einem Wort zuschreibend, das selbst unentscheidbar ist. Was ist Düsternis? Wie geschieht es, daß sie als die Grenze funktioniert, welche die Ironie hervorbringt? Düsternis wird als Scharnier aufgefaßt, als das Moment, das die Grenze zwischen dem Amerikanischen und dem Deutschen oder zwischen zwei amerikanischen Aneignungen des Deutschen markiert (de Man muß in seinem Text zeigen, daß er Amerikaner ist, von daher der Dümmere, jemand, der begeistert zu amerikanischen Formen der Idiotie konvertiert ist). Alles hängt von der Bedeutung des Düsteren ab, ebenso wie die Düsternis über dem Verstehen der Ironie hängt. Tatsächlich wird alles »hängengelassen«, denn die Unterscheidung zwischen den kognitiven und den performativen Möglichkeiten der Düsternis, sich im Text auszubreiten, wird als strikt unentscheidbar aufrechterhalten. Weit davon entfernt, nur eine Empfindung anzuzeigen, verurteilt die Düsternis – anerkannt oder vermieden – den Text dazu, sich am Schauplatz seines mangelnden Verstehens zu verorten.

Wenn ich mein Interesse am Leben Paul de Mans kundgetan habe, dann
nicht, um mit dem Code der philosophischen Höflichkeit zu brechen.
Ich war auch nicht nur durch Friedrich Schlegel motiviert, in dessen
Richtung ich auf doppelte Weise, zusammen mit de Man, strebte, und
dessen Projekt darin bestand, eine Philosophie des Lebens zu etablie-
ren. Diese beiden Stichwortgeber hätten genügt, um mich auf den Weg
des Lebens zu bringen. Alle Projekte einer *Lebensphilosophie** einmal
beiseite gelassen – ich habe mein Stichwort von einer ziemlich auffälli-
gen Eigentümlichkeit des de Manschen Textes erhalten und dieses dann
wiederholt. De Mans Vorhaben besteht hier darin, den viel kritisierten
Schlegel zu rehabilitieren – um das Deutsche zu retten, wendet er sich
also gegen die Deutschen und ihre institutionalisierten, akademischen
Gruppen. In einer für ihn eher uncharakteristischen Darlegung des »In-
teresses« schreibt de Man: »Es wäre wohl kaum hyperbolisch, zu sagen
(und ich würde diese Versicherung bestätigen), daß die ganze Diszi-
plin der Germanistik* sich nur aus dem einen Grund entwickelt hat, um
Friedrich Schlegel auszuweichen, um den Anspruch zu umgehen, den
Schlegel und die *Lucinde* für die gesamte Auffassung einer akademi-
schen Disziplin darstellen, die mit der deutschen Literatur ernsthaft
umgeht.« De Mans Faszination für Schlegel beschränkt sich nicht nur 168
auf das Werk dessen, der mit diesem Namen zeichnet (ein Werk, das in
hohem Maße angezweifelt worden ist, fragmentarisch, manchmal so-
gar pornographisch ist, wie im Falle der *Lucinde*): »Schlegel ist eine rät-
selhafte Figur, ein seltsames Werk und eine seltsame Person.« De Man 167
legt wiederholt den Akzent auf die Person Friedrich Schlegels, auf sei-
ne politischen Standpunkte, auf das, was man als seiner Arbeit äußer-
lich ansehen könnte, obwohl diese Begrenzungen zu befragen wären.
Er bringt Interesse, sogar Faszination zum Ausdruck für den privaten
und politischen Schlegel, aber sagt nie genau warum. Er behält das Ge-
heimnis für sich, hält den Bund in Form des Rätsels aufrecht. »Es han-
delt sich um eine rätselhafte Karriere und um eine Arbeit, die jeden-
falls eindrucksvoll ist ... eine erstaunliche persönliche Karriere, auch po-
litisch erstaunlich.« Es dauert nicht allzu lange, bis man merkt, daß 167
Schlegel der *alazon* innerhalb der deutschen Tradition der Interpretati-
on der Ironie ist (wobei de Man das nicht direkt sagt). Wie bei seiner
Darstellung der Allegorie beginnt de Man mit einer Figur, die durch die
Geschichte ihres Auftretens hindurch verworfen worden ist, und ret-
tet sie, indem er zeigt, wie weit sie seinen wirkungsmächtigen Verun-
glimpfern voraus ist. So, wie die Allegorie in den Hintergrund gedrängt
worden ist zugunsten der metaphysischen Gemütlichkeit und den Ko-
inzidenzen des Symbols, so ist Schlegel fallengelassen, abgeschoben
worden von den größten Namen, als irritierender, politischer Kompro-
mißler, als Dummkopf, der nicht schreiben sollte (von daher der Ein-

druck des Trotzes, wenn de Man ihn zum Thema: »wie man gut schreibt« [*Lyceum*, Fragment 37] zitiert).

Und so kommen wir zu einer anderen Konfiguration von *eiron* und *alazon*, wobei diesmal Schlegel de Man ersetzt, in einem ungleichen Streit mit dem maßgebenden Hegel. Fast jeder, der über Schlegel geschrieben hat, war ziemlich entsetzt darüber, ein wie armseliger Philosoph er war. »Am deutlichsten ist das bei Hegel, der sich auf Schlegel und *Lucinde* bezieht und seine kühle Distanz aufgibt, was bei ihm nicht so oft vorkommt. Wann immer das Thema aufkommt, regt er sich auf und fängt an, den anderen zu beschimpfen – er sagt, Schlegel sei ein schlechter Philosoph, er wisse nicht genug oder er habe nicht genug
gelesen, er solle besser den Mund halten und so weiter.« Sogar Kierke- 168
gaard unterbricht seinen Streit mit Hegel, um sich an diesem Punkt mit ihm einverstanden zu erklären: »Und Kierkegaard, obwohl er versucht, von Hegel wegzukommen, greift in der Diskussion der *Lucinde* auf Hegel zurück, die in sein Buch über die Ironie eingefügt ist. Er nennt es
ein obszönes Buch und regt sich ebenfalls auf.« Schlegel fällt nicht nur 168
den Philosophen zum Opfer, sondern er ist auch für Novalis der *alazon*, der »immer als Beispiel für einen erfolgreichen Dichter hochgehalten wird, als ein Dichter gilt, der, verglichen mit Schlegel, wirkliche Arbeit
geleistet hat, während Schlegel nichts als Fragmente produziert hat«. 180
Schlegels Arbeit hat nie den Rang eines Werks erreicht, es wurde durch die Schwergewichte der Philosophie und die exquisiten Stiefmütterchen der Dichtung abgewertet. Er verstand sich auf jedes ironische Register und löste sich zugleich davon, doch immer bekam er Schwierigkeiten, immer wurde es irgendwie für ihn *persönlich* schwierig. Die Serie der substitutiven *alazons* dehnt sich in diesem Text immer weiter aus, bis hin zu Peter Szondi, der, wenn man ihn mit Benjamin in Beziehung setzt und vergleicht, als jemand erscheint, der zu kurz griff, um die dezidierte, unterbrechende Kraft der Ironie zu erfassen.

Bevor er die interne Logik von Schlegels philosophischen Fragmenten untersucht, über die soviel Geringschätzung ausgeschüttet worden ist, geht de Man einen Umweg, um das Fichtesche System einzubeziehen, auf dem Schlegels Arbeit beruht. Was uns hier interessiert – im Sinne der notwendigen Doppeltheit eines Selbst, das sich aufteilt in eine Komponente, die an eine sprachliche Handlung gebunden ist, und andererseits in eine andere Komponente, die in auf Erfahrung beruhenden Kategorien übersetzt werden kann, – ist das Auftreten einer gewissen Ironie, angesichts derer das Selbst kontinuierlich einer Prüfung unterzogen wird. »Von dem Moment an, wo es vergleichende Urteile gibt, wird es möglich, von den Eigenschaften des Selbst zu sprechen und dies könnte als Erfahrung erscheinen; es wird möglich, im Sinne einer Erfah-
rung darüber zu sprechen.« Dieses doppelte Selbst kann, Schlegel zu- 175

folge, als transzendentales Selbst gefaßt werden, dem sich der Mensch
annähert, »als etwas, das unendlich agil ist, unendlich elastisch ..., ein
Selbst, das über seinen partikularen Erfahrungen steht und das die Rich-
tung angibt, in die jedes partikulare Selbst immer unterwegs ist«. Ein 175
Teil des Selbst genießt großartige Mobilität. Unendlich aktiv und agil,
wird es als über seiner Erfahrung stehend begriffen, dabei geduldig das
Selbst steuernd, das verschiedenen Typen des Sich-selbst-Testens un-
terworfen wird und mit den Grenzen des experimentellen Seins kolli-
diert. Das »erste« Selbst, das seine Existenz nur der Katachresis verdankt,
der entstellenden Macht der Sprache, ein jegliches zu benennen und zu
plazieren, ist der »Anfang einer logischen Entwicklung« und hat als sol-
ches nichts zu tun mit dem »experimentellen oder dem phänomenolo-
gischen Selbst in irgendeiner Form«. Dieses Selbst ist selbst gesetzt und 173
»hat beispielsweise nichts zu tun mit einem Bewußtsein. Über dieses
Selbst, das also gleichzeitig gesetzt und negiert wird, kann nichts ge-
sagt werden. Es handelt sich um einen gänzlich leeren, setzenden Akt.« 173
Nun ergibt die Postulierung des gespaltenen Selbst, de Man zufolge, »ei-
ne kohärente Erzählung, eine, in der es radikal negative Momente gibt«. 176
Die Erzählung, die eine komplexe Kohärenz hat, bewegt sich auf den
Punkt des Nichtwissens zu: »Das Selbst ist nie in der Lage, zu wissen, was
es ist, es kann nie als solches identifiziert werden, und die Urteile, die
durch das Selbst über sich selbst geäußert werden, reflexive Urteile,
sind keine stabilen Urteile. Es gibt einen großen Anteil an Negativität,
eine starke Negativität innerhalb dessen, aber die fundamentale Intelli-
gibilität des Systems ist nicht in Frage gestellt, denn es kann immer auf
ein System der Tropen reduziert werden, das als solches beschrieben
worden ist, und das als solches eine interne Kohärenz hat.« Von der Ne- 176
gativität angegriffen, erweist sich das System als in der Lage, dem zu
widerstehen, was es unterminiert. De Man scheint an dieser Stelle in
seiner Argumentation die Kohärenz des Systems zu »beschützen«, das
durch Negativität bedroht wird, er immunisiert es gegen das mögliche
Eindringen der ironischen Zerstörungsarbeit; dennoch ist es nicht si-
cher, daß die fundamentale Intelligibilität auf diesem Wege gesichert
werden kann oder daß die Tropen, als solche, interne Kohärenz herstel-
len. Nachdem er die Macht des Systems bestätigt hat, setzt sich de Man
mehr oder weniger für einen Typus des Ausbalancierens eines toten
Punktes ein, dem Schlegel, im *Athenäum*, Ausdruck verliehen hat. De
Man sagt: »Es handelt sich um etwas echt Systematisches. Schlegel hat
irgendwo gesagt: man muß immer ein System haben. Er sagte auch:
man sollte nie ein System haben.« Bei Schlegel heißt es: »Es ist gleich 176
tödlich für den Geist, ein System zu haben und keins zu haben. Er wird
sich also wohl entschließen müssen, beide zu verbinden.«[51] Der »double
bind« des Imperativs, die beiden Unverträglichkeiten miteinander zu ver-

binden, scheint wirklich zur Verbindung in der Lage und *gleich tödlich*, im Sinne des Todestriebs, zu sein; er ist das Verbindungsglied, das zwischen der tödlichen Gefahr, die sowohl vom System als auch von der Abwesenheit des Systems ausgeht, vermittelt. Wenn es irgendeine Gewißheit einer fundamentalen Intelligibilität des Systems gibt, dann scheint sie sich aus der Tatsache zu ergeben, daß Schlegels fatale Subtraktion der Systematizität, von dem, was diese erschöpft, eine andauernde Disposition zur Prüfung beschreibt, wobei die Kraft der Negativität auf signifikante Weise destabilisierend wirkt. Sie operiert auf der sich selbst prüfenden Grenze zwischen dem phänomenalen und dem katachrestischen oder setzenden, leeren Selbst.

Es gibt da ein Selbst, das Crash-Tests gegen die Grenzen durchführt. Die Crash-Test-Attrappe, die gegen die phänomenalen Wände der Erfahrung schlägt, untersucht die Grenzen ihrer eigenen Transzendenz – ihrer Selbst-Transzendenz und Zerstörung, die zum anderen Typus des Selbst führt. De Man gelangt zu einer Diskussion von Schlegels Fragment 42 im *Lyceum*, welches dieses abgelöste Selbst beschreibt, jenes Selbst, das in der Philosophie und in der Dichtung spricht.

> Die Philosophie ist die eigentliche Heimat der Ironie, welche man als logische Schönheit definieren möchte: denn überall, wo in mündlichen oder geschriebenen Gesprächen, und nur nicht ganz systematisch, philosophiert wird, soll man Ironie leisten und fordern; und sogar die Stoiker hielten die Urbanität für eine Tugend. Freilich gibt's auch eine rhetorische Ironie, welche, sparsam gebraucht, vortreffliche Wirkung tut, besonders im Polemischen; doch ist sie gegen die erhabne Urbanität der Sokratischen Muse, was die Pracht der glänzendsten Kunstrede gegen eine alte Tragödie im hohen Stil. ... Es gibt alte und moderne Gedichte, die durchgängig im ganzen und überall den göttlichen Hauch der Ironie atmen. Es lebt in ihnen eine wirklich transzendentale Buffonerie. Im Innern der Stimmung, welche alles übersieht und sich über alles Bedingte unendlich erhebt, auch über eigne Kunst, Tugend oder Genialität; im Äußern, in der Ausführung die mimische Manier eines gewöhnlichen guten italienischen Buffo.[52]

De Mans Kommentar, welcher die Ironie in verschiedene diskursive Momente einträgt, lenkt hier den Fokus auf die äußere Form der Buffonerie, einer bizarren Kraft, die in der Lage ist, plötzlich zum Vorschein zu kommen und die Grenzen zu überschreiten: »Nun hat dieser Buffo den Kritikern eine Menge Kopfzerbrechen bereitet, und das ist es, worum es geht.« Vielleicht hat dies nur geringe Konsequenzen, aber wenn 177
de Man zu totalisieren beginnt: »das ist das, worum es geht«, dann eröffnet er einen Raum der Ambiguität, welche den Ort betrifft, von dem aus er interpretiert. Geht es einzig und allein darum, den Kritikern Kopf-

zerbrechen zu machen – ist es das, »worum es geht?« Oder um die Simultaneität von Transzendenz und der enttranszendierenden Geste, die der Buffo zur Darstellung bringt, jene erhabene Passage, die unvorhergesehenermaßen dem Komödianten zufällt, einem Sänger in der komischen Oper?

Wie soll man den gleitenden Übergang von der transzendentalisierenden Buffonerie zum gewöhnlichen Buffo verstehen? Der Buffo erinnert an den als Possenreißer wiederkehrenden Typus, an den sich Nietzsche später halten wird, ein naher Verwandter, der seinen Eintritt in die geheime Enzyklopädie stilisierter Formen, die Nietzsche mit den Romantikern teilt, durch ihn aktualisieren wird. Schlegel hat die Tropologie auf einer niedrigeren Stufe produziert, indem er den burlesken Sänger ersetzt hat durch den pantomimischen Tanz, der sich mit seichten Späßen vergnügte – eine Neubesetzung, deren Status unklar bleibt. De Man spielt die äußerliche Form und den theatralischen Stil des Buffo aus. Der Buffo bezeichnet für de Man auf alle Fälle eine Distanz und eine Zerstörung des Selbst, eine Veräußerlichung des Selbst, das sich an die Arbeit bindet.

Der Abschnitt stellt eine Summe des Fichteschen Systems dar, welches die Negativität des Selbst betont, denn, so offeriert de Man, »es geht um die Abständigkeit in bezug auf alles andere und auf das Selbst und die eigene Arbeit des Autors, die radikale Distanz (die radikale Negation seiner selbst) mit Blick auf seine Arbeit«. Was mich interessiert, als eine 177
Konsequenz der Spaltungen in den Modalitäten des Selbst, ist die Art und Weise, wie das *Fragment* Urbanität spielt, das heißt, »erhabne Urbanität« gegen »wirklich transzendentale Buffonerie« – in anderen Worten, wie die griechische Atmosphäre des intelligenten Seins mit dem kommuniziert, möglicherweise transzendental, was sich ihm entgegenzusetzen scheint. Transzendentale Buffonerie schlitzt das System auf; sie wird gezeigt als angetrieben durch eine wirklich grenzüberschreitende Kraft, welche nicht so sehr durch romantische Verlassenheit als durch eine Art Willen gespeist wird, sich über das zu erheben, was begrenzt, »in Besitz genommen« (des Dichters »eigne Kunst, Tugend oder Genialität«), durch das Gesetz und die Konvention gebunden ist. Der Buffo schält sich heraus als eine Figur, die eine wesentliche Verbindung zwischen figuralen und parafiguralen Ebenen der Bedeutung erforderlich macht. Ohne Zweifel zu schnell dahingesagt, in der Art einer zusammenfassenden Vorschau, wird der spaltende und nicht-assimilierbare Buffo, eine entscheidende Maske der ironischen Destruktion, als für die Parabasis stehend aufgefaßt werden, in dem Maße wie diese sich auf das Anakoluth bezieht; das heißt, er ist markiert durch und ist selbst die Markierung der Unterbrechung und schließlich der irreparablen Auflösung. Der Buffo, von dem gesagt wurde, daß er den Kritikern ziemliche

Schwierigkeiten gemacht habe, wird nun aufgefaßt als »begabt mit einer sehr spezifischen Bedeutung, die von der Wissenschaft auf überzeugende Weise identifiziert worden ist«. Der Buffo, »der *aparté*, derjenige, 178
der mit Blick auf das Publikum beiseitespricht, durch den die Illusion der Fiktion gebrochen wird (was wir im Deutschen ›aus der Rolle fallen‹ nennen)«, erwirkt eine Zerreißung der narrativen Illusion. Wenn man 178
von de Mans früherer Bekundung ausgeht, daß er, anders als seine amerikanischen Gegenspieler, deutsch versteht, dann ist das in Klammern gesetzte deutsche »wir« natürlich bemerkenswert, besonders, da er uns an die Rolle erinnert, die er angenommen hat und aus der er fortwährend herausfällt oder -tritt, die Rolle des *alazon*s: die Szenerie, die in Szene setzt, die Nebengeordnetes hervorhebt, in kritischen Momenten die Illusion des *sujet supposé savoir* unterbricht. In der sich absetzenden Tradition der de Manschen Syntax fällt er aus der Rolle, wenn er tatsächlich dran ist und ein höheres Wissen zum Ausdruck bringen möchte. Dies steht nicht völlig im Gegensatz zum Buffo, der die Syntax der Darbietung aufbricht, um Distanz und Differenz zu signalisieren, die Existenz einer anderen Welt der Referenz, die sich als destruktiv für die erste Welt erweist. In diesen Augenblicken heißt herausfallen: sich einschalten. Bevor wir jedoch der Versuchung erliegen, unwiderruflich aus unserer Rolle zu fallen mit dem obsessiven Spekulieren darüber, welche Rollen de Man angenommen und fallengelassen haben könnte, in der Flut der kritischen Masken und angenommenen Identitäten, lassen Sie uns zum Text zurückkehren, in dem darauf hingewiesen wird, daß es von Anfang an Unterbrechung gegeben hat.

Die Sache mit der unterbrechenden Kraft, ihre signifikanten Gestalten und dringlichen Formen, muß noch verortet werden. Erscheint die ironische Unterbrechung, als Hiatus oder Zäsur, zufällig und frei, oder gibt es da in den abrupten Verschiebungen, die durch ihr Auftreten hervorgerufen werden, eine Konvention, sogar Gesetzmäßiges? Um uns hier etwas herauszuhelfen, zitiert de Man an dieser Stelle ein Beispiel, das durchaus dem Gegenteil der Behauptungen, die er darüber aufstellt, näher ist als diesen selbst. »Sie erinnern sich«, so sagt er, »daß in dem ersten Stück, das wir lasen, Schlegel sagte, daß Sie in der Lage sein müssen, ein freundliches Gespräch in allen Momenten zu unterbrechen, auf eine freie und willkürliche Weise.« Dies bezieht sich auf eine Textstelle, 178
wo Schlegel den Begriff der Beschränkung und die Unvermeidlichkeit jener zwingenden Kraft diskutiert, die allen Äußerungsweisen (Schreiben, Sprechen, Kommunikation) zugrundeliegt. Über die Würde und den Wert der Selbstbeschränkung hat Schlegel geschrieben:

... denn überall, wo man sich nicht selbst beschränkt, beschränkt einen die Welt, wodurch man ein Knecht wird. ... denn man kann sich nur in den

> Punkten und an den Seiten selbst beschränken, wo man unendliche Kraft hat, Selbstschöpfung und Selbstvernichtung. Selbst ein freundschaftliches Gespräch, was nicht in jedem Augenblick frei abbrechen kann, aus unbedingter Willkür, hat etwas Illiberales. Ein Schriftsteller aber, der sich rein ausreden will und kann, der nichts für sich behält und alles sagen mag, was er weiß, ist sehr zu beklagen.[53]

Schlegel plädiert für die Notwendigkeit oder zumindest für die Unvermeidlichkeit der Erfahrung der Selbstbeschränkung und Selbstbegrenzung, ob sie sich nun aus einer immer schon schikanösen Welt oder, vorzugsweise, falls man des Mitleids nicht bedarf, einer inneren Sensibilität für das Gesetz ergibt. De Man teilt der befreienden Unterbrechung und dem Moment des Willkürlichen einen Ton größerer Dringlichkeit mit und er liegt möglicherweise richtig, in dem Maße wie ein freundschaftliches Gespräch, seiner eigenen Übersetzung Schlegels nach, nicht unbedingt zur Ordnung der selbstschöpfenden und selbstvernichtenden Handlungen gehört: »one can restrict oneself only in the points and along the lines where one has *infinite* power, in *self-creation* and in *self-destruction*. Even an amicable conversation that cannot be gratuitously broken off at any moment has something coercive.« 171
Dennoch, es bleibt schwierig, den Schatten des imperativen Diktats: daß du fähig sein mußt, »ein freundschaftliches Gespräch in jedem Augenblick abzubrechen, frei, aus Willkür«, noch wahrzunehmen. (Ich sehe, daß ich semantische Haare spalte, aber Ironie hängt von solchen Verhaltensweisen spaltender Insistenz ab. Lassen Sie uns fortfahren.) Es scheint vielmehr so zu sein, daß der Unterbrechung selbst die Spur des Zwangs anhaftet, daß sie irgendwie gebunden ist an einen Begriff des Gesetzes, das eine Zerreißung produziert, selbst im Falle einer *freundschaftlichen* Unterhaltung (man kann hier verfolgen, was Schlegel über den Dialog zu sagen hat). Die Unterbrechung ist nicht völlig frei oder willkürlich – sonst würde sie ihre Qualität als genuine, unterbrechende Energie verlieren –, sondern sie zwingt sich dir auf, obwohl sie antizipiert oder sogar codiert wird, wie ein plötzliches Innehalten, ausgelöst durch den von den Ordnungsmächten ergehenden Schrei: »Halt!« Ob oder ob nicht dieses Anhalten nun frei gewählt oder durch Gewalt erzwungen ist, seine Promiskuität, was den Zeitpunkt angeht – die Tatsache, daß es zu jeder und allen Zeiten passieren kann –, erlaubt de Man, den Buffo, der als ein *aparté* der Unterbrechung angehört, mit der Parabasis zu verbinden. Die Übersetzung, die de Man für die Rolle des Buffos anbietet – oder vielmehr für sein Aus-der-Rolle-Fallen – ist ziemlich geradeaus, sie greift auf den »technischen« Gebrauch zurück: »In der Rhetorik ist der technische Terminus dafür [für diese Unterbrechung, die spezielle Bedeutung des Buffos], der Terminus, den Schlegel ver-

wendet, *Parabasis.*« Parabasis wird von de Man definiert als »die Unter- 178
brechung eines Diskurses durch einen Wechsel im rhetorischen Regi-
ster. Es ist genau das, was Sie bei Sterne finden, die ständige Unterbre-
chung der narrativen Illusion durch Störungen, oder Sie finden das in
Jacques le Fataliste, Werke, die auch wirklich Schlegels Modelle sind.« 178
Nun, die Parabasis – oder Parekbase, wie Schlegel üblicherweise schreibt, den Charakter des Hervortretens in der griechischen Komödie betonend – öffnet einen Spielraum für plötzliche Abweichung, für das Statische der Vulgarität und der Überraschung. *Parekbase* war für Schlegel eine Art Überraschungsangriff, eine abrupte Wendung oder polemische Attacke, die dazu angetan war, in Erstaunen zu versetzen. Die Bedeutung dieses Begriffs ist einem Gedicht entnommen, das 1820 von Goethe veröffentlicht wurde, überschrieben mit »Parabase«:

Immer wechselnd, fest sich haltend;
nah und fern und fern und nah;
so gestaltend, umgestaltend –
zum Erstaunen bin ich da.[54]

Der unterbrechende Wendepunkt, der Blitz der provokativen Enthüllung, der sich ereignet, wenn der griechische Chor nach vorne tritt, die Linie überschreitet, korrespondiert mit jenen Momenten in Schlegels Aufsatz über die Unverständlichkeit, die plötzliche Ausbrüche einer versteckten Wut thematisieren, das Aufkommen eines irreparablen Chaos. Auf der semantischen Ebene wird die Unterbrechung als Unverständlichkeit angesehen, die, im Sinne Goethes, äußerstes Erstaunen bewirkt. Was sich als erstaunlich darstellt und den Anschein erweckt, als ob der Angriff von einer inneren Grenze herrührt – aus dem Inneren – ist die Tatsache, daß die Nähe oder Ferne des plötzlichen Ausbruchs nicht klar bestimmt werden kann, und von daher bleibt sein Status als Ausbruch oder Einbruch unentscheidbar.

In de Mans Aufsatz setzt sich die Kette der Übersetzungen methodisch fort, denn es stellt sich heraus, daß ein anderer, genauso begünstigter Terminus, um diesen Typus des auffälligen Bruchs zu beschreiben, für welchen der Buffo stand oder dessen äußerliche Form er ist, das »Anakoluth« ist. »Es gibt da noch ein anderes Wort, das in der Rhetorik ebenso wichtig ist – das Wort *Anakoluth.* Anakoluthon oder Anakoluth wird öfters verwendet im Sinne des syntaktischen Musters von Tropen oder periodischen Sätzen, wobei die Syntax eines Satzes, die gewisse Erwartungen erweckt, plötzlich unterbrochen wird und, statt zu erhalten, was man im Sinne der Syntax, die angelegt worden ist, erwartet hat, er-
hält man etwas ganz und gar anderes, nämlich einen Bruch in den syn-
taktischen Erwartungen des Musters.« Der beste Ort, um das Anako- 178

luthische in der Anwendung zu studieren, ist de Man zufolge der dritte
Band von Prousts *Auf der Suche nach der verlorenen Zeit*, »Die Gefan-
gene«. Als er versucht, die Struktur von Albertines Lügen zu analysie-
ren, beschreibt Marcel, daß es für sie typisch sei, ihre Sätze in der er-
sten Person zu beginnen und dann fast unmerklich den Standort zu
wechseln, mithilfe »eines Verfahrens in der Mitte des Satzes«, so daß
deine Erwartung, daß sie etwas Fürchterliches, sich selbst Betreffen-
des enthüllen wird, durch deine Erkenntnis durchkreuzt wird, daß sie,
»ohne daß du es merkst, plötzlich nicht mehr über sich selbst spricht,
sondern über eine andere Person«. Sie schafft den Übergang durch 178
das Hilfsmittel, »›que les rhétoriciens appellent anacoluthe‹« (»das die
Rhetoriker Anakoluth nennen«).[55] Das Anakoluth versetzt dich in Erstau-
nen, nenn sie Albertine, die, ohne daß du es merkst, schnell eines her-
vorzaubert. De Man spiegelt diesen Prozeß, oder vielmehr diesen Unter-
bruch, im Nacherzählen wieder. Er führt eine sanfte Verschiebung ein,
die aber dennoch ein anakoluthisches Drehmoment ist, wenn er, als ob
er sich selbst in der Passage wiederfinden würde, *rhétoriciens* anstel-
le von Prousts *grammairiens* setzt, wobei er Albertines Tendenz, schein-
bar damit zu beginnen, sich auf sich zu beziehen, um dann zu jemand
anderem überzugehen, umkehrt. Der syntaktische Standortwechsel er-
öffnet den Raum der Lüge. Es handelt sich nicht um das substantielle
Begehen einer Missetat, aber das Anakoluth etabliert, dargestellt von
Proust und anderen, die Tatsache einer rhetorischen Szene des Verbre-
chens.

Die Proustpassage zeigt eine auffällig lakonische Auffassung des Ana-
koluths: »diese syntaktische Unterbrechung, die, genau in der Weise ei-
ner Parabase, die erzählerische Kontinuität unterbricht.« Indem er die 178
Figur, die auf der Bühne für Unterbrechung sorgt, in rhetorische Begrif-
fe übersetzt, schließt de Man diesen Strang der Untersuchung ab: »So
ist der Buffo eine Parabasis oder ein Anakoluthon, eine Unterbrechung
der narrativen Kontinuität.« Dennoch ist die Ironie nicht nur eine Un- 178
terbrechung, sondern sie erfüllt Schlegel zufolge (via de Man) die wi-
dersprüchliche, wenn nicht sogar »gewaltsam paradoxale« Bedingung 179
einer permanenten Parabasis. Ohne an einem bestimmten Punkt loka-
lisierbar zu sein, tritt die Parabasis »an allen Punkten auf. ... Die Ironie
ist überall, an allen Punkten kann die Erzählung unterbrochen werden.
... Sie müssen sich die Parabasis als etwas vorstellen, das jederzeit ein-
treten kann. Die Unterbrechung kann in jedem Moment auftreten.« 179
Deshalb wird die philosophische Kontinuität der Argumentation, die in
Schlegels Roman *Lucinde* enthalten ist, »brutal unterbrochen«, wenn es
sich herausstellt, daß der Autor zwei radikal inkompatible Codes zusam-
mengebracht hat – einen, der ein Fichtesches Argument vorträgt und,
gleichzeitig den anderen, auf pornographische Weise, den Liebesakt be-

schreibenden Code. »Das unterbricht, zerreißt auf tiefgehende Weise
die innere *Stimmung**, in derselben Weise, in der in dieser Passage die
beschriebene, innere Stimmung vollständig durch die äußere Form zer-
rissen wird, durch diejenige des Buffos, der Parabasis, der Unterbre-
chung, welche die narrative Kontinuität aufhebt.« Da von der narrativen 179
Kontinuität hier gesagt wird, daß sie auf die aus dem tropologischen Sy-
stem entstehende Struktur referieren würde, berichtigt de Man Schle-
gels Definition der Ironie dahingehend, daß »die Ironie die permanen-
te Parabasis der Allegorie der Tropen ist«. Noch einmal entsteht eine 179
unausgesprochene Gemeinschaft zwischen Stimmung und Ironie – de
Man erforscht nicht die Stabilität dessen, was er die innere Stimmung
nennt, obgleich Schlegel, der die *Parekbase* adoptiert hat, einem Kolla-
bieren der inneren und äußeren Ausdrucksweisen des Explosiven ent-
gegenkommt.
Die Allegorie der Tropen »hat ihre eigene narrative Kohärenz, ihre ei-
gene Systematizität, und es geschieht, daß die Kohärenz, die Systema-
tizität – durch Ironie unterbrochen – zerreißt«. In gewisser Weise unter- 179
bricht Ironie die Singularität selbst, die extreme Idiosynkrasie der Alle-
gorie der Tropen, »die es für immer unmöglich macht, eine Theorie der
Erzählung, die konsistent wäre, zu etablieren«. Von daher wird die Syste- 179
matizität im Herzen des Narrativen, das selbst singulär ist, »immer un-
terbrochen, zerrissen, aufgelöst werden durch die ironische Dimensi-
on, die sie notwendig enthalten wird«. Ironie handelt als jene Gegensin- 179
gularität, die fähig ist, die knotenähnliche Sicherheit jedes autonomen
Systems aus Tropen zu zerstören. Eine interne Grenze, sowohl endlich
als auch nicht-endend, ist die Ironie eine Instanz im Rahmen dessen,
was de Man Erzählung nennt, die jeden möglichen Anspruch auf letzte
Kohärenz durchkreuzt, selbst wenn sie innerhalb des Gebiets der Vor-
hersagbarkeit operiert. Ironie agiert als Versprechen auf einen Unter-
bruch, der, immer schon antizipiert, eintreten oder nicht eintreten
kann, aber die Erzählung an immer wieder neu ansetzende Probedurch-
läufe bindet. In einer Anmerkung zu sich selbst schreibt de Man, daß
»die Ironie eine (permanente) Parabasis oder Allegorie ist – Verständ-
lichkeit der (an Repräsentationen ausgerichteten) Erzählung, die zu je-
der Zeit unterbrochen werden kann«. Die konstative oder kognitive Di- 179
mension der Erzählung, durch Interferenz durchlöchert, ist also an ei-
ne innere Grenze gebunden, die auch dazu dient, die gegebene narrati-
ve Struktur zu überschreiten, indem sie jederzeit die Erscheinung der
Verständlichkeit kompromittiert.
So ausgearbeitet die Argumentation ist, die sich ihren Weg durch die
verschiedenen Ebenen der hier angesprochenen Verständlichkeit sucht,
es bleibt bei einer konstanten Aufmerksamkeit für die Dummheit, die
auf keinen Fall auf die Lesart der Ironie zu übertragen ist, die de Man

hier lanciert. Obwohl er keine Theorie oder noch nicht einmal eine Lek-
türe der Dummheit an sich verfolgt, so zieht er sich doch selten von
seinen befreienden Erkenntnissen zurück, in der Art, wie Schlegel sich
von seiner Intuition in bezug auf die *reelle Sprache* zurückgezogen hat.
(Von Schlegel wird gesagt, daß er sich von seiner eigenen Erkennt-
nis distanziert habe, weil er »nicht die Kraft hatte oder das Vertrauen,
oder die Liebe, sich ihr zu überlassen, so daß er sich davor zurückzog«.) 180
Schlegels Rückzug hat ihn irgendwie zum *alazon* von Novalis gemacht,
in dem Maße wie Novalis, für seinen Teil, »sich dem Mythos überlas-
sen konnte, und so der große Dichter wurde, den wir alle kennen, wäh-
rend Schlegel nur die *Lucinde* schrieb«. Schlegel behandelt das Thema 180
der »reellen Sprache« in seiner *Rede über die Mythologie*, wo de Man ei-
ne seltsame Substitution entdeckt, die zwischen den verschiedenen
Fassungen stattgefunden hat. Den »wunderbaren ewigen Wechsel von
Enthusiasmus und Ironie« thematisierend, ersetzt der spätere Text »›das
Sonderbare, und selbst das Widersinnige oder auch eine kindliche aber
doch geistreiche Einfalt‹« durch drei andere Begriffe, die Schlegel mit
reeller Sprache in Verbindung bringt.[56] Aus welchem Grunde auch im-
mer werden das *Sonderbare,* das *Widersinnige* und die kindliche aber
doch *geistreiche Einfalt* nun zugunsten des »Verkehrten und Verrück-
ten oder des Einfältigen und Dummen« verworfen.[57] Diese Auflistung,
Schlegels letzter Fassung zufolge, soll den Ursprung aller Poesie dar-
stellen. Involviert in die Suspension des Gesetzes, welches das rationale
Denken beherrscht, ist die Poesie dazu da, um »uns wieder in die schö-
ne Verwirrung der Fantasie, in das ursprüngliche Chaos der menschli-
chen Natur zu versetzen«.[58] De Man kommentiert: »Die reelle Sprache ist
die Sprache der Verrücktheit, die Sprache des Irrtums und die Sprache
der Dummheit. (*Bouvard und Pécuchet*, wenn Sie so wollen – das ist die
authentische Sprache, das, was er wirklich unter *reeller Sprache* ver-
steht.)« Weit davon entfernt, von den philosophischen Grundlagen der 181
Romantik ausgeschlossen zu sein, ergänzt die Dummheit, mit der Spra-
che der Verrücktheit und der Verkehrtheit, das abgründige Terrain der
reellen und authentischen Sprache. Alles andere erscheint im Rahmen
(oder unter dem Druck) eines zweiten Durchlaufs, einschließlich Schle-
gels Unterdrückung dieser Einsicht.

Nun, de Man selbst verhält sich ausweichend, was die Beziehung von der Verrücktheit zur Verkehrtheit oder von dieser zur Dummheit angeht, aber er behandelt sie mehr oder weniger als eine Einheit, die ihren Grund im »Bösen« der bloßen Zirkulation hat. Reelle Sprache, die Schlegel als die der Verrücktheit, der Verkehrtheit und der Dummheit konstruiert, wird de Man zufolge aufgefaßt als »eine bloße semiotische Einheit, die auf die radikale Arbitrarität jeglichen Zeichensystems geöffnet und als solche zur Zirkulation befähigt ist, aber dabei weitestge-

hend unzuverlässig ist«. Dieser Kommentar, soweit er einer ist, bietet 181
eine irgendwie enttäuschende Schlußfolgerung, weil er sich damit zufrieden gibt, ein Haupterzeugnis aus dem de Manschen Lexikon zu ziehen (radikal arbiträr, bloße Semiotik), ohne ausreichend der Substitution und der präzisen Artikulation, die Schlegel vorschlägt, Rechenschaft zu tragen. Wie nimmt Schlegel eine Lektüre Flauberts in dem Abschnitt vorweg, der das Rätsel zu lösen scheint, »was er wirklich mit *reeller Sprache* meint?« Was erlaubt der Dummheit, der Ursprung aller Poesie zu sein, und wie kommt sie schließlich dazu, reflexive und dialektische Modelle zu gefährden?

Innerhalb der Reichweite dieser Lektüre bleibt sie verbunden mit dem freien Spiel des Signifikanten, »das, wie Sie wissen, der Ursprung der Verkehrtheit, der Verrücktheit und der Dummheit und aller anderen Übel
ist«. Wie Geld, ist die reelle Sprache zur bloßen Zirkulation gemacht, ab- 181
genutzt und abgetragen, arbiträrer Auftrag auf einem nicht vorhersehbaren Weg. Das ist der Ort, wo die textuelle Maschine eintritt. Einmal in Gang gesetzt, funktioniert sie wie »eine unerbittliche Determination und eine totale Arbitrarität, wie *unbedingte Willkür*[*]..., die die Wörter auf der Ebene des Spiels des Signifikanten bewohnt, jegliche narrative Konsistenz von Kontinuitäten und jedes reflexive und dialektische Modell auflöst, welche beide, wie Sie wissen, die Grundlage der Erzählung bilden.«[59] Wenn diese Lektüre einen semiotischen Tick hat – und ohne
Zweifel hausen in jeder Lektüre ein oder zwei Ticks –, dann tritt dies in 181
der wiederholten Wendung »wie Sie wissen« in Erscheinung, in Momenten, wo das Wissen unterminiert ist oder, genauer gesagt, der Ausführung bedürfte. »Wie Sie wissen«, eine kognitive Vortäuschung, unterbricht, wenn auch nur um einzuschränken, die suspendierte Unwissenheit, die explizit in diesem Text Thema ist. »Wie Sie wissen«, ist ein performatives Element, welches versucht, den Abgrund des Nichtwissens aufzuklären oder, wenn de Man es sagt, wie wir wissen, hat es auch den Klang eines Imperativs, wobei Ton und Erwartung eines fordernden Lehrers mitschwingen: es wäre gut, wenn Sie das wissen. Auf der anderen Seite könnte dieses Element als allegorisches Erinnerungszeichen dienen, das auf eine Fülle anderer Texte hinweist und auf Materialien, die nie in der Gegenwart versammelt werden können, aber welche Sie auszukundschaften hätten. Noch ein Imperativ, der das adressiert, was fehlt. Die technische Funktion dieses Elements besteht jedenfalls darin, momentan eine Darlegung oder Ausführung zu vermeiden, gefolgt von der apodiktischen Wendung: »beide sind, wie Sie wissen, die Grundlage der Erzählung. Es gibt keine Erzählung ohne Reflexion, keine Erzählung ohne Dialektik, und was die Ironie unterbricht (Friedrich Schlegel zufolge), ist genau jene Dialektik und jene Reflexivität, die Tropen.« 181

Wenn Schlegel zum Gegenstand einer freundlich-kritischen Aktivität
wird, werden typischerweise Versuche gemacht, so bemerkt de Man,
ihn vor Anfällen der Frivolität zu retten. Im Prozeß der Interpretation
seiner Arbeit (oder der Abwesenheit eines Werks) haben Kritiker »im-
mer die Kategorien des Selbst, der Geschichte und der Dialektik wie-
derhergestellt, die genau die Kategorien sind, die bei Schlegel auf eine
radikale Weise einer Zerreißprobe ausgesetzt werden«. Im enthüllen- 182
den Schlußteil des Aufsatzes, wo *eiron* gegen *alazon* steht, wird über
Benjamin gesagt, daß er »die destruktive Kraft, die negative Kraft der
Parabasis voll begriffen habe«, während Szondi, der schon halb in Pensi- 182
on sei, für eine ästhetische Gesundung optiert habe. Benjamin sieht,
daß »die Ironisierung der Form in ihrer freiwilligen Zerstörung [be-
steht]«.[60] Die radikale, vollständige Destruktion der Form stellt für Ben-
jamin den kritischen Akt still, der »die Form durch die Analyse auflöst,
welche durch Demystifikation die Form zerstört«. Jedoch auch Benja- 182
min hat eine Methode, den destruktiven Charakter der Ironie gesun-
den zu lassen, obwohl de Man ihn dazu nicht befragt (stattdessen ist
er der Ansicht, daß die Rettungsaktion durch das Prestige der Hegel-
schen Sprache gestützt wird, die »sehr klar, sehr bewegend und sehr
effektiv sei«): »›Die Ironisierung der Darstellungsform ist gleichsam der 183
Sturm, der den Vorhang vor der transzendentalen Ordnung der Kunst
aufhebt und diese und in ihr das unmittelbare Bestehen des Werkes als
eines Mysteriums enthüllt‹. ... Die Idee ist das unendliche Projekt (wie
wir es bei Fichte finden), das unendliche Absolute, zu dem das Werk un-
terwegs ist. Die Ironie ist die radikale Negation, die jedoch, indem sie
das Werk auflöst, das Absolute enthüllt, zu dem das Werk unterwegs
ist.«[61] 183

De Mans Bezugnahme auf Benjamin erlaubt es, eine enthüllende Auslassung in den Blick zu nehmen. Wenn er diese und andere entscheidende Passagen des deutschen Idealismus oder der kontinentalen Romantik liest, zeigt de Man, obwohl er ohne Zweifel mit den wegbahnenden Arbeiten von Lacoue-Labarthe und Nancy in diesen Bereichen vertraut ist, kein besonderes Interesse am Gedanken der Endlichkeit oder zumindest nicht in der Weise, wie Heidegger die Notwendigkeit eines solchen Gedankens formuliert hat. Vielleicht könnten wir in gewisser Weise sagen, daß jedes Werk eine Allegorie der menschlichen Endlichkeit ist. Seltsamerweise rührt er nicht an das unendliche Gespräch Fichtes mit seinem Traumteam, an ihre unendlich vielen Projekte. Aber vielleicht können wir den Vorhang heben, jener Zeitlichkeit entsprechend, die diesen Text regiert. Denn was sonst treibt seinen Stift voran, als der endlose Gedanke der Endlichkeit? Ist nicht die Unterbrechung, die die Ironie provoziert, eine andere Art, Endlichkeit zu sagen. Die Ironie suspendiert das unendliche Projekt, seine Bedeutung aneignende Arbeit –

permanent, und das heißt: immer wieder. So wie die Ironie nicht angehalten oder beendet werden kann, da sie das Projekt und das Werk unterbricht, ist die Endlichkeit nicht reduzierbar auf ein Ende im Sinne einer teleologischen Vollendung oder absoluten Grenze. Sie führt eine Suspension ein, einen Hiatus in der Bedeutung, der sich jedes Mal neu öffnet in einem Hier und Jetzt, verschwindet, wenn er sich auftut, sich selbst etwas überlassend, das so unerwartet und möglicherweise *unterschieden* ist, daß es sich, wie die Ironie, hartnäckig dem eigenen Zugriff entzieht. Indem sie die Erfahrung des schieren Sich-Aussetzens markieren, teilen Ironie und Endlichkeit darüber hinaus die Weigerung, sich selbst ganz zu enthüllen. Wie im Falle der Endlichkeit (wenn dies auf solch ein Ding reduziert werden kann) zeigt die exzessive Natur der Ironie kontinuierlich in der Verkleidung der radikalen Negation die Unangemessenheit ihrer Bedeutung. Die Unangemessenheit der Bedeutung ist das, was im weiteren in de Mans Aufsatz thematisiert wird, eine Einsicht, für welche Schlegel den Schlüssel besitzt, selbst wenn er sich, beim Umdrehen, etwas ungeschickt anstellt.
Nichtverstehen ist ein anderer Name für Endlichkeit. De Man beendet *The Concept of Irony*, indem er die historischen Implikationen in Schlegels Aufsatz *Über die Unverständlichkeit* aufzeigt. Nun legt er noch etwas zu, indem er zeigt, wie Kierkegaard und andere Geschichte als Hypostase verwendet haben, um sich gegen die Ironie zu verteidigen, so als ob die Geschichte immer wieder dazu aufgerufen worden wäre, die beunruhigenderen Zeichen der Endlichkeit abzuwehren.[62] Schlegel wählt einen anderen Weg, wobei er sich zwar Ärger einhandelt, aber einen neuen Weg eröffnet, auch wenn es einer ist, der durch die historisierende Polizei abgesperrt worden ist. Schlegels Weg, wie provisorisch oder sparsam ausgelotet er auch sein mag, hat uns den Wert der Unverständlichkeit näher gebracht. Schlegel sagt folgendes:

Aber ist denn die Unverständlichkeit etwas so durchaus Verwerfliches, und Schlechtes? – Mich dünkt, das Heil der Familien und der Nationen beruhet auf ihr; wenn mich nicht alles trügt, Staaten und Systeme, die künstlichsten Werke der Menschen, oft so künstlich, daß man die Weisheit des Schöpfers nicht genug darin bewundern kann. Eine unglaublich kleine Portion ist zureichend, wenn sie nur unverbrüchlich treu und rein bewahrt wird, und kein frevelnder Verstand es wagen darf, sich der heiligen Grenze zu nähern. Ja das köstlichste, was der Mensch hat, die innere Zufriedenheit selbst hängt, wie jeder leicht wissen kann, irgendwo zuletzt an einem solchen Punkte, der im Dunkeln gelassen werden muß, dafür aber auch das Ganze trägt und hält, und diese Kraft in demselben Augenblicke verlieren würde, wo man ihn in Verstand auflösen wollte.[63]

Unverständlichkeit, welche hier die Suspension, den Hiatus der Bedeutung bezeichnet, sollte nicht als Stein des Anstoßes angesehen werden. Die Solidität solch zerbrechlicher Einheiten wie Familie und Zugehörigkeit zu einer Nation hängt von der Persistenz der Unverständlichkeit ab. Schlegel schreibt der Unverständlichkeit Werte wie Reinheit und die Aura des Heiligen zu; er nähert sich ihr unter dem Zeichen unverbrüchlichen Vertrauens. Was wäre denn, wenn das Verstehen alles beherrschen würde? In erster Linie ist das Verstehen als Hypothese konstruiert, denn es kann nicht als vorhanden, als Präsenz, angesehen werden. Wenn die Welt plötzlich verständlich würde, wären wir verstört, so Schlegel; es würde uns den Boden unter den Füßen wegziehen. Nicht nur äußere Strukturen und Modelle, sondern die Möglichkeit selbst einer inneren, eher privaten Befriedigung wäre in hohem Maße kompromittiert, wenn schieres Verstehen vorherrschen würde. Die romantische Trope der Innerlichkeit selbst wäre bedroht, wenn die Hegemonie des Verstehens sich durchsetzen würde. Das Selbst wäre einem Angriff ausgesetzt, es wäre reduziert auf ein transparentes Kalkül: »Es muß im Dunkeln gelassen werden.« Eine ruhelose Intelligenz muß an den geheiligten Grenzen, durch welche die Obskurität bewahrt wird, innehalten. Die Stabilität innerer und äußerer Stützungen hängt tatsächlich davon ab, die Herrschaft eines dunklen, chaotischen Raumes abzusichern, den Ort, wo die Intelligenz ins Stolpern kommt, wo sie neutralisiert wird und die Nicht-Intelligenz den Weg für ein analytisches Existenzial der Dummheit bahnt. Aber all das ist an diesem Punkt eine Frage der Dosierung. Schon eine kleine Dosis (»eine unglaublich kleine Portion«) Unverständlichkeit genügt, um die Sache am Laufen zu halten.

Wir sind abhängig von der Unverständlichkeit, von einer Portion reiner Blödheit, genauso wie an anderer Stelle, ohne bestimmte Portionierung, das Dumme, zusammen mit dem Verrückten und dem Verkehrten, die Basis der reellen Sprache bildete. Reine Dummheit, neutral und unbeschrieben, hält ein noch nicht verortetes Terrain offen, das Schlegel als unbewußt erkennt. Sein Gedanke umarmt eine unbewußte Komponente. Der begrenzte Raum, wo die Unverständlichkeit stillgestellt ist, verweist auf den unlesbaren Nabel des Traums (Schlegel hat auch unbewußte Regionen entdeckt und darüber nachgedacht),[64] und ist eine Figur des Nichtverstehens, die Versuche zu verstehen zeitigt. De Mans Intervention macht sich an dieser Verbindungsstelle rar, so als wolle er einen Rückzieher von einer Lektüre machen. Er könnte eine substantiellere Lektüre ausgearbeitet haben, wenn ihm die Zeit gelassen worden wäre, die Passage einzuarbeiten; dazu sagt er: »Das klingt sehr nett, aber Sie sollten sich daran erinnern, daß das Chaos Verkehrtheit ist, Verrücktheit und Dummheit, in all seinen Formen. Jegliche Erwartung, die man haben könnte, daß die Dekonstruktion in der Lage sein könnte, zu konstruieren, wird durch solch eine Passage suspendiert, die im strengen Sinne eine vor-nietzscheanische Passage ist, sie nimmt exakt *Über Wahrheit und Lüge* vorweg. Jeglicher Versuch, zu konstruieren – das heißt zu erzählen –, auf welchem fortgeschrittenen Niveau auch immer, ist durch eine Passage wie diese suspendiert, unterbrochen, außer Kraft gesetzt.« 184

Bis zu einem gewissen Grad ist die Dekonstruktion selbst durch diese Passage betroffen, die, indem sie die Kategorien Verkehrtheit, Verrücktheit und Dummheit in Szene setzt, die Erzählung suspendiert. Die Passage, vor-Bataille, aber schon zur Dekonstruktion gehörend, scheint als permanente Parabasis der Dekonstruktion zu funktionieren. Von daher ist es umso bedauerlicher, daß die Dummheit von de Man nicht gelesen wird, obwohl man auch nicht sagen kann, daß sie in diesem Abschnitt fehlt; vielmehr wird sie durch seine Situierungen verschoben, sie wird durch die Imperative von veranstalteten Rivalitäten verkörpert und gebrochen. Es scheint so, als kündige de Man die Zerspaltung seiner Zerspaltung an und suspendiere den unmöglichen Begriff der Ironie angesichts der bedrohlichen Konfiguration von Verkehrtheit, Verrücktheit und Dummheit.

5. Der Glanz des Nicht-Intelligiblen

The Concept of Irony beruht auf einem unbemerkten Aspekt von Schlegels Kommentar, um sich selbst angesichts der Kluft seiner Implikationen zu suspendieren. Gemeint ist der Widerstand gegenüber der Theorie, den Schlegels Essay untersucht. Für diejenigen, die keinen Zugang dazu haben, *Über die Unverständlichkeit* ist nicht vergleichbar mit dem unerträglich dichten Typus von Schreiben, der so viele Allergien ausgelöst hat. Obwohl ich nichts gegen unerträglich dichte Texte habe (ich esse sie zum Frühstück) und der Ansicht bin, daß Allergien homöopathisch behandelt werden sollten, mit kleinen Portionen genau dessen, was sie zurückweisen, ist es vielleicht an der Zeit zu erklären, wie der Aufsatz entstanden ist. Nach dem Erscheinen des *Athenäum* wurde die Gruppe, die dafür verantwortlich war, die Herausgeber oder die Gesellschaft (es ist schwierig hier einen Oberbegriff zu finden, aber es ist wichtig, sich daran zu erinnern, daß sie auf entschlossene Weise eine demokratische Politik des Schreibens praktizierten, denn es war für sie äußert wichtig, für und mit anderen zu schreiben, eine Pluralität von Stimmen – eine Mehrstimmigkeit – wirksam werden zu lassen, den Begriff einer Zeitung erst zu erfinden und öffentlich in einen Dialog miteinander einzutreten), unter ihnen Novalis, Caroline Schlegel, die Brüder Schlegel, Ludwig Tieck, und Fichte – obwohl er die Stadt verlassen mußte, weil er wegen Atheismus verfolgt

wurde, weshalb sich die Romantik möglicherweise auf zwei Orte verteilte, erst Jena und später, als Friedrich Schlegel sich abspaltete, indem er F. folgte, Berlin – wie dem auch sei, diejenigen, die mit dem *Athenäum* verbunden waren, sind scharf dafür angegriffen worden, daß sie hartnäckig Arbeiten veröffentlichten, die als unverständlich galten. Sogar der Staat wurde involviert, und die Umgebung des Königs war bekannt dafür, den Satz zu wiederholen: »Was man nicht versteht, hat ein Schlegel geschrieben.«[65] Nachdem der König einen Text, den er nicht lesen konnte, an den Obristenleutnant Köckeritz weitergab, mit dem Befehl, ihn zu lesen, ließ Köckeritz, der nicht in der Lage war, sich aus dem unsignierten Text etwas zusammenzureimen, den königlichen Berater Niemeyer herbeirufen, von dem erzählt wird, daß er indigniert reagierte, und, wie Schlegel in einem Brief an Novalis schreibt, frustriert und wütend herumschrie: »Es müsse gewiss einer von den beyden Schlegeln geschrieben haben. Es ist nämlich für ihn wie für mehrere Philister Axiom: Was man nicht versteht, hat ein Schlegel geschrieben.«[66]
Diejenigen, die sich im *Athenäum* zusammengetan hatten, wurden also zum Ziel von Angriffen. Schreie, die all jenen vertraut sind, die mit theoretischen Texten arbeiten, hallten in Form von Anklagen wieder: das ist zu schwierig, wirklich unverständlich, was ist der Punkt, wo ist der historische Anknüpfungspunkt, um dies einzuordnen, wer kümmert sich schon darum und was soll das, wie dem auch sei, das ergibt keinen Sinn, das versteht niemand. Schlegels Antwort auf die Indignation, die durch seine theoretische Arbeit entstand, besteht zunächst darin zu sagen, lassen Sie uns über die Unverständlichkeit diskutieren. Was ist Unverständlichkeit? Warum provoziert sie eine solche vorkritische Wut? Von einem anderen Standpunkt aus, in welchem Maße hängen wir vom Unverständlichen ab, und, in der Tat, in welchem Maße garantiert dieses Verständlichkeit und liegt ihr als Bedingung zugrunde? Was heißt es, zu sagen, ein Text sei unverständlich oder zu schwierig, habe ein Übermaß an Bedeutung, oder enthalte nicht genug bekannten Sinn? Und überhaupt, ihr Schwachsinnigen, was mich angeht, falls Sie es wissen wollen, ich persönlich ziehe die Blöden, die wirklich absolut gar nichts verstehen, gegenüber den verstehenden Gelehrten vor, diesen totalen Idioten, die behaupten, uns nicht zu verstehen. Und, um das Thema nun abzuschließen, hier ist ein Gedicht, das mein Bruder, August Wilhelm, gestern schrieb, das genau sagt, wie es sich verhält. (Schlegels Aufsatz endet mit einem sarkastischen Gedicht, das sein Projekt verteidigt und sich gegen die blöden, großen Salven richtet, die auf dem Kriegspfad abgegeben werden.)
Wir sollten hier eine ideologische Bemerkung anschließen: Unverständlichkeit steht in offener Opposition zur *Deutlichkeit*, die zumindest seit Herder quasi als Äquivalent zur »Deutschheit« angesehen worden ist. Ge-

gen die Deutlichkeit vorgehen, heißt, das Deutsche angreifen. Deshalb
hat Schlegel, als er sein berühmtes Fragment niederschrieb, in dem die
großen Tendenzen des Zeitalters benannt werden, einige Leser in Ver-
blüffung und andere in Rage damit versetzt, daß er das auffällig un-
deutsche Wort *Tendenz* verwendete. In gewisser Hinsicht inszeniert der 147
Satz, der mit der französischen Revolution beginnt, sich selbst; sie wird
bei Schlegel *deutlich* auch als Sprachrevolution begriffen, als linguisti-
sche Kehre: »Die französische Revolution, Fichtes Wissenschaftslehre
und Goethes Meister sind die größten Tendenzen des Zeitalters. Wer an
dieser Zusammenstellung Anstoß nimmt, wem keine Revolution wich-
tig scheinen kann, die nicht laut und materiell ist, der hat sich noch
nicht auf den hohen weiten Standpunkt der Geschichte der Menschheit
erhoben.«[67] Die größten *Tendenzen* vermieden *Deutlichkeit, Deutsch-
heit*; ihre Aufzählung beginnt mit einem Umsturz, mit den Franzosen, in
französisch oder zumindest nicht auf deutsch, was auch heißen könnte,
daß die Geschichte selbst, tendenziös angeeignet, ihre Lesbarkeit dem
Unverständlichen verdankt. Die Erzählung gespaltener Loyalitäten setzt
sich fort.

Zwei Schriftsteller haben die Fiktion der Verständlichkeit mit kompromißlosem Trotz exponiert. Schlegel und Bataille haben sich auf ein Denken der Grenzen eingelassen, das, um sich auf nicht-opportunistische Weise zu artikulieren, einen pornographischen Akzent brauchte. In dem Maße, wie sie vorhatten, philosophisch damit zu punkten, wurden sie durch die hochgeistigen Philosophen ihrer Zeit ausgewiesen. Nie wird den beiden Schriftstellern, die philosophische Reflexion mit pornographischen Posen positiv verstärkten, verziehen werden, daß sie das Unverständliche – die Ordnung des Nicht-Verstehens oder des Nicht-Wissens – mit dem Denken verbanden. Bis zum heutigen Tage werden sie durch die Ernsthaften verfolgt. Der Skandal der Unverständlichkeit, die phobische Antwort auf eine andere Art von Bedeutungsproduktion, wird, mit Schlegels Text zu diesem Thema, zum historischen Momentum, Unverständlichkeit tritt in eine kodifizierbare Geschichte ein. Aber ist sie kodifizierbar? Kann sie eine Geschichte haben, oder haben wir es mit einer Angelegenheit der Werte zu tun und ihrer notwendigen Umwertungen? Oder handelt es sich um eine ganz andere Form der Intervention? Aus welchem Grund ist die Unverständlichkeit ein unvermeidlich politisches Thema, und warum machen professionelle Politiker historisch unhinterfragte Ansprüche auf Klarheit geltend, die sie angeblich sich manifestieren sehen oder der sie sich auf typische Weise widersetzen? Man kann verstehen, warum de Man, wenn man von einigen der romantischen Axiome ausgeht, mit denen er arbeitet, den Fragetypus, der in Schlegels Essay vorgestellt wird, in einem vor-nietzscheanischen Raum lokalisiert. Dennoch dehnt sich die Kraft von Schlegels

Arbeit an der Bedeutungsaufspaltung, die ohne Parallele ist, weit in das zwanzigsteundetwas Jahrhundert aus. Carl Schmitt, der immer schon den Bereich der Feindseligkeit erweitert hat, ereiferte sich über die »Promiskuität der Wörter«, sexualisierte Schlegels Sprache und wunderte sich, um 1925, warum der romantische Denker »aus der Unklarheit ein Prinzip zu machen suchte«.[68]

Die Probleme, die Schlegel stellt, und die fortgesetzt vermieden werden, betreffen ganz besonders unsere Zeit. Die von ihm ausgehende Provokation verfolgt die Philosophie und geht den problembewußtesten Schiedsrichtern des politischen Denkens auf die Nerven. Es könnte uns ein wenig helfen, einzuräumen, daß, in einer Geschichte eines Hinterfragens des »Sinns«, Schlegels Werk, das sich als vor-nietzscheanisches jetzt für uns bemerkbar macht, einen Ort absteckt, der auf überzeugende Weise an denjenigen Batailles erinnert: Schlegels Provokation ist eindeutig vor-Bataille. Eine Verbindung herstellend zwischen der Verzückung und dem Nichtverstehen, tritt der Text auf die Bremse und sagt: »Stop making sense« (im Sinne der *poeisis*, des Herstellens eines Werks, das bedeutet); den Ansprüchen der Unverständlichkeit schon gerecht werdend, wird ein starkes Vorgefühl des Prestiges produziert, das Batailles *non-savoir* mit sich führt – die Streitfrage, die nicht-positive Affirmation, das, was am Ende bei Bataille und latent bei Schlegel (sie existiert schon als Spur bei Schlegel) die Affirmation des Nichts (*rien*) ist. Während für Bataille das *non-savoir* vom Atheismus nicht zu trennen ist, ist für Schlegel die Unverständlichkeit untrennbar vom *Athenäum*, das für seine atheistischen Bekundungen Angriffen ausgesetzt war. Schlegel hat, wie Sie wissen, viele Tränen des Eros geweint. Wie Bataille investierte er in die Frage der Gemeinschaft, was sich als Praxis der punktuellen Ko-Abhängigkeiten, die zu jedem Journal gehören, darstellte. *Athenäum* und *Acéphale* waren verwandte Unternehmen in dem Maße, wie sie die Grenzen der Gemeinschaft und die Gemeinschaftlichkeit des Schreibens, ohne Fabeln der Kommunion zu bemühen, in Frage gestellt haben: gemeinsam hatten sie einen Hang zur Gruppe, dessen Hauptunterstützung das Schreiben war. Das ist der Grund, warum Schlegel, für seinen Teil, auf dem Nichtverstehen als der Basis für eine schreibende Gemeinschaft als auch für eine Theorie der Freundschaft (die er mit Schleiermacher erprobte) insistieren mußte.[69] Eine Gemeinschaft ohne Kommunion, die den grundlegenden Anspruch auf eine Totalität der Bedeutung aufgegeben hat – das, was reines Verstehen zusichern würde –, widersetzten sich diese Schreibblöcke prinzipiell jedem auf Fusion beruhenden, totalitären System der Politik oder der Bedeutung.

In dem Maße wie Schlegel ernsthafte Versuche machte, ästhetische Ansprüche in eine *Lebenspraxis** umzusetzen, hat er sich Ärger eingehan-

delt. Es ist eine Sache für sich, skandalöse Romane zu schreiben, aber eine ganz andere, alternative Lebensweisen auf die Tagesordnung zu setzen. Die frühen Romantiker und die Gebrüder Schlegel experimentierten mit neuen Formen des sozialen Lebens, mit Transformationen des *Zusammenlebens** und der Praxis der »freien Liebe«. Sie gaben sich nicht damit zufrieden, »Rollenaustausch, Androgynität und das Postulat freier Liebe« auf die geschriebene Arbeit zu begrenzen, sondern boten pflichtschuldig Übersetzungen der poetisch-erotischen Lizenz in den Bereich der praktischen Vernunft an.[70] Sie machten das Persönliche politisch ohne den Ausschluß des Erotischen zu wiederholen. Die Art, wie die Sexualität sich sozial einschrieb, beinhaltete wichtige Neuverhandlungen des Gesellschaftsvertrags.
Auf kritische Weise subversiv, riefen sie nach einer inneren Revolution von Dauer und lenkten den Gedanken der Geselligkeit auf das erotische Paar; sie probierten alle möglichen Konstellationen aus. Doch haben sie sich, bis zu Friedrichs letzten Konversionen, der Kommunion widersetzt. Bis zum Ende der ironischen Verbindung blieb Friedrich bei seinem Standpunkt: »Die wahre Ironie ... ist die Ironie der Liebe.«[71] Liebe, eine Metapher für Gemeinschaft, war selbst ironisch – oder Ironie ist in Wahrheit Liebe – was besagen könnte, daß sie dem Austausch von selbstidentischen Ringen, dem dekadenten Liebestod der Zyklen Wagners zuvorkommt und eher auf der reuelosen Anerkennung von Differenz, Getrenntheit und ... Nicht-Verstehen basiert. Auf exorbitante Weise das Unendliche an der Grenze zur Endlichkeit aufrufend, ist die Liebe, egal wie »frei« sie ist, Ironie. So etwas wie freie Liebe gibt es nicht.
Wie kommuniziert die Ironie der Liebe mit Bataille auf eine Weise, die ihr das Privileg des »vor-« einräumt? Schlegels Arbeit ist »vor-Bataille«, weil sie so etwas wie eine leere Profanierung autorisiert, wobei in der *Lucinde* mit besonderer Überzeugung die Vision einer Welt unterschrieben wird, die vom Heiligen befreit ist, das, auf plumpe Weise bürgerlich, für eine Erfahrung der ekstatisch erzitternden Sexualität aufgegeben wird. Darüber hinaus initiierte Schlegel oder verfolgte zumindest auf einzigartige Weise (er gesteht Goethe die initiatorische Geste zu) eine Logik der Überschreitung, die auf der Liebe basiert. Er tut dies gegen den Strich gängiger romantischer Bestimmungen. Schlegel ist verantwortlich für ein Denken der Grenze, oder, wie die Abschnitte zum Thema »Wie man gut schreibt« illustrieren, formulierte er Beschränkungen und Selbstbegrenzungen, die sich gegen die Begriffe der romantischen Enthemmung setzen, die gleichzeitig verfolgt werden. Um kurz auf de Man zurückzukommen, es gibt da in dieser Hinsicht etwas Seltsames, wenn nicht Amüsantes, was de Mans Insistenz angeht, daß Schlegels Text über das Schreiben einmal nicht an Sexualität interessiert sei. Ohne Zweifel eine kühne Behauptung, verweist sie wohl unvermeidlich

auf die Kontingenzen der Stimmung des Schreibenden und hinterläßt diese Beobachtung einen Verdacht auf Verdrängung und den Eindruck einer beschränkten Lektüre. Wie kann die Verzückung des Schreibens mit Gewißheit in einen desexualisierten Bereich geschleust werden? Findet die sexuelle Einschreibung nur auf der Ebene der thematischen Besetzung statt? De Man wäre der letzte, an Entscheidungen festzuhalten, die bei bloß thematischen Betrachtungen entstehen, und er hat uns gelehrt, ihre Verführungen abzuwehren. (Es kann gezeigt werden, daß im Falle Schlegels die Anliegen des Schreibens innerhalb einer vermutlich spermatischen Ökonomie zur Darstellung kommen und zum Zirkulieren gebracht werden: das Schreiben eröffnet die Frage der Grenze, fragend, wie es möglich ist, die Leidenschaft einzuschränken und den Drang zurückzunehmen, sich verfrüht über den ganzen Schauplatz zu ergießen.) Die hier in Rede stehenden Passagen, die de Man zitiert, beruhen auf einem Lesen der gewaltsamen Verzückung, mit der das Schreiben sich unvermeidlich identifiziert, und die, um aufrechterhalten zu werden, sich selbst als Grenze situieren muß. Wenn diese Grenzziehung wirklich stattfindet, wie in den Texten von Schlegel und Bataille, entsteht eine gewisse Atmosphäre; ein Ruf ergeht: in dem Maße, wie jede Grenze einen Aufruf darstellt, ruft sie sich selbst zur Überschreitung auf. In Schlegels Arbeit existiert eine unbegrenzte Regel der Grenze, die es ihm erlaubt, auf das Unendliche zu verweisen, während er seine Ansprüche auf einer wiederholten Einschreibung von Endlichkeit basiert.

Das Spiel der leidenschaftlichen Grenze bringt uns auf die Sache des Fragments, um das sich Schlegels romantische Erkenntnis dreht – und durch welches sein Ruf als verantwortungsvoller Schriftsteller in Mitleidenschaft gezogen wurde. Wie öffnet sich Schlegels Denken des Fragments auf Batailles Denken? Das Fragment stellt sich nicht als metaphorische Spitze des Eisbergs dar, die sich neu verbinden ließe mit einer widerständigen Totalität. Seine Absplitterung gehört zu einer anderen Gruppe von Betrachtungen, die sich der Bindung an vorher vorhandene Totalitäten widersetzen. Eher als sich an eine Fülle zu richten, kann von der fragmentarischen Arbeit Schlegels gesagt werden, daß sie sich an die Abwesenheit Gottes adressiert (er folgte dem Atheisten Fichte bei seinem Weg aus der Stadt), an den Tod Gottes in dem Sinne, daß dieser Tod nur prophezeit oder angekündigt, aber nicht einfach als solches behauptet werden kann. Sogar Nietzsche geht nur so weit, seinen hauptsächlichen, unzeitgemäßen, zeitlosen Gewährsmann Zarathustra und die anderen Stimmen, die in seiner Arbeit als Posten aufgestellt sind, den Tod Gottes in der Form der Prophezeiung ankündigen zu lassen. Das Fragment ist Teil einer langen Ankündigung. Es sagt uns, daß es eine leere Exteriorität am Ort Gottes gibt: transzendentale Winde verlagern sich; es sagt eine Erfahrung voraus, die mehr und mehr zu einer inneren wird (was nicht dasselbe ist wie »subjektiv«), experimentell, unsicher.

Der Ursprung, wie wir gesehen haben, der nicht länger eine heitere Reserve zur Verfügung stellt, wird durch das Chaos, durch die Dummheit besetzt. Deshalb erscheint der Aufsatz über Unverständlichkeit als eine Serie von Tests oder Experimenten – oder noch radikaler, Schlegel behauptet, daß er die Möglichkeit und Unmöglichkeit, »Versuche anzustellen«,[72] untersucht habe. Das *Athenäum,* das einen besonderen Weg gefunden hat, um Versuche zu strukturieren, eine Weise, um an einen Ge-
danken »die Frage [zu stellen], ob er überhaupt möglich sei«, hat sich 531
selbst als eine interaktive Teststrecke begriffen: »Und wo hätte man nähere Gelegenheit, über die Möglichkeit oder Unmöglichkeit dieser Sache mancherlei Versuche anzustellen, als wenn man ein Journal wie das Athenäum entweder selbst schreibt, oder doch als Leser an demselben
teilnimmt.« Schlegel wollte in der Lage sein, »die ganze Kette seiner Ver- 531
suche durch[zu]gehen«. Das Journal war also der Konstruktionsort der 531
inneren Erfahrung oder mehr noch des internen Experiments, das, empfänglich für Kritik und Zurücknahme, der Obskurität und der Verfehlung versprochen, immer riskiert, daß es dabei seinen Kopf verliert. Zumindest kann die transzendentale Überschrift keine Wahrheit oder Substanz garantieren. Als das, was die Grenzen möglicher *Versuche** setzt und überprüft, war das *Athenäum* per Selbstdefinition unsicher, experimentell – im Sinne der notwendigen demokratischen Instabilität –, der Destruktion intelligibler Modelle gewidmet.

Da gibt es noch mehr, was Schlegels antizipatorische Komplizität mit Bataille angeht. Schlegel wurde der Vulgarität bezichtigt und man machte ihm schwere Vorwürfe in punkto Schmutzigkeit, sogar Horror, der seinem Werk unterstellt wurde – Werte, die von Hegel als philosophisch depraviert und moralisch bankrott herabgesetzt wurden, aber denen durch Batailles Auftritt eine dezidiert neue Richtung gegeben wurde. Wir können von seinem Werk ablesen, daß Schlegel die Bezogenheit des Exzesses auf die Grenze verstanden hat; er hat erkannt, daß die Erfahrung der Sexualität, die an die Grenze rührt, der Anfang der Ankündigung von Gottes Tod ist (die Tatsache seiner späteren Bekehrung zum Katholizismus verstärkt nur den Aspekt seiner Überschreitungen, obwohl die Rückkehr zu Christus auch ein Zeichen seines politischen Opportunismus und seines Bestrebens war, bei Metternich angestellt zu werden). Schlegels Erkenntnis, auf der aufbauend das *Athenäum* als auch die *Fragmente* und die Theorie des Romans organisiert waren, implizierte einen Bruch in der Sprache, einen Knick im Fluß jeglicher Kommunikation. Wie Bataille weist Schlegel auf die intime Wunde hin, mit der wir, paradox mit dem Sprachverlust experimentierend, Kommunikation assoziieren.[73] Doch verdanken sich diese Anliegen nicht allein Schlegels Reflexionen, obwohl er sie in Richtung ihres eigenen Exzesses weiterdachte. Mit Kant fangen diese philosophischen Themen an, in Erscheinung zu treten, er etablierte ein Denken der Grenze und führte gleichzeitig ein neues Denken der Negativität ein. Diese »neue Negativität«, wie wir sie nennen können, entsteht aus jenem Nichts, das die Negation, den Entzug bewohnt. Sie bezeichnet den Beginn eines Denkens der Endlichkeit und könnte erklären, warum Schlegel so sehr an dem destruktiven Potential einer neuen Negativität interessiert war, die fähig wäre, wie de Man sagt, das dialektische und reflexive Fichtesche System aufzulösen. Die Verzögerung und die Unterbrechung im Bereich des Metaphysischen, die durch Kants *Kritik der reinen Vernunft* auf den Plan getreten ist, versucht die Dialektik im Nebel zu lassen – oder genauer, sie nimmt den Staub auf und verhüllt die Spuren einer durch die *Kritik* ausgelösten Explosion. Nach Kant hat Hegel die Metaphysik im Modus der Dialektik wiederhergerichtet und nebenher Schlegels textuelle Maschine außerstand gesetzt. Auf seine Weise hat Hegel die Negation negiert oder die unbewegliche Negativität, mit der Schlegel experimentierte. Und als ob es eine geheime, transhistorische Allianz gegeben hätte, verdanken wir Bataille eine Form der Restitution seines wenig anerkannten Vorgängers, wobei er sich über dessen Hauptverunglimpfer lustig machte.

Mitten im ekstatischen Preisgegebensein, das in seinen Orgien ausgereizt wurde, läßt Bataille Hegel auftreten. Diesmal, seine Einstellung berichtigend, läßt er von seiner kritischen Schärfe ab. Weder verächtlich noch seine Kühle aufgebend, wird der Große dazu gebracht, der Pornographie des Cogito Beachtung zukommen zu lassen, die den Brüdern Bataille und Schlegel gemeinsam ist.

Wenn Schlegel und Bataille verbunden sind durch den spezifischen Typus von Skandalen, die sie innerhalb und mit der Philosophie ausgelöst haben, so teilen sie auch ein ähnliches Schicksal, was das Muster der Rezeption ihrer Arbeit betrifft. Die ironische Produktion der Fragmente und *Lucinde* sind eine formidable Herausforderung für »ernste« Philosophie. Schlegel läuft nicht nur bloß parallel zur Philosophie, vielmehr überwältigt er sie und führt ein Repertoire an Guerilla-Operationen auf ihren Schauplätzen vor – ein diskursives Verhalten, das den Tadel der führenden, ernsthaften Philosophen-Könige auf sich gezogen hat. Doch auch Schlegel war nicht ganz ohne Freunde.[74] Obwohl seine Arbeit allgemein mißachtet wurde (de Mans Punkt), fühlte sich sein alter Freund und früherer Zimmergenosse Friedrich Schleiermacher dazu gedrängt, im Jahr 1800, eine Sammlung fiktiver Briefe zu veröffentlichen, *Vertraute Briefe über Schlegels Lucinde*, in denen, in der Hoffnung, unaufhörlicher Feindseligkeit etwas entgegenzusetzen, ein Großteil der vorwiegenden Antworten auf den Roman durchgespielt und widerlegt wurden. Darüber hinaus hat er in *Über die Religion* (1799) gegen das »Joch des Verstehens« argumentiert.[75] Schlegels anderer bester Freund, Fichte, hat im September 1799 angekündigt, daß die *Lucinde* eine der größten Produktionen eines Genies war und daß er gerade dabei wäre, in die dritte Lektüre dieses Buchs einzusteigen. »Aber diese und andere befürwortende Reaktionen waren nicht zahlreich genug, um die von den Gezeiten bestimmte Welle der feindseligen Kritik zurückzuhalten, die damit drohte, das Buch vollständig zu überfluten.«[76] *Lucindes* Status als schmutziges Buch ist dann durch Kierkegaard festgenagelt worden, der den Roman scharf attackierte, ihn verdammte, weil er den Geist verneine zugunsten des Fleisches, auf nackte Empfindsamkeit abziele und danach strebe, alle Moralität zu eliminieren. Rudolf Haym, der 1870 eine umfassende Studie über die frühe romantische Bewegung in Deutschland veröffentlicht hat, nennt *Lucinde* eine »ästhetische Monstrosität«; sein Zeitgenosse Wilhelm Dilthey erinnert uns in seiner Biographie über Schleiermacher in aller Ruhe daran, daß dieser Roman »sowohl unsittlich als dichterisch formlos und verwerflich ist«.[77] Jedenfalls hat *Lucinde* einen der berüchtigtsten Literaturskandale des frühen 19. Jahrhunderts ausgelöst, nicht aufgrund pornographischer Themen, sondern weil das Buch, mit einer Signatur versehen und ganz unverhohlen, die sozialen Register der großen Bündnisse antastete und sich selbst ernst nahm:

... gewöhnliche Pornographie wurde als eine lediglich dem Vergnügen dienende, stimulierende Bagatelle aufgefaßt – sie galt im allgemeinen als anspruchslos und mußte nicht ernst genommen werden. Doch *Lucinde* beanspruchte ganz klar, ernst genommen zu werden, sowohl als Kunstwerk als auch als Versuch, den existierenden Code des moralischen und sozialen Verhaltens einer Revision zu unterziehen. Meistens wurde Pornographie entweder mit einem Pseudonym oder anonym veröffentlicht. Nicht so *Lucinde*: der Titel zeigte kühn, daß das Buch von einem der herausragendsten Literaturkritiker geschrieben war. Was den zeitgenössischen Auffassungen zufolge eine Privatangelegenheit, eine anonyme, ungehörige Trivialität hätte sein sollen, ist zum Gegenstand einer aufgeregten Publikumsdiskussion geworden. Das ist einer der Gründe, warum die Publikation von *Lucinde* einen Skandal darstellte.[78]

Sicherlich bedeutete für Kierkegaard, mit seinen vielen Maskeraden, seine Unterschrift betreffend, schon allein die Tatsache, daß Schlegel seine Signatur nicht verhüllte, so etwas wie einen pornographischen Akt. Schlegel exponierte sich mit seiner Signatur, er nahm seine philosophischen Posen ernst (was wirklich obszön ist), er gab einen sozialen Kommentar ab, in der Art wie *Playboy, Hustler, On our Backs* und andere Formen des Pornokritizismus dies tun, um ihren *thrill* zu verstärken, und er setzte sich mit einer nicht akzeptablen Art der Gattungsvermischung aus. Schlegel hat, mehr als alles andere, das »Philo« in der »Philosophie« zu wörtlich genommen, wobei er die gelehrten Sublimationen der Liebe, die sie durchzogen, entstellte.

Zu seiner Zeit hat Bataille ähnliche, indignierte Reaktionen erfahren, welche auf vergleichbare Weise seinem Umgang mit der ernsthaften Philosophie geschuldet waren. Ohne die Historizität des Angriffs opfern zu wollen, kann man Sartre für Hegel, Bataille für Schlegel und Heidegger für Fichte einsetzen, in jenem Raum der Verurteilungen, die von Sartre ausgingen. Die Sartresche Denkpolizei behauptet, daß die philosophische Diktion, »die in den Arbeiten von Hegel und Heidegger genaue Bedeutungen hervorbringt«, in Batailles *Innerer Erfahrung* als »ein Abenteuer, das sich jenseits der Philosophie situiert«, gehandhabt wird.[79] Mehr noch, die »Irrtümer«, die Bataille in seinen verfehlten Aneignungen unterlaufen, enthüllen, daß er »ganz offensichtlich Heidegger nicht verstanden hat, über den er oft und inkorrekt spricht«. Wenn 155f.
Bataille, der kein Philosoph ist, sondern eine literarische Figur, die Philosophie nachzuahmen versucht, indem er ihre Sprache spricht, »rächt sich die Philosophie«. 156

Vielleicht ist es für die gemeinsame, aber zeitversetzte Rezeptionsgeschichte* am relevantesten, wie respektlose Handlungen der Vermischung als unanständige Darstellungen aufgefaßt werden. Wenn sie nicht die hohe Philosophie in ihren idiosynkratischen Stilen nachahmen, dann verwandeln sich Möchtegern-Philosophen in Pornographen, die Körper in Texte hineinnehmen, um »special effects« zu erzielen. Auch wenn Sartre möglicherweise die Gabe des Körpers für die Philosophie anerkannt haben könnte, die sich dem Bewußtsein durch »einen dumpfen und unentrinnbaren Ekel« enthüllt, sah er wenig Sinn darin, den 34
ekstatischen Körper zu exponieren. Bataille war ein Exhibitionist, der sich die Philosophie und seine Kleider vom Leib riß. Wie Peter Connor beobachtet: »Wieder kann man studieren, daß philosophische Sprache heftig außen vor ist. Sartre nimmt wahr, daß Bataille, der sich abwechselnd exponiert und mit den Kleidern des philosophischen Diskurses verhüllt, seinen nackten Körper einsetzt, um aus der Philosophie eine Art Peepshow zu machen: ›Kaum hat er uns einen Blick auf seine jämmerliche Nacktheit werfen lassen, bedeckt er sich schon wieder, und gleich darauf sind wir wieder damit beschäftigt, mit ihm über Hegels System oder Descartes *cogito* zu räsonnieren‹.« Der Ruf der nackten Phi- 34
losophie, von de Man in bezug auf Schlegel bemerkt, besteht in der wesentlichen Inkompatibilität zweier Codes. Diese Politik der Kontamination legt bei Sartre Feuer; wie Hegel verliert er seine Kälte und wird so-

zusagen zu einem Teil der moralischen Majorität. Die Rezeption der Arbeiten Batailles produzierte Schockwellen, deren Frequenz auf jene ausgerichtet ist, mit denen wir den Ort der Schlegel auferlegten Zensur assoziieren, der, ein Vorläufer Nietzsches, einen Körper in die Leitung der philosophischen Spekulation eintrug. »Die Herausforderung, die die *Innere Erfahrung* darstellt, liegt genau in ihrem hartnäckigen Befragen der Grenze zwischen Körper und Denken: indem rationales Denken in die eher randständige Seite der Existenz eingeführt wird, erotisiert
Bataille ohne Erbarmen das Cogito.« In dem Maße, wie er das Denken auf 35
das Straßenniveau der Dringlichkeiten, der körperlichen Läuterungen und der nicht steuerbaren Sinne bringt, verliert Bataille das Interesse an dem, was nicht mehr länger Sinn macht: an den klassischen Regimen der Verständlichkeit. Die doppelten Imperative: »Über die Unverständlichkeit« (Schlegel) und »Stop making sense!« (Bataille) müssen zusammen gelesen werden, entsprechend der verschiedenen und inneren Experimente, die beide Autoren durchgeführt haben, die erbarmungslos die Codes einer geheiligten philosophischen Diktion durcheinanderzubringen versuchten.

Um sich selbst und seine Gruppe von Unverständlichen zu verteidigen, bietet Schlegel anstelle eines Argumentes eine Schein-Teleologie an. In sarkastischen Sprüngen projiziert er, daß das neunzehnte Jahrhundert, anders als das jetzige (späte achtzehnte) Jahrhundert, die Katastrophe für seine Verunglimpfer bringen wird, und besonders für jene, die »gegen die *anerkannte* Unverständlichkeit des *Athenäums*« Sturm gelaufen sind.[80] Im nächsten, avancierten Jahrhundert wird es Leser geben, die lesen können: »Welche Katastrophe! Dann wird es Leser geben, die lesen können. Im neunzehnten Jahrhundert wird jeder die *Fragmente* mit vielem Behagen und Vergnügen in den Verdauungsstunden genießen können, und auch zu den härtesten, unverdaulichsten keinen Nußknak-
ker bedürfen.« Wie es sich mit vielen Verteidigungsstrategien verhält, 539
riskiert die Klarheit des ursprünglichen Angriffs, dem Kompromiß Tür und Tor zu öffnen, und das, was verteidigt werden soll, wird der Auflösung preisgegeben.

Es ist unklar, ob die Verdauungsenzyme, die im kommenden Jahrhundert entwickelt werden sollten, die Unverständlichkeit zum Verschwinden bringen (was Schlegels Logik unterminieren würde, die ihre bahnbrechende Notwendigkeit behauptet und sich bestätigt) oder das harte Faktum der Unverständlichkeit leichter assimilierbar machen werden, wobei es dann seine Qualität, ein Fremdkörper zu sein, der einen die ganze Nacht nicht schlafen läßt, verlieren würde. Wird das Schlegelsche *non-savoir* im kommenden Jahrhundert unser Vergnügen sein und uns Behagen bringen oder eher ein Brechmittel sein, nämlich dann, wenn Hegel, die Dialektik umkehrend, davon übel wird? Oder vielleicht

hat er *Leser* vorausgesehen, nicht bloße Interpreten-Verdauer, sondern jene, die Vergnügen haben an der Unverständlichkeit und das Verstehen als lediglich eine Form des Lesens verstehen. Auf jeden Fall lag Schlegel nicht falsch, mittels antizipatorischer Erinnerung ein späteres neunzehntes Jahrhundert zu projektieren, dasjenige Nietzsches und möglicherweise sogar jenes, das die Heraufkunft Freuds vorbereitete, Leser der Katastrophe, die ein neues Imaginäres des Verdauungssystems erfunden haben und die, in reaktionären Perioden, dazu gebracht worden sind, Sch... zu essen. Doch wenn man geradlinig lesen und Schlegel so auffassen würde, daß er einen Moment ins Auge faßt, wo die Unverständlichkeit die Verständlichkeit ermöglichen würde – eine unwahrscheinliche Hypothese –, würde die Passage Gefahr laufen, den Stellenwert des experimentellen Journals oder seinen möglichen Status als »Klassiker« zum Verschwinden zu bringen: auf die *Fragmente* zurückgreifend und eins zum Zitieren beibringend, zitiert Schlegel Goe-
the: »Eine klassische Schrift muß nie ganz verstanden werden können.« 540
Eine Schrift, die als klassisch eingestuft worden ist, muß so verfaßt sein, daß sie nie ganz verstanden werden kann, denn das würde dazu führen, daß sie abgeschlossen wäre, ausgeschlossen von der Zukunft ihrer Wiederholung, semantisch gesättigt, DOA – tot im Ziel. Verstanden haben, oder zu denken, daß man verstanden habe, steht präzise an der Stelle der Weigerung zu lesen, in Komplizität mit einem Widerstand gegenüber dem verlorenen Objekt, von dem ein Text sich immer losmacht, obwohl er fortgesetzt, auf oftmals vage und nicht nachvollziehbare Weise, traumatische Spuren mit sich zu führt. Denken, das man ganz verstanden hat, ist nicht nur der Todeskuß – wer, es sei denn ein Idiot, hat wirklich verstanden? –, sondern auch das Ende aller Ironie, ob sie
nun ein Knuff oder ein Buffo ist, diskret oder »gleichsam ins Gesicht«* 537
erfolgt, »redlich«, wie Schlegel sagt oder »mit einer guten Art einen Tritt
in den Hintern gibt«*, – der Ironie, die jegliche Illusion des Verstanden- 537
habens abrupt außerkraft setzt.

Oft haben die entscheidenden Interventionen auf der Seite der Ironie Wirkungen, die physisch sind; sie geben einer Sprache, die sich über sich selbst abschließt, einen skandierenden *sound*. Agierend als gutes Gewissen der philosophischen Darlegung, des Zwanges, zu verstehen, unterbricht die Ironie jeglichen Versuch, einen Fall abzuschließen, indem man das Buch zuklappt, oder sie hindert dich daran, zu denken, daß du das Kapitel beendet hast oder wenn du fertig bist, es abschreiben zu können. Wie Sokrates funktioniert sie als eine Viehbremse, wie ein inneres Allergen, das von einem Ort der Exteriorität zu kommen scheint, das alle transzendentalen Systeme auflöst, wobei der Text konstant umgeschrieben wird, was ihn unendlichen Prüfungen unterwirft, und permanent nicht-anerkannte Bedingungen wiederaufgenommen

werden. »Mit der Ironie ist durchaus nicht zu scherzen«; immer ist sie 537
geladen und bereit abzugehen (permanente Parabasis). Und die Ironie wird die Stabilität eines experimentellen Ortes zerstört haben, der seine Existenz einer parafiguralen Kraft verdankt: sie allein ist verantwortlich für einen Großteil der Unverständlichkeit des *Athenäums*, das nie hoffen kann (nun, nicht im gegenwärtigen Jahrhundert), ein semantisches Asyl für sich abzusichern, ohne die dauernde Zerspaltung der Bedeutung zu riskieren, der Bedeutung als Präsenz, weil die Ironie uns daran erinnert, daß es keinen gegebenen Sinn gibt (von daher kann der Sinn nicht als präsenter angenommen werden, zur Verfügung stehend, konfiguriert, sichergestellt: der Sinn ist nicht gegeben – was immer auch Sinn macht, ist schon jenseits des Sinns, ein Zusammentreffen, eine Arbeit, die undarstellbare Gemeinschaft); oder aber die Bedeutung wird durch die Ironie als die Tatsache ihrer Beziehung zu der Möglichkeit ihres Nichtseins kommunikabel. Denn was kann Auflösung und Zerreißung anderes implizieren, als diese fatalen Verzögerungen der Verstehbarkeit? (»Ein großer Teil der Unverständlichkeit des Athenäums liegt unstreitig in der Ironie, die sich mehr oder minder überall darin äußert.«) 536

Und doch muß Schlegels Projekt für das neunzehnte Jahrhundert noch verstanden werden, selbst dann, wenn alle möglichen Voraussetzungen für abschließendes, das heißt präsentes Verstehen durch ihn in Frage gestellt worden sind. Zunächst ist »Welche Katastrophe!« ein Äußerungstypus, an den wir uns, im Zuge unserer Jahrhundertwenden, im Text von Nietzsche gewöhnt haben. In der Lage zu sein, eine Katastrophe zu benennen und die Zukunft ihres Werdens zu sehen, verbindet Unverständlichkeit mit der Prophezeiung, Ironie mit dem Pathos. Diese ambivalenten Paarverbindungen sollte man im Gedächtnis behalten, wenn man die Grenzen des Verstehens erforscht.[81] Inwieweit verdankt sich das prophetische Wort der Ironie? Kann es Prophezeiung geben ohne Ironie, ich meine, in einem nicht-psychotischen Sinn?

Was für eine Katastrophe! Die Projektion Schlegels ruft nach einer anderen Art der Lektüre, da es sich nicht um eine verschrobene Phantasie handelt, sondern um die Konturen einer Theorie des Lesens selbst, denn Lesen ist nichts anderes als diese proleptische Ausweichbewegung, das Versprechen eines zukünftigen Verstehens. Heute bleibt das Projekt eines zukünftigen Verstehens die Fiktion, die es immer gewesen sein wird, eine Einsicht, die weder bewiesen noch verifiziert werden kann. Doch ist diese Fiktion, entstanden aus den Forderungen einer unentfliehbaren Zeitlichkeit, die Wahrheit des Verstehens. Gleichzeitig entsteht die Frage, ob das Versprechen, das Schlegel äußert, das Versprechen einer Zukunft des Verstehens, irgendwie seine ironische Basis auflösen wird, sie obsolet machen wird. Was ist der Status von

Schlegels offensichtlicher Projektion einer nachträglichen Verständlichkeit, besonders wenn er fragt, »Welche Götter werden uns von allen diesen Ironien erretten können?« Um mit dieser Frage weiterzukom- 538
men, greift er zurück auf die Götter, die zeitlosen. Wie würde eine Rettungsaktion aussehen, die uns von der Ironie befreit? Es könnte an diesem Punkt hilfreich sein, sich daran zu erinnern, daß de Man in *Allegorien des Lesens* darauf aufmerksam macht, daß Ironie »nicht länger eine Trope ist, sondern die Auflösung der dekonstruktiven Allegorie jeglicher tropologischer Erkenntnis, die systematische Auflösung, in anderen Worten, des Verstehens«.[82] Schon immer den projektierten, eigenen Sinn des Textes als verläßlichen Sinn angreifend, unterminiert die Ironie jeden vom Text erhobenen epistemologischen und legitimierenden Anspruch. Der Text empfängt seine eigene Ironie, die ihn notwendig enteignet, als eine Serie traumatischer Schläge. Diese Schläge – welche de Mans Text zurückgibt, um sie zu absorbieren – müssen seriell betrachtet werden, denn Schlegel beharrt darauf, daß Ironie nicht auf einer Seite zu lokalisieren ist, sondern überall in Erscheinung tritt. Ironie adressiert sich an eine verfehlte Assimilation im Text. Wie die Zeit »ist sie der Name, dem wir dem Faktum geben, daß das, was die Erzählung zu interiorisieren versucht, als ein Moment innerhalb ihrer selbst, inkorporiert ist«.[83] Während sie also als innere Erfahrung erscheint, ist sie immer auch in ein Außen geworfen, auf eine textuelle Oberfläche, und begegnet deshalb fortwährend als eine Läsion, als etwas, das nicht heilen kann und von dem wir nicht freikommen.

Obwohl Allegorie und Ironie, in de Mans Werk, nah verwandt sind, wird die Allegorie durch die Kraft der ironischen Schläge, die ihr zugefügt werden, überbordet: »Keine Allegorie kann die Einfälle der Ironie, die sie skandieren, erfassen, keine kann die Setzungsgewalt des Imperativs auffangen, aber jede – denn jede bleibt seiner Setzung ausgesetzt – muß den Versuch unternehmen, sie in kognitiven Gehalt zu übersetzen.«[84] Die allegorische Handlung, die mit der Strebung, zu übersetzen assoziiert wird und mit einem Bemühen, Erkenntnis zu etablieren, involviert eine Erfahrung des Verlusts und der Trauer. Es ist so, als ob die Allegorie umsonst versuchen würde, die textuelle Wunde, die durch die Ironie angedeutet wird, zu verhüllen oder zu adressieren, indem sie, mit Nietzsche gedacht, einen Notdienst der Bedeutung und des begrifflichen Wissens anbietet. Aber die Übersetzung und die Transfusion tragen das Gewicht eines bemerkenswerten Verlusts, oder, um an Benjamin zu erinnern, sie arbeiten daran, das Original als fast schon totes in Erscheinung zu setzen. Die Allegorie funktioniert als »eine Art Meistername für die Form, in der von den Klaffungen im Herzen des systematischen Denkens gezeigt werden kann, daß sie es von innen auflösen.«[85] Dies würde teilweise erklären, warum die Allegorie im Zeitalter der Systematizität gewaltsam unterdrückt wurde, um dann eine beachtliche narzißtische Krise zu verursachen anläßlich ihrer Coming-out-Party. Wenn Allegorie und Ironie, zusammen mit dem Anakoluth (das figurale Korrelat für die Struktur der Ironie, die als permanente Parabasis aufgefaßt wird)[86], die Basis für das nicht vorhersehbare Aufklaffen der Verständlichkeit abgeben und jegliches Anzeichen einer geschlossenen Stabilität aufbrechen, dann ist es kein Wunder, daß eine Erinnerungsspur dieser permanenten Läsion, zumindest im Wasserglas der akademischen Welt, wiederholt einen narzißtischen Proteststurm ausgelöst hat.

Es bleibt da noch das Problem des Kontagiösen, das diese *operators* in Schlüsselstellung mit sich herumtragen, etwas, um teilweise zu erklären, warum de Man unter Quarantäne war, lange bevor eine Diagnose gemacht werden konnte. Als ein Theoretiker der Unverläßlichkeit wurde de Man selbst mißtrauisch beäugt, wegen der Begriffe, die er für seine Analyse wählte, und ihrer die Verläßlichkeit der Bedeutung betreffenden Implikationen. Er blieb der Ironie und der Allegorie treu, in dem Sinn, daß er die angebotenen Masken einer dürftigen Versöhnung oder die allgemein gängigen Entscheidungen für organisierte Aufrichtigkeit ablehnte. Die Wiedereinführung dieser Strukturen produziert die Effekte eines allgemeinen Anakoluths, wenn dies denkbar ist – einen plötzlichen Umschwung in der erwarteten Syntax, eine strukturelle Erfahrung von Betrug, ähnlich der Art, die Proust beschreibt und de Man im Fall von Albertines Lügen zitiert. (Albertine war eine Lügnerin, aber ihre Neigung war nicht einfach einem bewußten oder intentionalen Akt zuzuschreiben, keine sichere Spur von Böswilligkeit, aber vergessen Sie nicht, daß Sie meinten, sie spräche über sich selbst und plötzlich, mithilfe des Anakoluths, hatte sie die syntaktische Spur für Sie gewechselt, und Sie sind in die Irre gelaufen mit Ihrem Haufen metaphorischer Annahmen – wo also sollte schließlich ihre Wahrheit zu finden sein?) Das Willkommenheißen von Ironie und Allegorie ist, wie Schlegels Text anzeigt, der Todeskuß. Denn es gibt da nicht nur eine impertinente Emphase, situiert am Ort der Nicht-Konvergenz jeglicher behaupteter Bedeutung und ihres Verstehens, sondern diese Positionierung geht einher mit einer Kanonade von Entmystifizierungen, die eine Karriere ruinieren können (der vergiftete Sokrates, der verworfene Schlegel, der durchgefallene Benjamin, der tote de Man, unter anderen) oder sie verlangt ganz zuletzt nach Rache in der Form einer totalen religiösen Konversion.

Was also ist es, das Bedeutung und Sein schwächt? Man kann argumentieren, daß »Allegorie«, »Anakoluth«, »Parabasis« und »Metonymie« strenggenommen nicht als Namen für Tropen mißverstanden werden sollten. In dem Maße, wie sie keine Substitutionen beinhalten, sind sie parafigural. Während Tropen den Transport des Sinns von einem Signifikanten zum nächsten bewerkstelligen, partizipieren die grammatischen Nicht-Tropen, wie die Allegorie, nicht an dieser Sprache des Transports einer Bedeutung oder eines Sinns. »Sie werden virtuell immer als Zeichen für die Unterbrechung solcher Transporte verwendet.«[87] Was die Allegorie betrifft, so geht sie nirgendwohin – keine himmlischen Transporte, keine tropologischen und aufwärtsschwebenden Lifte, die übersensorisch auf dich wirken; sie ist keine Trope für de Man, sondern eine grammatische Form, durch welche von gewissen Disjunktionen gezeigt werden kann, daß sie statthaben. Als Form *zeigt* Allegorie diese Disjunktionen.

In dem Text, der dazu da war, dem *Athenäum* durch die Stadien seiner eingestandenen Unverständlichkeit weiterzuhelfen, gibt Schlegel ein Versprechen – sich selbst und ohne Zweifel auch seinem Bruder, August Wilhelm, den er am Ende des Aufsatzes einschreibt, seinen Zeitgenossen und dem kommenden Jahrhundert (das, beschworen, schon da ist), Ihnen und mir. Während er ein Versprechen abgibt, setzt er den Text, für den er gerade eintritt, der Wahrheit seiner abgründigen Einsamkeit aus. Das Gelübde, das er ablegt, aber als Logik nicht aufrechterhalten kann, dieses Versprechen, das das ursprüngliche Projekt des Verstehens wiederholt, verspricht nichts anderes als seine eigene Zukunft. Doch, wie andere gezeigt haben und uns zu verstehen gegeben wurde, verspricht das Versprechen, das nur sich selbst verspricht, am Ende nicht. Schlegel lebte es, Nietzsche wußte es, und Bataille fühlte sich aufgerufen, es zu bejahen: ein Versprechen qua Engagement ist auch ein Risiko; es verkörpert ein Bekenntnis zum Sinn, zur Zukunft des Sinns. Was jedoch *zugesichert wird, ist nur dieses Risiko*. Indem Schlegel in diesem Stadium seiner enigmatischen Karriere sich weigert, auf jene Ironie zu verzichten, für die er die schlechte Aufnahme des *Athenäums* verantwortlich macht, hat Schlegel sich selbst eine allegorische Falle nach der anderen gestellt, und sein Text fährt fort, das zu ironisieren. Wie das Versprechen bleibt die Allegorie unerfüllt. »Leer aus geht die Allegorie.«[88] Diese sehr nützliche Formulierung stellt die Allegorie auf den Kopf, denn es ist unklar, ob die Allegorie jemals an der Reihe war oder um eine milde Gabe bat. Der Leser geht mit leeren Händen weg. Die Allegorie hat keine praktische Strategie oder Erfüllungsklausel, weshalb das 18. Jahrhundert ihre zurückhaltenden Ansprüche so sehr tadelte. Weil sie immer die Allegorie der Unverläßlichkeit ist, muß sie sich mit der Frage ihrer Illegitimität, mit der Frage nach der Unbestimmtheit der Sprache beschäftigen.

Schlegel zufolge ist die Ironie, obwohl er auch die Allegorie in zweiter Instanz nennt, in hohem Maße für die ungünstige Rezeption des *Athenäums* verantwortlich, ein Geschehen, das er durch seine Bemühung des »Begriffs« der Unverständlichkeit umzuwerten beginnt. Ironie und Allegorie arbeiten systematisch daran, das Systemdenken zu unterminieren und aufzulösen; sie sind par excellence diejenigen, die Legitimationen in Frage stellen, sie markieren diejenigen, die mit ihnen arbeiten wollen, und sie sind geneigt, jede autoritäre Äußerung oder Pose der Meisterschaft in Frage zu stellen, einschließlich derjenigen des Staates (als Schlegel anfing, für den Staat zu arbeiten und sich verheiratete, mußte er davon ablassen). Sie bearbeiten das System so sehr, daß die auf jeden Fall sekundäre und derivative Verständlichkeit in der Auseinandersetzung verloren geht. Die Besetzung der Unverständlichkeit könnte hier mit dem Singulären in Verbindung gebracht werden. Es gibt da etwas Unassimilierbares, Unverwechselbares, etwas Dissoziiertes, das dem *Athenäum* anhaftet. Etwas, das durch Philosophie oder Literatur nicht erfaßt werden kann, durch eine Geschichte, die auf Referenz zählt oder mit relativer narrativer Ruhe von sich selbst Rechenschaft ablegt. Das *Athenäum,* seiner eigenen Produktion von Unverständlichkeit unterworfen, durch Ironie verrätselt und an Aufschub gebunden durch seinen Vertrag mit der Allegorie bis zum immer schon ankommenden Jahrhundert, löst sich ständig im Hier und Jetzt auf, und bringt das PROJEKT zum Verschwinden. Mit dem historischen Trauma in Konnex, läuft es Gefahr, keine Spur, keinen Bericht von sich selbst zu hinterlassen, ausgenommen, daß etwas Unverständliches – eine Barbarei, eine Gewalt oder Brutalität – stattgefunden hat. Und doch – so bemühte sich Schlegel festzuhalten –, und das ist der Grund, warum wir hier sind, wird uns etwas gegeben. Denn: »Es gibt einen hermeneutischen Imperativ.«[89] Dieser Imperativ ist uns als Gabe und Last vermacht; er benennt eine Aufgabe. Wenn es da einen Imperativ, zu verstehen, geben muß, dann deshalb, weil Verstehen sich nicht einstellt, sondern sich uns entzieht. Können wir zu einem Verstehen kommen? Angenommen, das Verstehen sollte, ohne einen Imperativ, der seine Heraufkunft bestimmt, wiederauferstehen, so wäre dies nur möglich durch eine Abkehr von dem, was unverständlich ist.[90]

Kaum ein Jahr verstreicht. Schlegel hält seine Vorlesungen in Jena über die »Transzendentalphilosophie«: »Transzendentale Philosophie: Ein absolutes Verstehen ist nach unserer Ansicht gar nicht möglich. ... Gäbe es eine absolute Wahrheit, so gäbe es auch eine absolute Verständlichkeit.«[91]

Durch den Gedanken des Verstehens von neuem eingenommen, unter der Drohung einer Obsession, ist Friedrich Schlegel seinem Tod nahe, während er über die Annahme eines absoluten Verstehens nachdenkt. Sein Schlußsatz, der auf das Ende zuläuft, gestreift durch den Gedanken der Erfüllung, bleibt dennoch unvollständig: »Das ganz vollendete und vollkomne Verstehen aber.«[92]

Die Rhetorik des Prüfens

Testfragen:

1 Wenn Paul de Man die Möglichkeit wahrer Autobiographie in Frage stellte, warum fügt die Autorin dann autobiographisches Material über sich selbst ein?

2 In welcher Beziehung stehen Dummheit und Unverständlichkeit zueinander?

3 Stellt die Autorin eine Verbindung her zwischen Singularität und Unverständlichkeit? Und wenn dies so ist, wie verhält sich dieser Konnex zu Gaschés Argumentation?

4 Kann Schlegels Tritt in den Hintern allegorisch gelesen werden?

5 Was ist die Sichtweise der Autorin, was die Schüler de Mans angeht?

6 Wie ist die Beziehung zwischen Allegorie und Geschichte?

7 Wie kann die Autorin implizieren, daß de Man sich weigerte, die Dummheit zu lesen und gleichzeitig verantwortlich dafür war, ihre Implikationen und ihre Performanz eingeschrieben zu haben?

8 Worum geht es bei den Arbeiten von Schlegel, Bataille und de Man mit Blick auf die Figur des Testens?

9 Warum betont die Autorin die radikal-demokratischen Untermauerungen von gelehrten und philosophischen Zeitschriften?

10 a. Diskutieren Sie, ausgehend von den Instanzen Schlegel und Schleiermacher, die Verbindung zwischen Freundschaft und Nicht-Verstehen.

b. Zeigen Sie auf, wie Schlegels Antihermeneutik der Freundschaft das illuminiert, was Blanchot und Derrida über die Politik der Freundschaft zu sagen haben.

S A T E L L I T

Die Nuancen von Kierkegaards Kritik an Schlegel sind bemerkenswert und laden zu einer dekonstruktiven Lektüre ein, welche die sich verschiebenden Bewertungen dieser Kritik nachvollzieht. Kierkegaard begegnet einer Anzahl von Schwierigkeiten bei seiner Vorbereitung zum Angriff. Eine betrifft das Zitieren; denn durch die Wiederholung der anstößigen Passagen wird sein Text unvermeidlich in den Text verwickelt, den er verdammt. »Da die *Lucinde* bekanntlich ein recht schlüpfriges Buch ist, so laufe ich, indem ich dies oder das daraus zur näheren Betrachtung hervorziehe, leicht die Gefahr, daß ich es selbst dem reinsten Leser unmöglich mache, gänzlich unbeschädigt zu entschlüpfen.«[1] Das Verhaltensschema »Beherrschen – Sich-Unterwerfen«, das beide Texte zeigen, wenn einer von ihnen kritisiert wird, bringt schließlich zum Vorschein, daß Schlegel die Oberhand hat; daß er es ist, der den Text dominiert, der versucht, ihn sich anzueignen und zu unterwerfen, wobei eine Art von S/M-Parabase statthat, was heißen soll, daß er sich als fähig erweist, den Meistertext von Kierkegaard an jedem Punkt zu unterbrechen und ihn seinen Lesern gegenüber zu geißeln, die immer noch Gefahr laufen, durch Schlegel korrumpiert zu werden. Das ist nicht das einzige Problem, dem sich, in dem Bemühen, Schlegel zu dominieren, *Über den Begriff der Ironie* stellt.

Kierkegaard bedauert, dem romantischen Theoretiker der Ironie Ungerechtigkeit widerfahren zu lassen, denn es stellt sich heraus, daß Schlegel die häusliche sexuelle Begegnung belebt hat, was keine schlechte Sache ist; und wirklich ist Kierkegaard bereit, eine Schuld gegenüber Schlegel einzuräumen, weil dieser die Szene der häuslichen Liebe

K I E R K E G A A R D

erotisiert hat. Doch zeigt es sich, daß Schlegel nicht pornographisch genug ist, in der Sprache Kierkegaards, nicht genug lebt, sondern *schwebt*, verzückt, im Idealen. Die Logik suggeriert, entgegen offensichtlichen Intentionen, daß, wenn Schlegel nur graphischer und realer gewesen wäre – pornographischer –, er weniger obszön gewesen wäre.

Um Schlegel nicht Unrecht zu tun, muß man sich *der vielen Verkehrtheiten* erinnern, welche sich in so mancherlei Lebensverhältnisse eingeschlichen haben, und vor allem unermüdlich gewesen sind, *die Liebe* so zahm, so wohl abgerichtet, so schleppend, so schläfrig, so nützlich und brauchbar wie sonst ein Haustier, kurz gesagt, so unerotisch als möglich zu machen. Insofern müßte man Schlegel sehr verbunden sein, falls es ihm gelingen sollte, einen Ausweg zu finden; leider ist das von ihm entdeckte Klima, unter welchem die Liebe erst richtig gedeihen kann, nicht etwa im Vergleich mit unserm nördlicheren ein etwas südlicheres, sondern ein idealisches Klima, das es nirgendwo gibt. Daher sind es nicht allein der häuslichen Liebe zahme Gänse und Enten, die mit den Flügeln schlagen und ein entsetzliches Geschnatter erheben, wenn sie der Liebe wilde Vögel über ihren Köpfen dahinbrausen hören, vielmehr muß ein jeder tiefer poetische Mensch, dessen Sehnsüchte stärker sind, als daß sie mit romantischen Spinnweben gebunden werden könnten, dessen Ansprüche ans Leben machtvoller sind, als daß sie mit dem Schreiben eines Romans befriedigt werden könnten, hier eben um der Poesie willen seinen Einspruch bekunden und muß darzutun suchen, daß Friedrich Schlegel keineswegs einen Ausweg gefunden, sondern sich auf einem Abwege verirrt hat, muß darzutun suchen, daß leben etwas andres als träumen heißt. 292 f.

Das ist mehr als nur die reaktionäre Logik, derzufolge Dichter Träumer sind, die man denjenigen, die angeblich »ein Leben haben«, entgegensetzen kann, obwohl ich sagen muß, daß die Aussage dieser Art von herabsetzender Bemerkung sehr nahe kommt und somit ihren eigenen kritischen Blickwinkel schwächt (wenn Schlegel nur ein Träumer ist, der von der Aktualität und dem Begriff gleich weit entfernt ist, warum dann überhaupt so viel Lärm darum machen, warum bloß greift die philosophische Familie dann zu den Waffen?). Seltsamerweise verliert das »schlüpfrige Buch« an Punkten, denn Schlegel ist nicht *wild genug* (»der Liebe wilde Vögel [brausen] über ihren Köpfen dahin«) und er läßt sich zu schnell durch Fiktionen befriedigen. Kierkegaard setzt der poetischen Sensibilität Schlegels einen »tiefer poetischen Menschen« entgegen, dessen »Sehnsüchte« zu »stark« sind, um in romantischen Texten stecken zu bleiben und dessen »Ansprüche ans Leben machtvoller sind, als daß sie mit dem Schreiben eines Romans befriedigt werden könnten«. Die poetischere Person ist also weniger an die Schrift gebunden und braucht mehr als die Fiktion der Obszönität, braucht eine Domäne der Obszönität, die gelebt wird. Es bleibt offen, wer sich als der »wirkliche« Pornograph entpuppen wird, in dem Streit, den Kierkegaard ausschreibt.
Kierkegaard gelingt es jedenfalls, aus Schlegel einen Nutzen zu ziehen, um seine eigene Argumentation, was den elendigen Status der Heirat angeht, abzustützen.

Sehen wir nun näher zu, was denn eigentlich von Schlegel mit seiner Ironie bekämpft worden ist, so wird gewiß niemand es leugnen: es war und ist in

Eingang, Fortgang und Ausgang des ehelichen Verhältnisses so manches, das eine solche Züchtigung verdient und es dem Subjekt natürlich macht, sich davon zu befreien. Da ist eine überaus beschränkte Ernsthaftigkeit, eine Absichtlichkeit, eine *jämmerliche Teleologie*, die von vielen Menschen als Götze angebetet wird, welcher jedes Streben unendlicher Art als ein ihm zustehendes Opfer heischt. Solchermaßen ist die Liebe *nichts an und für sich selbst*, sondern ist erst etwas vermöge der Absicht, mit der sie in jenen Kleingeist eingeordnet wird, welcher auf dem Privattheater der Familien Furore macht. 293

Es gibt viele Probleme mit *Lucinde*, aber um zum Kern der Destruktion der Moral zu kommen, die der Text immanent vollführt, rekurriert Kierkegaard auf die Worte von Hegels Schüler, unserem alten Freund J.E. Erdmann:

Schlegels *Lucinde* will alle Sittlichkeit suspendieren, oder wie Erdmann sich nicht unglücklich ausdrückt: »Alle sittlichen Bestimmungen sind nur Spiel, es ist willkührlich für die Liebenden, ob die Ehe Monogamie, ob Ehe en quatre ist« usf. ... 295
Was die *Lucinde* will, ist mithin *die Aufhebung* aller Sittlichkeit, nicht etwa bloß der Sittlichkeit im Sinne von Sitte und Gewohnheit, sondern auch aller jener Sittlichkeit, welche des Geistes Giltigkeit ist, *des Geistes Herrschaft über das Fleisch*. Es wird sich deshalb auch erweisen, daß sie ganz und gar dem gemäß ist, was wir im Vorhergehenden als das der Ironie eigentümliche Bestreben bezeichnet haben, alle Wirklichkeit aufzuheben und an ihre Stelle eine Wirklichkeit zu setzen, die keine Wirklichkeit ist. 296 f.

Obwohl der Begriff der »Idiotie« strenggenommen ins Lexikon der Medizin- und Psychiatriegeschichte gehört, wo er einen Typus mentaler Degeneration bezeichnet, hat der Begriff – ein Gegenstand der Faszination für die Dichtung und das Denken – sowohl in den populären Medien und Diskursen als auch in den gelehrtesten Bereichen akademischer Forschung überlebt. Ungeachtet seiner beachtlichen semantischen Verschiebungen und Dislozierungen weiß jeder, was es heißt, jemanden einen Idioten zu nennen. Dostojewskij hat die Figur der Idiotie in ihrer Bandbreite und transitorischen Vielseitigkeit erfaßt und konzipiert, eine Figur, die zwischen ihrer klinischen Geschichte und einer schnellen und losen Bahn der Umgangssprache suchend hin- und herschwankt, und er hat damit eine Absicht verfolgt, die mit der Leidenschaft christlicher Konversion kundgetan wurde.

VERSCHWINDEN UND *WIEDERGÄNGERTUM* DES IDIOTEN

Verschwinden

»Glaube mir, ich habe es gesagt, ohne nachzudenken«, erklärte er, zuletzt, verwundert.

TEIL EINS

Er war anderen gegenüber hart und sich selbst gegenüber noch härter. Er gab viel weg, verschenkte in zahllosen, dubiosen Fällen seinen Körper; er verzweifelte. Europa verließ ihn. Die schlimmsten unter den Europäern, die Deutschen, glaubte Dostojewskij, waren blöde Kerle. Fremd, abstoßend und Kälte verbreitend, hatten sie eine entscheidende Position in seiner Schelte Europas inne. Die Schweizer, so dachte er, ohne Turgenjew zu nahe treten zu wollen, haben sich »im Vergleich mit der unermeßlichen Dummheit der Deutschen als unendlich überlegen erwiesen«. Aber selbst sie haben nicht genug Intelligenz, um ihre Häuser der Strenge des Klimas anzupassen, das für drei Monate des Jahres dem Nordrußlands ähnelt: »Alles was sie tun müßten, wäre, Doppelfenster anzubringen, um leben zu können – selbst wenn es nur Kamine gibt. Ich sage noch nicht einmal – einen Ofen einbauen.«[1] Es war kälter als der Hintern eines Arbeiters in einem Schacht. Während er in Genua fror, begann Dostojewskij, der mit seiner Frau, Anna, isoliert lebte, *Der Idiot* zu schreiben. Er träumte von Rußland und von Doppelfenstern und machte alles schlecht, was deutsch war, aber auch was er mit den Schweizern, der klügeren Version, assoziierte. Deutschland war vor allem eine Metonymie Europas. Sich strikt gegen den deutschen Geist stemmend, schreibt Dostojewskij sein Werk, wobei er unablässig das messianische Schicksal, das durch Rußland territorialisiert wird, neu geltend macht. »Unsere Leute sind so viel hochstehender, nobler, ehrlicher, naiver, fähiger und erfüllt von einer sehr andersartigen, sehr christlichen Idee, die Europa mit seinem kranken Katholizismus und seinem dümmlich widersprüchlichen Luthertum noch nicht einmal versteht.« Im Sinne einer 252
Kunst des Verstehens hat Europa es nicht geschafft, Anschluß an den hochelaborierten, wenngleich auf bemerkenswerte Weise wesentlich naiveren Text russischer Erlesenheit zu finden. Der Katholizismus, wenn man von seinem Gegründetsein in Gewalt und seiner Prämisse der weltlichen Eroberung ausgeht, stellt nur einen Betrug am Christentum dar; er war römisch, während das deutsche Luthertum entschieden *dumm* war. Was den Protagonisten in *Der Idiot* angeht, so denunziert dieser den römischen Katholizismus als nichtchristlich, denn dieser »römische Katholizismus glaubt, daß die Kirche ohne universale politische Kraft 335
nicht existieren kann«. In der Zwischenzeit verwandelte der Druck der Armut unaussprechliche, demoralisierende Umstände in Eis. Mit kaltem Hintern fing Dostojewskij an, *Der Idiot* zu schreiben und regte sich weiter über die Schweizer Fadheit auf. Darüber hinaus wiederholte er: »Sie können sich die Unehrlichkeit, Gemeinheit, die unglaubliche Dummheit

der Schweizer nicht vorstellen. Natürlich, die Deutschen sind schlimmer,
aber die Schweizer kommen gleich danach! ... Zur Hölle mit ihnen!« »Die- 297
se hirnlosen Schweizer in ihren Wäldern wußten nicht, wie sie ihre Häu-
ser heizen sollen.« Am Ende des Romans ruft Mme Epanchina aus, daß 254
die Europäer »im Winter wie die Mäuse im Keller frieren«.[2] 802

Wenn Fjodor Michailowitsch über die Dummheit schreibt, hat er unvermeidlich mit historischer Referenz und kultureller Kartographie zu tun. Seine leidenschaftliche Abwertung der Deutschen (und, etwas weniger, der Schweizer) schreibt ein materialistisches Moment in sein Denken ein oder enthüllt, in ein anderes Idiom übertragen, eine Bedrohung, von der er annimmt, daß sie eine bestimmte Art von russischer Transzendenz niederdrücke, welche Benjamin in seinem Artikel *Der Idiot* als in »d[er] metaphysische[n] Identität des Nationellen wie des Humanen in der Idee der Schöpfung Dostojewskijs« verwurzelt sah.[3] Zugleich, um jene Posen des kulturellen Sadismus einzuüben, an denen er arbeitete, beschwört er eine imaginäre Inversion: als Objekte der Abwertung absorbieren die Deutschen und Schweizer, »ähnlich wie in Nordrußland«, unabsichtlich die Eigenschaften Sibiriens. Was so besonders dumm an den Schweizern ist, das ist ihr Russischsein oder ihre Verleugnung Sibiriens – so als wären sie nicht Sibirien, als wären sie nicht eine bloße Wiederholung seiner stumpfen Ungastlichkeit, nicht die Rückseite des Exils und der Versklavung. Zumindest weiß Sibirien, daß es kalt und ungastlich ist, unfähig, ein Obdach zu bieten.

Aber man muß durch Doppelfenster schauen, um die Transzendenz zu erfassen, um die es Dostojewskij geht. Wenn die Schweizer es versäumt haben, sie zu schätzen, dann verlangt Dostojewskijs Werk eine solche Installation. Ein einzelner Rahmen schützt nicht genügend gegen hartnäckige heimatliche Winde oder tobende nationalistische Stürme. Dostojewskij hat sein eigenes privates Waco errichtet, befestigt durch einen bizarren Zarismus und einen nicht unterdrückbaren Fundamentalismus. Sich behauptend gegen die Kombination eines Feuerbachschen Atheismus (er hat Atheisten oft dumm genannt), englischen Utilitarismus, französischen utopischen Sozialismus, mechanischen Materialismus und Tschernyschewski oder russischen Nihilismus, hat sich Dostojewskij in seinen Tagebüchern zur »pochvennichestvo« bekannt, zu einer Ideologie, die sich für eine Rückkehr zur Erde (*pochva*)[4] einsetzte, eine Rückkehr zu den heimatlichen Wurzeln. Wenn Dostojewskij aufs strengste sich mit der Imago Rußlands identifizierte, »bis zu dem Punkt, seine
früheren Absichten zu betrügen und den Zaren zum Idol zu machen«, 298
und fortwährend »unsere schäbigen kleinen Liberalen einer priesterse-
minaristenhaften sozialen Schattierung« angegriffen hat, ist es dann 251
nicht erstaunlich, daß die Figur, die gewählt wurde, um die andere Seite der antirussischen Jeremiade darzustellen (mit der Dostojewskij, un-

ter so vielen anderen, Turgenjews Charakter Potugin in *Dunst* assoziiert, und dazu bemerkt, daß Bakunin und Potugin nicht sehr weit auseinander seien), ohne Apologie, ein Idiot genannt werden sollte? In den einleitenden Bemerkungen Dostojewskijs wird an drei Stellen der Protagonist »Prinz Christus« genannt, obwohl jede weitere Ähnlichkeit zu dem Galiläer an diesem Punkt nicht weiterentwickelt wird. Schon weit im 261
Vorbereitungsprozeß des Romans fortgeschritten, bemerkte Dostojewskij jedoch flüchtig zu sich selbst: »*Rätsel*, wer ist er? Ein schrecklicher Schurke oder ein geheimnisvolles Ideal?« 261

Heiliger Einfaltspinsel!

Und doch war der Stellenwert, den er der Figur der seltsamen und anhaltend erlittenen Idiotie zuschreiben sollte, Dostojewskij erst zu einem sehr späten Zeitpunkt im Laufe des Schreibens klar. Es gab da auch noch das Problem der thematischen Ansteckung, mit dem der Autor sich auseinandersetzen mußte: die Befürchtung, daß der Text unter der Bürde jener Idiotie litte, die er zu erforschen suchte. Dostojewskij wurde unter anderem von der Vorstellung heimgesucht, daß die Leser seine aufrichtigen Ausführungen und sogar die beabsichtigte Parallele mit dem Leiden Christi als »albern, naiv und dumm« auf- 305
fassen würden. Eine Möglichkeit, der Herausforderung einer solchen Kontamination entgegenzutreten, bestand darin, sich für die Hervorhebung der inneren Aufspaltung der Erzählerfunktion zu entscheiden. Aber sogar diese Anstrengung einer Disjunktion wurde zu einem zweideutigen Zeitvertreib, denn um den Text von seinem eigentlichen Namen und Thema – dem der Idiotie – abweichen zu lassen, mußte Dostojewskij den Erzähler dazu bringen, den Idioten aufzugeben, in einem Akt, der Unwissenheit und Unverständlichkeit vortäuscht. Der einzige Weg für den Roman, sich selbst zu retten und sich gegen die Drohung genau jener Idiotie zu wappnen, die er zu verhandeln sucht, bestand darin, den Druck der Unwissenheit zu erhöhen. Von daher überläßt die Erzählerstimme den Idioten am Ende seinem Schicksal, in einer *Kehrtwendung* um 180 Grad, indem darauf hingewiesen wird, daß man es aufgegeben habe, den stammelnden Protagonisten zu verstehen. Ähnlich der Struktur der Impfung absorbiert die Erzählung das Gift, durch welches sie bedroht wird, ängstlich darauf bedacht, sich zu immunisieren, indem sie es assimiliert und absorbiert; die Erzählung selbst wird hinsichtlich ihrer Dynamik zum Idioten geworden sein, indem sie das Objekt, das sie verstehen wollte, aus ihrer Obhut entläßt. Nichtsdestotrotz blieb der Wert der Idiotie für Dostojewskij ein Rätsel, dessen zweideutige Dimensionen der eigentliche Wert des Projekts wurden. Ein zustimmender Brief von N.N. Strachow lenkt den Blick auf einen Aspekt der Unzugänglichkeit, auf etwas wie einen Anspruch auf Nichterkennt-

nis, der in dem Werk erhoben wird: »Ihr Idiot interessiert mich persönlich fast mehr als alles, was sie geschrieben haben. Was für eine schöne Idee! Die Weisheit einer offenherzigen, kindischen Seele – unzugänglich den Wissenden und Intelligenten.«[5]

Die Bemühung um eine Art Hermeneutik des Idiotentums nahm verschiedene Formen an. Wie die Passage aus Strachows Brief zeigt, war eine gewisse Ausstrahlung von Schönheit mit im Spiel. Seine Notizen bestätigen verschiedentlich, daß Dostojewskij versuchte, sich in seinem Projekt der Möglichkeit eines auf transzendente Weise schönen Gegenstandes anzunähern. Eine solche Schönheit, wenn sie auf die materiellen und empirischen Kräfte trifft, ist jedoch nur der Skandal eines kindhaften Geplappers, sie ist das Porträt einer Unschuld, die so radikal ist, daß sie dazu angetan ist, Schrecken auszulösen. Es ist so, als wären genormte Intelligenz und maßvolle Weisheit nur da, um diesen Abgrund der Unschuld aufzuklären. Ganz klar, die Absorption der Idiotie durch einen Text von entschieden theologischer Tendenz hat seinen Autor in einen beunruhigenden Handel hineingezogen.

Innerhalb des Romans variieren die Bewertungen, die dem Prinz zugeschrieben werden. Aus der Sicht Rogoschins, der, als Sohn eines Kaufmanns, den religiösen Ursprüngen Rußlands am nächsten steht, ist er ein heiliger Narr – eine Art Iwanuschka, welcher der Einfaltspinsel in den Volksmärchen ist, oder eher der einheimische »yurodivyi« (ein Schwachsinniger, von dem das Volk annahm, daß er göttlich inspiriert sei).[6] Unser Einfaltspinsel ist sowohl jemand, der nicht versteht als auch auf magische Weise perzeptiv ist. Zum Konsterniertsein neigend, vertritt er demokratische Tendenzen und ein Bemühen um soziale Gerechtigkeit; ebenso bereit, sich einem Diener anzuvertrauen wie einem hohen Würdenträger, ist er ein Bote großer Liebe, doch: »Ich kann überhaupt nicht heiraten, ich bin krank.« Diese Qualitäten bilden auf keinen Fall Opposi- 49
tionen, sondern bezeichnen die Grenzen, welche der Roman uns zu erforschen nahelegt. In Benjamins kurzer Wiedergabe wird Myschkin, wegen seiner ganzen stümperhaften Einfachheit, assoziiert mit dem, was unsterblich ist. »Das unsterbliche Leben ist nichts weniger als die Unsterblichkeit im gewöhnlichen Sinn. Denn in der ist gerade das Leben sterblich, unsterblich aber ist Fleisch, Kraft, Person, Geist in ihren verschiedenen Fassungen.«[7] Warum Benjamin das Fleisch oder gar die Person unter die Kategorie der Unsterblichkeit subsumiert, wird nicht klar, aber seine Anspielungen auf den Geist, der ausgesetzt ist, auf das unbehauste Selbst, sind hier für uns von Interesse. Benjamin seinerseits kehrt zu Goethes *Gespräche mit Eckermann* zurück, »wonach die Natur verpflichtet sei, uns einen neuen Wirkungsraum zu geben, wenn dieser hier uns genommen sei«.[8] Das Leben der Versehrten und Zertrümmerten wird durch eine Art Lehre des Unsterblichen zurückerstattet. Unwi-

derruflich mit Füßen getreten, aber irgendwie repräsentiert durch einen Decknamen oder eine geisterhafte Metonymie ihrer selbst, wird das Leben, sogar ohne Denkmal oder Andenken oder Zeugnis, unvergessen sein. Ansonsten vage und zusammenhanglos, sind Benjamins Beobachtungen geschrieben, so wage ich zu sagen, als ob sie noch unter dem Einfluß des Haschischtexts stünden. Doch bietet er eine Einsicht in die Heraufkunft dessen, was sich, so einfach und unerklärt, dem Denkmal oder dem Zeugnis verweigert: die Situation des Idioten.

Wenn der Prinz auf der Szene erscheint, dann ist er geradewegs aus dem Schatten der Geisteskrankheit getreten, entlassen aus einer Schweizer Klinik; am Ende des Romans wird er einer Strömung irreversibler Gestörtheit nachgegeben haben. Zwischen zwei Dunkelheiten figuriert er als eine Erscheinung von christusähnlicher Einfachheit. Historisch gesehen ist Christus in vielen Facetten dargestellt worden, so daß es legitim ist zu fragen, welche Figuration oder Aneignung von Christus Dostojewskij entfaltet oder, tatsächlich, in seiner Arbeit erfunden hat. Wir wissen aus der zitierten Passage und anderen Quellen, daß Dostojewskij die nicht übereinstimmenden Manifestationen des Christentums denunzierte, die Römische Kirche beschuldigte, den Atheismus zu fördern und noch dazu die Mutter des Sozialismus zu sein. Meist setzte er sich für eine buchstäbliche Auffassung und Herleitung ein.

Wie schon Kierkegaard hat Dostojewskij Christus mit Don Quijote verglichen. Dessen Aufgabe bestand darin, eine Projektion von Christus zu sein, die durch den Anstrich des Komödiantischen nicht gerettet werden konnte, zumindest nicht auf dem thematischen Niveau der episodenhaften Verfehlung. Doch mußte die Essenz dieses Gottes auf die kritische und beunruhigende Dimension des Lächerlichen reduziert werden – eine Qualität, durch welche der Galiläer, trotz seiner Schönheit als Figur, noch mehr an die Literatur gebunden ist. »Es gibt nur eine im positiven Sinne schöne Figur in der Welt – Christus –, so daß das Phänomen jener grenzenlosen, unendlich guten Figur schon in sich selbst ein unendliches Wunder ist.«[9] Die Figur selbst kündigt die Unendlichkeit des Wunders an, aber indem sie endlich wird, das heißt, der Sprache unterworfen ist (was sie, als Figur, immer schon war), zwingt sie Dostojewskij, das Lächerliche in den Blick zu nehmen: »Aber er ist nur gut,
weil er zugleich lächerlich ist.« Dostojewskij macht die Zuschreibung des 274
Gutseins vom Lächerlichen abhängig, eine festgelegte Komplementarität, die er im Roman erforschen wird. Und, um Punkte beim Leser zu sammeln, bemerkt der Autor: »Das Mitgefühl für den schönen Mann, der lächerlich gemacht wird und der sich seines eigenen Werts nicht be-
wußt ist, löst beim Leser Sympathie aus.« Wenn Don Quijote und Pick- 274
wick Sympathie erwecken, weil sie offenkundig komisch sind, mit der Welt zusammenstoßen, dann muß der Prinz in den Untergrund gehen,

alles auf seine ernsthafte Unschuld setzen, seine unberührbare Schön-
heit, welche ihr In-Erscheinung-Treten nur der verläßlichen Großzügig-
keit des Lächerlichen verdankt. Das Lächerliche bringt das Gute des
Prinzen an den Tag, und Lächerlichkeit ist das, was in der Elaboration
des extrem Guten riskiert werden muß: das Gute kann nicht auf das
bloß Innerliche beschränkt werden, sondern es muß öffentlich, expo-
niert werden. Der Prinz wird in den Notizen in einem Zustand der schie-
ren Ausgesetztheit gezeigt; er wird dem Skeptizismus ausgesetzt und
»dem Spott einer sich mokierenden und erbarmungslosen Welt«. Dosto- 274
jewskijs Interesse betrifft nicht nur die Sache des Lächerlichgemacht-
werdens oder das Mitgefühl, das jede Figur, die so behandelt wird, er-
wecken könnte. Solch ein Interesse (oder sogar eine solche Strategie)
wäre verständlich, wenn nicht schlicht eine Nachahmung anderer Texte.
Dostojewskijs Fokus ist radikaler: er sieht das Lächerliche an Christus,
um es zu bejahen. Wie kann das anders dargestellt werden als durch
jene Verkörperung des ungeschickten Erdenbürgers? Und doch haben
wir es nicht nur mit irgendeiner körperlichen Erscheinungsweise zu
tun.

Was die Anfälligkeit für das Lächerliche zum Ausdruck bringt, ist der ge-
folterte, zum Opfer gemachte Körper. Verstümmelt und zerbrechlich,
ist der Körper in seiner Fragilität, der hier als lächerlich und zugleich
voller Bedeutung angesehen wird, schließlich in die Literatur verbannt
worden. Dieser Körper, könnte man sagen, begann mit Cervantes' Ro-
man in den Vordergrund zu treten, in »einer Welt, in der die Bedingun-
gen des menschlichen Körperseins, mehr als der menschliche Verstand,
die Grenzen des Wissens setzten«.[10] Don Quijotes schmale, bleiche Ge-
stalt, »hager am Leib, dürr im Gesichte«,[11] wirft Licht auf die Ahnenrei-
he, die Myschkin in dem Maße beerbt wie ersterer tatsächlich das kon-
vulsivische Taumeln vorwegnimmt, das auftritt, »wenn sich der Körper
auf peinsame Weise verbiegt, sich verrenkt, wie dies für die Komödie
typisch ist«.[12] Don Quijote, niedergeschlagen, umgestoßen, den Bedin-
gungen seiner Verkörperung unterworfen, hat den Beweis unserer Un-
zugehörigkeit zur Welt erbracht, er hat uns gezeigt, daß es »kein Pas-
sen, keine perfekte Verschlingung von Körper und Welt gibt«. Künftig 38
wird es keine Fiktion des Verschwindens des Körpers geben, wie Des-
cartes dies zu erwirken versucht hat, keine abgelegten Körpertaschen,
auf welche das *ergo sum* aufgepropft ist, sondern eher die endlosen
Auftritte einer entschieden verkörperten Existenz. In *Don Quijote* kann
das Wissen über sich selbst nicht als epistemologische Angelegenheit
angesehen werden, sondern es hat seine Wurzeln in den Bedingungen
der Verkörperung: »Don Quijotes Körper drängt sich immer auf.« Mehr 38
noch – und dies leitet über zu Myschkins Bericht –, Don Quijote wird als
ein Charakter dargestellt, dessen Gehirn »ausgetrocknet« ist, ein Charak-

ter, dessen Zusammensetzung »ein Wissen um die Welt durch die Gewißheiten des Geistes ausschließt«. Die Erfindung des gequälten Körpers 38
in der Literatur zieht ein Denken nach sich, das ein Befragen der Grundlagen, auf denen die Ansprüche des Wissens aufgebaut sind, impliziert und diese nicht für selbstverständlich nimmt. Obwohl die Bezugnahme von *Der Idiot* auf sein vorgebliches Modell und seine Quelle im *Quijote* auf längere Sicht als etwas oberflächlich und zufällig erscheinen könnte, gibt es da die Substanz des Körpers, die geklont und recycelt, immer wieder nationalisiert und theologisiert wird, gibt es einen Körper, der wiederkehrt und sich verdreht in den neu entstehenden Versionen eines schlechten Angepaßtseins.

Mit einem Sinn für Präzision, der strukturiert wird durch den Wiederholungszwang, wiederholt der Roman die beunruhigende Darstellung von Holbeins totem Christus – den Skandal des zugerichteten und blutigen Körpers, dem Transzendenz verweigert wurde. Dostojewskij ist wie versteinert durch die Darstellung des Moments, in dem das westliche Bewußtsein die Obhut über den Körper von Christus übernimmt; es ist der Moment, welcher der Auferstehung vorausliegt. Doch ist der Körper, als solcher, nicht in Anspruch genommen worden, da das aphanische Bewußtsein seinen Blick abgewendet hat, das Sehen abdunkelte. Es bleibt da eine Erinnerungsspur des vergessenen Traumas, und Holbeins Darstellung des zugerichteten Körpers kehrt durch den ganzen Text hindurch als Symptom wieder, das nicht aufgelöst werden kann. Indem nur die Faktizität eines Leichnams in Erinnerung gerufen wird, der nie wieder für eine Erweckung zur Verfügung stehen wird, wird der Moment markiert, in dem Christus tot ist; Christus als reine Leiche, die als das Reale in ein unempfängliches Bewußtsein eindringt; ein Eindringen, von dem Dostojewskij fürchtete, daß er danach nie wieder zum Glauben oder zur Religiosität finden würde. Er stand, während des berühmten Besuchs im Basler Museum mit seiner Ehefrau, wie paralysiert vor dem Gemälde *Der tote Christus*. Der Schock ist in seine Arbeit hineingenommen worden, die versucht, den unrettbar verlorenen, toten Körper zu begraben. Das heißt, daß die Arbeit, als der Ort, wo der Schock absorbiert werden soll, den Versuch darstellt, aber als verfehlten, die Leiche wiederzubeleben, den Körper zu glorifizieren und ihm den Mantel der Transzendenz zu leihen. Dieser Leichnam, oder dieses Bild von Christus, im Griff der absoluten Sterblichkeit, wird durch die Stationen des Textes getragen, den Blicken ausgesetzt. Zunächst bezieht sich diese Darstellung nur indirekt auf die Bedingung der Idiotie, obwohl sie im Werk jene in Stupor versetzt, die mit ihr in Berührung kommen.

Es gibt da etwas in Holbeins Darstellung, das Dostojewskij anzog und ihn erschreckte. Es scheint in Beziehung zu stehen zu dem harten Faktum, daß Christus unabwendbar an seinen Körper gebunden war, dem Schicksal der Ermordung ausgeliefert (Freud hat, auf einem vorliterarischen Schauplatz der Erkenntnis, den Ursprung von Dostojewskijs Epilepsie mit der brutalen Ermordung seines Vaters in Verbindung gebracht; die Anfälle traten symptomatisch auf, angesichts eines Beerdigungszuges, oder als die Nachricht von Belinskijs Tod eintraf). Es ist, als ob der Roman, als Konsequenz eines ersten und Schrecken auslösenden Anblicks, die Phasen eines epileptischen Anfalls angesichts dieses Gemäldes aushalten würde: der Roman situiert sich dort im Moment, wo Christus aus dem Leben scheidet, sich verliert in der abgründigen Tiefe einer negativen Epiphanie: Christus erniedrigt, als sterblich (»mortalized«) gezeigt – man ist versucht zu sagen »festgenagelt« (»mortotalized«) –, durch Sterblichkeit gebrandmarkt also, exponiert als endlich, schwach und ... als Narr. Das Sterben Christi, seine Reduktion auf einen Körper, der sich seiner eigenen Zerstörung unterwirft, sucht die Seiten, wenn nicht die wesentliche Konstruktion von *Der Idiot* heim. Dostojewskij fixiert und vervielfacht sein ganzes Werk hindurch den Moment der reinen Bestürzung, die solch ein Gedanke hervorruft.[13]

Der Schrei der Verlassenheit

Der Idiot wiederholt den Schrei der Verlassenheit, arbeitet ihn immer wieder durch, in einer entstellten, vom Heiligen entleerten Welt. Die Arbeit läßt ein Supplement zur existentialen Zündung der Himmelfahrt, einen Vorrat an Nicht-Vererbbaren zurück. Es ist, als ob kein Erbe angetreten werden könnte, und es gibt da wenig, was an anerkannte Figuren der Zukünftigkeit übergeben werden könnte. Wachstum und Zukunft sind in der Entwicklung gehemmt. Register der Fruchtbarkeit kommen nicht in Frage. (Nichts sollte man weniger von diesem Autor erwarten, dessen Name mit dem schrecklichen Herannahen des Verhängnisses synonym ist.) Die Inkarnation ist mit dem Körper verschwunden und hinterläßt ein Ausbluten des Sinns. Es kann jedoch keinen Zweifel daran geben, daß Dostojewskij auf die Vermächtnisse der heiliggesprochenen Märtyrer und auf den Opfertod Bezug nimmt. Seine Bemühungen rufen uns auch in Erinnerung, wie der leidende und erniedrigte Christus im Herzen der russischen Spiritualität bewahrt wird. Indem er es mit der christlichen Theorie der Kenosis hält, ein unterscheidendes Merkmal der russischen religiösen Tradition, erholt sich der Prinz von einem epileptischen Stupor, er erwacht zu einer existentiellen Talfahrt, er ist in einem Zustand, der, im Falle des Menschen, ein Gleiten durch die Verkettung des Seins impliziert (wobei die Verbindungen nicht so sicher sind, wie sie scheinen). Joseph Frank bezeichnet diesen Zustand als die Wahrnehmung »der Existenz der Welt in der Form von so etwas Bescheidenem und Alltäglichem wie einem

Esel«. Der Kritiker ist auf der Seite des christianisierten, irgendwie sozia- 319
listischen Esels: »Der Esel hat natürlich verschiedene Gospel-Untertöne, die mit der Unschuld des Prinzen und seiner Naivität zusammengehen; und dieses geduldige, arbeitsame Tier betont auch, darin mit dem christlichen Kenotismus übereinstimmend, die Abwesenheit der Hierarchie in der ekstatischen Auffassung der Wunder des Lebens durch den
Prinzen.« Aber es ist nicht so sehr das »Wunder des Lebens«, das die 319
Krisen des Prinzen in Gestalt fortwährender Demütigung verursacht, ob dies nun angesichts eines langsamen und begriffsstutzigen Esels oder innerhalb der Reichweite einer aufgestört summenden Fliege statthat. Was vom Heiligen bleibt, ist eine unheimliche Übereinstimmung von Eseln und Fliegen, die zu einer demütigenden *bêtise* in Korrelation stehen.

Kenosis, ein theologischer Begriff, bezieht sich auf die Selbstentäußerung Christi durch seine Menschwerdung; er erniedrigt sich selbst bis hin zum Ertragen des Todes und gibt, im Prozeß seiner Verkörperung, einige seiner göttlichen Attribute preis. Der These von G.P. Fedotov zufolge, dem modernen Historiker der russischen religiösen Tradition, ist es der leidende und erniedrigte Christus, »der im Herzen der russischen Spiritualität wohnt«. Fedotov bezieht sich auf die ersten, zu Märtyrern gemachten russischen Heiligen, die Prinzen Boris und Gleb, und vergleicht ihre demütige Selbstunterwerfung in den Händen ihrer Mörder mit der Lehre des Mönchs Theodosius, dem Begründer der russischen kenotischen Tradition: »Boris und Gleb folgten Christus bis in ihre Opfertode hinein – dem Höhepunkt Seiner Kenosis – so wie dies Theodosius mit Seiner Armut und Seinen Erniedrigungen tat ... Von außen gesehen, muß dies den Eindruck der Schwachheit erwecken, so wie die Armut von Theodosius dem Außenseiter närrisch erscheinen muß. Schwach und dumm – so ist Christus in seiner Kenosis, in den Augen eines Nietzsche ebenso wie in den Augen der Alten Welt.«[14] Ernst Bernst, der deutsche Historiker der Religionsphilosophie, unterstützt diese Argumentation, um die verbreitete Auffassung zu untermauern, daß Nietzsche mit *Der Idiot* vertraut gewesen sei und Dostojewskijs Roman dazu beigetragen habe, seiner gesamten Interpretation des Christentums Gestalt zu verleihen.[15] Diese Aussagen wiederholen, was in der Geschichte der Theologie heute wohlbekannt ist. Aber vielleicht tragen sie dazu bei, ein neues Licht auf das Risiko zu werfen, als Narr zu erscheinen, das der christliche Gott einging. Noch immer hallt in unseren Ohren das Lachen der nietzscheanischen Götter nach, wenn sie mit dem letzten ihrer Abstammung konfrontiert werden, mit dem, der in der Verkleidung der menschlichen Verletzlichkeit posierte. Er erschien. In-Erscheinung-Treten heißt, sich lächerlich machen, erniedrigt zu werden bis zu dem Punkt, Spott zu provozieren. Er hat sich selbst für einen mensch-

lichen Körper eingetauscht: »Schwach und dumm – so ist Christus in seiner Kenosis, in den Augen eines Nietzsche, ebenso wie in den Augen der Alten Welt.« Wenn sein Christentum durch *Der Idiot* eingeläutet worden ist, dann ist es kein Wunder, daß Nietzsche sich entschied, die Logik des »Warum ich so klug bin« einzuschreiben, das heißt, dem Duckmäusertum die Klugheit entgegenzusetzen und dem närrischen Idioten den Buffo, ein subversives und fröhliches Überwinden dieses geschwächten Zustandes lahmer Akzeptanz, das den Gegner charakterisiert; Dionysos versus Christus oder der Narr. In *Der Idiot* ist das Spektrum des Närrischen subtiler und farbiger. Lebedew, gewitzt und gewinnend, wird vom Erzähler oftmals als Buffo begriffen; tatsächlich weist der Erzähler auf verschiedene Abstufungen des Narrentums hin, das den Prinzen umgibt, so als sollten die Qualitäten der Idiotie illuminiert werden. Fast jeder Charakter hat seinen Anteil am Närrischsein, hat einen Platz unter der schädlichen Sonne der Dummheit. In einer Art Chiasmus normierter Erwartungen werden die benachbarten Verkörperungen der Narrheit kontaminiert, sie werden unrein. Sie sind weltlich. Nur der Prinz erreicht die beeindruckenden Tiefen – am unlesbaren Kreuzungspunkt von Seele und Körper – unbefleckter Idiotie.
Nietzsche, der erste moderne Philosoph, der seinen Körper an die Leitung gehängt hat, um für ihn und mit ihm zu schreiben, wobei ihm klare Diäten vorgeschrieben und seine kulturellen Gewohnheiten, wenn nicht sogar Süchte, gesteuert wurden, teilt mit Dostojewskij eine gewisse Akzeptanz dessen, was verworfen, ausgestoßen worden ist durch die dominanten kulturellen Kodifikationen körperlicher Inszenierung. Beide Autoren kehren regelmäßig zur schieren Faktizität der körperlichen Existenz zurück, aber nicht so sehr als stummer Wirklichkeit, die eine Bedeutung durch ein transzendentes Bewußtsein antizipiert – es gibt etwas davon bei Dostojewskij, aber es wird ständig unterlaufen und bleibt bloße Verlockung –, vielmehr als eine Art Skandal, der nichtassimilierbar ist. Der Unterschied zwischen ihnen, um es in Kurzform zu sagen, ist, daß Nietzsche vor Freude tanzt, während Dostojewskij sich vom Horror verzücken läßt – eine Frage des Temperaments oder sogar der Temperatur, des Klimas, kein Zweifel, auf das beide äußerst anfällig reagierten. Wie dem auch sei, beide Denker setzen den Körper in Erscheinung, als massive Unterbrechung von vererbter Bedeutung und, im Falle von *Der Idiot,* als eine nahe bevorstehende Desorientierung des Sinns. Der Körper ist in der Welt, und er bringt eine Bestimmung in die vage Lokalität »Welt«, aber wenn man die Aufmerksamkeit auf ihn lenkt, ist die Festigkeit der Welt bedroht. So wie im Fernsehen: wenn die Dinge sehr lokal werden, dann gibt es da an der Materialität etwas Unheimliches und Unverständliches: sie erscheint ortlos. Die Nahaufnahme des Körpers, zu welcher diese Denker einladen, bricht mit den

traditionellen Methoden des Verstehens, und dies ist der Grund, warum von uns explizit gesagt werden kann, daß wir uns hier mit Idiotie befassen.

Idiotie materialisiert sich in einer Art von negativer körperlicher Stilisierung, dennoch verweist sie auf die Allgemeinheit einer menschlichen Voraussetzung: Idiotie hat etwas zu tun mit dem existentialen Faktum, daß wir in einem Körper stecken oder, anders gesagt, mit der Tatsache, daß der Körper Ansprüche auf uns hat. Es ist nicht nur so, daß wir in hohem Maße, sondern sogar notwendig dumm sind in bezug auf unsere Körper – ob oder ob nicht unsere Körper auf verschiedenartigste Weise als signifikante Praxis angesehen werden oder routinemäßig einer Überfülle an Informationsfetzen unterworfen werden: der Körper existiert, als ob er die dumpfe Ungerührtheit unseres Seins zu bezeichnen hätte. Es gibt da nichts zu wissen und wenig zu verstehen – vielleicht, wie man ihn füttern muß, wenn er zu fasten hat, wie man ihn trösten, befeuchten, ihn sich überlassen oder heilen kann; denn vor allem gibt es keinen epistemologischen Anhaltspunkt oder kein medizinisches Absolutum, durch die wir ein für alle Mal unserem Körper innewerden könnten – so als könne er jemals bloß er selbst sein, ein für alle Mal: man kann nur Zeuge sein und Zeugnis ablegen.[16] Das ist der Grund, warum Schreiben so oft mit Krankheit verbunden ist, und warum der Schriftsteller und der Invalide insgeheim eins sind, so wie ihre Umkehrung in Clark Kent und Superman (Prinz Myschkin, der Invalide, der Reporter und der Wunderblock, erzählt Geschichten und lauscht endlos den Erzählungen in Gesellschaft der zwanghaften Gesprächspartner; mehr noch, er will hoch hinaus, getrieben von seinen Epiphanien und Ausbrüchen). Alle kulturellen Phantasmen körperlicher Mutationen einmal beiseite gelassen, der Körper bleibt niemals lang genug stehen, um Selbstidentität auszuformen. Das ist der Grund, warum unsere Vorfahren es gewohnt waren, vorwärts zu preschen und ihn einfach zu verlieren, à la *Trauerspiel**, zugunsten himmlischer Formen und nebulöser Versprechen.

Aber bevor wir uns ansehen, wie Dostojewskij diese Feuerproben am wundersamen Fall der Idiotie entfaltet, erinnern wir uns daran, daß der Körper, der in diesem Roman vorfindlich ist und von der Tradition der Kenosis geprägt ist, verschiedentlich beschimpft und erniedrigt wird; er ist das, was verletzt werden kann, doch handelt es sich um eine Verletzung, die der Sprache und der Darstellung fähig ist. Dostojewskij hat sich immer wieder auf das Leiden unter den Erniedrigten, Beschimpften und Verwundeten bezogen.[17] Idiotie bringt eine delikate Konfusion von Soma und Psyche mit sich, wo es verwirrend ist, mit Gewißheit von Gesundheit und Krankheit, Kraft und Schwäche zu sprechen, als wären dies bloße Gegensätze. Sie hat einen Zugang zum geschändeten

Körper, zum geschwächten Geist eröffnet – obwohl für Dostojewskij diese Qualitäten fluidisch werden, ihre Werte sich entsprechend momentaner Verschiebungen umkehren. Was den Prinzen angeht, sieht er sich selbst als krank und erfährt diesen Zustand des Krankseins als eine Art Materialität, an die er gekettet ist. Trotz seiner heiligen Unschuld ist er gezwungen, zu seinem Körper zurückzukehren, ihn als Referenz zu situieren. Bei jedem Schritt auf seinem Weg, selbst unter den Bedingungen der Latenz, erzwingt die Krankheit seine Hilfe.

Krankheit, wenn sie das ist, was sie ist, ermahnt den Körper, etwas von sich selbst zu enthüllen. Aber gibt es da ein *Objekt* der durch die Krankheit provozierten Enthüllungen? Ist irgendetwas gelernt oder verstanden worden? Oder ist die Krankheit nicht der heimliche Meister, der Lehrer, dessen Lektion opak und doch zweckdienlich ist? Der Körper braucht seine Zeit. Wie dem auch sei, Krankheit bedeutet eine Verzerrung des Zeitempfindens, die Tage werden länger und die Stunden kürzer, sie ist ein Teleskop, das in die Zukunft sieht, während man schweißgebadet dallegt. Es gibt so viel Zeit, doch diesmal wird deine Zeit durch die sich beschleunigende Aufmerksamkeit für Endlichkeit gemessen. Du sitzt in der Zwickmühle. Das ist der Moment, wo du dich fragst, wieviel Zeit habe ich?

Dein Körper, der sich mit Blick auf seinen Ort der Pathologie bestimmt, erinnert dich daran, wie er es geschafft hat, sich unsichtbar zu machen, zu einem Punkt oder einem Pulsieren im Unbewußten zu werden. Als er noch auf deiner Seite war, trug er dich, indem er sich selbst zurückstellte. Vielleicht hast du dir in den Finger geschnitten oder dein Knie angestoßen. Ein Spinnenbiß. Kleine Dinge, die dir mittels Metonymie signalisieren, »Liebling, ich bin zu Hause, ich bin dein Zuhause«. Nun greift dein Körper über, als Vorwurf, und es gibt da für dich nichts zu wissen (es gibt Tabellen und medizinische Beschreibungen, komparative Analysen, Informationen und Daten, Prognosen und Voraussagen, all das kognitive Gestammel angesichts einer Krankheit). Du wirst zu ihrem von Amnesie befallenen Zeugen, fähig zu momentanen Attestierungen, Beobachtungen und Steuerungen, unsicher, ob du dich jemals wieder von diesen Eruptionen totaler Kontingenz erholst. Du begreifst dich selbst als totes Fleisch, du wiederholst den uralten Schrei der Verlassenheit und weißt, daß dieses Mal, dieses Mal wirklich du gemeint bist, du bist im Stich gelassen worden. Vergiß es, darüber hinweg zu kommen. Obwohl es da kleine, alles in allem profane Auferstehungen gibt: dein Fieber geht runter, ein bißchen Energie kommt auf, du kannst allein essen oder gehen oder pinkeln, und es ist nicht klar, warum dies dir gerade jetzt geschieht, ich meine damit, daß du noch nicht tot bist. Dennoch, etwas ist dir widerfahren. Eines Morgens bist du wie Gregor Samsa aufgewacht, du kannst das Bett nicht verlassen. Oder du hast dich die ganze

Nacht übergeben. Etwas ist geschehen. Du bist gefallen, auf Krankheit zurückgeworfen, du bist erledigt, ausgesetzt, aus dem himmlischen Körper verstoßen, der dir Unschuld in Form von Gesundheit zusicherte. Du fühlst dich hundeübel. Alles setzt aus. Es gibt Momente, da kann die Suspension des Seins bejaht werden. Wenn Gregor an der Decke tanzt: er braucht nicht zur Arbeit zu gehen! Du kannst zuhause bleiben und regredieren. Lesen, fernsehschauen, halluzinieren. Dennoch, trotz allem, ist da etwas absolut nicht richtig, wie eine Schuld, für die man den Grund nicht weiß. Du bist in Schwierigkeiten, aus der Balance. Die Erfindungen und Inflexionen der Zukunft verschwinden. Aber irgendetwas ist auch freigesetzt. Der Vorrat an Gift läuft über, manchmal in Zeitlupe, und so etwas wie die Zeit beginnt sich zu bereinigen. Dein Körper – dein Körper *kämpft für dich*.

Es ist manchmal ein Kampf ohne Ziel; es kann eine Schlacht sein, die droht, verloren zu gehen oder eine Heilung ohne Kur, eine einzige große Krise des Heilens. Es ist Krieg, und ein kleiner Teil von dir steht auf für dich, steht dir bei. Vielleicht zum ersten Mal.

Krankheit: im wesentlichen bezogen auf die Erfahrung der Ungerechtigkeit, ist es deine *Geworfenheit**, dein Dharma. Irgendetwas jenseits von dir oder in dir hat dich fallengelassen, dich mit Wucht gegen eine Wand von Indifferenz geworfen, dich mit deiner eigenen Leidenskraft niedergedrückt. Die Krankheit ist nicht gerufen worden, doch mag da etwas gewesen sein, was du getan hast und wovon du denkst, daß es sie in Gang gesetzt hat. Die Krankheit, eine Begleiterscheinung deiner Endlichkeit, besucht dich, wann sie will, und sie tut was sie will mit deinem Körper, sie beißt in Organe und sticht in Oberflächen, von denen du nicht wußtest, daß du sie hast. Um das hervorzuheben, hat sich Dostojewskij versichert, daß der Prinz die Intensität der Ungerechtigkeit gewissermaßen aushalten würde, indem er bestimmte, daß seine Erfahrung der Krankheit nicht durch soziale Ungerechtigkeit verdunkelt würde. Deshalb gibt ihm Dostojewskij Geld und einen Posten. Das Märtyrertum des Prinzen ist bezogen auf eine Destruktion, die irreparabel geworden ist, denn es gibt keine Möglichkeit, die Destruktion des Geistes von einem Körper zu trennen, der verzweifelt ist: von daher erleidet der Prinz eine heilige Krankheit. Es ist nicht der Körper, der, obwohl er uns anvertraut ist, als solcher geheiligt ist, sondern die Krankheit, die den Verstand und sogar die Konvention in Unordnung bringt, die Konvention, welche die auratische Qualität des fortwährenden Opferns aufrechtzuerhalten scheint, ihr Heiligsein.

Die Krankheit bietet ihr eigenes System des Unterlaufens von sozialen Normen auf, unabhängig von Subjektivität und Wollen: »Ich kann überhaupt nicht heiraten, ich bin krank.« Flankiert von Panik, räumt die 49
Krankheit einen Weg frei, damit man sich ihr andächtig überlassen kann,

etwas anderes preisgebend als das Selbst, den Willen. Während Nietzsche einen Untergang thematisierte, der sich um ein Versprechen der Erholung drehte, zergliedert Dostojewskij die Krankheit in einen Rhythmus des vorübergehenden Abklingens, ein Versprechen, das nur als zeitweiliger Aufschub gegeben wird. Aber es gibt keine Phase der nachweisbaren Überwindung, denn die Erkrankung, die auf stille Weise chronisch ist, ist immer auf der Seite des Idioten, selbst wo sie wiederholt Zeichen und Symptome anbietet oder damit aufhört, sich an die Stelle der Wahrnehmung zu setzen und Bewußtsein zu mimen. Als andere Vermittlungsweise bringt die Krankheit wirklich ein alternatives System von Ekstase und Bedeutung mit sich. Im Bann des Paradoxen erweist sich, daß die klassischen Tropen der Harmonie und der Balance nur in den Verzerrungen aufrechterhalten werden, die durch den leidenden Körper hervorgebracht werden, neben sich seiend, taumelnd in Richtung auf den massiven Kollaps. Der gemessene Schauer absoluter Gefährdung. Wie ein Dostojewskij-Schüler gesagt hat: »Diese seligmachende Vision der Harmonie kann nur durch einen schwachsinnigen Epileptiker erfahren werden, der weiß, daß dies eine Verirrung seiner Krankheit ist.« [18]

In *Der Idiot* gibt es zwei geschwächte Körper. Sie werden durch die Graphosomatologie des Textes explizit als erkrankt und sterbend bezeichnet. Natürlich wird niemand von den Ansprüchen eines solchen Werdens verschont (die Grenzen der Gesundheit sind niemals ganz klar, man kann nicht nicht-sterblich sein, und, wie dem auch sei, die Krankheit ist eine unentfliehbare Bedingung des Seins), aber zwei Körper – der von Prinz Myschkin und des jungen nihilistischen Ippolit – werden uns ohne Ambiguität unter dem Namen der Krankheit vorgestellt. Ippolit, der Schwindsüchtige, ist, während er stirbt, durch Bekenntnisse und die unaufhörliche Zusammenstellung letzter Willenserklärungen und wütender Testamente an diesen seinen Prozeß gebunden. Der Prinz erträgt eine Krankheit, welche die Vollstreckung aufschiebt, aber in regelmäßigen Abständen Vorahnungen des Todes aufscheinen läßt. Er geht umher, in ständiger Antizipation eines Anfalls, die ganze Zeit in der diffusen Gewißheit punktueller Gesundung. Als die Genesung eine Chance anzubieten scheint, ist er ausgelaugt und wird dann, plötzlich, wieder hergestellt. Man weiß nicht, wieviel Zeit er hat. Keinesfalls geht es um eine Heilung, obwohl es da Atempausen gibt, überraschende und erschöpfende. Idiotie und Epilepsie verstärken sich gegenseitig im Roman, als ob die unmögliche Trennung der Bereiche betont werden solle, bedenkenswerterweise da, wo der Körper endet; indem er sich ausdehnt in Richtung auf eine Grenze und diese Grenze auflöst, läßt ihre Konjunktion die Frage aufkommen, wie kann eine reine Phänomenologie des Geistes aussehen, die den Körper nicht ausgrenzt? (Wenn sie rein wäre,

dann müßte sie »unrein« sein). Während die Einführung der Epilepsie die Parameter der Gebrechlichkeit definiert, mit denen Dostojewskij arbeitet, klärt eine solche medizinische Deutung der Idiotie nicht die Fragen, die er beharrlich aufwirft. Tatsächlich ist Epilepsie an und für sich, von Shakespeare in *Julius Cäsar* »Fallsucht« genannt, ein riesiges Fragezeichen am Tisch jeglicher spekulativer Diagnostik.
Obwohl Dostojewskij Epilepsie »hatte«, bleibt es unklar, was er hatte oder was wir in der Hand haben, wenn wir davon ausgehen, daß wir die Verfassung, die so bezeichnet wird, diskutieren. Sie hat eine Erbschaft, die durch die Literatur erinnert, von der Philosophie aufgenommen und durch die Mythologie in Anspruch genommen wird. Eine gründliche, moderne kulturelle Anthropologie, die den Ort besagter Krankheit studieren würde, würde das Faktum mitberücksichtigen, daß Epilepsie die einzige somatische Krankheit ist, der Freud einige Seiten in den postneurologischen Phasen seiner Karriere widmete. Lokalisiert zwischen Psyche und Soma, zwischen der Theorie des Traumas (welches die Geschichte des Subjekts fokussiert) und der Theorie der Phantasie (welche sich auf die Übertragung und die Gegenübertragung bezieht), ist die Epilepsie nicht nur eine andere somatische Krankheit. Im Unterschied zu anderen Typen schwerer somatischer Beeinträchtigung, ist die Epilepsie in die Geschichte des Denkens eingeschrieben, ohne bloß auf die Geschichte des medizinischen Denkens beschränkt zu sein.[19] Als die einzige Krankheit, die ihre eigene mythologische Figur hat, könnte sie das Urphänomen aller nachfolgenden Formen der Verrücktheit und des visionären Exzesses sein. Herkules, der Herold der Epilepsie, hat sich verwandelt und wurde historisch zu Buddha, Alexander dem Großen, Julius Cäsar, Napoleon, Lord Byron, Pascal, Van Gogh und anderen, auf die wir zweifellos zurückkommen werden (von Epileptikern wird gesagt, daß sie die Wiederkehr fürchten, die *revenants*). Lassen Sie uns für den Augenblick Dostojewskij folgen, indem wir eine Diskussion der pathogenen Spezifität aufschieben, bis der allgemeine Durchgang durch die globaleren Effekte der Krankheit abgeschlossen ist.
Die kranken Körper von Ippolit und Myschkin markieren die Zerreißung, um die herum der Text organisiert ist. Das mag ein Grund sein, warum der Text so desorganisiert daherkommt und die historischen Kontingenzen seiner Entstehung*, die Bedingungen seines Erscheinenkönnens abtrennt (unter großem Druck stehend, hat der Autor sich die seriellen Kapitellieferungen gegen Bezahlung abgerungen, seine geliebte kleine Tochter ist gestorben, und er, untröstlich, leidend, war größtenteils exiliert und auf deutschsprachige Terrains beschränkt). Jeder ist empfänglich für kränkelnde Körper, beinahe unbeschreiblich von ihnen angezogen, so als ob sie vor allem psychisch ansteckend wären. Keine Figur steht für den gesunden Körper ein, denn es gibt da Krank-

heitsgrade und ganze Taxinomien der Verrücktheit – der Roman leidet an Verrückten verschiedenster Couleur und unterstützt Trinker, Manische, pathologisch Nachtragende, die Eifersüchtigen, einen Vergewaltiger, jede Menge Schwätzer, klassische Neurotiker, Subjekte, die wahnhaft Phrasen dreschen und kriminelle Absichten haben, um gar nicht zu reden von dem, was, von allem am schlimmsten, für den Erzähler das offenkundig Ordinäre ausmacht. Bei mehreren Gelegenheiten wird Nastasja Filippowna vom Idioten als mondsüchtig bezeichnet. Die tragenden Rollenbesetzungen, aus verzweifelten Figuren bestehend und im Roman zum größten Teil mit Leidenschaft dargestellt, fähig, eine fast magische Ausstrahlung zu entwickeln – sind nur dazu da, um die heilige Intensität der Krankheit des Idioten zu schüren.

Der Körper des Idioten, der als exzentrisch und peinlich, als konvulsivisch und ausgelaugt, in einigen Momenten als mißbrauchter Körper dargestellt wird, ist besonders empfänglich für Angriffe. Nicht immer ist klar, von woher der Angriff kommt, denn es ist schwierig, die Kraft zu lokalisieren, die ihn trifft – sie kann von oben, von innen, aus dem alter ego und vom spirituellen Bruder Rogoschin kommen (obwohl es ein anderes Problem aufwerfen würde, wenn dieser ein alter ego des beinahe egolosen Myschkin wäre), vom Wetter oder vom Unbewußten, oder, sogar noch genauer, aus dem *Trieb*, das heißt, weder aus dem Bewußten noch aus dem Unbewußten. Anfälle, wie er sie erleidet, Krankheitsanfälle (Dostojewskij macht es einem nicht leicht, das Territorium der Krankheit aufzuteilen – ist sie eine Kontinuität, die durch gelegentliche Rezession zurückgefaltet wird, oder ist sie eher eine Punktualität, eine Rückkehr, eine Interferenz oder Unterbrechung eines anderen Zustands?), verstärken das Problem der Präsentation des Körpers – das Gewicht des Undarstellbaren. Der kranke Körper stellt die Thematik dieser unmöglichen Darstellung mit Dringlichkeit ins Zentrum. Er ist nicht bloß in Passivität versunken, obwohl er jeden Tag sein Schicksal erwartet und sich fragt, ob eine vage Anwandlung des Sich-Vernebeltfühlens nicht das Anzeichen des Beginns einer neuen Phase darstellt, das Ereignis einer weiteren Destruktion. Die Schwierigkeit liegt im Vorhersagen des täglichen Geschehens, das einem kranken Körper innewohnt, der variierenden Intensitäten seiner Konstitution (der Tag des Kranken ist aufgeteilt in ungefähr vier Phasen, das Nachmittagsfieber, die Gnadenfrist des Abends, nächtliche Schweißausbrüche – das ändert sich mit den verschiedenen Typen der Krankheit, ich meine, des Signifizierten, aber der Tag teilt sich ungefähr so ein, egal was Sie haben – und die Leber arbeitet die Nachtschicht durch, sie rüttelt dich um zwei oder drei Uhr morgens wach, egal wer du bist). Im Leben des Kranken ist die Hauptbezugsperson dieses alternierende Sein, das im Inneren haust und einem von außen zustößt.

Wenn der Idiot sagt, daß er nicht heiraten kann, dann deshalb, weil er durch einen anderen Vertrag gebunden ist, nämlich durch seine Krankheit, deren distinkter Persönlichkeit er dient. Beherrschend ihrer Natur nach, fordert die Krankheit eine demütige, beschwichtigende Haltung von dir, Verstehen und die endlosen Handreichungen des Sorgetragens. Du liegst mit deiner Krankheit – es klingt dumm, so etwas überhaupt zu sagen: sie bringt dich, in vielen Fällen, ins Bett. Aber es gibt da einige Formen der Krankheit, die sich nicht zeigen, die dich nicht flachlegen oder zum Zurücklehnen zwingen, die dir lästig sind. Im Schatten eines passiven Übergangsstadiums spazierst du in ihnen herum, du bist ein Idiot, ständig am Rande eines neuen Anfalls. Er sagt, er könne nicht heiraten, aber er ist mit zwei Frauen verlobt; am Ende hat er sich auf die Hochzeit mit Nastasja Filippowna vorbereitet. Aber das ist kein Widerspruch: die Kranken finden oftmals jemanden, der sogar noch kränker ist als sie selber und um den sie sich kümmern, und so verhält es sich auch mit dem Prinzen. Er bietet seine Hand Nastasja an, so wird uns gesagt, aufgrund eines feministischen Impulses – sie hat die Verächtlichkeit der Männer erfahren, ist als »verworfen« denunziert und sexuell mißhandelt worden – aber er tut dies mit unbeteiligter Leidenschaftlichkeit, denn sie ist, in seinen Augen, ein krankes Kind, eine Mondsüchtige, delirant und gestört. Er kümmert sich auch noch um Ippolit, dessen todesnaher Zustand den ganzen Roman hindurch dramatische Angst auslöst.

Der verbotene Körper

Trotz des Drucks, den der kranke Körper ausübt, ständig die Zeichen oder die Symptome zu entziffern, die er produziert, läßt die Arbeit des Verstehens alle Semiologie oder Phänomenologie hinter sich. Denn sie trifft auf eine Grenze, die stumm und dumm ist, die sich nicht fassen läßt, selbst nicht in Begriffen eines negativen Wissens. Es gibt da noch eine andere Dimension des Dummen, welche uns die Gebrechlichkeit auferlegt; sie bleibt indifferent gegenüber jenen Registern der Dummheit, die immer noch durch das schwindende Reich der Kognition beeinflußt werden. Ohne es zu wissen, ist der Körper an sich durchaus nicht ignorant. Der Körper, eine Buchstäblichkeit, die nicht mehr lesbar ist, entzieht sich und produziert zugleich widerständige Zeichen seiner selbst. Vielleicht ist das ein Grund, warum Literatur, die sich an radikal zweideutigen Konjunktionen erfreut, immer auf die Einverleibung eines solchen Körpers hindeutet. Wenn der Körper des Königs das Ding ist, entwendet oder im Kampf vermißt, dann schleppt sich der Körper des Prinzen dahin, er braucht eine Behandlung. Und es verwundert keineswegs, daß die Literatur sich dieses Körpers dort annimmt, wo die Philosophie sich seiner mit dem Rest der provisorischen

Geiseln des Begriffs entledigt. Jean-Luc Nancy zufolge hat die Literatur immer versucht, den Körper zu produzieren, den die Philosophie unterdrückt. Tatsächlich erzeugt diese Beziehung eine Allegorie ihrer Verbindung:

... man könnte sagen, daß die Literatur und die Philosophie nie aufgehört haben, sich aufeinander zu beziehen und/oder sich einander als Körper der Seele oder dem Geist entgegensetzen. ... man ist sogar versucht zu sagen: wenn es in der Philosophie nie einen Körper gegeben hat – einen anderen als den des Signifikanten und des Signifikats –, dann gibt es in der Literatur, im Gegensatz dazu, nichts anderes als Körper.[20]

Nancy teilt den Körper provisorisch auf, in Form eines diskursiven In-Obhut-Nehmens, wobei die Literatur die Körper in ein Haus trägt und sie dort formt. Leider können wir dort nicht einfach herumgehen, in der Annahme, daß diese Körper leicht zu reklamieren wären oder in einer Referenz verankert sind. Noch dürfen wir davon ausgehen, daß wir den Körper ignorieren können, so wie die Leute allgemein in ihren Straßen über obdachlose Körper steigen. Jede Diskussion des Körpers riskiert, sich in einen »double bind, eine Psychose« zu verwickeln. Verfehlung ist notwendigerweise schon von Anfang an dabei: »Und eine doppelte Verfehlung ist mit dabei: das Verfehlen, einen Diskurs über den Körper zu produzieren und auch die Verfehlung, darüber keinen
Diskurs zu produzieren.« Doch ist die Annahme erlaubt, daß der kranke 190
Körper, in einer Art von rasendem Zustand, einem Zustand des verspäteten, kompensatorischen Erwachens, eine Lektüre erforderlich macht oder zumindest interpretative und diagnostische Strategien hervorbringt, die oftmals in einem exzessiven Diskurs kulminieren. Dieser Exzeß, ein Versuch, Wissen um den von Symptomen heimgesuchten Körper zu konstruieren, eröffnet uns jenen Raum notwendiger Obskurität, durch welchen unsere Körper zu uns kommen: »Dieses Nicht-Wissen ist nicht negatives Wissen, oder die Negation des Wissens, es ist lediglich die Absenz von Wissen, die Absenz der Bezüglichkeit des Wissens selbst,
was auch immer dessen Inhalt sei.« Nancy fährt damit fort, den Körper 199
als unbeschreibbar aufzufassen, alles ausstreichend, mit sich selbst anfangend:

Der Körper weiß nicht; aber er ist auch nicht ignorant. Er ist ganz einfach woanders. Er kommt von woanders, einem anderen Ort, einer anderen Herrschaft, einem anderen Register, das noch nicht einmal das eines »obskuren« Wissens oder eines »vorbegrifflichen« Wissens ist, oder eines »globalen«, »immanenten« oder »unmittelbaren« Wissens. Der philosophische Einspruch zu dem, was die Philosophie »Körper« nennt, setzt eine Bestimmung von so etwas wie einer Autorität des »unmittelbaren Wissens« voraus – ein Widerspruch in sich, der unvermeidlicherweise »vermittelt« wird (als »Empfindung«, »Wahrnehmung«, Synästhesie sowie in Form von immensen Rekonstitutionen einer vorausgesetzten »Repräsentation«). Aber was, wenn man nichts dergleichen voraussetzen könnte? Was wäre, wenn der Körper ganz einfach da wäre, gegeben, verlassen, ohne Voraussetzung, einfach gesetzt wäre, gewogen, gewichtig? 199 f.

Immer schon anderswo, was die kognitiven Scanner betrifft, weicht der Körper den Herrschaftsbereichen des Wissens aus, die ihn angeblich fassen, in Sektionen aufteilen oder auf Begriffe bringen wollen. Es ist schon überraschend, daß der Bereich des Nicht-Wissens, den der Körper durchquert und zu dem er gehört, bei Nancy mit dem Denken verbunden ist, mit Handlungen und Verträgen des Denkens, denn der Körper denkt auf eine Art, jenseits des Gebens und Sinnmachens (was zu den Auspizien des Wissens gehört); und umgekehrt hat das Denken eine Verkörperungsfunktion: »Wenn man zustimmen würde, und wenn es angemessen ist, zu sagen, daß das Denken gleichfalls nicht zur Ordnung des Wissens gehört, dann könnte es nicht länger unmöglich sein, zu sagen, daß der Körper denkt und demzufolge, konsequenterweise, daß das Denken selbst ein Körper sei.« Gebunden an den Gedanken des 201
Denkens und mit einer fast unmerklichen Ergebenheit auf die Frage eingehend: »Was heißt Denken?«, hat diese träge Präsenz, die sich von einem Wissen löst, das sie sich aneignen möchte, »einen Schatz an Sinn [aufgegeben], zu dem nur die, die mit Gott vereint sind, Zugang haben«. 191
Das Denken, das Heidegger von philosophischen Verfahrensweisen getrennt hat, fällt als Körper ins Gewicht und, was noch verwunderlicher ist, in dem Maße, wie es möglich ist, daß der Körper denkt, wirft sich der Körper als denkender gegen die vorherrschenden Winde der westlichen philosophischen Tradition.
Wenn in Dostojewskijs Werk der Körper, der sich der Krankheit überläßt, immer noch eine Erinnerungsspur des Heiligen ist, dann begegnet er nichtsdestotrotz seiner Endlichkeit und der Endlichkeit aller Körper, innerhalb jener von Holbein gezogenen Grenze, die uns heimsucht.

Mit dem Tod Gottes haben wir den glorreichen, den erhabenen Körper verloren: dieses reale Symbol seiner souveränen Herrschaft, diesen Mikrokosmos seiner immensen Arbeit, und schließlich diese Sichtbarkeit des Unsichtbaren, diese Mimesis des Nicht-Imitierbaren. 191

Indem der glorreiche Körper begraben wird, zeigt uns Holbeins »Der tote Christus« eine doppelte Umkehrung. Der Körper Christi wird ohne Überhöhung und ohne die Ikonenhaftigkeit intendierter Transzendenz

dargestellt. Denn »›Gott ist tot‹ heißt: Gott hat keinen Körper mehr«, so 191
Nancy.

Von nun an müssen die Körper, der tränenreichen Symbolhaftigkeit beraubt, aufgepumpt, prothesenhaft oder mit Chemie erweitert, »aufgebaut«, bionisch abgesichert, drogiert oder »medikamentiert«, geklont und neu gemacht werden – von nun an wird der Technokörper oder die Nachbildung dazu gebracht werden, den verlorenen Körper, der das Merkmal des Göttlichen hat, zu ersetzen – jener Körper, der immer noch geopfert werden könnte. In *Der Idiot* sieht Dostojewskij – oder er läßt zumindest Lebedew dies noch einmal einschreiben – die Apokalypse als technologische Herrschaft, wobei er an die Einrichtung der Eisenbahnlinien und den Aufbau von Anschlußmöglichkeiten erinnert, die durch neue Technologien, den Anstiftern des Nicht-Opferbaren, installiert werden.

Der Roman beginnt mit der Einfahrt der drei Hauptakteure, Myschkin, Rogoschin und Lebedew, in den Bahnhof von Sankt Petersburg. Er beginnt also im apokalyptischen Ton – oder mit dem Vehikel – eines technischen Momentums, Bahnungen folgend, die in späteren Teilen des Romans gelegt werden. Später wird die Maschinerie durch Ippolit als dummes Tier dargestellt, als jene *bêtise*, die Teil einer unerbittlichen Bewegung der welthistorischen Dummheit ist. Das erste Kapitel des Romans donnert in den Bahnhof, eine mythologische Endstation, die von Anfang an dazu da war, das Schicksal des Idioten zu bestimmen.

Was der Zug entläßt, ist der letzte Körper, ein Zischen oder ein Überrest des verlorenen, gloriosen Körpers. Es ist ein Körper, der unterwegs ist, der den Übergang vom erhabenen Körper zu demjenigen herstellt, der bei Holbein als Untergang der Welt dargestellt wird – das unnennbare Ende des Körpers, selbst wenn dies unsere Erinnerungen als ein endloses Ende heiligen, das lediglich im Begriff ist, zu enden. Nancy: »Der tote, verbrauchte Körper ist das Ding, das nicht länger irgendeinen Namen in irgendeiner Sprache hat, wie wir von Tertullian und Bossuet lernen; und der unnennbare Gott ist zusammen mit seinem unbenennbaren Ding verschwunden. Es könnte sehr wohl sein, daß dieser Körper, daß alle Körper verloren sind, daß jeglicher Begriff, jede Wahrheit, jede Re-
präsentation der Körper verloren ist.« Der geschändete Leichnam, der 191
den verlorenen Körper ersetzt hat, zieht die Vermittlungen in Mitleidenschaft, die historisch alle Körper berührt haben und ihnen, wenn schon keine Gewißheit, dann zumindest eine Repräsentierbarkeit gegeben haben. Bei Dostojewskij erwirkt die Gebrechlichkeit so etwas wie eine Rückkehr des glorreichen Körpers als Erinnerung und Phantom an das, was nicht länger sein kann.

In dem Maße, wie Myschkins Krankheit ihn immer noch an das Heilige bindet, ist sein Körper auch immer noch bereit, vielleicht als der letzte, geopfert zu werden. Das Residuum der Opferbarkeit verdankt sich teilweise der Tatsache, daß dieser Körper zurückhaltend ist und der Sinnproduktion widersteht. Ausdruck unaushaltbarer Singularität, fährt die Krankheit damit fort, Sinn zu produzieren, wenn auch nur als halluzinatorisches Beiprodukt ihrer Unordnung mit sich bringenden Interventionen. Dennoch gibt es da provisorischen Sinn, Epiphanie – es gibt da die Inflexion der Darstellung von Göttlichkeit, wenn auch ohne eigentliches Objekt. Es gibt da nichts darzustellen als den Ausblick auf eine andere Lebensweise oder ein anderes Register des Seins. Außerhalb des Bereichs, der sich durch die Strenge der Krankheit auftut, gibt es nur die Erschöpfung des Körpers und den geronnenen Sinn des Körpers. Um diesen Körper als opferbaren zu bewahren, mußte Dostojewskij ihn vor dem Leerwerden des Sinns schützen, das durch die Evakuierung des Heiligen ausgelöst wird, indem jener Zielgerichtetheit nicht mehr zulassende Erschöpfungszustand aufgeschoben wird, der kongruent ist mit den Degradierungen der Armut, des Hungers, der Deportation, der Folter, der Depraviertheit, der Häßlichkeit und des Horrors: »So verhält es sich mit den geopferten Körpern, aber sie werden geopfert für nichts.« 195

Es könnte sein, daß es für diesen Körper keine andere Wahrheit gibt als diejenige, die zum Nichts seines Opfers spricht und daß es keinen Empedoklesschen Rest gibt, aus dem ein finaler Sinn abgelesen werden könnte, noch nicht einmal die Ankündigung eines sich nähernden Fortinbras, der, mittels Ordnung und Gedächtnis, Zukünftigkeit mit sich bringen würde. »›Das Opfer‹«, sagt Nancy, »bezeichnet die Passage eines Körpers an eine Grenze, wo er zum Körper der Gemeinschaft wird, zum Geist einer Gemeinschaft, dessen Wirksamkeit er ist, das materielle Symbol, die absolute Beziehung eines Sinns zu sich selbst, eines Sinns, der Blut verströmt, eines Blutes, das Sinn macht. Aber es gibt kein Opfer mehr.« 176

Die Historizität der Wunde zieht ihre Despiritualisierung nach sich, und der Körper zieht sich zurück, er nimmt den Status des verbotenen Körpers an. »Es gab eine Spiritualität der Wunden Christi. Aber seitdem ist eine Wunde nur eine Wunde – und der Körper ist nichts anderes als eine Wunde. ... Der Körper ist nur eine Wunde. Keine unsere Wunden ist, in diesem Sinne, neu, unabhängig von den ökonomischen, militärischen, polizeilichen, psychologischen Techniken, die sie uns zufügen. Aber seitdem ist die Wunde nur das Zeichen ihrer selbst, nichts weiter bezeichnend als dieses Leiden, ein verbotener Körper, dem sein Körper entzogen ist.«[21] 196

Verkörperung einer reinen Tautologie, einer Leere, eröffnet der verbotene Körper die Erfahrung einer trägen Präsenz mit geringer oder keiner ontologischen Konsistenz. Die Gemeinschaft, die den bedeutsamen

Körper aufgegeben hat, wird zum Ort einer privaten Beaufsichtigung von Kontingenz, des nicht-attestierten Opfers. Die Krankheit verankert den Körper unmittelbar hier auf der Erde, sie bezeichnet seine Unterwerfung unter die Zeit und seine Zerstörung in der Zeit, aber sie suspendiert auch, während sie sie wiederherstellt, die körperliche Kontingenz selbst, unter deren Gesetz sie operiert. Krankheit ruft nach der Emergenz eines anderen Körpers – nach einer Multiplizität der Körper –, nach einer Heilung und nach einem anderen Verstehen. Sie spielt den phantasmatischen Körper gegen den realen Körper aus. Teilhabend an der Forderung eines anderen Verstehens, hat das Christentum, aus einer anderen Perspektive, performative, heilende Handlungen in Aussicht gestellt. Die Verkörperungslehre, die besagt, daß Gott auch einen Körper bewohnte, hat unterstrichen, daß es unser Schicksal ist, unsere Körper zu bewohnen. Als Anstifter vieler legendärer Szenen spontanen Heilens hat das Christentum, eines der großen Erholungsprogramme, auf insistente Weise den fehlenden Körper adressiert, sei es in Form diskursiver Riten oder mittels Konstruktionen, wie etwa Lourdes – wo uns Allegorien des Verwundetseins angeboten werden, versehen mit Notdienstleistungen des Bedeutens. In einem Text, welcher von seinem Arzt für eine Roundtable-Diskussion erbeten worden ist, schreibt Nancy über das Verhängnis des Schmerzes, indem er diesen abgrenzt vom Leiden und von der Tradition, zu der diese Begriffe gehören. Schmerz, dem Titel dieses improvisierten Textes zufolge, ist strikt nicht zu rechtfertigen (»La douleur existe, elle est injustifiable«).[22] Das heißt, in dem Moment, wo man versucht, ihn zu rechtfertigen oder ihm Bedeutung zu geben, hat man den Schmerz seiner christlichen Geschichte zurückgegeben; man hat ihn wieder der Bedeutung unterstellt oder ihn dieser wieder einverleibt.

Doch dem Schmerz ist Bedeutung verhaßt; er kratzt auf groteske Weise Unterbrüche in die Bedeutsamkeit und die Selbstübereinstimmung hinein. Schmerz hat keine Rechtfertigung. Ohne Zweifel ist es nicht zu rechtfertigen, daß Schmerz nicht zu rechtfertigen ist. Jeder, der versucht, einen Fall zu seiner Rechtfertigung zu präsentieren, ist ein Stoiker oder ein Christ oder noch schlimmer. Man könnte Hegelianer sein und mit »Arbeit, Geduld und dem Schmerz des Begriffs« durchkommen.[23] Während das Leiden und der Kummer dazu neigen, sich selbst aufrechtzuerhalten oder ihre Reichweite durch ein gramvolles Vergnügen daran und ein masochistisches Surplus auszudehnen, arbeitet der Schmerz im Gegenteil daran, sich selbst abzuwehren, er weist sich selbst zurück, jede Rechtfertigung, Annahme oder Sublimation ablehnend. »Schmerz *ist* vielleicht nichts anderes als diese Ablehnung seiner selbst.«[24] Indem er wenig Krankheitsgewinn abwirft (um mit Freud zu sprechen), ist der Schmerz sein eigenes Elend, welches durch keinen

Versuch der Dialektisierung oder der ideologischen Vereinnahmung gerechtfertigt werden kann. Wenn der Schmerz beharrt, ohne Heilmittel, oder wenn nichts neben ihm als seine sich zuspitzende Kompression existiert, sein Sich-Zuschnüren, entlädt sich eine Art paradoxer, dabei instantaner Blitz und eine momentane Einsicht steigt auf: etwas wie eine pure Bestätigung des Seins, eine Art von »Mir geht es nicht gut, ich bin in großen Schwierigkeiten, also bin ich«. (»Une sorte de j'ai mal, donc je suis.«)[25] Es handelt sich nicht um ein »Ich bin« im Sinne eines plötzlichen Sich-selbst-Wiederfindens; ich bin nicht mehr als dieser stechende Schmerz, der mich zerreißt, so daß ich nicht länger ich selbst bin, nurmehr die Verrücktheit des Schmerzes.[26] Nancy, der in diesem Punkt sehr französisch ist, bietet uns an, daß dieser sekundenhaft in einem Spalt auftretende Flash wie die Doppelung oder Umkehrung des Moments der *jouissance* ist. Schmerz und *jouissance* (die als ein Schmerz aufgefaßt werden kann, der »Erfolg hat«) teilen das Extrem eines aufblitzenden Flashs, der, als Impuls, von jenem Ort kommt, wo Sein als exponiertes sich selbst gegenüber äußerlich ist, sich außerhalb jedes Selbst *(soi)* befindet, reines explodierendes Aufscheinen, zerrissen, geworfen. Diese extreme Erfahrung findet nur statt innerhalb des Spalts zwischen dem Schmerz und dem extremsten Punkt der Lust. Das heißt, daß sie gewissermaßen nie statthaben kann oder »unmöglich« ist, wie Lacan von der *jouissance* sagt.

Nancy möchte unter keinen Umständen die unwiderlegbare Dringlichkeit des Schmerzes auslöschen, den er auszuhalten hatte. Stattdessen beendet er seine Intervention mit der Feststellung, daß die Erfahrung des »Es findet nicht statt«, die du mit dem Schmerz machst, die Realität *ist.*[27] Er beendet seine Bemerkungen, indem er einräumt, daß dieses Sich-Vergewissern, der Realität, von der er schreibt, keiner Rechtfertigung gleichkommt: »C'est une attestation.« Wenn die strafenden Schläge des Schmerzes dich treffen, dann verlassen dich die Worte, die Fiktion der Handlungsfähigkeit kollabiert; dennoch bereitest du dein Testament vor. Wenn man nicht mehr tun kann als Zeuge sein, als beglaubigen, was nicht stattfinden kann, dann auch deshalb, weil die Solidität der empirischen Grundlage im Schmerz wegrutscht, weil es dem Tappen im Dunkeln überlassen bleibt, ungeschickt nach einer Sprache zu tasten, wenn der Schmerz durch die Einschaltung eines »als ob« nach einer Beschreibung sucht. Es ist so, als ob mein Kopf gespalten wäre. Oder, um die Einsätze der Abstraktion zu erhöhen, ich fühle mich so, als ob ich sterben würde. Aber der Schmerz verhält sich destruktiv in bezug auf die Kapazität der Sprache, zu benennen.[28] Unteilbar, dringt er durch die Sprache durch. Virginia Woolf sagte einmal, daß wir wissen, wie man große Ströme beschreiben kann, und wir sind in der Lage, Stürme einzufangen, aber wir können nicht das Wesen eines Kopfschmerzes fassen (meine Paraphrase). Das gilt auch für den tanzenden Invaliden in Kleists Geschichte und für das pochende Zahnweh in Dostojewskijs *Aufzeichnungen aus dem Untergrund*. Als referentieller Inhalt auf hartnäckige Weise schwer zu fassen, wird die Sprache, die versucht, den Schmerz zu handhaben, abhängig von der spekulativen Grammatik, um ihm Ausdruck zu verleihen; er dringt eher durch die Metaphorizität hindurch, als eine Bestätigung des Empirischen anzubieten, von dem wir meinten, daß es uns zur Verfügung stände; der Schmerz existiert – nicht zu rechtfertigen –, um zu entstellen, um stumpf in der figuralen Sprache aufzutauchen, und läßt deinen heiligen idiotischen Körper ausbrennen.

Myschkin kommt mit einer sauberen Gesundheitsrechnung am Bahnhof an. Nun, beinahe: er ist aus der ärztlichen Obhut entlassen. Es ist so, als ob er einen Moment der Erholung durchlaufen sollte, der durch die fragile Spanne zwischen einer klinischen Entlassung und einem finalen Kollaps entsteht. In dem Maße, wie er als teilweise geheilt gilt (aber immer noch als »Idiot«), wiederauferstanden und der Gemeinschaft vorgestellt, dem Hohn und Spott ausgeliefert und der Liebe, eine Qualität des Heiligen ausströmend, kehrt er nach Rußland zurück, als Erneuerungsfigur, aber auch als untoter Gott, der bedingt wiedereingesetzt ist. Er besetzt den Raum, der durch den lebendigen, ewigen Gott bewußt aufgegeben worden ist, obwohl er nicht wirklich als Erinnerungsstütze dafür fungiert, daß Gott tot ist – eher dafür, daß Gott fähig ist, zu sterben. Er tritt als eine letzte Wiedererinnerung des Göttlichen auf, in Form der heiligen Einfachheit und als Körper, der immer noch opfert, während er sich dem anderen verweigert.

Wenn er zugleich fasziniert und erschreckt, dann verdankt sich das teilweise der Art, wie Myschkin verkörpert, was im Anderen defizient ist. Unablässig dem Anderen seinen eigenen Mangel widerspiegelnd, steht er für eine gewisse Abscheu vor dem Heiligen ein. Der idiotische Körper wird durch die Gemeinschaft absorbiert, bis zu dem Punkt, wo er seinen eigenen Ausschluß anzeigt, wobei er sich innerhalb des ambivalenten, ihn aufnehmenden Milieus, das ihn willkommen heißt, ständig als Fremdkörper im Gleichgewicht hält. Weil er so lange Zeit weg war, spricht Prinz Myschkin russisch mit Akzent; er ist sowohl dort geboren als auch fremd, eine Zugehörigkeit, die dazu angetan ist, einem Ausschluß unterworfen zu werden, zugleich vertraut und abwegig zu sein, lieb und bizarr – die intime Figur der Idiotie. Die Verwundetheit selbst, durch die er gebunden ist, schützt ihn: der Körper, der eine Heilung braucht, die nicht gewiß ist, rettet den Prinzen vor einer brutalen Hinrichtung, die der eifersüchtige Rogoschin vorhat. Als er in einem dunklen Treppenhaus umgebracht werden soll, bekommt er genau in diesem Moment einen epileptischen Anfall; dieser Anfall bemächtigt sich der Szene, tritt zwischen die mörderische Intention und jagt den Mördern Angst ein.

Der Anfall
Schwer bestimmbar und doch unausweichlich, stellt sich der Körper als reines Surplus der Objektivität dar, als etwas, das überdies durch das Wissen selbst, das er uns eröffnet, nicht erreicht werden kann. Ob gebrechlich oder gesund – der Unterschied schwindet dahin –, unser Körper spielt eine Doppelrolle aufgrund des Traumas, oder eher, er *handelt* als traumatischer Schauplatz, der eine Serie von Verfehlungen verursacht. Wie wir ihn bestimmen, erhellt den Begriff des Traumas, wobei der Körper den leeren Platz des Realen zu besetzen scheint. Er ruft das Lacansche Bemühen um das Reale in Erinnerung, insoweit der Körper sich als eine Einheit darstellt, die nicht existiert oder kaum existiert, ausgenommen vielleicht im Scheitern oder in der Übertreibung, in der Schönheit oder in der Demütigung.[29] Einige dieser Annahmen werden in der Erfahrung des epileptischen Anfalls evident, wo das Bewußtsein durch die Kraft einer überbordenden Intensität ausgelöscht wird:

Dann war es, als täte sich plötzlich etwas vor ihm auf, ein ungewöhnlich *inneres* Licht erhellte seine Seele. Das währte vielleicht eine halbe Sekunde, allein er entsann sich später klar und bewußt des Beginns, des ersten Tons seines entsetzlichen Aufschreis, der sich von selbst seiner Brust entrang und den er mit keiner Gewalt hätte zurückhalten können. Dann erlosch sofort sein Bewußtsein, und völlige Finsternis trat ein.
Er hatte wieder einen epileptischen Anfall, wie er ihn schon sehr lange nicht mehr gehabt hatte. Es ist bekannt, daß diese Anfälle, die eigentliche Fallsucht, plötzlich eintreten. In diesem Augenblick wird das Gesicht außerordentlich entstellt, besonders der Blick. Krämpfe und Zuckungen erfassen den ganzen Körper und alle Gesichtszüge. Ein schauerlicher Aufschrei, den man sich gar nicht vorstellen kann und der sich mit nichts vergleichen läßt, entringt sich der Brust; in diesem Aufschrei scheint plötzlich alles Menschliche zu verschwinden, und es ist für den Beobachter ganz unmöglich oder wenigstens sehr schwer, sich vorzustellen und zuzugeben, daß dieser Mensch so schreien könne. Man hat vielmehr den Eindruck, als schrie jemand anders, der sich im Innern dieses Menschen befindet. ... Bei vielen ... weckt der Anblick eines Menschen im epileptischen Zustand ein entschiedenes und unerträgliches Grauen, das sogar etwas Mystisches an sich hat. 308

Während andere Passagen einen Zustand von außergewöhnlicher emotionaler Intensität in der Form einer ekstatischen Selbst-Verabschiedung beschreiben – die unvergleichliche *Lust*, die sich durch den Anfall auftut, erwirkt, daß du alles für einen solchen Moment des entsubjektivierenden Bruchs geben würdest, für dieses illuminierte, aufblitzende Schwindelgefühl –, zeigt diese Passage die Erfahrung der Abtrennung, das Überwältigtwerden durch ein intensives, inneres Aufleuchten, auf das die Auslöschung des Bewußtseins folgt. Der Prinz, der in dieser Passage seine Geistesgegenwart an den Anfall verliert, befindet sich in der Situation einer sich steigernden Abständigkeit; Dostojewskij läßt den Erzähler die Lage benennen (»Er hatte wieder einen epileptischen Anfall«) und die Anzeichen ausformulieren. Doch selbst der von außen kommende, diagnostische Blick bricht an den Grenzen der Sprache zusammen, verzerrt sich zum »Aufschrei, der sich mit nichts vergleichen läßt«, der vom leidenden Körper ausgestoßen wird, und von dem die Reduktion des Erzählens zeugt. Der Schrei, ein Bedeutungsüberschuß, eine unmögliche Metonymie des konvulsivischen Körpers, unbeschreiblich, etwas, das »man sich gar nicht vorstellen kann«, bricht aus dem Körper. Im Schrei ist alles Menschliche ausgelöscht und das Subjekt ist ohne Ort, »als schrie jemand anders, der sich im Innern dieses Menschen befindet«. Gespalten, geteilt, der eigentlichen, menschlichen Eigenschaften beraubt, produziert das vom Anfall erfaßte Subjekt eine Medusa-Wirkung: eine Wirkung, die den anderen terrorisiert und versteinert, selbst wenn es sich um Rogoschin handelt, der gerade dabei ist, dich umbringen zu wollen.

Myschkin, entkräftet, seelisch leidend und körperlich zerschlagen

In einem eher freudianischen Licht (doch – was könnte freudianischer sein als die Simultaneität der Mordversuche, des psychosomatischen Zusammenbruchs und der vertrauten Nähe deines besten Freundes?) könnte diese Szene als *Entstellung** aufgefaßt werden, oder als wahrheitsgemäße Verzerrung, die die schwere Ambivalenz zeigt, die der Idiot, das ernsthaft kranke Subjekt, in Erscheinung setzen möchte. Zugleich sagt die Szene viel über sich selbst aus (»bei vielen ... weckt der Anblick eines Menschen im epileptischen Zustand ein entschiedenes und unerträgliches Grauen«), biegt dann aber ihre Einsicht ab in Richtung auf die eher materiellen Konturen der Episode. Dennoch wird die mörderische Wut zur Darstellung gebracht, die durch Myschkins alter ego und Seelenverwandten auf dem Schauplatz extremer Krankheit eingeschrieben wird. Die Verzerrung liegt in der narrativen Entscheidung, die Geschichte zu linearisieren und zu kondensieren, indem gezeigt wird, daß Rogoschin davon abläßt, den vorgesehenen Mord auszuführen, als der Anfall ihm Angst einjagt. Der Mörder erstarrt vor Schreck; der Anfall erwirkt, daß er die Mordszene verläßt. Ob der Anfall auf die Gewalt antwortet, die gegen das Subjekt in Anschlag gebracht wird oder der Ursprung der Wut des anderen ist, bleibt ungesagt. Aber irgendwie zieht der kranke Körper soziale Wut auf sich, die andere Seite der brüderlichen Liebe: er löst absolute Feindseligkeit aus, die die Gastfreundschaft – Hospital(ity) – verdrängt. Tatsächlich antwortet eine ganze Anzahl von Charakteren im Roman auf die Verfassung des Prinzen mit spontaner Gewalt, die später als verdrängt dargestellt oder in Form von Barmherzigkeit und Liebe schließlich sublimiert wird.

Wie kann die Szene, die den Anfall zeigt, gelesen werden? Eine erschöpfende klinische Studie faßt den epileptischen Anfall als eine Wiederholung des Schreckens des Kindes auf, wenn es zum ersten Mal mit dem elterlichen Todeswunsch konfrontiert ist – als eine Antwort auf die Drohung der Kindestötung, die das Baby erfahren hat.[30] Auf der anderen Seite hat Ferenczi den epileptischen Anfall als eine Verkörperung des Wunsches angesehen, in den Mutterschoß zurückzukehren; und Freud hat, als er an der Reihe war, das Rätsel der Epilepsie zu betrachten, diese irgendwie überraschend in die Nähe der Hysterie gebracht, die er als Konversionshysterie begriff – eher so, als ihr einen rein neuropathischen Status zu geben; erst kürzlich hat Marie-Thérèse Sutterman, in *Dostoïevski et Flaubert*, die Epilepsie in den sadomasochistischen Phantasmen angesiedelt, die das Selbst als ermordetes Kind darstellen. Mit Blick auf ihre Hinweise könnte die Szene, die Dostojewskij komponiert hat, angesehen werden als *metaleptischer Anfall*, denn Myschkin, in fötaler Position, unterläuft die Ermordung, indem er den Anfall produziert, der in der Tat die frühere Mordszene noch einmal darstellt. Ich biete diese Betrachtungen als eine Art flüchtiger Vorausschau an, denn in dieser Geschichte bleibt noch eine Anzahl sadomasochistischer Verträge zu unterzeichnen.

Aglaja Epanchina ist nicht das letzte Glied der ihn umgebenden Figuren, die, obwohl sie scheinbar an den Prinzen durch Liebe gebunden sind, angesichts seiner Debilität sowohl erschrocken als auch fasziniert sind und ihm mit einer folgerichtigen Kapazität, sich sadistisch an ihm zu rächen, antworten. Aglajas sadistisches Repertoire beginnt damit, in vielen Situationen mit ihm Späße zu treiben und Ansprüche zu stellen, während er aus sozialer Sicht beruhigt, zum Schweigen gebracht, untergebracht werden und unsichtbar sein sollte. Mehr noch, manchmal ist sie der Grund für seine taumelnde Unfähigkeit, indem sie die Verfehlung vorprogrammiert, ängstlich »voraussehend«, daß er auf einer Party eine auserlesene Vase zerbrechen und anstelle von Konversation toben wird. Dem hysterisch beeinflußbaren Myschkin eine Vorahnung mitteilen, etwas vorhersagen, heißt, wie seine Geliebte sehr wohl weiß, seine Hinrichtung diktieren. Von der sich einschmeichelnden Krankenschwester, über Lebedew, bis zum Fall Ippolit, zeigt Dostojewskij auf jedem Niveau auf, wie Krankheit Ausbeutung nach sich zieht, Koabhängigkeit, Mißgunst, wie Blut gesaugt und soziale Gewalt agiert wird. Der Idiot, widerspenstig und unheimlich, provoziert, in einer Art von Bataillescher

Umkehrung (welche im Grunde ohne Zweifel christlich ist) ... Liebe. Jeder liebt den Idioten, der zum globalen Symptom wird, in einer ambivalenten Ökonomie, die zum großen Teil durch Abscheu beherrscht wird. Der Idiot löst Schrecken aus, aber dieser Umstand bringt die Gemeinschaft nicht davon ab, ihn zu lieben. Im Gegenteil. Es gibt da im Roman eine kaum unterscheidbare Unterscheidung zwischen Liebe und Abscheu. Man könnte von jedem Paar gleichermaßen sagen, daß sie sich voneinander anziehen lassen durch nicht unterdrückbaren Haß oder durch unvermeidliche Liebe, daß das Begehren durch Abscheu gespeist wird, über Aversion läuft – Dostojewskij macht diese affektiven Bestimmungen umkehrbar in einer Art, welche den Akzent auf die ambivalente Intensität legt. Die unentscheidbare Grenze zwischen Haß und Liebe, Geringschätzung und Verehrung bestimmt die Gemeinschaft eines jeden Paares: Rogoschin und Myschkin, Aglaja und Myschkin, Nastasja und Myschkin, Lebedew und er selbst, der General und seine Ehefrau, Kolja und der General: eigentlich jeden, der mit einem anderen zusammenkommt.
Lassen Sie uns für einen Moment zur Szene von Myschkins Anfall zurückkehren, welche Rogoschins mörderische Wut auf unentscheidbare Weise suspendiert/provoziert. Die Krise und ihre geisterhafte Suspension bringt innerhalb des Romans eine Verdoppelung hervor, die ihm die narrative Qualität des »Unheimlichen« verleiht. Der Horror, der den von Konvulsionen geschüttelten Körper erwartet, sein Schrei des Verlassenseins, der von woanders kommt, nicht zu lokalisieren ist, schreibt, vor Holbeins *Der tote Christus*, von neuem die Szene in Rogoschins Haus ein. Anna Grigorjewna hat in ihren Tagebüchern eine vergleichbare Ausdrucksweise verwendet, um den inneren Wandel ihres Ehemannes zu beschreiben, als er zum ersten Mal das Gemälde Holbeins in Basel sah sowie die Veränderung seiner Gesichtszüge, wenn ein Anfall kam: sie spricht von »einem Ausdruck von Grauen«.[31] Diese Ereignisse sind eine Konzentration von Formen des Grauens, die sich ihrer Ansicht nach gegenseitig spiegeln, Angst einflößen, eine apokalyptische Befürchtung beimischen. Epilepsie wird auf notorische Weise durch gewisse Repräsentationen und wiederkehrende Erinnerungen angetrieben und eingeholt; der Epileptiker muß diese Auslöser vermeiden. Eine Spielart des den Teufel versuchenden Masochismus bringt Dostojewskij dennoch dazu, mit einem Fluch belegte Szenen oder Stimmungen der Darstellung wiederaufzusuchen. Obwohl es ihm durch seine Ärzte verboten ist, sich mit den Szenen seiner Anfälle auseinanderzusetzen, taucht Dostojewskij in sie ein, er wiederholt und arbeitet das Ereignis seines Anfalls durch. Denn für den Epileptiker läuft ein teilweiser Rückruf der verbotenen Erfahrung in der Erinnerung, wie aufblitzende Lichter oder intensives Bildersehen, Gefahr, einen anderen Anfall auszulösen. Wenn

also Dostojewskij das Vergessen verweigert, stattdessen Myschkins Panik beschreibt, Schrecken und Aura wiedererlebt – wenn er den toten Christus erinnert und in den Abgrund schaut, um mit dieser Szene wiederaufzutauchen, dann hat er seinen Finger an mindestens drei Auslösern. Der Mord, die Liebe zu Christus, der Horror angesichts seines erniedrigten Körpers, in summa, das allgemeine Vokabular von nicht ausgehaltenem Leiden, werden an Myschkin weitergegeben, wo man nicht recht weiß, ob er »sich selbst verletzt [hatte], oder war ein Verbrechen geschehen?« 309

Indem er hartnäckig an den Schrei erinnert, der von jemand anderem zu kommen schien, fährt der Roman fort, zwei Körper anzubieten, als ob er den double bind, in den jede Körpersprache sich notwendig verstrickt, hervorheben wolle. Während Faust uns überliefert hat, daß zwei Seelen seinen Körper bewohnen, erzählt *Der Idiot* uns von zwei Körpern, die, zum Teil halluziniert und internalisiert, sich in einem festgelegten Drama einer nicht zur Ruhe zu bringenden Krankheit wie ein Echo wiederholen. Faust schüttelte seinen kränkelnden Körper ab, mit Drogen, die er Mephistopheles abgehandelt hatte, Hexengebräu. Erst nachdem er seinen Körpertypus geändert hatte, begann Faust jenseits der Grenzen traditioneller Kulturen des Wissens zu reisen, indem er die Grenzen des menschlichen Intelligenzquotienten überschritt. Myschkin bleibt an den Körper gebunden, kaputt, in eine Erfahrung der Körperlichkeit gezwungen, die, irdisch und allen bekannt, sich in verzögerten Reaktionen und selbsttätigen Spaltungen produziert. Auf gewisse Weise gibt es nichts anderes als Doppelungen des Körpers, die sich gegenseitig reflektieren, als ob sie das Scheitern der Integration der traumatischen Singularität anzeigen, dessen, was uns als das Eigenste unseres eigenen Körpers gegeben ist. Von daher gibt es zwei kranke Körper, Myschkins und Ippolits Körper; Myschkin ist zwischen zwei Frauen aufgespalten, Nastasja und Aglaja, und es gibt einen artikulierten Spalt zwischen den beiden Blutsbrüdern Rogoschin und Myschkin. Die Herstellung von Doppelungen, die ihren Ursprung im doppelten Körper Gottes haben, der seine Transzendenz zu verlieren scheint, setzt sich fort, verdichtet sich am Ende des Romans, bis eine Leiche übrigbleibt, die durch Myschkin und seinen negativen Spiegel, Rogoschin, bewacht wird. Am Ende des Romans hat der Geist die Szene verlassen, er läßt den verlassenen Körper, nichts anders als eine unrühmliche Leiche, zurück. Dieser Körper, der nun reduziert ist auf den Geruch von Konservierungsmitteln, verschwindet unter einer Decke, die nach Medizin riecht und die man Amerika nennt: »›Merkst du schon etwas oder nicht?‹ ... ›Ich habe sie mit Wachstuch zugedeckt, einem guten amerikanischen Wachstuch, und über das Wachstuch noch ein Laken gelegt und vier Gläser mit Schdanowscher Flüssigkeit offen hingestellt; sie stehen da noch.‹« 794

Zwei Eigennamen eröffnen die großartige *Histoire de la folie*. Michel Foucault versammelt Pascal und Dostojewskij in den ersten Sätzen seines Vorworts: »Pascal sagt: ›Die Menschen sind so notwendig verrückt, daß nicht verrückt sein nur hieße, verrückt sein nach einer anderen Art von Verrücktheit.‹ Und Dostojewskij schreibt einmal: ›Man wird sich seinen eigenen gesunden Menschenverstand nicht dadurch beweisen können, daß man seinen Nachbarn einsperrt.‹«[32] Beide Autoren werden aufgerufen, um die Notwendigkeit zu bezeugen, jene geheimen Dokumente zu öffnen, die Foucault am meisten beschäftigen. Seine Untersuchung bewerkstelligt eine Art Befreiung – der Gefangenen, der exegetischen Kraft, des Schweigens und der Macht –, von der man nicht sagen kann, daß sie in den Texten und Zeugnissen seiner Star-Zeugen bereits vorhanden sei. Repräsentanten der Bereiche Philosophie und Literatur, erörtern sie Foucaults Sache, kurz gesagt, einerseits von einem Ort der somatischen Phobie und andererseits der körperfreundlichen Einschreibung aus.[33] Sie sind nicht der Ansicht, daß sie eine verschwiegene Kammer oder sogar ein versiegeltes Dossier öffnen können, um einen diskursiven Raum zu befreien. Zumindest im Falle des russischen Autors ist es offensichtlich, daß er weniger *lumière* antrifft als Düsternis, weniger Klarheit des institutionellen Zwecks als obskure Korruption der Mittel. Anders als das Schicksal, das den Kranken im Zeitalter der Vernunft ereilt, gibt es kaum eine Eindämmung der Idiotie, obwohl sich am Ende des Romans die Frage stellt, ob Myschkin unter Aufsicht gestellt werden soll.[34]

Foucault hat ohne Zweifel seine Gründe, die Stränge der Untersuchung mit den doppelläufigen Ausblicken auf Pascal und Dostojewskij zu eröffnen – zufällig zwei große Epileptiker, deren Augenmerk sich auf Berichte der Verrücktheit von der Straße richtete. Im Gegensatz zu dem, was Foucault in Begriffen einer Geschichte der Einschließung und der Eindämmung von Lärm aufdeckt, liegen die Romane Dostojewskijs im Gedröhn eines kontaminierten Feldes: es kann für die Dummheit keine Einschließungen geben, keine sie aufspürende Beweissysteme, wie es sie für die Verrücktheit immer schon gegeben hat, seit die stählerne Vernunft die Zwillingsstürme aus Staatsgefängnis und Irrenanstalt eingerichtet hat, wo die Nichtvernunft weggeschlossen wird und die Schreie oder die spiralförmigen Artikulationen des Diskurses eines Verrückten zum Schweigen gebracht werden. Nichtsdestotrotz, es gibt da einiges an Löchrigkeit, die zwischen den Begriffen sitzt (der *Begriff* ist eine provisorische Aufenthaltszelle – er bietet kaum mehr als einen Not-

behelf), die Verrücktheit, Idiotie und Dummheit bezeichnen. Für Dosto-
jewskij gleiten diese porösen Begriffe und verwandeln sich ineinander,
obwohl lokal Unterscheidungen gemacht werden. Der Protagonist in
Der Idiot, dessen Schicksal es ist, zu fallen, wird einerseits mit einem au-
ßergewöhnlichen Scharfblick assoziiert, andererseits, zeitweise, mit
dessen Kehrseite: einer alles umfassenden Dummheit. Am Ende fällt er
in einen verrückten Stupor (zuletzt wird er gesehen, wie er den Mörder
Rogoschin streichelt).[35] Myschkin bewegt sich auf der Grenze zwischen
schwer verständlichem Wissen und abgrundtiefem Gestotter, sucht ei-
ne Balance zwischen der Illuminiertheit des Wahnsinns (wenn man das
festhalten könnte) und den punktuellen Fallen des Trübsinns. Indem er
dieses Wagnis eingeht, gibt er oft eine lächerliche Figur ab. (»Ich habe
mich vielleicht sehr lächerlich ausgedrückt und war selbst lächerlich«.) 221
Am Ende, den Hypothesen eines diagnostischen Blicks unterworfen,
wird er zu dem, was er war: »Aber er verstand nicht mehr, wonach man
ihn fragte, und erkannte die Leute nicht, die hereingekommen waren
und ihn umringten. Und wenn Schneider selbst jetzt aus der Schweiz
gekommen wäre, seinen einstigen Zögling und Patienten zu sehen, so
hätte er in Erinnerung an den Zustand, in dem der Fürst sich mitun-
ter im ersten Jahr seiner Schweizer Kur befunden hatte, nur eine hoff-
nungslose Handbewegung gemacht und gesagt wie damals: ›Ein Idiot!‹« 798
Jedoch dieses Mal wird es keine Fiktion einer Heilung mehr geben:
»Schneider aber macht ein immer finstreres Gesicht und schüttelt den
Kopf; er deutet eine völlige Zerrüttung der geistigen Organe an; er
spricht zwar noch nicht bestimmt von Unheilbarkeit, erlaubt sich aber
doch die betrüblichsten Andeutungen.« Die ganze Gemeinschaft der 800
Freunde, Zweifler und sogar Nachzügler ist davon affiziert, so als wären
sie von Ansteckung befallen. Jeder, der mit dem Prinzen verbunden ist,
wird krank oder gerät ins Abseits. (Zum Beispiel, »Wera Lebedewa [war]
so tief erschüttert, daß sie sogar erkrankte.«) Myschkin kehrt zum Ur- 801
sprung seiner Erscheinung als Geist zurück, indem er die Orte heim-
sucht, die ihn geprägt haben.

Zugegebenermaßen endet die Geschichte auf seltsame Weise, indem
sie die Voraussetzung der Kenosis, die sie beschrieben hat, in eine geo-
politische Phantasie einträgt. Der finale Schuß ergeht von einer Stim-
me aus dem mütterlichen Imaginären, welche einen Ausruf tut, der in
der Lage ist, in einem einzigen Akt der Verwünschung ein(en) Land/
Körper loszulösen. Seine Freundin und Patronin, Lisaweta Prokofjewna
»weinte von ganzem Herzen, als sie den Fürsten in seinem kranken und
erniedrigten Zustand sah«. Als ob sie sich für sein Schicksal rächen woll- 801
te, »kritisiert sie sehr bissig und parteiisch alles Ausländische«. Auf gut 802
russisch weint sie über diesen armen Jungen, Myschkin, so sagt sie und
sie fügt hinzu – als ob die Verbindung als kausale konstruiert werden

könne: »›Und das alles, dieses ganze Ausland und euer ganzes Europa ist bloße Phantasie und wir alle im Auslande sind auch nur Phantasie. … denkt an meine Worte, ihr werdet es selbst einmal sehen!‹, schloß sie beinahe zornig, als sie sich von Jewgenij Pawlowitsch verabschiedete.« 802
Dies sind die Worte, mit denen der Roman sich verabschiedet und mit ihnen übereinstimmend, verschwindet Lisaweta, indem sie die Strebung zum textuellen Schließen verdoppelt; sie schließt »beinahe zornig, als sie sich … verabschiedete«, mit einer Ermahnung, »an ihre Worte zu denken«. Und an was haben wir zu denken, jenseits der Kanalisierung des gesamten Romans, die sich hier in der verdichteten Sprache von Lisaweta Prokofjewna artikuliert? Auf einer Ebene wird gesagt, daß wir uns daran erinnern sollen, daß wir nur eine Phantasie sind, vielleicht ein Traum oder vielleicht die Erinnerung eines Idioten, wobei wir es mit »einer Geschichte, die von einem Idioten erzählt wird«, zu tun haben. Auf einem anderen Niveau jedoch wird diese Phantasie, von der wir ein Teil sind, lokalisiert und benannt. Die Phantasie, auf die der Roman hinweist, so als befände er sich in einem letzten Krampf, bezieht sich auf nichts geringeres als auf »Europa«.

Man könnte sagen, daß dieser besondere Schluß aus dem Nichts kommt. Das Auftauchen Europas kommt im Roman aus dem Nichts, nichts hat uns auf dieses Ende vorbereitet, das »beinahe zornig« beschlossen wird, und das zur Anklage Europas dient oder seine Rückkehr zu seiner Quelle in der Phantasie vorantreibt. Wie sollen wir jemals die Wahrheit dieser Behauptung bewiesen sehen, in Übereinstimmung mit Lisawetas Versprechen? Ist Europa eine Phantasie, die sogar die Fiktion einer Erfindung im Roman überschreitet? Oder löst die Fiktion Europa die Phantasie auf, die man von der Herkunft des Romans als Fiktion unterhalten hat? Die Nennung Europas am Schluß des Romans, eine Schlußfolgerung, die sich selbst allegorisch darstellt – »schloß sie beinahe zornig, als sie sich … verabschiedete« –, transformiert alle Werte, von denen wir meinten, daß wir sie mit Blick auf die Opposition von Wahrheit oder Phantasie aufrechterhalten. Die Sicherheiten, die mit dem Wissen um den Unterschied assoziiert werden, werden destabilisiert, wenn Europa zu dem mit einem Versprechen versehenen Ort der Phantasie wird. *Der Idiot* konstituiert nicht die Phantasie, sondern Europa, welches nun in *Der Idiot* (und in ihm), über den Lisaweta echt russisch weint, enthalten ist – Europa repräsentiert jenes Surplus, durch welches Phantasie gelesen werden kann. Indem Europa als die Zukunft einer Phantasie oder als die Erinnerung an eine Phantasie bezeichnet werden kann, bearbeitet der Roman seine materiellen Grenzen, er befragt, was hier eine Exteriorität bildet, was zum inneren, abgelegenen Bereich der narrativen Manipulation gehört. Den referentiellen Wert in Frage stellend – was ist der Status von Europa, wenn es zum Namen einer Romanphantasie wird? –,

Er fühlte sich nicht im geringsten angegriffen; seiner Ansicht nach war es so, wie es sein sollte.

widersteht der Roman auch seiner eigenen Schlußfolgerung. In dem Moment, wo der Roman dem Ende entgegensieht und seine Intention, zu schließen, zum Ausdruck bringt, wenn auch nur »beinahe«, deutet er, dabei seine Referenz – »dieses Europa« – umkehrend, genaugenommen seinen eigenen Exzeß an, etwas, das die Konjunktion von Erinnerung, Zukunft und Europa involviert. Aber wenn bewiesen werden soll, daß Europa wenig mehr als eine »bloße Phantasie« war, dann wird es da keine Zukunft gegeben haben; die Äußerung »ihr werdet es selbst einmal sehen!« besagt nur, daß du sehen wirst, was nicht da ist, um gesehen zu werden. Wenn der Roman endet (wir werden es sehen), so tut er dies an der unentscheidbaren Grenze der nihilistischen Projektion und der geheiligten Affirmation, am Punkt eines zornigen Schwankens mit Blick auf einen realen oder imaginierten Körper, welchen er sich weigert, einzusperren oder stillzulegen.

Unglücklich, daß es so enden soll, tauft der Roman das unglückliche Ende »Europa«. Irgendwie ist die Asche des Idiotenkörpers über dieses Europa verstreut, ein Europa, das sich zurückzieht, beinahe zornig, wie eine Phantasie. Und doch läßt sich Europa als der Ort eines bestimmten Typus der Wissenschaft identifizieren, es ist der Raum, der den klinischen Blick hervorbringt. Am Anfang des Romans kommt der Prinz aus Europa, und am Ende wird er nach Europa zurückkehren, in die Schweizer Klinik und auf die Station von Dr. Schneider. Alles, was zwischen diesen beiden Zeitpunkten der Abreise passiert ist, findet in den russischen Sphären statt, die von ängstlicher Liberalität geprägt sind, wo dem Prinzen mehr oder weniger freigestellt ist, herumzugehen und seine Wunden zu exponieren.

Der heilige Fremde

Aus Europa oder, genauer, aus der Schweizer Klinik zurück und in gewisser Hinsicht auf eigene Verantwortung entlassen, wird der vorher internierte Prinz als Außenseiter in die Szene eingeschleust. Weder ein- noch gänzlich ausgesperrt, ist er auf existentiellem Heimaturlaub. Dank der Exteriorität, die er mit Blick auf die soziale Ordnung vertritt, führt er Unordnung und Unterbrechung ein. Ohne Zweifel ist die Beobachtung akkurater, daß er die Unordnung und die Unterbrechung *exponiert*, die das soziale Milieu konstituieren, aber normalerweise maskiert sind. In dem Maße wie er die Position der Exteriorität besetzt, unabhängig davon, wie nahe, vertraut und familiär verbunden er mit dem weitergehenden Verbindungsgeflecht des Romans ist, neigt er dazu, für die absolute Verlassenheit des Anderen zu stehen: er hält den unauslöschlichen Eindruck des Fremden aufrecht, indem er die vergessene Aura desjenigen evoziert, den Hölderlin den »heiligen Fremden«[36] genannt hat.

Doch Myschkins Status kann nicht nur als fremd beschrieben werden. Seine Rückkehr nach Rußland ist wie die Rückkehr eines Geistes. Indem er an etwas erinnert, was die stumme Eloquenz einer Anklage mit sich führt, transportiert er, als wiederaufgerufener Geist, eine nahe bevorstehende, immerwährende Drohung. Es gibt da einen anklagenden Ton, den seine Existenz selbst, seine Insistenz und Wiederkehr mit sich bringt. Und wenn dies nicht einfach eine Heimreise ist, dann kommt er als Gesandter, der auf eine Besuchsreise geschickt wird, auf eine Mission von notwendig vorläufiger Dauer. Indem er, wie in der *Odyssee*, eine geisterhafte Struktur aus Heimkehr und Wiederkehr in Gang setzt, bietet sich seine Erscheinung noch dazu mit der ganzen Ambivalenz einer Gabe dar. Er besetzt und reflektiert gleichzeitig das Heilige und das Gift, jenes Opfer, das sogar den Körper, die Landschaft mit sich nimmt, die man als Europa konstruiert hat. Im wesentlichen verkörpert er die besondere Qualität des wiederkehrenden Erscheinens und Verschwindens, des Verpflichtetseins und Nicht-Verpflichtetseins: die anderen wissen nicht, wie sie ihn nehmen sollen, aber sie akzeptieren ihn, als ob sie eine Schuld zu vergeben hätten. Der ganze Roman scheint in der Tat über die Verbindungen zu laufen, die *Geben* und *Vergeben* verbinden, Aspekte der Gabe, die eine zirkuläre Ökonomie unterbrechen.
Irgendwie ist jeder Charakter, dessen Bekanntschaft der Prinz macht, an ihn durch irgendeinen vagen, aber wirksamen Sinn von Verpflichtung gebunden. Als Fremder wird er empfangen, mit bindender Gastfreundschaft; strukturell ein Bettler, transzendiert er stillschweigend materielle Zwänge. Er wird sofort zur Emanation des Christuskindes und zu einer der drei Figuren, die, das Heilige erkennend, Gaben bei der Ankunft überreichen. Er hat nichts, aber er überträgt die Souveränität des Gebens. Die subtilsten Züge des Romans sind um diese Frage arrangiert: wie wird das Nichts, welches der Idiot verströmt, exzessiv?
Während die Gabe – um das zu sein, was sie ist, falls sie überhaupt »sein« kann – sich nicht selbst als solche präsentieren kann oder mit ihrer eigenen Intention der Präsenz koinzidieren kann, geht vom sprachlichen Faktum der Idiotie etwas Originäres, Jungfräuliches oder Unschuldiges aus.[37] Die Erscheinung der Gabe, das heißt die Nicht-Erscheinung, verkörpernd, kündigt der Idiot die Destruktion dessen an, was er übermittelt: Liebe, Freundschaft, Präsenz. Destruktion ist nicht das, was dem generösen Impuls entgegentritt, sondern eine Kraft, die der Gabe inhärent ist und ihre Reichweite ausdehnt. Eine der Hauptklagen, die durch die Romanfiguren laut werden, betrifft die ungezwungenen Handlungen des Gebens und Vergebens, die der Prinz ausführt, ohne nachzudenken. Als ob er fortwährend etwas begraben wolle. Offenkundig mit seiner eigenen narrativen Ökonomie kämpfend, bietet der Roman kurze Einreden gegen die unkontrollierten Verausgabungen des Prinzen

auf, der, in aller Unschuld, sich selbst nicht davon abbringen kann, zu geben und zu vergeben. Einer Beleidigung seiner Stellung beiwohnend, gibt ein Beobachter es auf, ihn vor seinen Verfolgern retten zu wollen: »Als ob er es nicht wüßte, daß dieser Idiot sich morgen wieder zu ihnen hinschleppen wird, ihnen seine Freundschaft und seine Kapitalien anzubieten!« Der Impuls, viel zuviel zu geben, funktioniert als eine 374
Art toxisches Sich-Erbrechen innerhalb der sozialen Register des Romans, alle Charaktere kontaminierend und eine Crash-Ökonomie produzierend. Großzügigkeit, unerklärt, unerklärlich, wird zur Regel. In einer miniaturhaften Szene, die das soziale Potlach zeigt, wird ein großer Haufen Geld von Nastasja Filippowna in den Kamin geworfen, die anschließend Rogoschin auffordert, es wieder herauszuholen – sie führt diesen Test durch, bei dem sein Charakter Punkte sammeln oder sich versengen wird. Trotz seines legendären Geizes greift Rogoschin, der durch Myschkin und die versammelten Gäste beobachtet wird, nicht in die symbolische Destruktion ein. Immer wieder überrascht die Gewalt der Gabe, sie läßt uns hilflos, offen, dargeboten zurück.

Die auf den Prinzen zielende Anspielung endet nicht mit narrativen Beobachtungen zu seiner exzessiv gebend-vergebenden Natur, sondern sie erweist sich im weiteren als bezogen auf seine extravaganten Danksagungen. Der Roman reflektiert auf das, was man die dekonstruktiven Ränder der Dankbarkeit nennen könnte, indem der Prinz hinsichtlich seiner impliziten Ökonomien und seiner kontradiktorischen Ansprüche gelesen wird. Seine sich steigernde Dankbarkeit führt zu einer Verdrehung, die destabilisiert und die Rhythmen der Geselligkeit paralysiert. Es ist, als ob Undankbarkeit Dreh- und Angelpunkt der sozialen und intellektuellen Mobilität wäre. Die Ökonomie der Dankbarkeit erweist sich als eine unvermeidlich inflationäre, die, wenn sie überprüft wird, sich von gefährlichen Übertreibungen herleitet, von jenem Übermaß, das kongruent ist mit Idiotie. Alles in allem kann die Idiotie nicht richtig evaluiert werden. »Man gibt dir zwei Groschen, und du dankst, als ob man dir das Leben gerettet hätte. Du meinst, das sei lobenswert, aber es ist widerlich.« Der Prinz, der dafür gescholten wird, ein Bewertungssystem 719
erfunden zu haben, das jede säuberlich-angemessene Zuteilung unterläuft, schmeckt auch dadurch von der Hölle, daß er sich selbst, so als wäre die Selbstentwertung »preisverdächtig«, in dem ganzen Prozeß zu hoch einstuft. Exzessiv und boomend, zeigen seine Konversionsquoten eine unendliche Dankbarkeit an für das, was substantielle Errettungen – die Rettung des Lebens – zu sein scheinen, wo doch nur zwei Groschen gegeben worden sind. Aber warum könnte eine solche inflationäre Tendenz Ekel hervorrufen?

In gewisser Weise weist die Überbewertung einer mageren Spende (die, in flachen Begriffen gedacht, kaum einer Gabe gleicht – denn eine Gabe hat keinen festen Preis, muß unkalkulierbar bleiben) nicht auf den Adel des Charakters hin; sie trägt nicht zur Aufwertung des Empfängers bei, sie stellt ihn im Gegenteil, irgendwie paradoxal, als geizig, sogar begierig bloß. Indem der Prinz die Offerte von zwei Groschen überschätzt, verwandelt er sich selbst in einen Bettler. Am Bettelstab tritt er nicht in das Ideal und in ausbalancierte Austauschsysteme ein, in der Art von »der Prinz und der Arme«, sondern nimmt den Charakter und die Funktion eines insistenten Anspruchs an, eines Anspruchs, der ihn in der Tat übersteigt und von woanders zu kommen scheint. So löscht der Dankende, zum Märtyrer gemacht durch eine Art von niederdrückender Armut, was er vorgeblich gibt. Die Feindseligkeit des »Ich bin nichts« kann gar nicht überschätzt werden. Diese Schlußfolgerung könnte so erscheinen, als folge sie einer perversen Logik (wir folgen Dostojewskij); und doch ist es eine, die auch Nietzsche in einem anderen Kontext aufdeckt, wenn Dankbarkeit, eine Form der Aggression, schließlich in Verbindung gebracht wird mit unterdrückter Rache.[38]

Der Text ist einer Aporie begegnet: dem unmöglichen Maßstab der Dankbarkeit. Ein Anerbieten zu ignorieren, egal wie mager es ausfällt, kann zu nichts Gutem führen (religiöse Fabeln, Märchen und Volkssagen haben oft die Verwandlung des Nichts in große Königreiche zum Thema). Ihm zuviel Gewicht zu verleihen, friert den Wert der Gabe jedoch ein, deren Eigenschaft es ist, das berechenbare Maß zu übersteigen. Mit seinen Lobpreisungen überschätzt der Prinz den Wert der knappen Schenkung. Er hätte sie besser vergessen sollen, so beschimpft ihn sein Begleiter, in der Manier des »Sag bloß nichts«. Als er das Angebotene einer impliziten Evaluierung unterwirft, macht er eine falsche Bewegung, in erster Linie deshalb, weil er in das Gebiet der Berechenbarkeit eintritt, als ob es sich um etwas handeln würde, das sich aneignen ließe und auf das man zählen könne. Genau da, wo ein Wert zugeschrieben wird, erreicht die Gabe nichtkalkulierbare Proportionen. Denn überhaupt zu rechnen, heißt für den Idioten, seine eigene, inkommensurable Schuld zu ermessen. Er kann nicht innerhalb der Zahlenkolumnen bleiben. Am Ende denkt er, daß er die Schuld aller anderen vergeben und dafür mit seinem Leben bezahlen könne. Dies ist für uns Westler eine alte Geschichte, die Nietzsche an einer bestimmten Stelle neu geschrieben hat, als er die Strategien ermaß, durch welche Christus zum unendlichen Kreditgeber wurde. »Du meinst, das sei lobenswert, aber es ist widerlich«, sagt Aglaja. Indem er gibt, nimmt er (Rache), aber es könnte sein, daß es da keine Entscheidung gibt, letztendlich, zwischen diesen beiden Arten oder Modalitäten der Gabe, auf welche er antwortet. Wie du es auch drehst, die Gabe bleibt ohne Maß, sie hat lediglich den Status einer abgründigen Allegorie: das Geben (Annehmen) zweier Groschen wird das Äquivalent des Gebens (Annehmens) des Lebens; indem ihr lo-

kaler Wert gelöscht wird, wird die Gabe zum Geben (Nehmen) als sol-
ches, zum Geben des Seins, welches keinesfalls auf das Resultat einer
gegebenen Kalkulation reduziert werden kann. Der Prinz mag im Stru-
del des allegorischen Urteilens gefangen sein, doch besteht eine der
erklärten Qualitäten seiner Idiotie darin, daß er keine rhetorischen Fi-
guren ausführen kann. »Man [darf] an einen Idioten so nicht schreiben,
weil er es wörtlich nehmen könnte.« Tatsächlich wird er durch nicht- 423
allegorische Schlußfolgerungen heimgesucht, falls so etwas möglich
ist: er möchte die Dinge wörtlich nehmen (geben). Ohne figurale Stop-
zeichen, die ihn zügeln, dreht der Idiot ab in die vernichtenden Erfah-
rungen der unmöglichen Buchstäblichkeit, während er die Wahrheit der
Aussage verdunkelt und sich ihr zugleich annähert.

Die rhetorische Diagnose verwandelt sich in gängige Währung, wobei
Myschkins Unfähigkeit, was die Fälschung und andere Figuren der Täu-
schung betrifft, zutagetritt: »Und diese ganze Gesellschaft nahm der
Fürst für echte Münze, für reines Gold ohne Legierung.« Myschkins Lob- 701
sagungen bleiben ein Thema, obwohl die Basis für das »Rechnen« ver-
schwindet. Denn die Ökonomie kann nicht auf die Sicherheit ihres eige-
nen Systems beschränkt werden und wird notwendigerweise durch die
Allegorie affiziert. Die Ökonomie übersteigt immer ihre Figuren, Speku-
lation beinhaltend, und sie bringt ein fortwährendes Überweisen von
rhetorischen Kosten mit sich. Um dies näher an das Zitat heranzufüh-
ren, reines Gold kann nicht ohne den Begriff der Mischung gedacht
werden, so wie die echte Münze nicht zu schätzen wäre ohne ihre ge-
fälschte Seite. Es ist, als wäre Myschkin mit dem Bettler in Baudelaires
Fausse Monnaie verbunden oder zumindest mit einer der Hypothesen,
welche der Erzähler dieses Prosagedichts über den Bettler in Umlauf
setzt, der nicht nach der gefälschten Münze fragen will oder dazu be-
fragt werden möchte. Wie Derrida jedoch angedeutet hat, wenn es
keine Frage nach der Fälschung gibt, wie kann dann die Frage nach
der Wahrheit oder der Täuschung überhaupt aufkommen?[39] In anderen
Worten, wenn da keine falsche Münze wäre, könnte es überhaupt eine
wahre Münze geben oder die Gefahr, die eine mit der anderen zu ver-
wechseln? Mit dem Dilemma konfrontiert, daß er diese Gesellschaft für
bare Münze gehalten hat, ist Myschkin, trotz seiner Unschuld, immer
noch ein Spekulant. Wenn er die Gesellschaft für bare Münze nimmt,
dann versteht er auf gewisse Weise die Prinzipien der Täuschung. Hat
er jedoch keine Sensibilität für die Täuschung, dann ist Wahrhaftigkeit
für ihn etwas Entwertetes. Er muß die Wahrheit nicht erforschen und
bei ihr ankommen; diesen Weg braucht er nicht zu nehmen. Auch muß
er nicht mit der Abwesenheit der Wahrheit rechnen oder einen Spiel-
raum lassen für Irrtum oder Täuschung. Auf eine Weise, die die Berech-
nung annulliert, profitiert er von der blinden Spekulation, davon, den

Vergebende, vertrauensvolle, noble Einfachheit

Gewinn des Zweifels an eine Gesellschaft zu *geben*, die, in diesem Fall, der Erzähler ausgehend von der Wahrscheinlichkeit ihrer gefälschten Natur bewertet. Zur Überschätzung neigend, ohne ein Grundmuster oder einen Maßstab zu haben für die Einschätzung, kann der Prinz auf keinen verläßlichen Grund zurückgehen, von dem aus die Kraft der Sprache, zu bedeuten oder zu zählen, ermessen werden könnte. Selbst wenn er tatsächlich einmal etwas erwägt, gerät er ins Unermeßliche, Reine – eine Art ethischer Quotient des mathematisch Erhabenen. Der Preis für ein solch spektakuläres Maß wird gleichfalls als verwirrend dargestellt und bedroht fortwährend durch einen Absturz in den Anfall und in die Verrücktheit. An verschiedenen Kreuzungspunkten legt der Text nahe, daß, wenn der Idiot das Angebotene, sprachlich oder in Form von Geld, für bares Gold hält, dann weil er nicht prüft; stattdessen praktiziert er eine Politik des »unbesehenen Glaubens«.

In enger Verbindung mit seiner Weigerung (Unfähigkeit), zwischen den Zeilen zu lesen oder Stichproben zu machen, um die Wahrheit herauszufinden, hat der Idiot wenig Gespür für soziale Scham, keine Erfahrung von Zorn und nirgends bemüht er sich besonders um den Begriff oder die Praxis der Würde. Er leidet an der Entwürdigung mit einem leidenschaftlichen Lächeln, während er fast immer mit den Verfolgern paktiert. Er wird von jenen, die vorgeben, ihn zu instruieren, für seine exzessive Freundlichkeit und seine Tendenz kritisiert, am Ende einer Wel-
le von Beleidigungen seinen Angreifer mit »Verzeihen Sie« oder »Schon 357
recht« anzusprechen. Die Liste der Anklagen wird an besonderen Kno- 359
tenpunkten in der Entwicklung des Romans aufgestellt: er hat keinen Stolz, außerdem ist er zu vertrauensselig, auf morbide Weise sensitiv,

»Als ob du Ärger fühlen könntest!« »Verzeihung!«

naiv, immer bereit einzulenken, bereit, Freundschaft anzubieten, Geld wegzugeben, Liebe zum Ausdruck zu bringen oder mehr noch, zurückzugeben (aus diesem Grund ist er mehr oder weniger zwei Frauen versprochen, die Ansprüche auf ihn haben). Diese Selbstverausgabungen werden von einem Hauch von einfacher Feinheit umgeben: der Prinz wird gelobt für Anmut und Höflichkeit. Trainiert darin, Ereignisse als widersprüchlich wahrzunehmen, steht die Sensibilität des Erzählers dem Nebeneinander von exquisiter Höflichkeit und sozialer Wehrlosigkeit mit Skeptizismus gegenüber. Als ob er in eine Art ursprüngliche Kohärenz hineintappen würde, gibt der Prinz nach, ohne zu kuschen, er faltet sich ein oder beugt sich einer Forderung, die jede Priorität des Selbst zerreißt. Die ausgedehnten Höflichkeitsbezeigungen geben einen Hinweis auf das Elend, das er angesichts des anderen verkörpert. Der Idiot bringt ohne Unterlaß die Hinwendung oder Rückkehr zum anderen zur Darstellung, wobei er sich, kapitulierend, verbeugt.

Wenn er verleumdet wird oder über ihn gelacht wurde, so lacht er auch.
»Ich hätte es an Ihrer Stelle ebenso gemacht,« sagt er ihnen freundlich. 76

Das eben ist es. Ohne die Absicht oder die Mittel zu haben, seine Adressaten zu enteignen, ist er auf ihrem Platz, immer, ohne Ausnahme.
Auf eine eigentümliche, aber persistente Weise stellt der Idiot einen exemplarischen Moment der Ethik Kants dar, insofern als er sich selbst auf rigorose Weise, so könnte man sagen, an den Ort des anderen begibt. Und doch fungiert Myschkin, sogar in der letzten Szene des blanken Stupors, als der Garant unantastbarer Verantwortlichkeit. Während er den Mörder streichelt, eine Anstrengung macht, um ihn zu beruhigen, stellt Myschkin dar, was es heißt, für den anderen verantwortlich zu sein, dem anderen ergeben zu sein, *sogar unbewußt*, ohne dies zu »tun«: er handelt, ohne zu handeln, er praktiziert eine auf ethische Weise aufrechterhaltene Passivität. Er gleitet in die Verzweiflung des anderen. Wenn man sein Selbst an die Stelle eines anderen bringt, impliziert dies notwendigerweise für das moderne Subjekt einen Bruch in der Identität, eine Selbstverabschiedung oder eine signifikante Unterbrechung; doch die Art und Weise, wie der Idiot sich selbst fortwährend vor dem anderen auslöscht, verweist auf etwas anderes. Sein Ort galt von Beginn an als offen für die Verschiebung, markiert durch die offensichtliche Kontingenz der zufälligen Begegnung. Ihre Bestimmung verschiebt sich entsprechend den Erfordernissen des Moments. Egal wie zufällig, jede Begegnung bleibt überdeterminiert und schicksalhaft. Wo seine Bewegungen mit Sinn und Funktion erfüllt sind, bleibt er hartnäkkig draußen, er hat keinen eigenen Ort, er ist immer Gastgeber des anderen und gleichzeitig benimmt er sich seltsamerweise wie ein unterwürfiger Gast. Jede vorgefertigte Party bringt er zum Bersten. Seine Präsenz lenkt ab, verblüfft. Mit jeder Wendung ruft er die traumatische, aber geliebte Erscheinung von etwas, was insgesamt anders ist, wieder auf. Seine Ankunft kommt einem tiefen Einbruch gleich, indem Identitäten entlarvt werden, aber nur, um sie augenblicklich um sein enigmatisches Sein herum neu zu konstituieren.

Warum, sie hat dich einen Irren und einen Idioten genannt!

Die Fähigkeit, sich an den Ort des anderen zu begeben, schließt Gewalt nicht aus. Natürlich ist dies nicht eine Sache der Befähigung oder der Begabung, es gibt da Vergewaltigung am Ort des anderen. Von Beginn an ist dies eine Angelegenheit des Eindringens gewesen, selbst wenn sie zur Ordnung der heiligen Invasion gehört. Myschkin, ein anderer Messias, mimt den Besuch desjenigen, dem ein Sanktuarium angeboten wird, obgleich man ihn nicht erwartet; er steht für die Figur des Besuchs ohne Einladung; für das Heimgesuchtwerden, das willkommen oder unwillkommen ist (oder beides: das ist nicht immer ganz sicher). Der Idiot kommt an und lebt sich in die Szene ein, er setzt eine Art von Gewalt frei, welche die ans Haus gebundenen Protagonisten auf die Möglichkeit bringt, daß dieser Übergriff eine Gabe im Verlauf unseres Geschicks bedeuten könnte.

Wenn sich bei Dostojewskij einige Schwierigkeiten ablesen lassen, den Prinz, ein modernes Subjekt, als heilig erscheinen zu lassen, dann ist es insbesondere die Struktur des Besuchs, der »Heimsuchung«, welche die Wiederkehr des Göttlichen ankündigt. Ohne bestimmten Kontext oder Bedeutung, unerkennbar, doch irgendwie gebunden an jene, die ihn aufsuchen, trägt der Prinz das Element der Unberechenbarkeit in sich, welches besagt, daß wir den anderen auf bedingungslose Weise in Empfang nehmen müssen, ohne etwas von ihm zu erwarten. Fremd und zerzaust, tritt er als Gesandter auf, wenn nicht sogar als eine Maske Gottes. Was ist Gott anderes als der Arme, der Verworfene, der Fremde, der Gast, der sich versteckt hinter der Erscheinung des Elendsten unter allen Fremden? Die aus dem Altertum kommende Konfiguration deutet, so Derrida, den Ursprung der Gastfreundschaft an, sie kündigt den nicht geladenen Gast an, der in der Form der Heimsuchung in Erscheinung tritt.[40] Um welche Art von Postkarte handelt es sich bei diesem göttlichen *envoi*? Gott ist derjenige, der den Fremden zu dir schickt; es gäbe keinen Gott ohne den Fremden, ohne die Schickung von woanders, ohne jemanden, der einen Aspekt der Andersheit auf ebenso überzeugende wie bedrohliche Weise darstellt; ebenso vertraut wie heimsuchend, verdrängt oder ungerufen. Wenn diese Gestalt auftritt, so seltsam, so vertraut, sowohl abstoßend als auch Liebe evozierend (es gibt da so viel Ekel, so viel Liebe in diesem Roman: sie gehen Hand in Hand); eigentlich hier geboren, aber mit einem ausgesprochen deutlich vernehmbaren, fremden Akzent – sobald du die Schwelle überschreitest, bist du göttlich. Das Heilige erscheint, sobald du den Fremden liebst.

Bruch und Modernität

In der Moderne ist das Heilige, wenn überhaupt, durch die Linsen der Verletzlichkeit sichtbar geworden. Nicht in den Erscheinungsweisen von Stolz und Schönheit, sondern als ihr Zerbrechen. Zerbrochen und kaputt, isoliert durch sein Leiden, pulsiert das Heilige heutzutage, wenn überhaupt, schwach. Der Schock eines Gottes, der verletzlich geworden ist, durchzieht den ganzen Roman, der die Entstellung übersetzt, die das Leiden ermißt. Leiden heißt entstellen, was schon eine Substitution ist, die die weitere Verschlechterung der Verfassung des Prinzen ermöglicht. Die Art, wie Dostojewskij dies ausspielt, könnte die Idiotie so erscheinen lassen, als würde sie Ansprüche auf eine noch ursprünglichere Erfahrung des Leidens erheben – ein Leiden ohne Grund, das nicht aufgerufen werden kann, ein Leiden, das keine Geschichte hat, um ihm ein Gewicht zu verleihen. Der Idiot *ist;* er »wird« nicht und er beleuchtet nichts; vielmehr deutet er, in aller Dumpfheit, in Richtung auf eine düstere Transzendenz, eine von Schwierigkeiten getrübte Selbstgenügsamkeit, wo das Selbst in weiten Teilen

ausgeschlossen ist. Außerhalb von Erinnerung und Geschichte ist die Idiotie der Splitter des Heiligen in der Moderne. Was das Willkommenheißen oder sogar die Möglichkeit des Erkennens und des Empfangens des Heiligen angeht, so haben sich diese Modalitäten der Offenheit gleichfalls der Verletzlichkeit untergeordnet: unsere Empfangsorgane sind schwach geworden, und es ist schon lange nicht mehr gesichert, daß wir in der Lage sind, den heiligen Fremden aufzunehmen. Dostojewskij hat geschrieben oder vielmehr der Prinz hat gesagt, daß wir Menschen heute anders sind und uns in einem anderen Zeitalter befinden. »Weil die Menschen von damals ... wohl ganz anders waren als wir jetzt; heute sind wir nervöser, höher entwickelt, sensitiver, sozusagen im Banne von zwei, drei Ideen gleichzeitig ... der heutige Mensch ist umfassender, und ich schwöre Ihnen, eben das hindert ihn, ein so einheitliches Wesen zu sein wie in jenen früheren Zeiten. Ich ... ich habe das einzig nur in diesem Sinne gesagt, und nicht ...« So lauten die Stamme- 683
leien und Stottereien, die trotz des zögernden Duktus, mit dem sie vorgetragen werden, auf förmliche Weise die Anstrengung des Prinzen wiedergeben, Wankelmütigkeit in Empfänglichkeit umzumünzen, indem historisiert wird, was die Menschen aushalten können. Nicht länger einheitlich, hat sich die Gattung in Richtung Partialisierung *entwikkelt*, und die Darstellungsform wiederholt das; aufgebrochen und desartikuliert, in der Lage, die Vermehrung oder Verstreuung der Ideen zu ermessen, sind wir heute nervöser, sensitiver für das Auftauchen des Fremden. Vielleicht weniger empfänglich für das ganz andere, sind wir unserem Schicksal in einem weitsichtigen freien Fall ausgesetzt.

Die Artikulation von derartigen fundamentalen Veränderungen in der geheimen Geschichte der psychischen Kontinuitäten gibt es nicht erst seit Dostojewskij. Sie kann de facto mindestens bis zu den differentiellen Sensibilitäten zurückverfolgt werden, die in Schillers Abhandlung *Über naive und sentimentalische Dichtung* eine Formulierung finden, wo die griechisch-Goethesche Ganzheit des Seins situiert wird, die den Weg für die Fragmentierungen und Dissoziationen der Moderne bereitet hat.[41] Die Schillersche Abhandlung mag keine historische Erzählung der Unterbrechung des Bewußtseins beibringen, die der Autor zu bezeichnen sucht, aber sie etabliert den irreversiblen Bruch, der im Zuge des Überflutetwerdens mit Leiden im Selbstbewußtsein auftritt, das Brandmal des unglücklichen Bewußtseins oder was Dostojewskij mit »nervöser, höher entwickelt, sensitiver« bezeichnet. Ohne Zweifel läßt er mit einigem Sinn für Ironie Myschkin auf diesen Bruch schwören (»Ich schwöre, daß ....«). Indem er einen Eid und Beschwörungen ablegt, schwört er auf den Bruch in der Einheitlichkeit der Vergangenheit. Wenn der Prinz sich in einer Position befindet, in der er auf die Wahrheit des Unterbruchs schwört, der die Moderne konstituiert, dann geschieht das unter anderem, weil er für beide Seiten der verzeitlichten Münze steht, bei der es so schwierig ist, Kopf oder Zahl auseinanderzuhalten. Als Idiot gehört er immer noch der Vergangenheit an, von der er eine Erinnerungsspur in sich trägt, obwohl diese partiell und stumm bleiben mag. Die Idiotie erlaubt ihm, trotz allem, ein Zeichen einer Erfahrung der Einheit zu verkörpern oder zumindest einer versiegelten Oberfläche, die Angemessenheit vermittelt, zu der wir nicht länger Zugang haben. Selbst die Klinik kann diesen Fall nicht knacken, der sich über sich selbst abschließt, als ob er eine historische Erinnerung bewahren würde, zu welcher wir die Rechte verloren haben.

Gleichzeitig bringt der Idiot sich, zumindest für den provisorischen Zeitraum, der ihm im Roman zugestanden wird, mit dem »wir« der nervösen Modernität in Verbindung, als ob seine spezifische Disposition dazu angetan wäre, die Verfaßtheit der Moderne zu kristallisieren: der Darstellung zufolge ist er sensitiv und entfremdet, in die verschiedenensten Richtungen gezogen und dem Heiligen fern. Sein Eid würde bedeuten, in diesem Fall, daß ich auf die Wahrheit meiner Erfahrung schwöre; ich bin Zeuge für die radikale Entfremdung, für welche ich selbst der Beweis bin.

Das unsichere Schwanken (ist er naiv oder *sentimentalisch**) wird durch die Dynamik des Romans verstärkt, der über die wesentlichen Behauptungen, die er aufstellt, eine Doppelbedeutung legt. In vielen Fällen ist der Prinz nämlich zwischen zwei Extremen gefangen, zwischen historischer Größe oder psychologischer Partikularität: »Der Fürst klagte sich neuerdings zweier Extreme an: erstens einer ungewöhnlichen, ›sinnlosen und aufdringlichen‹ Vertrauensseligkeit und gleichzeitig eines ›finsteren, niedrigen‹ Mißtrauens.« 397

Über Vertrauen Im wesentlichen gefangen zwischen den Polen eines offensichtlichen, auf dem Nicht-Lesen beruhenden Vertrauens oder eines auf einer Überdehnung des Lesens beruhenden Mißtrauens, ist seine Sensibilität ausgesetzt, um durch die Gemeinschaft, die ihn empfängt, ausgetrocknet zu werden. Tatsächlich kommt da nie ein Moment des reinen Nicht-Lesens; es ist alles eine Frage des »Wie zu lesen ist«. Sogar seine Mißtrauensäußerungen sind irgendwie dürftig, denn der Prinz hat sich als unfähig erwiesen, die Spannung aufrechtzuerhalten, die das Verdächtigen erfordert – den Zustand des ängstlichen Alertseins, der sich nur momentweise einstellt, wenn eine Forderung an ihn herantritt, wie einen Brief zu lesen, oder wenn eine Situation auftaucht, die ihn schicksalhaft in eine hermeneutische Notwendigkeit, auf einen allegorischen Seitenpfad zieht. Meistens jedoch läßt der Prinz die Haken und die Verführungen des Verstehens hinter sich, wenn er sich den Anforderungen des Moments überläßt und Distanz und Verzögerung vergißt. Die einzig wirklich durchsichtige Manifestation der Idiotie, die er an sich hat – seine Grammatik aus Sympathie und Einfältigkeit par excellence – ist seine vertrauende Natur.

Seine Welt ist eine von Oberflächenironie reingewaschene. Die ironiefreie Zone des Bewußtseins bleibt jedoch eine List, ein Schwindel oder ein Phantasma. Die Idiotie ruft, trotz ihrer selbst, die Ironie von allen Seiten auf den Plan, selbst wenn sie, um zum Ausdruck zu kommen, von der Verweigerung der Ironie abhängt. Wie er so durch Situationen stolpert, die seine soziale Debilität noch deutlicher werden lassen, wird erkennbar, wie das soziale Sein, die echte Geselligkeit, egal wie geringfügig vorhanden sie sein mag, eine Fähigkeit des Verdoppelns und Verteilens von Bedeutungen voraussetzen würde, die durch ironische Berechnung gelenkt wird. Seine Welt neigt dazu, reduziert zu werden (oder positiv verstärkt: christianisiert zu werden), denn er »argwöhnte nirgends Spott oder Scherz« – Stimmungen und Grammatiken, für 443
die der Prinz keine verläßlichen Empfangsorgane hat. In dem Maße, wie er gegen die schneidenden Angriffe des Sich-Lustigmachens versichert ist, harrt er im Kokon der Sprache der Ganzheit aus, in den ihn einwickelnden Schutzhüllen der naiven Register der Sensibilität. Doch ist es niemals vollkommen klar, wenn man seine blanke Ignoranz gegenüber den rhetorischen Manövern betrachtet, die auf ihn abzielen, wie er die Intentionen des sozialen Sprachgebrauchs ablenkt. Sein Betragen, das einem unbeschriebenen Blatt gleicht, was die rhetorischen Invektiven angeht, hebt ihn heraus, selbst dann, wenn die Verletzungen fortdauern. Einfach manchmal zu dumm, um es anders zu machen, tritt er seinen Peinigern unbekümmert gegenüber; der Angriff verfehlt ihn.

Und hier dieser armselige kleine Prinz, dieser elende kleine Idiot …

Das Heilige an ihm erscheint oft in Momenten, wenn er sich freischwebend über die laute verbale Auseinandersetzung erhebt. Zumindest hängt das Heilige vom Aufscheinen einer möglichen Transzendenz ab, selbst dann, wenn er ohne Gnade ins Lächerliche gezogen wird. Wiederholt wird gezeigt, daß Sich-Lustigmachen, Humor, Ironie, double-entendre und andere sprachliche Substitutionen für Mordversuche nicht in der Zeit oder an ihrem Ziel ankommen. Eine dialektische Wirkung aus extremer Geschütztheit und komplettem Ausgesetztsein entbindend, steht er für die radikale Verletzlichkeit des psychologisch Nicht-Versicherten.

Als jemand, der nicht auf Wahrhaftigkeit oder Verläßlichkeit achtet, faßt der Idiot jeglichen möglichen Zustand oder jede Aussage vertraulich auf. Vertrauen ist das, was unmittelbar gegeben wird, es werden keine Fragen gestellt; es ist eine Gabe. Genau deshalb, weil es so frei angeboten wird, identifiziert man es mit der Bedingung der Idiotie. Um das zu sein, was es ist, eliminiert das Vertrauen jede mögliche Berechnung.

Wenn du jemandem dein absolutes Vertrauen gibst, kannst du auf seinen Konten keine heimlichen Schulden machen; du kannst keine Untersuchungen machen oder versuchen, seine Motive ausfindig zu machen oder zu prüfen, wie derjenige auf deiner blinden Seite mäandert. Reines Vertrauen involviert notwendigerweise Idiotie und löst sie aus. Ein nicht-idiotisches Angebot, Vertrauen zu schenken, würde vermutlich in einem Wissen gegründet sein oder in einem Sinn für das, was auf dem Spiel steht und bewiesen werden soll. Aber der Idiot prüft nicht und kann in diesem Sinne nicht wissen. Nicht kalkulierend, vertraut er – »blind«. Während blinde Angebote des Vertrauens dem Schicksal, welches Dostojewskij entfaltet, eigentümlich zu sein scheinen, während er uns eine Führung durch das Vokabular der Idiotie gibt, ist es ohne Zweifel gleichzeitig so, daß jegliches Vertrauenschenken ein Moment der Blindheit einschließt und in gewisser Hinsicht Zeit überwinden und verneinen muß. Zu vertrauen heißt, das Werden der Geschichte zu suspendieren, es sei denn man vertraut, indem man sich alle Geschichte aneignet, in Unbeständigkeit und Abirrung. Mit Dostojewskij gedacht, ist der vertrauende Idiot auch derjenige, der immerzu sagt: »Oh, Zeit habe ich genug; ich bin völlig Herr meiner Zeit.« Ich vertraue der Zeit so sehr, 36
daß ich denke, sie gehört mir ganz, sie wird von niemandem sonst in Anspruch genommen, von keiner anderen Kraft oder keinem anderen Geschäft. Sie ist, ohne Ticken und ohne Wecker, überreichlich vorhanden. Zu vertrauen heißt, der Zeit vertrauen, heißt sich selbst so radikal in Zeit auflösen, daß die Zeit es ans Tageslicht bringen wird, alles heilen wird, die Zeit wird sich selbst vergessen – und das ist ihr Wesenszug –, sie wird aufhören, mich zu »timen«, meine Tage zu zählen oder mich abzuschneiden: Ich kann auf die Zeit zählen – in der Tat, ich kann aufhören zu zählen; ich lebe nicht länger von geborgter Zeit, denn »meine Zeit gehört mir ganz«. Ferner ist es die zutrauliche Intimität, die der Idiot mit der Zeit unterhält, die ihm eine Aura von Unsterblichkeit verleiht.

Der Roman läßt die Beziehung zur Zeit durch die Darstellung des *Bereitseins* immanent hervortreten. Der Prinz ist bereit, zu vertrauen, zu antworten. Er signalisiert keine Reserve, und indem er, mit dem, was er anbietet, spontan ist, baut er nicht auf Geschichte, mit dem Zweck, Vertrauen zu etablieren. Dies ist der Grund, warum Vertrauen, folgt man Aglajas Warnungen, in den Staub beißt: es gibt keine historische Überprüfungsmöglichkeit, keine Teststrecke, um sich den Aufwand an gegebenem Vertrauen von seiten des Prinzen noch einmal anzuschauen. In der Tat verplempert er das Vermögen, das ihm zuteil wird, denn er gibt sein Geld weg, er bietet überall Freundschaft an und Geld. Ferner, in dem Maße wie sein Vermögen als Gabe angeboten wird, braucht keiner es zu *verdienen*. Ein nicht-berechenbares Treuhandvermögen – wer zählt mit, meine Zeit gehört ganz und gar mir, was so viel heißt, wie dir –, wird der kleine Prinz paradoxerweise und geheimnisvollerweise jedermanns Gläubiger.

Aber Vertrauen konstituiert, als solches, keine Handlung. Vertrauen ähnelt einem Sich-Befreien, einem Sich-Lösen von einem historischen Verteidigungsaufbau, es nähert sich so etwas wie einer Wette und einem Risiko an: worauf wirst du dein Vertrauen setzen? Mit wenig Garantie, daß das Vertrauen nicht mißbraucht werden wird, beharrt der Prinz blind auf dem Vertrauen. Und selbst wenn so etwas wie Betrug thematisiert wird – sein bester Freund hat versucht, ihn zu ermorden, sein bester Freund bringt seine Verlobte um, andere Freunde berauben ihn und liefern ihn wiederholt dem Lächerlichgemachtwerden aus –, der Bruch wird von Myschkin nie gefühlt oder registriert, oder es gibt da, in jedem anderen Fall, keine praktische Spur einer Politik der Rache, die irgendeine Ökonomie der Wiederkehr anzeigt. Der Betrug wird umarmt und von neuem im vertrauenden Impuls absorbiert. Die Radikalität der Neigung, Verträgen zu vertrauen, verdichtet sich im Falle des Idioten im Moment der *Bereitwilligkeit*, einem intensiven und ewig andauernden Moment. Was diese anstiftende Haltung des weiteren impliziert, ist, daß Vertrauen sich niemals erschöpft im Sinne einer Vervollständigung oder Beendigung der Geschichte. Wesentlich bezogen auf eine Disposition und auf das Anfangen einer Phase oder einer Erzählung, geht Vertrauen der Geschichte voraus und gründet in Naivität. Es erscheint, wenn es denn als erscheinend angesehen werden kann, vor jedem Scheitern oder trotz der antizipatorischen Erinnerung seiner eigenen Vergewaltigung: mißbrauchtes Vertrauen. Oder was noch präziser wäre, es hat sich das Scheitern vom Leibe geschrieben und die bejahende Fiktion des Naiven wiedereingesetzt. Wenn Vertrauen zeitweise nur in der Bereitwilligkeit existiert, dann kann man von ihm nicht sagen, das es substantiell existiert, in der Gegenwart. Vertrauen, so suggeriert der Roman, bleibt eine Angelegenheit der Verletzlichkeit und des Wettens, reines Glücksspiel, es ist mit keiner angemessenen Kalkulation oder der Möglichkeit der Rückerstattung versehen.

Bereitwilligkeit ist die Eigenschaft, die dem Prinzen zugeschrieben wird, wenn er, ganz zu Anfang, in einen Zug einsteigt, wo er mehr oder weniger durch impertinente Fragen und ihn verletzende Anspielungen überfallen wird – als wäre er, wie heute, der unvorhersehbaren Neugierde durch die Medien ausgesetzt: »Dabei schien er gar nicht zu merken, wie herablassend manche Fragen gestellt wurden, wie unpassend und überflüssig sie waren. ... Es erwies sich, daß es wirklich so war. Der blonde junge Mann gestand es sofort mit auffälliger Eile.«[42] Und: »Die 9
Bereitwilligkeit des blonden jungen Mannes im schweizerischen Umhang, auf alle Fragen seines schwarzhaarigen Nachbarn zu antworten,

war erstaunlich.« Die Situationen der Bereitwilligkeit, mit denen Myschkin sich identifiziert, vermehren sich im ganzen Text. Was bringt diese seine Bereitwilligkeit mit sich? Das ist nicht die eifrig manövrierende Bereitschaft eines Hamlet oder das, die Zeit betreffende, erwartungsvolle Bereitsein, das Heidegger so hochschätzt, sondern die Bereitwilligkeit des puren Ausgesetztseins, die vielleicht eher dem Opfer Abrahams näher ist: das schiere »Hier bin ich«, das auf den invasiven Anspruch antwortet. Aber Abraham antwortet auf Gott, während der Prinz jedem antwortet. Er steht für sein eigenes Lamm, immer bereit, geschlachtet zu werden. Dazu bereit, ist er eine Figur der latenten Präsenz. Da der Begriff der Bereitwilligkeit die Frage nach der richtigen Zeiteinteilung eröffnet, taucht das Problem auf, wann dieses uralte Opfer statthaben könnte, zu welcher Zeit und bei wem. Ist es der Bereitwilligkeit möglich, einem Konzept der Verspätung anzugehören, einer langsamen Wiederaufnahme dessen, was schon stattgefunden hat? Nur nach dem Höhepunkt der Epoche des Opfers konnte die Metzelei auftreten, für die der Prinz bereitsteht, als die Würde des Opferns für jedermann schon fast verbraucht war und dies kaum mehr als Tribut an den großen Anderen begriffen werden konnte. Von der Größe des Opferns befreit, ist die Opferbereitschaft irgendwie entwertet worden, was der Grund ist, warum wir es mit einem Idioten zu tun haben, und nicht mit einem Propheten oder Dichter oder gar einem Philosophen (zugegebenermaßen schließt sich die Lücke). 9 f.

Selbst wenn es so ist, die Bereitwilligkeit, jedermann zu antworten, ist möglicherweise die letzte uns gebliebene Gabe von geheiligtem Glanz. Da ist Nietzsche, der durch die Straßen läuft und sich bei jedem Passanten für das Wetter entschuldigt; da ist Kafkas Mann vom Lande, der zu den Flöhen auf seinem Kragen spricht. Da ist Hölderlin, der nach Bordeaux wanderte; und einige andere; allein, doch gesprächig, immer noch unerkannt. Für die Heiligen ist es nicht neu, unter dem Deckmantel der Anonymität zu reisen, verkleidet, oftmals im schrecklichsten Elend. Im Gegenteil war dies die Kleidung der Heiligen. Was neu daran ist, ist vielleicht, daß das Heilige nichts mehr zu sagen oder zu lehren hat, noch nicht einmal, was zu tun wäre, es sei denn, im Nichtssagenden des Alltäglichen zu stottern.

DAS LÄCHELN DES IDIOTEN Christusähnlich, ist er doch nicht Christus;[43] der Prinz stellt eine modernere Version des heiligen Opfers dar, er umarmt das Gelächter – etwas, mit dem man den Galiläer nicht unbedingt in Verbindung bringen würde. Indem er sich an die Evolution des Lächerlichen hält, läßt Dostojewskij Myschkin zunächst lachhaft erscheinen. Irgendwo angesiedelt zwischen christlicher Distanz und

dem Lachen Buddhas, provoziert und absorbiert er eine subtile Variante öffentlicher Heiterkeit. Das Belächeltwerden, das er auf sich zieht, kommt von der Seite des Wissens, es verbindet sich oftmals mit einer maliziösen Absicht. Jene Festlegungen, die dazu angetan sind, ihn seine ganze Reise hindurch zu verfolgen, Festlegungen, die Wissen von Idiotie unterscheiden, werden im mobilen sozialen Raum des Zuges festgesetzt. Myschkin, der gebrechlich und schön ist und »etwas von jenem Ausdruck [an sich hat], an dem manche sofort den Epileptiker erkennen«, bemerkt an seinem dunkelhaarigen Nachbarn »ein unfeines, hämisches Lächeln, in dem zuweilen das Vergnügen des Menschen an dem Mißgeschick des Nächsten so ungeniert und herablassend zum
Ausdruck kommt«. Das fast Einmütige des schallenden Gelächters, das 8
sich über ihm ausbreitet, hat seinen Ursprung im offensichtlich Indezenten dieses wissenden Lächelns.

Das Lächeln oder das schier grundlose Gelächter gehört zu den Hauptthemen des Repertoires der Idiotie. Ein sicheres Anzeichen der Idiotie zeigt sich in Myschkins Tendenz, mit jedem zu lachen, der sich über ihn lustig macht. »Bezeichnenderweise hatte auch der Besitzer des Bündels beim Anblick der beiden schließlich selbst angefangen zu lachen
und ihre Heiterkeit dadurch noch erhöht.« Unwissend und a-signifika- 10
tiv, exponiert das Lachen seine Verletzlichkeit, es bringt ihn den gemeinen Anspielungen der Gruppe zum Opfer. Als unmittelbare Antwort auf einen herrschenden sozialen Ton, dient sein Lachen nur dazu, ihn als Objekt des Spotts auszugrenzen. Eine lachende Gemeinschaft birgt jedoch noch eine andere Möglichkeit in sich, weil die Fähigkeit, über sich zu lachen, Anmut und ein Effekt der Distanz zu sich selbst sein kann. Aber die verschiedenen Ebenen des Wissens, die in den Schichten intentionalen Lachens verborgen sind, stehen zur Idee der Gemeinschaftlichkeit quer. Myschkin neigt dazu, sich selbst dem schieren Gelächter auszusetzen, eine Disposition, die aus einer beunruhigenden Preisgabe des lachenden Selbst an die Leere, die die Gruppe erfaßt hat, folgt. Während er über die Entdeckung der Leere nachsinnt, die sein Dasein beherrscht, bringt Myschkin keine Spur jener Meisterschaft hervor, die das Lachen über sich selbst hier impliziert, da Selbstverdoppelung oder irgendeine Art der Selbstbehauptung für ihn überhaupt nicht in Frage kommen. Unfähig, Betrug oder ein Sichlustigmachen wahrzunehmen – die hartnäckigen Manöver der menschlichen Bezüglichkeit –, lacht der kindhafte Idiot zusammen mit seinen Peinigern, die jedoch, durch sein leichtes Mittun und die Abwesenheit jeder Absicht, systematisch entwaffnet werden. Sie mögen ein Objekt des Lachens gefunden haben – aber die Entität, die ihr Ziel ist, wird an keinem Punkt ein Subjekt.[44] Im Mitlachen inkorporiert er sein Objektsein für die Gruppe mittels einer Geste stummer Mimikry. Widerspiegelnd und nachahmend, reprodu-

ziert und reflektiert er auf mechanische Weise die Haltung der Gruppe zu sich selbst, die ein fremdes Objekt annihiliert. Indem er sein Lachen mit demjenigen der Gruppe vermischt, wird er für einen Moment weniger fremd, als ob er begnadigt würde, suspendiert innerhalb ihrer sich wiederholenden Ausbrüche, ihrer Lach*anfälle*. Auf jeden Fall lächelt der Idiot weiter, zusammen mit dem gelegentlichen Theater des solitären Lachens. Und obwohl er manchmal so erscheint, als sei er auf unverbesserliche Weise von schlichter Natur, kommt sein Lachen immer von woanders, geschürt und behütet durch einen unzugänglichen Geist, aus der gehobenen Gestimmtheit eines unsichtbaren Bereichs. Die Quelle des Lachens, ob mechanisch oder unsichtbar, ist niemals eine Angelegenheit des Wissens; er weiß nicht, wir wissen nicht, worüber er lacht – ein Nichtwissen, das ihn in seiner absoluten Unschuld zusammenhält. Was die Erzählung angeht, so fährt sie damit fort, jene Gegenstände des Wissens auszusondern, mit denen unser Idiot unseligerweise konfrontiert ist, und ironisiert dabei die Differenz zwischen Wissen und Unwissen.[45]

DIE INTELLIGENTSIA Die Ironie des Wissens hört nie auf, und es wäre ohne Zweifel fruchtlos, die vielen Momente ihres thematischen Auftretens aufzuzählen. In gewisser Weise an den Flaubertschen Horizont anschließend, nennt Dostojewskij den Trost des Wissens »tatsächlich eine verführerische Wissenschaft«. Durch die Ironie ihres Autors festgena- 11
gelt, werden die Wissenden nicht so sehr in einer deutlichen, soliden Opposition zum Idioten plaziert – vielmehr wird jeder von ihnen mit den ihm eigentümlichen Zügen von Idiotie und dem unvermeidlichen Faux pas der Blindheit dargestellt. Indem sie einen Kontrast zu der Disposition, die den Roman durchzieht, bilden, erhellen sie diese auf indirekte Weise. Überall gibt es Formen bezeichnender Intelligenz oder ein Verstehen wird möglich, das nach zusätzlicher Analyse ruft. Der General beispielsweise »war ein kluger Mann, hatte aber doch seine kleinen verzeihlichen Schwächen und konnte gewisse Anspielungen nicht vertragen. Doch war er unstreitig ein sehr kluger und gewandter Mensch.« 21

Zu seinem System gehörte es zum Beispiel, sich nicht vorzudrängen, ja nötigenfalls ganz von der Bildfläche zu verschwinden, und viele schätzten ihn gerade wegen seiner Schlichtheit, gerade deshalb, weil er immer genau wußte, wo er hingehörte. Wenn aber diese Beurteiler gewußt hätten, was manchmal in der Seele des Generals vorging, der so gut wußte, wo er hingehörte! Obgleich er in den Dingen dieser Welt sehr wohl erfahren war und manche höchst bemerkenswerte Fähigkeit besaß, liebte er es, sich den Anschein zu geben, als führe er nur fremde Ideen aus, statt seinen eigenen

Gedanken zu folgen; er liebte es, den »ehrlich Ergebenen« zu spielen, und sogar – wohin führt uns nicht der Zug der Zeit? – als gutherziger Russe zu erscheinen. 21 f.

Die Beschreibung der Qualitäten des Generals ist für uns von Interesse, denn es wird mit Kategorien gearbeitet, die sich zunächst denjenigen der Idiotie entgegensetzen, und doch gehören sie zu jener Ausarbeitung des komplizierten Vokabulars, das Dostojewskij sich zusammensetzt. Zur lokalen Intelligentsia gehörend und in seinem Bereich kompetent, zeigt sich der General darin begabt, sich zu verstellen – »sich den Anschein zu geben, als führe er nur fremde Ideen aus«. 22 Unter keinen Umständen könnten diese Qualitäten dem Repertoire des praktischen Verhaltens des Prinzen zugeschrieben werden. Weder kann der Prinz so erscheinen, als würde er etwas anderes tun, als er denkt, daß er es tut – er kann sich nicht verstellen – noch die Ideen der anderen ausführen; wenn überhaupt, dann spricht er oft eine Art Idiolekt, er folgt selbsterfundenen Ideen, die den etymologischen Besetzungen des Terminus *Idiotie* treu sind. Die Angst des gespaltenen Generals, der geteilt ist zwischen dem, was ihm sein eigener Intellekt eingibt und den Vorgaben der anderen, zwischen seiner eigenen Persönlichkeit und der Unterwerfung, fällt für den Idioten wenig ins Gewicht. Wirklich gibt es Zeiten, in denen die Idiotie einen dahin bringt, zu glauben, daß sie den Raum des reinen Genius ankündigt, daß sie mit der Konvention bricht und jene Regeln beugt, die uns Beschränkungen auferlegt haben, in der Art und Weise, wie wir sprechen oder denken. Das kann »originell« sein oder imaginativ, gut informiert. Ein Gutteil der Intelligenz des Generals liegt in seiner Fähigkeit zu »posieren«, interesselose, »ehrliche« Ergebenheit vorzugeben. Das Posieren liegt außerhalb der Reichweite der Fähigkeiten des Prinzen, und die Vorteile der Interesselosigkeit können ebensogut in den ungelesenen Grenzen der Kantschen Ästhetik verbleiben. Spontan und großzügig, mag der Prinz auf konstitutionelle Weise interesselos sein, was im übrigen zum großen Teil seiner Krankheit geschuldet ist, aber es lassen sich keinerlei Anzeichen für Distanziertheit feststellen, die glaubwürdige Wirkungen interesseloser Ergebenheit hervorrufen würden. Gleichzeitig bleiben die Ziele und Adressierungen dieses Idioten auf paradoxe Weise ebenso selbstlos, sogar privativ, wie sie emphatisch besetzt werden, indem sie noch nicht verbrauchte Bereiche der Intensität umschreiben. Der General, der zweifellos seinem Werdegang treu ist, kennt immer seinen Platz. Er, der General, versteht oder gehorcht den Befehlen des Ranges, der Klasse und der Autorität allgemeiner Grenzen.

Myschkin war ziemlich erstaunt darüber, einen Witz zustande gebracht zu haben, und tatsächlich war es ein ziemlich schwacher.

Der Prinz hat keinen Anspruch auf einen Ort; er ist unfähig, sich zu verstellen, er bleibt auf prekäre Weise ungeschützt. Ein heimatloser Körper, sogar durch Klassenunterschiede nicht bezeichnet, versammelt er auf unglaubliche Weise die Attribute des Armen und des Prinzen, des Elenden und des Heiligen. Es ist, als ob er, ein Flottierender oder Freischaffender, wie ausgebeutet auch immer, von Anfang an auf seinen Platz gestellt wäre. Ohne Obdach, ist er frei, andere Identitäten zu besetzen, verdeckte Innenräume aufzuspüren. Weil er keinen ihm zugeschriebenen Platz hat, tragen seine Unternehmungen die Spur einer Störung – er findet sich in verborgenen Räumen der Intimität wieder, die normalerweise für diejenigen, die behaupten, einen Platz zu haben, verschlossen sind. Er nähert sich der Mutter oder freundet sich mit ihr an, ebenso mit den Töchtern, den Dienern, den Kindern, den Tieren und den Gesellschaftscliquen aus Rivalen oder eingeschworenen Feinden, wobei festgelegte Orte neu definiert oder fragmentiert werden. Wenn sich jede(r) an ihrem oder seinem zugeschriebenen Platz befindet, dann beginnt der Prinz, sich herumzutreiben, indem er den sozialen Raum neu ordnet oder zerlegt.

Verzeihung!
Der General, so wird uns mitgeteilt, hat es sich zum Prinzip
gemacht, sich nicht in den Vordergrund zu drängen. Ein solches Maß an
motivierter Entscheidung, wo, wie oder wann man sich zu situieren
oder sich zurückzustellen hat, wäre als Verhaltensweise des Prinzen
undenkbar. Seine Disposition verrät ihn selbst da, wo es einen vorüber-
gehenden Aufschub für ihn gibt. Gelehrig und freundlich, scheint er zu
diesen Zeiten des Aufschubs fähig, sich unauffällig zu unterwerfen. Sei-
ne Gelehrigkeit kann jedoch ein Mittel sein, sich selbst in Erscheinung
zu setzen, um oftmals eine bizarre Art der Abwesenheit von Widerstand
denjenigen gegenüber, die ihn einladen oder angreifen, je nachdem, zu
bezeichnen. Egal, wie selbstlos die Grammatik seines Benehmen sich
entwickelt, es gibt da immer ein exhibitionistisches Element, das sein
Benehmen kontrolliert. Die Abirrung spricht, bringt sich selbst auf die
Bühne, selbst dann, wenn sie sich durch einsiedlerisches Zögern hin-
durch darstellt. Das kontinuierliche Sich-Ereignen von Selbsttäuschun-
gen bringt die vielen Entschuldigungen hervor, von denen der Prinz
annimmt, daß er sie zu erbringen habe. Ein Idiot zu sein heißt, dauernd
zu sagen, es tut mir leid. »›Verzeihen Sie, meine Herren‹, entschuldigte
sich der Fürst eilig, ›verzeihen Sie; ich sagte das in der Meinung, daß
es besser wäre, wir kämen einander ganz aufrichtig entgegen, aber ich
füge mich gern Ihrem Wunsche. ... Bitte, nehmen Sie das nicht übel,
meine Herren! Um Gottes willen, nehmen Sie es nicht übel!‹ rief der
Fürst erschrocken aus.« So wendet sich Myschkin an die elenden Nihili- 357
sten, die ihn beschimpft haben, ihn in der Öffentlichkeit herabgesetzt
haben.

Handlungen, die typischerweise in einem überreichlichen Sichentschuldigen münden, verdecken oder verhüllen keineswegs andere Formen des Begehrens, die dem Verstehen zugänglich wären, sondern sie unterstreichen die Art und Weise, wie Myschkin Verletzungen absorbiert, indem er damit sein eigenes, grenzenlos moralisches Konto belastet. Die Entschuldigung weist keine Zeichen des strategischen Vermittelns auf. Er verhandelt nicht, oder er produziert keine Sprache der Selbstrechtfertigung; er enthüllt keine Absicht, jemandem Schuld zuzuschreiben oder sie zu teilen. Jede Verletzung gehört ihm ganz. Beharrliches Objekt der Verhöhnung, verwandelt er sich selbst in das verhöhnende Subjekt eines sozialen Diskurses, in das Subjekt, das für die Degradierung verantwortlich ist, die es auslöst: »Sie haben freilich recht, wenn Sie schreiben, ich sei damals so gut wie ein Idiot gewesen und hätte
nichts verstanden.« »Da haben Sie recht, ich gebe es zu, aber es kam da- 358
zu unwillkürlich.« »Warum geraten Sie denn wieder außer sich, meine 359
Herren! Wir werden uns schließlich gar nicht mehr verstehen!« Unfä- 361
hig, zu verstehen, verabscheut er das Mißverstehen (das Mißverstehen, daß er verstanden hat). Die Logik ist schräg: er ist der Grund, warum es am Ende für ihn keinen möglichen Weg gibt, der Grund gewesen zu sein – er kann nichts dafür, er hat nicht verstanden, er war so gut wie ein Idiot. Weil er keine Verantwortung als bewußtes, taugliches Subjekt übernehmen will, weil er nicht präsent sein kann für eine Aufgabe, die verfehlt zu haben er angeklagt wird, ist er für alles verantwortlich. Der Idiot muß sich für alles entschuldigen, denn es gibt da nichts, für das er nicht verantwortlich wäre. Das Urteil ist schon gefallen, jeder Handlung vorgängig, und es trägt dem Idioten auf, von der Reinheit eines irreversiblen Vorurteils zu leben. Genau weil ich, als Idiot, kein gänzlich verantwortliches Wesen sein kann, weil mein Bewußtsein Löcher hat, muß ich die volle Verantwortung übernehmen. Ich übernehme die Verantwortung für die Dunkelheit, den Lapsus, das Fieber und das Delirium. Das ist der Grund warum es mir, für immer und ewig, »leid tut«.

Wenn Myschkin auf Spott reagiert, tut es ihm leid. Wenn Myschkin ahnt, daß etwas auf ihn zukommt, tut es ihm auch leid: »Verzeih, Freund, wenn der Kopf mir so schwer ist wie augenblicklich, und diese Krank-
heit, ... dann werde ich ganz zerstreut und lächerlich ...« Er entschuldigt 285
sich für seinen zerstreuten Zustand, wobei er sich für den Augenblick aufsplittet, in denjenigen, der sich beschreibt und denjenigen, der, zerstreut, lächerlich wird.

Er, jemand, dem es leid tut, sagt ausnahmslos, daß es ihm leid tut. Es gibt in der Abwesenheit des Objekts oder in der Abwesenheit der Referenz – keine Schuldauffassung könnte an Referenz gebunden sein, keine Anklage koinzidiert mit einem Ereignis – kein Wissen, das hoffen könnte, eine Existenz zu erklären, die durch Verantwortung derart zu Boden gedrückt ist. Es gibt da noch nicht einmal den Schrei der Verlassenheit: »Warum hast du mich verlassen?« Aber um zu sagen, daß es ihm leid tut, muß er auf sich selbst als jemand referieren, der *beinahe* ein Idiot war (»so gut wie«), was das Urteil des Anklägers modifiziert. Das »beinahe« ist das, was das Absolute in Anspruch nimmt. Nur, weil er beinahe ein Idiot war, behauptet er, absolut verantwortlich zu sein. Wenn er ein totaler Idiot gewesen wäre, wie wir so einfach sagen, dann wäre er, was die Bedingung der ethischen Verbindlichkeit angeht, vogelfrei gewesen. Die rhetorische Kraft, die aus ihm ein verantwortliches Subjekt macht, liegt innerhalb des »beinahe« – es steht für den Spalt oder die Öffnung, die das Bewußtsein und die Entscheidung erlaubt. Er war »beinahe« ein Idiot, das heißt, es kann da keine Zuflucht geben, kein Untertauchen, was die Reichweite und den Einfluß des Ethischen angeht. Weil er sich als »so gut wie ein Idiot« situiert, kann er, muß er – die totale Verantwortung übernehmen.

Myschkin, ausgelaugt, deprimiert und physisch zerbrochen

DIE DUMMEN In Momenten, die eine gewisse theoretische Durchsichtigkeit mit sich bringen, erscheint die Disposition des Idioten so, als sei sie durch vor-ethische Impulse organisiert, die unreflektierte Reaktionen des Mitgefühls auslösen. Diese Reaktionen, die durch das Geben und das Vergeben modifiziert werden, die allen Regeln menschlichen Verhaltens vorausliegen, werden tendenziell zerstört, wenn nicht gänzlich überschattet durch den aufdringlichen Stumpfsinn gewöhnlicher Dummheit. Der Bereich des Menschlichen, allzu Menschlichen, bedroht immer wieder diese Fragen einer ursprünglichen Ethik. Wenn wir bei dem Idiom des Romans bleiben, bei der Frage der ethischen *Bereitwilligkeit*, die der Prinz verkörpert – es läßt sich an diesem Roman ablesen, wie sehr er verfolgt, beherrscht wird durch Gewöhnlichkeit, die aus der Sicht des Erzählers jedes Projekt belastet. »Es gibt Menschen, von denen man nur schwer etwas sagen kann, das sie ganz und mit einem Zug in ihrer typischsten und charakteristischsten Gestalt darstellen könnte. ... Was soll der Romanschriftsteller mit den Alltagsmenschen anfangen?« Der vierte Teil des Romans bringt die Dummen ins Spiel, so 603 f.
als gäbe es eine Verpflichtung, nun die Guten darzustellen. Bis zu diesem Punkt in der Entwicklung erschien es nicht notwendig, eine reine oder stabile Systematik der Differenz einzuführen, was die Parakonzepte der Idiotie, der Dummheit, des Stumpfsinnigen und so weiter angeht. An diesem Punkt macht Dostojewskij nun ziemlich plötzlich einen Versuch, die Luft zu reinigen, die um die Idiotie liegt, wenn auch nur, um den Weg für Dummheit und Gewöhnlichkeit zu bahnen. Wie sich herausstellt, ist dieser Weg bereits gebahnt worden und zwar durch Gogol, dem man bescheinigen kann, die unentrinnbare Macht und Bandbreite

schierer Dummheit ins Zentrum gestellt zu haben. Dostojewskijs Führer und Mentor Gogol wird für seine einzigartige Behandlung der Dummheit gepriesen. Das kommt einem ambivalenten Kompliment gleich, denn der Erzähler in *Der Idiot* findet eine Darstellung öde, die sich an dem orientiert, jenseits dessen es »nichts ärgerlicheres« gibt. »Es ist wirklich nichts ärgerlicher, als zum Beispiel reich, aus anständiger Familie, von angenehmen Äußeren, passabler Bildung, nicht dumm, sogar gut zu sein und zugleich keinerlei Talent, keinerlei Besonderheit, nicht einmal irgendeine Schrulle oder eigene Idee zu besitzen und ganz und gar ›wie alle zu sein‹. Für einen beschränkten Alltagsmenschen ist zum Beispiel nichts leichter, als sich für einen ungewöhnlichen und originellen Menschen zu halten und sich daran ohne jegliches Schwanken und Zweifeln zu ergötzen.« Der Abschnitt operiert wie ein Köder, denn 605
die Unterscheidungen, die aufgestellt werden, werden nicht sehr lange aufrechterhalten, vielmehr werden sie verwischt und mit anderen Eigenschaften ausgetauscht, in anderen Passagen, die ebenso überzeugend sind. Dieser vierte Teil ist tatsächlich eine Abrechnungsbörse für Dummheit im Großhandel, nun im Zusammenhang mit dem superben Können Gogols. Strategisch erlaubt diese Huldigung, den unvergleichlichen Reichtum des Idioten neu ins Spiel zu bringen, dessen heilige Ausdruckslosigkeit ihn von der Gogolschen Masse der gewöhnlichen, dem Irrglauben verhafteten Dummköpfe unterscheidet.

Es genügte einem andern, sich irgendeinen Gedanken auf Treu und Glauben anzueignen oder in einem Aufsatz eine Seite ohne Anfang und Ende zu lesen, um sofort zu glauben, das seien seine eigenen Gedanken, die seinem eigenen Hirn entsprossen. Die Unverfrorenheit der Naivität, wenn man sich so ausdrücken darf, grenzt in solchen Fällen ans Unglaubliche; alles das ist unwahrscheinlich, kommt aber jeden Augenblick vor. Diese Unverfrorenheit der Naivität, dieser unerschütterliche Glauben eines dummen Menschen an sich selbst und sein Talent ist von Gogol vorzüglich dargestellt in der merkwürdigen Gestalt des Leutnants Pirogow. Pirogow zweifelt nicht daran, daß er ein Genie sei und sogar hoch über jedem Genie stehe; er zweifelt so wenig daran, daß er sich nicht einmal die Frage danach stellt; übrigens gibt es für ihn überhaupt keine Fragen. Der große Dichter mußte ihn schließlich, um das beleidigte sittliche Empfinden seiner Leser zu versöhnen, verprügeln lassen, aber als er sah, daß der große Mann sich nur schüttelte und zur Stärkung seiner Kräfte nach der Exekution ein Butterteigpastetchen verspeiste, konnte er nur erstaunt mit der Achsel zucken und seine Leser im Stiche
lassen. 606

Während die Qualität der Definitionen in dieser Passage durch »den großen Dichter« bestätigt und besiegelt wird, schwindet ihre Legitimität auf den nachfolgenden Seiten, wo neue Elemente der Kontamination auftreten. Die Passage, so wird sich zeigen, hat die Funktion, Dostojewskijs Vorhaben von demjenigen Gogols abzugrenzen, und sie zielt, während sie nicht genügend neues Licht auf die Disposition des Idioten wirft, auf jene Trottel ab, die Dostojewskijs Zeitgenossen waren.[46] So ist in den Falten von *Der Idiot* ein »Schwelbrand«, eine zurückgehaltene Wut wirksam, in bezug auf die Unverschämtheiten der Simplizität, in einem Kampf um offensichtlich kleine narzißtische Differenzen. Der wesentliche Unterschied liegt in der Wahrnehmung dessen, was durch das begrenzte Subjekt gewußt werden kann, und der Grad der Bewußtheit wird eine Frage der Integrität: der Idiot weiß, daß er ein Idiot ist, er nennt sich selbst so oder er bestätigt diagnostische oder soziale Zuschreibungen. Dagegen hat das dumme Subjekt nicht dieses Wissen über sich selbst, oder, wenn es dieses hat, gibt es mächtige abwehrende Mechanismen, die jeglichen Zweifel, was seine moralische oder intellektuelle Kompetenz betrifft, ablenken. Er denkt, er weiß was läuft und läßt es niemals zu, daß dies ihn runterzieht oder dazu bringt, sich umzusehen. Der dumme Mann in dieser Passage macht nicht die Erfahrung des Zögerns, er ist niemals in der Idiotie des Unentscheidbaren sistiert. Der Dumme stellt nie etwas in Frage, während der Idiot ein großes Fragezeichen darstellt, einen unauslöschbaren Fleck auf der Seite seines Schicksals. Die dummen Genialen können auch nicht in Frage gestellt werden, denn, wie in Gogols Erzählungen, sind sie letztlich damit ausgefüllt, ihre Gesichter auszupolstern – ein Weg, den unvermeidlichen Kummer abzuschütteln.

Dostojewskij hebt hervor, daß die rohe, aber autonome Geste des Sich-Vollstopfens mit Kuchen einen bemerkenswerten Kontrast zur Selbstentleerung bietet, für welche der Idiot steht. Das dumme Subjekt ist gewappnet, befestigt, es lebt innerhalb einer kalkulierten Ökonomie der Kompensation und der Verleugnung, bewahrt diese auf und erhält sie im Inneren. Es lebt von einem System der Verleugnung, das selbst nicht auf eine Sache verzichtet. Der Idiot, nun, der Idiot kann nichts hinunterdrücken oder sich in vielem sicher sein; es gibt da, in allem, was sich ereignet, wenig materiellen Trost, und das Vertrauen, welches seine Einfachheit gewährt, stürzt in Leerräume. Er lebt an den Rändern der nihilistischen Versuchung, ein permanent Evakuierter, von dem man nicht behaupten kann, daß ihm sehr viele Gedanken eigen sind, die »sofort seinem eigenen Gehirn entspringen«, noch sind wir seine Zeugen beim Essen – das heißt, assimilieren, verdauen. Er ist, geht man von seiner elaborierten Verdammung der Todesstrafe aus, ein leidenschaftlicher Advokat für soziale Gerechtigkeit. Der dumme Genius transzendiert solche Anliegen natürlich, insofern es sich um Fragen handelt, um Ergebnisse der unablässigen Anstrengung, jegliche Frage einzuschreiben. Verschlossen in sich selbst, hier ebenso wie in anderen Beispielen des Romans, ist das Subjekt der Dummheit nirgendwo in Frage gestellt, sondern geschützt, saturiert, gefüllt ... mit sich selbst. Myschkin, der leer läuft, stolpert fortlaufend über einen Körper, der keine Ruhe gibt und noch weniger ihn zusammenhält; er ist ein flottierendes Zeichen für Insuffizienz, offen und dargeboten, politisch ängstlich und sozial unpassend.

Nachdem er seinen Mentor als »großen Dichter« eingeführt hat, schickt uns Dostojewskij zu Gogol, der als ein hervorragendes Exempel der Darbietung von Dummheit ins Spiel kommt. Sich deutlich von seinem Vorgänger absetzend, vermeidet er die Anstrengung der *public relations,* die ihn dazu zwingen würde, den Idioten schließlich, »um das beleidigte sittliche Empfinden seiner Leser zu versöhnen, verprügeln [zu] lassen«. Dostojewskij antwortet auf eine andere Kraft und seine explizite Bezugnahme auf Gogol dient dazu, jene Verbindung für den Augenblick zu verdunkeln. In gewissem Sinne scheint die plötzliche Einschließung, der präzise Einsatz Gogols, im Stil der Kessel-Logik, zu sagen, daß ich, Fjodor Michailowitsch, nicht über Dummheit schreibe, was ja auf wunderbare Weise bereits durch meinen Mentor geschehen ist, dem ich so viel verdanke. Ehrlich gesagt, es erschiene mir dürftig, über Dummheit zu schreiben, die so durchschnittlich ist; in jedem Fall, selbst wenn ich über Dummheit schreiben würde, dann ist dieser Gegenstand, wie ich hervorheben möchte, durch den großen Dichter Gogol abgehandelt worden, an den ich Sie verweise, besonders dann, wenn Sie die Erfahrung einer Literatur machen wollen, welche dem moralischen Skandalempfinden des Lesers schmeichelt.

Warum trommelt er die üblichen Verdächtigen zusammen und gibt Gogol eine prominente Stelle? Wenn Dostojewskij sich offen, wenn auch auf ambivalente Weise, auf Gogol bezieht, dann vielleicht weil er so, in Form einer Verschiebung, auf einen anderen großen Schriftsteller Bezug nehmen kann, einen, der seine Arbeit stört und heimsucht. Dieser Schriftsteller hat die Texturen ineinandergehen lassen, die Dostojewskij, mit einem literarischen Mittel, das er Gogol nennt, versucht auseinanderzuhalten. Indem er Gogol die Dummheit anhängt, befreit er textuelle Bereiche, auf denen in vielerlei Hinsicht ein gewisser Druck liegt. Wie wir aus Dostojewskijs Bemerkungen und Briefen entnehmen können, ist Dummheit eine Quelle großer Angst für den Autor, der seinen Roman vor den ihn umstellenden Fallen zu schützen versucht. Wenn das Einflußgebiet der Dummheit nicht durch Grenzkontrollen überwacht wird, die Gogols Terrain abstecken (oder Dostojewskijs Raum vor den Inkursionen Gogols), dann wuchert sie um die unmögliche Präsentation des Textes herum. Dostojewskij bezieht die Dummheit als Thema auf Versuche, sinnvolle Texte zu produzieren und anzubieten. Wenn der jun-

ge Nihilist, der todkranke Ippolit, der Gemeinschaft die Präsentation eines Textes offeriert, an dem er gerade arbeitet, dann treten Varianten der Dummheit auf den Plan, um die Szene zu flankieren. Das Werk, dessen Dummheit man spürt, löst wiederholt verblüffte Äußerungen aus (»Er lächelte verblüfft«; »Welch außerordentliche Schwäche!«). Das strenge Urteil über den Text wird in Verbindung mit dem geschwächten Körper des Schreibens gebracht. »Und dann diese Krankheit und noch
etwas!«[47] Die Feststellung der Dummheit geht einher mit der Darbie- 560
tung des Manuskripts eines Nihilisten, die einen verwirrten Autor (»Mei-
ne Gedanken gehen durcheinander.«) und ein verwundertes Publikum 553
zusammenbringt. (»›Er ist einfach ein Dummkopf‹, sagte Ganja.«) Seine 547
Arbeit soll als Zeugnis funktionieren, um seiner Krankheit einen Sinn zu geben. Vielleicht wird sie ihn überleben und seine Existenz als elaboriertes Epitaph krönen. Selbst wenn Ippolit im Roman den Ort des erklärten Anderen von Myschkin einnimmt, dann enthält sein Schreiben den Idioten und das Schicksal des Romans, das versucht, ihn aufzunehmen. Es gibt da etwas in den Verbindungen von Schreiben und Krankheit, das sie den Schrecken der Existenz, die mit Dummheit assoziiert werden, unterwirft.

Nachdem Dummheit mit Schreibakten oder genauer mit öffentlichen Darstellungen des textuellen Drängens in Verbindung gebracht worden ist – der auf dem Bezeugen beruhende Hang zum Verfassen und zum Veröffentlichen eines Textes –, zieht Dostojewskij Myschkin in den unentrinnbaren Rechenschaftsbericht des Schreibens. Denn es kann nicht einfach gesagt werden, daß Myschkin, als mutmaßlicher Nichtschreiber oder Nichtleser, von den Unwürdigkeiten der Dummheit ausgenommen ist, die explizit den Texten Gogols und Ippolits zugeschrieben werden. Der Idiot ist auf eine geheime, jedoch beunruhigende Weise durch eine andere Szene des Schreibens gebunden, deren Wirkungen angedeutet werden, als er den Mörder befragt:

»Ich kann dir von diesem Messer nur eines sagen, Lew Nikolajewitsch«, fügte er nach kurzem Schweigen hinzu, »ich habe es erst heute früh aus dem verschlossenen Schubkasten genommen, denn das alles geschah frühmorgens, gegen vier. Es lag bei mir immer im Buch ... Und ... und .. und noch etwas, das mir sehr sonderbar vorkommt: das Messer drang wohl anderthalb oder sogar zwei Werschok tief ein ... dicht unter der linken Brust ... und Blut floß kaum ein halber Suppenlöffel auf das Hemd; mehr war es nicht ...«

»Das, das, das«, sagte der Fürst und richtete sich in furchtbarer Erregung auf, »das, das kenne ich, ich habe davon gelesen ... man nennt das innere Verblutung ... Es kommt vor, daß sich überhaupt kein Tropfen zeigt. Das
ist so, wenn man mitten ins Herz trifft ...« 796

Die Mörderwaffe steckte in einem Buch. Myschkin hatte über den Mord,
der fast blutlos verlief, schon etwas gelesen. Der Stich wird geradewegs
ins Herz gehen. Diese Szene, dramatisch und einzigartig im Roman situ-
iert, ist tatsächlich die Wiederholung einer anderen, früheren Szene der
blutlosen, das heißt, der *literarischen* Ermordung.
Die Ur-Szene findet sich im selben Kapitel. Myschkin sucht verzweifelt
nach Nastasja Filippowna. Er treibt sich auf den Straßen herum, durch-
sucht Häuser. »Aber bei der Deutschen verstand man ihn nicht einmal.« 783
Die Deutschen verstehen einfach nicht, so daß ein unbewußter Anfang
ihn zum Französischen zieht. Zuerst fleht er: »Wenn ich wenigstens ir-
gendeine Spur fände!« Dann: »Ein seltsames Gefühl ergriff ihn in diesem
trüben und dumpfen Korridor, ein Gefühl, das qualvoll bestrebt war, sich
in einen Gedanken zu verwandeln; aber er konnte immer noch nicht
begreifen, worin dieser neue, sich ihm aufdrängende Gedanke bestand.« 784
Durch unbewußte Eingebungen gelenkt, bewegt Myschkin sich durch
Stadtlandschaften und begegnet seinem Schicksal. Irgendetwas drängt
ihn vorwärts; sein Geist verschwimmt und belebt sich punktuell. »Son-
derbar: bald zeigte er gespannte Aufmerksamkeit, bald versank er plötz-
lich in äußerste Zerstreutheit. Die ganze Familie erklärte später, er sei
an diesem Tag überraschend seltsam gewesen, so daß ›vielleicht schon
damals alles habe vorausgesehen werden können.‹« 785
Um ihn herum schließt sich alles. Durch eine Atmosphäre der Qual
und der »tiefen Verzweiflung« hindurchgehend, erfährt er »unsagbaren
Schmerz«. Der Idiot macht eine klare Geste. Sie grenzt ans Unlesbare, 786
und sogleich werden Einwände erhoben. »Alle diese Damen erzählten
später, der Fürst habe in den Zimmern jeden Gegenstand betrachtet,
habe auf dem Tisch ein aufgeschlagenes Buch aus der Leihbibliothek
erblickt, den französischen Roman *Madame Bovary*, habe hineingese-
hen, die Seite eingebogen, auf der das Buch aufgeschlagen war, um Er-
laubnis gebeten, es mitzunehmen, und es dann sofort in die Tasche ge-
steckt, ohne den Einspruch zu beachten, daß es aus der Leihbibliothek
stamme.« Ein offenes Buch. Der Roman wird eine gewisse Simultaneität 785
der Orte des Stechens aufweisen; es hat die Wunde des Herzens gefun-
den. Nahe der Tasche; die Tasche, in die Myschkin das Buch legt, polstert
den Bereich des Herzens ab. Die Passage bereitet die Szene vor, die auf
den blutlosen Herzstich hinweist, über den er vorher gelesen hat. Vor-
wegnehmend metaphorisiert sie die Hypothese der inneren Blutung,
die kaum Spuren hinterläßt. Für die nächste Szene, die einen Körper
bereitstellt, wird das Stichwort gegeben.
An diesem Punkt bewegen wir uns auf dem Niveau unbewußter Motiva-
tion, wobei wir einer rasend-triebhaften Reaktion ansichtig werden, die
Myschkin dazu bringt, das ihm nicht gehörende Buch trotz eines Chors
von Einwänden verschwinden zu lassen. Warum gerade diesen Band?

Warum nimmt er sich gerade dieses Buch zu Herzen? Gibt es da eine Möglichkeit zu verstehen, warum dieses in die Tasche gesteckte Objekt sich als bare Münze ausgibt? Eine Anzahl von Gründen scheint zu motivieren, warum *Madame Bovary* ein irreversibles Geschick für den Idioten sein könnte. Die Gründe dafür liegen möglicherweise in der Verflechtung verschiedener thematischer Richtungen, in der Lenkung sprachlicher Synchronizitäten oder im Hinweis auf ironische Spiegelungen und ihre strukturellen Umkehrungen. Freie Verbindungen lassen sich ziehen: Charles, der inkompetente Arzt, und Myschkin, der Heiler der Idioten; Emma und Nastasja befinden sich auf einem Weg der Zerstörung; aus der Schule geflogen, der gemeinsame klinische Status; die Kleinbürgerin Madame Bovary, der aristokratische, idiotische Prinz; abgelenkte Geschichten des Begehrens, öffentliche Zensur, wir alle fallen und so weiter. Doch in diesem Fall würden wir gut daran tun, die Protokolle des Lesens präzise zu handhaben und von leichtfüßigen thematischen Versprechungen Abstand zu nehmen. Denn wenn Myschkins unbewußtes Mäandern ihn zu einem offen daliegenden Buch geführt hat, das er irgendwie an das Verlangen seines Herzens angeschlossen hat, dann impliziert die aneignende Geste zugleich, das Buch zu schließen und es zu verstecken, während es in die invaginierten Falten einer inneren Tasche rutscht. Im Moment der größten Schwierigkeiten faßt er nach einem Buch, nach einem anderen Buch oder dem Buch des anderen. Das Buch scheint ihn erwartet zu haben. In dem Maße, wie sich durch diese Aneignung Endlichkeit artikuliert, scheint es notwendig, diesen Implikationen nachzugehen, denn das Auftreten einer solchen Verdoppelung ist als solche in der Literatur kein Unikum.

Die Szenographie erinnert an einen anderen traumatischen Ort in der Literatur – an Werther, der sich erschießt über den Seiten von *Emilia Galotti*, dem ersten bürgerlichen Drama der deutschen Sprache. Die gequälten Helden versuchen, die Arbeit ihrer ihnen im Nacken sitzenden Gegenspieler einzuholen, eine Widerspiegelung der vom Kummer heimgesuchten Bräute des Bürgertums. Die Vereinigung mit der anderen Arbeit besiegelt den Selbstmordvertrag, die Destruktion. Emma, Emilia: wähle *Em* für Mord.

Welche Kette von traumatischen Geschehnissen in der Literatur auch immer hier rekonstruiert werden kann, Myschkin nimmt, auf den letzten Seiten, die seine geistige Zurechnungsfähigkeit zeigen, die schöpferische Arbeit von Flaubert in sich auf und befruchtet sich damit selbst, was sich als gegenphobische Maßnahme begreifen läßt. Die Notwendigkeit dieser Handlungsweise basiert auf verschiedenen Überlegungen. Sie besagt in erster Linie, daß die Gogolsche Impfung von nun an keine Wirkung mehr hat. Der sensitive Bereich, den Gogol bei Dostojewskij geschützt hatte, wird nun einem möglichen Eindringen ausgesetzt. Gogol hat etwas in seiner Arbeit vor schädigenden Einflüssen bewahrt; er hielt gewisse unverletzliche Grenzen aufrecht. Zumindest erlaubte er die Aufrechterhaltung der Phantasie, daß es diese Grenzen gibt. Aus irgendeinem Grund mußte Dostojewskij den Idioten vor dem Übergriff jener genuin zum Werk Gogols gehörenden Anliegen schützen. Im entscheidenden Moment läßt er Myschkin nach dem anderen Werk greifen. Was besagt diese Verschiebung der Loyalitäten? Oder vielleicht haben wir es mit einer anderen Bewußtseinsstufe zu tun, und Flaubert betritt die Szenerie, um eine unbewußte Schuld auf sich zu nehmen oder um auf einem anderen Niveau der textuellen Abwicklung ein Glücksspiel zu wagen.

Du bist sehr zerstreut, bemerkte Alexandra.

Flaubert jedenfalls hätte die klaren Unterscheidungen, die der Name Gogol im Text von Dostojewskij einrichtet, nicht zugelassen. Er wäre keinesfalls der Komplize einer transzendentalisierenden, die Dummheit ausschließenden Strategie gewesen, um die Heiligkeit der Idiotie zu garantieren. Zugegebenermaßen lesen sich Emma und Charles hier und da wie das Echo von Dumm und Dümmer, und es gibt da das noch Dümmere. Aber die Dummheit faßt überall Fuß; sie breitet sich überall aus, sie kontaminiert alles wie ein unsichtbares Gift, ohne in der gnadenlosen Ökonomie der Flaubertschen Ironie viel Freiraum zu lassen. Und wirklich ist Flaubert der unüberholte Denker der Dummheit, weshalb Myschkin ihn erst einmal beseitigen, ihn einschließen und verwahren muß, um mit ihm fertigzuwerden. Gogol ist, in anderen Worten, eine Art Lockvogel für Flaubert; das Gewöhnliche findet in einem ungewöhnlichen Zusammentreffen seinen Meister. Dumm kann auch ungewöhnlich sein, sogar transzendental. Emma hat ihre Freuden, obwohl sie durch dumme Erwartungen geschlagen ist. Charles Bovary besetzt eine unentscheidbare Grenze zwischen Idiotie und Dummheit (was das Klinische und das Funktionale abdeckt, das Berührende und das Weltliche), ebenso wie die unsterblich simple Félicité aus *Un Cœur simple*, deren Herz gleichfalls zu den fast unsichtbaren Stichwunden zählt, von denen der Idiot gesprochen hat.

Aber wenn er Flaubert in die Tasche steckt, ihn an sich nimmt oder ihn in sich verschließt – ihn aus der Zirkulation der Bücherei herausnimmt und somit das Lesen von jemand anderem unterbricht (»er bog die Seite ein, auf der das Buch aufgeschlagen war«) –, dann handelt es sich auch um eine Handlung der Inkorporation, die er hier zur Darstellung bringt. Warum aber sollte *Der Idiot* Gustave Flaubert inkorporieren?[48] In welchem Maße wird der textuelle Körper um das unassimilierbare Faktum dieses fremden Körpers organisiert, der sich im Zentrum des Herzens einnistet?

Jenseits der Kritik, die Flaubert darstellen könnte, was die falsche Einverleibung der *bêtise* betrifft, die Dostojewskij versucht, und des dazugehörigen Zerreißens des Heiligen, das Flaubert als ein destabilisierendes Moment, mit Blick auf das Vorhaben, um das es geht, einführt, gibt es da noch etwas anderes. Etwas, das über die strenge Kritik, die mit der Einflußangst zusammenhängt, hinausgeht – was ein anderer Name für die Interferenz ist, die mit Flaubert verbunden ist und die literarischen Übertragungskanäle überbordet – und auf den elusiven Körper der Arbeit zurückgeht, den beide Männer teilen. Warum steckt *Der Idiot* Flaubert in die Tasche und schützt ihn dadurch oder stellt ihn zur Schau, macht ihn zum Erwählten, der sowohl belästigt als auch idolisiert wird?

Flaubert *ist* nämlich der Idiot. Damit ist gesagt, daß er die Bandbreite des Begriffs ausfüllt, sich diesen Begriff mit nüchterner Würde umlegt. Und der Autor von *Madame Bovary,* der auf großzügige Weise die Idiotie bewohnt, geht sogar noch darüber hinaus. Nicht nur hat er den Begriff der *bêtise* gedacht und in seiner höchsten Elaboriertheit zur Geltung gebracht, sondern er selbst war früher für eine schrecklich lange Zeit nicht in der Lage gewesen zu lesen – »Gustave *est bête*«[49]. Übrigens wurde er, der auf pathologische Weise vertrauensselig war, von seinen Eltern als Idiot angesehen – »erst die Idiotie, dann die Befürchtungen des Vaters, die sich eine Zeitlang legen, aber plötzlich wiederaufkommen, als Gustave siebzehn Jahre alt ist, die unfruchtbaren Jahre in Paris und schließlich die Krise von Pont-l'Evêque, die Fallsucht und am Ende die freiwillige Einschließung und Untätigkeit.«[50] Schließlich überließ er sich der mütterlichen Fürsorge, um einen Lebenssatz zu vervollständigen (wir wissen, wie sehr Flaubert darum kämpfte, einen Satz zu Ende zu schreiben).

Es gibt da noch ein anderes Detail, einen geheimen Namen. Sartre, der von innen her den Kopf des kleinen Gustave steuert, behauptet, daß dieses Moment das geheime Verbindungsstück bildet, das alle Aspekte auf sinnvolle Weise zusammenführt: »All diese Unglücksfälle scheinen ihm durch ein geheimes Band miteinander verknüpft: im Gehirn des Kleinen war etwas vielleicht von seiner Geburt an nicht in Ordnung: Epilepsie – das war der Name, den man Flauberts ›Krankheit‹ gab – bedeutete im Grunde unheilbare Idiotie.«[51] Die (Über-)Determinierungen scheinen mehr und mehr perfekt, aber unheimlich ins Bild zu passen: sie bezeichnen den epileptischen Anfall, der sowohl Flaubert als auch Dostojewskij in einer mißbräuchlichen Abhängigkeit hielt. Für Flaubert war jede Darstellung seines Leidens tabu. Dies erklärt teilweise, warum Dostojewskij Flaubert für sein Werk in Form einer unlesbaren Handlung explizit in Anspruch nahm. Zugleich mußte Dostojewskij sich gegen seinen formidablen Gegenspieler auch verteidigen. Nicht nur teilen sie einen Körper und schreiben ihn ein, nicht nur könnte sich Flaubert in *Der Idiot* erheben, um nach der Rückgabe zu verlangen (oder, was wahr-

scheinlicher ist und genauso beängstigend, um auf ein falsch gesetztes Komma hinzuweisen). Flaubert könnte für die Transzendenz, die Dostojewskij vortäuscht oder zu welcher er seinen epileptischen Körper veranlaßt, nicht einstehen. Auf der Seite des Willens und der Verdrängung, hat Flaubert sich geweigert, jene Art von metaphysischer Medizin einzunehmen, zu welcher Myschkin Zuflucht nimmt – ein Faktum, das als solches die Entfaltung von Dostojewskijs unvergleichlicher Erkenntnis nicht in Frage stellen sollte. Nichtsdestotrotz scheint das schlechte Gewissen, genannt Flaubert, ihn in Momenten des ernsthaften Zweifels einzuholen, so als ob Holbeins toter Christus den Text außerkraft setzen würde, indem alle Versuche der Vergöttlichung – der Wiederherstellung des glorreichen Körpers – zweifelhaft werden.
Es bleibt da also ein Problem für Dostojewskij: was soll mit dem Körper Flauberts geschehen? Wie kann mit ihm auf angemessene Weise umgegangen werden? Es handelt sich um einen Körper, der weder ganz internalisiert oder nach außen verwiesen werden kann, sondern den Text in den Momenten seiner größten Unbewußtheit aufrüttelt. Er nimmt Einfluß auf Myschkin, wenn das Ende sich nähert. Er steckt das Buch ein, das heißt, er legt seinen Platz in Begriffen einer instabilen Topographie fest, die weder ein Inneres noch ein Äußeres behaupten kann. Er trägt das Buch bei sich, obwohl es nie ganz klar wird, wozu. Der Roman gibt eine rhetorische Anweisung, wie dieses fremde Buch, dieser fremde Körper zu lesen sei, denn *Madame Bovary* stellt nicht den ersten Körper dar, den Myschkin mit sich herumträgt. Von Anfang an hat der Roman das Bedürfnis allegorisiert, einen zweiten und gleichfalls kranken Körper zu transportieren, den nihilistischen Körper, dessen textuelle Anstrengungen die Zeichen der Dummheit tragen. Dostojewskij gibt, wie wir wissen, dem Inhaber des anderen kranken Körpers im Roman den Namen Ippolit. Das Buchstabieren des Namens, davon abhängig, welche Übersetzung man aufgreift, variiert, manchmal steht da »Hippolyte«.
In *Madame Bovary* ist Hippolyte, der materielle Signifikant, der durch den Idioten eingesteckt, inkorporiert und abgegrenzt worden ist, der Name des geopferten Körpers. Mit ihm wird experimentiert, mit einer neuen Technik. Sie besteht darin, ein lahmes Bein einzukasten, und am Ende ist er durch Charles Bovarys verpfuschte Operation kaputt und verstümmelt.[52] »Hippolyte« stellt nicht nur den Körper zur Verfügung, um dessen Wunde herum die Religion zusammen mit den Mystifikationen der Medizin kollabiert (»Indessen schien ihm die Religion nicht mehr zu helfen als die Chirurgie, und die unaufhaltsame Fäulnis stieg immer weiter die Gliedmaßen hinauf dem Leib zu.«)[53], er benennt auch den Ort eines intensiven, ödipal-brüderlichen Kampfes für Flaubert.[54]
Der Name *Hippolyte* ist die Versiegelung einer textuellen Krypta, welche

die geheime Geschichte der brüderlich-vatermörderischen Leidenschaft bewahrt. Was die literarische Übertragung betrifft, zeigt sich der Bruderkampf im Werk Dostojewskijs in einer ambivalenten Umarmung, mit dem einen Werk an das schwächer werdende Herz des eponymischen Helden gepreßt, der durch das andere Werk geboren wurde. Und doch, es bleibt da die Chiffrierung Flauberts durch Dostojewskij, die möglicherweise ein noch schwierigeres Thema des Bezugnehmens darstellt, das noch zu entdecken wäre, ein Thema, das, wie hier geschehen, die allgemeine Reichweite der bekannten Literaturgeschichte überschreitet. Alles, was wir an diesem Punkt wissen, ist, daß Flaubert einen ambivalenten Raum der inneren Auseinandersetzung bei Dostojewskij besetzt; dieser Raum tritt zutage, wenn Dostojewskijs Schreiben auf unbewußte Formen des Wissens, die wir nicht kennen sollen, rekurriert.

TEIL DREI: ÜBER DIE BEZIEHUNG VON ETHIK ZUM MASOCHISMUS

Literatur und Pathologie

Der Idiot und *Madame Bovary* kommunizieren miteinander, so als ob sie eine geheime telefonische Verbindung hätten. So etwas wie ethische Angst taucht auf, wenn man hineinhört, man bricht in eine Leitung ein oder in eine Übertragungslogik in der Literatur. Was hat Dostojewskij mit Flaubert? Oder ist es eher Flaubert, der ein Sicherheitssystem durchlöchert, das sein russischer Gegenspieler aufzubauen versucht hat? Sie hängen oft, auf noch schwer verständliche Weise, an der Kehle des anderen. Beide Autoren haben etwas über den pathologischen Körper zu sagen. Sie haben die Gesetze der Unterwerfung verstanden, auf welche der leidende Körper verweist. Flaubert hat den süchtigen Körper erfunden, während Dostojewskij, selbst ein Süchtiger, an der Idiotie und ihren Verwandten hängenblieb. Andernorts wagte er sich in den Bereich der Sucht- und der Kriminalpsychologie vor. Was ihre materiellen und historischen Körper anging, hatten sie die gleiche Krankheit. Die Implikationen dieser unbehaglichen Allianz verdienen unsere Aufmerksamkeit, vielleicht sollten wir uns damit befassen. Obwohl es unorthodox erscheinen könnte, ihre medizinischen Berichte anzusehen, müssen wir uns daran erinnern, daß die Geschichte gewisser Pathologien zur Literatur gehört und nicht damit aufhört, den Raum des Imaginären zu besetzen, wobei eine Lektüre entsteht, die nach einem Sinn der Welt ruft, welche die bloße Aufschreibung überschreitet. Im Falle Dostojewskijs hat Freud notorisch den Status seiner erlaubten Form der Diagnose destabilisiert, indem er sie partiell eine Fiktion genannt hat.

Der Unterschied, oder genauer gesagt, ein Unterschied zwischen Flaubert und Dostojewskij liegt in der Persistenz, mit welcher der russische Autor das Faktum der Epilepsie in seine Romane einbaute. Sichtbar und anerkannt, wenn nicht sogar thematisch zur Schau gestellt, wurde seine Disposition ein Gegenstand literarischer Bestrebungen. Am anderen Ende der Leitung schwieg das Werk Flauberts, ebenso wie seine Familie, was die Epilepsie anging. Der Name der Krankheit ist *en famille* nie ausgesprochen worden. Stattdessen wurde ein masochistischer Prozeß der Ableugnung aufrechterhalten. Die Familie hat um Gustaves Epilepsie herum strikte Geheimhaltung auferlegt, obwohl sein Vater wie auch sein Bruder leitende Ärzte waren, die ihn betreuten, wobei sie ihn mit konventionellen Methoden behandelten. Die Gegenleistung für die Gewähr von Hausbesuchen bestand darin, beim familiären Verschweigen der Epilepsie mitzumachen. Da er jedoch nicht stillhielt, entstanden einige unvorhergesehene Löcher, denn der Skandal seines Schreibens sorgte dafür, daß etwas durchsickerte. Am 2. Dezember 1862 ist Flaubert im *Le Figaro* offen angegriffen worden: »Es handelt sich um ein epileptisches Genre. Es hat sich herumgesprochen, daß Flaubert epileptisch ist.«[55] Seine Krankheit hat nun einen Status, der sich herumgesprochen hat, und es wird gesagt, daß die Krankheit etwas über die Art seines Schreibens aussage. Die spekulative Enthüllung bleibt unbestätigt, sie ist dazu angetan, sich wie ein Phantom, das nach Anerkennung sucht, auszubreiten.

Dostojewskijs Geste der unkommentierten Aneignung in *Der Idiot* verweist auf einen doppelten Bezug zum Phantom Flauberts. Er kannte Flauberts Geheimnis und mußte es in gewisser Weise lüften. Myschkin war schon in der letzten Runde, als ihn etwas zu *Madame Bovary* drängte. Gleichzeitig versagt er es sich, Flauberts Geheimnis darzustellen. Als Myschkin das offene Buch erspäht, garantiert er ihm Schutz, er schließt es eher, als daß er es öffnet, am Ende verwahrt und versteckt er seine Bedeutung in einer verborgenen Tasche. Man könnte sagen, daß Dostojewskij das Geheimnis auf sich nimmt, so wie Myschkin sich der Leiden Rogoschins annimmt, indem er zum Empfänger einer verleugneten Geschichte wird. Dostojewskij, der Wächter und Bewahrer von Flauberts Geheimnis – selbst wenn es manchmal durchschien, zu einem offenen Geheimnis wurde, zu einem frühen Objekt der Löchrigkeit der Medien –, schreibt Flaubert als Doppelgänger ein, als lebendige Ankündigung einer nicht-repräsentierbaren Erfahrung der Epilepsie. Es ist, als hätte Flaubert den Schlüssel zu einer nicht eingestehbaren Gemeinschaft des Leidens in der Hand gehalten. Ein Meister darin, die Einsätze zu verdop-

peln, setzt Dostojewskij, wenn es ernst wird, auf seinen französischen anderen. Die Chronik des doppelten Leidens hatte schon lange vorher angefangen, denn beide Autoren stehen miteinander über ein paar bindende Koinzidenzen im Zusammenhang. Wir verstehen, was sie trennt, aber was hält sie zusammen? Im selben Jahr geboren, waren sie beide Söhne von bekannten Ärzten. Sie lebten nach den Regeln der Klausur, zurückgezogen. Am Ende werden Prinz Myschkin und Madame Bovary ein Paar; ihr Buch ist das einzige, an dem er festhalten wird, wenn er sich dem irreversiblen Schluß nähert.
Aber was ist es, was die beiden Zwillingsschreiber gemeinsam haben, wenn enthüllt wird, daß es sich um ein »genre épileptique« handelt? Das ist schwer zu sagen, ohne diesem Thema und seinen vielen verschlüsselten Formen ein ganzes Buch zu widmen. Epilepsie bleibt als medizinischer Beobachtungsgegenstand oder als ontologischer Index eine Leerstelle, und es ist immer noch nicht verstanden worden, wie diese hochkomplizierte Voraussetzung Textualität begleitet oder sogar ein Genre konstituiert. Doch sollte irgendeine vorläufige Anstrengung, die Pathologie zu situieren, unternommen werden, um die schwierigen Fragen zu erhellen, die die Konstruktion der Seele-Körper-Verbindung betreffen, deren traditionelle Hierarchien die Epilepsie definitiv ins Wanken gebracht hat. Es wäre dumm, anzunehmen, daß solche Fragen isoliert werden können (als ob der Körper nicht schreiben könnte oder nicht selbst geschrieben wäre, kodiert, getrieben, signifizierend); wenn man von der erstaunlichen Reichweite solcher Fragen ausgeht, dann ermahnen sie uns dazu, jene Verbindungen ins Auge zu fassen, die die Epilepsie mit einer gewissen Blödigkeit des Seins einzugehen scheint – eine Erkenntnis, die der Corpus nahelegt, der durch Flaubert und Dostojewskij gemeinsam unterzeichnet wurde. In ihrem Schreiben waren beide Autoren in Zustände des (Auseinander-)Fallens verstrickt, die sich durch das, was sie obsessiv als Ebenen der Dummheit oder als existentielle, innerhalb der Idiotie wirksame Dämpfungen heiligten, ankündigten. In der Arbeit Dostojewskijs wurde die Szene der Epilepsie zum Kanal, um die Grenzen des Heiligen zu verstehen.

Freud

Den signifikantesten Einschnitt in der literarischen Beschäftigung mit Epilepsie hat Freuds Arbeit über dieses Thema hinterlassen. Etwas geschah mit der uralten Szene der Epilepsie (die Griechen behandeln sie in der Mythologie), als Freud intervenierte, um speziell den Fall Dostojewskij in Augenschein zu nehmen. Epilepsie, die einen besonderen Platz in der Entwicklung seines Werkes einnimmt, ist die einzige somatische Krankheit, über die Freud schrieb, nachdem die Psychoanalyse etabliert war. Während Interpreten auf der Suche nach einem Schlüssel einige Mühe damit hatten, die Hysterie von der Epilepsie zu unterscheiden, hat Freud Dostojewskij als einen Hystero-Epileptiker abgehandelt – im wesentlichen heißt das, als einen schweren Fall von Hysterie. Es könnte sein, daß Freud sich von dieser heuristischen Entscheidung eine Hebelwirkung versprach, wenn man davon ausgeht, daß die Epilepsie als solche – ein Postulat, das Freud verleugnet – Entzifferungsversuche abweist. Wie die zeitgenössische Psychoanalytikerin Marie-Thérèse Sutterman argumentiert, könnte es auch so sein, daß, auf noch einem anderen Niveau, Freuds Motiv ein vatermörderischer Impuls war und die Theorie seines Lehrers und Meisters Charcot, dem Vater der hysteroepileptischen Unterscheidung, umwerfen wollte. Tatsächlich wurde das Paar Hysterie und Epilepsie den Wirkungen der sexuellen Differenz entsprechend getrennt – die Frauen waren hysterisch und die Männer epileptisch.

Freud jedoch hat diese Unterscheidungen verwischt und besteht darauf, Dostojewskijs Verfassung als »sogenannte Epilepsie« zu bezeichnen. Das Zögern bei der Bezeichnung der Krankheit entsteht auch, so Freud, aus den klinischen Unsicherheiten: »Unmöglich, die Einheit einer klinischen Affektion ›Epilepsie‹ festzuhalten.«[56] Die »Epilepsie«, die unter der Kontrolle von Anführungszeichen steht, ist bei Freud darüber hinaus »die unheimliche Krankheit mit ihren unberechenbaren, anscheinend nicht provozierten Krampfanfällen, der Charakterveränderung ins Reizbare und Aggressive und der progressiven Herabsetzung aller geisti-
gen Leistungen«. Die Rückkehr zur Hysterie an diesem Punkt seines 273
Denkens wirkt irgendwie seltsam; James Strachey erinnert uns daran, daß der Dostojewskij-Aufsatz Freuds erste Diskussion hysterischer Anfälle darstellt – seit seiner Arbeit, die er zwanzig Jahre früher (1909) über dieses Thema geschrieben hatte. Ein Hauptproblem, das diese Disposition aufwirft, ist der Verlust der Solidität des Geistes, ihr Gleiten in das, was als Idiotie bezeichnet worden ist. Freud beobachtet, daß in den meisten Fällen der epileptoide Anfall einhergeht mit einer Verdüsterung des Geistes. »So charakteristisch die intellektuelle Herabsetzung für die übergroße Mehrzahl der Fälle sein mag, so ist doch wenigstens *ein* Fall bekannt, in dem das Leiden intellektuelle Höchstlei-
stungen nicht zu stören vermochte (Helmholtz).« In Klammern bemerkt 274
Freud: »(Andere Fälle, von denen das gleiche behauptet wurde, sind un-
sicher oder unterliegen denselben Bedenken wie Dostojewskij selbst.)« 274
Die Frage, der man hier nachzugehen beginnt, könnte lauten: Warum war Dostojewskij nicht der Idiot?

Freuds Diskussion einiger der vorherrschenden Züge von Dostojewskijs Persönlichkeit wird den Lesern von *Der Idiot* nicht unvertraut erscheinen, denn viele der entscheidenden Merkmale, die durch Freud hervorgehoben werden, kehren in Myschkin wieder und haben uns auf die-

Ich verstehe nichts von Frauen

sen Seiten schon beschäftigt. Der Umweg über den Freudschen Corpus wird wesentliche Charakterzüge, wie Myschkins übertriebene Freundlichkeit und vertrauende Natur, illuminieren, die in Freuds Ausführungen zum sozialen Masochismus und zu den unablässigen Schuldzuschreibungen, durch welche Myschkin gequält wird, behandelt werden. Freud beginnt mit einer Betrachtung, wie Dostojewskij sich selbst sah; er ruft ihn zu sich, auf eine Weise, die uns interessieren könnte:

> Dostojewskij nannte sich selbst und galt bei anderen als Epileptiker auf Grund seiner schweren, mit Bewußtseinsverlust, Muskelkrämpfen und nachfolgender Verstimmung einhergehenden Anfälle. Es ist nun überaus wahrscheinlich, daß diese sogenannte Epilepsie nur ein Symptom seiner Neurose war, die demnach als Hysteroepilepsie, das heißt als schwere Hysterie, klassifiziert werden müßte. Volle Sicherheit ist aus zwei Gründen nicht zu erreichen, erstens, weil die anamnestischen Daten über Dostojewskijs sogenannte Epilepsie mangelhaft und unzuverlässig sind, zweitens, weil die Auffassung der mit epileptoiden Anfällen verbundenen Krankheitszustände nicht geklärt ist. 273

Es ist nicht nur so, daß die Daten und Darstellungen der Anfälle Dostojewskijs unzuverlässig sind, sondern daß diese Anfälle, »sonst in unfaßbarer Weise rein körperlich bedingt, doch ihre erste Entstehung einem rein seelischen Einfluß (Schreck) verdankt haben [können] oder weiterhin auf seelische Erregungen reagieren«. Diese Anfälle, die ein wildes 274
Schütteln, Zungenbiß und Harnentleerung auslösen, »gehäuft zum lebensbedrohlichen *Status epilepticus*, der schwere Selbstbeschädigung herbeiführt«, sind durchsetzt mit kurzen Phasen, »in denen der Kran- 273
ke, wie unter der Herrschaft des Unbewußten, etwas ihm Fremdartiges tut«. Es ist so, als ob ein Mechanismus der abnormen Triebabfuhr orga- 274
nisch niedergelegt worden wäre.
Was wir, soweit, über Epilepsie »wissen« – es ist wichtig, Freuds Zögern zu unterstreichen und die Art und Weise, wie er die »Auslassung« des Verstehens markiert – ist, daß sie in einem Raum entsteht, welcher den emotionalen, mentalen, körperlichen und mechanischen Prozeß hervorbringt – im hochbesetzten Organ des Gehirns, wo alle somatischen und psychischen Funktionen versammelt, verteilt und resynthetisiert werden. Darüberhinaus ein Ort phantasmatischer Projektionen und Verhandlungen mit dem Über-Ich, erfordert der Ansatzpunkt für die »sogenannte Epilepsie« eine Befragung der gefährdeten Einheit des psychosomatischen Feldes des Subjekts, in welches das Unbewußte eindringt. Um mit Ferenczis Entdeckungen zu sprechen, der Trieb im Innersten der Disposition der Epilepsie ist weder ganz bewußt noch ausschließlich unbewußt, sondern er hält an seiner somatischen Erbschaft fest.[57]

Zu aufmerksam, um einfach das Postulat einer organischen Verankerung zurückzuweisen, sucht Freud nach der Verbindung zu einer bezeichnenden Prägung des Psychischen, die er in der hysterischen Konversion lokalisiert. Es ist auch wichtig, darauf hinzuweisen, daß Freud in der Wissenschaft keinesfalls damit allein steht, auf die geheimnisvoll-resistente Natur der Epilepsie hinzuweisen. Bouchard bezeichnet diese Disposition als »eine der unangreifbarsten Zitadellen der Neurologie«.[58]

Empfänglich für Synkopisches, das Geist und Körper aufblättert, für das, was weder ganz bewußt noch unbewußt ist, aber durch einen Sinn für Exteriorität, der tief im Inneren zu wohnen scheint, ausgelöst wird, schleudert die Disposition der allgemeinen Epilepsie, wenn sie aus ihrer Latenz tritt, das Subjekt aus seinem Bewußtsein, indem der Körper durch dergestalt ausgelöste, roboterartige, ruckhafte Bewegungen mechanisiert wird; sie bringt den Automaten hervor, versteinert gewissermaßen ein Selbst, welches, den Entdeckungen einer Reihe klinischer Studien zufolge, indifferent ist in bezug auf das Geschlecht, was so viel heißt wie asexuell, seraphisch oder oft bisexuell oder androgyn. Ausgelaugt durch die punktuellen, aber unvorhersehbaren Manifestationen der Symptome, unterwirft sich das Subjekt den Extremen der Passivität. Die davon Befallenen werden durch eine Kraft krampfartig bewegt, die sich schlicht ihrer Kontrolle entzieht.

Epileptiker, so behaupten Freud und andere, neigen dazu, in sadistische Szenen hineingezogen zu werden, die durch eine masochistische Bindung bestimmt werden. Ihr Sadismus kommt zum Ausdruck in schmalen Dosierungen, wird aber konsistenter, wenn sie ihn gegen sich selbst richten. Von daher die vielen, in hohem Maße erniedrigten und angegriffenen Figuren bei Dostojewskij, die wiederholt mit infantiler Omnipotenz kämpfen. Die sadomasochistischen Inanspruchnahmen, an denen Dostojewskij festhielt, sind für Freud wichtig, und wir werden, nachdem die Skizze der epileptoiden Attribute vervollständigt worden ist, zu ihren verschiedenen Implikationen zurückkehren. Ein Aspekt der extremen Passivität, der sich das Subjekt ausliefert, tritt in den mechanischen Aspekten des Anfalls hervor; der Techno-Körper wird hier vorweggenommen und diese Eruption der körperlichen Mechanisierung ist es, die Ippolit in *Der Idiot* mit der nicht mehr aufzuhaltenden Blödheit assoziiert, die sich in der unvermeidlichen, aber dummen Mimikry von konvulsivischen Handlungen verkörpert.

Die dummen Wiederholungen des sexuellen Akts werden mit der epileptoiden Krise in Verbindung gebracht, denn es gibt da einen sexualisierten Strom, der durch den unterworfenen Körper läuft. Freud erinnert uns daran, daß die Mechanismen der Triebabfuhr, die in einem Anfall sich entladen, »auch den Sexualvorgängen [nicht fernestehen], die

im Grunde toxisch verursacht sind; schon die ältesten Ärzte nannten
den Koitus eine kleine Epilepsie, erkannten also im sexuellen Akt die
Milderung und Adaptierung der epileptischen Reizabfuhr.« Der sexuel- 274
le Akt, der, folgt man diesem Argument, auf keinen Fall ein ursprüngli-
cher Akt ist, orientiert sich an der »Methode« der Epilepsie, welche nun
ein Feld der epileptoiden Freisetzung besetzt. Vom Koitus wird gesagt,
daß er sein Modell im Anfall habe.

Der epileptische Anfall gehorcht zudem auf den leisesten Wink der neu-
rotischen Manipulation, wird zum hysterischen Symptom. Freud fährt
fort: »Die ›epileptische Reaktion‹, wie man dies Gemeinsame nennen
kann, stellt sich ohne Zweifel auch der Neurose zur Verfügung, deren
Wesen darin besteht, Erregungsmassen, mit denen sie psychisch nicht
fertig wird, auf somatischem Wege zu erledigen. Der epileptische An-
fall wird so ein Symptom der Hysterie und von ihr adaptiert und modifi-
ziert, ähnlich wie beim normalen Sexualablauf.« Die epileptische Reak- 274 f.
tion kann durch die übergeordnete Neurose in Dienst genommen wer-
den, um den Geist-Körper-Entgiftungs-Surplus-Stimulanten aufzuhelfen.
Er korrespondiert in etwa einem Reinigungsmechanismus, der einen
Exzeß, der nicht gehandhabt werden kann, in einen Absturz ins Somati-
sche verwandelt.

An diesem Punkt fällt Licht auf Dostojewskijs Süchte, von welchen die
bekannteste natürlich in seinem Spielen um Geld bestand. Freud inter-
pretiert diese zwanghaften und hysterischen Qualitäten vor dem Hin-
tergrund von Dostojewskijs Bedürfnis, streng bestraft zu werden, sei-
nes Anspruchs an die Welt, erniedrigt zu werden und sich eine sich
materialisierende Schuld zuzufügen – Bedürfnisse, die das Spielen be-
friedigte. Es überrascht vielleicht nicht, daß die Entwicklung klassisch
freudianisch dargestellt wird, insofern eine die Kräfte auszehrende Ab-
hängigkeit mit der Wahrheit der Kastration verknüpft wird. Spielen um
Geld, das wie alle Abhängigkeiten sich von der »ersten Droge« der Ma-
sturbation herleitet,[59] drängt das Subjekt in Richtung auf die Kastrati-
onsdrohung, während es die Einsätze einer großartigen Schuld erhöht.
Sowohl von der Abhängigkeit als auch vom epileptischen Anfall wird
gesagt, daß sie aus der Ambivalenz gegenüber einem strengen und sa-
distischen Vater entstehen (»man möchte an der Stelle des Vaters sein,
weil man ihn bewundert, so sein möchte wie er, und weil man ihn weg-
schaffen will«). Ambivalenz bringt den Todestrieb in Gang. 277

Die Attacken, die den sexuellen Akt vorbereiten und mimen, bewegen
sich auch deshalb jenseits des Lustprinzips, weil sie den Tod doubeln.
Die lethargischen, halbschlafähnlichen Zustände, die Dostojewskij do-
kumentiert, hatten »Todesbedeutung, sie wurden von Todesangst ein-
geleitet« und produzierten, was Freud im folgenden die »Todesanfälle« 276
nennt. Verschiedene andere Quellen unterstreichen, wie sehr Dosto-

jewskij in Angst lebte und den Tod erwartete, fast täglich Rituale und Vorbereitungen durchführte; zu seinem Pensum gehörte es, auf seinem Kopfkissen Notizen für diejenigen zu hinterlassen, die ihn am nächsten Morgen tot finden könnten, und er ging regelmäßig in das Haus des Arztes, mit dem er fast telepathische Beziehungen unterhielt, um dort die Nacht bei ihm als Gast, in seiner Obhut zu verbringen. Die aushäusigen Übernachtungen nahmen ihm etwas von der Angst, aber auf lange Sicht konnten sie nicht das Symptom zum Verschwinden bringen.
Zurück zu Freuds Couch. Die Anfälle »bedeuten eine Identifizierung mit einem Toten, einer Person, die wirklich gestorben ist oder die noch
lebt und der man den Tod wünscht.« So erhält der Anfall, im Zuge des- 276
sen das Subjekt sich mit dem toten Zentrum des Todeswunsches identifiziert, tatsächlich den »Wert der Bestrafung«. »Man hat einen anderen
tot gewünscht, und nun ist man dieser andere und ist selbst tot«. Hy- 276
sterische Epilepsie heißt, daß du über einen Mord nicht hinweggekommen bist; du bist der Weg. Du hast deinen Körper in den Weg des angepeilten Objekts eines mörderischen Impulses geworfen und wirst damit fortfahren, Positionen mit dem unterstellten anderen zu verhandeln, für den Tod tanzend, der durch dich stattfand. Freud macht diesen makabren Tanz von einem Todeswunsch abhängig, aber nicht vom Todeswunsch des anderen, wie Sutterman an späterer Stelle erklärt – wahrscheinlich ist es so, daß das Kind, im Rahmen angedeuteter Phantasien, die übertragen worden sind, die Botschaft einer nahe bevorstehenden Auslöschung erhalten hat, die ihm durch das betreuende Elternteil gewünscht worden ist. Beide Sichtweisen stimmen in der Phantasie einer frühen Mordszene überein, welche das Kind, das sowohl Opfer als auch Täter ist, bis ins Erwachsensein hinein wiederholt. Während Sutterman argumentiert, daß der Anfall in der Phantasie und in der Furcht vor dem Kindesmord seinen Ursprung hat, geht Freud von einem älteren Kind und einem sekundären Effekt eines projizierten Todeswunsches aus. Der psychoanalytischen Theorie zufolge, ist das Ziel für einen Jungen im allgemeinen der Vater: »der – hysterisch genannte – Anfall also eine
Selbstbestrafung für den Todeswunsch gegen den gehaßten Vater.« Der 276
bestrafende Anfall ist ein Mittel, jenen Teil seiner selbst in eine einschränkende Ordnung zu zwingen, der darum kämpft, den verletzenden Vater zu gewinnen und schon in der Identifikation mit dessen Hinterlassenschaft eingesperrt ist.

Es gibt also zwei epileptische Typen. Um die Interpretationslinie fortzusetzen, welche die Krankheit dem Bereich »der sogenannten Epilepsie unseres Dichters« zuordnet, mußte Freud zwischen einer organischen und einer »affektiven« oder funktionalen (pychogenischen) Epilepsie unterscheiden: »Die praktische Bedeutung ist die: wer die eine hat, ist ein Gehirnkranker, wer die andere hat, ein Neurotiker. Im ersteren Fall un-

terliegt das Seelenleben einer ihm fremden Störung von außen, im
anderen ist die Störung ein Ausdruck des Seelenlebens selbst.« Freud 275
situiert Dostojewskijs Epilepsie innerhalb der zweiten der zwei Möglich-
keiten, die unterschieden werden, aber wohl kaum in dem dogmati-
schen Sinn, den nachfolgende Wissenschaftler bedauert haben. Freuds
Rhetorik des Wissens wird auf die Wunscherfüllung des unangreifbaren
wissenschaftlichen Beweises verzichtet haben. Er schreibt, daß all das
nicht wissenschaftlich bewiesen werden kann, daß wir zu wenig wis-
sen, daß unser Wissen über die Beziehungen zwischen den Anfällen und
Dostojewskijs Erfahrungen unzureichend und oft widersprüchlich ist.
Und er fährt fort auf der Basis der »wahrscheinlichsten Annahme«, der-
zufolge zu einem früheren Zeitpunkt Kindheitssymptome eine epilepti-
sche Form annahmen, auf die dann die niederschmetternde Erfahrung
im 18. Lebensjahr des Autors folgte: die Ermordung seines Vaters.
Ob oder ob nicht sich die Ermordung so vollzog, wie Freuds Quellen
sie dokumentieren – er rekurriert auf Erzählungen von René Fülöp-Mil-
ler, auf Aimée Dostojewskijs Biographie ihres Vaters und auf Orest Mil-
ler –, Freud bezieht die gewaltsamen Angriffe auf den Vaterkomplex.
Verstärkt oder bestätigt durch Dostojewskijs latente Homosexualität,
ist der Vaterkomplex weitgehend verantwortlich für die passiven Posi-
tionen, die durch Fjodor Michailowitsch besetzt werden, wenn er mit
massiven existentiellen Beschimpfungen konfrontiert wird, die sich ge-
gen ihn richten, und die des weiteren seine unmäßige Unterwürfigkeit
dem Zar und Gott gegenüber – der »kleine Vater« und der große Papi –
bestimmen. Die Anfälle Dostojewskijs sind eine Nachahmung des Toten,
dessen, was er tot wünschte und was nun ihn tot wünscht in einer töd-
lichen, kreisförmigen Wiederkehr, derzufolge dasjenige, was umgeht,
nun auf dich zukommt, um dich zu kriegen, besonders weil es aus dei-
nem Unbewußten kommt. (Freud schreibt: »So fremd sind aber unse-
rem Bewußtsein die Dinge, von denen unser unbewußtes Seelenleben
beherrscht wird.«) Wie wir aus anderen Texten wissen, ist der Vater le- 278
bendiger, wenn er tot ist (wenn man ihn tot wünscht), als wenn er le-
ben würde. Der verstorbene Vater drückt seinen Stempel auf die An-
kunft der Zukünftigkeit, er füllt ein Schicksal mit Bedeutung. In einer
auffälligen Nebenbemerkung teilt uns Freud mit, daß das Schicksal am
Ende auf eine väterliche Projektion zurückgeht; der Begriff des Schick-
sals selbst ist väterlich (»auch das Schicksal ist endlich nur eine späte-
re Vaterprojektion«). Die unvermeidlichen Resonanzen zwischen *fatum* 278
und *Vater* sind, spätestens seit den Hinweisen Nietzsches auf ein homo-
nymisches Zusammenspiel von *amor fati* und *amor vati*, bereits in den
Blick gerückt worden. Scherz beiseite, die Symptome des Kindes in
Form von todesähnlichen Anfällen können als »eine vom Über-Ich straf-
weise zugelassene Vateridentifizierung des Ichs« aufgefaßt werden. Das 278

internalisierte Verlangen des Vaters bekommt die Oberhand über den
Vater, mit dem das Ich identifiziert ist, in einem Taumeln, welches das
Subjekt in Richtung auf seinen Tod abstürzen läßt. Die sich wiederholen-
de Strafe, ein punktuelles Ritual, ist der Preis, den die Wut des Über-Ichs
verlangt.

Doch wie können zwei Väter regieren und an ihm zerren? Freud erzählt
die Abspaltung der Vaterfunktion. Die sogenannte Epilepsie unseres
Autors ist eine Konsequenz der Unterdrückung des Hasses des Vaters
im Ödipus-Komplex. Diese Unterdrückung erhält ein Supplement. »Es
kommt als neu hinzu, daß diese Vateridentifizierung sich am Ende doch
einen dauernden Platz im Ich erzwingt.« Aufgenommen ins Ich, richtet 278
sich die Identifikation dort als eine separate Instanz ein, die einen Ge-
gensatz zum übrigen Inhalt des Ichs bildet. »Wir heißen sie dann das
Über-Ich und schreiben ihr, der Erbin des Elterneinflusses, die wichtig-
sten Funktionen zu.« Wenn der Vater streng war, Gewalt ausgeübt hat 278
und grausam war, werden diese Attribute durch das Über-Ich übernom-
men, und in den Beziehungen, die es mit dem Ich unterhält, wird die
Passivität, von der angenommen wurde, daß sie verdrängt worden ist,
wieder etabliert. Das Über-Ich ist sadistisch geworden, und das Ich ma-
sochistisch, passiv, durch die Kontrollsteme des Über-Ichs sogar »femi-
nisiert«. »Es entsteht ein großes Strafbedürfnis im Ich, das teils als sol-
ches dem Schicksal bereitliegt, teils in der Mißhandlung durch das Über-
Ich (Schuldbewußtsein) Befriedigung findet. Jede Strafe ist ja im Grun-
de die Kastration und als solche Erfüllung der alten passiven Einstel-
lung zum Vater.« Um dies noch zu überbieten, schreibt Freud: »Du hast 278
den Vater töten wollen, um selbst der Vater zu sein. Nun bist du der
Vater, aber der tote Vater; der gewöhnliche Mechanismus hysterischer
Symptome. Und dabei: jetzt tötet dich der Vater. Für das Ich ist das To-
dessymptom Phantasiebefriedigung des männlichen Wunsches und
gleichzeitig masochistische Befriedigung; für das Über-Ich Strafbefriedi-
gung, also sadistische Befriedigung. Beide, Ich und Über-Ich, spielen die
Vaterrolle weiter.« 278

Als Dostojewskij von der Polizei des Zaren unter Arrest gestellt wurde,
wurden gleichzeitig seine Symptome arretiert. Das erstaunliche, von
Dostojewskij berichtete Faktum, in Sibirien frei von Anfällen gewesen
zu sein, bestärkt die Annahme Freuds, daß diese Anfälle die Funktion
hatten, ihn zu bestrafen. Der Zeit unterworfen, dem Vater unterworfen,
hatte Dostojewskij, als er durch das Schicksal auf diese extreme Weise
erniedrigt wurde, keine weiteren Bedürfnisse nach bestrafenden An-
griffen. Dennoch ist Freud vorsichtig: »Allein dies ist unerweisbar.« Al- 280
les, was sich herausfinden ließ, ist, daß Dostojewskij davon befreit war,
sich selbst bestrafen zu müssen, als er »sich vom Stellvertreter des
Vaters bestrafen [ließ]. Man blickt hier ein Stück in die psychologische

Rechtfertigung der von der Gesellschaft verhängten Strafen hinein. Es
ist wahr, daß große Gruppen von Verbrechern nach der Strafe verlan-
gen. Ihr Über-Ich fordert sie, erspart sich damit, sie selbst zu verhän-
gen.«[60] Eine rigorose Psychologie der Institutionen von Strafsystemen 280
müßte sich mit diesem von Freud aufgeworfenen Punkt auseinander-
setzen, daß das Über-Ich nach strikten Bestrafungen von außen sucht,
die einzige Bedingung, unter der das Ich von seinen erbarmungslosen
Symptomen befreit werden kann. Damit man nicht übereilt zu autori-
tären Schlußfolgerungen über den hilfreichen Charakter von institutio-
nellen Einkerkerungssystemen und ähnlichem kommt, erinnern Sie sich
daran, daß Freud den Staat nicht ermutigt, für die Straffunktion einzu-
treten oder ihren Forderungen entgegenzukommen; es ist ohne Zwei-
fel wichtig, darüber hinaus festzuhalten, daß Dostojewskij unschuldig
war, obwohl das Über-Ich und die Polizei in der Notwendigkeit, ihn zu
deportieren, kollaboriert haben.

Freuds Überlegungen zu diesem Fall erbringen die Erklärung für die
Tatsache, daß Dostojewskij ungebrochen durch die sibirischen Jahre des
Elends und der Erniedrigung kam: »Dostojewskijs Verurteilung als poli-
tischer Verbrecher war ungerecht, er mußte das wissen, aber er akzep-
tierte die unverdiente Strafe von Väterchen Zar als Ersatz für die Stra-
fe, die seine Sünde gegen den wirklichen Vater verdient hatte. Anstelle
der Selbstbestrafung ließ er sich vom Stellvertreter des Vaters bestra-
fen.« Der größte Teil des Freudschen Kommentars bezieht sich auf den 280
epileptischen Kriminellen, der in *Die Brüder Karamasow* dargestellt wird,
und den vatermörderischen Pakt, der durch eine dominante Bruder-
schaft besiegelt wird – Aspekte, die seine Theorien illustrieren. Die affek-
tiven Qualitäten, die er in den Mittelpunkt stellt, sagen auch etwas über
den Roman *Der Idiot* aus, obwohl die väterliche Funktion diffundiert
und ungebändigt ist, im Vergleich zu derjenigen, die in den *Brüdern* vor-
herrscht. Beide Texte lösen ein ethisches Schwanken aus, was eine kri-
tische Rückschau erforderlich macht, hinsichtlich dessen, was wir zu
denken meinen über Ethik, oder was wir der Ethik traditionell erlaubt
haben auszuschließen, aufzugeben.

Bei einer Anzahl von Gelegenheiten scheint Freud zu einem Vergleich
zwischen dem Kriminellen und dem Epileptiker einzuladen. Dostojewskij
hat unbegrenzte Sympathie gezeigt, wenn es um Kriminelle geht, so
bemerkt Freud. Ein wiederkehrendes Symptom in seinen Werken ist ei-
ne unmäßige Sympathiebekundung für Bösewichte, verbunden mit der
Tendenz, alles zu vergeben. Freud schreibt Dostojewskijs Anhänglich-
keit an das Abweichende der »Identifizierung auf Grund der gleichen
mörderischen Impulse [zu], eigentlich ein um ein Geringes verschobe-
ner Narzißmus«. In Klammern einräumend, daß er wenig Interesse daran 283
habe, eine Ethik der Sympathie zu unterminieren – »der ethische Wert

der Güte soll damit nicht bestritten werden« –, erklärt Freud weiter, daß
seine Untersuchung eine allgemeine Qualität betreffe, die, insofern sie
dem Mechanismus der Freundlichkeit und der Sympathie für andere
zugrundeliegt, leicht unterschieden werden kann »von diesem extre-
men Fall des vom Schuldbewußtsein beherrschten Dichters. Kein Zwei-
fel, daß diese Identifizierungssympathie die Stoffwahl Dostojewskijs
entscheidend bestimmt hat.« Symptome von exzessiver Sympathie und 283
extremer Freundlichkeit durchdringen sein Werk, in dem eine ständi-
ge Entkriminalisierung des Protagonisten statthat (Myschkin hat zwar
Dmitri noch nicht ersetzt, gehört aber in diese, durch die Regel der im-
pliziten Analogie bestimmte Konstellation). Dostojewskijs Sympathie für
den Kriminellen wird als schrankenlos angesehen, sie geht »weit über
das Mitleid hinaus, auf das der Unglückliche Anspruch hat, erinnert an
die heilige Scheu, mit der das Altertum den Epileptiker und den Gei-
stesgestörten betrachtet hat. Der Verbrecher ist ihm fast wie ein Erlöser,
der die Schuld auf sich genommen hat, die sonst die anderen hätten
tragen müssen«. 282 f.

Die Wiederherstellung der kriminellen Seele und der Umsturz von juri-
dischen Bewertungen werden später Thema in Jean Genets Essay *Une
Lecture des »Frères Karamazov«*, wo der unverzichtbare kriminelle Betrü-
ger, der in dem Werk porträtiert wird, »eine kühne Anstiftung der See-
len« genannt wird.[61] Die historische Scheu, die den Epileptiker und den
Mondsüchtigen in der Vergangenheit begleitet hat, hat sich in beiden
Fällen, so läßt sich beobachten, bei Dostojewskij in einen Kult des glori-
fizierten Kriminellen entwickelt. Wir können Anzeichen für diese fort-
schreitende Mutation der Figur Myschkins finden, der sowohl durch ei-
ne Aura, die Erlösung verspricht, geschützt ist als auch in der Lage ist,
den Mörder zu umarmen, seine Bruderseele.

Ein kompliziertes Dossier ist da geöffnet worden. Freud unternimmt
einiges, um zu vermeiden, daß eine mögliche Ethik destabilisiert wird;
selbst wenn dem so ist, hebt sein Aufsatz auf die mutmaßliche Tugend
der Freundlichkeit ab. Bei genauerer Betrachtung weisen die Qualitäten
von übergroßer Freundlichkeit, inklusive Höflichkeit und Förmlichkeit,
auf einen abgelegenen Ursprung im Perversen hin. Die überlieferten
christlichen Werte der Liebe und der Zuneigung, gesehen aus dem Blick-
winkel von Dostojewskijs masochistischem Strafregister, stehen mit ei-
nem sehr starken Destruktionstrieb in Verbindung. Dostojewskij hät-
te ohne weiteres ein Krimineller sein können, sagt Freud mehrfach auf
verschiedene Weise (zum Beispiel: »Die außerordentliche Höhe seiner
Affektivität, die perverse Triebanlage, die ihn zum Sado-Masochisten
oder zum Verbrecher veranlagen mußte, und die unanalysierbare künst-
lerische Begabung.«). Eine ähnliche Annahme und Einordnung gab es 273
im Fall des Rattenmanns, wo Freud auf bewundernde Weise bemerkt,

daß der Vater früh schon annahm, der Sohn sei dazu bestimmt gewesen, ein Krimineller oder ein Genius zu werden – und der Analytiker fügt in einer Fußnote hinzu: »oder ein Neurotiker«. Während er dem Protagonisten der Fallstudie Sympathie entgegenbrachte (und warum nicht, da er sich zum ersten Mal mit den Intensitäten der Gegenübertragung, die in seiner Praxis vorkamen, beschäftigte, und der Junge hatte seine Arbeit gelesen), wird Freud nichts davon in die Dostojewskij-Studie hineinnehmen, wo die Sympathie selbst Thema wird. Wie Freuds späterer Brief vom 14. April 1929 an Theodor Reik[62] versichert, schreibt er die Studie nicht aus Bewunderung für Dostojewskij oder etwa für das Schreiben selbst. (»Sie ist jemandem zu Gefallen geschrieben und ungern geschrieben. Ich schreibe jetzt überhaupt ungern.«) Wenn es hier um Ge- 63
genübertragung geht, dann entspringt sie der Geringschätzung; ihre Übertragung auf den Schreibenden ist eine negative.

Unvermeidlicherweise brachte Freuds kompromißlose Kritik an Dostojewskijs Geschichte ihm ein Ressentiment von seiten der Partisanen der literarischen Kritik ein. Was die persönlichen Defekte des Autors oder dessen politische Seichtheit angeht, hat er wenig Spielraum gelassen. Dies war kein Rattenmann, dem der Analytiker eine Dankbarkeitsschuld zahlte und dessen Tod im Ersten Weltkrieg er in einer Bemerkung am Ende der Fallgeschichte betrauerte. Dostojewskijs politisches Vermächtnis folgte einem anderen Register. Als er die Schuld abwog, war Freud nicht gewillt, Dostojewskijs rückständige Unterwerfung unter Nation oder Religion zu übersehen: »Eine Station, zu der geringere Geister mit weniger Mühe gelangt sind. Hier ist der schwache Punkt der großen Persönlichkeit. Dostojewskij hat es versäumt, ein Lehrer und Befreier der Menschen zu werden, er hat sich zu ihren Kerkermeistern gesellt; die kulturelle Zukunft der Menschen wird ihm wenig zu danken haben.« Er 271 f
unterläßt es auch nicht, Dostojewskijs mögliches Bekenntnis eines sexuellen Übergriffs auf ein junges Mädchen zu erwähnen (diejenigen, die darauf beharren, Freud vorzuwerfen, die Unterscheidungen zwischen Hysterie und Vergewaltigung zu verwischen, sollten einen Blick auf diesen Abschnitt werfen; in Verbindung mit den vielen Thematisierungen von Kindesvergewaltigung in den Schriften Dostojewskijs, besonders in *Stavrogins Bekenntnisse* und *Das Leben eines großen Sünders*). Freud überspringt Dostojewskijs grellen Antisemitismus, adressiert ihn nicht. In einem Brief an Reik bekennt er seine grundsätzliche Abneigung gegenüber diesem Jungen. »Sie haben auch recht mit der Vermutung, daß ich Dostojewskij bei aller Bewunderung seiner Intensität und Überlegenheit eigentlich nicht mag.« 64

Die Gründe für die behauptete Antipathie hängen mit seinem Beruf zusammen, so versichert Freud Reik, und sie sind persönlicher, fast kontingenter Natur: »Das kommt daher, daß sich meine Geduld mit pathologi-

schen Naturen in der Analyse erschöpft. In Kunst und Leben bin ich gegen sie intolerant. Das sind persönliche Charakterzüge, unverbindlich für andere.« Erschöpft, widerwillig, jemandem (meistens Eitington) ei- 64
nen Gefallen tuend, während er gleichzeitig über *Das Unbehagen in der Kultur, Fetischismus, Ein religiöses Erlebnis, Die Zukunft einer Illusion* nachdenkt, kümmert sich Freud nicht um Dostojewskij, und zwar weil dieser nicht die Privilegien eines Patienten genießt, sondern sich selbst auf der Seite des Lebens und der Kunst lokalisiert. Wenn Fjodor Michailowitsch auf der Couch gelegen hätte, dann wäre die Geduld des Analytikers beträchtlich gewesen.

Dostojewskij hat es sich mit ihm verdorben – als politischer Denker, als Lehrer, als Befreier; er hat den Schlüssel weggeworfen, um schmerzhaft schabende historische Fesseln aufzusperren. Auf jeden Fall läßt Freud nicht so schnell von ihm ab. Seine Intimität mit Kriminellen beunruhigt Freud, der ihn zunächst entkommen läßt, weil er dem kriminellen Profil nicht entspricht. Zwei Züge sind für den Kriminellen wesentlich: grenzenlose Eigensucht und die starke destruktive Tendenz. Beide teilen als notwendige Bedingung einen Mangel an Liebe, den Man- 272
gel einer emotionalen Anerkennung menschlicher Objekte: »Man erinnert sich sofort an den Gegensatz hierzu bei Dostojewskij, an seine große Liebesbedürftigkeit und seine enorme Liebesfähigkeit, die sich selbst in Erscheinungen der Übergüte äußert und ihn lieben und helfen läßt, wo er selbst das Recht zum Haß und zur Rache hatte, z.B. im Verhältnis zu seiner ersten Frau und ihrem Geliebten. Dann muß man fragen, woher überhaupt die Versuchung rührt, Dostojewskij den Verbrechern zuzurechnen.« Dieser Impuls, Dostojewskij zu kriminalisieren, 272
wird durch seine Wahl des Materials gerechtfertigt, so Freud. Doch hat Dostojewskij den kriminellen Impuls gegen sich selbst gekehrt, in der Form eines destruktiven Pathos, gespeist durch Masochismus. Seine Persönlichkeit hat »immerhin genug« sadistische Züge übrig behalten, die sich in seiner »Reizbarkeit, Quälsucht, Intoleranz, auch gegen geliebte Personen, äußern und [die] noch in der Art, wie er als Autor seine Leser behandelt, zum Vorschein kommen, also in kleinen Dingen Sadist nach außen, in größeren Sadist nach innen, also Masochist, das heißt der weichste, gutmütigste, hilfsbereiteste Mensch«. Es ist ohne Zweifel 272 f.
von einiger Wichtigkeit, daß sogar der Leser ins Schlepptau der sadistischen Absichten gerät, indem er ins Kleingedruckte eines veröffentlichten Kontraktes eingeschrieben wird und als Opfer der Mißbräuche von Dostojewskijs sadomasochistischen Ausschweifungen situiert wird.

Über den besonderen Fall, den der Selbstquäler darstellt, hinausgehend, erschließt Freud eine Besonderheit, die den Unterbau des Gesellschaftlichen affiziert und die Gemeinschaft mit dem Klebemittel der Perversion bindet. Es stellt sich heraus, daß Höflichkeit und Hilfsbereitschaft, die zu den Qualitäten der ethischen Haltung gehören, auf einen sadistischen Grundzug zurückgehen, der nach innen gekehrt wird. Dieser offensichtliche Widerspruch ist den gängigen, populären Ausdrucksformen nicht entgangen, da notorische Sadisten, historische und fiktionale, wie Hannibal Lector, ihre anal-sadistischen Anfälle mit prinzenhaften Posen der Höflichkeit supplementieren. Konsistente, aber extreme Formen der Freundlichkeit werden von Freud bis zu den Ironien des sado-masochistischen Vertrags zurückverfolgt, der möglicherweise der sozialste aller Verträge ist.

Peitschenhieb

Da wir nun in den Bereich der Lectors, der Lektoren und Leser eingetreten sind, können wir uns noch einmal fragen, was es für Prinz Myschkin bedeutet haben könnte, *Madame Bovary* auszuwählen als den einen, unverzichtbaren Gegenstand auf seiner Leseliste. Der Erzähler, für seinen Teil, hat sich hauptsächlich auf Gogol fixiert, der als Objekt von Dostojewskijs regelmäßigen und intensiven Ironisierungen die Position des geistigen Vaters behalten hatte (eine irgendwie riskante Position für jeden von Dostojewskijs Rang).[63] Flaubert auf der anderen Seite war ein Doppel, ein Bruder, ein Vater, der feminisierte Andere, eine Drohung, das Objekt der Zärtlichkeit, der sadistischen Verlockung, ein Empfangsorgan für ein verleugnetes Geheimnis, eine Öffnung und eine Liquidation. In gewisser Weise haben sie eine Leiche geteilt; auf alle Fälle sind die Totenbetten von Emma und Nastasja im gleichen düsteren, prosaischen Milieu situiert, überwacht durch zwei Überlebende, die Übriggebliebenen einer dubiosen Vitalität, zugleich lebend und tot. Doch jenseits der spekulären Wirkungen von thematischen Übereinstimmungen und Darstellungen von Ermordungen oder den tiefergelegenen destruktiven Strömungen, die beide Autoren überwachten, geschah noch etwas anderes, als Dostojewskij sich an Flaubert band, als er dessen großartige Arbeit internalisierte, dabei immer ihren Status als Fremdkörper aufrechterhaltend (es wäre etwas anderes gewesen, hätte der Prinz es bewerkstelligt, das Buch zu *essen*, so wie Emma, der süchtige Körper, Literatur verschlang). Wenn Literatur sich nach innen wendet, sich selbst zuwendet, kannibalisiert, sich in einer Art von wahnsinniger Lektüre mit sich selbst füttert, wird ein unwiderlegbarer Kreislauf eingerichtet, etwas das, auch wenn es nicht direkt demonstriert werden kann, zumindest das Ausmaß anzeigt, in dem wir, trotz allem, nicht allein sind; selbst in den Momenten der radikalsten Singularität – meines eigenen Wahnsinns, des Aussetzens des Bewußtseins – können wir nicht behaupten, daß unser Schicksal uns gehört (oder unsere Väter). Das ist alles, was wir wissen. Nicht nur nahm Freud, wie widerständig auch immer, Dostojewskij als ambulanten Patienten an, *Der Idiot* ruft nach Freud, selbst da, wo der Roman dem »Ohr« der psychoanalytischen Prozedur entgeht. Es ist so, als ob Dostojewskij schon vorher eine Antwort mit Blick auf Freuds Lektüre eingebaut hätte, die Möglichkeiten dieser Lektüre im Licht zukünftiger Erneuerung versammelt hätte. Ob oder ob nicht die unlesbare Bedingung der »sogenannten Epilepsie« zur Neurologie gehört oder sich als ein Mustertraum in der Chronik hysterischer Konversion herausstellt – sie kann nur als Double und als »andere« in Erscheinung treten; entweder als Ereignis des Sich-Verdoppelns oder im reflektierenden Aufschimmern einer schweigenden Alterität.

Wenn der Idiot, in den letzten Momenten seines Bewußtseins, über dem anderen Buch hängt, es verkörpert, dann zeigt er in gewisser Weise ein Stadium des Freud-Lacanianischen Registers der Analyse auf: er macht die Probe auf die Erkenntnis, daß wir durch Signifikanten unterworfen werden (um bei einer treffenden alten Formulierung zu bleiben) – unterworfen, sprich, durch den Diskurs unserer Vorfahren und Eltern, der unser Schicksal determiniert. Die Begriffe, mittels derer diese Unterwerfung statthat, diktieren das Ende oder den Tod, obwohl wir unter Umständen weiterleben, die Erkenntnis überleben, daß unsere Körper, die durch Sprache durchquert werden, zum Tode bestimmt worden sind. Diese Anerkennung entspricht keiner naturalistischen Entdeckung; normalerweise tritt sie nur durch Analyse oder ähnliche Verfahren auf den Plan – durch die unbegrenzte Forschung, die durch den literarischen Prozeß statthat – und kulminiert in der Erkenntnis, daß wir durch Sprache gedemütigt sind.

Teilweise laufen wir herum als Untote. Aufgepumpt durch Sprache und immer wieder überschrieben, vampirisiert, mit Stichen versehen durch die Markierung des anderen, sind wir, die lebenden Toten, dem Sein unentrinnbar ausgesetzt. Mit Körpern, auf denen vielfach geschrieben worden ist, werden wir durch Sprache niedergedrückt, die durch uns hindurch lebt.[64] Wir sind voller Schleifspuren. Eingebeult, mit Beinamen versehen, werden wir und sind wir umgeben von dem drückenden Maßstab der Zitierbarkeit. Selbst in den Momenten der größten Singularität, der allereigensten Disjunktion, gibt es Sprache, gab es Zitat.

Der Roman hat die Anstrengung Myschkins wie in einer Chronik festgehalten, die Sprache seines Körpers zu lesen, ein tödliches Schicksal zu subjektivieren, es in Besitz zu nehmen, wenn auch nur im Modus des Sich-Leihens, sich das Buch zu leihen in diesem Fall, was ihm erlaubt, die Position der Unterwerfung in bezug auf das Schreiben des anderen einzunehmen – seine eigentliche *Geworfenheit**. Indem er das Buch nahe bei oder direkt am Körper trägt, die Regel des Hauses und das Gesetz der auf Leihen beruhenden Zirkulation bricht, um das Buch zu besitzen, nun ein entwendeter Brief, bietet Myschkin seinen Körper an als eine unmögliche Vor-Schrift, als überschrieben und durch einen Trieb verpflichtet, der von woanders kommt. (Es gibt kein Rezept für das, was er hat.) Er, der von Parasiten umgeben ist und verfolgt wird, wie jedermann, findet sich selbst als ausgeliehen wieder und wird als Landkarte einer extensiven Gastfreundschaft gelesen, als ein Schreibblock für die Einschreibung, wo jedermann abstürzt. Er stellt die Lacansche Einsicht dar und toleriert sie, nämlich »daß der Körper das Bett des Anderen konstituiert, entsprechend der Operation des Signifikanten«[65] – das heißt, der Signifikant verwandelt den Körper in das Territorium, das Medium oder die Kolonie des Anderen. Der Körper verdreht sich und kollabiert an einem sprachlichen Ort, auf dem der Andere sich konstelliert – eine Einsicht, welche Kafka später mit den widerständigen Strafkolonien unter Dostojewskijs Kommando teilen wird. Um sicher zu gehen, das ist ein anderer, wenn auch sehr effektiver Weg, unsere Entfremdung vom Körper zu bezeichnen, mit dem wir verheiratet sind, und zu betonen, daß, in dem Maße wie der Körper ein mit Sprache beschriebener ist, er geliehen und möglicherweise abgeleitet ist, dem Anderen gehört. Dostojewskijs exorbitante Gaben lösen Freuds Kritik aus, denn der Russe beharrt darauf, einen abweichenden Körper auszuagieren, wobei er ihn dem Staat und dem heiligen Königreich Gottes gleichermaßen unterwirft und verpachtet. Unbeugsam, was dieses Thema angeht, öffnet Freud auch einen Weg für zukünftige Reflexionen auf eine gewisse Politik des Schmerzes.

Vielleicht können wir diese Beobachtungen mit Freuds Bemerkungen zum Masochismus in Verbindung bringen. In welchem Maße, so könnte die Frage lauten, hat Myschkins entschlossene Integration von *Madame Bovary* teil an den Fesselungs- und Erniedrigungshandlungen, auf die Freuds Aufsatz verweist? Könnte das Bild Emma Bovarys als dasjenige der eiskalten, mütterlichen, strengen Bestraferin einer gynokratischen Ordnung gelesen werden? Doch kann »der weibliche Henker im Masochismus gar nicht sadistisch sein, weil sie *im* Masochismus ist, weil sie integrierender Bestandteil der masochistischen Situation ist, verwirklichtes Element des masochistischen Phantasmas«.[66] Aus formalen Gründen kann sie nicht auf ein angenommenes Außen abgeschoben werden. Sie gehört zur masochistischen Welt – nicht im Sinn von Neigungen, die sie mit ihrem Opfer teilte. »Sondern weil sie einen ›Sadismus‹ hat, den man beim Sadisten niemals findet, und der wie das Doppel oder die Brechung des Masochismus ist.« Durch eine spekuläre Allianz 194
miteinander verbunden, entsteht eine Form der Unterwerfung, in welcher es nicht länger klar ist, wer wessen Parasit ist oder was die Ökonomie der Zitierfähigkeit, die beide Texte verwebt, kontrollieren soll; und doch sind sie für immer innerhalb der Ironie eines masochistischen Anspruchs aneinander gebunden.

Es ist nicht so, daß Prinz Myschkin *Madame Bovary* an seine Brust preßt, weil sie die Dominatrix seiner Wahl ist, obwohl solch ein Arrangement denkbar wäre. (Ihre masochistische Welt scheint auf seiner zu lasten, welche sie reflektiert, teilweise sogar verdoppelt.) Das Buch versiegelnd und verbergend, signiert Myschkin im und unter dem Namen des anderen, indem er sich unwiderruflich an diese Macht bindet, die von woanders kommt. Er verleiht *Madame Bovary* eine gegenzeichnende Kraft, mittels derer er seinerseits eine reziproke Bewegung des Gegenzeichnens zuwegebringt, einen Körper mit der Sprache Flauberts bildend. Von nun an ist Dostojewskij an Flaubert gebunden, der seinerseits signiert und sein Schicksal besiegelt.
Als Krafft-Ebing Leopold von Sacher-Masoch dafür würdigte, daß er ein in sich geschlossenes klinisches Bild erneuert hat durch eine «Definition, die das Augenmerk weniger auf die Verbindung Schmerz-Lust als auf die tiefer liegenden Verhaltensweisen von Versklavung und Erniedrigung richtete«[67], spielte er zugleich auf Fälle von Masochismus ohne Algolagnie an. Die Beweglichkeit des Masochismus war auf der großen Karte der Erniedrigung etabliert. Die Entdeckung, die Dostojewskij und Sacher-Masoch, mit regionalen Unterschieden, gemeinsam ist, bringt ein Motiv ins Spiel, das sich auf andere Reisewege und Objekte, auf unterschiedliche Figuren oder Erfahrungen der Unterwerfung öffnet. Der Roman sammelt seine Kräfte, baut sich auf gegen das Unvermeidliche solcher Verschiebungen, die er selbst in Gang setzt. Es ist wichtig, darauf hinzuweisen, daß die Mörderwaffe aus den Seiten eines Buches genommen wird: ein Messer, dessen Ursprung und verhexende Kraft in den Falten eines Textes lokalisiert ist. Dostojewskijs Anerkennung des Buches als ein Ort der Verwundung, als genau der Ort, wo das Messer gezogen werden oder ein fataler Stoß ergehen kann, verstärkt das zerreißende Potential des anderen Buches, dessen Vereinnahmung präzise bezeichnet wird, selbst wenn das Messer, das es handhabt, ebenso mysteriös wie unberührbar bleibt. Feminisiert, sogar mit dem Phallus versehen (kein Widerspruch hier), lockt und zerstört das Buch, schützt und bestraft es.

Folter und Erziehung

Deleuze zeigt in seiner Lektüre von *Venus im Pelz*, wie die Rhetorik des Masochismus sich aus Überredung und Erziehung zusammensetzt, die durch das Bestreben gelenkt werden, den anderen dazu zu bringen, zu »unterzeichnen«, das heißt, einen Pakt zu un- 177
terschreiben, ein reziprokes Gelübde abzulegen (die Gelübde und die Nicht-Anerkennung sind im masochistischen Prozeß eng miteinander verknüpft). Wir befinden uns nicht mehr in der Gegenwart, beobachtet Deleuze, offensichtlich an de Sade erinnernd, eines Folterers, der sich

eines Opfers bemächtigt und an ihr, weil sie nicht zustimmt und sich
nicht überreden läßt, um so mehr seine Lust hat. »Statt dessen ist da
ein Opfer, das seinen Henker sucht, das ihn zu diesem Zweck erst bil-
den und überzeugen muß, um einen Bund für das allersonderbarste
Unterfangen mit ihm eingehen zu können. ... Deshalb auch schließt der
Masochist Verträge, während der Sadist jeden Vertrag verabscheut und
zerreißt.« In jeder Hinsicht steht der masochistische »Erzieher« im Ge- 176
gensatz zum sadistischen »Instrukteur«, der bereits alles weiß und nur
Verachtung für die Rhetorik der Überredung, die Methode der Schwäch-
linge und der Strohmänner übrig hat. Der Masochist, der versucht, den
anderen in die Richtung von unterworfener Komplizität zu bekommen,
bringt seine Klausel in den Vertrag und hält immer Ausschau nach der
ihm willfährigen Unterschrift. Für wen signiert der andere?
Was der Masochist in seinem Herzen trägt, so argumentiert Deleuze, ist
das Miniaturbild des erniedrigten Vaters; sie/er stehen in Kontakt mit
dem Geheimnis der Erniedrigung. Sowohl Freud als auch Deleuze zufol-
ge – obwohl sie in Schlüsselaspekten dieser Analyse Meilen voneinan-
der entfernt sind – bleibt der Masochist Opfer des väterlichen Geheim-
nisses und ist loyal gegenüber dem Symptom des Vaters. Im Falle Do-
stojewskijs könnte man nun die Vermutung aufstellen, daß er die kör-
perliche Absorption des Buchstabens erreicht hat: »Symptom«, so erin-
nern wir uns, kommt von *syn* (zusammen) und *piptein* (fallen). Sich dem
Symptom unterwerfend, der »Fallsucht«, vollzieht er eine Gedächtnis-
handlung oder punktuelle Wiederholung der Erniedrigung des Vaters.
Doch zu real, durch das Trauma eingefroren, mußte das Geheimnis des
Vaters reisen, symbolisiert werden und sogar – um zu überleben – eine
neue Richtung nehmen und eine Verbrüderung eingehen. Um die Ge-
wißheit stiftenden Grenzen des Romans zurückzugewinnen, wird der
Name oder die Kryptapher »Flaubert« miniaturisiert, eingefaltet; sein
»Fall« soll zusammen mit dem nahe bevorstehenden Kollaps von Mysch-
kin auftreten – oder, was wahrscheinlicher ist, er fängt das Fallen ab.
Dostojewskij, der im Außen ist und im Offenen, braucht den behüteten
und erniedrigten Flaubert, um zusammen mit ihm zu unterzeichnen.
Der Masochist, der sich einer Partnerschaft mit dem erniedrigten ande-
ren versichern muß, agiert von einem Ort der Verwüstung und des
Mangels aus. Dies ist der Grund, warum ich argumentiert habe, daß der
Bezug zu Flaubert, entsprechend sadomasochistischer Protokolle, ein
doppelter ist (mindestens ein doppelter), was die Notwendigkeit an-
geht, sich zu schützen, als auch den Drang, sich zu exponieren. Flau-
bert, der aufgrund seiner Signatur an dieser entscheidenden Wegkreu-
zung aufgespürt worden ist, ist sowohl eine Rückversicherung als auch
der, der ihm die Freiheit nimmt, der Komplize und der Verfolger. Doch
ist sein Status im Roman rigoros suspendiert worden – er bleibt von nun

an Teil der Suspendierung, sogar auf dem Körper ausgelöscht, der das
andere Schreiben trägt und auf den Begriff bringt. »Suspense« ist kein
Streuschuß, ereignet sich nicht zufällig oder beiläufig, sondern ist ein
strategischer Faktor im masochistischen Prozeß. Der Masochismus ar-
beitet mit »suspense«, mit »der Kunst der stillstehenden Bewegung«. 188
Deleuze weist auf die masochistischen Riten der Folter und des Leidens
hin, welche reale physische Suspension implizieren, »wirkliches körper-
liches Gespanntwerden« (der Held wird erhängt, gekreuzigt oder sus- 188
pendiert). Seine Affinität zur Suspension, zur Auslöschung könnte teil-
weise den Schrecken erklären, der Dostojewskij überkam und der seinen
Text beherrscht, als er das Bild des vom Kreuz genommenen Christus
vor sich sah, jener Moment, wo der masochistische Prozeß zerreißt und
alle Fluchtlinien wegbrechen. Es ist, als ob die Möglichkeit selbst der
Transzendenz auf dem masochistischen Prozeß beruht und den implizi-
ten Verträgen, welche die Körper hochhalten.

Es lohnt sich vielleicht, eine von Masochs beharrlichsten Phantasien festzuhalten. Er liebte es, sich vorzustellen, daß die Slawen eine schöne weibliche Despotin brauchten, eine schreckliche Zarin, um den Sieg der Revolutionen von 1848 zu sichern und die panslawistischen Bestrebungen zu einigen. »Noch eine Anstrengung, Slawen, wenn ihr Revolutionäre sein wollt!«[68]

And by the moonlight, Betty Foy
Has on the well-girt saddle set
(The like was never heard of yet)
Him whom she loves, her Idiot Boy.

The moon that shines above his head
Is not more still and mute than he.

William Wordsworth, *The Idiot Boy*

S A T E L L I T

Amid the daisies
Even the idiot boy
Has a dignity.

Richard Wright, *haiku #579*

In such infernal circles round his door
Once when he shouted, stretched in ghastly shape.
I hurried by. But back from the hot shore
Passed him again ... He was alone, agape.

Hart Crane, *The Idiot*

WORDSWORTH

The Idiot Boy

Ich habe den Eindruck, als ob »Der Idiot«, der von den Wirkungen historischer Referenz oder den Tröstungen der philosophischen Bezugnahme übergangen worden ist, Gefahr läuft, in einer verwilderten Vereinsamung zu verschwinden. Der grandiose und unvergleichliche Status der Idiotie, der in den Texten des russischen Masochisten in Erscheinung tritt, bezieht sein unleugbares Gewicht aus den philosophischen Debatten des 18. Jahrhunderts. Die empirische Philosophie war, um ihre Ansichten über die Natur des menschlichen Verstehens formulieren zu können, in einem beachtlichen Maße von der Idiotie abhängig. Auch eine philosophische Erfindung, stand die Idiotie nicht wirklich allein, vielmehr hat sie für die Ausarbeitung ihrer eigenen Bedeutung einen Ort hervorgebracht, in einem Raum erklärter Wechselbeziehungen. So gesehen erschien der Idiot zusammen oder an der Spitze des Zuges der blinden, tauben oder stummen Subjekte (Implikationen, die genaugenommen für das Subjekt eine Krise bedeuteten); zudem wurde er besonders mit dem Prestige, das mit der Konstruktion des wilden Kindes einhergeht – mit dem lernfähigen Idioten – assoziiert.

Damit *Der Idiot* nicht in der Nacht seiner Singularität untergeht, werde ich einen Satelliten in den Raum seiner seltsamen Atmosphäre schicken und einen Mond hinzufügen, damit dieser ein zartes Licht auf seinen einsamen Weg wirft. Während wir uns stetig von den Sonnensystemen der Kognition wegdrehen, die die Selbsterkenntnis beherrschen, kehren wir zurück zu der Mondlicht beschienenen Dichtung Wordsworths, an einen gemiedenen oder höflich übersehenen, exorbitanten Ort seiner Reflexionen. Und doch zeugt dieser Ort von der philosophischen Dringlichkeit, die dem Idioten zukommt. Historisch verortet wird hier die Idiotie als Grundform der Sprache, um sie, wie kümmerlich auch immer, in einem historisch signifikanten, produktiven Milieu Fuß fassen zu lassen. Diese Verortung hat statt entgegen ihrer eigenen Tendenz, denn nur selten zeigt sich die Dichtung so ungezwungen in bezug auf Stiftung* oder historische Instituierung wie in diesen frühen Experimenten.

Einer der bemerkenswerten Wordsworth-Schüler unserer Zeit, Geoffrey Hartman, bezieht diese Dichtung prägnant auf die Zukunft ihrer Interpretierbarkeit. Durch ihn wird den hier in Rede stehenden Gedichten, die routinemäßig am Tisch der beachtenswerten Inhalte entschuldigt werden, eine ungewöhnliche Wendung gegeben. Er bemerkt, daß ihre Zeit noch nicht gekommen sei. Eine Unterscheidung zwischen einem minderen *Gedicht* und einem bedeutenden *Text* treffend, schreibt er: »Wir müssen entweder schließen, daß diese Gedichte schwach sind und nur durch den ihnen antwortenden Interpreten erlöst werden können,

oder daß sie jene Art von Kraft haben, welche wir jetzt noch nicht wahrnehmen können: daß unser gegenwärtiges Bild großer Dichtung ihrer eigenartigen textuellen Qualität im Wege steht. ... Die Zeit wird es lehren. ... Das Leben in Wordsworths Zeilen hat oft etwas Beunruhigendes und macht den Eindruck, als wäre es irgendwo anders: als ob es noch durch den Lauf der Zeit oder die Äußerung zukünftiger Leser in Erscheinung zu setzen wäre.«[1] Unpassend und unzeitgemäß, gibt es in dieser Phase von Wordsworths Schreiben etwas Störendes, und die Gedichte sind, wenn sie je angekommen sind, als unzustellbare, sogar unlesbare angekommen, trotz der figuralen Askese, die der Dichter sich selbst verschrieb, wie aus einem späteren Vorwort hervorgeht. Nun, wenigstens einige von ihnen sind, für eine zukünftige Auswahl, im Kasten für tote Briefe gelandet – oder im Papierwolf.
Wordsworth, der für ihre Publikation mit dem großen Süchtigen Samuel Taylor Coleridge zusammenarbeitete, wollte diese Gedichte als alternative Droge anbieten. Das ist der Ansatzpunkt, von dem aus seine expliziten Absichten gelesen werden können. Die Gedichte sollten ein anderer, weicherer Stimulant sein, um der Straßenpoesie oder dem populären »Gedicht des Tages« die Schärfe zu nehmen: »Denn der menschliche Geist kann ohne die Anwendung von derben oder gewaltsamen Stimulantien in Schwingung versetzt werden.«[2] Die Menschen in den Städten, so bemerkt er, sind für die Schnellfeuer-Technologie der Kommunikation anfällig; sie »verlangen nach dem außergewöhnlichen Ereignis, das die schnelle Kommunikation der Intelligenz stündlich befriedigt«. Und es gibt Sprach-Kartelle, die ein solches Verlangen ausbeuten. 1.872 f.
»Die unschätzbaren Werke unserer früheren Schriftsteller, fast hätte ich gesagt, die Werke von Shakespeare und Milton, sind durch übersteigerte Romane, kränkelnde und dumme deutsche Tragödien und Fluten von eitlen und extravaganten Geschichten in Versen verdrängt worden.« 1.873
Wordsworths Widerstandskräfte werden zu schwach sein, so fürchtet er, um dem neuen Zeitalter der Sucht etwas entgegenzusetzen, deren wichtigste Dealer aus der Nachbarschaft der »kränkelnden und dummen« deutschen Texte kommen: »Wenn ich an diesen erniedrigenden Durst nach der über die Stränge schlagenden Stimulation denke, bin ich fast beschämt, die schwache Anstrengung zu erwähnen, mit der ich es unternommen habe, mich dagegenzustellen.« 1.873
Nun, die Anstrengung des großen Dichters, groben und gewaltsamen textuellen Schandtaten entgegenzutreten, kann, wie bereits erwähnt, keinem Begriff der repressiven Kontrolle zugeschrieben werden, vielmehr bewegt sie sich entlang jener Auffassungen, welche die Einrichtung einer Methadon-Klinik für legitim halten würden, falls so ein Ort dazu dienen könnte, die von deutschen Stimulantien abhängigen Süchtigen unterzubringen. Wordsworth konterkariert diese Mißbräuche mit

seiner eigenen Art, um Stimulantien zu verteilen; er bittet an keinem
Punkt den Leser, auf Stimulantien als solche zu verzichten oder die Prä-
missen, die solch einem Verlangen zugrunde liegen könnten, ungesche-
hen zu machen. Die schlechten Stimulantien »lassen unverblümt die
diskriminierenden Kräfte des Geistes hervortreten« und werden als »für
alle freie Darlegung ungeeignet [aufgefaßt], sie reduzieren auf einen
Zustand von fast verwilderter Trägheit«. Um der allgemeinen Ausbrei- 1.872
tung des Stupors etwas entgegenzusetzen, scheint Wordsworth als Er-
satz und gute Droge auftreten zu wollen; ohne Nebenwirkungen, ohne
Spur von Diktion und Abhängigkeit (*addiction*): »Es gibt in diesen Bü-
chern wenig von dem, was im allgemeinen poetische Diktion genannt
wird. Ich habe ebenso viele Vorkehrungen getroffen, um dies zu vermei-
den, wie andere normalerweise aufwenden, um sie zu produzieren.« Er 1.874
hat das Kunstwerk fallengelassen und möchte hinunter, zum niedrigen
Leben. Selbst wenn dem so ist, beabsichtigt er keinesfalls, »clean« zu
werden oder einen rein poetischen Gegenstand anzubieten, »denn das
Vergnügen, das ich mir selbst gewährt habe, ist von ganz anderer Art
als dasjenige, von dem viele Personen annehmen, daß es der eigentli-
che Gegenstand der Poesie sei. ... Es hat mich notwendigerweise von
einer großen Anzahl von Sätzen und Sprachfiguren entfernt, die vom
Vater an den Sohn weitergegeben und lange Zeit als die allgemeine Erb-
schaft der Dichter angesehen wurden.« Es handelt sich also um eine 1.874
Sache des *Vergnügens* und, wie wir sehen werden, der unreinen Gegen-
stände. Nachdem er die Gelübde der Übertragung mit Blick auf den
Vater verletzt hat und einen Vertrag mit dem Leser gebrochen hat,[3]
wünschte sich Wordsworth, seinen Leser »mit Fleisch und Blut« in Ver-
bindung zu bringen. Auf der Seite des Lebens und des Körpers, orien-
tiert er sich an einem »Zustand größerer Einfachheit«; er »wählt im allge-
meinen ein zurückgenommenes und bäuerliches Leben, denn unter
dieser Bedingung finden die wesentlichen Leidenschaften des Herzens
eine bessere Grundlage, um reifen können, sie unterstehen weniger
Zwängen und sprechen eine einfachere und emphatischere Sprache«. Er 1.869
tritt für die mit ländlicher Einfachheit einhergehende Gefühlslage ein,
für ein zurückgenommenes und bäuerliches Leben in einer vor-heideg-
gerschen Form, das er mit den wesentlichen Leidenschaften verbindet.
Er möchte stimulieren – ohne Gewalt. Er hat Vergnügen daran, gemäßig-
te (aber leidenschaftliche) Einfachheit gegen leidenschaftliche (aber
geistabstumpfende) Dummheit zu setzen. Coleridge reagierte konster-
niert darauf, daß Wordsworth urbane Werte ohne erkennbares Ziel ent-
wertet.

Diese Wirkungen einer Verirrung, ob sie nun eine Vollbremsung sind
oder zukunftsorientiert, stimmen teilweise mit der Atmosphäre des
Skandals überein, mit dem der Dichter die Leser von Milton, Pope oder

Shakespeare konfrontierte. Vielleicht kann ein Medienwechsel seine Position veranschaulichen. Es gibt da einen Wordsworth, der unter der Oberfläche der poetischen Respektabilität wohnte, und seine unabhängigen Gedichte – die experimentelle Leistung der *Lyrical Ballads* – weisen eine an David Lynch erinnernde Qualität auf, wenn sie nicht sogar als *slasher poems* gelten können. Wordsworth war ganz sicher »der erste, der eine Vulgata der Einbildungskraft etablierte«.[4] Und doch entladen sich in solchen Werken wie *Nutting* oder *Peter Bell* die Kräfte schierer räuberischer Gewalt und die unerklärliche Ekstase arbiträrer, destruktiver Handlungen. In *Peter Bell* wird ein dummes, aber loyales Tier, der Esel, durch den eponymischen Gewalttäter dieser vom Mondschein beschienenen Erzählung zur Strafe grausam geschlagen. In *Nutting* wird einem Baum auf unverständliche Weise durch einen Landstreicher Gewalt angetan, er wird geschüttelt bis auf seinen Grund. In *The Somersetshire Tragedy* beschreibt Wordsworth die Verwahrlosung Jennys, die von Thomas Poole als »arme dumme Kreatur« bezeichnet wird – sie sei »fast eine Idiotin, ... eine gemein daherredende Person, abstoßend schmutzig und schlampig in ihrem Kleid«.[5] Es lohnt sich, hier einzusteigen, da diese Geschichte als Basis für *The Idiot Boy* dienen wird.
Die Reste der *Tragedy* unterstreichen Jennys Idiotie und Verletzlichkeit. Eines Tages wird sie von einem Typ, John Walford, in den einsamen Wäldern gesehen. Folgt man Pooles schriftlicher Berichterstattung, die Wordsworth im März 1798 erhielt, hatte Walford, zum Zeichen seiner Bindung an das Wilde, seinen Körper mit einer Schicht von Animalität überzogen, denn seine Kleider schienen an ihm zu haften und nahmen durch dauerndes Tragen den Charakter einer zweiten Haut oder einer Tierhaut an. Das Detail der durchnäßten Kleider könnte für die Wordsworth-Forschung von Interesse sein, weil die Kleidung in *The Prelude* zur Trope für Sprache wird, die von Anfang an Abstiegsfiguren oder mißbrauchte Figuren deckt.[6] In den *slasher poems* ist Sprache mit den Körpern und mit den Affekten verfilzt, so wie in *Peter Bell*, wo die Organe, durch die Leber hindurch, in Erinnerung rufen, daß die Sprache bei Wordsworth in den Körper eindringt und ihn zur Äußerung bringt (»utterance«), oder in diesem Fall zur »splutterance«, zu einer durch schmerzhafte Buchstäblichkeit abgenutzten Figur. Schmerz, der Assoziationslehre zufolge, flößt reflexive Erinnerung ein, während tatsächlich die körperlichen Organe restrukturiert werden (»Peter feels some ugly pains/Across his liver heart and reins/Just like a weaver's shuttle pass«).[7]
Zurück in die Wälder, wo ein entstellt aussehender John Jenny Gewalt antut. (Die Konvergenz ihrer Namen wird sich in »Johnny« verwandeln, in den Namen des sogenannten Helden von *The Idiot Boy*.) Jenny bekommt von John ein uneheliches Kind. Nicht zum loyalen Typus gehö-

rend, macht John mit seinem Leben weiter, wie man so sagt; er wendet sich nun Ann Rice zu, der Tochter des Müllers. Aber Walfords Mutter verbietet ihre Heirat. Also kehrt Walford, »obstinat und trotzig«, zu Jenny zurück und heiratet sie, nachdem er sie noch einmal geschwängert hat. Indem er die Fäden dieser Erzählung aufgreift, konfrontiert uns 323
Wordsworth mit der düsteren Geschichte einer mißhandelten Ehefrau. Wenn der Ehemann, dessen Name in dem Gedicht zu »Robert« wird, endlich am Samstagabend nachhause kommt, ist Jenny woanders, im Haus der Nachbarn, aus Angst, in seiner Nähe sein zu müssen. In den noch vorhandenen Zeilen in *The Somersetshire Tragedy* stellt der Dichter dar, wie sie, vor Angst am Ende, wegläuft:

Ill fared it now with his poor wife I ween
That in her hut she could no longer remain:
Oft in the early morning she was seen
Ere Robert to his work had cross'd the green.
She roamed from house to house the weary day,
And when the housewife's evening hearth was clean
She lingers still, and if you chanc'd to say
»Robert his supper needs,« her colour pass'd away. 323

Die Sprache des Gedichts sagt uns auf nuancierte Weise, »daß sie nicht länger bleiben kann«. Die Konjunktion von Roberts behaupteten Bedürfnissen und ihrer Blässe, die das Gedicht verstärkt, nimmt ihr Ende vorweg. Weniger als drei Wochen nach ihrer Heirat bringt Walford sie an einem wilden und entlegenen Fleck um und läßt ihren Körper am Wegrand liegen, so daß es wie Mord an der Straße aussieht: »Er hat es auf wirksame Weise gemacht; denn alle Stränge auf der einen Seite des Halses waren durchschnitten, und ein Strom von Blut ergoß sich aus dem Körper.«[8] Indem Pooles Erzählung sich auf das Schicksal von Walford konzentriert – Gefangennahme, Bekenntnis, Hinrichtung durch Erhängen – wiederholt die Erzählung ein gewisses Maß der Gewalt, nicht zuletzt durch das Beiseitelassen Jennys. Wordsworth seinerseits schien im wesentlichen über die Grausamkeit, mit der man Jenny leiden ließ, betrübt, er war bestürzt über die posthume Mißachtung, die sie durch die Hand ihres Chronisten erfuhr. Dem Schicksal der Idiotin, anders gestaltet und mit einem anderen Geschlecht versehen, wird in der Ballade *The Idiot Boy* zur Sprache verholfen.

*********** Wordsworth ist in Schwierigkeiten geraten, weil er sich mit dem Idioten angefreundet hat, und obwohl er stolz zu seinem Jungen stand, hat Coleridge auch das bei Gelegenheit gegen ihn gewendet. Er sollte nicht wieder so schreiben. Während *The Prelude* die Entwicklung des poetischen Bewußtseins nachzeichnet, soll das Idioten-Thema, in das er sich verstrickte, Wordsworth stumpf gemacht und seine Entwicklung gehemmt haben. Der Dichter, so schrieb Coleridge später, hatte eine unheimliche Fähigkeit zur Bauchrednerei, eine von ihm selbst eingestandene Fähigkeit, sich für kurze Zeit in seine Schöpfungen hineinzuprojizieren, »vielleicht ... um sich selbst in eine völlige Täuschung gleiten zu lassen und sogar seine eigenen Gefühle mit den ihrigen zu verwechseln und zu identifizieren«.[9] Wordsworth hat sich über die Maßen mit seinen Gestalten identifiziert, ist durch sie kannibalisiert worden, konnte sie nicht loslassen und hat sich an sie geklammert. Die Tatsache, daß sich der Dichter an den Idioten hängte, war peinlich (und wir wissen, wie hoch besetzt »hängen« als figurativer Ausdruck für das Hören in seinem Werk werden sollte). Byron hat das Gedicht als eine von Wordsworths »Weihnachtsgeschichten, die in einen Rhythmus gezwungen werden«, verdammt;[10] Southey, ein mutmaßlicher Freund, hat es in aller Länge angegriffen; ein Siebzehnjähriger, mit dem Namen John Wilson, hat einen dezidiert kritischen Brief an den Dichter geschickt – einer der wenigen Briefe, auf die Wordsworth geantwortet hat. Auf jeden Fall ist Wordsworth schließlich dazu gebracht worden, den idiotischen Jungen gegen den »Jungen aus Winander« zu vertauschen, also ein Baby für das andere, aber es wäre falsch zu sagen, daß die neuen und verbesserten, die moderierten Versionen nicht zumindest teilweise durch jene Gewalt angetastet und heimgesucht werden, welche sich bei Jenny und Johnny eingenistet hatte oder die in *Peter Bell* dem erniedrigten, geschlagenen Tier widerfuhr, und dem Baum, der in *Nutting* einem Angriff ausgesetzt ist. Und nicht nur aus thematischen Gründen, denn Wordsworths andere Arbeiten werden Episoden von wirklicher und rhetorischer Verstümmelung, von Erniedrigung und Ertränktwerden einschließen (der Esel bleibt stur loyal in bezug auf seinen Meister, was Bells Verwilderung vorwegnimmt). Was die Frage des fast obsessiven Interesses des Dichters an der Erniedrigung betrifft, beobachtet de Man das Folgende, vielleicht mit einer für ihn nicht sehr typischen, gefälligen Annahme der Existenz eines »eigenen poetischen Selbst«: »Es ist wohlbekannt, daß die Figuren der Deprivation, die überall in *The Prelude* vorkommen – die verkrüppelten Männer, die Ertrunkenen, die blinden Bettler und die sterbenden Kinder –, Figuren von Wordsworth eigenem Selbst sind.«[11] In den weniger bildungs*beflissenen Texten, um die es hier geht, diesen Präludierungen von *The Prelude*, weist die Kerbe der Erniedrigung auf etwas hin, das nicht-assimilierbar ist, verkümmert, unfähig, markiert oder betrauert zu werden.

Aber eher als der Frage auszuweichen, wie de Man die Figuren der Deprivation für das poetische Selbst anschirrt, die so säuberlich vor den Text *The Prelude* gespannt sind, über den de Man schreibt, sollten wir die implizite Frage stehenlassen. Was wäre, wenn diese Handlungen und Figuren zum internen Repertoire von so etwas wie einem poetischen Selbst gehören würden? In welchem Maß antwortet das poetische Selbst, das in solch einem Fall eine grausame Figur abgeben würde, seinen eigenen *Trieben*, die sich auf das Defigurierte richten, und wäre es in der Lage, mit beunruhigender Kompetenz, das Greuel zu binden? Oder, um die Rhetorizität dieser Frage wieder in eine Balance zu bringen, bis zu welchem Grad wird die poetische Einschreibung von einer Erfahrung der destruktiven Wut, des wahllosen Mißbrauchs und des Idiotischen abhängig gewesen sein? Diese Fragen weisen auf äußerst unpassende Begleiterscheinungen des so ruhigen Prestiges und sublimen Charakters von Wordsworths Signatur hin; und doch beharrt diese Sprache darauf, uns erbarmungslos an jene Bereiche zu erinnern, die auf poetische Weise etwas bloßstellen. Seine Sprache – durch historische Wut gefärbt – folgt der Blutspur, die zur poetischen Selbstentdekkung führt. Er war derjenige, so Hartman, der eine Vulgata der modernen Imagination etabliert hat. Mehr noch, so sagt Hartman, macht uns dieses Werk »die Tugenden der Mundart bewußt, welchen Wordsworth die Würde zurückgibt«.[12] Wenn es um Würde geht – und es gibt da wenig Zweifel an dem entschieden auratischen Zug des Wortes dieses Dichters – dann geschieht dies aufgrund von Figuren, die mit Schrekken und Entwürdigung in Zusammenhang stehen und von denen einige sich dafür einsetzen, die Fenster zu öffnen, um die Luft der Befreiung einzulassen. Plötzliche Verbrechen aus Haß und endgültige Einbrüche der Natur flammen auf, nur um zu dem zurückzukehren, was die sublimierte Pastorale genannt werden könnte, zu einem Ort des repressiven Zum-Schweigen-Bringens. Seine Anstrengung ist eine andere als die Hölderlins, dessen Bemühen darin bestand, die stummen Götter aus ihrer Zurückhaltung und in die Sprache zu holen; vielmehr geht es hier um eine andere Bezüglichkeit zur Stummheit – zu dem, was sich in der Welt nicht zeigt, weil es in die Existenz einsickert, einer anderen Wegführung entsprechend und herrührend aus einer nicht lokalisierbaren Immanenz.

**************** »Stumm« und »Verstümmelung« (»mute«, »mutilation«) arbeiten bei Wordsworth homonymisch, sie weisen auf eine Diskontinuität im Gleichen hin. Als poetische Bedingungen auf der Suche nach Referenz, deuten sie auf eine depravierte Beziehung zur Sprache, auf eine konstitutive Unordnung in der Erinnerung. Das Schicksal des Idioten ist in diese Tropen eingetragen; er funktioniert als Statthalter für sprachliche Gewalt, der ausschließlich zum Schweigen gebrachte Signale der ursprünglichen Auslöschung herausbringt. Idiotie fängt an im Defigurierten, als Verstümmelung, über welche die Philosophen schreiben wollten, indem sie versuchten, das Eigentliche wiederherzustellen, das Buchstäbliche, das, was dem Menschen eigen ist. Idiotie hat uns einen ersten Zugang zu einer Vergangenheit, die nicht gekannt oder erfahren werden konnte, eröffnet. In dem Maße, wie der »ideot« im 18. Jahrhundert dazu diente, den Ursprung des Gedächtnisses und die Paradoxien des Erinnerns des Ursprungs hervortreten zu lassen, zeigt er einen Zustand des Selbst, das nicht über sich oder seine ursprüngliche Entfremdung von der Natur hinauskann. (Für Condillac bestand das Problem darin, daß wir nicht erinnern können, was der Sprache vorausgeht, weshalb die Entdeckung einer Kreatur, die im Vorsprachlichen wohnt, dazu beitragen sollte, die verlorene Erinnerung der Menschheit wiederzufinden – aber dieses Wesen kann über den früheren Zustand nicht sprechen oder ihn beschreiben und deshalb verlohnt die Suche wenig, selbst wenn es zum Sprechen gebracht wird, denn es löscht eine Vergangenheit aus, die nicht von der Sprache bewohnt war.) Wir werden gleich zu den philosophischen Aussagen über die Idiotie zurückkehren. Für Wordsworth kommt der Idiot, der im Begriff ist, die philosophischen Übungslager zu verlassen, dem rätselhaften Status näher, der ihm durch Dostojewskij zugeschrieben wurde – es handelt sich hier um eine Form der Verbergung, der heiligen Verhüllung. Zeichen gebend von woanders, wandert der Idiot in der Nähe Gottes. »Ich habe den Idioten in meiner eigenen Vorstellung oft jenen sublimen Ausdruck der Schrift zugeschrieben, daß *ihr Leben in Gott verborgen ist.*«[13] Eine solche geheiligte Allianz repräsentiert zumindest die Ansprüche, die Wordsworth, als er seinen Idioten verteidigte, in seinem Namen erhoben hat. Ein quasi-heiliges Geschöpf, hat der Idiot, den der Dichter ins Licht rückte, seine Zeitgenossen erschreckt; er beleidigte ihren Sinn für Geschmack.

Jenseits des seltsamen Überlebens dieser Figur im Dichter (für den »the main region of my song« in »the Mind of Man –/My haunt« lokalisiert war), bleibt da die Frage nach Wordsworths beispiellosem *Vergnügen* an der Niederschrift von *The Idiot Boy.*[14] Es war nicht nur so, daß seine Zeitgenossen, Kollegen und zukünftigen Leser der Ballade mit einem kollektivem Empfinden der Bestürzung begegneten; sie mußten auch das Faktum des beglaubigten Vergnügens akzeptieren, das der Dichter beim Schreiben und Durcharbeiten seiner Arbeit empfand. Es gab da kein erlösendes Anzeichen der Distanzierung, kein reflexives Überwinden, kein Zeichen des Bedauerns oder einen Hinweis darauf, daß er je »darüber hinaus« kommen würde. Das Gedicht verdankte seine Existenz einer spontanen Öffnung, welche seiner Ansicht nach keine Revision verdiente, obwohl die dem Gedicht innewohnende Verletzlichkeit ihn zu weiteren Verteidigungen und erklärenden Immunisierungen anstachelte. Eine Bemerkung des Herausgebers zu den *Lyrical Ballads* betont:

»Dieses Gedicht war der Gegenstand einer langen Verteidigung durch Wordsworth in einem Brief an John Wilson (7. Juni 1802). Wordsworth hatte immer eine besonders hohe Meinung von dem Gedicht.« Wordsworth selbst schreibt: »Lassen Sie mich hinzufügen, daß dieses lange Gedicht in den Hainen von Alfoxden komponiert worden ist, fast ex tempore; nicht ein Wort, meine ich, ist korrigiert worden, obwohl eine Strophe weggelassen wurde. Ich erwähne das aus Dankbarkeit jenen glücklichen Momenten gegenüber, denn ich habe wirklich nie etwas mit so viel ›Gesang‹ geschrieben.«[15] Nun, der Gesangsverein bestand aus nur einem Mitglied, obwohl wir ein paar Kinderstimmen hinzufügen könnten, und ich würde gern meine eigene hinzufügen, um den Chor der Bewunderer etwas zu bevölkern.

Der Dichter bringt seine Schuld gegenüber dem Gedicht zum Ausdruck, das, an eine souveräne Erfahrung beglückten Schreibens erinnernd, weitere Texte zur Folge hatte. Seine Erinnerung an das Glück teilt sich einer Anzahl von Werken mit, einschließlich der Zeilen gegen Ende von *The Prelude*, wo der Dichter Coleridge an »jenen Sommer« von 1798 erinnert, als beide durch die Quantock Hills von Somerset wanderten und viele der Gedichte der *Lyrischen Balladen* komponierten. Sie bereiteten das vor, was Gordon K. Thomas »den literarischen Schuß, der rund um die Welt gehört werden würde«, nennt.[16] In diesem Milieu poetischer Erinnerung, beschäftigt mit den doppelläufigen *envoi*, spannt Wordsworth das unmögliche Paar zusammen, indem er Coleridges *Christabel*, eine Art übernatürliche lesbische Phantasie, mit *The Idiot Boy* zusammenbringt:

Thou in bewitching words, with happy heart,
… … … … … … … … … … … … … … … …
… … rueful woes
Didst utter of the Lady Christabel:
And I, associate with such labour, steeped
In soft forgetfulness the livelong hours,
Murmuring of him, who, joyous hap, was found,
After the perils of his moonlight ride,
Near the loud waterfall [that is, the idiot boy].[17]

Der Dichter assoziiert hier das Entstehen des Gedichts mit der murmelnden Wohltat des Vergessens. Was ihre Stabilität betrifft, hängt die Einheit der beiden Gedichte von einer gewissen Dehnung ab, die innerhalb von Wordsworths Modulation der Wortäußerungen seines Partners auftritt und in sein eigenes Murmeln eingeht, ein Murmeln, das sich mit dem »lauten Wasserfall« vermischt, dem Ort des Idioten. Während das Gedicht von Coleridge zum Bereich der Sprache (»utter«, »words«) und der Arbeit (»such labour«) gehört, ist Wordsworths Haltung »weich«, begriffen in einer Suspension der Zeit, welche eine dem Zufall zuneigende Natürlichkeit erlaubt (»joyous hap«). Hier stimmen »Geschehnis« und Glücksfall – Zufall, Glück, Geratewohl – überein. Der Junge ist gefunden worden; das Gedicht, der Moment sind eher entstanden als erarbeitet worden. Aus anderen Quellen wissen wir, daß die Kompositionsarbeit bei Wordsworth oft begleitet war von Krankheit und Schmerz (»die Arbeit der Komposition, die den Dichter physisch krank machen konnte«).[18] Was hier erinnert wird, in explizitem Zusammenhang mit der Arbeit von Coleridge, ist eine Art von Anstrengungslosigkeit, eine Befreiung von den strafenden Satzungen der Gedächtnisarbeit. Man könnte verführt sein, diesen Moment, wenn es auch »täuschen« mag, als daseiend zu bezeichnen; die Heraufkunft des Gelassenheit erlaubenden Vergessens macht es möglich, etwas – oder jemanden – ankommen zu lassen, nach einer Prüfung heimzugehen, bei Mondlicht. Es war jedenfalls eine Täuschung, die all die Stunden eines ganzen Lebens andauerte: Lady Christabel, die mit einem Gefühl des Jammers aufgerufen wird, geht unter – nach der Nacht mit Geraldine stirbt sie –, während der idiotische Junge Glück hat, denn ihn, der auf magische Weise geschützt ist, wird man finden. Was auch immer das heißen mag.

*********** Als Wordsworth und Coleridge hörten, daß Robert Southey einer der ersten Kritiker der *Lyrical Ballads* sein würde, dachten sie, sie hätten es geschafft. Sie gingen davon aus, daß der Freund, der mit beiden Autoren während eines Großteils des vorausgegangenen Jahres in Kontakt stand, ihre Absichten und Ziele besonders gut kennen würde. Und Southey zielte, vor allem auf *The Thorn*, *The Rime of the Ancient Mariner* und ganz besonders auf *The Idiot Boy*. Unfreiwillig ironisch, sich darauf beziehend, daß unser Dichter behauptet, nicht das kleinste bißchen Arbeit in das Gedicht gesteckt zu haben, argumentiert Southey, daß »keine Erzählung weniger die Arbeit verdient hat, die angeblich darauf verwendet worden ist«. Nachdem er Wordsworth und Coleridge zunächst als den Corregio und den Raphael des modernen Zeitalters bezeichnete, hat Southey nun den Eindruck, daß sie ihre Aufmerksamkeit wertlosen und pubertären Objekten zuwenden:

Die Mehrheit dieser Gedichte, so wird uns in der Ankündigung gesagt, werde als »Experiment« betrachtet: »Sie sind mit der Intention geschrieben worden, festzustellen, inwieweit die Sprache der Konversation in den mittleren und unteren Klassen der Gesellschaft den Zwecken des poetischen Vergnügens angepaßt ist.«
Das Wichtigste dieser »experimentellen« Gedichte ist »The Idiot Boy«. ... Keine Erzählung hat weniger die Arbeit verdient, die angeblich darauf verwendet

worden ist. Sie gleicht, wertlos im Entwurf und ausgezeichnet in der Ausführung, einem flämischen Bild. Bei flämischen Künstlern geben wir uns mit solchen Stücken zufrieden; aber wer hätte nicht lamentiert, wenn Corregio und Raphael ihr Talent verschwendet hätten, indem sie holländische Flegel oder die Stimmungen einer flämischen Nachtwache gemalt hätten?[19]

In andere Medien übersetzt und als ein Zusammentreffen zweier Kulturen dargestellt, haben die Dichter, während sie in ihrem Tun erkennbar flämisch waren, ihre transplantierten italienischen Wurzeln betrogen. Für das, was von den flämischen Malern akzeptiert werden kann, haben wir keine Empfangsorgane, sollten sie sich als italienisch erweisen. Dieser Standortwechsel und dieser Betrug schreibt den Namen des Dichters ein, dessen Arbeit als »wertlos« innerhalb einer prekären Opposition (Entwurf/Ausführung) eingestuft und herabgesetzt wird, wobei der letzte Begriff betont wird, die Ausführung, die auf die Stimmungen einer flämischen Nachtwache folgt. Worin bestand Southeys Anliegen hier? Duncan Wu mutmaßt, daß Southey sich besonders bedroht fühlte durch Wordsworths Ballade, denn er selbst hatte einen idiotischen Jungen für sich in Anspruch genommen, als er am 30. Juni 1798, wenige Monate vor der Publikation der *Lyrical Ballads, The Idiot* anonym in *The Morning Post* drucken ließ, eine Zeitung, in der auch Wordsworth und Coleridge publizierten.[20] Das Gedicht wurde Southey erst 1957 zugeschrieben. Es entspricht den wenigen anderen Gedichten oder Reflexionen, welche die Idiotie zum Thema haben, insofern es die maternale Verbindung behandelt – es macht eine Bedingungslosigkeit der Fürsorge und der Korrektur bewußt, die nicht voneinander getrennt werden können. Hier, wie auch anderswo, hat die Idiotie keinen Begriff vom Tod. Sie ist steckengeblieben in der Bedingung des »Gefundenseins«, des Gesagtbekommens und des guten Zuredens, des Akzeptierens von Grenzen, die wie eine Leine sind – steckengeblieben als das, was nicht internalisierbar ist und wie ein Gegenstand bleibt. Aber Southey, der keinen Zweifel an seinem eigenen Wert hat, geht einen Schritt weiter als Wordsworth, der nur deshalb auf fremdem Gebiet gelandet ist, um zu enttäuschen. Wordsworth hätte in seiner eigenen Nachbarschaft bleiben sollen, die zu diesem Zeitpunkt noch ein Erschließungsgebiet der Interiorität ist, und sich nicht ins Flämische verirren sollen, also ins Territorium von Southey.
Was unterscheidet im wesentlichen ihre Versionen des Idioten? Oberflächlich betrachtet, hält Wordsworth die Mutter am Leben. Es ist andererseits Southeys Junge, der, bereits verlassen, einen Verlust aushalten muß, der über das Erträgliche hinausgeht. Eines Tages stirbt sie. Nach der Beerdigung seiner Mutter wartet Southeys Idiot, der von den Beerdigungsriten nichts verstanden hat, bis die Nacht kommt und gräbt,

nur vom Mond gesehen, ihren Körper aus. Er nimmt sie mit nach Hause. Beide Dichter haben die Fusion mit der Mutter gemeinsam, sie lassen die Idioten sich an ihre übermächtigen Mütter halten, die durch ergebene Anhänglichkeit an sie gebunden sind – sie sind gebunden an den Ort, wo sie die Weigerung, zu trauern, plazieren.

********** Im Brief vom 7. Juni 1802 an John Wilson betont der Dichter noch einmal die Verzückung, die mit der Entstehung speziell dieses Gedichts einherging. Ein atemloses, drängendes Schreiben, außerhalb der Zeit, freigesetzte Zeit. Sie sedimentiert sich in einem Objekt des Lesens, das die Dosis des Vergnügens steigert. »Ich habe das Gedicht mit steigendem Verzücken und Vergnügen geschrieben, und wann immer ich es lese, lese ich es mit Vergnügen.« Mit dem Wiederholungszwang, der 1 355
direkt in die Äußerung eingeschrieben ist (»Vergnügen ... Vergnügen«, »Ich lese es, ich lese es«), macht der Dichter auf eine verzögerte Reaktion aufmerksam, was seine Leser seine Leser angeht. Es ist nicht sicher, ob die Doppelung des »Ich lese es« ein Lesen annulliert oder ob er den Rhythmus und die Kadenz des idiotischen Jungen aufgreift, der mittels Wiederholung spricht, und von daher die beiden »Ich lese es« aufsplittet, um im wesentlichen zu sagen, daß ich als Idiot das Vergnügen des Idioten lese, das ich geschrieben habe. Es handelt sich in jedem Fall um eine Gabe, die nicht aufhört zu geben, indem sie das Vergnügen in der Erfahrung des Schreibens wiederholt, in der Wiederholbarkeit des Lesens. Suspendiert wird das manisch-depressive Paar, das für den Schreibenden dem Schreiben und Lesen oft implizit ist. Zurückgewiesen wird jedoch auch die Scham oder die Schande des lustvollen Schreibens, indem die Lust affirmiert wird, die man am Lesen und Weiterlesen hat, am Durchlesen und Überlesen, so daß sich nichts an die Stelle des sich als Ekstatikon in der Zeit ausdehnenden Gedichts setzen kann. Indem er von der Partikularität des Ichs, das liest, ausgeht, vermeidet es Wordsworth, sein Vergnügen zu verallgemeinern oder es anderen Lesern aufzudrängen. Es ist sein Vergnügen, welches möglicherweise ebensowenig geteilt werden kann, wie es unlesbar ist.
Der gewaltsame Exzeß, der mit Wordsworths Schreiben, Lesen und dem Erinnern des Geschriebenen einhergeht, hat verständlicherweise die Kritiker und Freunde des Dichters in Erstaunen versetzt (es sind oftmals dieselben). Seine unerschütterliche Loyalität in bezug auf eine offensichtlich simplistische Produktion, vergleicht man diese mit der kargen Größe und der reflektierten Strenge vieler seiner anderen Arbeiten, erscheint wenig sinnvoll. Wenn seine Ausgelassenheit ein plötzliches Aufleuchten gewesen wäre, innerhalb der sich entfaltenden Erzählung eines sensiblen Bewußtseins, dann hätten seine Kritiker dies durchgehen lassen können, oder, falls nötig, hätten sie es pathologisiert oder loka-

lisiert als Teil seines auf die Enttäuschung über die Französische Revolution folgenden Zusammenbruchs; sein Vergnügen wäre verstanden worden als Modulation eines Teils einer Geschichte, die nicht mehr ist – »a history only of departed things/Or a mere fiction of what never was«.[21] Sie hätten ihm seine Anhänglichkeit an den verletzlichen Jungen, der einmal ein Baby war – »who with his soul/Drinks in the feelings of his Mothers's eye« (*Prelude*) –, vergeben, ein Kind, das »the first/ 2.236-3
Poetic spirit of our human life« in dieser Erfahrung des Poetischen antizipiert. 2.260-6 Das Abrufen der in diesem Gedicht lokalisierten Lust war unerschöpflich und blieb eigensinnig. Was könnte eine solche Anomalität des Geistes erklären?

Es war nicht einfach so, daß Wordsworth blind war für die Verletzlichkeit des Gedichts als poetischem Gegenstand, denn er hat die Zurückweisung vorausgesehen, er hat die Unvermeidlichkeit der Zurückweisung dem Gedicht zugeschrieben, das »vom Material her so verschieden ist von jenen, die im Moment allgemeine Zustimmung erhalten«.[22] Das Gedicht ist, wenn es nicht rundweg abgelehnt wurde, mit offenen Armen aufgenommen worden, aber, so fürchtete Coleridge, aus Gründen, die eher unschmeichelhaft waren, aus Gründen, von denen er sagte, daß sie mit der »verklärenden Seite« der »EINFACHHEIT« zu tun hätten. Wordsworth wurde in den Augen einiger »besonders geneigter Bewunderer zu einem *süßen, einfachen Dichter!* Und *so* natürlich, daß dieser kleine Meister Charles und seine junge Schwester so entzückt davon sind, daß sie ›Goody Blake‹ oder ›Johnny und Betty Foy‹ spielen!«[23] Irritiert durch das Gedicht und die Implikationen für die Rezeption seines Freundes, hat Coleridge Wordsworth auferlegt, seine »feenhafte« Vision gegen leichtsinnige Assimilationen und unvermeidliche Anklagen von »EINFACHHEIT« zu verteidigen – »die Vulgarität des Stils, des Themas und der Konzeption«, die in der *Biographia Literaria* kritisiert wurden – 2.158
und er forderte ihn dringlich auf, das »ERSTE ECHT PHILOSOPHISCHE GEDICHT« in Angriff zu nehmen. Er versuchte, den Freund vom *Idiot Boy* 2.156
abzubringen, indem er, an einer Stelle, den göttlichen Status, den er seinem eigenen Sohn zuschrieb, Hartley, in der Ode *Unsterblichkeit* von Wordsworth in Erinnerung rief. Coleridge fragt: »An welcher Stelle sind wir in die Lethe getaucht worden, die das Vergessen eines so göttlichen Zustandes in uns hervorgerufen hat?« Wordsworth hat kapituliert. Der 2.138.
Einfluß von Coleridge auf seinen Co-Autor wurde unterschiedlich eingeschätzt. In *The Idiot Boy as Healer*, um eine irgend ernste, aber unbeachtete Position zu zitieren, argumentiert Ross Woodman, daß Wordsworth »den tragischen Fehler macht, zu versuchen, Coleridge auf seinem eigenen Gebiet zu antworten, ein Gebiet, von dem Coleridge selbst zugegeben hat, daß es seinen poetischen Geist zerstört habe (er hat schließlich, auf mehr als eine Weise, *Christabel* aufgegeben). Unfähig, auf

moralischer Basis eine mythopoetische Welt auf lange Sicht zu bewohnen, fühlte sich Coleridge, als die Philosophie ihm entglitt, von der Religion angezogen, wo der von Schuld gequälte Dichter schließlich sich selbst auf dem Altar des ›unendlichen ICH BIN‹ darbot.«[24] Aus dieser Sicht hat Wordsworth, als der Dichter-Ratgeber bei ihm an Einfluß gewann, sich peu à peu in das langwierige Hineingezogenwerden in die konservative Zwanghaftigkeit geschickt. *The Idiot Boy* war der letzte wilde Ritt mit poetischer Lizenz.

Ein Flüchtling, entkam der *Idiot Boy* zunächst Coleridges Aufspürungssystemen und seinen kastrativen Vorschriften; von da an war Wordsworth in der Probezeit und mußte seinem Vorgesetzten Bericht erstatten, er wurde mit Blick auf seine Aufnahme geprüft und getestet und die Maschinerie wurde immer mehr verfeinert, so daß, schreibt Hartman, »jedes Gedicht eine neue Prüfung für die Imagination wurde«.[25] *The Idiot Boy*, aus der Teststrecke gesprungen und der Probezeit entkommen, hat sein Thema verkörpert, indem er »von acht Uhr bis fünf Uhr herumwanderte«, in einem verzauberten Wald, beschützt durch Z. 446
den lunaren Bereich eines mütterlichen Lichtes. Wenn das Gedicht fast »ex tempore« entstand, in beschwingter Stimmung, die der Dichter »jene glücklichen Momente« nennt, die zu ihm wie die »zufriedenen Bewegungen der Tiere«, »gekrümmtes Behagen«, »benommene Verzückungen« einer früheren Periode seines Lebens zurückkehren, und die, wie er in *Tintern Abbey* erkennt, »nun nicht mehr sind«,[26] dann ist all das bestimmt nicht nebensächlich, denn das Gedicht bringt auf rigorose Weise das hervor, wovon es spricht, indem es Wordsworth im Bereich der mütterlichen Gebote hält – oder, wenn solch eine Verklammerung des Mütterlichen und des Gesetzes nicht plausibel ist, dann durch die Verführungen der bedingungslosen Hingabe: das Gedicht selbst, zerbrechlich und verletzlich, immer schon in seiner zärtlichen Obhut, *ist* sein idiotisches Kind, »so eigen«, etc.

Und so hatte das idiotische Gedicht, das dem Idiolekt seines Herzens korrespondiert, das Baby der Babies, das sowohl älter als auch jünger ist, permanent auf Schutz angewiesen, um sein Überleben zu sichern, besondere Ansprüche auf die poetische Mutterbrust. Wenn es da eine Gemeinschaft der Isolierten gegeben hat – eine Gemeinschaft der Einsamen, wie Nietzsche sagen würde –, dann wäre sie im Sicherheitsbereich mütterlicher Sorge versammelt gewesen. »Fürsorge« heißt jedoch auch, daß Angst freigesetzt wird, welche das Gedicht bis zu seinem selbstmörderischen Impetus verfolgt. Als Betty Foy ihren Jungen einmal gehen läßt, übersetzt sich ihre Angst rasch in mörderische Wut (»Unworthy things she talked, and wild; / Even he, of cattle the most mild, / The Pony had his share«). Gelenkt durch eine nicht zu besänf- Z. 239–41
tigende Verlustangst, wendet sie graduell die Wut gegen sich selbst.

»O woe is me! O woe is me! / Here will I die; here will I die / … / … / … / O! what a wretched Mother I!« Als sie den Jungen verliert, ist sie nahe daran, ihren Verstand zu verlieren. »Her thoughts are bent on deadly sin / … / … / Lest she should drown herself therein.« Aber er wird gefunden werden. In der Tat funktioniert er als die Verweigerung, einen Verlust anzunehmen, als das ganze Gegenteil der Erfahrung der Deprivation, für welche er einstehen sollte. Diese Verweigerung hat wenig zu tun mit bloßer Verleugnung, vielmehr trassiert sie positive Möglichkeiten der Deprivation.

Z. 262–6

Z. 293–9

Obwohl er isoliert ist, ist Wordsworths Junge nicht allein. Der idiotische Junge, wie er im 18. Jahrhundert durch die Dichter dargestellt wurde, neigte dazu, im Schutzraum der uneingeschränkten mütterlichen Liebe zu wohnen. Als absoluter Phallus und Gegenstand der Anbetung, bewohnt er eine von der Mutter entgrenzte Zone, wo die schwerwiegenden Einwände des Vaters nicht zugelassen werden. Die Mütter, die oft Witwen sind, bilden jedenfalls mit dem idiotischen Kind ein auf einzigartige Weise zusammengeschmiedetes Paar. Wordsworth gelangt, als Mutter, nicht auf natürliche Weise auf seinen Platz, sondern formt die Darstellung der Spontaneität unbändiger Gefühle nach dem Bild gesellschaftlicher Unterschiede.

Der Dichter hat, so schreibt er, liebende Eltern mit idiotischen Kindern beobachtet: er spricht von den weichen und offenen Herzen der sogenannten niederen Klassen. Samuel Taylor Coleridge, Wordsworths Partner im Reimen, hatte keinen Zugang zu diesem Raum eines Bezugs, den er brechen und mit einem massiven »non du père« betreten sollte, wobei er das Gesetz instituiert und den mütterlichen Wordsworth von seinem kleinen idiotischen Gedicht losmacht. Diese Lösung sollte besiegelt und supplementiert werden mit der Einführung eines väterlichen Phallus, den der PHILOSOPHIE.

Im Vorwort von 1800 zu dem Gedicht bemühte sich Wordsworth unter dem Einfluß von Coleridge seine Hinwendung zu einem »bescheidenen und bäuerlichen Leben« zu erläutern. Anstatt seinem Namen und Ruhm zu vertrauen, setzt er sich weiter der Art von Kritik aus, die von seiten Coleridges kam, wenn er, im Widerspruch zur phallischen Ordnung, behauptet, daß die Sprache des Bauern eine »dauerhaftere und wesentlich philosophischere Sprache [sei] als diejenige, die an ihrer Stelle dauernd durch die Dichter verwendet wird«.[27] Die Subversion ist subtil, denn er hat letztlich eher eine philosophische Sprache in Anspruch genommen, als, wie Coleridge gehofft haben könnte, das bäuerliche Vokabular aufzugeben. Doch schließlich läßt der Dichter, während er das Gedicht verteidigt und Coleridge ihm über die Schulter schaut, davon ab und erlaubt es, daß es als schein-heroisches Gedicht gelesen werden könnte, was aus ihm, aus der Sicht von Woodman, eine Art von Words-

worthschen *Dunciad* macht. Coleridge beschrieb das Gedicht, als er die Wirkung auf den »einfachen Leser« als die einer »lachhaften Burleske« bezeichnete.[28] Obwohl das Vorwort, das eine Kompromißbildung darstellt, die das Ziel verfolgt, das Gedicht zu schützen und die Kritiker zu besänftigen, als Konzession an Coleridge aufzufassen ist, läßt Wordsworth, während er sich anderen Projekten und einem philosophisch legitimierteren Gebrauch der Sprache zuwendet, niemals seinen Partner an den *Idiot Boy* heran. Das Gedicht-Kind wird gegenüber seinen Einbrüchen verteidigt, gegen seine Einreden abgesichert. Dies besagt der außergewöhnliche Brief, der an John Wilson geschrieben worden ist – eine Art, (k)einen Brief an den Vater zu schreiben –, wobei Coleridge beiseitegelassen wird, Wilson jedoch in dieselbe Richtung geschickt wird wie derjenige, der mehr oder weniger als Vorwand in die Sendung eingesetzt wird: »Ein Freund von mir, der wußte, daß einige Personen das Gedicht ebensowenig wie Sie mochten, gab mir den Rat, eine Strophe hinzuzufügen, die die Figur des Jungen so wiedergibt, daß sie sich in den Vorstellungen meiner Leser gänzlich von jener Gruppe von Idioten, die als Personen abstoßend wirken, abheben würde; aber die Erzählung im Gedicht ist so rasch und leidenschaftlich bewegt, daß ich keinen Platz finden konnte, um eine Strophe einzufügen – ohne den Fortgang zu hemmen und ohne ein totes Gefühl zu registrieren.« Die 1.357 f.
Passage zum »boy« mußte vor Coleridge geschützt werden, denn, wie der Brief zeigt, der die Befürchtung buchstäblich eingesteht, wäre die Einbeziehung von Coleridge der Tod. Ein »totes Gefühl« würde sich verbreiten und wäre wie ein kastrativer Schlag gegen das Gedicht: eine Hinzufügung würde einer Subtraktion gleichkommen. Was dazu angetan sein sollte, Lücken und Leerstellen zu füllen, würde vom Gedicht wegführen; ein Eintreten in den Körper des Gedichts käme einem Raubbau gleich, wäre ein Eindringen in ein (mein) Fortschreiten. Coleridge hat Loslösung und Trennung zum Gesetz gemacht (»gänzlich, um die Figur des Jungen abzuheben« etc.) und Wordsworth weigert sich, das zu integrieren; er kann noch nicht einmal das Abstoßende wahrnehmen, möchte vielmehr im Leser »jedes schwache Empfinden von Mißbehagen und Aversion auflösen«. Die mütterliche Figur der Betty Foy wächst in den Raum des Gedichts hinein, ohne eine editorische Exkursion oder eine Inkursion zuzulassen. Sie bringt »den großen Triumpf des menschlichen Herzens« zum Ausdruck. »Hier ist der Ort«, so sagt Wordsworth, »wo wir die Strenge, die Interesselosigkeit und die Größe der Liebe sehen«. Der Dichter bleibt im wesentlichen bei der Bedrohlichkeit 1.357
des Abstoßenden, das ohne Bedenken die emphatische Bindung an das idiotische Kind begleitet. Ein »totes Gefühl« wird später dazukommen, es wird erfolgreichere Installationen eines umsichtigen Über-Ichs versiegeln.

Der Brief – zunächst an Coleridge adressiert, aber an seinen Stellvertreter Wilson geschickt, der zwar kein Idiot ist, aber immer noch ein Junge – ist ein Bruch mit Wordsworths bekannter Unfähigkeit, Briefe zu schreiben, »eine Unfähigkeit, die teilweise aus einigen konstitutionellen Schwächen, teilweise aus gewissen Gewohnheiten des Geistes kommt«. 1.353
Er neigte dazu, keinerlei Briefe zu schreiben, »noch nicht einmal an seine engsten Freunde, es sei denn geschäftliche«. Tatsächlich, so fügt er hinzu, habe er, »außer wenn ich nicht bei meiner Familie war, während der letzten fünf Jahre keine fünf Briefe aus Freundschaft geschrieben«. 1.353
Ob der Brief, den er an Wilson adressierte, solch ein freundschaftlicher Brief war oder nicht, wird nicht gesagt, sondern impliziert, und diese Ambiguität dient dazu, die Wegstrecke der Verbindungen und die fehlenden Verbindungen zwischen Wordsworth und Coleridge zu komplizieren. Die Todesdrohung, die das Gedicht betraf, mußte abgewendet werden, und Wordsworth nahm sich zusammen und ging in seinen Körper, um die Sendung loszuschicken. Wir wissen aus Wordsworths Brief an Thomas De Quincey, daß das Schreiben seinen Körper angriff, seine Organe in Mitleidenschaft zog: »Ich habe eine Art Magenstörung und eine Störung in den Verdauungsorganen, die mir beim Schreiben Schmerzen verursachen, und mich fast davon abhalten, mit irgendjemandem zu korrespondieren: und das (ich meine die unangenehmen Gefühle, die ich mit der Haltung verbinde, eine Feder in der Hand zu halten) ist ein Hauptgrund für mein langes Schweigen.«[29] Die mütterliche Schwester, Dorothy, seine Amanuensis, die lange Zeit für den Dichter den Stift hielt, ist nicht gerufen worden. Die Angst hat seine Verdauungsorgane aufgebläht. Dieser John Wilson, ein Platzhalter, war nicht einfach irgend jemand. So mußte Wordsworth bei dieser Gelegenheit den Brief selbst schreiben.

Er hält seinen Körper zusammen und schreibt einen Antwortbrief an Wilson und seine Freunde. »Das Gedicht hat, ich weiß wohl, fortlaufend dieselbe Wirkung hervorgerufen, so wie bei Ihnen und Ihren Freunden, aber es gibt auch viele andere, für die es ein exquisites Vergnügen ist und die es wirklich jedem anderen Gedicht vorziehen.« Die vielen an- 1.298
deren, die hier nicht belegt sind, werden von Coleridge wachgerüttelt, so wie dies in *The Prelude* festgehalten ist, die kindliche Freude wird in eine Elegie für ein totes Kind übersetzt werden – ein Gedächtnisakt, der den geliebten Jungen in einen Schrein stellt.[30] Die Mutter in Wordsworth muß trauern, sie muß ihn gehen lassen. *The Excursion* folgt, die im ersten Buch durch die Figur einer Mutter bestimmt wird, die ihre Kinder verläßt, darüber in Verzweiflung gerät und sie der »Paralyse ihres Kummers« überläßt.[31] Er, der Dichter, bietet ihr seine Segnung an, löst sich von ihr, wendet sich ab, um einen anderen Weg zu nehmen, mit Schwierigkeiten: »An irksome drudgery seems it to plod on.« Sich ab- Z. 322

wendend, löscht er aber nicht aus; es geht auch nicht um eine Verdrängung der vergangenen Zuneigung, denn »Dumb yearnings, hidden appetites are ours«, so Wordsworth in *The Prelude*, »And they *must* have their food«. Dies würde das Gesetz widerrufen, das auf Coleridge zurückgeht, und ein Gegengesetz sein, das unbestreitbare, den Appetit betreffende Vorrechte einräumt, so versteckt und stumm sie auch sein mögen, die über den und gegen die eisernen Gesetze(n) der philosophischen Reflexion stehen. Wordsworth serviert seinerseits den stummen Sehnsüchten einen Happen. 5.509

We know where we have friends. Ye dreamers, then,
Forgers of daring Tales! we bless you then,
Imposters, drivellers, dotards, as the ape
Philosophy will call you: *then* we feel
With what, and how great might ye are in league,
Who make our wish our power, our thought a deed,
An empire, a possession. *(Prelude)* 5.525–31

Wordsworth wendet sich ab, er detachiert sich und betrauert das Vorübergegangene in *The Excursion*, das die »blasse Verzweiflung« des Einsamen heraufführt. Er war nicht der einzige, der den Sinn, der sich in seinen früheren Arbeiten fand, betrauerte. In *Alastor* liest Shelley *The Excursion* auf eine Weise, welche die Niederlage von Wordsworth als ein visionärer Dichter nahelegt; er beklagt die Bereitschaft, dem christlichen Glauben die »stummen Sehnsüchte, die versteckten Gelüste« zu opfern.

The Idiot Boy widersetzte sich den kulturellen Sedimentierungen des Christentums. Weder wird der Junge gerettet noch verklärt; er wird zum Objekt der hysterischen Angst einer Mutter, er quält sie durch das akzidentelle Auftreten von Trennungen. Die Szene seines Gefundenwerdens schließt nicht an das Thema der Erlösung an, vielmehr beschwört sie magische Wunder. Obwohl ihr Name auf Glauben hinweisen könnte (frz.: *foi*), rekurriert Betty Foy nicht auf metaphysische Tröstung, wie sie durch die religiöse Erzählung vermittelt wird. Es ist gesagt worden, daß die leeren Himmel und die magischen Kuren Betty Foys im Werk des Dichters verschwinden, in dem Maße wie er älter wird und Einsicht in die kodifizierten Mirakel des christlichen Glaubens gewinnt. Wordsworths Versuch, so Shelley, sich dem »innersten Heiligtum« »unserer großen Mutter«[32] anzunähern, ist schließlich gescheitert.

************ Diese Bemerkungen sind mit Blick auf das unvergleichliche Vergnügen gemacht worden, das Wordsworth mit dem Schreiben und Lesen von *The Idiot Boy* verband und das dem Dichter die Erinnerung an eine Zeit bewahrte und zurückgab, als sein Körper das Gedicht umarmte und Entzücken aufkam. Die Disjunktion zwischen diesem Vergnügen und dem poetischen Wert kann nicht übersehen werden; auch sollten wir keine Lektüre unterstützen, welche die Qualität oder den Tenor der Dichtung, die kommen wird, beklagt. Die schmerzvollen Trennungen, welche Wordsworth verdammt war, zu wiederholen, scheinen auf die von ihm begrüßten Zwänge des Schreibens bezogen zu sein – auf Coleridge, mit einem Wort. *The Idiot Boy* hat für den Dichter einen einzigartigen Stellenwert und hat seine affektive Statur nie verloren; doch blieb das Gedicht nicht das einzige, das in diese Richtung ging. Die Ballade gehört in den Kreis poetischer Themen, die sich um den politischen Schandfleck der »legalisierten Ausschließung« organisieren. Äußerst empfindsam für das, was als soziale Ungerechtigkeit aufgefaßt werden muß, hat Wordsworth auf sein früheres Engagement für die Französische Revolution reflektiert, eine Sache, der er sich, unter dem Einfluß von Michel Beaupuy, in hohem Maße verpflichtet fühlte. Bei einer bestimmten Gelegenheit überkam den Dichter ein Gefühl des Horrors, ausgelöst durch das, was er in einem unvergeßlichen Bild der Depraviertheit in *The Prelude* festhielt. »And when we chanced / One day to meet a hunger-bitten girl«, schreibt der Dichter über sie,

Who crept along fitting her languid gait
Unto a heifer's motion, by a cord
Tied to her arm, and picking thus from the lane
Its sustenance, while the girl with pallid hands
Was busy knitting in a heartless mood
Of solitude, and at the sight my friend
In agitation said, »Tis against *that*
That we are fighting,« I with him believed
That a benignant Spirit was abroad
Which might not be withstood, that poverty
Abject as this would in a little time
Be found no more, that we should see the earth
Unthwarted in her wish to recompence
The meek, the lowly, patient child of toil.
All institutes for ever blotted out
That legalised exclusion, empty pomp
Abolished, sensual State and cruel Power,
Whether by edict of the one or few;
And finally, as sum and crown of all,
Should see the People having a strong hand
In framing their own Laws; whence better days
To all mankind. 9.509

immer auf das fokussiert, was ausgeschlossen, zur Minderheit erklärt und durch Institutionen verworfen wurde, die fähig sind, ihre Macht wirksam durchzusetzen, wendet der Dichter sich gegen jene Praktiker der »legalisierten Ausschließung«, die auf den höheren Rängen der poetischen Vision oder der philosophischen Analyse auszumachen sind. Wordsworth gibt die Nähe zu den Stimmungen des idiotischen Jungen nicht auf, sondern fährt in seinem Bemühen fort, dort Sympathien zu wecken, wo er Unbehagen hervorgerufen hat. Was *The Idiot Boy* angeht, so hat er die kodifizierten Stufen des Unbehagens vermehrt: er möchte gezielt »jedes schwache Gefühl von Unbehagen und Aversion« mit seiner poetischen »Flut« überschwemmen.[33] Sein poetischer Aktivismus, so schreibt er an Wilson, bestand in der Absicht, in seinen Lesern das zu wecken, was er oft in »den niederen Klassen der Gesellschaft« beobachtet hatte: »das Verhalten von Vätern und Müttern ... gegenüber Idioten«. Die lesenden Klassen sollten durch die niederen Klassen erzogen 1.357
werden, deren Benehmen, wie das Beispiel Betty Foy zeigt, einen einzigartigen Zugang erlaube zu den »großen Triumphen des Herzens«. Seit er zum Zeugen einer Liebe wurde – stark, interesselos, groß – beschreibt sich Wordsworth als »geheiligt«. Er hat etwas erfahren, von dem er annimmt, es sei entscheidend, daß »Leute unseres Ranges« ihm gleichfalls begegnen. »Es genügt nicht für mich als Dichter«, so schreibt er, »bloß solche Gefühle darzustellen, mit denen alle Menschen *notwendig* sympathisieren: sondern es ist auch in hohem Maße wünschenswert, zu jenen anderen Gefühlen beizutragen, mit denen viele Leute sympathisieren *könnten*, und wo ein Grund zur Annahme besteht, daß sie bessere und moralischere Wesen sein könnten, wenn sie damit sympathisieren würden.« Poetisch-politischer Aktivismus konvergiert mit einer Kunst 1.358
des Heilens. Geheiligt und heilend, durchquert die poetische Erfahrung eine Gefahrenzone, die wie ein Fieber ist, durch welches die Sensibilität irgendwie gereinigt, wiederhergestellt, zum Besseren gewendet wird. Um zu fühlen, um zu heilen, flößt man sich Gefühle ein, die man nicht fühlte, und indem man fühlt, was man fühlen könnte, was ein hypothetisches Gefühl ist, das von einem Bodyguard überwacht wird, der für die vernünftige Moralität zuständig ist, bekommt man ein Gefühl für die Zukunft des Gefühls – eine Wendung, so der Fingerzeig des Dichters, hin zur Besserung des Gefühls.

Nicht gewillt, die Momente des Unbehagens zu unterdrücken, die den Ausgangspunkt für Coleridge bildeten, hat Wordsworth ein Rezept für ein Brechmittel entwickelt. Die Dichtung umschreibt den Ort einer Krise des Heilens, sie räumt frei für die konvulsivischen Verbiegungen einer massiven Neuanpassung. In der Dichtung induziert der Dichter uns ein Fieber, das dazu dienen soll, uns zu reinigen oder neu auszurichten; Sie/er verabreicht das Abscheuliche als *pharmakon*. Alles ist eine Frage der Dosierung. In seinem Artikel, der den Dichter als Heiler benennt, sieht Woodman Wordsworth als Heiler des Lesers an, ähnlich wie der Idiot Boy Susan Gale heilt, die, während sie ihr eigenes, sie schwächendes Gebrechen vergißt, ihren Geist dem Jungen und seiner Mutter zugewendet hat. »I'll to the wood,« ruft sie. »The word scarce said« – so geht das Gedicht weiter – »Did Susan rise up from her bed, / As if by magic cured.« Das Gedicht läßt seine Intention in diesen Zeilen durchscheinen Z. 424- nen und artikuliert das Gesetz seines auf Auferstehung zielenden Begehrens; es ist dazu gemacht, heilende Kräfte für den Leser zu erwirken. Woodman befragt nie den Begriff des Heilens selbst oder einer restaurierenden Poetik, obwohl seine Interpretation versucht ist, sich dies zu eigen zu machen. Während Wordsworth davon Abstand nimmt, einen ausführlichen Bericht zu geben, demnach wir seine Leser als krank oder auf spontane Heilrituale angewiesen ansehen könnten – mehr noch, er zeigt, daß die Gefühle, auf die das Gedicht zielt, als solche nicht in der Gegenwart existieren –, ist Susan Gale ein Beispiel für spontane Heilung. Als sie ihre Gedanken jemandem zuwendet, den sie verloren hat, der möglicherweise wegen ihr tot ist, kommt sie zu einem Entschluß und die Energie kehrt – unerklärlicherweise – zurück. Wie setzt das Gedicht die magische Wiederherstellung ins Werk? Sie benennt ihren Entschluß und ist geheilt. Wenn dies ein magisches Geschehen ist, so versichert uns das Gedicht, dann sind wir vielleicht dazu aufgerufen, eine magische Formel zu entziffern.

Die unerklärliche Kraft des magischen Wanderns – der Hinweis auf ein magisches Sprichwort oder eine Formel – ist eine andere Art der Ermahnung, das Unlesbare zu lesen, in anderen Worten, die Handlung eines Gedichts zu lesen. Wie ist die Sprache des Entschlusses in ihren Körper eingetreten und hat sie dort kuriert? Was ist injiziert worden, so daß sie sich erheben konnte? Dieses Serum – es ist Sache eines diachronischen Zeichens. »I'll to the wood« unterstreicht das fragile Zeichen, das ein Selbst von der Bedingung des Krankseins trennt, das den Willen, den Apostroph in: »I(')ll« kontrahieren läßt. Susan Gale, bereit, dem idiotischen Jungen in die Wälder zu folgen, zerspaltet ihre Krankheit in eine »I'llness«, und führt somit einen Keil in den Signifikanten ein, aus dem sie hervorgegangen ist. Wie ein Wunder. Doch ist Susan Gale nicht durch ein Wunder wiederauferstanden, sondern durch das Magische, etwas, das nicht von festgelegten Systemen einer anderen, oftmals christlichen Logik des Heilens assimiliert werden kann. Wordsworth ist offensichtlich weniger damit beschäftigt, die Geschichte einer erlösenden Krise darzustellen oder eine Konversionshysterie zu steuern, die durch transzendentale Fäden gehalten wird, sondern mit den unmittelbaren Wirkungen einer Äußerung, die den Körper unter ihrem nicht vorhersagbaren Befehl neu gruppiert. Susan Gale wird auf magische

Weise gesund; dieser Vorgang muß nicht identisch sein mit einem Heilen, das auf einem Prozeß beruht, dem man sich, ohne daß sich eine Kur abzeichnet, unterziehen kann. (Oder eine Kur kann, wie das in einigen von Freuds Einfügungen erwähnt wird, ohne Prozeß erfolgen, mittels einer entscheidenden Intervention, durch die Einführung eines Signifikanten – selbst in der Größenordnung eines Apostrophs.)
Sprache ist Körper; sie betritt den Körper, formt ihn oder deformiert ihn, wobei ein Kräftefeld entsteht, auf welches die Organe antworten. Der Keil, der in den »kranken« (»ill«) Körper eingeführt wird, öffnet den Raum für eine gewisse Erfahrung des Selbst, dort, wo unter den drei Protagonisten ein Transfer stattgefunden hat, ein Transfer des Sorgetragens. Betty Foy kümmert sich um ihre kranke Nachbarin Susan. Eines Tages sieht sie sich genötigt, ihren Sohn einer Gefahr auszusetzen, da sie ihn wegschicken muß, um den Doktor zu holen. In der Geschichte, die als abrahamitische, aber aus femininer Sicht, angelegt ist, wird der geliebte Sohn zum Opfer angeboten, der, in stummer Ergebenheit, das Schicksal des Opfers, ohne nachzufragen, akzeptiert. (Er kann seine Rolle nicht hinterfragen, ebensowenig wie Isaak.) Doch dieses Mal wird das Opfer widerrufen. Durch die in Angst geratende Mutter. Die Prüfung wird abgebrochen, Frau Foy ruft nach intensiver und quälender Suche ihren Jungen zurück. Von keinem Gott gelenkt. Im Gedicht ruft die Größe der Liebe noch mehr Liebe hervor, indem das Verhalten der zwei mütterlichen Figuren dargestellt wird, die Bewegung und Wiederherstellung möglich machen, mittels einer fast schon komischen Hierarchie, wo der Geistesschwache der Gebrechlichen hilft, die Analphabetin dem Idioten, die Hoffnungslose der Hilflosen. Das einzig stabile Wesen von verläßlicher Solidität ist das Pony, das zum »Denker« und Chauffeur avanciert, auf den der idiotische Junge sich stützt – ihm buchstäblich aufsitzt. »But then he is a horse that thinks! / And when he thinks, his pace is slack ...« Z. 112–13
Die Frauen folgen dem Jungen in die Wälder, verlieren und finden ihn, fragen ihn nach seinem Verbleib und seiner Wegstrecke. Als Betty Foy ihn, nachdem sie eine Nacht in fürchterlicher Angst ausgestanden hat, schließlich findet, wird sie für einen Moment zum fragenden Philosophen des 18. Jahrhunderts, der dem »wilden Kind« begegnet, einer von ihr in diesem Moment selbsterfundenen Entität. »Tell us true ... Where have you been?« Nun, in erster Linie befand sich der Idiot unter der Obhut der Empiriker. In gewisser Weise war es also falsch von Coleridge, gegen ein Gedicht anzugehen, das seiner Ansicht nach eine philosophische, korrigierende Instanz gebraucht hätte, oder es war falsch von uns, anzunehmen, daß Coleridge keine Wegspuren in jenen Wäldern gefunden hat, die darauf hinweisen, daß Wordsworth bereits auf dem Pfad der philosophischen Untersuchung war. Der idiotische Junge ist von der

Philosophie aufgegriffen worden, und, auf dem Rücken eines denkenden Tiers, auf die Felder des Poetischen transportiert worden.

********** Im sechzehnten oder siebzehnten Jahrhundert mischte sich der Idiot unter die anderen Passagiere auf dem Narrenschiff, eine Figur unter vielen, die an die Ränder des Wissens verbracht worden sind, unbemerkt als Kategorie und als *Dasein** oder einfach verwoben mit dem Wahnsinn. Sie – die Idioten – tauchten zuerst im Diskurs über das Wissen in Lockes *Versuch über den menschlichen Verstand* auf und wurden dort von den Wahnsinnigen unterschieden. Man zwang sie in den Dienst, man schrieb ihnen zu, die mythischen Versicherungen zu bestätigen, daß es Menschen gibt, die eine weiße Weste haben, und sie sollten, zumindest in der Theorie, für solch eine Möglichkeit herhalten, in dem Maße wie sie – die Idioten – ihre Körper der Sache der Wissenschaft zur Verfügung stellten, die auf alles setzte, was so erschien, als weise es beobachtbare Züge menschlicher Ursprünge auf. Lockes Abhandlung, im wesentlichen eine Arbeit über das Gedächtnis, entwirft ein Bild des Idioten, das seine Polemik gegen die Doktrin »angeborener Eindrücke« unterstützt. Bei »Kindern« und bei »unwissenden Menschen treffen wir von diesen Eindrücken nicht die geringste Spur an«, beobachtet Locke.[34] § 27
Weil von diesen Eindrücken nicht gesagt werden kann, daß sie als ursprüngliche Reinheit existieren, dem das Kind oder der Idiot nahestehen, schließt Locke daraus, daß Eindrücke oder Begriffe keinesfalls als »natürlich« oder dem Menschen angeboren angenommen werden können, sondern eher Effekte sind und produziert werden müssen. Der Idiot bezeichnet die Unfähigkeit, Erinnerungen zu produzieren oder zurückzuhalten. Würde im Gegenteil aber bewiesen, daß Idioten angeborene Begriffe besitzen, so würden diese »in ihrem vollen Glanz hervorleuchten, und müßten uns eben so wenig zweifelhaft über ihr Dasein lassen. ... Allein was für allgemeine Sätze können bei Kindern, Wilden, unwissenden und ungelehrten Menschen gefunden werden? Was für Grundsätze der Erkenntnis?« Der Idiot, zusammen mit den anderen in § 27
der Auflistung Genannten, annulliert nicht nur von Anfang an die Erinnerung, sondern kann als jemand betrachtet werden, der die Prämissen der philosophischen Untersuchung in dem Maße bedroht, wie er eine ursprüngliche Kraft darstellt, die, indem er durch die Allgemeinheit schneidet, universale Prinzipien des Wissens abweist. Von der Philosophie in Anspruch genommen, um einen philosophischen Standpunkt deutlich zu machen, gehört der Idiot ins Außen der Philosophie, deren Sache er voranbringt. Locke, der im wesentlichen sein Erfinder war, ruft den vergessenen »Ideoten« auf, um einen Diskurs über ursprüngliches Vergessen in Gang zu setzen. Auf jeden Fall – und um zu verallgemeinern – hat Locke die Funktion und den Ort des Idioten produziert, und

die empirisch orientierte Erforschung der Bedingungen der Erinnerung wird an dieser Stelle ansetzen.[35] Die Figur des Idioten versetzt der Philosophie von nun an eine imaginäre Läsion, schafft eine Bedingung, die nach endloser symbolischer Reparatur ruft. Ein provisorischer Schluß, der aus diesen Beobachtungen gezogen werden kann, ist, daß Wordsworths resolute Umarmung dieser genau umschriebenen Marginalisierung nicht auf ein Programm begrenzt werden kann, das man sich vorzustellen hätte als Mischung aus romantischer Wehmut, exaltiertem Primitivismus oder Sentimentalismus, sowie einer seltsamen affektiven Besetzung, sondern daß hier auf den Ruf der Philosophie geantwortet wird, in Begriffen, die den empirischen Anspruch auf eine ursprüngliche Subjektivität verdeutlichen. Wenn der idiotische Junge die Regeln vergißt, die ihm durch seine Mutter mitgegeben wurden, als sie ihn wegschickt, um einen Doktor zu suchen, dem Empfangsort des kodifizierten Wissens im Gedicht, dann weil er sich von den Instruktionen und Zwängen seines philosophischen Behälters, den in diesem Moment die Mutter verkörpert, absetzt. Sie strebt nach empirischer Philosophie. Er dagegen wird, auf der anderen Seite, durch das denkende Tier in eine Richtung davongetragen, die durch einen anderen Instinkt oder genauer, durch einen anderen Trieb, vorgegeben wird.
Zunächst war der Empirismus eine kritische Kraft, die sich gegenüber jeglicher Autorität behauptete, die für sich Anspruch nahm, jenseits dessen situiert zu sein, was der Beobachtung und der Erfahrung zugänglich ist. Was jedoch das Bedürfnis des Empirismus betrifft, den Idioten zu beobachten und etwas über ihn zu erfahren, so ist er gegen die Wand des Realen gekracht. In ein vertrauteres Register übersetzt, können wir sagen, daß der Empirismus auf eine aporetische Grenze gestoßen ist. Was könnte genaugenommen an dem stummen Widerstand oder der nicht-darstellbaren Sanftmütigkeit des Idioten als beobachtbar aufgefaßt werden? Wie könnte die Idiotie auf die Frage nach dem Ursprung des menschlichen Gedächtnisses verbindlich antworten oder als solides Beispiel für einen Zustand des Vergessens dienen, »wo die Eindrücke vorbeiziehen, ohne jemals festgehalten zu werden, was ein Hinweis darauf sein könnte, daß solch ein Zustand für die Menschen im allgemeinen schon einmal da war – bevor sich die Erinnerungsfähigkeit entwickelte und später die Fähigkeit, Ereignisse und Eindrücke festzuhalten«?[36] Wenn man die Passage des Menschen auf seinem Weg von der Natur zur Kultur nachzeichnet, dann ist Sprache und Gedächtnis nicht etwas, das sich durch Beobachtung erlangen läßt. Eine Konzession in bezug auf diese aporetische Schwierigkeit räumt Condillacs empirische *Abhandlung über die Empfindungen* ein. »Wir können uns nicht an das Unwissen erinnern, in dem wir geboren wurden. Es ist ein Zustand, der keine Spur hinterläßt. Wir erinnern uns an unsere Unwissenheit nur,

wenn wir uns an das erinnern, was wir gelernt haben. Wir müssen bereits etwas wissen, bevor wir auf das achten können, was wir lernen. Wir müssen bereits Vorstellungen haben, bevor wir beobachten können, daß wir einmal ohne sie waren. Das reflexive Gedächtnis, das uns den Weg von einer Erkenntnis zur nächsten bewußt macht, kann nicht zu den Anfängen zurückgehen: es setzt sie voraus.«[37] Das reflexive Gedächtnis führt uns auf Widersprüchen basierende Spannungen vor, die ein Kritiker als »strukturale Gebrechlichkeit«[38] bezeichnet hat. Denn das Gedächtnis kann keine Spur seiner selbst finden und hat keine Erinnerung an seine eigene Entstehung; das Gedächtnis ist unfähig, sich an die Bedingungen zu erinnern, die es ermöglicht haben; es kann nicht von seiner eigenen Entstehung Rechenschaft ablegen, in dem Maße, wie solch eine Geste die Existenz jener Fähigkeiten behaupten müßte, welche sie zu erklären sucht. Weil keine beobachtbaren Spuren der Vorgeschichte oder der frühesten Verdichtungen des Bewußtseins auf vernünftige Weise gesichert werden können, griff Condillac, für seinen Teil, zurück auf einen Begriff der »hypothetischen« oder »konjekturalen« Geschichte, der unter den Empirikern der letzten Hälfte des 18. Jahrhunderts verbreitet war und das Problem zwar mit philosophischer Dringlichkeit behandelte, aber unter den Sozialwissenschaftlern Bestürzung auslöste. Einer von ihnen, ein Adam Ferguson, protestierte, daß so »die Bereiche der Imagination und der Vernunft, der Poesie und der Wissenschaft« vermischt würden.[39]

Der Empirismus ist der Behauptung nicht entgegengetreten, sondern hat erkannt, daß er als diskursive Praxis, die auf faktischem Grund stand, keine groß angelegte Argumentation konstruieren könne, wenn diese sich bloß auf hypothetische Beweise beriefe. Condillac, der nach einer empirischen Unterstützung suchte, rekurrierte auf die Geschichte eines »wilden Kindes«, das in den Litauischen Wäldern 1694 entdeckt wurde, und hat dann diese besondere Form und Performanz der Idiotie in die Philosophie des 18. Jahrhunderts inkorporiert. Wobei die Tatsache beiseite gelassen wurde, daß das wilde Kind als Erzählung konstruiert worden ist. Seine Einschließung in den philosophischen Text ist als empirisches Supplement angesehen worden, das der Spekulation hinzugefügt wurde. Als eine Fabel über die Ursprünge ergänzte es fehlende Verbindungen, um den Übertrag zwischen dem Naturzustand und dem Menschen, zwischen ursprünglichem Vergessen und Kultur zu bewerkstelligen. Eine ziemlich typische Bezugnahme auf ein wildes Kind ist die Bemerkung von Lord Monboddo: »Ich betrachte seine Geschichte als eine kurze Chronik oder als eine Kurzfassung der Geschichte des Fortschritts der menschlichen Natur, vom bloßen Tier zum ersten Stadium zivilisierten Lebens.«[40] Obwohl Condillacs Einschließung des wilden litauischen Kindes in seine Darstellung ihm als metaphorischer Köder für den Natur-

zustand dient, situiert er es innerhalb einer hypothetischen Geschichte. Condillac beobachtet, daß, als das Kind sprechen lernte, die Aussichten schwanden, daß es einen retrospektiven Bericht seiner Erfahrung im Wald geben könne, vorgängig zu und ohne Sprache: »Sobald es reden konnte, befragte man es über seinen Zustand, aber es erinnerte sich desselben ebensowenig, wie wir uns des in der Wiege Erlebten erinnern.« Das Kind, das einen Leerraum schafft, dort, wo die Ereignisse 203
waren, die seiner Initiation in die Rede vorausgingen, und das nicht länger ein *infans* ist (also der Rede nicht fähig), zeigt auf, daß Gedächtnis eine Wirkung der Kultur ist. »Es war also natürlich, daß es seinen früheren Zustand vergaß. Sein Leben glich einem Schlaf, das nur durch Träume unterbrochen wird.« Folgten wir einem anderen Pfad, wären wir 204
gezwungen, die Szene dieser Unterbrechung zu betreten; wir würden den Status von Träumen mit Blick auf die ihnen inhärente Sprachlichkeit befragen. Aber lassen Sie uns innerhalb des Stroms von ungehinderten Unterbrechungen bleiben, bei diesem Traum-Team des 18. Jahrhunderts, und überlassen wir das andere Team der Zukunft dieses unanalysierten, eine Furche bildenden Traums.

Davon ausgehend, daß das wilde Kind sich an seine Ursprünge nicht erinnern kann, hat der Philosoph seine Legitimation gefunden, um auf die hypothetische Geschichte zurückzugreifen. Darum schließt der Abschnitt über das wilde Kind aus Litauen, das für eine Philosophie des Gedächtnisses nicht brauchbarer wäre als ein wildes Kind aus Lithium, mit dem Kapitel: »Von einem Menschen, der sich erinnert, den Gebrauch seiner Sinne allmählich erhalten zu haben« – ein Kapitel, das Condillacs berühmte, imaginäre Statue ins Zentrum stellt, die in der Lage ist, einen vollständigen Bericht über sich und von jener dunklen Szene abzugeben, in der Gedächtnis und Bewußtsein darum kämpfen, ins »Dasein« zu gelangen, »aus der reinen Empfindung« heraus und der »Lust« und dem »Schmerz«. 205 f.

Es gab eine Hierarchie der wilden Kinder. Eines der gefeiertsten der wilden Kinder war Peter von Hannover, dessen Entdeckung ihn zu einer »sofortigen Berühmtheit« machte – er wurde in einem Baum gefangen, in den Wäldern in der Umgebung von Hameln 1724. »Kurz nachdem er aufgetaucht war, verstand man, daß er ein Idiot von Geburt an war, der Sohn eines Witwers, den man Krüger nannte, der sich vor kurzem wiederverheiratet hatte. ... Viele Philosophen und Naturwissenschaftler sahen in Peter genau die Person, nach der sie suchten.«[41] Und noch ein anderer renommierter Schriftsteller hat dieser Sache Bedeutung verliehen. In *Mere Nature Delineated* bestätigt Daniel Defoe die Bedeutung Peters, wobei Defoe den Mythen, die über wilde Kinder existieren – daß sie auf allen vieren wie Tiere laufen und auf Bäume klettern, oder sich im Tarzan-Stil für uns durch die Gegend schwingen – nicht ohne weiteres

beizupflichten gewillt ist. Defoe erinnert seine Leser daran, daß die Phi-
losophie und ihre Verwandten nicht nur »einen Idioten auf die Bühne
brachten und aus Nichts ein großes Etwas machten«.[42] Vielmehr ant-
wortet das wilde Kind auf ein besonderes, philosophisches Bedürfnis,
weil es »genau die Kreatur ist, die sich die gebildete Welt über lange
Jahre angeblich erwünscht hat, nämlich ein Wesen, das ganz und gar
von der menschlichen Gesellschaft ausgeschlossen war, niemals jeman-
den sprechen gehört hat, von daher überhaupt nicht sprechen kann;
oder, falls es zu sich selbst sprach, dann wäre es vielleicht möglich, her-
auszufinden, welche Sprache die Natur zuerst für die Menschheit ge-
formt haben könnte.« Philosophie wird das gefunden haben, was sie 17
gesucht hat; das soll heißen, daß sie mehr oder weniger das verlorene
Objekt erfunden hat, das dazu angetan war, ihre Theorien zu bestätigen.
Die Kreatur, die eine philosophische Wunscherfüllung ist, schreibt sich
in eine imaginäre Bahn ein.

In Übereinstimmung mit der Auffassung der Empiriker des 18. Jahrhun-
derts begreift Defoe die Idiotie als etwas, das fortwährend des Gefühls,
der Seele oder Leidenschaft beraubt ist, ohne einen Zugang zur Sprache
zu genießen. Im Fühlen gehemmt, ist der Idiot ein Beispiel für Sprach-
deprivation, er steht für einen Verlust, der die Bandbreite der mensch-
lichen Affekte und eine basale Bezüglichkeit zu den Dingen verunmög-
licht, so Defoe. »Worte sind für uns das Medium des Denkens«, schreibt
er. »Wir können die Dinge nicht erfassen, sondern nur durch ihre Namen,
und im Gebrauch selbst ihrer Namen. ... Wir können nicht denken, erfin-
den, vorstellen, entwerfen, lösen oder zurückweisen; auch können wir
nicht lieben oder hassen, sondern nur auf diese Passionen mit Worten
einwirken, und es gibt dafür keinen anderen Weg.« Der Idiot erinnert an 39
den Blinden, da er mit einem Wesen verglichen wird, das unfähig sein
soll, visuelle Eindrücke zu empfangen und auch nicht in der Lage ist, sie
zurückzubehalten und zu erinnern: »Die Natur scheint für *ihn,* wie ein
besonderes Bild für einen Blinden, EIN UNIVERSALER LEERRAUM zu sein.
Er sieht die Oberfläche, aber scheint davon keinen Eindruck in der einen
oder anderen Weise gewinnen zu können.« Es treten hier Aporien auf, 27
die durch den blinden Philosophen nicht berührt werden: wenn der
Idiot zur Natur gehört und von ihr nicht unterschieden werden kann –
in dem Maße wie der Idiot die Natur *ist* – warum sollten wir dann Ein-
drücke aus der Natur empfangen, als ob sie etwas anderes wäre, oder
sagen wir (um in der auf provokative Weise perversen Rhetorizität des
Beispiels zu bleiben), als ob die Natur ein Artefakt wäre, »ein besonde-
res Bild«? Natur ist, wie die Idiotie, eine Wirkung des Ausschließens von
Natürlichkeit, eine Figur verlorener Buchstäblichkeit. Das ist der Ort,
wo Wordsworth ins Spiel kommen könnte, aber der defekte Eckpunkt
seiner Darlegung zeigt sich für Defoe bereits dort, wo die Logik in sich

zusammenstürzt, wobei sie im empirischen Haus der Idiotie eine Wand einreißt.

Nun, sehr viel mehr könnte über wilde Kinder, Wilde, Idioten und Kinder im Rahmen der philosophischen Spekulation gesagt werden, und es wäre wichtig, den besonderen, doch entscheidenden Status dieser Minoritäten, bei denen die erwachsene Philosophie ihre Streifzüge durchführt, vollständiger zu untersuchen. Von Sokrates' räuberischen Impulsen bis zu Kants rassistischen Bemerkungen hat die Philosophie ein Bedürfnis demonstriert, jene, die nicht für sich selbst sprechen können, die keine gewisse, abgesicherte Majorität erreichen, einzuschließen, obwohl Nietzsche als jemand angesehen werden könnte, der, indem er die Tiere einlud, an einer neuen Tropologie teilzunehmen, dieses Verhältnis umgekehrt hat.[43]

Im Falle von Wordsworth, und Dostojewskij eingeschlossen, haben wir es mit der Figur eines Idioten zu tun, der nicht gänzlich von der Sprache ausgeschlossen ist, obwohl Absenzen, eine gewisse Vorherrschaft der Stummheit und ein ganzes Repertoire an Stotterlauten die Szene der Idiotie bestimmt. Und doch gibt es Aufschübe und das Ereignis des Gedächtnisses; Sprache, wie auch immer durcheinander, mimetisch, dereguliert, ist vorhanden und gehört zu der Existenz, welcher die Idiotie sich einpaßt. So etwas wie Interiorität scheint es nicht zu geben. Doch selbst wenn diese Idioten schließlich zum Schweigen gebracht worden sind, sind sie zweifellos von etwas gestreift worden, das einem Gefühl nahekommt – möglicherweise einer Prise Freude, einem Moment des Bedauerns, einer Körpererinnerung, die ein Erzittern auslöst. Über keine Sprache der Interiorität verfügend, um ein Gefühl zu bestätigen, sind sie mehr oder weniger gestrandet, der kolonialisierenden Projektion ausgeliefert. Gruftig und verschlossen, bietet ihre Subjektivität, wenn es denn eine gibt, wenig, was einer Erzählung gleichkäme; selbst wenn dem so ist, übersteigen oder verschlüsseln sie in beiden Fällen die Meistercodes der philosophischen Ansprüche, die in ihrem Namen gemacht werden. Sie, die durch Sprache berührt sind, wie flüchtig auch immer, besetzen einen Raum, der, im Sinne schierer Idiotie, eine Schwelle bezeichnet. Sprache, einem Fading unterworfen, löst sich auf in den geschriebenen Verschlüsselungen, für welche ihre Körper stehen.

Wie sind sie in die philosophischen Hauptquartiere hineingestolpert? Wie sind sie zu einem Vertrag gekommen, dessen Kleingedrucktem zufolge sie plötzlich »entdeckt« werden konnten? Ihre Deprivation selbst erzeugt Begehren, produziert eine Nostalgie, die nicht eingestanden werden kann. Warum sonst würden sich die Idioten in Richtung auf das Sakrale oder das Erkranktsein an Gott gedrängt fühlen? Wie kommt es, daß sie Gott auf ihrer Seite haben, selbst dann, wenn Er verleugnet wird?

Auf gloriose Weise fehlt ihnen das Reale – eine Bedingung, sagt Lacan (der den Troubador liest), die auf das Verlangen des Wesens antwortet, das wir Mann nennen.[44] In dem Moment, wo der Empirismus beginnt, sich nach dem umzuschauen, was ein bißchen Realität hinter dem spekulativen Trieb etablieren kann; wenn er versucht, die Fiktionen und Kostüme früherer philosophischer Manöver, die gepolstert waren durch imaginäre Bewaffnung, zur Seite zu fegen, behauptet er, sich selbst in jenen Wesen zu entdecken, die, vom Realen festgehalten und mit Blick auf symbolisierende Handlungen widerständig, irgendwie das Reale in seiner extremen Unlesbarkeit *setzen*. Es gibt da etwas, dem der Empirismus nahe kommt, wenn er auf einen fast spurlosen Weg trifft, der den Einschreibungen der Sprache vorausgeht.
Doch wenn der Idiot dazu da war, für die reinen Anfänge der Sprache zu stehen, für den Ort, wo die ersten Hinweise aufgefunden werden konnten, daß Bedürfnisse symbolisiert wurden, dann wäre es falsch zu denken, daß die Erfahrung der Deprivation einfach mit der Einführung der nicht-mimetischen Sprache endete. Denn, wie Wordsworth uns gelehrt hat, Sprache ist, wie der Körper, als Trope immer auf Entbehrung aufgebaut.[45]

********* Der idiotische Junge, der auf ein Pferd gesetzt wurde wie ein Troubador, wird niemals an seinem Bestimmungsort ankommen. Das Gedicht zeigt, wie seine Mutter ihn ins Haus zieht und ihm die Richtungen erklärt, die zum Haus des Doktors führen. Sie gibt dem Pony Anweisungen, sie erinnert Johnny daran, zu ihr zurückzukehren (»Johnny! Johnny! mind that you / Come home again, nor stop at all / Come home again, whate'er befall, / My Johnny, do, I pray you, do«). Das Leben Susan Z. 58–6
Gales steht auf dem Spiel. Wie Sie schon wissen, verirrt sich Johnny, seine Mutter schimpft, Susan Gale steht auf magische Weise wieder von den Toten auf, der Doktor weiß von nichts und Johnny wird schließlich in den Wäldern gefunden, an dem tosenden Wasserfall. Betty und Susan, von Freude überwältigt, bringen Johnny nach Hause. Sie fragen ihn, wo er gewesen sei, wie er die Nacht verbracht habe. Es gibt da einen Erzähler, der vorgibt, daß seine Talente der Aufgabe nicht gewachsen seien; er könnte sogar mental beeinträchtigt sein. Es hat ihn vierzehn Jahre gekostet (mehr als die üblichen sieben), um seine Auffassungsgabe zu komplettieren. Er ist langsam im Verstehen. Er ist wirklich irgendwie unfähig, die Geschichte zu erzählen, die er als einen weißen Fleck stehen läßt. Die Musen sind nicht seine Freunde. Noch sind es Wordsworths Herausgeber. Jack Stillinger spielt in seiner Ausgabe ausgewählter Gedichte Wordsworths von 1965 darauf an, daß die vierzehn Jahre zeigen, daß »der Autor etwas schwer von Begriff sei«.[46] Das sekundäre Drama der narrativen Dummheit ist nicht zufällig oder nebensäch-

lich, kein Schluckauf am Wegesrand der poetischen Erinnerung. (Wo die Dichtung ihrer Verblüffung, ihrem Sich-Unterbrechen oder ihrem Schwanken Ausdruck gibt, sendet sie manchmal den empirischen Schatten des Dichters zum Hölderlin-Turm, zu den Spaziergängen von Lenz oder durch Artauds Jammertäler.)
Die narrative Hülle, die um die Ereignisse gelegt ist, die Johnny entrükken, rekapituliert das initiatorische Drama des Nichtwissens. Von Susan, die allein wohnt, hört man einen »herzzerreißenden Laut«, ein »piteous moan«: Z. 20

No hand to help them in distress;
Old Susan lies a-bed in pain,
And sorely puzzled are the twain,
For what she ails they cannot guess. Z. 23–26

Sie bemühen sich verzweifelt, wie in einer Spirale gefangen, ihre Krankheit zu benennen; es ist dies eine Aufgabe, die Susan und Betty zum Paar macht, sie in zwei aufteilt (»in twain«). Die Anstrengung, ihren Zustand zu entziffern, ist mit Schrecken vermischt; beide sind *äußerst* konsterniert, verblüfft, unfähig zu raten, was es ist. Schnitt zum Erzähler, der auch in der Voraussetzung des Erratens gefangen ist, oder darin, daß es um seine Fähigkeiten des Erahnens nicht gut bestellt ist. Viele Fingerzeige weisen uns darauf hin, daß wir es mit einer Geschichte zu tun haben, die nicht erzählt werden kann. Es handelt sich um eine Geschichte, deren Zentrum fehlt und dem hypothetischen Erahnen überlassen ist. Denn es ist eine Geschichte, die um eine fehlende Geschichte konstruiert ist, die notwendigerweise einen spekulativen Exzeß auslöst. Die Wiederholung des Wortes »vielleicht«, die auftaucht, als der Erzähler versucht, die Schlüssel für ein fehlendes Zentrum zusammenzusuchen, läßt die Stimme sich gegen die Winde des wissenschaftlichen Wissens oder gegen die Autorität des Erzählers erheben. Von den Musen verlassen, verliert der Erzähler jegliche Gewißheit des Wissens um seine Erzählung. Tatsächlich ist das einzige Ding, von dem das Gedicht sagt, es sei ihm vertraut, das Gesicht von Betty Foy (»But Betty, poor good woman! she, / You plainly in her face may read it, / Could lend out of that moment's store / Five years of happiness or more / To any that might need it«). Z. 132–36 Die narrative Funktion außer Kraft gesetzt, bleibt das Geheimnis der Geschichte beim geliebten Idioten, eingeschlossen in die Stille, die ihn umgibt:

The moon that shines above his head
Is not more still and mute than he. Z. 80–81

Doch gibt es eine Vermehrung der *vielleichts*, an die wir uns halten können, eine entfernte Verwandte des *vielleichts*, von dem Nietzsche sagte, es habe die Metaphysik in die Knie gezwungen. Denn wer kann in der Sphäre des *vielleicht* leben?[47] Im Gedicht bezeichnet es das Milieu der Lösung von der Mutter, und es öffnet sich auf den Abgrund wilder Spekulationen. Es macht das Schicksal des Jungen porös – er ist in den beängstigenden Bereich des *vielleicht* hineingerutscht. Wenn du in der Geschwindigkeit des *vielleicht* unterwegs bist, gibt es da so wenig, an das man sich halten könnte. Der Erzähler wendet sich jedenfalls an mich, als ob er um Milde bitten würde, als ob er durch die Bürde eines Bekenntnisses gebeugt wäre:

Oh Reader! now that I might tell
What Johnny and his Horse are doing!
What they've been doing all this time,
Oh could I put it into rhyme,
A most delightful tale pursuing!

Perhaps, and no unlikely thought!
He with his Pony now does roam
The cliffs and peaks so high that are,
To lay his hands upon a star,
And in his pocket bring it home.

Perhaps he's turned himself about,
His face unto his horse's tail,
And, still and mute, in wonder lost,
All silent as a horseman-ghost,
He travels slowly down the vale.

And now, perhaps, is hunting sheep,
A fierce and dreadful hunter he;
Yon valley, now so trim and green,
In five months' time, should he be seen,
A desert wilderness will be!

Perhaps, with head and heels on fire,
And like the very soul of evil,
He's galloping away, away,
And so will gallop on for aye,
The bane of all that dread the devil!

I to the Muses have been bound,
These fourteen years by strong indentures:
O gentle Muses! Let me tell
But half of what to him befell;
He surely met with strange adventures.

O gentle Muses! is this kind?
Why will ye thus my suit repel?
Why of your further aid bereave me?
And can ye thus unfriended leave me;
Ye Muses! Whom I love so well? Z. 312–46

Hier ist es, was einen verrückt macht, was einem an diesem Gedicht wirklich Angst einflößt. Eingetaucht in die Idiotie, die Verschlimmerung des Zustands eingestehend, mimt das Gedicht, auf der Ebene dessen, was es *sagt*, das Aufsteigen der Ballade aus dem Kinderreim. Was die Verständlichkeit der Äußerung angeht, scheint das Gedicht durchquerbar zu sein, ein Kinderspiel, wenn auch anspruchsvoll. Indem es die täuschende Leichtigkeit ausgleicht, mit der das Gedicht, mit Blick auf sein Sagen, seinen Weg geht, erscheint jedoch etwas, das nicht in Erscheinung tritt. Auf der Ebene des *Tuns* verkörpert es par excellence die Bedingung des Poetischen, so daß das Stottern oder Stammeln, um das Geschehen herum, das nicht benannt werden kann, von Hölderlin bis Mallarmé widerhallt, indem es zunächst vom lauten Wasserfall, der kurz vor dem Ende des Gedichts in den Blick tritt, bis zu *Der Rhein* reist. Dazu bestimmt, eine Geschichte über die Idiotie zu erzählen, schwebt das Gedicht am Rand der Aphasie (oder des »puren Idioms«). Selbst dann, wenn es Johnny sprechen läßt, wird ein sirrendes Geräusch evoziert, dem Empfinden nur auf arbiträre Weise zugeschrieben werden kann: »His lips with joy they burr at you.« Z. 14

And Johnny burrs, and laughs aloud;
Whether in cunning or joy
I cannot tell. Z. 377–79

Ein Teil des Gedichts erkennt sich selbst in Johnnys nicht-signifizierender Sprache wieder, an der Grenze des Sagbaren, und wacht mit ihm über die schweigende Erfahrung der Dichtung. Was es als Gedicht tut, ist, sich auf seinen Flug zu beziehen, ohne sich darauf zu beziehen; es kann nicht sagen, was geschehen ist – es kann nicht Geschichte werden – kann nur von einem ungreifbaren Geschehen sprechen, einer fehlenden Gegenwart, dem Enigma seines Entstehens. Es kann seinem Thema und seinem Objekt in das Verschwinden seiner Gegenwart folgen, aber es bleibt durch die Idiotie beschränkt, wenn es dazu aufgerufen wird, das, »was gewesen« ist, in die Gegenwart zu holen. Das Gedicht ist stumm, was das Aufsichnehmen seiner zentralen Bestimmung angeht. Es gelangt nicht bis zum Haus des Doktors, nicht auf die Couch des Analytikers, nicht ins Lager des Empiristen. Indem es dem Bewahren entflieht, schrumpft es für die Beobachtung zusammen. Unfähig, das Rätsel seines Entstehens zu meistern, verirrt sich das Gedicht im Laufe seiner Dynamik zu sagen, zu erzählen; das Gedicht verdreht die Geschichte, weg von sich selbst. Im Moment seines katastrophischen »Die-Wahrheit-Sagens«, taucht nichts anderes auf als die Serialisierung der *vielleichts*. Der untaugliche Erzähler kann allerhöchstens auf die pure Suspension oder die Erscheinung deuten: einer Zäsur oder einer Synkope. »Die Wendung ›nicht ganz bei sich sein‹ bedeutet das. Was suspendiert und aufgehalten ist, jäh in Befremden umkippt, ist das Anwesen des Anwesenden (das Anwesend-sein des Anwesenden). Was also geschieht, ohne zu geschehen (denn per definitionem kann eben das nicht geschehen) ist – ohne zu sein – Nichts, ›Nicht-Seiendes‹ (n-ens).«[48] Das Gedicht kann nicht mitteilen, wo der idiotische Junge gewesen ist, wo er herkommt, oder was es für ihn heißt, zu sein. Es muß die Mutter nach der Wahrheit fragen, sie um die Erzählung bitten:

Tell us, Johnny, do,
Where all this night you have been,
What you have heard, what you have seen;
And, Johnny, mind you tell us true. Z. 438–

Man hat das Gefühl, daß das Gedicht sprechen möchte, aber nicht kann. Es kann nicht auf den Ruf der Mutter antworten; durch keine Schmeichelei kann es Johnny dazu bringen, in dieser Angelegenheit die Wahrheit über seine Erfahrung zu sagen oder irgendeine andere Version seiner Erfahrung zu geben. In anderen Worten, es nimmt Abstand davon, das Abenteuer der Dummheit zu erklären oder ihm zu folgen, wo immer es stattgefunden haben mag, in der nächtlichen Kehre des Geistes. In diesem Sinn, da, wo der Sinn im Dämmer liegt, ist das Gedicht unterwegs, im spärlichen Licht seiner eigenen ins Mondlicht getauchten Stummheit, denn es hat seinen Gegenstand gegen die Grenze seiner Poetizität gedrängt: es hat versucht, Singularität zu artikulieren, die absolute Singularität, für welche der Idiot steht und stottert – rauh und undeutlich, in der eisigen Stille der diskursiven Verbohrtheit. Was hat der Idiot wohl durchgemacht oder gelebt? Es fragt uns das. Was ist zu sagen über seine Abwesenheit, seinen Flug? Dichtung kann dort nicht hin (die Musen ziehen sich zurück), aber sie muß dort hin, und tatsächlich ist sie schon dort gewesen. Denn die Dichtung, als das Erzittern der Existenz, das eine Leere einzeichnet – die Dichtung ist der Idiotische Junge.

»Aufstoßendes, abgerissenes Ende – des Sinns (sens).«[49] Und so überläßt das Gedicht, indem es der Ethik der Singularität treu bleibt und daher notwendig zögern muß, das letzte Wort demjenigen, der keinen Sinn produzieren oder Bedeutung verfertigen kann und der am Ende »all his travels's story« erzählt – die Totalität einer Geschichte, die nicht erzählt werden kann, die ein mimetisches Hinabtaumeln hervorbringt, auf der kalten Bahn einer/s fehlenden Sonne/Sohns. Wir wollen in Erinnerung rufen, daß die Sonne, die mehr ist als ein natürliches Objekt, nämlich ein Emblem des »Geistes der absoluten Souveränität über sich selbst«, für Wordsworth in seiner späteren Dichtung eine Figur des Wissens wird – zum Auge, in der Formulierung de Mans, das den Text des Epitaphs liest.[50] Die Sonne wirft hier ein kaltes Auge auf die Frage des Lesens des Geschehens:

And thus, to Betty's question, he
Made answer...
....
»The cocks did crow to-whoo, to-whoo,
And the sun did shine so cold!«
– Thus answered Johnny in his glory,
And that was all his travel's story. Z. 447–53

Sowohl zur figurativen Interpretation einladend und als auch ihr widerstehend, zitiert Johnnys Antwort die Buchstäbler, die Nachahmer, deren Produktion von Lauten »eine glaubwürdige Kopie« dessen liefert, was sie nachahmen.[51] In einem Schritt von der Einfachheit zur scheinbaren Duplizität ahmt er die wechselseitige Mimikry des Jungen und der Eulen nach, die mit dem Boy of Winander wiederkehren wird, wie von einer entfernten Bergspitze. Aber er spricht nicht bloß vom Terrain der poetischen Affen, Eulen und Papageien aus, vielmehr stellt seine Sprache den Versuch dar, den Rückzug der Sonne zu beschreiben und das Beharren der anderen Sonne, die ihn zurückließ, damit beschäftigt, sein brüchiges, undeutliches Sprechen und das Maß seiner leeren, eisigen Ekstase zu erfassen. Seine Geschichte, ein Zweizeiler am Ende des Gedichts, ein kaum entzifferbarer Versuch, wirft auch die Frage nach dem Schicksal und der Richtung auf, aus dem sich die Konturen einer möglichen Identität herleiten, die noch nicht erahnt werden kann: »to-whoo, to-whoo.« Das ist die Antwort, die er gab. Diese Antwort ist auch eine Frage, die sich in einem prekären Gleichgewicht mit einem a-grammatischen Verlassensein hält, welches die nicht-wiedereinholbare, unreine Essenz seines Objekts wiederholt.

S A T E L L I T

Sokrates: Wie auch den Thales, o Theodoros, als er, um die Sterne zu beschauen, den Blick nach oben gerichtet, in den Brunnen fiel, eine artige und witzige thrakische Magd soll verspottet haben, daß er, was im Himmel wäre, wohl strebte zu erfahren, was aber vor ihm läge und zu seinen Füßen, ihm unbekannt bliebe. Mit diesem nämlichen Spotte nun reicht man noch immer aus gegen alle, welche in der Philosophie leben. Denn in der Tat, ein solcher weiß nichts von seinem Nächsten und Nachbarn, nicht nur nicht, was er betreibt, sondern kaum, ob er ein Mensch ist oder etwa irgendein anderes Geschöpf. Platon, *Theaitetos*, 174 a–b.

KANT

DIE FIGUR DES LÄCHERLICHEN PHILOSOPHEN: ODER, WARUM ICH SO POPULÄR BIN

Satellit Kant

A. DER POPULARITÄTSSTREIT DER FAKULTÄTEN

——— Dieser Satellit ist ausgeschickt worden, um über die Paradoxien und Aporien von Weltklasse-Popularität Informationen zu sammeln. Ich kann, als Gerät, das seine Befunde registriert, das Dossier über dieses Problem nur eröffnen. Eine bloße Kopier- und Datenbank, die unsichtbar an einen größeren Apparat angeschlossen ist, bin ich programmiert, das Problem zu erkennen und auf seinen Ruf zu antworten. Ich regle, während eingescannt und neu kodiert wird, den Zustrom und sende fortgesetzt Signale. Es gibt da etwas, das sie mir über eine alte Komplizität zwischen Kant, Kierkegaard und Kafka zu verstehen geben wollen, und dieses Konsortium, so wird gesagt, ist bezogen auf die Koordinaten dessen, was als französische Theorie durchging. Eine Sache von höchster planetarischer Priorität, die größter Aufmerksamkeit bedarf: So hoch wie der Berg Morija. Archivangst dreht die Uhr zurück, bis hin zu dem, was nie zu Ende erzählt wurde. ———

Zurückgehend auf die Szene einer ursprünglichen Einschreibung, haben Kafka und Kierkegaard die Einsicht gemeinsam, daß Abraham etwas Lächerliches an sich hat. Kierkegaards Beispiel für törichte Treue, das er ausführlich in *Furcht und Zittern* behandelt, ist Abraham: »Aber Abraham glaubte und zweifelte nicht, er glaubte das Widersinnige.«[1] Kafkas Parabel *Abraham*, die dem Niedergang des ersten Patriarchen nachgeht, beruft sich auf Kierkegaard (und Don Quijote). Kafkas zahlreiche Abrahams sind, multipliziert und serialisiert, lächerliche Kreaturen – die Welt, so wird gesagt, würde sich totlachen, sobald sie in Sicht kämen; einer von ihnen ist ein geschäftiger Kellner, der eine Order entgegennimmt. Ihr Auftritt, von unüberbietbarer Narrheit zeugend, bindet sie an eine unvergeßliche Legende, die einen ersten Brief an den Vater sowohl teilt als auch versiegelt.[2]

——— Ich gebe zu, daß die Daten ziemlich verquer ankommen. Sicher nicht in der chronologischen Ordnung, um die sich die Gelehrten bemühen. Es gehört zu den Wirkungen der neueren Technologien, daß der Informationsfluß zuerst entwirrt und dekodiert werden muß. Ich lasse die gesamte Argumentation einscannen, während gesichtet und ausgewählt wird und die Informationen in eine neue Ordnung gebracht werden. Übermittelt wird uns die Verfehlung der Erkenntnis bei Paul de Man und seine geheimen Obsessionen mit der Dummheit, der Unwissenheit, der Blödigkeit, dem Schwachkopf und die Art, wie die sprachliche Setzung das setzende oder Voraussetzungen machende Subjekt reinlegt. Und wir machen weiter damit, die gebrochene Linie der nicht bearbeiteten Frage der Dummheit auszuhandeln – die Ängste, die Phobien, die apotropäischen Strategien, die dazu da sind, um klarzukommmen mit:

Entität Französische Theorie

Es gibt da deshalb einen Abschnitt über Schlegels Aufsatz *Über die Unverständlichkeit*, wo die Rechte und Notwendigkeiten der Unverständlichkeit verteidigt werden, als Basis für alle schöpferische und interpretative Aktivität, als Antwort auf diejenigen, die die Theorie des 18. Jahrhunderts schlechtmachen. Schlegel soll mit Bataille zusammengebracht werden, nicht nur wegen ihres rigorosen, oft mutigen Widerstands gegen den Sinn, gegen die Produktion des immer schon Kodifizierbaren, sondern auch, weil sie in Verbindung waren, nicht einfach nur historisch, vielmehr als Pornographen des Cogitos. Sie waren dazu bestimmt, sich gegenseitig zu lesen, Bataille und Schlegel, dem Pulsschlag einer neuen Form von Chronik entsprechend. Friedrich Schlegel bekam Schwierigkeiten wegen des pornographischen Codes, den er in den philosophischen Diskurs eingebracht hatte. (Bataille folgte ihm in diesem nicht-kanonischen Tun.) Diese inkompatiblen Codes – der pornographische und der philosophische, die Seite an Seite stehen – führten dazu, daß Friedrich durch alle ernsthaften Deutschen, von Hegel bis Kierkegaard und Dilthey, enteignet wurde (Georges B. wiederum durch einen solch ernsthaften Deutschen wie Sartre). In gewisser Hinsicht, um zusammenzufassen und voranzukommen, war Friedrich, der philosophische Pornograph, zu französisch. Und noch schlimmer, er unterschrieb mit seinem Namen seinen provozierendsten Text, *Lucinde*. Vor ihm hat niemand, der bei Verstand war, ein pornographisches Werk unterschrieben.

Das Erinnerungsdiagramm von Friedrich liefert das Stichwort für eine andere, gleichwohl verwandte Art von Geschichte: diejenige des Philosophen als lächerliche Figur. Nicht dumm an und für sich, sondern – mit einer interessanten Verschiebung oder sogar Intensivierung, das wird sich zeigen – *lächerlich*. Heutzutage wird das sonderbare Prestige dieser Gruppe auf fast jeden übertragen, der mit dem Schicksal der »Französischen Theorie« (eine interessante und bedachtsam vorgebrachte Verschiebung der Philosophie) in Verbindung gebracht worden ist. Sie brauchen sie nicht zu verfolgen; sie tun es selbst. Man denke an Kristevas Behandlung von Foucault, der in ihrem Schlüsselroman als lächelnder Idiot dargestellt wird und an die vielen Bilder, die Derrida, Lacan, Deleuze, Irigaray und andere entstellen oder dem Gespött aussetzen. Diese Tendenz, unter der ein gewisser Typus des Schriftstellers zu leiden hat, nämlich aus einer Reihe herausgegriffen und als lächerlich bezeichnet zu werden, ist kein Unfall oder etwas Zufälliges, das den Philosophen befällt: das hat eine Geschichte, die in einem provokativen Sinn in Nietzsche kulminiert: in der Art, wie er auf lächerliche Weise außerhalb seines Körpers baumelt und trotzdem, mal hier mal da, die absichtlich versetzten Schläge absorbiert: warum ich so gute Bücher schreibe, warum ich so klug bin – warum ich mich lächerlich mache, könnte man hinzufügen, oder warum ich den Hanswurst liebe und bejahe. Auch Heidegger blieb der Vorwurf nicht erspart (von Adorno und anderen erhoben), lächerlich zu sein, bevor man ihn für schuldig befand hinsichtlich anderer, entschieden weniger auf Rhetorik basierender Schuldzuschreibungen. Wer war der erste lächerliche Philosoph in der Moderne, der sich selbst dem Lächerlichen aussetzte, freiwillig sich selbst verwerfend? Diese Form des Kalküls werden wir zu erforschen haben, denn die Verwerfung des Philosophen ist Teil einer bestimmten Ökonomie – oder um präziser zu sein, es gehört dies zu einer Ökonomie des *Opfers*, deren Gesetzen entsprechend der Philosoph auf dem Altar der Literatur gekreuzigt wird. Doch – »Wo waren wir gerade stehengeblieben?« fragt die Gelehrte.

/ Kleine Info / Erläuternde Prosa

»Französische Theorie« – wenn man ihr Verschwinden und ihr Wiederauftauchen einbezieht, ist eine Form des Aufschubs, darüber zu entscheiden oder Auskunft geben zu müssen, ob es sich um Literatur oder Philosophie handelt. Erst seit Kant ist es möglich und notwendig geworden, zwischen Philosophie und Literatur zu unterscheiden. Kant hat sich selbst als gescheiterter Schriftsteller präsentiert und seine Arbeit als solcher unterzeichnet. Dies hatte Konsequenzen für das Schicksal der kritischen Philosophie, der Metaphysik und auf eine sonderbare, aber beabsichtigte Weise, der Literatur. Moderne Literatur hat Kant adoptiert und dazu beigetragen, aus Kant einen populären, wenn auch hier und da lächerlichen Helden zu machen.

Denn Kant, so schrieb Kant, konnte nicht schreiben. Er war der erste, der das Begehren des Philosophen einschrieb, *ein Autor* zu sein, eine gewisse literarische Transzendenz zu erreichen, soll heißen, elegant zu sein und Stil zu zeigen. Die Probleme, die Kant als Schriftsteller versus Kant als Philosoph hatte, wurden zu jedermanns Thema, denn er nahm die Kritik selbst vorweg, er belastete seine Gedanken mit der Angst, verfehlte Literatur zu sein, mit seiner Unfähigkeit zu schreiben. Er war kein David Hume, er konnte mit einigen anderen nicht konkurrieren, er war verdammt zur Nicht-Eleganz, und Moses (Mendelssohn) war ihm in punkto schierer Ausdruckskraft wirklich überlegen.

Daß Kant saumäßig schreibe, wurde wiederholt gesagt, von Jean Paul, von Heine, von Nietzsche und von Musil sowie anderen wunderbaren Schreibern, die hauptsächlich Ironiker waren, aber erst einmal sagt es Kant selbst: seine Unfähigkeit zu schreiben, kränkt und peinigt den Philosophen. Er drückt der Philosophie eine tödliche Askese auf. Er konnte nichts dafür. Ihm fehle das glänzende Talent eleganten Schreibens, schrieb er. Er konnte nichts dafür, und es war nicht sein Fehler. Die Philosophie kann sich selbst nicht direkt darstellen; sie ist zerbrechlich, die Darstellung* ist verletzlich, denn sie ist philosophisch. Immer wieder ringt Kant damit, daß er kein Talent habe, daß er unfähig sei, seine Gedanken darzustellen; diese Negativattribuierungen lassen sein Urteil und sein Talent strittig erscheinen. Doch wie Jean-Luc-Nancy gezeigt hat, ohne Talent gibt es keine transzendentale Konstitution des Wissens.[3]

Vieles verstärkt Kants Unfähigkeit, mit einem Programm mitzuhalten, in dem Talent, zusammen mit dem Urteil, entscheidende Funktionen hat. Um zu philosophieren, mußte Kant das Talent aufgeben. Die Implikationen eines behinderten Talents für die Geschichte der Metaphysik sind vielfältig, weil das Talent, unter anderem, das als ein Geschenk der Natur angesehen wird und in der Fähigkeit des Verstehens besteht, nicht von Belehrung, sondern von der natürlichen Disposition des Subjets abhängig ist. Wenn es des so verstandenen Talents ermangelt, gibt es immer das Risiko, daß Philosophie ihr Objekt verlieren und den Punkt verfehlen könnte. Kant indes behauptet an verschiedenen Schnittpunkten seines Werks, daß es ihm an Talent ermangele, das, der *Anthropologie* zufolge, die höheren Fähigkeiten des Wissens krönt und an einer Stelle als Gipfel der Vernunft erkannt wird. Lassen Sie uns in Betrachtung ziehen, wie Kant diese Verzichtsleistung vollzieht, denn, obwohl er nichts dafür kann und es nicht sein Fehler ist, und sie (die Philosophie) es war, die damit anfing, gab er es auf, er hat also eine Wahl, eine Entscheidung getroffen, sein Talent fahren zu lassen.

Um das Talent loszuwerden, gibt er sich ein solides Motiv, er wird die Negativität des Talentmangels umkehren, indem er die Umwertungsmaschine in Gang gesetzt haben wird. Denn, vergessen Sie nicht, daß man immer schon, seit Kant, wie Heine und Nietzsche uns erinnern, schlecht schreiben muß, um Philosoph zu sein. Dieses Diktum wurde Bestandteil des Vertrags, zu einem auffälligen Imperativ des Kantschen Textes. Dem Vermächtnis Kants zufolge wird von nun an ein wahrer Philosoph ein schlechter Schriftsteller sein, rhetorisch inkohärent, syntaktisch fle-

gelhaft, verarmt, was die Diktion betrifft – alles in allem, entschieden unliterarisch. Der Begriff konnte nicht dazu gebracht werden, in rosafarbenen Ballettschuhen zu erscheinen: er mußte wissenschaftlich, das heißt rhetorisch schmucklos auftreten. Es gibt ein eindrucksvolles Eintreten von seiten Kants für die Substitution von Kunst durch Wissenschaft, durch die Werte der lesbaren *Unlust*, die mit der wissenschaftlichen Ausarbeitung, mit ihren Erkennungszeichen des trockenen und arbeitsamen, bitteren Durcharbeitens einhergeht: »Die *Wahrheit* erfordert also die Wissenschaft, die mühsam ist und keinen Stil hat, keinen Honig.«[4] Diese Prozedur, die noch nicht einmal einen Zuckerersatz in ihrem Stoffwechsel verträgt, findet ihre Begründung in der Notwendigkeit der Struktur und der Essenz des Wissens. Die philosophische Darlegung sollte ohne Honig oder ähnlich süße, aber komplizierende Verlockungen der Kunst niedergehalten werden. Es wurde zu einer irgendwie epistemischen Problemlösung, ehrenvoll seine Aufgabe zu erledigen, die dem philosophischen Handeln immanente männliche Pflicht anzuerkennen und zu umarmen. Dieses Vermächtnis wird auf die sogenannte Französische Theorie Einfluß haben, die, folgt man Nietzsches Schule, Stil praktiziert und Denken auf elegante Weise vollführt, mit rhetorischer Finesse. Kein Wunder, daß die Angeber der seriösen und männlichen philosophischen Schulen versuchen würden, unter dem Vorzeichen des Lächerlichen, jeden loszuwerden, der jenes Talent praktiziert, auf das Kant, der Schriftsteller, verzichtet hatte. Seit Kant ist schönes Schreiben feminisiert und homosexualisiert worden, wie so viele Angriffe auf die Theorie enthüllen (oder zu verschleiern suchen). Kant, für seinen Teil, hat offen mit zwei heterogenen Einheiten gekämpft: Philosophie, auf der einen Seite, Stil und Eleganz, auf der anderen, weiblichen Seite.
Kant hat auf sein Talent verzichtet; er kann nicht schön schreiben. Er bedauert dies, er denunziert sich selbst, er gibt es zu, so als wäre dies wie die Enthüllung einer sexuellen Perversion, de Sade vergleichbar. Es gibt da einiges an Lust, was die Unlust angeht, die er dem philosophischen Körper auferlegt, obwohl er nicht lange bei der de-Sade-Verbindung verweilt, er zieht es momentan vor, die masochistische Zone zu erforschen. Kant läßt sich nicht weiter darauf ein, er zieht sich zurück. Denn, so vermutet er, während er den anderen Soundtrack abstellt, es ist ein Opfer für mich, auf Talent zu verzichten. Ich mußte mich tatsächlich selbst opfern. Er geht sogar weiter oder sogar noch weiter zurück, wenn er erkennt, daß dieses Opfer nicht ohne Nutzen ist. Am Ende also wird Kant die Unfähigkeit, schön zu schreiben, annehmen, ihren Wert verschieben, sie als gewollt einschreiben – sie ist nun als Verzichtshandlung etabliert. Er *muß* dies so zugunsten der Philosophie handhaben – und den Verzicht auf Eleganz erklären, während er die kritische

Position einrichtet, die er gezwungen ist, einzunehmen. Außerdem ist dies nicht nur eine Sache des Talents, sondern des fortschreitenden Alters, denn die Zeit kriecht hoch an Kant, und er muß sich beeilen, um die Ziellinie zu erreichen, selbst dann, wenn er durch die Begrenzungen des Alters und eine erbarmungslose biologische Uhr langsamer wird (er ist nicht Abraham; er kann nicht damit rechnen, seine Texte in sehr hohem Alter zu vermehren.) Wenn es sich um eine Angelegenheit seiner ihm zur Verfügung stehenden Zeit und seines Alters handeln würde, dann hätten wir es nicht einfach mit seinem Handikap zu tun. Vielleicht hat er das Talent, aber nicht die Zeit; er muß mit der Arbeit weitermachen, was ihm nicht erlaubt, eine Temporalität zu ehren, die seinem Talent angemessen wäre. Endlichkeit übt Druck aus. Zur Eile getrieben und beschränkt durch die Zeit, hat er keine Geduld für den verlockenden Ruf des Talents. Also macht er sich zum Märtyrer, um den Anforderungen des philosophischen Schreibens gerecht zu werden. Man lese nur die köstlichen Seiten des zweiten Vorworts der *Kritik der reinen Vernunft*, wo Kant erklärt, warum er sich selbst opfern muß. Aber all dies trägt, mittels einer qualvollen Logik, immer noch dazu bei, das Begehren zu bestätigen, ein Buch zu schreiben. Wie Nancy insistiert, dies ist das erste Mal, daß ein Philosoph ein Autor sein und mit seinem Namen unterschreiben wollte als dem Namen, der einem Buch gehört. Ein Buch. Kein anderer Philosoph hat so sehr gewollt, durch ein Buch gebunden zu sein.

Weil er das Buch nicht liefern kann, das er hätte schreiben können und geschrieben hätte, muß Kant, so sagt er selbst, die unausweichliche Voraussetzung akzeptieren, unpopulär zu sein: »Denn [die Kritik der Vernunft] kann nie populär sein«, so seine Meinung.[5] Aber er wird damit fortfahren, auch diesen Anspruch zu unterlaufen, und hier frage ich, was sollen wir von Kants verschiedenen Streitereien halten – um mit dem Streit der Fakultäten, dem Popularitätsstreit zu beginnen, auf den Kant hinwies, und es gibt da noch einen anderen Streit, auf den wir zu sprechen kommen werden – entsprechend den allegorischen Möglichkeiten dieser Streitigkeiten, was die Paradoxien und Aporien der Popularität betrifft, die auch das befallen haben, was ich als »Französische Theorie« rezipiere.

Wie hat Kant es nun, trotz allem, zum populären Helden gebracht? Das Scheitern Kants als Schriftsteller hat auf die Literatur Einfluß gehabt, was ihren Begriff von sich selbst, ihre Selbstbesessenheit angeht, es hat ihren historischen Narzißmus aufgepumpt. Der große Durchbruchsdenker, der vor dem literarischen Phallus zusammenbrach, hat die Sphäre des Literarischen abgesteckt, die Sphäre dessen, was elusiv bleibt, unzugänglich, auf schmerzliche Weise begehrt. Mit Kant wurde die philosophische Erörterung fragil, sie hat die Erfahrung eines sich selbst anzweifelnden Schreibens eröffnet, eines Schreibens, das sich als unfähig erweist, seine Aufgabe zu erfüllen. Philosophische Erörterung kann nicht gänzlich unabhängig oder sogar heterogen sein mit Blick auf den Inhalt, den der Philosoph darstellen möchte. Die einzige unverletzliche Erörterung wäre diejenige der Mathematik, welche die einzige Domäne der Darstellung ist, die sowohl dem Begriff als auch der Intuition adäquat ist. Mathematik ist »der einzige Ort der Darstellung im vollen und reinen Sinn des Begriffs.«[6] Die philosophische Erörterung, die es an selbst-adäquatem, mathematischem Wissen fehlen läßt, sieht sich in eine dauernde Krise gestürzt; von nun an wird sie die marginale, zufällige, biographische und provisorische Allüre, die sie mit Kant annimmt, zu tragen haben. Die Krise der *Darstellung** zeigt die Nahaufnahme und das persönliche Profil eines beunruhigten Philosophen, der notwendig von der Autonomie des Wissens entfremdet ist, welche der mathematischen Wissenschaft zugeschrieben worden ist. Die Verletzlichkeit der Darlegung wird als das Problem Kants, des Schriftstellers, erscheinen, nicht als das Problem der Philosophie Kants. Sich in einem Netzwerk aus Problemen situierend, hat Kant in gewisser Weise fortgesetzt wiederholt: »Warum ich so schlechte Bücher schreibe«. Nietzsches Refrain: »Warum ich so gute Bücher schreibe« ist eine Antwort, die dazu angetan sein soll, mit dem Fluch Kants zu brechen, und doch gehört auch er zu den Adressaten dieses Fluchs. Nietzsche, der die Geste wiederholte, sein »Ich« vor den Anspruch eines Textes zu stellen, mußte alle Arten von apotropäischen Zauberworten um sich herum aufstellen, um seine Arbeit gegen den Kantschen Fluch des schlechten Schreibens abzusichern. Es war eine Sache des Selbstrespekts und der Würde.

Trotz allem wurde Kant populär, eine Kultfigur. Seine Arbeit, die unglaublich schwierig war, ohne Kompromiß, peinlich, trocken, rhetorisch verkrampft, wurde zum Spitzenreiter auf jedermanns Liste – und, entgegen seiner eigenen Aussage, hatte Kant ein Programm für diese Möglichkeit seiner eigenen Arbeit eingerichtet: er programmierte genau jene Popularität, von der er vorgab, auf sie verzichtet zu haben. Nun, wenn man es genau nimmt, ist es nicht die dieselbe Popularität, denn Kant schreibt dem Begriff der Popularität letztendlich zwei Valenzen zu. Es gibt zwei Arten, populär zu sein. Mit einem Wort: du kannst dem Allgemeinen entsprechen, oder du kannst dich weigern, dem Allgemeinen zu entsprechen – aber die Weigerung muß rigoros sein. Und vergessen Sie dabei nicht, wie sehr Kant damit beschäftigt ist, verschiedene Ebenen der Allgemeinheit (*commonality*) zu registrieren, des Allgemein-Unitarischen (*communitarian*) und der Gemeinschaft (*community*), das, was Nancy an anderer Stelle als »literarischen Kommunismus« bezeichnet.[7] Auf jeden Fall hat Kant einen doppelten Bezug zur Popularität.

Populärsein ist also zunächst schier unmöglich oder eine Gefahr. Populäre Philosophie, im Unterschied zur spekulativen Philosophie, würde dem gleichen, was Hume in der *Untersuchung* beschreibt. Populäre Philosophie bietet Ratschläge an, dogmatische Ermahnungen und geht mit Beispielen voran; mehr noch, sie ist in populärer Sprache geschrieben, mit der sie Absichten einfärbt, ohne eine Grundlage etabliert zu haben. In der *Kritik* ist nichts gefärbt – Kant ist da explizit –, dort wird entsprechend eines Entwurfs, einer Spur, eines Plans, eines Schemas oder einer Skizze vorgegangen. Populärer Stil wird dagegen ausgefüllt, mit Accessoires, mit einem Farbcode versehen. Es ist der Stil, vor dem Kant zurückscheut. Denn Stil, um Stil zu sein, muß populär sein, selbst im Falle eines angeblich einzigartigen Stils. Populärer Stil *ist* also Stil. Im Unterschied dazu reduziert sich die Kantsche Kritik auf eine Art von klumpigen Minimalismus. In dieser Hinsicht hat Kant alle Hoffnung fahrengelassen, populär zu werden; er hat eigentlich nur Angst mit Blick auf eine solche Möglichkeit bezeugt. Hier nun, wie er doch noch auf lange Sicht gewann – denn Kant wettet auf lange Sicht und spielt, wie er sagt, auf immer.

Zwei Valenzen des Populären sind im Spiel. Es gibt bloße Popularität, und es gibt echte, wirkliche Popularität. Wirkliche Popularität gehört in den Bereich der Vernunft, zu den Belangen der philosophischen Erörterung. Kant hat sich auf berühmt gewordene Weise in seiner kritischen Arbeit auf den *sensus communis* berufen, eine Gemeinschaft der Vernünftigkeit. Er weist auf den Unterschied zwischen *sensus communis* und *sensus vulgaris* hin. Reine praktische Vernunft braucht, für ihre Entfaltung und Demonstration, die populäre Darstellungsform. Die Frage der Popularität hat bei Kant eine Bandbreite, die von der literarischen Eleganz bis zu den Anliegen der Vernunft selbst reicht. Schließlich gibt es da einen Punkt, wo die Vernunft populär *ist* und den Mantel der Eleganz nicht benötigt, um sich selbst darzustellen. Dieser Umstand hängt eng mit der Autonomie der Vernunft zusammen.

Die Sache hat jedoch einen Haken. Es wäre kein so Problem, wenn man die echte Popularität einer vulgären vorziehen könnte. Wer würde zögern, welche Wahl zu treffen sei? Aber so verhält es sich nicht bei Kant. Beide Arten von Popularität haben philosophischen Wert, so daß, wer eine Art von Popularität wählt, die andere ausschließt und von daher eine Ökonomie des Opfers betreibt. Um es ganz schematisch zu sagen: wer auf die eher vulgäre Popularität verzichtet, opfert für die Philosophie eine schöne, verführerische und willkommene Darstellung, ein Schreiben, das in der Lage wäre, einladend und ansprechend zu sein. Wenn er jedoch einen transzendenteren Typ der Popularität opfert, verzichtet er nicht nur auf den Begriff und die Autonomie der Vernunft, sondern er riskiert es, die zukünftige Wiederkehr der Philosophie einzu-

schränken. Es gibt da einen Knoten der Unentscheidbarkeit: Wie kann man die eine Popularität der anderen vorziehen? Beachten Sie, daß es bis jetzt nicht in Frage kam, nicht populär zu sein. Philosophie *ist* populär und das ist in der Tat ihr Problem, ihr internes Kontrollthema. Die Unfähigkeit, so Kant, deine Popularität zu wählen, enthüllt deinen Mangel an Geschmack. Kants Ausarbeitung basiert auf einer Ethik der Darstellung, die den erwünschten, aber verdächtigen Köder der Eleganz zu umgehen hatte. Es zeigt sich schließlich, daß für Kant, nach einer Anzahl von aporetischen Behauptungen und Dementis, die Figur, die wirklich und wahrhaftig populär ist – der herrschende Pop –, fraglos der Genius ist. Der Genius erreicht unheimliche Ausmaße an Popularität. Von daher die unentrinnbare Popularität von Einstein, Rembrandt, Shakespeare, Charlie Chaplin, Mozart (füllen Sie den Leerraum mit einem Gemeinplatz aus) ....
....

Hier hätte keine Unterbrechung der Kontakte stattfinden dürfen. Der Genius ist eine verzweifelte und Verzweiflung auslösende Figur, die nicht einfach nur in ein positives Licht gerückt werden kann, sondern, wie Kant schon in der *Dritten Kritik* bemerkt hat, etwas Monströses an sich hat. Eine Verirrung der Natur, schwankt der Genius ungemütlich zwischen schierer Simplizität und Exzeß – eine unberechenbare natürliche Kraft – mittels derer das außergewöhnliche Talent seine Einschreibungen betreibt. In der Tat wird der dichterische Genius, obwohl er oft gestützt und gefeiert wird, von Kant als suspekt dargestellt, als gefährlich, auf hoffnungslose Weise draußen. Der Dichter, unheilbar gespalten zwischen Verzückung und Vulgarität, zwischen der Autonomie, die den Begriff mittels Intuition produziert und einem dümmlich-erdhaften Wesen, hat eine kontaminierende Funktion für die Philosophie – ein Wesen, das, zumindest seit Platon, versucht hat, einen Zwangsräumungsbescheid zu lesen und zu meistern, welcher durch die Philosophie eingereicht wurde. Der Dichter als Genius ängstigt und fasziniert, weil er den Philosophen mit dem Jenseits des Wissens weiterhin bedroht. Philosophie katzbuckelt. Indem sie ausschließt und sich die Poetizität aneignet, durch welche sie belästigt und verschattet wird, hat die Philosophie eine Krise mit Blick auf ihre eigenen Prämissen herbeigeführt, mit dem Effektt, daß diese Prämissen von nun an den Possen des populären Dichters entsprechen: »Paradoxerweise ist es dann vielleicht so, daß wir es Kant verdanken, daß es da weder Philosophie noch Literatur gibt, nur ein permanentes Durcheinander, immer auf der Suche danach, sich selbst zu schreiben...«[8] .... brouillage permanent/ Durcheinander ....
....

B. UND SARA LACHTE

Abraham, der große Patriarch, der *Erzvater**, der eine und einzige, an den man sich noch immer erinnert, der fast so populär wie Gott ist – er, von dem wir herkommen, teilt entscheidende Motive mit Kants Auffassung seiner selbst als lächerlich; es ist Kafka, der uns daran erinnert. Obwohl es so erscheinen könnte, als wäre es frevelhaft, diese Väter vom Podest zu nehmen oder sie paradoxerweise sogar beim Wort zu nehmen, ist dies weder meine Intention noch mein Tun. (Ich transkribiere nur.) Sie nehmen sich selbst herab, von den Bergen, die sie sich angestrengt haben, aufzurichten. Genauer gesagt, nimmt der Logos sie herab. Kant sagt in einer seiner theologischen Arbeiten, daß die Vernunft für den Absturz ins Närrische selbst verantwortlich sei.[9]
Fragen des fehlenden Stils und der schlechten Erscheinung lenken Kafkas Parabel über den mit so vielen Hypothesen der Lächerlichkeit bedachten Abraham. Unvermeidlich dazu angetan, das Gelächter der Welt auszulösen, ringen diese Wiederaufnahmen eines in lächerlichen Posen auftretenden Abrahams mit dem Aufkommen einer gewissen Popularität. Der Text versucht, seiner Popularität zu entkommen, und gleichzeitig legt er darüber Rechenschaft ab. Er beginnt damit, auf die »geistige Armut Abrahams« hinzuweisen, auf die Trägheit, die diese ausströmt, auf seine Unfähigkeit, die Diversität der Welt zu sehen. Und dann, außer Rand und Band, als wäre er imstande, einen Streit mit dem Allmächtigen auszutragen, beschwört und ruft der Text diesen Mann an, den ersten, und erfindet eine andere Möglichkeit für Abraham (»Ich könnte mir einen anderen Abraham denken«).[10] Das »Ich« denkt sich einen Abraham, der, obwohl er darauf vorbereitet ist, der Forderung nach dem Opfer unmittelbar nachzukommen, zunächst erstarrt, während er seine Marschbefehle erhält. Dieses Ich stolpert über die konstative Äußerung in der Bibel, die eine performative Notwendigkeit impliziert: »Er bestellte sein Haus.« Die Erzählung kann über die Tatsache dieses Hauses nicht hinwegkommen, über die Anweisung, die von ihm ausgeht. (Die Bibel legt keinen großen Wert darauf, daß Abraham sein Haus reinigt; Kafka hat es wohl von einer Wand abgelesen.[11]) Die Parabel beharrt: Abraham hatte etwas Besitz. Er hatte ein Haus; mehr noch, es mußte in Ordnung gebracht werden. Das Haus als Haus des Seins oder als ein kleiner Besitz enthielt schon Abraham, schenkte ihm ein spezifisch weltliches Hab und Gut und etablierte so etwas wie eine vorgeschriebene Routine. Er war durch sein Haus gebunden. Es mußte vor allem anderen in Ordnung gebracht werden, bevor andere, höhere Befehle befolgt werden konn-

ten, die schwächer vernommen wurden. Ans Haus gebunden, war die-
ser Abraham, der »es nicht bis zum Erzvater bringen würde, nicht ein-
mal bis zum Altkleiderhändler«, darauf vorbereitet, auf den Ruf zu ant-
worten, mit der Bereitwilligkeit eines Kellners, aber er war unfähig, die-
se Aufgabe zu Ende zu bringen, »weil er von zuhause nicht fort kann,
er ist unentbehrlich, die Wirtschaft benötigt ihn, immerfort ist noch
etwas anzuordnen, das Haus ist nicht fertig«. Das Thema des Opfers im- 41
pliziert Bereitwilligkeit, ein Aufgeben des Besitzes. Die Sorge, die Kafka
an den Tag legt, liegt vor dem Opfer. Wie kann ein Haus bestellt sein,
wenn der Ruf kommt? Ein Haus muß bereit sein, so daß der Ruf entge-
gengenommen werden kann. Das Annehmen des Rufs würde den Be-
wohner einem Außen aussetzen, das vertrauter ist als die Feuerstelle.
Was ist die Verbindung zwischen dem Ruf und der Ordnung im Haus?
Es gibt da die Einflüsterung einer Befindlichkeit, die an Hausarrest erin-
nert: er wird nie das Haus verlassen, noch nicht einmal, wenn er aus
dem Fenster springt. Und es gibt das andere Thema des Springens, der
Sprung Abrahams, der nicht als solcher in Erscheinung tritt.

Das Problem mit diesem Abraham, so der Erzähler, ist, daß er bereits
das Haus hatte, einen Rückhalt hatte, etwas, das man verlassen kann:
»Wenn er nicht das Haus gehabt hätte, wo hätte er denn sonst den Sohn
aufgezogen, in welchem Balken das Opfermesser stecken gehabt?« Die-
ser Abraham, der mehr Stil an den Tag legt als der bekannte, verarmte,
wird zu seinem Substitut, wird zum »wirklichen Abraham«, »aber es sind
alte Geschichten, nicht mehr der Rede wert.« Warum also diskutieren 43
wir darüber?

Etwas in der alten Geschichte kam nicht zur Ruhe; sie ruft uns, wieder-
holt sich selbst immer schon als alte Geschichte, deren Wiederkehr sie
als grundlegende erkennbar werden läßt, als die Geschichte Abrahams,
der den Ruf empfing. Dieser »hat schon vorher alles gehabt, wurde von
der Kindheit an dazu geführt, ich kann den Sprung nicht sehen.« Der Er- 43
zähler verfolgt eine Logik, welcher der Sprung fehlt. Wenn dieser Abra-
ham schon alles hatte, dann mußte ihm etwas genommen werden, »das
ist folgerichtig und kein Sprung«. Wo ist der berühmte Sprung des Glau- 43
bens, das Gerücht, das Kierkegaard ausgestreut hat: eines plötzlichen,
nicht-erzählbaren Wegbrechens? Die Logik des Opfers scheint hier zu
nahe an der kalkulierten Simplizität zu sein, sie ähnelt in einer vorweg-
nehmenden Weise dem Opfer Hiobs, dem so viel genommen wurde.
»Anders die anderen Abrahame, die stehen auf dem Bauplatz und sollen
nun plötzlich auf den Berg Morija; womöglich haben sie noch nicht ein-
mal einen Sohn und sollen ihn schon opfern. Das sind Unmöglichkei-
ten und Sara hat recht, wenn sie lacht.« Aber Saras Lachen bezieht sich 43
nicht auf die Lächerlichste aller Möglichkeiten, nur auf Unmöglichkeiten,
die Sinn machen und keinen Sprung produzieren können. Was wäre

sinnvoll? Es gab Abrahame, die gerufen wurden, bevor sie fertig waren, das heißt, bevor ihre Häuser fertig, noch nicht einmal gebaut waren. Sie waren reine Opferwesen, die darauf vorbereitet waren, das aufzugeben, was sie nicht hatten. Dieses Opfer, das der Logik der Parabel folgt, ist sogar größer als das von Abraham, der jemanden hatte, den er für eine höhere Macht hingeben konnte. Diese Abrahame gaben, was sie nicht hatten.

Von daher lacht Sara über die Gabe, die, weil sie nie gegeben wurde, auf einmal, »plötzlich« gegeben wird und irgendwie gerettet wird. Sie lacht über das eigenartige Nichts der Gabe, die Gefahr der Gabe und die Spaltung der Gabe, die keine Gegenwärtigkeit hat. Indem sie lacht, verdoppelt sie die Gegebenheiten, denn, folgt man Freud und Nancy, auch das Lachen »selbst« wäre eine Gabe – das *Geschenk** oder die *Gabe**, die dem Aufgeben der *Aufgabe** innewohnt.[12] Lachend, gibt sie eine unbenennbare Gabe auf. Den von Baudelaire hinterlassenen Entwurfsnotizen entsprechend, wäre ihr Lachen das eines weiblichen Teufels, das in das Haus der Grenzen einbricht und das Stählerne des kalkulierten Rasters der Männer bersten und kaputtgehen läßt. (Sie bricht in Gelächter aus.)

Der Erzähler fährt fort: »Aber ein anderer Abraham«, das wäre einer, bei
dem das *abe*r und das *abra* und *abba* konvergieren, ein anderer Vater,
einer, der den Sprung bewohnt und durch eine Schlaufe des verdreht
Disjunkten hindurchgeht. Dieser andere hat alles hinbekommen; »einer
der durchaus richtig opfern will und überhaupt die richtige Witterung
für die ganze Sache hat«. Aber es gab da ein Problem der Adresse, ein 43
Versengtsein durch eine unmögliche Darstellung, durch die schiere Ne-
gativität der Darstellung. Er hatte die richtige Witterung für die ganze
Sache, »kann aber nicht glauben, daß er gemeint ist, er, der widerliche
alte Mann, und sein Kind, der schmutzige Junge ... er würde in der rich-
tigen Verfassung opfern, wenn er nur glauben könnte, daß er gemeint
ist.« Es verhält sich nicht so, daß er nicht an Gott glaubt; nein, was er 43
nicht glaubt, ist, daß der Ruf für ihn da war, um angenommen zu wer-
den. Er glaubt nicht an sich selbst als Bestimmungsort; er kann nicht
glauben, daß der Ruf angekommen wäre, hätte er auf seinen Anspruch
geantwortet. Es könnte sich um eine aufgefangene Funkmeldung han-
deln, eine Angelegenheit von Identitätsverwechslung im göttlichen An-
rufübermittlungssystem. In der Tat, dieser Abraham, alt und nurmehr
fähig, seine Häßlichkeit zu präsentieren, fürchtet hauptsächlich die Me-
tamorphose. »Er fürchtet, er werde zwar als Abraham mit dem Sohne
ausreiten, aber auf dem Weg sich in den Don Quichotte verwandeln.« 43
Er würde sich in die lächerliche Figur des Suchers verwandeln, in den
unglaubwürdigen Helden des Denkens, in einen großartig schusseligen
Touristen des Imaginären. Sogar noch schlimmer, er hätte sich in Lite-

ratur verwandelt; das heißt, er hätte sich selbst der Autorität der Literatur unterstellt, die das Heilige einer Leibesvisitation unterzieht und beharrlich die Welt in Aufruhr versetzt. »Über Abraham wäre die Welt damals entsetzt gewesen, wenn sie zugesehen hätte, dieser aber fürchtet, die Welt werde sich bei dem Anblick totlachen.« Die andere Seite des 43
Entsetzens der Welt über Abraham bestünde in diesem Gelächter, einem Lachen-zum-Tode, das die Auslöschung androht. Von daher bietet Kafkas Text eine andere Version von *Totem und Tabu*, wo statt eines Blutrache-Mordes am Urvater die Urhorde so erscheint, als könne sie sich selbst zu Tode lachen, bis zu seinem Tod getragen von einer breiten Welle kastrativen Hohns. Die Trope der Lächerlichkeit unterläuft die Gewichtigkeit des biblischen Patriarchats oder zeigt, was immer schon da war, aber unberührt geblieben ist. Sie ist die Grundlage für ein masochistisches Introjekt von Weltklasse, eine andere Internalisierung des ersten Vaters, der erniedrigt und fortschreitend zur Miniatur gemacht worden ist. Freuds Horde hat jedoch auch was abbekommen. Vom Gewissen heimgesucht, wurde sie durch Reue am Ende niedergestreckt: oder vielmehr hatten sie Gewissensbisse und einen Vater, den ihre Liebe nur zusammen mit den ambivalenten Nachwirkungen eines unvordenklichen Mordes erreichte. Aber der Vater stand da, aufgerichtet, mit einer Autorität, die die Horde heimsuchte.
Wir lernen von Kafkas Erzähler, daß Lächerlichkeit eine Wirkkraft hat, auch die Kraft, jemanden alt erscheinen zu lassen. Es ist nicht bloß so, daß Abrahams Häßlichkeit ihn lächerlich macht, vielmehr ist es so, daß die Lächerlichkeit sein Alter und seine Häßlichkeit erhöht und seinen Sohn fortgesetzt besudelt. Lächerlichkeit ist von den göttlichen Mächten der Negation durchdrungen. Und so tritt in einen Popularitätsstreit, der von Gelächter begleitet wird, eine subtile Tautologie ein: »Es ist aber nicht die Lächerlichkeit an sich, die er fürchtet – allerdings fürchtet er auch sie, vor allem sein Mitlachen – hauptsächlich aber fürchtet er, daß diese Lächerlichkeit ihn noch älter und widerlicher, seinen Sohn noch schmutziger machen wird, noch unwürdiger, wirklich gerufen zu werden.« Das Lächerliche ist eine Form der Exposition: es wird ihn exponie- 45
ren, fast seine Haut annagen, ihn älter und häßlicher *machen*, ihn transformieren, in dem Maße, wie es ihn präsentiert. Es wird ihn unsichtbar machen, in dem Maße wie es ihn inspiziert. Es kommt noch hinzu, daß das Lächerliche erblich ist, denn es setzt den Sohn noch mehr dem Schmutz aus, den der Vater mitbringt (»wird seinen Sohn noch schmutziger machen«), es läßt den Sohn voller Makel, verzweifelt zurück. Wirklich ist es unreines Opfer, das die Destruktion des Opfers nach sich zieht. (Etwas, das Kafka erreicht, aber, wie wir sehen werden, Gott nicht erreichen konnte: das Ende des Opfers.) Der Sohn, Isaak, muß, wenn er denn geopfert werden soll, als reines Opfer aufgegeben werden, als in sich

reines, als ein klarer Schnitt, als sauberes Opfer. Die Parabel nimmt sich die andere Seite der biblischen Reinlichkeitsobsession vor, indem auf einen Fleck gezoomt wird, der nicht entfernt werden kann: die Möglichkeit, daß Abraham schmutzig war, »sein Sohn noch schmutziger«. Das »saubere« Antwortenkönnen hängt davon ab, den Fleck wegzubekommen, der sich jedoch als nicht auslöschbar erweist. Wie kann Abraham unter solchen Bedingungen den Schnitt machen? Das Lächerliche schleicht sich an ihn heran wie ein Geist.

Abraham empfindet sich selbst als gebunden: natürlich muß er auf den Ruf antworten, denn der Ruf ist an ihn adressiert; aber wenn er aufsteht, um ihm zu antworten, wird er lächerlich, als wäre er an ihn, Abraham, gerichtet. Lächerlichkeit, die nach dem Ruf kommt, kehrt die Besetzungen um, sie kehrt die Temporalität gegen sich selbst, denn sie legt Abraham nahe, nicht »wirklich gerufen zu werden«. Sie hat die Fä- 45
higkeit, den Ruf auf sich selbst zurückzuwenden und ihn von neuem entspringen zu lassen, als verfehlten, außer Reichweite. Das Lächerliche zerstreut und legt auf. So daß Gott »wirklich« diesen Abraham gerufen haben könnte, mit jenem Ruf, der »nur für Dich bestimmt war« (wie der 45
Türhüter in einer anderen Parabel zu dem Mann vom Lande sagt).[13]

Dieser Abraham könnte der von Gott Erwählte, der erwählte Adressat Seines Rufs gewesen sein, der aufgelegt wurde, als das Lächerliche sich als eine Art Teufel in die Leitung der göttlichen Übermittlung einschaltete. Doch die Lächerlichkeit hat beim Adressaten eine Mutation hervorgerufen. Denn er ist nicht mehr länger derjenige, der gerufen wurde. Abraham ist erst lächerlich geworden, als er den Ruf beantwortete. Den Ruf beantwortend, annulliert er ihn: »Ein Abraham, der ungerufen kommt.« 45

Der Erzähler der Parabel löst die Gedankenfolge in einer pädagogischen Analogie auf, die noch heute Bedeutung hat: der Dummkopf der Klasse hört am Tag der Examensverleihung seinen Namen. Ein institutionelles Ritual bricht auf: die Klasse windet sich vor Lachen. »Es ist so, wie wenn der beste Schüler feierlich am Schluß des Jahres eine Prämie bekommen soll und in der erwartungsvollen Stille der schlechteste Schüler infolge eines Hörfehlers aus seiner schmutzigen letzten Bank hervorkommt und die ganze Klasse losplatzt.« Der Dumme der Dummen er- 45
hebt sich anläßlich einer feierlichen Verleihung, er hat seinen Namen gehört und fühlt sich gerufen. Ein bemerkenswerter Augenblick tritt ein, den man als »christlich« bezeichnen könnte, wenn der Bescheidenste sich aus der Todesreihe des Erziehungssystems erhebt, aus der letzten Reihe und dem tiefsten Rang, um den Preis unerklärlicherweise entgegenzunehmen. Er ist durch die Klassendifferenz gekreuzigt; betrogen im Rahmen einer fremden, hierarchischen Standardisierung, die ihn herabsetzt, provoziert seine Insuffizienz ein einstimmiges, dröhnen-

des Gelächter. Der Dummkopf der Klasse ist zu dumm, um zu erkennen, daß er nicht der Gescheite sein kann, der an diesem Tag nach vorne gebeten wird; er springt auf – hier nun der Sprung –, um den Preis entgegenzunehmen, der für den besten Schüler gedacht ist, entsprechend einer Notenliste, die er nicht entziffern kann. Alles was er weiß, ist, daß sein Name aufgerufen wurde. Noch einmal, dieser andere Abraham wird mit dem Unreinen assoziiert: sein Schreibtisch ist schmutzig, ist nicht aufgeräumt: dennoch hört er, daß er gerufen wird. Abraham ist überzogen mit einer Schmutzschicht; ein kleiner Sandsturm, der während der Nachtwache des Vaters aufwirbelt. Die Feierlichkeit des Ereignisses ist durchbrochen. Der unsaubere Vater, eine Kafkasche Obsession, kehrt zurück zu seiner vormals auratischen Quelle, die den Vater in einem schmutzigen Kind oder faulen Studenten spiegelt. Es gibt da ein Ding, *Das Ding*, welches eine gemeinsame Imago besetzt und seine Integrität zerschmettert. Es umkreist den Fleck, der unvermeidlich das Gesicht der Autorität entstellt, ohne die Härte jener Autorität zu mindern – indem ihr vielmehr die Kraft verliehen wird, noch mehr Angst einzuflößen. Krümel auf einer Zeitung, schmutzige Laken, eine Träne in einem Bild: diese Läsionen des Seins, dessen präzise Interpunktion schon Abraham gezeichnet haben. Die Präsentationsweise ist ganz und gar geopfert worden, die Erscheinungen sind materialisiert und degradiert, beginnend mit der schmutzigen Bank in der letzten Reihe, dem Platz des Verlierers. Wie nun könnte ein Abraham, verschmutzt und zerzaust, aus der hintersten Reihe hervortreten, es sei denn, durch einen Hörfehler oder Zufallstreffer, der durch die Verdrehung einer unsauberen Adressierung ausgelöst worden ist?

Eine Möglichkeit bleibt: daß sein Name nur ausgerufen wurde, um ihn zu bestrafen, wie der Text sagt. Der Streit der Fakultäten schließt die Frage der sich widerstreitenden Fähigkeiten ein, denn wenn er seinen Ohren trauen kann, dann geht es möglicherweise um die Auffassung des Lehrers: »Und es ist vielleicht gar kein Hörfehler, sein Name wurde wirklich genannt, die Belohnung des Besten soll nach Absicht des Lehrers gleichzeitig eine Bestrafung des Schlechtesten sein.« Kafka nimmt 45
das Buch der Bücher noch einmal auf, er verschiebt und verdichtet den Wert der Belohnung, die Notwendigkeit der Strafe. Wie ist Abrahams Aufrichtigkeit geprüft worden? Die Prüfung besteht aus zwei Teilen. In der Bibel ist Abrahams Gehorsam geprüft worden – er hat die Probe bestanden, den Jungen zurückgewonnen, hatte Gott auf seiner Seite; in Kafkas Parabel wird der Test, obwohl er zum Unterricht gehört und standardisiert ist, durcheinandergebracht, die Testergebnisse werden verwirrt. Ist er durchgekommen? Durchgefallen? Mußte er nicht immer schon durchfallen, um zu bestehen? Oder hat er gedacht, daß er bestanden habe, aber durch Saras Gelächter, das durch den Chor der Klas-

senkameraden verstärkt wurde, durchfiel? Hat er vielleicht eine Klasse übersprungen, als man davon ausging, daß er zurücklag?[14]
Einmal in diesen Wettstreit verwickelt, antwortet der kleine, dumme, schmutzige Abraham auf den Ruf der Fakultät, ein Ruf, der als Strafe gedacht war; aber niemand kann ganz sicher sein, wer als Bester ausgezeichnet oder als Schlechtester bestraft wird. Wir wissen, daß der Bestrafte und der Belohnte in einer Figur zusammenfallen, die von der Fiktion des Vaters Rechenschaft ablegt. Das höchste und hintenherum lächerlich gemachte Wesen verdankt seine Existenz der unentscheidbaren Natur des Rufs, seiner Bedeutung oder Adresse, seiner Absicht und seinem Wert. Indem er auf seinen Namen reagiert, hat er sich schon zum Opfer angeboten, unabhängig davon, ob der Lehrer dieses abrufen wird – ob oder ob nicht es in der Macht der Fakultät steht, den Unterschied zu sehen. Die letzte Ironie liegt darin, daß Abraham, der gerufen wurde, ungerufen kommt. Als unvergeßliche Quelle, durch das Trauma des allgemeinen Gelächters gezeichnet, wird er bei Kafka nach dem stetigen Verfall des Selbstwerts beurteilt, niedergedrückt wie er ist durch das Eindringen von unbarmherzigen Unwürdigkeiten. Er bleibt jenen unterschwelligen Handlungen ausgeliefert – sie entstehen hauptsächlich aus einer Passivität, einem Sich-Ausliefern an die Ordnung des Opfers –, die damit drohen, ihn ursprünglich dem nacktesten Kern des schieren lächerlichen Seins auszusetzen.
Der Lehrer (der Meister oder Gott) spielt bei der Verelendung des Jungen, Abrahams, unseres Vaters, eine Rolle. Was wir aus Kafkas Parabel lernen, wenn der Lehrer uns überhaupt etwas beibringen will, betrifft das Verfehlen der Darstellung. Die Wunde tritt hervor, unauslöschbar, wie in *Ein Landarzt*, im Kampf um Darstellung. Wo es um Salbung geht, gibt es immer irgendwo einen Schandfleck. Ebenso ein Zeichen für eine verfehlte Begegnung wie für eine versäumte Salbung – die Verabredung hängt bei Kafka davon ab, daß man den Punkt, und sich, verfehlt –, bringt der Ruf Abrahams Unordnung in die Hierarchie, unterläuft die Erwartung der Klasse (warum sollte der schlechteste Schüler den Preis bekommen?), so daß der gute Schüler immer durch den schlechtesten angeschmiert ist, der, entsprechend einer neuen Tendenz, vorbeikommen und als der Preiswürdigste empfohlen werden kann. Dennoch bringt der Text es an keinem Punkt zu einer Dialektik oder einer genealogischen Umkehrung, während er sich über die Bruchstelle der Singularität schwingt. Der schlechte Schüler verwandelt sich nicht in den guten entsprechend einer Logik von Geheimverhandlungen mit einer höheren Macht. Er gewinnt die göttliche Lotterie, aber als Verlierer.
Eine ganze Menge hängt in Kafkas Parabel von Kafkas Gebrauch des Terminus *gleichzeitig** ab, vom gleichzeitigen Wunsch des Lehrers, sowohl

für Belohnung als auch für Bestrafung zu stehen. Wie kann Gleichzeitigkeit hergestellt und beobachtet werden? Selbst Gott kann sie nicht praktizieren und er muß Abrahams Name zweimal aufrufen, wenn es denn wirklich Abrahams Name ist, der aufgerufen wird – das ist das Fragezeichen, um das herum die Parabel rotiert. Es fällt uns schwer, uns vorzustellen, wie die Stimme stammelnd ruft, darin den synkopierten Sprachmustern Moses ähnlich. Von der Stimme Gottes wird berichtet, daß sie klar sei, obwohl nicht immer, und es gibt da eine gewisse Wahrscheinlichkeit, daß die Stimme irgendwo überschnappt, rissig wird, sogar bei Ihm. Kafka sagt nicht, ob die Stimme, die Abraham ruft, desartikuliert oder heiser war, oder ob sie im Gegenteil mit einer unvergleichlichen Schärfe erklang. Es spielt eigentlich keine Rolle. Gott ist beim ersten Versuch nicht gehört worden. Gott, der Allmächtige muß Seine Anrufungen meistens dem Gesetz der Temporalisierung unterwerfen, sie müssen, um gehört zu werden, anfangs wiederholt werden. Um gar nicht erst damit anzufangen, was *gemeint* war, als der Ruf getätigt wurde. Als der Name aufgerufen wird, bleibt die Absicht rigoros unlesbar. Abraham könnte der beste Student gewesen sein – ja, vielleicht, aber diese Geschichte, diese alte Geschichte, so wird uns gesagt, ist uninteressant geworden.

Weder Gott noch der Lehrer können Zugang haben zu der Absicht, die das Nennen des Namens ausrichtet, da beide begrenzt sind durch den einen Namen, durch die Einzigkeit eines Namens, der sich strikt der spontanen Serialisierung verweigert. Wie sehr die Absicht auch immer gemeistert wird, sie erlaubt einem am Ende nicht, zu wissen, was oder wer gerufen wurde, denn selbst in der Äußerung des einen Namens kann Er immer an einen anderen Abraham denken (»Ich könnte mir einen anderen Abraham denken«). Was den Namen angeht, so kann er nicht auf das Selbe oder auf das Differente reduziert werden. In dem Maße, wie es unmöglich bleibt, zwei Namen gleichzeitig aufzurufen, muß die Absicht aufgespalten sein – wie bei dem Schnitt, der das Judentum-Schrägstrich-Christentum verbindet.

C. KANTS ANTHRO: DER PROZESS GEGEN »DUMM ABER EHRLICH«

Die Abschnitte einleitend, die in der *Anthropologie* den Unordnungen des Geistes gewidmet sind, macht Kant eine allgemeine Aussage, bevor er sich auf jene konzentriert, über die man sich am häufigsten lustig macht. »Der Einfältige, Unkluge, Dumme, Geck, Tor und Narr unterscheiden sich vom Gestörten nicht bloß in Graden, sondern in der verschiedenen Qualität ihrer Gemütsverstimmung, und jene gehören, ihrer Gebrechen wegen, noch nicht ins Narrenhospital.«[15] Das Gruppenporträt versammelt Figuren, die, sehr ähnlich dem Mann vom Lande in der Parabel *Vor dem Gesetz*, einen Schwellenbereich an den Portalen der Institution besetzen. Sie befinden sich vor der Institution, sowohl »früher als« als auch »vor« ihren Toren, aber sie haben sich schon in Relation dazu situiert, unabhängig davon, ob die Grenzen stabilisiert werden können. Sie bleiben an der Schwelle der Institution, in dem Maße wie Kant das »noch nicht« instituiert – sie gehören noch nicht dazu, aber sie sind auf ihrem Weg in die Institution. Auf ihrem Weg kommen sie vielleicht nie an, aber sie sind schon auf die Prämissen der Institution hin ausgerichtet. Insofern sie »noch nicht« in der Institution sind, kann von ihnen nicht absolut gesagt werden, daß sie ein Außerhalb der Institution besetzen.[16] Sie setzen sich damit auseinander, sind davor, weder haben sie Zugang erhalten (noch nicht), noch sind sie ausgeschlossen worden. Aber von der Institutionalisierung ausgeschlossen zu sein, heißt, daß sie nicht ganz dem Zugriff der Ratio unterstehen, sie gehören nicht zum System der Erwählten, das die Codes der Ausschließung bestimmt. Irgendwo zwischen Vernunft und Verrücktheit, im Raum der Unordnung, halten die Einfaltspinsel, Idioten, Geistesschwachen einen konvexen Spiegel zu Kants Philosophie des Geistes hoch.

Es ist nicht leicht, diese Abweichler dingfest zu machen, und Kant kommt schon etwas ins Schleudern, wenn er versucht, ihre Richtung und Implikationen zu kontrollieren. Diese Figuren sind anders, aber vielleicht nicht anders genug. Manchmal sind sie noch nicht einmal erkennbar als das, was sie sind, wie seine Überlegungen zur Dummheit anzeigen, denn selbst dann, wenn man im wesentlichen dumm ist:
»durch Schaden wird man gewitzigt.« Dann gibt es jene, die man als 516
dumm ansehen könnte, denn, ob Sie es glauben oder nicht, sie sind Verbildete. Sie haben zu viel studiert – eine Gewohnheit, die ihr Gehirn ausbrennen läßt. Aber man sollte sich da keine Sorgen machen, meint Kant in einer irgendwie schrägen Fußnote, denn während man es von Kaufleuten gewohnt ist, daß sie sich überstrapazieren, verhält es sich im Falle von überstudierten Studenten so: »Die Natur verhütet solche Überladungen des Wissens schon von selbst dadurch, daß den Studierenden die Dinge anekeln, über die er kopfbrechend und doch vergeblich gebrütet hat.« Der Geist versieht sich durch Überdruß mit einem 534
Schutzschild. Wo das Wissen den Studenten überstrapaziert hat, interveniert etwas, um die Drohung, dumm zu werden, abzuwehren. Oder, selbst wenn einiges an Überladungen geduldet wird, gibt es da etwas, das der Geist nicht ertragen kann und von dem er im Auftrag des Wis-

sens entlastet wird. Kant nennt die protektive Intervention »Ekel«. Indem er hier als eine natürliche und wohlwollende Energie aufgerufen wird, setzt sich der Ekel gegen die Gefährdung, dumm zu werden; gegen etwas, das durch Überstudieren und exzessives Lesen ausgelöst wird. Was nicht stabilisiert werden kann, ist das Timing dieses »noch immer«, das angibt, daß alles für umsonst war. An welchem Punkt der beendbar-unbeendbaren Übung des Lesens die Dummheit auf den Plan tritt, bleibt unbestimmbar. Es bleibt die Möglichkeit, des »Umsonst« von Anfang an. Der Ekel schützt vor der Maßlosigkeit, indem er den Verbildeten austrickst, der unablässig den Text von neuem liest, während er von Minute zu Minute dümmer wird. Wo die Frage des Mehrwerts auftaucht, richtet die Natur eine Balance ein, indem sie den Ekel überdosiert. Diese Absatzförderung des Ekels, in der Umgebung einiger gieriger Händler, wird auf Kant zurückfallen, in Form einer bislang noch nicht genügend studierten Fußnote.

Das berühmte Thema des Ekels bei Kant – tatsächlich eine Form der Moderation, die gegen den irreversiblen Angriff der Dummheit schützt – kommt bei noch einer anderen Gelegenheit, ohne Einbindung oder Erklärung, zur Darstellung. Während er von einem Gedanken zum nächsten eilt, bemerkt er zu dem, der bewußt etwas vorspielt: »Der, welcher eine dieser Eigenschaften bloß affektiert, der Witzling sowohl als der Klügling, ist ein ekelhaftes Subjekt.« Wir sind nicht im Bilde über die Art 516
der mimetischen Logik, durch welche man so tun kann, als sei man klug oder clever und wie man diese List auf signifikante Weise aufdecken kann; es wird uns nur gesagt, daß ein solches »Tun-als-ob« für Kant wie ein Brechmittel funktionieren kann, das Ekel als nicht-natürlichen Wert hervorruft.[17] Der Ekel geht hier gegen die Natur, er gehört auf die Seite des Kunstwerks, des Vorgebens, des Machens und Fälschens. Indem Klugheit vorgetäuscht wird, wird das Geschmacksurteil bei Kant bis zu dem Punkt der exzessiven Geschmacklosigkeit stimuliert und provoziert Abwehr. Aber wie klug muß man sein, um angeblich klug sein zu können? Warum läßt Kant alle Diskussion der Fähigkeit, sich auszurichten, beiseite, wenn es darum geht, eine Qualität des Geistes vorzutäuschen? Kant paart diese Art von Duplizität – Klugheit vorgeben oder clever handeln – mit einer Anklage des »ekelhaften Subjekts«, um denjenigen, der täuscht, eine Subjektivität zuzuschreiben, die durch die Prozeduren verdorben worden ist, die durch das Geschmacksurteil initiiert worden sind. Der Witzling oder der Klügling – das ist der in der Hinterreihe mit dem schmutzigen Tisch, jener, der gehorsam aufsteht, auf irgendeinen unhörbaren Ruf hin, vorgebend, daß er klug sei.

Ekel kriecht hoch. Das eigentlich Lächerliche ist bei Kant mit dem Alter verbunden, ganz ähnlich wie dies schon beim Vorwort von 1787 in der *Ersten Kritik* war. In diesem Kontext hat er Entschuldigungen für seine

lächerlichen Posen und seinen armseligen Stil angebracht, die zu sei-
nem fortschreitenden Alter gehören. Er wurde also alt und hatte keine
Zeit, das stilistische Durcheinander aufzuräumen, das er zurückgelassen
hatte. Wir erfahren in der *Anthropologie*, daß der Lächerliche mit »der
gelindesten unter allen Abschweifungen über die Grenzlinie des gesun-
den Verstandes« assoziiert wird. Die geringfügige Abweichung hat et- 515
was zu tun mit dem Erreichen der großen Mehrheit, mit dem Eintritt in
eine Zeit, in der man eine innere Rentnerkolonie, nämlich ein »Stecken-
pferd«*, etabliert: »eine Liebhaberei, sich an Gegenständen der Einbil-
dungskraft, mit denen der Verstand zur Unterhaltung bloß spielt, als
mit einem Geschäfte geflissentlich zu befassen, gleichsam ein beschäf-
tigter Müßiggang.« Die Möglichkeit dieser lebhaften Passivität holt für 515
den Alternden eine Spur Freiheit ein, löst noch einmal die Sorglosigkeit
der Kindheit ein. Die Welt der Freizeitbeschäftigung grenzt an die ästhe-
tische Erfahrung, scheint sie aber nicht zu erreichen; angeregt wird so
etwas wie das interesselose Wohlgefallen für den Älteren, besonders
für jene, die über Mittel verfügen: »Für alte, sich in Ruhe setzende und
bemittelte Leute ist diese, gleichsam in die sorglose Kindheit sich wie-
der zurückziehende, Gemütslage nicht allein als eine die Lebenskraft
immer rege erhaltende Agitation der Gesundheit zuträglich, sondern
auch liebenswürdig.« Kants Kommentare machen aufmerksam auf das, 515
was das Wohlgefallen leicht stimuliert und zur Gesundheit gehört; er
lenkt den Blick auf einen Bereich passiver Anregung, auf ein Ausbalan-
cieren der vitalen Kräfte, einen Bereich, den er den Reichen zuordnet,
wobei hier an die moralische Rechtschaffenheit von Jean-Jacques erin-
nert wird.[18] Pensioniert und reich, halten diese alten Leute (Sara lacht)
ihr Haus in Ordnung und ihren Pensionsplan ein; sie sind nun sehr mit
ihrer Imagination beschäftigt. Sie führen Phantomgeschäfte, machen
wichtige Anrufe, sie antworten auf Fragen von anderen – all das organi-
siert am Rande des Nichts. Obwohl Kant dies auf gesunde und »auch
liebenswürdige« Weise darstellt, unterbricht er kurz das Wohlgefallen
und bringt ein Urteil ein: »diese Gemütslage [ist] nicht allein als eine die
Lebenskraft immer rege erhaltende Agitation der Gesundheit zuträg-
lich, sondern auch liebenswürdig; dabei aber auch belachenswert; doch
[so] daß der Belachte gutmütig mitlachen kann.« Diese Art der Wieder- 515
holung von frühem Wohlgefühl und späterer Geschäftigkeit sieht nach
einem leicht von der Hand gehenden, ästhetischen Sich-Sammeln aus,
das sich auf dieser Seite des Lustprinzips abspielt (dieses luxuriöse Her-
umschweifen läßt keine Eigenschaften des Zwangs in Erscheinung tre-
ten, noch verspürt man den Stachel des Todestriebs, sondern man ist
auf angenehme Weise auf sein Steckenpferd gestützt) und zeigt, wie
man stilvoll ausgehen kann, die Dinge laufen läßt, sich auf der Spitze ei-
nes Surplus hält, während man sich einer schieren Zweckgebundenheit

ohne Zweck überläßt. Es läuft alles auf nichts hinaus, auf eine geplante Runde Kinderspiel vor der Tür des Todes.

Kant begründet nicht sehr genau, warum diese zweckhafte Passivität das Etikett des Lächerlichen erhalten soll, selbst wenn sie bewußt praktiziert wird, es sei denn, es wird darauf hingewiesen, daß solch eine Form der alterskranken Mimesis sich selbst als von einer Fiktion des Tuns abhängig darstellt. Man tut so, *als ob** man noch im Geschäft wäre, als ob man emsig arbeiten würde, aber mit imaginären »Gegenständen«, daß man dabei ist, mit einigem Abstand. Diese Aktivität des *als ob,* dem der Grund und das Ziel entzogen ist, die Realität und der Zweck, läßt sich, wenn man in diese Richtung gehen will (Kant geht in eine andere), mit dem freien Spiel des poetischen Vermögens, mit der Haupttätigkeit der »suspekten und kindlichen« Dichter* vergleichen. Der vom Poetischen getriebene Ästhet hat immer schon die Gefahr verkörpert, lächerlich zu erscheinen. Im *Nachlaß** äußert sich Kant über das, was gefällt und bringt es in die Nähe des Ästhetischen: die Schönheit sei für die Schwachen und die Kinder da, und das Ästhetische sei ein Weg, jene, die empfindlich auf die Strenge der Beweise und Erklärungen reagieren, daran zu gewöhnen – das Ästhetische sei wie ein Löffel Honig am Rand einer Kindertasse.[19] Doch letztlich wird das Hinzufügen von Honig, einmal dem Kinderalter entwachsen, exzessiv, und es zeichnet sich ab, daß die Wissenschaft an die Stelle der Kunst gesetzt werden muß – eine Notwendigkeit ist eingerichtet worden, um auf lange Sicht die Bitterkeit und die harte Arbeit der Wissenschaft dem zuckerüberzogenen, leckeren Geschmack der Ästhetik vorzuziehen. Man wächst auf und lernt, das Mißvergnügen der Wissenschaft zu schätzen, ihre gewissenhafte Bitterkeit, ganz ähnlich wie man später, so Freud, dazu kommt, Spinat zu mögen und schließlich ohne zwingende Anstachelung die bittere Pille des internalisierten Über-Ichs schluckt. Die Wissenschaft bietet keine Rentenvorteile, keine soziale Sicherheit für den ernsten Arbeiter, der nicht den künstlichen Süßstoff begrüßen kann, nach dem das fortschreitende Alter ruft. Der Philosoph als Wissenschaftler, der sich der ästhetischen *Darstellung** überläßt, macht sich tatsächlich lächerlich, und er wird später diese Haltung durch den Imperativ des begrifflichen Setzens einholen. Hier laufen wir Gefahr, uns zu wiederholen, so als würden wir ein Steckenpferd reiten, das nicht wirklich in irgendeine Richtung geht – lassen Sie mich also einen anderen Blickwinkel ausprobieren.

Was könnte die Gefahr des Lächerlichen für den Philosophen bedeuten? Das Lächerliche ist – an zweiter Stelle – zunächst nur eine milde Deformiertheit, so daß es auf beiden Seiten der Grenze, auf welcher der gesunde Geist zu verorten ist, auftreten kann. Was dieses Lächerlichsein betrifft, so kannst du davonkommen, ohne eine Strafe zahlen oder vor einem Gerichtshof oder einer Institution erscheinen zu müssen. Doch – an erster Stelle – als Philosoph lächerlich zu erscheinen und, wenn man von den Zusätzen ausgeht, auf denen der Text insistiert, zu *wissen*, daß man lächerlich ist, nagelt dich fest oder zielt zumindest auf die philosophische Komponente deines *Daseins**. Lächerlich zu sein hat von vornherein eine philosophische Komponente, denn es impliziert das Lachen über sich selbst. In *L'Essence du rire* definiert Baudelaire die Fähigkeit, über sich selbst zu lachen, während man fällt (auf seinen Hintern, zurück in die Kindheit, nach vorne ins Alter), als momentum, das für das philosophische Bewußtsein konstitutiv ist. Was de Man als Ironie interpretiert – der Philosoph spaltet sich auf, die Zeit vorantreibend, während das Selbst kollabiert –, ist ein Effekt des Sturzes, der eine Spaltung zwischen dem doofen Kerl auf der einen Seite und demjenigen auf der anderen bezeichnet, der das taumelnde Ego ins Lächerliche zieht. Wenn der Philosoph fällt und dieser Fall die Eröffnung der Urszene des philosophischen Bewußtseins ist, dann produziert das die doppelten Effekte des ironischen Bewußtseins. (De Man interessiert sich nicht besonders für die Lächerlichkeit des stolpernden Körpers, der eine Zielscheibe des Spotts ist, obwohl Kant und Baudelaire durch den plötzlichen, aber unvermeidlichen Lapsus und Kollaps des Körpers ins Stolpern geraten, durch die Unkontrollierbarkeit des Körpers, sein Beschmutzen der Würde, indem sie auf nicht wiedereinholbare Weise schwach werden.) Das Subjekt lacht über sich selbst, während es fällt; tatsächlich kündigt der Sturz jenen Moment an, der das Subjekt zum Philosophen macht, indem er über sich selbst lacht, indem er *sich lächerlich macht**, und von daher sich, im Fallen, auf performative Weise *macht*. Durch das Lachen des anderen affiziert, als dieser andere, verwirklicht sich das philosophische Bewußtsein selbst, indem es durch den konstituierenden Moment des Sich-Lächerlichmachens hindurchgeht. Das Lachen unterscheidet den Philosophen vom Nicht-Philosophen in dem Maße wie eine Position jenseits des Selbsts eingenommen wird, von der aus es als abgelöstes beobachtet werden kann. Dieser Moment beschleunigt wild seine Geschichte und seinen Fall: über sich selbst lachen bedeutet, über sich selbst lachen, während man an einer unwahrscheinlichen Position zugrunde geht, jenseits oder auf der anderen Seite eines Lebens, das durch eine plötzliche Bewußtseinslücke aus den Fugen geraten ist.

Geben Sie diese Steckenpferde auf, sagt Kant, Sterne zitierend, bleiben Sie am Straßenrand, während wir sie auf der Autobahn der nicht-imaginären Ziele überholen. Sie sind harmlos. Aber sind sie wirklich harmlos? »Vielleicht« verdienen sie, verteidigt zu werden, besonders wenn man in Betracht zieht, daß die jungen und ernsthaft Beschäftigten auch Steckenpferde haben. (»Aber auch bei Jüngeren und Beschäftigten dient diese Reiterei zur Erholung, und Klüglinge, *die so kleine unschuldige Tor-*

heiten mit pedantischem Ernste rügen, verdienen Sternes Zurechtweisung: ›Laß doch einen jeden auf seinem Steckenpferde die Straßen der Stadt auf und nieder reiten: *wenn er dich nur nicht nötigt, hinten aufzusitzen.*‹« Warum muß Kant sie überholen, Sterne als sein Steckenpferd 515
reitend, jene, die abgetreten sind, warum muß er sie in einer Staubwolke hinter sich lassen? Wie können wir sicher sein, daß die philosophische Autobahn nicht nur eine andere Landstraße ist für diejenigen, die sich im Bereich der Endlichkeit aufhalten und im wesentlichen in der Imagination Zuflucht gefunden haben? Impliziert das »philosophische Leben« nicht Rückzug, Entzug*, ein Aussteigen aus den Werten des praktischen Geschäfts? In anderen Worten, akzeptiert das »philosophische Leben« nicht immer sein Schicksal, eine aufmerksame Beziehung zum Tod zu haben, ob nun auferlegt und eingeschrieben (Sokrates) oder zurückgewiesen und eingeschrieben (Kant, Nietzsche)?

Kant greift auf eine literarische Quelle zurück, um die Harmlosigkeit der Szene, die er dargestellt hat, hervorzuheben. Es ist die Literatur, die die Andersheit eines gefährlichen Abenteuers bezeichnet, das dazu angetan ist, die Philosophie über das zu trösten, was im Feld des Realen ignoriert werden kann. Kant ruft also die Fiktion auf, um die Wahrheit über die Umgehbarkeit jenes Bemühens um Fiktion zu sagen, welches die Dichter im Ruhestand in Phantomposen praktizieren. Warum sollte Sterne die Autorität und die Grenzkontrolle sein, die entscheidet, was als wirkliche und was als vorgetäuschte Beschäftigung durchgehen, was als Schmuggel angesehen oder freundlich beiseitegelassen werden kann, worüber sogar gelacht werden darf? Die Pensionäre, die Kant aufs Korn nimmt, lachen über sich selbst: indem sie interesseloses Wohlgefallen mimen, stehen sie in einem gesunden Rapport mit dem Imaginären. Kant lacht nicht, und er kann sich den zusätzlichen Honig nicht leisten, um es leichter runterzuschlucken. Er hat kein »money« mehr und keinen »honey«, seine Zeit ist vorbei. Immer schon demodé (Kant ist immer noch demodé), hat Kant wenig für das Vergnügen übrig, er hat es aufgegeben; so wie er auch den mit Honig versehenen Rand der Darstellung aufgegeben hat; wirklich ist seine Lust die Unlust: Kant hat – interessierter, opfernd (»sacrificial«) – und es ist wirklich ein Zuckeropfer (»saccharoficial«) – für eine andere Ordnung des Lächerlichen optiert.

Kant beobachtet im Abschnitt der *Anthropologie*, der überschrieben ist: »Von den Gemütsschwächen im Erkenntnisvermögen«, wo er die relativen Unterschiede diskutiert, die zwischen dem Fall des »stumpfen Kopfes« (*obtusam caput*) und der Dummheit (*stupiditas*) bestehen: »Ein Kopf von *langsamer* Begreifung ist darum noch nicht ein schwacher Kopf; so wie der von *behenden* Begriffen nicht immer auch ein gründlicher, sondern oft sehr seicht ist.« Diese Ermahnung widersetzt sich dem tech- 516
nischen Standard, durch welchen wir jene Werte der Intelligenz setzen,

von denen angenommen wird, daß sie mit schnellem Witz, schneller
Auffassungsgabe – also im allgemeinen mit dem Hochgeschwindigkeits-
geist unserer Modernität – im Zusammenhang stehen. Der Geist, der in
der Lage ist, schnell zu verstehen, könnte ein rechnender Geist sein, agil
im Ausführen von mechanischen Operationen, die jedoch nicht interio-
risiert oder gebrochen werden, sondern flüssig durchlaufen und unpro-
blematisch mit Blick auf die erzielten Ergebnisse sind. Es könnte sein,
daß schnell langsam ist, da, wo der Geist nicht innegehalten hat oder
aufgehalten wurde, wo er nicht dazu gebracht worden ist, angesichts
einer Imponderabilie eine Pause zu machen oder über eine Wirkung ei-
nes Paradoxons verdutzt war. Es könnte sein, daß der schlechteste Stu-
dent Abraham gewesen ist.

Kant führt eine Unterscheidung zwischen Einfältigkeit und Dummheit
ein, die Verstehen involviert: »Einfältig ist der, welcher nicht viel durch
seinen Verstand auffassen kann; aber er ist darum nicht dumm, wenn
er es nicht verkehrt auffaßt.« Der Dumme hat also eine größere Aufnah- 516
mekapazität – er wird aber falsch konstruieren, was absorbiert worden
ist; so als wäre die Dummheit eher in einer inneren Zone des Geistes
zu lokalisieren, an einem Platz oder in einer Funktion, die das Verste-
hen mobilisiert. Weil ein Rand der Interiorität die Fähigkeit des Verste-
hens in sich trägt, kommt die Frage einer fairen und gerechten Bewer-
tung ins Spiel. Die Frage einer gerechten Ausdrucksweise tritt mit der
allgemeinen Beobachtung auf, daß man »ehrlich aber dumm« sein kann,
wie wiederholt gesagt worden ist von den pommerschen, das heißt,
preußischen Bediensteten. Das sei »ein falscher und höchst tadelhafter
Spruch«. Er ist falsch, erklärt Kant, denn Ehrlichkeit (Pflichtausübung aus 516
Grundsätzen) entsteht aus und ist praktische Vernunft. Der Spruch ist
tadelnswert, »weil er voraussetzt, daß ein jeder, wenn er sich nur dazu
geschickt fühlte, betrügen würde, und daß er nicht betrügt, bloß von
seinem Unvermögen herrühre.« Um seinen Standpunkt zu bekräftigen, 516
erinnert Kant an das Sprichwort: »Er hat das Schießpulver nicht erfun-
den, er wird das Land nicht verraten, er ist kein Hexenmeister«, welches,
so sagt er, eine misanthropische Einstellung widerspiegeln würde: »daß
man nämlich, bei Voraussetzung eines guten Willens der Menschen, die
wir kennen, doch nicht sicher sein könne, sondern nur beim Unvermö-
gen derselben. – So, sagt Hume, vertraut der Großsultan seinen Harem
nicht der Tugend derjenigen, welche ihn bewachen sollen, sondern ih-
rem Unvermögen (als schwarzen Verschnittenen) an.« Vom metaphysi- 517
schen Standpunkt aus gesehen ist es falsch, eine Konjunktion von Ehr-
lichkeit und Dummheit anzunehmen, um so Menschlichkeit zu entwer-
ten und die praktische Vernunft zu beleidigen. Ehrlichkeit kann nicht
dazu gebracht werden, von Inkompetenz oder rassistischen Kastrations-
erzählungen abzuhängen. (Es ist interessant, daß die Hume zugeschrie-

bene Behauptung nirgends in seinen Schriften gefunden werden kann, so daß Kants Harem von einem anderen Ort herkommt, aus einem anderen Raum oder Phantasma der Kastration. Dieses Mal ist der impotent gemachte andere nicht der lächerliche Pensionär, sondern ein muskulöser Wächter, der Tugendhaftigkeit mimt, aber zu geschwächt ist, um anders zu handeln, so daß von der Tugend nicht gesagt werden kann, daß sie rein sei oder eine Wirkung der praktischen Vernunft.) Unnötig zu erwähnen, daß das Beispiel die diskursive Absicht zerrüttet, und obwohl es nicht unvereinbar mit ihr ist, so doch für den Philosophen Kant. Genau in dem Moment, wo er eine Beleidigung der Menschheit zensiert, stützt er seine Argumentation auf einer Beleidigung der Menschlichkeit ab, indem er mit der Figur des schwarzen Eunuchen eine zweifache Sklavenexistenz in den Dienst nimmt.

Der rassistische Subtext dehnt sich, während er auf eine Nuance der Dummheit zu sprechen kommt, fortgesetzt unter der Hand Kants aus – er spricht von dem Typus, der sich berauben läßt. Er etabliert eine Beziehung zwischen dem Betrüger und dem Betrogenen, indem er jene, die betrügen, ausspielt gegen jene, die betrogen worden sind. »Die *Verschlagenheit*, Verschmitztheit, Schlauigkeit *(versutia, astutia)* ist die Geschicklichkeit, andere zu betrügen. Die Frage ist nun: Ob der Betrüger *klüger* sein müsse, als der, welcher leicht betrogen wird, und der letztere der Dumme sei. Der *Treuherzige*, welcher leicht *vertraut* (glaubt, Kredit gibt), wird auch wohl bisweilen, weil er ein leichter Fang für Schelme ist, obzwar sehr ungebührlich, *Narr* genannt.« Bereit für den Count- 517
down, werden die Betrogenen immer schon ein Konto eingerichtet haben; sie sind diejenigen, die wirklich vertrauen, jenseits der Strukturen der Verhandlung, sie sind es, die Kredit geben und glauben, indem sie dem anderen ein Surplus anbieten. Zu vertrauen heißt, für den anderen die Temporalität, die einem Kreditkonto implizit ist, zu eröffnen, heißt, den anderen auf Kredit zu empfangen; während betrügen heißt, das Konto bereits zurückgezogen zu haben. »Es ist wahr und klug, daß ich dem, der mich einmal betrogen hat, niemals mehr traue; denn er ist in seinen Grundsätzen verdorben. Aber darum, weil mich *einer* betrogen hat, keinem *anderen* Menschen zu trauen, ist Misanthropie. Der Betrüger ist eigentlich der Narr.« Dies stellt, was die Subsumtion des Besonde- 517
ren unter das Allgemeine angeht, einen beachtlichen Fall des Abstandnehmens dar; der besondere Fall des Betrogenwordenseins muß ein einzelner bleiben, oder wir riskieren so etwas wie eine »Misanthropologie«. Kants Erklärung, daß der Betrüger in Wirklichkeit ein Narr sei, wird wie ein Lamm, das geschlachtet werden soll, hinausgetrieben – wobei dies in seinem Argument so isoliert erscheint, wie es die besondere Erfahrung des Betrogenseins hätte sein müssen. Er bietet keine Demonstration oder Erklärung an, wie er zu dieser Bejahung gekommen

ist, obwohl der Betrüger den Platz desjenigen eingenommen zu haben scheint, der niemandem traut und keinen Kredit anzubieten hat. Der Betrüger, der immer am Zuge ist (von dem nicht sicher ist, ob er letztendlich klüger als der Betrogene ist), wird, wenn er zum Objekt des Betrugs (»der betrogene Betrüger«) wird, lächerlich.

Als ob er um eine Gelegenheit betrogen worden wäre, ein Beispiel beizubringen, erweitert sich der Text an dieser Stelle zu einer einzigen Fußnote, wobei die tendenzielle Notwendigkeit, zu verallgemeinern, als Ungerechtigkeit hinsichtlich einer bekannten Gruppe, der Juden, aufgefaßt wird. Die Logik der Fußnote verdoppelt sich selbst, sie warnt davor, den Impuls, zu betrügen, mit Blick auf ein ganzes Volk zu naturalisieren und zu totalisieren, während sie gleichzeitig den Beweis dafür, entsprechend eher historisierender Protokolle, bereitstellt. Wenn man diesen Abschnitt allegorisch zuspitzen würde, dann führt er uns zu der Frage, ob das Volk Abrahams hier nicht als die künstlich hergestellte Figur des betrogenen Betrügers konstruiert worden ist, als eine historische Verkörperung des Konzepts des Lächerlichen. Kants angefügte Fußnote gibt diesen Leuten einen Fußtritt in den Hintern, während sie gleichzeitig bemüht ist, sie zu rehabilitieren oder sie zumindest neu zu situieren, innerhalb einer allgemeinen Ökonomie des Betrügens, welche »gar nicht auf Rechnung eines über dieses Volk ergangenen *Fluchs* gebracht, sondern vielmehr als *Segnung* angesehen werden muß: zumal der Reichtum derselben, als Individuen geschätzt, wahrscheinlich den eines jeden anderen Volks von gleicher Personenzahl jetzt übersteigt.« Was aussah wie das Defizit eines Fluchs, kehrt sich in sein Gegen- 519
teil um, einer Struktur des Kredits entsprechend, welcher der jüdischen Bevölkerung gegeben wurde, ein historisches Treuhandvermögen, welches durch göttliche Kräfte (durch »eine Segnung«) bestätigt wurde, und das nun, so legt die Fußnote nahe, zur Reife zu kommen scheint. Die jüdische Bevölkerung, durch das Vorurteil des Staats in einer besonderen Position, hat auf ihre restriktiven zivilen Grenzen mit einer Art kompetitiver Leidenschaft geantwortet. Diese Leidenschaft führt zu einem Exzeß des »Überlistens« der benachbarten Nichtjuden und, so Kant, »selbst ihrer untereinander«. Die Nähe des Betrügens zum Überlisten bleibt unhinterfragt, doch erlaubt diese Auslassung einen entspannten 518
Blick auf die Nation der Betrüger, die dies einander ebenso wie »uns« antun. Der Impuls zu betrügen wird in einen kompetitiven Rahmen umgeleitet, in einen Streit der jüdischen Fakultäten, die dadurch ihre Ressourcen vergrößern.

Kant beginnt mit der Befremdlichkeit, einer ganzen Nation eine negative Eigenschaft zuzuschreiben, aber bei Gelegenheit legt er mit der Litotes-Freistil-Konzession los, »nun kann dieses bei einer ganzen Nation von lauter Kaufleuten ... auch nicht anders sein«, obwohl er die Rhetorik der Allgemeinheit, die die Juden verfolgt, fortlaufend mäßigt. Um diese Fußnote in ihrer Länge nicht zu betrügen, zitiere ich sie ganz:

Die unter uns lebenden Palästiner sind durch ihren Wuchergeist seit ihrem Exil, auch was die größte Menge betrifft, in den nicht unbegründeten Ruf des Betruges gekommen. Es scheint nun zwar befremdlich, sich eine *Nation* von Betrügern zu denken; aber eben so befremdlich ist es doch auch, eine Nation von lauter Kaufleuten zu denken, deren bei weitem größter Teil, durch einen alten, von dem Staat, darin sie leben, anerkannten Aberglauben verbunden, keine bürgerliche Ehre sucht, sondern dieser ihren Verlust durch die Vorteile der Überlistung des Volks, unter dem sie Schutz finden, und selbst ihrer untereinander, ersetzen wollen. Nun kann dieses bei einer ganzen Nation von lauter Kaufleuten, als nicht-produzierenden Gliedern der Gesellschaft (z.B. der Juden in Polen), auch nicht anders sein; mithin kann ihre, durch alte Satzungen sanktionierte, von uns (die wir gewisse heilige Bücher mit ihnen gemein haben), unter denen sie leben, selbst anerkannte Verfassung, ob sie zwar den Spruch: »Käufer, tue die Augen auf« zum obersten Grundsatze ihrer Moral im Verkehr mit uns machen, ohne Inkonsequenz nicht aufgehoben werden. – Statt der vergeblichen Pläne, dieses Volk, in Rücksicht auf den Punkt des Betrugs und der Ehrlichkeit, zu moralisieren, will ich lieber meine Vermutung vom Ursprunge dieser sonderbaren Verfassung (nämlich eines Volkes von lauter Kaufleuten), angeben. – Der Reichtum ist, in den ältesten Zeiten, durch Handel mit Indien, ... des Mittelländischen Meeres, ... Palästina ... geführt worden ... [blablabla] ... so, daß ihre Zerstreuung in alle Welt mit ihrer Vereinigung in Religion und Sprache gar nicht auf Rechnung eines über dieses Volk ergangenen *Fluchs* gebracht, sondern vielmehr als Segnung angesehen werden muß: zumal der Reichtum derselben, als Individuen geschätzt, wahrscheinlich den eines jeden anderen Volks von gleicher Personenzahl jetzt übersteigt. 517 ff.

Ich habe gelogen. Die Fußnote ist nicht in Gänze wiedergegeben worden. Wenn Kant einen plötzlichen Wechsel vom Betrug zum Überlisten vollzieht, dann legt diese Auffälligkeit in der Rhetorik die Überlegung nahe, daß Kant in ein Autobiographem hineingeraten ist. Man muß sich wundern, welcher Jude ihn überlistet, wenn nicht sogar betrogen hat. Ich bin mir nicht sicher, aber ich habe einen Verdacht. Das bringt uns, durch Nietzsches Begriff von Dankbarkeit, auf die Figur von Moses Mendelssohn, dem Kant wiederholt die Aggression der Dankbarkeit entgegengebracht hat – er bringt ihm »*Dankbarrkeit*« entgegen –, für seine Fähigkeit zu philosophieren, ohne dabei das elementare Surplus an Stil zu verlieren. Wird Mendelssohn ihn in punkto der schönen Darstellung* nicht überlistet haben? Kant selbst hat dies andeutungsweise gesagt. Doch was die eruptive Fußnote betrifft, ist es an diesem Punkt der Un-

tersuchung nicht möglich, in Kants Kopf herumzugehen (oder in tiefergelegene Extremitäten zu gelangen), wobei die Fußnote auf keinen Fall mit anderen Äußerungen »von uns« über das Volk des Buches übereinstimmt – (»die wir gewisse heilige Bücher mit ihnen gemein haben«).[20] Man kann die Fußnote auch nur lesen, um zu beobachten, wie der Text der Logik Gewalt antut, durch welche er aufgebaut ist, und wie er durch das Anakoluth voranschreitet, um das Gegenteil dessen zu beweisen, was ursprünglich behauptet wurde: anfangs geht er nämlich in eine bestimmte rhetorische Richtung, er besteht auf einem Widerstand gegen die Allgemeinheit und unterbricht sich dann selbst, um die gerechte Notwendigkeit jener Allgemeinheit zu profilieren. In der Tat, Kant hat nicht vor, »dieses Volk, in Rücksicht auf den Punkt des Betrugs und der Ehrlichkeit, zu moralisieren« – er verweigert ihnen den Handel mit der Moralität. Er kann mit ihnen nicht »verhandeln«. Seit wann ist Kant moralisierend? Warum zieht sich die Philosophie zurück und regrediert auf das schräge Begehren des Predigens vor diesen nicht-lesenden Lesern, die gewisse heilige Schriften mit »uns« gemein haben? Es bleibt irgendwie unbemerkt, daß sich die Argumentation von Kants Auseinandersetzung mit dem Syntagma der »Dummen, aber Ehrlichen«, das Menschenverachtung evoziert, auf ein geheimes Syntagma, das der »Klugen, aber Betrüger«, verschoben hat, auf einen lokalen Zweig der misanthropischen Einstellung.
Eine heimliche Zweiteilung beginnt, Form anzunehmen, einerseits die ehrliche Dummheit der »wir«, welche andererseits durch die cleveren Betrüger der »sie« heimgesucht werden. Das Thema, in der Tat, wurde durch die Angst initiiert, daß wir alle Betrüger sein könnten – in anderen Worten, entsprechend dem wesentlichen Argument, wir alle könnten Juden sein.
Die Fußnote ist voller Widersprüche, das Ding selbst, für das Kant keine Schuld tragen möchte und auf dem die ganze Anmerkung aufgebaut ist. Der Anfang zielt darauf, in eine bestimmte Richtung zu gehen, widerruft dann aber seine Absicht. Nichtgestützte Behauptungen werden gemacht, organisiert um die behauptete Hoffnung, daß diese »ohne Inkonsequenz« vorgebracht werden können. Ich benenne einige dieser Behauptungen in Form von Fragen. Wie erkennen wir »die unter uns lebenden Palästiner«? (Kant ist rigoros [anti]-semitisch, was diese Bezeichnung angeht.) Er hat mit einer Allgemeinheit angefangen, die die Allgemeinheit unterhöhlt, und sagt dann, daß es die Allgemeinheit an einem besonderen Ort des Allgemeinen gibt: in Polen. Was motiviert die referentielle Geste, die ein Beispiel betrifft, das die unmögliche Allgemeinheit abstützen soll (»z.B. der Juden in Polen«)? Wenn dies jeden von ihnen angeht, also eine Totalität etabliert, während man ein Beispiel braucht, das lokalisiert und begrenzt, sie abgrenzt, dann kann es nicht

alle angehen. In der Tat, was für eine Art unhinterfragter Allgemeinheit ist das »wir« beziehungsweise das »uns, unter denen sie leben« – was fundiert und legitimiert das »uns«? Kant entscheidet nicht, wer oder wo »sie« sind, die »unter« uns sind, er erlaubt lediglich, daß sie schnell globalisiert werden und gleichzeitig lokal bleiben, so daß am Ende nur die spektrale Sicherheit eines »uns« bleibt. Und so fort. Das partikularisierte Beispiel eines jüdischen Ortes wird beharrlich seiner Lokalisierung beraubt, so wie der Ort, von dem aus Kant schreibt: Königsberg, das entsprechend konventioneller Grenzziehungen weder in Polen, noch in Deutschland und auch nicht in Preußen liegt, obwohl doch in Preußen, und so könnte es möglich erscheinen, daß Kant, in einem Kafkaschen Sinn, einer »kleinen Literatur« zustimmt.
Am Ende produziert diese Anmerkung, welche überschrieben sein könnte: »Warum ich so anti-semitisch bin«, eine Logik, derzufolge das »uns« und das »sie« auseinanderdestilliert werden können, um Einheiten zu separieren: letztlich wird auf der Basis der Werte von klug und dumm die Unterscheidung von arisch und jüdisch eingerichtet, obwohl da in jedem einzelnen dieser Begriffe innere Risse sichtbar werden. Ein einfacher Chiasmus schreibt das Kreuz oder Doppelkreuz wieder ein, das die Beziehung der einen zu den anderen informiert: die Juden überlisten uns und sich untereinander; sie sind auf der Überholspur einer heimtükkischen Klugheit, während »wir«, wenn schon nicht völlig dumm, dann fundamental ehrlich sind, obwohl es da den Schatten der misanthropischen Gewohnheit gibt, die zur Folge hat, daß wir, trotz allem, weiterhin Ehrlichkeit mit Dummheit assoziieren. Die Fußnote möchte um jeden Preis an der Solidität dieser Unterscheidung festhalten.[21]
Etwas destabilisiert jedoch die Sicherheit des Zugriffs, etwas, das wir mit ihnen teilen, von dem sie sogar der Ursprung sein könnten, während wir um die moralische Unterscheidung betrogen werden, die wir geltend zu machen versuchen. Wenn X den Ort markiert, als das, wodurch wir gebunden sind, dann könnte dies in der Tat den Punkt bezeichnen, wo »sie wir ›sind‹« (»*They ›R‹ Us*«), wo die Buchstaben durcheinandergeraten, bevor sie sich als sinntragende Bestandteile sortieren lassen. Es gibt da nämlich etwas Allgemeines, eine Einschreibung des Mitdazugehörens, die jeder Separation vorausgeht. Es ist eine Sache des Benennens, und Kant läßt Raum für diese Form von Zeugenschaft, welche an eine ursprünglichere Identität erinnert, die dem Spalt zwischen uns und ihnen vorausgeht. In dem Maße, wie die fundamentale Identität auf dem Schreiben basiert, macht sie von Anfang an die Notwendigkeit der Differenz erforderlich, aber nichts, das zu den groben Naturalisierungen und der dumpfen Historisierung führen würde, welcher Kant freien Lauf läßt. Das könnte der Grund sein, warum Kant es für notwendig befand, zwei Ereignisse des Schreibens einzuführen, um

seinen Fall voranzubringen. Deshalb unterbricht die Schrift, die allen gemeinsam ist, die Unterscheidung zwischen uns und ihnen, aber sie wird unter einem Vertrag verborgen, der, im Namen des Nicht-Widerspruchs, als solcher nicht aufgehoben werden kann. Es gibt da also eine heilige Schrift, die bindet, und auf der anderen Seite – die Hand, die durch den Staat geführt wird – ein Band, das schneidet, ein bindender Vertrag, der respektiert werden soll.

Zwei Texte also, einer, in denen das »uns« zunächst das »sie« war und ein anderer, der versichert, daß das »uns« nicht »sie« war, aber dessen Möglichkeit als Möglichkeit und Unmöglichkeit zugleich instituiert werden mußte.

Trotz der heiligen Schrift und ihrer vertraglichen Dazwischenkunft, die sehr wenig zu garantieren scheint, wird ein fundamentales Unterscheidungsmerkmal aufrechterhalten, das eine austauschbare Moralität behindert. *Ihre* Moralität erfordert »zweifellos« einen Grundsatz, zwar in allerletzter Minute, aber einen kardinalen und einzigartigen Grundsatz, wenn »im Verkehr mit uns«. *Ihr* einziger Grundsatz lautet: »Käufer, tue die Augen auf«. Kant kauft dies ab. Er hat sogar in diese andere Moralität investiert. Er möchte nicht betrogen werden und möchte verstehen, warum er betrogen wird, notwendigerweise, durch diese ganze Nation von Betrügern. »Statt der vergeblichen Pläne«, Urteile über Täuschung, Untreue oder Betrug in Relation zur Ehrlichkeit abzugeben, zieht er es vor, eine phantastische Geschichtslektion zu geben. Der Impuls, solch einen »vergeblichen Plan« aktualisieren zu wollen, würde auf eine lächerliche Anstrengung hinauslaufen, auf einen vergeblichen Versuch, jene, die immer noch das goldene Kalb anbeten, mit moralischen Kategorien zu bewerten. Warum über die Leere moralisieren? Das würde heißen, daß er darauf vorbereitet war, sich zu verhalten, als wäre er ein Rentner, der auf eitle Weise eine wichtigtuerische Handlung mimt. Eher als mit ihnen sprechen, wird er versuchen, verstanden zu werden, er wird auf Vernunft und Geschichte rekurrieren, auf die machtvollen Alliierten beim Errechnen des Defizits, anhand dessen sie eingeschätzt werden.

Der letzte Widerspruch, der auch in zahlreichen anderen Beispielen auftaucht, hat mit dem Fluch zu tun, den Kant am Ende der Fußnote in eine Segnung verwandelt. Es ist nicht sicher, an wen der Philosoph sich in diesem Moment adressiert oder wessen Perspektive er sich aneignet, um seinen Standpunkt klarzulegen und mit welchem Ziel. Sein Standpunkt macht den Eindruck einer versöhnlichen Geste, ist aber keine. Denn wenn die Juden ihren schicksalhaften Reichtum als einen Fluch angesehen haben, dann muß dies an der Tatsache liegen, daß sie Geld nicht als einen Segen betrachten – es ist Kant, der dies tut.

Die allgemeinere Struktur, die bewirkt, daß man nicht entscheiden kann, ob man es mit einem Fluch oder einem Segen zu tun hat, hat die Ökonomie dieser Darlegung informiert und ist die Grundlage für eine komplexe Politik des Opfers. Soll Philosophie ohne Stil als ein Fluch oder als ein Segen betrachtet werden? Gehören Kafkas Abrahams, abgerissen und mit ihren schmutzigen Flecken des Seins, in die Sphäre der Verfluchten oder der Gesegneten, oder stellen sie vielmehr beides zugleich dar, beide gleich lächerlich, im dissonanten Reim mit dem feierlichen Gottesurteil des Urvaters. Gibt es eine Dimension des Betrugs, die historisch der Rede und Ansicht entzogen war, aber auf die »unter uns lebenden Palästiner« projiziert worden ist? Denn, nach allem, worin bestand das Hin und Her des Widerstreits zwischen Gott und Abraham? Wer hat wen betrogen, was den enormen Kredit angeht, der im Namen des Mannes Abraham aufgenommen wurde? Und wie verhält es sich mit der Rückzahlung? Abraham hat das R-Gespräch angenommen, in schierem Glauben. Keine Fragen werden gestellt. (Sara lachte.) Isaak kam schweigend mit. Darauf vorbereitet, einen supplementären Anderen zum Opfer darzubringen – das ist es, was BEZIEHUNG erfordert, das Opfer eines Dritten –, wird die Besetzung plötzlich umgekehrt, und er kann das Kind behalten. Und Gott an seiner Seite haben. In der Parabel Kafkas ist jener Abraham, der sich erhob, um den Ruf anzunehmen, von Anfang an ein Betrüger, ein Bluffer; er hat Gott schon betrogen, als er sich entschied, daß es sein Name war, der aufgerufen worden ist (obwohl das auch der Fall gewesen sein könnte; doch ändert das nichts an der Vermutung, an der wesentlichen Betrugshandlung, an der lächerlichen Selbsttäuschung, davon auszugehen, daß Du »der Gerufene« bist). Und der Allmächtige – wonach Er verlangt, ist keine freiwillige Gabe, denn der alte Mann untersteht einem Befehl, das Kind herzugeben. Doch was wäre, wenn Gott das Opfer angenommen hätte, aber nicht die Idee der Substitution – ein Lamm für das Kind (»Käufer, tue die Augen auf«) –, was also, wenn Gott nicht die Institution des austauschbaren Wertes, des Handels, das Fließen des unblutigen Kapitals akzeptiert hätte (wir lernen hier, daß es dort immer Blut gibt, immer den Fleck, den Schmutz, das Geld und daß es manchmal das Blut des »anderen des anderen« ist, in diesem Fall des Widders)? Gott instituiert eine Betrugsökonomie, ein plötzliches Zurücknehmen einer unendlichen Schuld, die in eine endliche verwandelt worden ist. Von dem Moment an, wo Ökonomie da ist, gibt es die Möglichkeit, den Fleck, des Betrugs.

Warum ist Gott in einen Handel mit Abraham eingetreten, warum wartet er auf das Ding, das den höchsten Wert hat, das jeden kalkulierbaren Wert überschreitet, nur um durch die Substitutionshandlung und das Brandopfer den Wert einzuführen (der Widder wird als Brandopfer

dargeboten)? Man denkt, Gott sei dERjenige, der die Ökonomie transzendiert. Selbst wenn dies so wäre, wollte Gott doch eine Schätzung Seines eigenen Werts – während er einen Anspruch erhob, auf das, was sich nicht berechnen läßt, wollte er in die Berechenbarkeit eintreten. Er wollte, daß man mit ihm rechnete. Eine falsche Bewegung von Gottes Seite, wenn ich so sagen darf. Von nun an werden sie den Bluff des jeweils anderen einklagen; sie werden sich gegenseitig fertigmachen und sehen, wer zuerst aufgibt, sie wetten auf das Überleben. (Da er ins Ökonomische hineingezogen worden ist, ist es eine Sache des Überlebens, auch für Ihn, denn es bleibt da die Möglichkeit, daß er das Opfer nicht überlebt hätte, daß Er nicht den Urvater hätte abgeben können, um Sein eigenes Überleben zu garantieren, und in dieser Hinsicht ist Er Abrahams Sohn und Schöpfung, immer schon im Begriff, geopfert zu werden.)[22]
Die Ökonomie des Betrügens gab es von Anfang an, sie war der Grund, warum Sara lachte. Abraham war zu alt; er ist um seine Nachkommenschaft betrogen worden, er konnte sich nicht mehr fortpflanzen. Gott macht ihm ein Angebot. Die Zeit betrügend, tragen sie den Erstgeborenen aus, um den er, Abraham, bald darauf betrogen werden soll. Wie kann Gott kein Betrüger sein, wenn Er das zu nehmen gedenkt, was Er scheinbar gegeben hat? Zu enteignen – ist dies nicht ein wesentlicher Zug Gottes, ist er nicht der Grund dafür, daß ein Verlust auf den nächsten folgt, und, indem er dies so einrichtet, die Möglichkeit des (Sichselbst-)Besitzens lächerlich erscheinen läßt? (Die billigen Abmachungen wuchern. Später überlistet Abraham Gott im Handel Gefangene-werden-nicht-gemacht – er handelt die Zahl der Aufrechten herunter und schafft es so, das Überleben der Stadt Sodom zu sichern.)
Wenn Kafka sich an Abraham erinnert, ihn in eine Serie bringt und ihn ins Lächerliche zieht, dann geschieht dies, um die Möglichkeit selbst des Besitzens, die durch Gottes Eingreifen unterminiert wird, zu überdenken. (Die Serialisierung des ersten Patriarchen ist lächerlich, weil sie seine Singularität und die Stabilität des *Ur**, des *Erz**, zerbricht; aber auch weil sie, als spontane Vermehrung, unmittelbar, wie dies nur Gott tun kann, auf das Versprechen antwortet, daß er sich reproduzieren, das heißt, sich verwandeln und ausbreiten wird). Wie kommt Abraham zu einem Haus? Wie kann er überhaupt etwas »haben«, selbst die Sicherheit des Aufgerufenwerdens? Wenn da viele und andere Abrahams sind, wetteifernde Abrahams, dann deshalb, weil der Begriff des Schwindels seinem Namen inhärent ist; sobald er seinen Namen hört, hat er schon einen Umschalter betätigt, er erhebt sich zu dem Ruf als Schwindler. In dem Maße, wie man auf den Ruf antworten kann, gelingt dies nur als Schwindler; am besten man ist sein eigenes Doppel, der andere seiner selbst – eben derjenige, der gerufen wird. Jedenfalls ist der auf den

Ruf Antwortende ein anderer als der noch nicht Aufgerufene.[23] Wer auf den Ruf antwortet (und man muß antworten; es ist dies keine Frage der »Wahl«), wird zum Schwindler: denn glaubst du ernsthaft, daß du der Messias bist? Und selbst wenn du es wärst, dann wirst du von Zweifeln heimgesucht und mit Fragen traktiert, wenn sie dich kreuzigen. Die Wendung tritt am Anfang ein, als Abraham denkt, daß er Abraham ist, derjenige, der einzige, der aufgerufen wird, und von diesem Moment an wird das Gesetz der Substitution instituiert worden sein (Abraham für Abraham – das könnte der Grund sein, warum Gott jedes Mal den Namen zweimal ausruft: »Abraham! Abraham!« – Isaak für Abraham, der Widder für Isaak). Der eine Gott für die anderen Götter. Lacan erinnert uns mit seinem Denken des Dings daran, daß der monotheistische Gott nicht seine Einzigkeit – daß Er der einzige Gott sei – behauptet, sondern, daß er der Beste unter den Göttern sei und es verdient habe, aus den Serien herauszutreten. (Auf der anderen Seite ist der Name Abraham mit dem Begriff des Schwindlers so benachbart, daß in England der »Abrahamman« eine Bezeichnung für jemanden aus der Gruppe der Schwindler war, die im Land herumwanderten und vorgaben, Hellseher zu sein. »To sham Abraham« heißt Krankheit vortäuschen, ein Gebrechen für eine taugliche Präsentation seiner selbst einsetzen.)

Wie der Urvater mit Vortäuschung, Schwindel und Betrug auf der Ebene des Buchstabens in Verbindung gebracht worden ist, ruft nach einer ausgearbeiteten genealogischen Untersuchung in der Art, wie Freud sie in *Der Mann Moses* unternimmt. Unter anderem würde man dabei in das ungelöste Rätsel von Saras Tod eintauchen – obwohl sie zurückbleibt, überlebt sie nicht die Reise zum Berg Morija. Denn alles, was sie weiß – sie meint, es zu wissen – ist, daß Isaak geopfert worden ist, und sie stirbt an einem gebrochenen Herzen. Alles was wir wissen, ist, daß Sara ermordet wurde, und der Vater die Szene vor dem Gesetz wiederholt hat.

Aber während er bei Gott in der Analyse war, hat er sich nicht nur dem Wiederholungszwang überlassen und dieses eine Mal sein Opfer gehen lassen. Wenn man davon ausgeht, daß Abraham geheilt und Isaak nicht geopfert worden ist (obwohl einem Midrasch zufolge die Hinrichtung des Sohnes vollzogen worden ist),[24] dann bleibt die Frage, wie und ob Isaak die Erfahrung des Beinahe-Todes überlebte – wie er einen psychotischen Vater überlebte, also jedermanns Urvater, Kafkas Vater, deinen und meinen, sogar oder *besonders* dann, wenn sie mit dem Gesetz übereinstimmen.

Isaak wurde zu einer Figur der traumatischen Wiederholung; er grub Löcher in die Erde, da, wo der Vater vor ihm gegraben hat, er hat Mutter Erde punktiert, Löcher gegraben, die durch Abraham vorgezeichnet waren. Der Sohn reproduziert Löcher, er gräbt und höhlt aus, als wäre er verantwortlich für ein stummes Rollenspiel, dessen Sinn Hamlet dem westlichen Bewußtsein später als Aufgabe gestellt hat. Was Isaak wollte, wissen wir bis heute nicht, oder wir können dieses Wissen nicht aushalten. Jedenfalls stellte es sich heraus, daß er irgendwie ein Verlierer war, der Sohn, der fast geopfert worden wäre, wenn er am Ende überhaupt etwas war. Es kann nicht mit Sicherheit gesagt werden, daß er überlebt hat. Man kann davon ausgehen, daß es für ihn besser gewesen wäre, hätte sich sein Schicksal nicht in jenem Moment der blitzhaften Erstarrung des fast Hingerichteten versammelt, an den auch Dostojewskij erinnert. Ihm ist der Glanz des Märtyrers genommen worden, und befreit davon, einen beispiellosen Kontrakt zwischen Gott und dem Menschen erwirkt zu haben – er ist eine Wette gewesen, er ist aufs Spiel gesetzt worden –, war Isaak verdammt, in der traumatischen Zone der leeren Wiederholung zu leben, damit beschäftigt, nach einer Wahrheit, einem Schatz zu graben, etwas einzuklagen, das nicht gefunden werden kann. Der Serien-Gräber verschiebt den »Dolch« an einen anderen Ort, er punktiert die Erde mit den unlesbaren Hieroglyphen einer anderen Geschichte, derjenigen eines anderen, nicht genannten Abrahams. Es könnte, es muß da noch einen anderen Abraham gegeben haben.[25]

Also hat Gott eine Diskrepanz zwischen Absicht und Tun eingeführt. Abrahams Absicht, seinen Sohn zu opfern, muß nicht durch eine ausführende Handlung besiegelt werden (oder sogar durch einen wirklichen Jungen ratifiziert werden). Absicht ist schon Handlung genug. Die Neigung zur Absicht würde genügen, das Antworten auf einen Namen, aus einer gewissen Benommenheit, die der Konstitution eines jeden Subjekts oder jeder Fähigkeit, zu verstehen, vorausgeht. Verstehen kommt hier also gar nicht ins Spiel, es sei denn, daß Isaaks Schweigen sein Verstehen und seine Komplizität betrügt.[26] Somnambule Absicht kann bereits Handlung genug sein, so daß die Handlung neu verhandelt, modifiziert werden kann. Der Moment, in dem die Neuverhandlung möglich wird, das bedeutet auch, daß der Mensch, Isaak, substituierbar ist oder schon als ein Substitut handelt, als Wertindex, denn Isaak in seiner Essenz ist ein Substitut für etwas anderes, das größer ist als er selbst, eine abgekoppelte Synekdoche jenes Teils von Abraham, der am wertvollsten ist. Isaak, der zugleich unersetzlich und austauschbar ist, funktioniert als Zeichen für den unersättlichen Anspruch Gottes, ist aber niemals »das Ding selbst«, das Gott will (Gott will nicht Isaak als solchen, sondern [etwas von] Abraham). Es ist auch nicht so, daß Abraham sagt: »Nimm mich! Ich opfere mich; ich verwandle mich in ein Zeichen und setze mich aufs Spiel.« Indem er sich nicht selbst opfert (er könnte schmutzig sein, den Wert nicht haben), ist Abraham auch darauf vorbereitet, etwas anzubieten, was ihn übersteigt. Alles, was wir am Ende des Tages, an dem das Opfer stattfinden soll, wissen, die impliziten Hierarchien des Werts und der Werteinschätzungen vorausgesetzt, ist, daß Gott sich auf weniger geeinigt haben wird. Er kann sozusagen sein, ohne daß ihm ein Leid zugefügt wird, das den Tieren, die für unser Dasein* einstehen, bestimmt ist, ein Wesen, mit dem man verhandeln kann: dieses würde der Vertrag sein. Du möchtest meinen Sohn, ich gebe dir einen Widder. Kannst du damit leben? Weder Sara noch Isaak waren dazu in der Lage.

Für unsere Zwecke genügt es, festzuhalten, daß das, was wie eine Aufhebung des Menschenopfers aussah – Isaak wird begnadigt –, in Wirklichkeit eine Struktur eingeführt hat, die das Opfer und die Ersetzung perpetuiert. Als ob die Stämme sogar noch mehr dazu gebracht worden wären, für die Differenz zu zahlen; und das damals geforderte Opfer, das einmal eingeklagt worden ist, wurde neu eingerichtet und in die Zukunft geschickt – es wurde sozusagen angeboten, als das, was noch im Begriff ist, zu kommen. Isaak, der weiß, was er nicht sagen kann, fährt fort, in eine alte Geschichte Löcher zu graben und macht daraus neue.

——— Der größte Bluff, in all dem, könnte das Einpflanzen der Selbsttäuschung und das Suggerieren der Hoffnung gewesen sein, das auserwählte Volk zu sein. Isaak – er ist aufgerufen worden und gleichzeitig ist er nicht aufgerufen worden. Es gibt eine noch radikalere Unsicherheit als verfolgt zu werden (wenn du weißt, daß sie hinter dir her sind, dann bist du schon eine Leiche; du *bist* der Widder, der in den Büschen gefangen wird): durch den Ruf betrogen zu werden. Zu dumm, um zu wissen, ob dein Name aufgerufen worden ist, bist du eine lächerliche Figur. Du bist bereit, aufzustehen, das Opfer zu bringen, aber im letzten Moment sollst du sitzenbleiben. Sie brauchen dich nicht. Ein Tier wird den Zweck erfüllen, deinen Zweck. Dieser Ruf, er teilte dir mit, daß du derjenige bist, daß du der Erwählte bist. Du hast dich darauf vorbereitet, ihn zu empfangen, du warst außer dir. Ein betrogener Betrüger. Es war nicht mehr erkennbar, ob der Ruf als Bestrafung oder als Ehrung dienen sollte. Dein Vater hat den Ruf angenommen. Du hast ihn beerbt, mit all den zu erwartenden Schwierigkeiten; du hast seine Last geerbt, von der du gedacht hast, daß du sie leichter machen könntest. Du bist deinem Vater in stummer Komplizität gefolgt. Wie du so gingst, während er sich darauf vorbereitete, dich zu opfern, konntest du nichts sagen, du konntest einfach nicht entscheiden, ob dieser Ruf, der dich aus dem Haus trieb, eine Segnung war oder ein Fluch. ———

ANMERKUNGEN

Mit * gekennzeichnete Wörter sind im Original deutsch.
Die Seitenangaben im Text beziehen sich auf nachfolgende Zitate aus der zuvor genannten Ausgabe. In den Anmerkungen gekennzeichnet mit: **ST**

Spätzünder

1 Friedrich Schiller, Die Jungfrau von Orleans (3. Akt, 6. Szene), in: *Werke*, Nationalausgabe, 42 Bde., hrsg. von Julius Peterson u. Hermann Schneider, Weimar 1942, Bd. 9, S. 257; Hannah Arendt/Karl Jaspers, *Briefwechsel 1926–1969*, hrsg. von Lotte Köhler u. Hans Saner, München, Zürich 1985, S. 446; Alain Grosrichard, *The Sultan's Court: European Fantasies of the East*, London 1998; Jacques Lacan, *Die Ethik der Psychoanalyse, Das Seminar von Jacques Lacan, Buch VII (1959–1960)*, Weinheim, Berlin 1996. Betroffenheit über die schiere Dummheit von Eichmanns Positionen wird auch bei Hannah Arendt und Mary McCarthy zum Ausdruck gebracht: Hannah Arendt/Mary McCarthy. *Im Vertrauen. Briefwechsel 1949–1975*, hrsg. von Carol Brightman. München, Zürich 1995, S. 240. Man könnte zusätzlich in diesem Kontext die Bemerkungen Ernst Cassirers heranziehen, mit denen er seine politische Betrachtung *Vom Mythos des Staates* eröffnete: »Im praktischen und sozialen Leben des Menschen hingegen scheint die Niederlage des rationalen Denkens vollständig und unwiderruflich zu sein. ... Einbildungskraft allein kann nicht alle seine Widersinnigkeiten und seine phantastischen und bizarren Elemente erklärlich machen. Eher ist die ›Urdummheit‹ des Menschen für diese Absurditäten und Widersprüchlichkeiten verantwortlich. Ohne diese ›uranfängliche Stupidität‹ gäbe es keinen Mythos.« (Ernst Cassirer, *Vom Mythos des Staates*, Zürich 1949, S. 8f.)
2 »Als Catoblépas, ein schwarzer Büffel mit dem Kopf eines am Boden schnüffelnden Schweines, sich an ihn richtet, ist Saint Antoine äußerst verlockt: ›Sa stupidité m'attire‹.« Jonathan Culler, *Flaubert: The Uses of Uncertainty*, Ithaca 1985, S. 183.
3 Friedrich Nietzsche, Jenseits von Gut und Böse, in: *Nietzsches Werke*, Kritische Gesamtausgabe, hrsg. von Giorgio Colli u. Mazzino Montinari, Berlin 1968, Abt. VI, Bd. 2, Nr. 188.
4 Ebd., Nr. 288.
5 Zu den wenigen, die die potentielle Signifikanz der Dummheit in der Moderne nicht ignorierten, gehörte Schopenhauer, für den Dummheit, zusammen mit Vulgarität, eine vollständige Umkehrung der Beziehung zwischen Willen und Verstehen implizierte. In *Betrachtungen über das Erhabene und das Naive in den schönen Wissenschaften* widmet Moses Mendelssohn mehrere Abschnitte einer Beschreibung der Dummheit, wie sie sich in die Gesichtszüge einprägt. Das Gesicht überträgt verschiedene Stufen von Dummheit: »*Niais* bedeutet eine *gedankenlose* und *unthätige Einfalt*, oder eine Unwissenheit des gemeinen Weltgebrauchs, die aus Dummheit entspringet. Si la simplicité se remarque dans l'extérieur et qu'elle soit accompagnée de nonchalance, elle fait le *niais*.« (Moses Mendelssohn, Betrachtungen über das Erhabene und das Naive in den schönen Wissenschaften, in: *Ästhetische Schriften in Auswahl*, hrsg. von Otto Best. Darmstadt 1986, S. 236.)
6 Friedrich Hölderlin, *Sämtliche Werke*, Frankfurter Ausgabe, 20 Bde., hrsg. von D. E. Sattler, Ffm. 1975, Bd. 4, S. 261, 336–340; Bd. 5, S. 683–700.
7 Rainer Maria Rilke, Das Lied des Idioten, in: *Werke*, 4 Bde., hrsg. von Manfred Engel, Ffm. 1996, Bd. 1, S. 327; Richard Wright, haiku #579, in: *Haiku: The Other World*, New York 1998, S. 132; Joseph Conrad, *Geschichten der Unrast*, Ffm. 1982, S. 62.
8 Walter Benjamin, Zwei Gedichte von Friedrich Hölderlin. »Dichtermut« – »Blödig-

keit«, in: *Gesammelte Schriften*, hrsg. von Rolf Tiedemann u. Hermann Schweppenhäuser, Ffm. 1972, Bd. 2.1, S. 105–126; Gershom Scholem, *Walter Benjamin – die Geschichte einer Freundschaft*, Ffm. 1975, S. 26.
9 Was die Vermeidung persönlicher Vermittlung angeht, siehe Stanley Corngold, *Complex Pleasure: Forms of Feeling in German Literature*, Stanford 1998, S. 153.
10 Bart Philipsen, Herz aus Glas – Hölderlin, Rousseau und das »blöde« Subjekt der Moderne, in: *Bild-Sprache: Texte zwischen Dichten und Denken*, hrsg. von L. Lambrechts u. J. Nowé, Louvain 1990, S. 177–194. Michael Jennings, Benjamin as a Reader of Hölderlin: The Origins of Benjamin's Theory of Literary Criticism, in: *German Quarterly Review* 56.4. (1983), S. 544–562; Corngold, *Complex Pleasure*, S. 150–170; Friedrich Hölderlin, *Selected Verse*, übers. u. hrsg. von Michael Hamburger, London 1986, S. 238.
11 Corngold, *Complex Pleasure*, S. 162.
12 Wolfgang Pfeifer, in: *Etymologisches Wörterbuch des Deutschen*, Berlin 1989, Eintrag: »blöd(e)«, datiert die Wortverwendung als »dumm, schwachsinnig« seit dem 16. Jahrhundert. Es hatte ganz klar diese Konnotation, wenn nicht sogar den denotativen Wert für Hölderlin.
13 Philipsen, *Herz aus Glas*, S. 192.
14 Corngold, *Complex Pleasure*, S. 168. Indem er auf eine Position relativer Sicherheit zurückkommt, plaziert Corngold *Dummheit* in Anführungsstrichen.
15 Hölderlin, *Sämtliche Werke*, Bd. 5, S. 699. [ST]
16 Benjamin, *Zwei Gedichte*, Bd. 2.1, S. 125. [ST]
17 Pierre Alferi, Un Accent de vérité, in: *Revue des Sciences Humaines: Maurice Blanchot*, 253.1 (1999), S. 153–171.
18 Henry James, *Der Wunderbrunnen*, Zürich 1999, S. 6.
19 Roland Barthes, Barthes puissance trois, in: *Œuvres complètes*, Bd. 3, 1974–80, Paris 1995, S. 253f.
20 Ein anderer Text, *L'image*, wiederholt Barthes' obsessive Angst vor der Dummheit. »Dans ce champ clos du langage, construit comme un terrain de football, il y a deux lieux extrêmes, deux buts qu'on ne peut jamais contourner: La Bêtise d'un côté, l'illisible de l'autre. ... La Bêtise n'est pas liée à l'erreur. Toujours triomphante (impossible à vaincre), son triomphe relève d'une force énigmatique: c'est l'être-là tout nu, dans sa splendeur. D'où une terreur et une fascination, celle du cadavre. (Cadavre de quoi? Peut-être de la vérité: la vérité comme morte.) ... Donc, elle est là, obtuse comme la Mort. La conjuration ne peut être qu'une opération formelle, qui la prend en bloc, de l'extérieur. ... Je retrouve ici le même affolement que me donne la Bêtise; est-ce moi? Est-ce l'autre? Est-ce l'autre qui est illisible (ou bête) ? Est-ce moi qui suis borné, inhabile, est-ce moi qui ne comprends pas?« (Roland Barthes, L'image, in: *Œuvres complètes*, Bd. 3, S. 870f.)
21 Die Ähnlichkeit, die zwischen einem Felsen und dem harten Kern der Dummheit besteht, findet hier ihre Grenze, denn der Rekurs Flauberts auf ein natürliches Objekt ist ein verzweifelter, hauptsächlich dazu angetan, den Zugriff des Verstehens abzuwenden und der Dummheit zu erlauben, von der anorganischen Natur die Attribute ihrer Härte zu leihen. Die indifferente Schwermut, die für einige Formen der Dummheit charakteristisch ist, stellt tatsächlich die rhetorische, in ein Objekt mündende Auflösung in Frage. Wenn Flaubert eine unzuverlässige Analogie entwickelt, um Dummheit zu fassen, dann tut er dies, um die Grenzen des Verstehens aufzuzeigen: »Man kann Fakten (über einen Stein oder einen Berg) verstehen oder Probleme, die sich stellen, wenn ein menschliches Vorhaben oder ein Diskurs sie zu bearbeiten beginnt, wobei ein Schwerpunkt geschaffen, eine Frage aufgeworfen wird.« (Culler, *Flaubert*, S. 175)

22 Gustave Flaubert, *Correspondance*, 9 Bde., Paris 1926–1933, Bd. 2, S. 398. [ST]
23 Culler, *Flaubert*, S. 176.
24 Flaubert, *Correspondance*, Bd. 2, S. 485: »A Alexandrie un certain Thompson, de Sunderland, a sur la colonne de Pompée écrit son nom en lettres de six pieds de haut. ... Il n'y a pas moyen de voir la colonne sans voir le nom de Thompson, et par conséquent sans penser à Thompson.«
25 Jacques Derrida, Une Idée de Flaubert: La Lettre de Platon, in: *Revue d'Histoire Littéraire de la France* 4–5 (1981), S. 666: »(et pour Flaubert la bêtise est toujours monumentale, de la taille du monument pierreux couvert d'inscription).«
26 Mit dem Namen seines nahen Freundes spielend, hat Erasmus *Moria* (wie er seine Arbeit zu nennen pflegte) More gewidmet – Thomas More, in dessen Haus die Arbeit entstanden war. Eine Diskussion von *morosophos* findet sich in der Einführung des Übersetzers, in: Desiderius Erasmus, *The Praise of Folly*, übers. von Clarence H. Miller, New Haven 1979, S. xiii.
27 Flaubert, *Correspondance*, Bd. 2, S. 243: »La bêtise est quelque chose d'inébranable, rien ne l'attaque sans se briser contre elle. Elle est de la nature du granit, dure est résistante.«
28 Gustave Flaubert, *La Première Éducation sentimentale*, Paris 1963, S. 59.
29 Jean Paul, Von der Dumheit, in: *Werke*, 4 Bde., München 1974, Bd. 1, S. 266–275. [ST]
30 Ebd.: S. 270: »Der Dumkopf ist meistens glücklich, wenn er den aufgeklärten Kopf angreift.«
31 Ebd.: »Nie sind diese Geschöpfe allein. Sie ... fülen ihre gegenseitige Anziehung am stärksten im Kriege gegen den Klugen.«
32 Ebd.: S. 269: »Sein Ideensystem beschränkt sich auf eine kleine Anzahl Begriffe, die tief in ihm haften, weil sie in seiner Jugend ihren Weg durch den Rükken nahmen, die er für heilig hält, weil sie die Reliquien von dem Geiste seines Vaters sind und einen Teil seiner Erbschaft ausmachen.«
33 Ebd.: »Die Gedanken des andern interessieren ihn mehr als seine eignen.«
34 Ebd.: S. 267: »Das Gedächtnis ist die einzige Fähigkeit, die der Dumme vor dem klugen Tier voraushat.«
35 Siehe Jean Paul, Siebenkäs, in: *Werke*, Bd. 2, S. 7–565.
36 Jean Paul, *Von der Dumheit*, Bd. 1, S. 275: »Überall sind reiche und mächtige Dunsen gepflanzt.«
37 Ebd.: »Der zum Orden der Dunsen gehört und verbant den Aufgeklärten als einen Rebel aus dem friedlichen Reiche der Esel.«
38 Jean Paul, Übungen im Denken, in: *Werke*, Bd. 1, S. 95.
39 Derridas rezente Arbeiten waren den unabschließbaren Aspekten der Verantwortlichkeit gewidmet. Siehe auch Thomas Keenan, *Fables of Responsibility: Aberrations and Predicaments in Ethics and Politics*, Stanford 1997; und Drucilla Cornell, *The Philosophy of the Limit: Justice and Legal Interpretation*, New York 1992.
40 Siehe Emmanuel Levinas, Die Verantwortung für den Anderen, in: *Ethik und Unendliches. Gespräche mit Philippe Nemo*, Wien 1992, S. 72–79. Levinas Lektüre zum Begriff der Verantwortlichkeit bezieht sich auf einschneidende politische Ereignisse, auf die Massaker in Sabra und Chatila 1982. Siehe das Interview zum Thema »Ethik und Politik«, in: *Les Nouveaux Cahiers* 18 (1982–83), S. 1–8.
41 Gilles Deleuze, *Differenz und Wiederholung*, München 1992, S. 196. [ST]
42 Robert Musil, Bedenken eines Langsamen, in: *Gesammelte Werke*, Hamburg 1978, Bd. 8, S. 1413.
43 Siehe Arnold I. Davidson, 1933–1934: Thoughts on National Socialism, in: *Critical Inquiry* 17 (1990), S. 35–45.

44 Musil, *Bedenken eines Langsamen*, Bd. 8, S. 1413, 1419, 1413, 1425.
45 Siehe Jean-Francois Lyotard, *Das Grabmal des Intellektuellen*, Wien 1985. Lyotards Angriff auf Intellektuelle, Big Brother und andere Experten betrifft allgemein die Anmaßung von Autorität in der Politik. »Die Verantwortlichkeit der ›Intellektuellen‹ kann nicht getrennt werden von der (allgemein geteilten) Idee eines universalen Subjekts.« (S. 10) In einem einführenden Kommentar zur amerik. Ausgabe (The Tomb of the Intellectual, in: *Political Writings*, Minneapolis 1993) argumentiert Bill Readings, daß der Intellektuelle ein Weltbürger ist, der vom Partikularen exiliert ist, um das Universale zu erreichen; er spricht zu jedem und niemandem im besonderen. »Der Intellektuelle, als neuzeitliches Geschöpf, rationalisiert Geschichte mittels Abstraktion, indem er eine große Erzählung der Befreiung des Subjekts als Selbstverwirklichung konstruiert. Das Ende der Geschichte ist folglich die Befreiung der Menschheit in dem Sinne, daß sie im großen und ganzen frei von Unwissenheit ist (Aufklärung), in der Lage ist, Material auf einem freien Markt den Bedürfnissen entsprechend zur Verfügung zu stellen (Kapitalismus) oder hauptsächlich arbeitet (Marxismus). Aktuelle Ereignisse sind bloß die Rohmaterialien für eine metareflexive Reflexion auf den Fortschritt dieser Erzählung der Selbstverwirklichung.« (S. xxii) Zur Diskussion der Legitimationskrise des Wissens nach dem »Tod« des Subjekts, nach dem Scheitern des aufgeklärten Liberalismus, siehe Chantal Mouffe, Deconstruction, Pragmatism and the Politics of Democracy, in: *Deconstruction and Pragmatism*, hrsg. von Chantal Mouffe, New York 1996, S. i–x; sowie: *The Return of the Political*, New York 1993.
46 Stanley Cavell, *Pursuits of Happiness: The Hollywood Comedy of Remarriage*, Cambridge 1981, S. 42.
47 Siehe Theodor W. Adorno, *Minima Moralia, Reflexionen aus dem beschädigten Leben*, Ffm. 1993, S. 263.
48 Jean Améry, Aufklärung als Philosophia perennis, in: *Weiterleben – aber wie?*, Stuttgart 1982, S. 257. Siehe auch: Jean Améry, Auschwitz. An der Grenze des Geistes, in: *Spiegelungen unserer Zeit*, Mainz 1965. Eine Diskussion der Geschichte und ihrer Beziehung zur Halluzination (zu dem, was »nicht in den Bereich des Wissens gehört«) bietet Eduardo Cadavas Lektüre von Bergsons *Materie und Gedächtnis* in: *Words of Light: Theses on the Photography of History*, Princeton 1997, S. 95–97.
49 Dem *Oxford English Dictionary* zufolge ist ein »dope« (»Esel«) »eine dumme Person, ein Simpel, ein Narr« und im amerikanischen Slang »eine Person unter dem Einfluß von, oder abhängig von irgend einer Art von Drogen«.
50 Paul de Man, *The Rhetoric of Romanticism*, New York 1984, S. viii: »So deutlich daran zu scheitern, die verschiedenen Individuen zusammenzubringen, ist ein irgendwie melancholisches Schauspiel.« Im Vorwort von *Blindness and Insight: Essays in the Rhetoric of Contemporary Critisism*, 2. Aufl., Minneapolis 1983, praktiziert de Man die melancholische Form der Selbstkritik, die eine Form der Nicht-Anerkennung ist: »Die nachträgliche Selbstprüfung und das gnädige Vergessen dessen, was ich geschrieben habe, ist mir nicht gegeben, nicht mit derselben Schnelligkeit, mit der ich schlechte Filme vergesse – obwohl manchmal, wie bei schlechten Filmen, gewisse Szenen oder Sätze zurückkehren, um mir zuzusetzen und mich zu verfolgen, wie ein schlechtes Gewissen. Wenn man sich dann die Erleichterung der Erneuerung vorstellt, die man erlebt hat, dann ist man gewiß der letzte zu wissen, ob solch eine Veränderung wirklich stattfand oder ob man, auf eine leicht verschobene Weise, frühere und ungelöste Obsessionen wiederholt.« (S. xii)
51 Thomas Pynchon, *Spätzünder*, Hamburg 1985, S. 9. [ST]

»Ich hatte früher…«

1 Gilles Deleuze, *Différence et répétition*, Paris 1969, S. 43 f.; dt.: *Differenz und Wiederholung*, S. 50.
2 Samuel Beckett, *Erzählungen und Texte um Nichts*, Ffm. 1962, S. 103.

Die Frage der Dummheit

1 Eine zwingende Diskussion der Hegelschen Aneignung von Schelling an dieser Stelle findet sich bei Marc Froment-Meurice, Du Pareil au même, in: *De la bêtise et des bêtes*, Sondernummer von *Le Temps de la réflexion*, hrsg. von J.-B. Pontalis, Paris 1988, S. 127–58.
2 Max Horkheimer/Theodor W. Adorno, *Dialektik der Aufklärung*, hrsg. von Rolf Tiedemann, Ffm. 1972, S. 296. Im Abschnitt »Zur Genese der Dummheit« wird über »das geistige Leben« gesagt, daß es »in den Anfängen unendlich zart ist«. »Dummheit ist ein Wundmal. ... Solche Narben bilden Deformationen. Sie können Charaktere machen, hart und tüchtig, sie können dumm machen – im Sinne der Ausfallerscheinung, der Blindheit und Ohnmacht, wenn sie bloß stagnieren, im Sinn der Bosheit, des Trotzes und Fanatismus, wenn sie nach innen den Krebs erzeugen.« Gelegentlich kann der mit Narben versehene Körper der Dummheit versteinern, unbeweglich werden, hart.
3 Lacan, *Die Ethik der Psychoanalyse*, S. 132.
4 Gustave Flaubert, *Le Dictionnaire des idées reçues*, Paris 1990, S. 246.
5 Shireen R. K. Patell erörtert in *Toward an Ethics of Reading: Levinas and American Literature* (Diss. University of California, Berkeley 2001) das zweischneidige Rätsel der historisch dem Sklaven unterstellten Dummheit. Auf der einen Seite wird vom Sklaven, der als nicht ganz menschlich eingestuft wird, angenommen, daß er bildungsunfähig sei; auf der anderen Seite scheinen Gesetze, die gegen das Unterrichten von Sklaven im Lesen und Schreiben erlassen worden sind, dieser Behauptung zu widersprechen. Ihre eigenen Ängste projizierend, haben die Sklavenhalter die Gefahren der Gelehrtheit auf den Sklaven umgelenkt, der fähig sein könnte, die Mechanismen der Sprache ohne korrekte Interiorisation zu erlernen und sogar den Tiefen eines leidenden Bewußtseins ausgesetzt sein könnte. Oberflächlich gesehen scheint Frederick Douglass sich diese paternalisierende Logik des Schutzes angeeignet zu haben: »Ich empfand manchmal, daß das Lesenlernen eher ein Fluch als ein Segen war. ... In Momenten der Agonie beneidete ich meine Mitsklaven um ihre Dummheit« – eine rein rhetorische Behauptung, denn diese verzweifelte Erklärung tritt in Douglass' veröffentlichter Erzählung von seiner Flucht aus der Sklaverei auf (in: *Narrative of the Life of Frederick Douglass*, zit. nach Patell, *Toward an Ethics of Reading*, S. 179).
6 Siehe François Hartog, Bêtises grecques, in: *De la bêtise et des bêtes*, Sondernummer von *Le temps de la réflexion*, hrsg. von J.-B. Pontalis, Paris 1988, S. 63. [Die folgenden Zitate aus *Phaidros* von Platon sind von Ernst Heitsch übersetzt und kommentiert, Göttingen 1997, S. 55.]
7 Martin Heidegger, Schöpferische Landschaft: Warum bleiben wir in der Provinz?, in: *Aus der Erfahrung des Denkens, 1910–1976*, Ffm. 1983, S. 9–15. Dieser kurze Aufsatz ist entstanden durch den zweiten Ruf, der an Heidegger von seiten der Berliner Universität 1933 erging. Übertragen als Teil einer Radiosendung des Berliner Rundfunks, zuerst publiziert 1962 (»ohne Genehmigung«) von Guido Schneeberger in: *Nachlese zu Heidegger*, Bern 1962, S. 216–218. Am 2. März 1934

ist das Schriftstück unzensiert im nationalsozialistischen »Kampfblatt« *Der Alemanne* publiziert worden. In dem Text, der Heideggers Entscheidung, nicht nach Berlin zu gehen, thematisiert, wird argumentiert, daß seine Arbeit im wesentlichen an die Möglichkeit der Landschaft, im Zusammenhang mit einem wechselseitigen »Sich-Eröffnen«, gebunden sei. »Die Arbeit *öffnet erst* den Raum für diese Bergwirklichkeit. Der Gang der Arbeit bleibt in das Geschehen der Landschaft miteingesenkt.« (S. 10) Ein Hauptpunkt ist die Treue, welche den Bauern über den Städter stellt. Solche Treue wird oft durch Schweigen zum Ausdruck gebracht und hilft Heidegger bei seiner Entscheidung, in der Provinz zu bleiben. Er erinnert sich an den Besuch eines fünfundsiebzigjährigen bäuerlichen Freundes, der die Papiere mit dem Angebot aus Berlin las. Was wird er sagen, fragt sich Heidegger? Der Bauer blickt Heidegger mit seinen klaren Augen an, »er legt mir seine treu-bedächtige Hand auf die Schulter und – *schüttelt* kaum merklich den Kopf. Das will sagen: unerbittlich *Nein*!« Jenseits der ideologisch belasteten Betonung der Authentizität, die Heidegger hier im Krieg dieser Welten ins Spiel bringt (die Welt des Journalismus eingeschlossen, die gegen die Welt des wissenden Schweigens des Bauern gesetzt ist), muß Heideggers Art und Weise, eine Entscheidung zu treffen, vor dem Horizont der *Entschlossenheit** in *Sein und Zeit* gelesen werden. Für unser Vorhaben sollte es genügen, festzuhalten, daß der Moment der Entscheidung in einen Gegensatz zur Stadt tritt und zu ihrer Beziehung zur Sprache, zur Intelligenz, den Medien und der Institution. Die Treue zur Wahrheit des bäuerlichen Seins hat ihre Wurzeln in einer resoluten Stummheit (obwohl diese woanders spricht), in einem Mangel an Sprache, in Immobilität und einer tiefen Widerständigkeit oder Beschränktheit, was die Wissenschaft und das Lernen betrifft – kurz gesagt, in einer gewissen, wenn auch uneingestehbaren Blödigkeit, einer frömmigen *Dummheit*, die Heidegger aufrechterhält, die seine Arbeit möglich macht, seinen Ort bestimmt.

8 Heidegger sprach privat von der »größten Dummheit« seines Lebens, bezugnehmend auf sein politisches Engagement von 1933–34 (zit. nach Heinrich W. Petzet, Vorwort zu *Martin Heidegger/Erhart Kästner, Briefwechsel 1953–1974*, Ffm. 1986, S. 10). Siehe auch Philippe Lacoue-Labarthe, Weder Unfall noch Irrtum, in: *Die Heidegger Kontroverse*, hrsg. von Jürg Altwegg, Ffm. 1988; frz.: Philippe Lacoue-Labarthe, *La fiction du politique*, Paris 1988.

9 Das französische Wort, das Dummheit denotiert, ist natürlich *bête*, das Stummheit an die Animalität des Tiers bindet. Man muß kein Vegetarier sein oder für Tierrechte eintreten, um zu bemerken, wie unfair das den Tieren gegenüber ist. Nur Menschen können *bête* sein oder so eingeschätzt werden.

10 Friedrich Schlegel, *Kritische Friedrich Schlegel Ausgabe*, Bd. 2, S. 176, Nr. 79; amerik.: *Friedrich Schlegels »Lucinde« and the Fragments*, übersetzt von Peter Firchow, Minneapolis 1971, S. 277: »Folly is to be distinguished from madness only in the sense that the former, like stupidity, is conscious.«

11 Henri Michaux, Bonheur bête, in: *La Nuit remue*, zit. in: Froment-Meurice, *Du Pareil au même*, S. 127; dt.: Blödes Glück, in: *Meine Besitztümer*, Graz 2003, S. 37.

12 Louis Birner, The Shlemiel and the Shlep: A Psychoanalytic Note on two Masochistic Styles, in: *Modern Psychoanalysis* 9.2 (1984), S. 180. Ein Aufsatz über die Qualitäten, die den Simpel, den leidenden Typus und den geborenen Verlierer auszeichnen; mehrere Seiten werden der verstärkten Passivität und der Darstellung der Inadäquatheit gewidmet. Der Masochist wird als jemand aufgezeigt, »der den Schlemihl oder die schleppende Haltung und Rolle als einen neurotischen Deckmantel für seinen Masochismus verwendet.« (S. 179) Psychische Hilflosigkeit und pseudohafte Inadäquatheit sind ihre Mittel, um bei Mutter zu bleiben. »Der

Analytiker soll gegenüber dem Schlepp und dem Schlemihl wachsam sein; sie sind kunstvolle Manipulatoren, die auf die alte Mutterbeziehung aus sind.« (S. 187)

13 Die Darlegung von Froment-Meurice erläutert auf interessante und zwingende Weise den Zusammenhang von Dummheit mit der Metaphysik der Erfüllung, in: *Du Pareil au même*, S. 127–158.

14 Siehe Jean-Marie Goulemot, Philosophie des Lumières au Royaume de la Nuit, in: *De la bêtise et des bêtes*, S. 102. Wenn man es mit dem Titel dieses Essays hält, könnte man als eine Figur der *bêtise* in den »Lumières« Mozarts Papageno nennen, der als partielles Tierwesen und als Begleiter der Königin der Nacht teilhat an Taminos Verdunkelung der Aufklärung, indem er hartnäckig die Haupteigenschaften der Dummheit zur Darstellung bringt: Behaftetsein mit Vorurteil, Verlogenheit und Lebensangst.

15 Jean-Luc Nancy, Fragments de la bêtise, in: *De la bêtise et des bêtes*, S. 16: »Le grec-juif connaît une folie, la démesure de l'insensé. Le chrétien connaît la foi comme une folie (qui répond à celle de son Dieu) et cette folie humilie la raison et la sagesse du monde. La bêtise appartient donc à l'essence de la déchéance, et à la nécessité du salut.« Nancys Auseinandersetzung mit einer Facette der Dummheit, die durch das Christentum hervorgebracht worden ist, ist ein Kontext, in dem sich die Geschichte der Verachtung für jene situieren läßt, die als klug aufgefaßt werden – genauer gesagt, die Klugscheißer; also die, die klug und böse sind; jene historisch ins Visier geratenen, blasierten Kerle, denen man ansieht, daß sie Ärger machen wollen. Was die herrschenden Tendenzen und ihre unentrinnbaren Konsequenzen betrifft, ist es dumm, klug zu sein, selbst an Orten, von denen man gemeinhin annimmt, daß sie an den Werten des Lernens interessiert sind. Interpretationen, die Intelligenz und Rasse aufeinander beziehen (soll ich wagen zu sagen: auf intelligente Weise?), finden sich bei Sander L. Gilman, *Smart Jews: The Construction of the Image of Jewish Superior Intelligence*, Lincoln 1996. In einem Artikel der New York Times 1994 über Jacques Derrida wird ein prominenter Harvard-Professor zitiert, der, auf eine Weise, die immer noch zu entziffern ist, über die Tatsache lamentiert, daß Studenten wirklich intelligent sein müssen, um zu verstehen, was Dekonstruktion ist; nur aufgrund dieser Tatsache kann die Dekonstruktion am College zugelassen werden. Ich hoffe, ich habe nun klargemacht, daß es keinen Grund dafür gibt, anzunehmen, daß die Universitäten auf die andere Seite der Dummheit gehören. Es ist jedoch wichtig anzumerken, daß die Dummheit keine Position bezieht. Und anders herum, Intelligenz ist nicht immer der Dummheit entgegenzusetzen, sondern kann ihr manifestes Symptom werden. An der anderen Küste erläutert Laurence A. Rickels, die in Kalifornien ansässige Pädagogik, »die so dumpf und so unvergeßlich ist wie Gott und Hund [›as god and dog‹]«. Bemerkenswert ist außerdem seine Darlegung jugendlicher Hermeneutik: »Geben Sie ihnen, was sie schon wissen und lassen Sie sie da, dann fühlen sie sich wohl.« (*The Vampire Lectures*, Minneapolis 1999, S. xiv–xv; dt.: *Vampirismus-Vorlesungen*, Brinkmann & Bose, Berlin 2006)

16 Nancy, *Fragments de la bêtise*, S. 16: »le retournement simple de l'optimisme dans son contraire pas plus intelligent, le pessimisme nihiliste.«

17 Nikolaus von Kues, *Opera omnia: Issu et auctoritate Academiae Litterarum Heidelbergensis ad codem fidem edita*, 17. Bde., Hamburg 1959, 1.88.16–20. [ST: Band, Seite, Zeile] (Dt.: Nikolaus von Kues, *Philosophisch-theologische Schriften*, hrsg. von Leo Gabriel, 2 Bde., Wien 1964) Siehe auch sein Werk *De visione dei*, 6.51.4–8 u. 6.67.7–8.

18 Jasper Hopkins, *Nicholas of Cusa on Learned Ignorance: A Translation and an Appraisal of »De docta ignorantia«*, Minneapolis 1981, S. 4. [ST]

19 Hopkins (*Nicholas of Cusa*, S. 2f.) zeigt, daß *De docta ignorantia* durch eine Anzahl von Übersetzungsoperationen hindurchging, die auf die theoretische Instabilität des Titels hinweisen. Hopkins zufolge argumentiert Paul Wilpert, daß der Titel mit »Die belehrte Unwissenheit« besser übersetzt wäre als mit »Die gelehrte Unwissenheit«. Im Gegensatz dazu optiert Erich Meuthen, so Hopkins, für den Titel »Das gelehrte Nicht-Wissen«. Hopkins schreibt: »Wilpert hat den Eindruck, daß die Unwissenheit, die Nikolaus diskutiert, nicht so sehr eine gelehrte oder weise Unwissenheit ist (d.h. ein Nicht-Wissen, das eine Art von Gelehrtheit oder Weisheit demjenigen verleiht, der nicht weiß), vielmehr einfach eine Erkenntnis der Grenze ist, die ereicht worden ist. (D.h. eine Unwissenheit, die erlernt worden ist, so daß derjenige, der über seine Unwissenheit Bescheid weiß, eher zu den Unterrichteten als zu Ungebildeten gehört.) Wilpert hat sicher recht, daß in *De docta ignorantia* die Betonung auf Instruktion liege, im Sinne der Unwissenheit, und daß der gelehrte Unwissende bei Nikolaus nicht als ein Mann von Bildung gedacht wird. ... Dennoch wird genauso deutlich (1.4.16–17: ›je weiser einer ist, um so mehr wird er um seine Unwissenheit wissen‹), daß Nikolaus *docta ignorantia* manchmal auch als eine Unwissenheit versteht, welche den Betreffenden weise macht. Tatsächlich wird in *Apologia* 2.9–10 von Sokrates gesagt, daß er weise sei, eben weil er weiß, daß er nicht weiß.«
20 Jean-Jacques Rousseau, *Bekenntnisse*, Leipzig 1955, S. 143. [ST]
21 In *Allegories of Reading: Figural Language in Rousseau, Nietzsche, Rilke, and Proust,* New Haven 1979, schreibt Paul de Man: »Was Rousseau wirklich wollte, ist weder das Band noch Marion, sondern den öffentlichen Auftritt des Sich-Exponierens, den er auch tatsächlich bekommt.« (S. 285) Eine dem Theater zugehörige Figur in Anspruch nehmend, fährt de Man fort: »Dieses Begehren ist wirklich beschämend, denn es legt nahe, daß Marion zerstört worden ist, nicht um Rousseaus gerettetem Gesicht willen, nicht wegen seines Begehrens für sie, sondern bloß, um ihm eine Bühne zugeben, wo er seine Unwürdigkeit zur Schau stellen kann.« (S. 286) [*Nicht* aufgenommen in *Allegorien des Lesens* (A.d.Ü.)]
22 Robert Musil, Schafe, anders gesehen, in: *Gesammelte Werke,* Bd. 7, S. 484. [ST]
23 Siehe Hartog, *Bêtises grecques*, S. 52.
24 J. E. Erdmann, *Ernste Spiele: Vorträge, theils neu, theils längst vergessen*, Berlin 1875, S. 319.
25 Ebd.
26 Ich habe die Logik und die Bewertungen der Immunodefizienz bei Nietzsche erforscht, in: Queens of the Night, in: *Finitude's Scores: Essays for the End of the Millenium*, Lincoln 1994, S. 41–61.
27 Werner Hamacher, Working through Working, in: *Modernism/Modernity* 3.1 (1996), S. 23–55.
28 Wolfgang Fritz Haug (Hrg.) *Historisch-Kritisches Wörterbuch des Marxismus*, 4 Bde., Hamburg 1995, Bd. 2, S. 859: »Neben Gewalt und Ökonomie zählt Dummheit demnach zu den Geschichtsmächten.« [ST] Ich danke Professor Robert Cohen dafür, daß er mit mir die Stellen der marxistischen Literatur durchgegangen ist, welche die historische Bedeutsamkeit der *Dummheit* betreffen.
29 Stephen J. Gould, *Der falsch vermessene Mensch*, Basel 1983. Gould hat einen Kampf gegen den wissenschaftlichen Rassismus in Gang gesetzt. Er hat eine Geschichte der wissenschaftlichen Einstellungen skizziert, um eine vernichtende Kritik der Intelligenztests und seiner Vorreiter, der »amerikanischen Polygenie und Kraniometrie« zu lancieren. An einer Stelle zitiert er Condorcet: »Sie machen die Natur selbst zum Komplizen des Verbrechens der politischen Ungleichheit.« (S. 15) Er ruft auch Léonce Manouvrier auf, das nicht-deterministische schwarze

Schaf in Paul Brocas kraniometrischer Herde, der Brocas Daten zu den kleinen Gehirnen der Frauen kommentiert hat. »Frauen haben ihre Begabungen und ihre Diplome vorgewiesen. Auch haben sie philosophische Autoritäten bemüht. Doch standen ihnen *Zahlen* gegenüber, wie sie Condorcet oder John Stuart Mill noch nicht kannten. Die Zahlen sausten auf die armen Frauen wie Schmiedehämmer nieder, begleitet von Kommentaren und Sarkasmen, die noch grausamer waren als die weiberfeindlichsten Bannflüche gewisser Kirchenväter. Die Theologen hatten die Frage gestellt, ob Frauen eine Seele hätten. Mehrere Jahrhunderte später waren einige Wissenschaftler bereit, ihnen die menschliche Intelligenz abzusprechen.« (S. 21) Goulds Ausgangspunkt für seine Auseinandersetzung war, daß »die Kraniometrie für das neunzehnte Jahrhundert war, [was] der Intelligenztest für das zwanzigste geworden ist, wenn man davon ausgeht, daß Intelligenz (oder zumindest ein dominanter Teil davon) eine einzige, angeborene, vererbliche und meßbare Sache ist.« (S. 20) Er entkräftet beide Komponenten dieses Ansatzes für Testverfahren: die auf Vererbung aufbauende Version des IQ-Maßstabs als amerikanisches Produkt und das Argument, Intelligenz als für sich stehende Einheit über mathematische Verfahren der Faktorenanalyse zu vergegenständlichen.

30 Jean-Michel Kantor, Bêtes et savants, in: *De la bêtise et des bêtes*, Sondernummer von *Le temps de la réflexion*, hrsg. von J.-B. Pontalis, Paris 1988, S. 225. Die Arbeiten von Gould, Spearman, Jensen und anderen Soziobiologen werden ausführlich dargelegt in Kantors Aufsatz *Bêtes et savants*, S. 223–231. In einem Abschnitt von *Der falsch vermessene Mensch*, überschrieben mit »Wie man die Einwanderung und Fortpflanzung von Debilen verhindert«, bespricht Gould die einflußreichen Arbeiten von H. H. Goddard, inklusive *The Kallikak Family: A Study in the Heredity of Feeble-mindedness*, New York 1912; The Binet Tests in Relation to Immigration, in: *Journal of Psycho-Asthenics* 18 (1913), S. 105–107; und Mental Tests and the Immigrant, in: *Journal of Delinquency* 2 (1917), S. 30–32. In einer Bemerkung in Klammern schreibt Gould. »(Ich bin immer wieder verblüfft über die unbewußten Vorurteilsäußerungen, die sich in vermeintlich objektive Berichte einschleichen. Man beachte hier, daß die Durchschnittseinwanderer unterhalb der Normalität liegen oder zumindest nicht eindeutig normal sind – eine Hypothese, die Goddard in diesem Fall nach eigener Aussage überprüfte und nicht etwa a priori behauptete).« (S. 180) Ein Beispiel, wie Goddard die Ergebnisse der Binet-Tests manipulierte, die zum Ziel hatten, »die Gefahren der Debilität« (S. 183) unter Immigranten aufzuzeigen: »Binets Test bei den vier Gruppen [ausgewählter Immigranten] führten zu einem erstaunlichen Ergebnis : 83 Prozent der Juden, 80 Prozent der Ungarn, 79 Prozent der Italiener und 87 Prozent der Russen waren schwachsinnig – das heißt sie lagen auf der Binet-Skala unter dem Alter von 12 Jahren. Goddard selbst war platt: Konnte man irgendjemand glauben machen, vier Fünftel jeder beliebigen Nation seien debil? ›Die durch die vorstehende Bewertung der Daten erzielten Ergebnisse sind so überraschend und schwer akzeptabel, daß sie für sich allein genommen kaum als valide gelten können.‹ ... Waren etwa die Tests durch die Dolmetscher nicht entsprechend erläutert worden? Doch die Juden waren von jiddisch-sprechenden Psychologen getestet worden und schnitten auch nicht besser ab als die anderen Gruppen. Schließlich fummelte Goddard an den Tests herum, warf mehrere hinaus und schraubte damit seine Zahlen auf 40 bis 50 Prozent herunter. Doch er war immer noch leicht verstört.« (*Der falsch vermessene Mensch*, S. 180 f.) Gould fährt fort, einige der absurderen Dimensionen des Tests darzustellen und die Bedingungen darzustellen, unter denen sie gemacht worden sind – mit Immigranten, die geradewegs vom Schiff kamen, oft nach Monaten von schreckerfülltem Unterwegssein auf See, unter unmenschlichen Bedingungen, sie kamen halbverhungert, halberfroren an, in konfusem Zustand. Eine der Willkommensgesten von Miss Liberty bestand darin, ihnen ihre Plätze anzuweisen und sie zu zwingen, langwierige Tests auf sich zu nehmen. Vielleicht wurde sie deshalb von Kafka in *Amerika* als mit einem bedrohlichen Schwert versehen imaginiert, anstelle einer illuminierenden Fackel.

Die Politik der Dummheit

1 »Postmodernism of the 1920s: Robert Musil, Writer and Philosopher for Our Time«, Konferenz, abgehalten im Deutschen Haus der New York University, 1./2. Dez. 1995.
2 Robert Musil, Der deutsche Mensch als Symptom, in: *Gesammelte Werke*, Hamburg 1978, Bd. 8, S. 1359.
3 Robert Musil, Der Dichter in dieser Zeit, in: *Gesammelte Werke*, Bd. 8. »Ernsthaft« bezieht sich auf den Titel der amerik. Ausgabe: The Serious Writer in Our Time, in: *Precision and Soul: Essays and Addresses*, Chicago 1978.
4 Robert Musil, Über die Dummheit, in: *Gesammelte Werke*, Hamburg 1978, Bd. 8, S. 1275.
5 Musil, *Der Dichter in dieser Zeit*, S. 1247.
6 Robert Musil, Bedenken eines Langsamen, in: *Gesammelte Werke*, Bd. 8, S. 1413 f. (Das »Blablabla« ist von mir hinzugefügt worden. A.R.)
7 Musil, *Der Dichter in dieser Zeit*, S. 1255.
8 Immanuel Kant, Anthropologie in pragmatischer Hinsicht, in: *Immanuel Kants Werkausgabe*, hrsg. von Wilhelm Weischedel, 12 Bde., Ffm. 1982, Bd. 12, S. 516: »Der Mangel der Urteilskraft ohne Witz ist Dummheit (stupiditas). Derselbe Mangel aber mit Witz ist Albernheit.«
9 Musil, *Über die Dummheit*, S. 1270. [ST]
10 Zit. nach: Jerry Mayer u. John P. Holms (Hrg.), *Bite-Size Einstein*, New York 1996, S. 38.
11 Schiller, *Die Jungfrau von Orleans*, 3. Akt, 6. Szene.
12 Nancy, *Fragments de la bêtise*, S. 23.
13 Lacan, *Die Ethik der Psychoanalyse*, S. 367.
14 Kant, *Anthropologie*, Bd. 12, S. 470: »Weiber, Geistliche und Juden betrinken sich nicht, wenigstens vermeiden sie sorgfältig allen Schein davon, weil sie bürgerlich schwach sind und Zurückhaltung nötig haben (wozu durchaus Nüchternheit erfordert wird).«
15 Bernard Mandeville, *Die Bienenfabel oder Private Laster, öffentliche Vorteile*, Ffm. 1968, S. 320 u. 330.
16 Michel de Montaigne, Complete Essays of Montaigne, Stanford 1965, S. 37–39.
17 Friedrich Nietzsche, Die fröhliche Wissenschaft, in: *Sämtliche Werke*, hrsg. von G. Colli u. M. Montinari, München 1999, Bd. 3, Nr. 76. In einem neueren Typoskript, *Literatur nach der Skepsis*, zur Geschichte des Nichtwissens bei Musil und Döblin, diskutiert Bernd Hüppauf, wie Musil Nietzsches Militanz verpflichtet ist.
18 Charles Baudelaire, Eine Auswahl tröstlicher Maximen über die Liebe, in: *Sämtliche Werke/Briefe*, München 1977, Bd. 1, S. 111.
19 Paul Valéry, *Herr Teste*, Wiesbaden 1947, S. 54.
20 In einem ganz anderen Kontext behandelt Giorgio Agamben die Haltung der Laschheit in bezug auf die Existenz in: *Die kommende Gemeinschaft*, Berlin 2003.
21 Ich lese diesen kindlichen Ausspruch Nietzsches in: Hitting the Streets: »Ecce Fama«, in: *Finitude's Score: Essays for the End of the Millennium*, S. 81.

Die Rhetorik des Prüfens

1 Jacques Derrida, Psyché, invention de l'autre, in: *Psyché. Inventions de l'autre*, Paris 1987, S. 11–61.
2 Was die de Mansche Maschine und die unlösbaren Aporien des Bewußtseins angeht, siehe Geoffrey Benningtons Entwicklung der blinden Performanzen der Ur-Performanz-Maschine, in: Aberrations: De Man (and) the Machine, in: *Reading de Man Reading*, hrsg. von Lindsay Waters u. Wlad Godzich, Minneapolis 1989, S. 209–233; und Rodolphe Gasché, »Setzung und Übersetzung«: Notes on Paul de Man, in: *Diacritics* 11 (1981), S. 36–57. Siehe auch Wlad Godzichs Einführung in de Mans *Blindness and Insight*: »De Mans rhetorische Untersuchung besteht darin, die Begrenztheit des Textes zu erkennen und seine rhetorische Maschinerie herauszustellen.« (S. xxvii)
3 De Man, *Allegorien des Lesens*, Ffm. 1988, S. 46. [ST]
4 De Man, *Allegories of Reading*, S. 294.
5 Cynthia Chase, Trappings of an Education, in: *Responses: On Paul de Man's Wartime Journalism*, hrsg. von Werner Hamacher, Neil Hertz u. Thomas Keenan, Lincoln 1989, S. 44–80. Was die gebrochenen Wege der Referenz angeht, siehe Andrzej Warminskis Einführung Allegories of Reference, in: Paul de Man, *Aesthetic Ideology*, hrsg. von Andrzej Warminski, Minneapolis 1996, S. 1–33; und Cathy Caruth, *Unclaimed Experience*, Baltimore 1996, S. 76–91. Im Abschnitt, überschrieben mit *Excess of Rigor*, seiner Einleitung zu *Aesthetic Ideology*, zitiert Warminski die einführenden Bemerkungen de Mans zu seinem Seminar im Jahr 1982 über *Aesthetic Theory from Kant to Hegel*. De Man verweist auf die kognitiven und performativen Standards des *Prüfens*, die er der kritischen Philosophie auferlegt, »die eine Anzahl von Kategorien einer Prüfung gegen die epistemologische Wahrheit und Falschheit unterzieht. Kritische Philosophie ist also die Prüfung der Kategorien im Sinne epistemologischer Fragen.« (S. 21)
6 Chase, *Trappings of an Education*, S. 48.
7 Ebd., S. 43.
8 Ebd., S. 54.
9 De Man, *Allegorien des Lesens*, S. 224.
10 Barbara Johnson, *The Critical Difference: Essays in the Contemporary Rhetoric of Reading*, Baltimore 1980, S. 97. [ST]
11 Hans-Jost Frey, *Die Autorität der Sprache*, Lana, Wien, Zürich 1999, S. 250f.
12 E. S. Burt, Developments in Character: Reading and Interpretation in »The Children's Punishment« and »The Broken Comb«, in: *The Lesson of Paul de Man*, hrsg. von Peter Brooks, Shoshana Felman u. J. Hillis Miller (Sondernummer der *Yale French Studies* 69 (1985), S. 192–210. [ST]
13 Über Aristoteles sagte Heidegger, es genüge, festzustellen, daß der Philosoph geboren wurde, schrieb und starb. Siehe dazu Hannah Arendt, Martin Heidegger ist achtzig Jahre alt, in: *Menschen in finsteren Zeiten*, München 1989, S. 172–184.
14 De Man, *Blindness and Insight*, S. 207.
15 Eine gründliche Diskussion der mit Trauer einhergehenden Beziehung der Allegorie zum Unerkennbaren bei Benjamin bietet Christopher Fynsk, *Language and Relation ... That there is Language*, Stanford 1996.
16 Tom Cohen, *Ideology and Inscription: »Cultural Studies« after Benjamin, de Man and Bakhtin*, Cambridge 1998, S. 224. [ST]
17 Walter Benjamin, Ursprung des deutschen Trauerspiels, in: *Gesammelte Schriften*, Ffm. 1980, Bd. 1.1, S. 406.
18 Ebd., S. 351.

19 Paul de Man, *The Resistance to Theory*, hrsg. von Wlad Godzich, Minneapolis 1986, S. 76.
20 Emmanuel Levinas, *Die Spur des Anderen*, Freiburg, München 1992, S. 209ff.
21 Benjamin, *Ursprung des deutschen Trauerspiels*, S. 359.
22 Siehe Jacques Derridas Diskussion einer immer allegorischen Dimension des Trauerns und de Mans »wahre ›Trauer‹« in: *Mémoires. Für Paul de Man*, Wien 1988.
23 Benjamin, *Ursprung des deutschen Trauerspiels*, S. 409.
24 Ebd., S. 392.
25 De Man, *Blindness and Insight*, S. 191.
26 Michael MacDonald, Rigorous Mortis: Allegory and the End of Hermeneutics, in: *Studies in the Literary Imagination* 28.2 (Herbst 1995), S. 108. Das Denken zur Allegorie bei Benjamin, de Man und Levinas ist in diesem illuminierenden Aufsatz vorsichtig und überzeugend dargestellt.
27 Benjamin, *Ursprung des deutschen Trauerspiels*, S. 340.
28 De Man, *Allegorien des Lesens*, S. 111.
29 Rodolphe Gasché, In-Difference to Philosophy: de Man on Kant, Hegel, and Nietzsche, in: *Reading de Man Reading*, S. 267.
30 De Man den Dummköpfen*, der In-Differenz zuzuordnen, sieht auf den ersten Blick wie eine ernsthafte Herausforderung aus. Denn, so Gasché, der Gegenstand der Philosophie ist eine Funktion eines erkennenden Subjekts, das er, in Übereinstimmung mit der Tradition, definiert als »ein Subjekt, dessen Möglichkeit Differenz voraussetzt, und dessen Gegenstand das Ganze ist, in seiner Differenz zu dem Ganzen, zu dem es gehört. ... Von der Philosophie muß gesagt werden, daß sie mit dem Enigma der Differenz beschäftigt ist.« (*In-Difference to Philosophy*, S. 260) De Mans Denken hat, in anderen Worten, nicht den ersten Hegelschen Riß vollzogen, eine Wirkung des *thaumazein*: »Philosophisches Fragen beginnt im thaumazein, d.h. mit dem Staunen, und dem Bezaubertsein. Im Staunen tritt der Mensch vom Unmittelbaren und seinem elementarsten und rein praktischen Bezug zu ihm zurück, wie Hegel an einer Stelle der *Ästhetik* erläutert. Im Staunen sei er von der Natur und seiner eigenen Singularität frei und suche nun in den Dingen ein allgemeines, implizites und dauerndes Element.« (S. 260) Über das Erstauntsein und das philosophische Staunen, siehe auch Stanley Cavell, *Must We Mean What We Say?*, Cambridge 1976.
31 Gasché, *In-Difference to Philosophy*, S. 287. [ST]
32 Der letzte Satz von Gaschés Aufsatz lautet: »In diesem Sinne sind de Mans Lektüren ›different‹, idiosynkratisch bis zu dem Punkt, wo sie, ohne einen Standpunkt zu entwickeln, ihren Punkt gemacht haben werden – sie sind so singulär, daß sie keinen Unterschied machen, aber daß vielleicht in dieser totalen Apathie eine großartige Herausforderung für die philosophische Differenz liegt.« (*In-Difference to Philosophy*, S. 293)
33 Paul de Man, Phänomenalität und Materialität bei Kant, in: *Die Ideologie des Ästhetischen*, Ffm. 1993, S. 26. [ST]
34 Paul de Man, Kant's Materialism, in: *Aesthetic Ideology*, S. 127f.
35 Siehe Derridas Behandlung der Phänomenalität und Materialität bei Kant, in: *Mémoires, Für Paul de Man*, S. 90f. Siehe auch in diesem Kontext MacDonalds Diskussion, in *Rigorous Mortis*, der Beziehung zwischen Materialität und Einschreibung, Allegorie und Schreiben im Sinne der Bewegung der *différance*. (S. 110f.)
36 Rodolphe Gasché, *The Wild Card of Reading: On Paul de Man*, Cambridge 1998, S. 1f. [ST]
37 Werner Hamacher, LECTIO. De Mans Imperativ, in: *Entferntes Verstehen*, Ffm. 1998, S. 151–194. [ST]

38 Carol Jacobs, Allegories of Reading Paul de Man, in: *Reading de Man Reading*, S. 108.
39 Chase, *Trappings of an Education*, S. 48.
40 Shoshana Felman, After the Apocalypse: Paul de Man and the Fall to Silence, in: Shoshana Felman/Dori Laub, *Testimony: Crisis of Witnessing in Literature, Psychoanalysis, and History*, New York 1992, S. 120.
41 Hamacher, *LECTIO*, S. 155.
42 Thomas Pepper, *Singularities: Extremes of Theory in the Twentieth Century*, Cambridge 1997, S. 141.
43 Paul de Man, The Concept of Irony, in: *Aesthetic Ideology*, S. 181. [ST]
44 Friedrich Schlegel, Über die Unverständlichkeit, in: *Kritische Friedrich Schlegel Ausgabe*, hrsg. von Ernst Behler, 35 Bde., Paderborn 1967, Bd. 2, S. 364. Zit. bei de Man, *The Concept of Irony*, S. 181.
45 Walter Benjamin, Der Begriff der Kunstkritik in der deutschen Romantik, in: *Gesammelte Schriften*, Bd. 1.1, S. 86. Zit. bei de Man, *The Concept of Irony*, S. 183.
46 Hamacher, *LECTIO*, S. 192.
47 Über performative Akte und Darbietungen von Virtuosen, siehe Susan Bernstein, *Virtuosity of the Nineteenth Century: Performing Music and Language in Heine, Liszt, and Baudelaire*, Stanford 1998.
48 De Man, *Resistance to Theory*, S. 16.
49 Wayne Booth, *A Rhetoric of Irony*, Chicago 1974, S. 59, Anm. 14. Hamlin, Ernst Behler zitierend, kommentiert den Ort des *eiron* in der romantischen Ironie, die als Reflexion »einer modernen Geisteshaltung aufgefaßt wird, insofern der Autor aus seinem Werk heraustritt. Solch eine Haltung oder Verhaltensweise wird anerkannterweise in letzter Instanz abgeleitet aus der Rolle des Sokrates als *eiron* – beides in den platonischen Dialogen und andernorts, wo dieser Typus des komischen Charakters auftritt, in den Theaterstücken des Aristophanes oder in der Abhandlung über Charakter von Theophrast.« (Cyrus Hamlin, *Hermeneutics of Form: Romantic Poetic in Theory and Practice*, New Haven 1998, S. 290)
50 Booth, *Rhetoric of Irony*, S. 59.
51 Friedrich Schlegel, Fragment Nr. 53, Athenäum, in: *Kritische Ausgabe*, Bd. 2, S. 173. Zit. bei de Man in: The *Concept of Irony*, S. 176, Anm. 17.
52 Friedrich Schlegel, Fragment Nr. 42, Lyceum, in: *Kritische Ausgabe*, Bd. 2, S. 152.
53 Ebd., Fragment Nr. 37, S. 151.
54 Johann Wolfgang von Goethe, Parabase, in: *Goethes Werke*, 14 Bde., Hamburg 1974, hrsg. von Erich Trunz, Bd. 1, S. 358.
55 De Man, *The Concept of Irony*, S. 178. Tom Keenan, der einer kurzen Übersicht in *Aesthetic Ideology* zufolge »The Concept of Irony« aus dem Audiotape von de Mans Vorlesung 1977 an der Ohio State University transkribiert und herausgegeben und auch die Notizen zur Verfügung gestellt hat, hebt hervor, daß »Prousts Text sich so liest: ›Ce n'etait pas elle qui était le sujet de l'action‹ und ›grammairiens‹ anstelle von ›rhétoriciens‹ aufweist.« (S. 178, Anm. 19) Siehe Marcel Proust, *À la recherche du temps perdu*, 3 Bde., Paris 1954, Bd. 3, S. 153.
56 Friedrich Schlegel, Rede über die Mythologie, in: Gespräch über die Poesie, in: *Kritische Ausgabe*, Bd. 2, S. 319; zit. in de Man, *The Concept of Irony*, S. 180.
57 Schlegel, ebd.; zit. ebd., S. 180f.
58 Schlegel, ebd.; zit. ebd., S. 181.
59 Hier verweist de Man den Leser auf Schlegels Fragment Nr. 42, *Lyceum*, S. 152.
60 Walter Benjamin, Der Begriff der Kunstkritik in der deutschen Romantik, Bd. 1.1, S. 84; zit. in de Man, *The Concept of Irony*, S. 182.
61 Benjamin, ebd., S. 86; zit. ebd. S. 183.

62 De Mans Verallgemeinerungen, was den Gebrauch der Geschichte betrifft, um Ironie zu neutralisieren, sind nützlich. Dennoch sollte festgehalten werden, daß Kierkegaards Weg wesentlich komplizierter ist als de Man es darstellt und er die Frage der Geschichte an die Prophetie, das Opfer und die Ironie bindet; es geht um eine Frage, die noch einmal gestellt werden muß, im Zusammenhang eines späteren Abschnitts von Schlegels Aufsatz *Über die Unverständlichkeit*, und im Sinne von de Mans eigenen tonalen Variationen über das, was bedrohlich nahe bevorsteht und, so würde ich nicht zögern zu sagen, im Sinne der ganzen prophetischen Dimension des Nietzscheanischen Korpus. Indem er den geschichtlichen Wendepunkt diskutiert, bewegt sich Kierkegaard vom tragischen Helden (der für das Neue kämpft und danach strebt, zu zerstören, was für ihn eine vorübergehende Aktualität ist – »seine Aufgabe ist nicht so sehr das Vernichten, er soll vielmehr das Neue geltend machen und dadurch mittelbar das Vergangene vernichten. ... Das Alte soll verdrängt werden.« Ebd. S. 265) zum Ironiker, der das Neue nicht besitzt. »In gewissem Sinne freilich ist der Ironiker prophetisch, denn er weist fort und fort hin auf etwas im Kommen Begriffenes, aber er weiß nicht, was es ist. Er ist prophetisch, aber seine Stellung und Lage ist das *Gegenteil der des Propheten*. Der Prophet geht mit seiner eigenen Zeit Hand in Hand, und von diesem Standort her erschaut er das im Kommen Begriffene. Der Ironiker hingegen ist aus den Reihen seiner eigenen Zeit herausgetreten, hat wider diese Stellung bezogen. Was da kommen wird, ist ihm verborgen, liegt hinter seinem Rücken; die Wirklichkeit jedoch, der er feindlich gegenübergetreten ist, ist das, was er vernichten soll, wider sie kehrt sich sein verzehrender Blick. ... Auch der Ironiker ist ein von der Weltentwicklung gefordertes Opfer, nicht etwa, als ob der Ironiker stets im strengeren Sinne als ein Opfer fallen müßte, sondern Eifer in des Weltgeists Dienste verzehrt ihn. ... Hier haben wir somit die Ironie als die *unendliche absolute Negativität*. Sie ist *Negativität*, denn sie tut nichts als verneinen; sie ist *unendlich*, denn sie verneint nicht diese oder jene Erscheinung; sie ist *absolut*, denn dasjenige, das errichtet werden soll, liegt hinter ihrem Rükken. ... In gewissem Maße muß denn auch jeder geschichtliche Wendepunkt diese Formation besitzen, und es dürfte sicherlich nicht ohne geschichtliches Interesse sein, dieser Formation durch die Weltgeschichte hin nachzugehn.« (Sören Kierkegaard, *Über den Begriff der Ironie. Mit ständiger Rücksicht auf Sokrates*, Düsseldorf, Köln 1961, S. 265f.)

63 Schlegel. Über die Unverständlichkeit, in: *Kritische Ausgabe*, Bd. 2, S. 370.

64 Siehe Ernst Behler, Introduction, in: *Friedrich Schlegel: Dialogue on Poetry and Literary Aphorisms*, University Park Pennsylvania 1968, S. 16: »Der Künstler, genauer der Dichter, beansprucht die außerordentliche Position, die in früheren Zeiten durch den Mystiker und den Priester eingenommen wurde. ... Romantische Autoren wie Friedrich Schlegel hatten bereits einen Begriff des Unbewußten, das den bewußten Gedanken zugrundeliegt. In seinem *Dialog* hat Schlegel dieses Prinzip ›Dichtung‹ oder einen Teil des göttlichen Dichters genannt, ›einen Funken seines schaffenden Geists‹, der in uns lebt und ›tief unter der Asche mit heimlicher Gewalt zu glühen niemals aufhört‹. Anderswo wird die unbewußte, aber schöpferische Kraft im Menschen ›das unbewußte Genie im Menschen‹ oder ›Trieb‹ oder ›produktive Intuition‹ genannt.«

65 Zit. nach Eckhard Schumacher, *Die Ironie der Unverständlichkeit. Zur Problematisierung von Lesen und Verstehen bei Johann Hamann, Friedrich Schlegel, Jacques Derrida und Paul de Man* (Diss., Fak. Linguistik u. Literaturwissenschaft), Bielefeld 1996, S. 193.

66 Zit. ebd.

67 Schlegel, *Kritische Ausgabe*, Bd. 2, S. 366. Schlegel kommentiert kurz diese Aussage, diesen »meistdiskutierten Text aus dem ersten Jahrgang des ›Athenäum‹«, als ein Beispiel für Unverständlichkeit, wobei er sich nicht bemüht, diese aufzulösen. Siehe Heinz Härtl, »Athenäum«-Polemiken, in: *Debatten und Kontroversen: Literarische Auseinandersetzungen in Deutschland am Ende des 18. Jahrhunderts*, 2 Bde., hrsg. von Hans-Dieter Dahnke u. Bernd Leistner, Berlin 1989, S. 286.
68 Carl Schmitt, *Politische Romantik*, München 1925, S. 113.
69 Man sollte hinzufügen, daß Jean-Luc Nancy dem starken, die Gemeinschaft betreffenden Aspekt seines Denkens sowohl Schlegel als auch Bataille gewidmet hat, ohne sie notwendig miteinander zu verbinden. Nichtsdestotrotz koexistieren sie auf überzeugende Weise im Körper seiner politischen und philosophischen Reflexionen. Siehe Nancy, Literarischer Kommunismus, in: *Die undarstellbare Gemeinschaft*, Stuttgart 1988, S. 149–170.
70 Romantik als Lebens- und Schreibform, in: *Deutsche Literaturgeschichte*, hrsg. von Wolfgang Beutin u.a., Stuttgart 1992, S. 177. Die Herausgeber fahren fort: »Skandalträchtiger noch als die erotischen Passagen im Roman wirkte die Tatsache, daß Schlegel und seine Freunde das, was als ›freie Liebe‹ im Roman gefeiert wurde, in Lebenspraxis umzusetzen versuchten. Gerade die Frühromantiker um die Brüder Schlegel experimentierten mit neuen Formen des Zusammenlebens und fühlten sich nicht an die bürgerlichen Konventionen gebunden, die Schiller etwa in seinen Gedichten *Männerwürde* und *Würde der Frauen* beschwor. Auch im alltäglichen Umgang versuchten sie, ein antibürgerliches, bohemienhaftes Leben zu führen.«
71 Friedrich Schlegel, *Sämmtliche Werke*, Zweite Original-Ausgabe, Wien 1846, Bd. 15, S. 56.
72 Schlegel, *Über die Unverständlichkeit*, S. 530. [ST]
73 Siehe in dieser Hinsicht Behler, der einen vergleichbaren Blickwinkel wählt für seine Diskussion des Sprachverlusts in der romantischen Form der Ironie und dem immer schon fragmentarischen Charakter der poetischen Intuition. »Schlegel zufolge reflektiert die Ironie den ewigen Konflikt zwischen dem Ideal und dem Realen; er entsteht aus dem Bewußtsein des Künstlers, der ›Notwendigkeit und der Unmöglichkeit des vollständigen Verstehens‹. (*Lyceum* 1797) Das Bewußtsein von der notwendigen Unvollständigkeit der poetischen Leistungen führt, darüber hinaus, zur literarischen Kritik.« (Ernst Behler, Introduction, in: *Friedrich Schlegel, Dialogue on Poetry and Literary Aphorisms*, S. 18)
74 Es gab da einigen freundlichen Beschuß, was in intellektuellen Kreisen irgendwie unvermeidlich zu sein scheint. In den Briefwechseln zwischen August Wilhelm Schlegel, Schleiermacher und Novalis gibt es eine abundante Evidenz der Schwierigkeiten, die seine Kumpel und sein Bruder mit Friedrichs Texten hatten, die sie teilweise, alles in allem, für ... unverständlich hielten. Die Implikationen der inneren und äußeren Schwierigkeitsgrade, die sich aus Schlegels Arbeit über Unverständlichkeit ergaben, erörtert Schuhmacher in aller Ausführlichkeit. Ich bin jedoch am meisten eingenommen durch Friedrichs Antwort auf Schleiermachers offenkundige Gequältheit darüber, die Arbeit seines besten Freundes nicht zu verstehen. Um seinen Freund zu trösten und um ihm neuen Mut einzuflößen, konstruiert Friedrich eine Theorie der Freundschaft, die auf dem Nichtverstehen basiert. »Nichtverstehung« hängt mit dem persönlichen Bereich aufs engste zusammen, betont Schlegel. In seiner privaten Beziehung zu Schleiermacher markiert er die Notwendigkeit der ständigen »Anerkennung ewiger Verschiedenheit, Scheidung und Nichtverstehung« (Schlegel an Schleiermacher, 3. Juli 1798, in: Schlegel, *Kritische Ausgabe*, Bd. 24, S. 140). Schlegel zeigt, Schleiermacher auf sei-

ne nicht-verstehende Rezeption der Fragmente antwortend, für seinen Freund Verständnis: »Daß Du sie nicht sogleich frisch weg verstanden hast, nimmt mich nicht Wunder, besonders da Du meynst, man könne einige einzelne daraus verstehen, ohne das Ganze. Es ist schon viel und gut, daß Du sie nicht verstanden hast, und noch besser, daß Dir einiges, was Du schon klar glaubtest, wieder dunkel dadurch geworden ist.« (Schlegel an Schleiermacher, 13. Sept. 1799, in: Friedrich Schleiermacher, *Kritische Gesamtausgabe*, 5 Bde., hrsg. von Hans-Joachim Birkener u.a., Berlin 1980, Bd. 3, S. 180)

75 Die Argumentation geht weiter, sie bringt die tägliche Dosis an Pein zum Ausdruck, die er bei der Konfrontation mit der Wut, zu verstehen, empfindet: »Mit Schmerzen sehe ich es täglich, wie die Wut des Verstehens den Sinn gar nicht aufkommen läßt.« (Schleiermacher, *Über die Religion. Reden an die Gebildeten unter ihren Verächtern*, Stuttgart 1969, S. 96.) Schleiermacher setzt mehr oder weniger das »Joch zu verstehen«, und jene davon abhängigen »Verständigen«, den Sehnsüchten der jüngeren Sensibilitäten nach dem Wunderbaren und Übernatürlichen entgegen, eine heimliche Vorahnung, welche die ersten Aufkeimungen der Religion bestimmen.

76 Ernst Behler, Introduction, in: *Friedrich Schlegel, Lucinde and the Fragments*, Minnesota 1971, S. 6.

77 Wilhelm Dilthey, Das Leben Schleiermachers, in: *Gesammelte Schriften*, Göttingen, Berlin 1970, Bd. 13, S. 496.

78 Behler, Introduction, in: *Friedrich Schlegel, »Lucinde« and the Fragments*, S. 8.

79 Peter Tracey Connor, *Georges Bataille and the Sin of Mysticism*, Baltimore 2000, S. 156. [ST] Siehe auch Connors Diskussion der »inneren Erfahrung« bei Bataille, besonders im Hinblick auf Batailles Aufsatz über Sartre (Georges Bataille, L'Expérience Intérieure, in: *Œuvres Complètes*, Paris 1988, Bd. 5).

80 Schlegel, *Über die Unverständlichkeit*, S. 539. [ST]

81 Über die »Ambivalenz zwischen ›Unverständlichkeit‹ und Prophetie, Ironie und Pathos«, siehe Karl Heinz Bohrer, *Das absolute Präsens. Die Semantik ästhetischer Zeit*, Ffm. 1994, S. 20.

82 De Man, *Allegories of Reading*, S. 301.

83 Pepper, *Singularities*, S. 145. Pepper hat entschieden die verfehlte Introjektion kritisiert, welche Ironie in einem Text bezeichnet.

84 Hamacher, *LECTIO*, S. 192.

85 Pepper, *Singularities*, S. 153.

86 Siehe Peppers brillante Diskussion der Struktur der Ironie in de Mans Arbeit (ebd., S. 88–172).

87 Ebd., S. 106.

88 Benjamin, *Ursprung des deutschen Trauerspiels*, S. 406.

89 Friedrich Schlegel, Zur Philologie II, Nr. 95, in: *Kritische Ausgabe*, Bd. 16, S. 96.

90 In Prämissen, in: *Entferntes Verstehen. Studien zur Philosophie und Literatur von Kant bis Celan*, Ffm. 1998, schreibt Werner Hamacher: »Versteht sich das Verstehen, so hat es schon die Erschütterung, das Schauern, Verwundern und Lauschen, von dem es ausgegangen ist, vergessen.« (S. 15) Ich würde gerne hinzufügen, im Sinne von Schlegels Vokabular, daß die eigentliche Kraft, die den Grund der reellen Sprache bildet, nämlich die Dummheit, vergessen worden ist. Hamacher weiter: »Zwischen diesen beiden Unmöglichkeiten – der hermeneutischen Parusie des Geistes in seiner Autoposition und der Entsetzung *sans phrase* – allein *zwischen* ihnen, und also so, daß die Bewegung der Selbstsetzung immer wieder aussetzen und von anderen abgelöst werden muß, ist Verstehen möglich: nur so, daß sich sein Stand in diesem ungesetzten, grundlosen Zwischen suspen-

diert.« (S. 16) Die Aporie, die das Verstehen antreibt, bleibt unverständlich – »und unverständlich bleibt mit diesem Abgrund für das Verstehen auch dieses Verstehen selbst«. (S. 15)
91 Friedrich Schlegel, Transzendentalphilosophie, Jena 1800–1801, in: *Kritische Ausgabe*, Bd. 12, S. 102. Die exakte Wortstellung ist nicht absolut verläßlich feststellbar, weil der Vorlesungstext rekonstruiert worden ist, ausgehend von »Aufzeichnungen eines nicht zu ermittelnden Hörers«. Siehe Schumacher, *Die Ironie der Unverständlichkeit*, S. 285; und Jean-Jacques Anstetts Einführung in: Friedrich Schlegel, *Kritische Ausgabe*, Bd. 12, S. xxi.
92 Zit. nach Schuhmacher, *Die Ironie der Unverständlichkeit*, S. 195.

Satellit Kierkegaard

1 Sören Kierkegaard, *Über den Begriff der Ironie*, S. 292. [ST]

Verschwinden und Wiedergängertum des Idioten

1 Zit. nach Joseph Frank, *Dostoevsky: The Miraculous Years, 1865–1871*, Princeton 1994, S. 249. [ST]
2 Fjodor Dostojewskij, *Der Idiot*, München 1985, S. 802. [ST]
3 Walter Benjamin, »Der Idiot« von Dostojewskij, in: *Gesammelte Schriften*, Bd. 2.1, S. 238.
4 Frank, *Dostoevsky*, S. 6.
5 Zit. ebd., S. 305.
6 Siehe die Diskussion des »russischen Äquivalents des deutschen ›reiner Tor‹« in: Avrahm Yarmolinsky, *Dostoevsky: Works and Days*, New York 1971, S. 262.
7 Benjamin, *»Der Idiot«*, S. 239.
8 Ebd.: »Das unsterbliche Leben ist unvergeßlich.« »Es ist das Leben, das ohne Denkmal und ohne Andenken, ja vielleicht ohne Zeugnis unvergessen sein müßte. Es kann nicht vergessen werden.«
9 Zit. nach Frank, *Dostoevsky*, S. 274.
10 Anthony J. Cascardi, *The Bounds of Reason: Cervantes, Dostoevsky, Flaubert*, New York 1986, S. 37. [ST]
11 Miguel de Cervantes, *Don Quijote*, München 1956, S. 176.
12 Cascardi, *Bounds of Reason*, S. 37.
13 Der Prinz ist während eines Besuchs bei Rogoschin erstaunt über eine bemerkenswerte Kopie des Gemäldes (*Der Idiot*, S. 285 f.) und erwähnt, daß er das Original im Ausland gesehen hat. (Wenn der Prinz die Kopie kommentiert, dann zweifellos, weil der erste Anblick des Gemäldes von Holbein – es könnte sein, daß es da nur ein erstes, weil Blindheit mit sich führendes Sehen geben kann – als Schock erlebt wird, und das impliziert, daß der Roman keinen Anspruch erhebt, irgendetwas gesehen zu haben, und doch, wie Dostojewskij, ist der Prinz starr vor Erstaunen, so, als ob das, was er sah, der »wirkliche« Körper gewesen wäre, der der Transzendenz versprochen war.)
Eine dritte Person, Ippolit, kommentiert, im Laufe seiner »Erklärung«, Holbeins Gemälde: »Auf dem Bild bei Rogoschin jedoch ist keine Spur von Schönheit; das ist im vollsten Sinne des Wortes der Leichnam eines Menschen, der noch vor der Kreuzigung unsägliche Qualen erduldet hat, Wunden, Marter, Schläge von den Wachen, Schläge vom Volk, als Er sein Kreuz trug und unter seiner Last zusam-

menbrach, und endlich die Kreuzesqual selbst, sechs Stunden lang (nach meiner Berechung wenigstens). Freilich ist es das Gesicht eines Menschen, der *eben erst* vom Kreuz genommen wurde, das heißt, es hat noch sehr viel Leben und Wärme; noch ist nichts erstarrt, so daß sogar noch das Leiden in den Zügen des Toten zu spüren ist, als ob er selbst es immer noch empfände (das ist vom Künstler sehr fein erfaßt); dafür aber ist das Gesicht schonungslos dargestellt; hier ist reine Natur, und wahrlich, so muß auch das Gesicht eines Menschen – wer immer er sei – nach derartigen Martern aussehen. ... Auf dem Bild ist dieses Gesicht von den Schlägen furchtbar entstellt, gedunsen, es hat schreckliche, angeschwollene und blutunterlaufene Beulen, die Augen sind offen, die Pupillen verdreht: die großen und unbedeckten weißen Augäpfel haben einen toten, gläsernen Glanz.« (*Der Idiot*, S. 536f.)
Cascardi schreibt über die Probleme, die dem inhärent sind, was Ippolit sagt: »Es ist äußerst wahrscheinlich, daß das körperliche Leiden Christi als Grundlage dienen könnte, seine Göttlichkeit anzuzweifeln. Sein Leiden als real zu akzeptieren und nicht bloß als symbolisch, könnte dazu führen, die Herausforderungen jener Skeptiker zu wiederholen, die fragten, warum Christus, wenn er Gott sei, nicht vom Kreuz hinabgestiegen sei. Den Körper dieses Gott-Menschen durch natürliche Kräfte zerstört zu sehen, könnte Zweifel entstehen lassen in bezug auf seine Ansprüche auf Göttlichkeit.« (Cascardi, *Bounds of Reason*, S. 150)

14 G. P. Fedotov, *The Russian Religious Mind*, 2 Bde., Cambridge 1946, Bd. 1, S. 130.

15 Ernst Bernst, *Nietzsches Ideen zur Geschichte des Christentums und der Kirche*, Leiden 1956, S. 98.

16 Ich merke, daß solche Behauptungen, die unsere dummen Körper betreffen, reaktionär klingen könnten, besonders angesichts solcher Bewegungen wie »Positive Action«, »Positive Choices« und den Bezeichnungen ähnlicher Ermächtigungsgesten, die von der Hoffnung ausgehen, daß wir wissen, was wir tun, daß wir verantwortlich sind und handeln können und unsere Körper annehmen, uns selbst, daß wir nun aufhören können, Opfer zu sein und die Passivität aufgeben können. Man muß nur Mark Dotys elegische Erinnerung lesen, um sich an unsere Obdachlosigkeit zu erinnern, angesichts der hoffnungslos dummen Sprache der Gesundheitsfürsorge und all der Aids-Akronyme (AZT, ARC, DDI, HIV, etc., etc.), Zeichen des ernsthaft verarmten, technologisierten Idioms des späten zwanzigsten Jahrhunderts. Ein Teil seiner Memoiren zeigt die Fallen des Wissens mit Blick auf den leidenden, der »Aktivität der Viren« ausgesetzten Körper auf – ein Ausdruck, der von den Ärzten systematisch verwendet wird, wenn sie nicht wissen, wie sie das enigmatische Symptom nennen oder beschreiben sollen, noch weniger zu heilen wissen. Jeder, der behauptet, den Körper zu kennen, der lediglich mit Rezepten antwortet und das Faktum der Dummheit verleugnet, wenn man es mit Körpern in ihrer unerträglichen Singularität zu tun hat, jeder, der die *suspense* suspendiert – vom Folterer bis zum Heiler – hat sich in ein politisches Dilemma verwickelt, das signifikante ethische Ausmaße hat. »Es gibt kein Entkommen bei langen Krankheiten, die uns im Nicht-Wissen suspendieren. Jeder Fall von Aids ist einzigartig; jede Person hat Aids auf seine oder ihre eigene Weise. Wir konnten nicht wissen, was kommen würde, wir konnten nur unseren Atem anhalten als es anfing, sich selbst anzukündigen, langsam, so schien es damals – obwohl so schnell jetzt, aus der Sicht retrospektiver Verdichtung.« (Mark Doty, *Heaven's Coast: A Memoir*, New York, 1996, S. 204.) Während der Verlauf der Ansteckung etwas (»sich selbst«) vermittelt haben wird, hat es nie eine Gegenwart gegeben, die Doty wie ein Attest zur Verfügung gestanden hätte, in dem ein solches Wissen zugegen war.

In einem Katalog von neueren Gemälden von Titina Maselli (Galleria Giuila, 15. April 1998) kommentiert Alexander Garcia Düttmann, dessen philosophische Reflexionen zu AIDS wohlbekannt sind (*At Odds with AIDS*, Stanford 1996), ein Gedicht von Tom Carey, das so anfängt: »I watch my body like I watch someone else's pet / It lives in my peripheral vision / Poor dumb thing, it can't see, speak or hear / it grunts, blows and weeps.« Selbst, oder besonders, der sogenannte gesunde Körper, nicht ganz da, läuft doof mit, wie in Dennis Coopers *Sprung* (Wien 1994, S. 68): »Normalerweise bemerke ich meinen Körper nicht. Er ist einfach da und arbeitet vor sich hin. Ich wasche ihn, füttere ihn, hole ihm einen runter, wische ihm den Arsch ab, und das ist alles. Selbst beim Sex gebrauche ich meinen Körper nicht besonders viel. Ich interessiere mich mehr für den der anderen. Meiner folgt dem Kopf und den Händen, wie ein Anhänger sozusagen.«

17 Dostojewskijs Verhältnis zu den Intensitäten eines solchen Leidens erfordert weitere Überlegungen. Was die masochistische Aufgewühltheit der Erniedrigten angeht, siehe z.B. die Darstellung der Figur der kleinen Nelly in *Erniedrigte und Beleidigte*. »Sie war zutiefst verletzt, die Wunde konnte nicht vernarben, und Nelly schien absichtlich bemüht zu sein, sie durch diese Heimlichkeit und ihr Mißtrauen uns allen gegenüber immer wieder aufzureißen; als weide sie sich selber an ihrem Schmerz, genieße diesen *Egoismus des Leidens*, wenn man sich einmal so ausdrücken darf. Dieses immer erneute Aufwühlen eines Schmerzes und das Sich-Weiden daran war mir durchaus verständlich; ist es doch ein Genuß vieler Beleidigter und Gekränkter, die vom Schicksal gebeutelt und sich der Ungerechtigkeit ihres Geschicks bewußt sind.« (Dostojewskij, *Erniedrigte und Beleidigte*, Berlin, Weimar 1994, S. 379)

18 Alex de Jonge, *Dostoevsky and the Age of Intensity*, New York 1975, S. 145.

19 Die Rolle der Epilepsie in der Dichtung und der Geschichte des Denkens ist von Marie-Thérèse Sutterman (*Dostoïveski et Flaubert: Écritures de l'épilepsie*, Paris 1993) ausgearbeitet worden. Eine herausragende Analyse der Epilepsie und Temporalität bietet Kimura Bin, *Écrits de psychopathologie phénoménologique*, Paris 1992, ausgehend von der *Daseinsanalyse* Ludwig Binswangers. Von der Epilepsie sagt Bin: »personne ne sait ce qu'il en est au juste« (S. 58), (»keiner weiß genau, was das ist«) – sie bleibt ein Rätsel, wird hier verstanden als das, was dem Tod im Leben am nächsten kommt, als *morbus sacer*, der das Subjekt in die extremste Unordnung und Destrukturierung stürzt. Die epileptische Episode wird von Bin als *Urangst* situiert, die alle anderen Krisen der Angst determiniert. Er analysiert das Beunruhigende der Temporalität, die mit dem epileptischen Anfall einhergeht, die Reduktion der Temporalität »au présent instantané ponctuel«. (S. 92) In dem Kapitel, »Le Temps et l'angoisse« konzentriert sich Bin auf die ethische Konstitution der Leidenden, die einen verzweifelten Sinn für Verpflichtung, ein erhöhtes Bewußtsein der Pflicht in Bezug auf andere entwickeln. Siehe auch Ludwig Binswanger, *Über Ideenflucht*, Zürich 1933; H. Tellenbach, Zur Phänomenologie der Verschränkung von Anfallsleiden und Wesensänderung beim Epileptiker, in: *Jahrbuch der Psychologie, Psychotherapie und medizinischen Anthropologie* 14.57 (1966); und V. E. von Gesattel, Störungen des Werdens und des Zeiterlebens im Rahmen psychiatrischer Erkrankungen, in: *Prolegomena einer medizinischen Anthropologie*, Berlin 1954.

20 Jean-Luc Nancy, *Birth to Presence*, Stanford 1993, S. 193. [ST]

21 Es wäre verführerisch, sich Nancy vorzustellen, wie er die nostalgischen Trophäen einer ursprünglichen Wunde aufruft, nach der nurmehr serielle Wiederholung oder der Aufbau hysterischer Mimesis möglich wäre – endlose Anhäufungen von Verwundungen, die nie mit der ursprünglichen Spiritualität jenes ver-

letzten Körpers von Christus koinzidieren könnten. Manchmal scheinen Nancys Darlegungen eine Tendenz zu haben, mit Bataille eine Sehnsucht nach vergangenen Zuständen und geschichtlichen Zeiten zu teilen, die uns in eine Epoche zurückversetzen, als das Blut absichtsvoll floß und etwas bedeutete – als, wie bei Hegel, der Krieg (um ein Beispiel aufzurufen) noch Bedeutung produzierte. Nancy jedoch verachtet die nostalgischen Intonationen, auf welche eine Reihe der Interpretationen von Bataille hindeuten. Wenn ich in dieser Annahme nicht falsch liege, gehört es nicht zu Nancys Einsichten oder Intentionen, in diesem Text aus dem Körper von Christus den Referenten zu machen, obwohl es irgendwie schwierig ist, zu verneinen, daß solche eine Bewegung oder Tendenz vorhanden ist.
Was kann an einer Wunde ursprünglich sein, besonders wenn sie anfällig ist für hysterische Mimikry? Die Ernsthaftigkeit der Interventionen Nancys hat immer die Bergung von verlorenen Kontinuitäten und ihre synkopische Wiederkehr einbezogen. In anderen Worten, Nancy interpretiert die opake Historizität des Verwundetseins ausgehend von einer Betrachtung des westlichen Geworfenseins – er nennt es woanders »unsere Geschichte« – und wie immer kapituliert seine Arbeit auf rigorose Weise vor den Ambiguitäten, welche noch immer die Grundlage des westlichen Denkens bilden. Wenn wir uns mit Strategie im militärischen Sinn oder der Metapher des Militärischen befassen würden, dann wäre Kapitulation kein gutes Wort. Hier signalisiert es Akzeptanz, eine dezidierte, aufmerksame Passivität, die eine gewisse Anzahl von Einschließungen und Erinnerungen erforderlich macht, ohne jene Werte einer von Vergessenheit heimgesuchten und metaphysisch befrachteten Welt wiederaufzurichten, an denen sie festgehalten haben oder fortfahren, daran festzuhalten. Es ist nützlich, dabei im Auge zu behalten, daß es verschiedene Arten von Wunden gibt, die Archetypen von Wunden einschließen, die nicht heilen: Prometheus, Philoktet, der König der Fischer (Parzival) und die plötzlich auftretende Wunde in Kafkas *Ein Landarzt*. Derrida diskutiert den Referenten mit Blick auf »Corpus« von noch einem anderen Standpunkt aus, in: *Le toucher, Jean-Luc Nancy*, Paris 2000; dt.: *Berühren, Jean-Luc Nancy*, Brinkmann & Bose, Berlin 2006.
22 Jean-Luc Nancy, La douleur existe, elle est injustifiable, in: *Revue d'éthique et de théologie morale* 95 (Dez. 1995), S. 91–96.
23 Ebd., S. 95.
24 Ebd.: »La douleur n'*est* peut-être rien d'autre que ce refus de soi.«
25 Ebd.
26 Ebd.: »de telle façon que je ne suis plus ›moi‹, mais ce mal même, cette folie.«
27 Ebd., S. 96: »Mais ce ne-pas-avoir-lieu est aussi bien la certitude même, et la réalité.«
28 Elaine Scarry, *Der Körper im Schmerz. Die Chiffren der Verletzlichkeit und die Erfindung der Kultur*, Ffm. 1992: »Der körperliche Schmerz ist nicht nur resistent gegen Sprache, er zerstört sie; er versetzt uns in einen Zustand zurück, in dem Laute und Schreie vorherrschen, deren wir uns bedienten, bevor wir sprechen lernten.« (S. 13) Siehe auch ihre Erörterung der analogischen Verifizierung und des Widerstands gegen die Sprache und der Nicht-Teilbarkeit des Schmerzes. (S. 14–34) Eine zwingende Reflexion auf die Qualität von Sprache und Krankheit findet sich bei: Susan Sontag, *Krankheit als Metapher*, München 1980; und *Aids und seine Metaphern*, München 1989.
29 Siehe Slavoj Žižek, *Die Metastasen des Genießens. Sechs erotisch-politische Versuche*, Wien 1996.
30 Siehe Sutterman, *Dostoïveski et Flaubert*.

31 »Dieses Bild, das von dem Maler Hans Holbein stammt, stellt Jesus Christus dar, der die unmenschlichen Foltern ertragen hat, bereits vom Kreuz abgenommen und der Verwesung verfallen ist. Sein aufgedunsenes Gesicht bedecken blutige Wunden, der Anblick ist grauenvoll.« – »Das Bild beeindruckte Fjodor Michailowitsch außerordentlich, und er blieb wie erschlagen vor ihm stehen. Ich aber war nicht imstande, es zu betrachten: allzu beklemmend war der Eindruck, besonders bei meinem kränklichen Zustand, und ich ging in die anderen Säle. Als ich nach fünfzehn oder zwanzig Minuten zurückkehrte, fand ich Fjodor Michailowitsch noch immer wie angewurzelt vor dem Bild stehen. Sein erregtes Gesicht zeigte jenen gleichsam erschreckten Ausdruck, den ich wiederholt in den ersten Minuten eines epileptischen Anfalls bemerkt hatte.« – »Ich hakte meinen Mann sacht unter, führte ihn in einen anderen Raum und setzte ihn auf eine Bank, jeden Augenblick eines Anfalls gewärtig. Zum Glück blieb er.« (Anna G. Dostojewskaja, *Erinnerungen*, Berlin 1976, S. 176.)
32 Michel Foucault, *Wahnsinn und Gesellschaft*, Ffm. 1969, S. 7. Meiner Ansicht nach ist diese Arbeit beharrlich unterbewertet worden – die Inanspruchnahmen der Neuen Historisten dienen nur dazu, diese Mißachtung zu unterstreichen.
33 Zum Thema der körperphobischen Tendenzen westlicher Philosophie siehe die Arbeiten von Elizabeth Grosz, in: *Volatile Bodies: Toward a Corporeal Feminism*, Bloomington 1994. Siehe auch die Komplikationen, die durch die Spinozistische Darstellung des Körpers gegeben sind, als eine Einheit, die nicht »gekannt« werden kann, da sie durch den Verlauf der Zeit hindurch nicht mit sich selbst identisch ist. »Der Körper hat keine ›Wahrheit‹ oder eine ›wahre Natur‹.« Moira Gatens, Towards a Feminist Philosophy of the Body, in: *Crossing Boundaries: Feminism and the Critique of Knowledges*, hrsg. von Barbara Caine, Elizabeth Grosz u. Marie de Lepervanche, Sydney 1988, S. 68f.
34 »Die wollen Sie unter Kuratel stellen, können Sie sich das denken, mit allem, mit Ihrem freien Willen und Ihrem Geld, das heißt mit den zwei Dingen, durch die sich jeder von uns von den Vierfüßlern unterscheidet!« (*Der Idiot*, S. 766) Jedoch: »Als er den Fürsten verlassen hatte, sagte der Doktor zu Lebedew: ›Wenn man solche Leute unter Vormundschaft stellen wollte, wer sollte dann Vormund sein?‹« (S. 768)
35 »Als dann, schon viele Stunden später, die Tür aufging und Leute hereinkamen, fanden sie den Mörder nicht mehr bei Bewußtsein und im Fieber. Der Fürst saß unbeweglich neben ihm auf dem Polster, und jedesmal, wenn der Kranke in seinen Phantasien aufschrie oder redete, strich er mit zitternder Hand über seine Haare und Wangen, als wollte er ihn liebkosen und beruhigen.« (*Der Idiot*, S. 798)
36 Siehe Friedrich Hölderlin *Andenken*; und Heideggers Lektüre des Gedichts in: *Erläuterungen zu Hölderlins Dichtung*, Ffm. 1971, S. 78–151, wo er über den Fremden stolpert, der in der Figur der braunen Frauen in Erscheinung tritt – eine Figur, die vielleicht dem »eingeborenen Fremden« nahekommt, der sowohl vertraut ist als auch unrein, ursprünglich und ausgebeutet.
37 Siehe Jacques Derrida, »›Man muß wohl essen‹ oder die Berechnung des Subjekts«, in: *Auslassungspunkte*, Wien 1998, S. 267–299. Über das Geben der Gabe und die Beziehung zur Zeit, siehe Derrida, *Falschgeld, Zeit geben 1*, München 1993, wo die Verbindungen zwischen »geben« und »vergeben« und zwischen Gabe (»don«) und Vergebung (»pardon«) eingerichtet werden.
38 Es wäre interessant, den Gedankengängen Dostojewskijs und Nietzsches (in der *Genealogie der Moral* und an anderen Stellen) in Verbindung mit dem Denken Heideggers zu folgen, der in *Was heißt Denken?* Denken und Danken miteinander verknüpft. Die wohlbekannte Pietät des Denkers/Dankenden etabliert ihn zwei-

fellos als entfernten Verwandten des Idioten. In anderen Figurationen der Idiotie, wie sie in Hart Cranes Gedicht *The Idiot* vorgeschlagen werden, wird der Idiot zum Ort reiner Reflexion.

39 Siehe Derridas Kapitel »Das falsche Geldstück (II): Gabe und Gegen-Gabe, Entschuldigung und Vergebung (Baudelaire und die Geschichte der Widmung)«, in: *Falschgeld, Zeit geben 1*, S. 143–219. In Baudelaires Text konzentriert sich der Ekel des Erzählers über seinen Freund auf den Tatbestand seiner Dummheit. Neuere Lektüren zu Baudelaire und die Zeit siehe: Ulrich Baer, *Remnants of Song: Trauma and the Experience of Modernity in Charles Baudelarie and Paul Celan*, Stanford 2000; und Elyssa Marder, *Dead Time* (Stanford University Press; in Vorbereitung).

40 Seminar über Gastfreundschaft, abgehalten im Deutschen Haus, New York University, Oktober 1997. Die Figur des Fremden ist in den Arbeiten von Blanchot und Levinas erforscht worden und auf scharfsinnige Weise wiedereingeschrieben von Jean-Luc Nancy, in: *Der Eindringling*, Berlin 2000.

41 Friedrich Schiller, Über naive und sentimentalische Dichtung, *Schillers Werke und Briefe*, hrsg. von Otto Dann u.a., 12 Bde., Ffm. 1992, Bd. 8, S. 706–811.

42 »Er berichtete unter anderem, daß er wirklich lange nicht in Rußland gewesen sei, über vier Jahre, daß er seines Leidens wegen ins Ausland geschickt worden sei, eines merkwürdigen Nervenleidens, so etwas wie Epilepsie oder Veitstanz, mit Zuckungen und Krämpfen. Der Schwarze hörte zu und lachte einige Male; besonders laut lachte er, als auf die Frage, ob man ihn denn geheilt habe, der Blonde antwortete: Nein, man habe ihn nicht heilen können.
›Haha! Wieviel Geld mögen Sie da nutzlos hinausgeworfen haben, und wir hier glauben diesen Leuten‹, bemerkte der Schwarze höhnisch.« (*Der Idiot*, S. 9)

43 Genauer erinnert er an den Korinthschen Imperativ, das Attribut der Apostel: »Wir sind Narren um Christi willen.« (1. Kor. 4.10) Jacqueline Leonhardt-Aumüller hat das Genre des Narren bei Dostojewskij und Gerhart Hauptmann untersucht, in: *Narren um Christi willen*, München 1993.

44 Ein anderes Gelächter findet sich in Jean-Luc Nancys Laughter, Presence, in: *Birth to Presence*, S. 383: »Lachen ist deshalb weder eine Präsenz noch eine Absenz. Es ist das Angebot einer Präsenz im Moment seines Verschwindens.«

45 »Nachdem er das gesagt hatte, sah der junge Mann den Allwissenden scharf und prüfend an.
Solche allwissende Herren finden sich zuweilen, ja sogar ziemlich oft, in einer gewissen sozialen Schicht. Sie wissen alles, die ganze unruhige Neugier ihres Geistes und alle ihre Fähigkeiten sind rückhaltlos auf ein Ziel gerichtet, natürlich weil sie keine wichtigeren Lebensinteressen und Anschauungen haben, wie ein moderner Denker sagen würde. Unter dem Wort allwissend muß man übrigens ein ziemlich beschränktes Gebiet verstehen: wo dieser und jener dienstlich tätig ist, mit wem er verkehrt, wieviel Vermögen er besitzt, wo er Gouverneur war, wer seine Frau ist, wieviel Mitgift sie gehabt hat, wer seine Vettern ersten und zweiten Grades sind und so weiter, und dergleichen mehr. Meistenteils laufen diese Allwissenden mit durchgeriebenen Ellbogen herum und beziehen ein Gehalt von siebzehn Rubel monatlich. Die Leute, über deren Leben sie so genau unterrichtet sind, würden natürlich nie begreifen können, was für Interessen hier mitspielen – dabei aber sind viele von ihnen über diese Kenntnisse, die für sie eine ganze Wissenschaft bedeuten, wahrhaft beglückt, sie glauben sich auf Grund ihres Wissens sehr hochschätzen zu dürfen und gelangen sogar oft zu tiefster seelischer Befriedigung. Diese Wissenschaft hat auch tatsächlich etwas Verführerisches.« (*Der Idiot*, S. 11)

46 »Und wie viele Pirogows gab es unter unsern Schriftstellern, Gelehrten und

Politikern! Ich sagte ›gab es‹, aber sie sind natürlich auch jetzt noch zu finden.« (*Der Idiot*, S. 606f.)

47 Neben einer Darbietung eines Schauplatzes des Schreibens deutet sich mit Ippolit ein anderer Bezug zur Krankheit an. Er ist der andere kranke Körper, dem im Roman Aufmerksamkeit zukommt. Der ortsansässige Nihilist verabscheut die simplistische, unbewußte Akzeptanz der Herabsetzung des Körpers. Dostojewskij notiert sogar »einen ungeheuren Genuß an der Schmach selbst« (*Der Idiot*, S. 534); gemeint ist, so scheint es, ein triumphaler Narzißmus, der auf absoluter Destruktion aufbaut. »Kann man mich nicht einfach auffressen, ohne daß man von mir noch Lobeserhebungen dessen verlangt, was mich aufgefressen hat?« (S. 544) »Wißt, daß es in der Erkenntnis der eigenen Nichtigkeit und Schwäche eine Grenze der Schmach gibt, über die der Mensch nicht hinaus kann und von der ab er an der Schmach selbst einen ungeheuren Genuß zu empfinden beginnt.« (S. 543) »Wird denn wirklich da oben irgend jemand gekränkt sein, weil ich nicht zwei Wochen warten will? Das glaube ich nicht; viel richtiger ist die Annahme, daß einfach mein nichtiges Leben, das Leben eines Atoms, notwendig war, um irgendeine allgemeine Harmonie des Ganzen zu vervollständigen, um irgendeines Plus oder Minus willen, irgendeines Kontrastes wegen ... ebenso wie jeder Tag das Opfer von Millionen Leben fordert, ohne deren Tod die übrige Welt nicht bestehen kann (wenn man auch sagen muß, daß dies an sich kein sehr hochherziger Gedanke ist) ... Wie Sie wollen – alles das ist unmöglich und ungerecht. ... Ich werde dieses Leben nicht mehr wollen! Hätte ich die Macht gehabt, nicht geboren zu werden, so hätte ich sicher eine Existenz unter so lächerlichen Bedingungen nicht angenommen. Aber es steht noch in meiner Macht zu sterben, obgleich ich bloß gezählte Tag hingebe. Die Macht ist nicht groß, darum ist auch die Auflehnung nicht groß.« (S. 544f.)

48 Im Interesse der Zurückhaltung lassen wir die Themen der sexuellen Differenz beiseite, die diese Passagen markieren. Madame Bovary liegt da, Myschkin nimmt es (sie) an sich, aber dann ist er, umgekehrt, angesteckt, und so weiter.

49 Jean-Paul Sartre, *L'idiot de la famille: Gustave Flaubert de 1821 à 1857*, Paris 1971, S. 612.

50 Jean-Paul Sartre, *Der Idiot der Familie*, Bd. 1, Hamburg 1977, S. 15f.

51 Ebd., S. 16.

52 Ich habe in *Drogenkriege: Literatur, Abhängigkeit, Manie*, Ffm. 1994, versucht zu zeigen, daß Flaubert Chirurgie betrieb im Namen seines Bruders, ein Name, den er mit dem Vater teilte und in der Achillessehne lokalisiert war. Der brüderlich-väterliche Name, der die textuelle Verstümmelung verkörpert, ist Achill.

53 Gustave Flaubert, *Madame Bovary*, Berlin 1991, S. 269.

54 Siehe Ronell, *Drogenkriege*, S. 177–190.

55 Zit. bei Sutterman, *Dostoïevski et Flaubert*, S. 199: »C'est le genre épileptique! C'est un bruit répandu que Flaubert est épileptique.«

56 Sigmund Freud, Dostojewskij und die Vatertötung, in: *Studienausgabe*, Bd. 10, S. 273. [ST]

57 In On the Drive, Sondernummer von *UMBR(a): A Journal of the Unconscious*, 1 (1997), spricht Joan Copjec in ihrer Einleitung von einer »Hoffnung, einen neuen Weg zum Körper zu eröffnen«. (S. 13) Freuds Triebtheorie, schreibt sie, »ist eine Theorie, die weder den Signifkanten noch das Fleisch opfert, sondern sie durch eine transformierende Montage vereinigt. Der Trieb ist eine Art Anspruch, der uns auf unsere körperliche Existenz aufmerksam macht. Weil dieses Aufmerken bei uns durch den Trieb statthat, eher als bei den Tieren durch den Instinkt, ist unser körperliches Sein nicht im Einklang mit unserer physischen Umgebung. *Unsere*

Körper bekämpfen die Biologie. ... Die Flut von Büchern über Verkörperung hat eine fast völlige Ignoranz des Körpers und seiner selbstverhindernden Schicksale sowie der Unterscheidungen der verschiedenen Wechselfälle seiner Triebe bewiesen.« (S. 13) Ihr Ziel ist es, »dazu beizutragen, den Körper an das zurückzubinden, was ihn generiert – den Trieb – und von daher dem Körper Leben zurückzugeben.« (S. 13) Ein paradoxer Einfall, so wie die meisten Diskussionen über den Körper in einer Tasche des Körpers daherkommen. Davor schrieb Lacan allgemeiner: »Was sich hier artikuliert, ist just die essentielle krisenhafte Wende, aus welcher unsere ganze moderne Einrichtung in der Welt hervorgegangen ist. Freud bestätigt es, gibt ihm seinen letzten Charakter, indem er ein für allemal dieses Bild der Welt, diese trügerischen Archetypen dorthin zurückkehren läßt, wo sie hingehören, nämlich in unseren Körper.« (Jacques Lacan, *Die Ethik der Psychoanalyse*, S. 116)

58 R. Bouchard, J. Lorillous, C. Guedeney und D. Kipman, L'Épilepsie essentielle de l'enfant, in: *Psychiatrie de l'enfant*, Paris 1975, S. 117.

59 James Strachey weist darauf hin, daß Freud in seinem Brief an Fliess vom 22. Dez. 1897 bemerkt, »daß die Masturbation die ›Ursucht‹ ist, als deren Einsatz und Ablösung erst die die anderen Süchte ... ins Leben treten.« (Sigmund Freud, *Briefe an Wilhelm Fliess 1887–1904*, Ffm. 1986, S. 312f.)

60 Gilles Deleuze diskutiert die aggressive und halluzinatorische Wiederkehr des Vaters, in einer Welt, die ihn symbolisch abgeschafft hat. Die aggressive Wiederkehr des Vaters unterbricht die masochistische Situation. Gilles Deleuze, Sacher-Masoch und der Masochismus, in: *Sacher-Masoch, Venus im Pelz*, Ffm. 1980, S. 194.

61 Jean Genet, Une Lecture des »Frères Karamazov«, in: *Nouvelle Revue Française* 405 (1986), S. 69: »audacieuse instigation des âmes.«

62 Siehe *Theodor Reik, Freud als Kulturkritiker*, Wien, Leipzig 1930, S. 63f.

63 »Dostojevsky ironisa souvent et parfois frénétiquement sur le compte de Gogol que l'on appela pourtant – et à sa suite – son ›père spirituel‹.« (Sutterman, *Dostoïevski et Flaubert*, S. 131)

64 Bruce Fink, in: Desire and the Drive, *UMBR(a)* 1 (1997), S. 36 und S. 48, diskutiert Jacques-Alain Millers Ansicht, daß das Begehren den Körper als toten, als mortifiziert oder durch den Signifikanten überschrieben betrifft (»Donc«, unveröffentlichtes Seminar, 1993–94). Siehe auch Fink, Commentary on Lacan's Text, in: *Reading Seminars I and II: Lacan's Return to Freud*, hrsg. von Bruce Fink, Richard Feldstein u. Maire Jaanus, Albany 1996, S. 422–427.

65 Jacques Lacan, De la psychanalyse dans ses rapports avec la réalité, *Scilicet* 1 (1968), S. 58.

66 Deleuze, *Sacher-Masoch*, S. 194. [ST]

67 Zit. ebd., S. 172.

68 Zit. ebd., S. 191.

Satellit Wordsworth

1 Geoffrey H. Hartman, *The Unremarkable Wordsworth*, Minneapolis 1987, S. 116.

2 Wordsworth, Preface to »Lyrical Ballads, with Pastoral and Other Poems« (1802), in: William Wordsworth, *The Poems*, hrsg. von John O. Hayden, New Haven 1977, 2 Bde., Bd. 1, S. 872. [ST]

3 Wordsworth geht von einem impliziten Vertrag aus, der den Autor an eine Leserschaft bindet, von der in diesem Fall gesagt werden kann, daß er ihr Gewalt angetan hat: »Ausgehend von der Annahme, daß durch das Schreiben von Ver-

sen ein Autor eine formale Vereinbarung eingeht, in deren Folge er gewissen Konventionen der Assoziation entgegenkommt; daß er nicht nur den Leser davon in Kenntnis setzt, daß eine gewisse Gruppe von Ideen und Ausdrucksweisen sich in diesem Buch finden, sondern daß andere mit Umsicht ausgeschlossen werden. ... Ich werde es nicht auf mich nehmen, den exakten Gehalt des Versprechens zu bestimmen, das der Schreibakt in Versen heute seinem Leser gibt; aber ich bin sicher, es wird vielen Personen so vorkommen, als hätte ich nicht die Punkte einer Vereinbarung erfüllt, die ich freiwillig eingegangen bin. ... Sie werden sich umschauen nach Poesie und werden sich veranlaßt fühlen, danach zu fragen, durch welche Form von Höflichkeit diese Versuche jenen Titel für sich in Anspruch nehmen.« (Bd. 1, S. 868 f.)

4 Hartman, *Unremarkable Wordsworth*, S. 9.

5 Thomas Poole, John Walford, in: *Bath and Bristol Magazine; or, Western Miscellany* 2 (1883), S. 168–79. [ST]

6 Über die Beraubung der figurativen Bedeutung in der buchstäblichen Wiederkehr des Hauptwortes »garments« (»Kleider«) siehe: Cynthia Chase, The Accidents of Disfiguration: Limits to Literal and Figurative Reading of Wordsworths »Books«, in: *Decomposing Figures: Rhetorical Readings in the Romantic Tradition*, Baltimore 1986, S. 16.

7 Zit. nach Alan J. Bewell, Wordsworth's Primal Scene: Retrospective Tales of Idiots, Wild Children and Savages, in: *English Literary History* 50.2. (1983), S. 339.

8 Poole, *John Walford*, S. 173.

9 Zit. in Patrick Campbell, *Wordsworth and Coleridge: Lyrical Ballads*, Houndmills, U.K. 1991, S. 20. Campbell weiter: »Der Begriff der kreativen Symbiose, systematisch und freundschaftlich gepflegt während jener dreizehn Monate und initiiert im Juni 1797 durch Coleridges Sprung über das Tor, um seine Freunde zu begrüßen, war schon unter Beschuß von seiten Stephen Parrishs – er war der erste, der Coleridges retrospektives Bekenntnis ernst nahm, daß zwischen ihnen ›eine radikale Meinungsverschiedenheit‹ über ›die Sprache, die der Poesie angehört‹, existierte (Brief an Southey vom 13. Juli 1802). Für Parrish ist das Schlüsselwort, neu hervorgehoben in den nachfolgenden Diskussionen, ›Bauchrednerei‹, Coleridges pejoratives Epitheton.« (S. 20)

10 Zit. nach Gordon K. Thomas, Letters: »Christabel«, »The Idiot Boy«, and Paraphrasia, in: *Encyclia* 58 (1981), S. 64.

11 De Man, *Rhetoric of Romanticism*, S. 73.

12 Hartman, *Unremarkable Wordsworth*, S. 9.

13 Wordsworth an John Wilson, 7. Juni 1802, in: *The Letters of William and Dorothy Wordsworth*, hrsg. von Ernest de Selincourt, Oxford 1967, 8 Bde., Bd. 1, S. 357. [ST]

14 William Wordsworth, Preface to the Edition of 1814, »The Excursion«, in: *Poetical Works*, hrsg. von Thomas Hutchinson, rev. von Ernest Selincourt, Oxford 1969, S. 590, Z. 40–41.

15 Wordsworth, *The Poems*, Bd. 1, S. 946.

16 Thomas, *Letters*, S. 64.

17 William Wordsworth, *The Fourteen-Book Prelude*, hrsg. von W. J. B. Owen, Ithaca 1985, Buch 14, S. 270, Z. 400–408. [ST]

18 Hartman, *Unremarkable Wordsworth*, S. 13.

19 Robert Southey, Review of William Wordsworth and S. T. Coleridge, »Lyrical Ballads'« [excerpt], wiederabgedruckt in: *Romanticism: An Anthology*, hrsg. von Duncan Wu, Oxford 1994, S. 607.

20 Duncan Wu, Looking for Johnny: Wordsworth's »The Idiot Boy«, in: *Charles Lamb Bulletin* 88 (1973), S. 166–176.

21 William Wordsworth, The Recluse, in: *The Poems*, Bd. 1, S. 697.
22 William Wordsworth, Preface to the Second Edition of »Lyrical Ballads«, in: *Poetical Works*, S. 734.
23 Samuel Taylor Coleridge, *Biographia Literaria*, hrsg. von James Engell u. W. Jackson Bate, 2 Bde. in 1, Princeton 1983, Bd. 2, S. 158f. [ST]
24 Ross Woodman, The Idiot Boy as Healer, in: *Romanticism and Children's Literature in Nineteenth-Century England*, hrsg. von James Holt McGavran Jr., Athens 1991, S. 76 (teilweise *Biographia Literaria* zitierend, Bd. 1, S. 304).
25 Hartman, *Unremarkable Wordsworth*, S. xxv. Hartman macht aus Wordsworths poetischer Produktion eine Sache der latenten Technik des Testens, eine Arbeit, die von beachtenswertem Interesse für eine sich überschneidende Thematik ist: »Jedes Gedicht wird zu einem neuen Test der Imagination, oder wo die Welt hineinpasst. Solch ein Testen ist jedoch unvermeidlich vergleichend und zeitlich gebunden und öffnet Wordsworth auf latente Erinnerungen der Kindheit und Jugend. Diese Komplexität der Temporalität macht ein poetisches Instrumentarium erforderlich, das sehr subtile Nebenströmungen enthält, die im Bernstein der neoklassischen Verse nicht fixiert werden können. Das Gedicht dieses großen Geistes reagiert auf sich selbst, es komponiert sogar ›blinde Gedanken‹, die den Versuch zu schreiben ursurpieren und Wordsworth zwingen, sein Selbstverständnis zu überdenken.« (S. xxv)
26 William Wordsworth, Tintern Abbey, Z. 84, in: *Poetical Works*, S. 164.
27 Wordsworth, Preface to ... »Lyrical Ballads«, in: *Poetical Works*, S. 734f.
28 Coleridge, *Biographia Literaria*, Bd. 2, S. 48: »die Idiotie des *Jungen* wird durch die Verrücktheit der *Mutter* so sehr ausgeglichen, daß dies für den allgemeinen Leser eher eine komische Burleske über blinde Vernarrtheit darstellt als eine analytische Darstellung der mütterlichen Zuneigung, so wie sie normalerweise funktioniert.« Coleridge, für seinen Teil, hätte gerne die mütterliche Sphäre der analytischen Strenge untergeordnet.
29 Wordsworth an Thomas de Quincey, 6. März 1804, in: *Letters*, Bd. 1, S. 368.
30 Siehe Woodman, *The Idiot Boy as Healer*, S. 81.
31 William Wordsworth, The Excursion, Z. 963, in: *The Poems*, Bd. 2, S. 49. [ST]
32 Zit. in *Shelley's Poetry and Prose*, hrsg. von Donald H. Reiman u. Sharon B. Powers, New York 1977, S. 71.
33 Wordsworth an Wilson, in: *Letters*, Bd. 1, S. 357. Siehe auch Woodman, *The Idiot Boy as Healer*, S. 79.
34 John Locke, *Versuch über den menschlichen Verstand*, Jena 1795, Bd. 1, II. § 27, S. 65. [ST]
35 Vgl. auch Bewells Artikel zu diesem Thema, wo Lockes *Versuch* aufgefaßt wird als »eine Familie privilegierter epistemologischer Themen – von denen der Idiot nur ein Mitglied von vielen ist –, die eine zentrale Rolle im empiristischen Diskurs der menschlichen Bedingungen des Gedächtnisses spielen«. (*Wordsworth's Primal Scene*, S. 327)
36 Ebd.
37 Étienne de Condillac, *Abhandlung über die Empfindungen*, Hamburg 1983. [ST]
38 Bewell, *Wordsworth's Primal Scene*, S. 328.
39 Adam Ferguson, *Essay on the History of Civil Society*, Edinburgh 1767, S. 4. Siehe auch Bewells Diskussion der Verlegenheit, in der sich die Sozialwissenschaftler befinden. (*Wordsworth's Primal Scene*, S. 328)
40 Lord Monboddo, *Ancient Metaphysics*, London 1799, Bd. 3, S. 57; Bewell, *Wordsworth's Primal Scene*, S. 329.
41 Bewell, *Wordsworth's Primal Scene*, S. 329f.

42 Daniel Defoe, *Mere Nature Delineated; or, a Body Without a Soul ...*, London 1726, S. 4 [ST]; Bewell, *Wordsworth's Primal Scene*, S. 330.
43 Nietzsches Zoographie im Lichte von Heideggers Aufsatz über Nietzsches Tiere wird diskutiert in meinem Buch *Finitude's Score*, S. 63–82.
44 Lacan, *Die Ethik der Psychoanalyse*, S. 184: »Das heißt, daß das, was der Mann verlangt, was der Mann verlangen muß, eben das ist, daß er eines Realen beraubt werde.«
45 Siehe de Man, *Rhetoric of Romanticism*, S. 75.
46 Stillinger wird in den Anmerkungen zu den *Lyrischen Balladen* zitiert, in: *Wordsworth, The Poems*, Bd. 1, S. 946. Die Verblüffung des Erzählers und seine völlige Dummheit angesichts der poetischen Tatsachen ist eine andere Art, uns zu erzählen, daß der poetische Akt ekstatisch ist, exorbitant, auf einen Ort ohne Ort für das Kommende hindeutend. Der poetische Akt ist katastrophisch (siehe Lacoue-Labarthe, der Heidegger liest), »die plötzliche Begegnung des ›Sterblichen‹ mit sich, wie eines, dessen Existenz über dem Abgrund – Ungrund ... ruht.« (Philippe Lacoue-Labarthe, *Dichtung als Erfahrung*, Stuttgart 1991, S. 71.) In diesem Sinne besteht die Handlung der Dichtung darin, die Kunst zu unterbrechen, das heißt, die Mimesis; sie ist die Unterbrechung der Mimesis. Das Poetische besteht darin, die Grenzen des Wahrnehmbaren zu untersuchen, es repräsentiert nicht, das wäre nur eine Weise, zu sagen, daß das Poetische versucht, aufzuzeichnen, was schon gegenwärtig ist. Der Erzähler, der sich bemüht, mit dem idiotischen Jungen aufzeichnend mitzuhalten, hat genaugenommen nichts, um weiterzumachen. Im Prozeß des Erscheinens und des Verschwindens kann der Idiot nicht repräsentiert werden, man kann ihm nicht an seine geheimen Orte folgen, sondern muß unterbrochen werden oder besser, er bezeichnet den Moment der Unterbrechung der Mimesis. Das ganze Gedicht kann als Spiel mit den schwierigen Registern der Mimesis, welche Dichtung zur Voraussetzung hat, gelesen werden.
47 Siehe auch Jacques Derridas Diskussion von Nietzsches »vielleicht«, in: *Politik der Freundschaft*, Ffm. 2000, S. 51–80.
48 Lacoue-Labarthe, *Dichtung als Erfahrung*, S. 31.
49 Ebd., S. 29.
50 De Man, *Rhetoric of Romanticism*, S. 71.
51 Siehe die Diskussion über Wordsworths Buchstabengläubige und Nachahmer und wie »wir die Fehllektüre, die wir aufdecken, nachahmen«, in: Chase, *Accidents of Disfiguration*, S. 29.

Satellit Kant

1 Sören Kierkegaard, *Furcht und Zittern*, Ffm. 1984, S. 20.
2 Franz Kafka, Abraham, in: *Parables and Paradoxes*, New York 1958, zweisprachige Ausgabe. [Der in einer deutschen Ausgabe bislang unveröffentlichte Text aus Kafkas *Oktavheft H* findet sich unter: www.kafka.org/projekt/nachlass2]
3 Jean-Luc Nancy, *Le Discours de la syncope*, Paris 1976.
4 Jean-Luc Nancy, Logodaedalus (Kant écrivain), in: *Poétique* 21 (1975), S. 42: »La *vérité* exige donc la science laborieuse et sans style, sans miel.« Goetschel, der Kants armseligen Stil diskutiert, bringt ihn mit Begriffen der Koketterie und der Ironie in Verbindung. Siehe Willi Goetschel, *Kant als Schriftsteller*, Wien 1990.
5 Immanuel Kant, Kritik der reinen Vernunft, Vorwort zur 2. Auflage, in: *Werke in sechs Bänden*, hrsg. von Wilhelm Weischedel, Darmstadt 1956, Bd. 2, S. 35.

6 Nancy, *Le Discours de la syncope*, S. 42: Mathematik »est ainsi le seul lieu de la *présentation* (Darstellung) au sens propre et plein du terme.«
7 Jean-Luc Nancy, Der literarische Kommunismus, in: *Die undarstellbare Gemeinschaft*, S. 149–183.
8 Nancy, *Logodaedalus*, S. 51: »Paradoxalement, c'est peut-être aussi à partir de Kant qu'il ne pourra plus y avoir ni philosophie ni littérature. Mais un brouillage permanent, et cherchant en permance à s'écrire, de ces catégories.«
9 Immanuel Kant, *Vorlesungen über die Religionslehre*, Leipzig 1817, S. 114.
10 Kafka, Abraham, S. 40. [ST]
11 Während die Bibel Abraham nicht als jemand darstellt, der bei sich aufräumt, bevor er aus dem Haus gehen kann, stellt sich heraus, daß dies bei Kierkegaard so ist: »Es war ein früher Morgen, in Abrahams Haus war alles bereit zur Reise.« (Kierkegaard, *Furcht und Zittern*, S. 14)
12 Was Freud angeht und seine Analyse des »Geschenks«, siehe: Der Witz und seine Beziehung zum Unbewußten, in: *Studienausgabe*, Bd. 4, S. 120. Über die Verbindung von Gabe und Gelächter, siehe Jean-Luc Nancy, *Laughter, Presence*: »Gelächter ist deshalb weder eine Anwesenheit noch eine Abwesenheit. Es handelt sich um die Darbietung einer Anwesenheit, die im Verschwinden begriffen ist. Es ist nicht gegeben, sondern es bietet sich dar.« (S. 383)
13 Franz Kafka, Vor dem Gesetz, in: *Sämtliche Erzählungen*, Ffm. 1970, S. 132.
14 Siehe auch Kafkas Parabel: Die Prüfung, in: *Sämtliche Erzählungen*, Ffm. 1970, S. 318: »›Bleib‹, sagte er, ›das war ja nur eine Prüfung. Wer die Fragen nicht beantwortet, hat die Prüfung bestanden.‹«
15 Kant, Anthropologie in pragmatischer Hinsicht, in: *Immanuel Kants Werkausgabe*, Bd. 12, S. 513. [ST]
16 Es ist interessant, festzustellen, daß es Foucault war, der Kants *Anthropologie* ins Französische übersetzt hat. Siehe *Anthropologie du point de vue pragmatique*, übersetzt von Michel Foucault, Paris 1979.
17 Mehr zum Motiv des Ekels bei Kant bietet Derridas Aufsatz Economimesis, in: *Mimesis des articulations*, Paris 1975. Kants Gebrauch des Begriffs »Ekel« ist Thema des Aufsatzes von Winfried Menninghaus: Zwischen Überwältigung und Widerstand: Macht und Gewalt in Longins und Kants Theorien des Erhabenen, in: *Poetica: Zeitschrift für Sprach- und Literaturwissenschaft* 23.1–2 (1991), 1, S. 1–19.
18 In der *Dritten Kritik* erinnert sich Kant, als er einen Palast evoziert, an die Arbeit und »den Schweiß des Volkes«, auf dem diese Art von Schönheit immer basiert, »auf gut *Rousseauisch*«. (Kant, Kritik der Urteilskraft, in: *Werke*, Bd. 5, S. 280)
19 Ak. XVI, 1753, wie zit. in Nancy, *Le Discours de la syncope*, S. 69, Anm. 44.
20 In seinem Aufsatz Interpretations at War. Kant, der Jude, der Deutsche, in: *Das Vergessen(e), Anamnesen des Undarstellbaren*, hrsg. von Elisabeth Weber u. Georg Christoph Tholen, Wien 1997, bemerkt Derrida im Kontext von Kants »Philo-Semitismus«: »Kants Denken, dessen protestantische Abkunft so offensichtlich ist, wurde sehr schnell als ein tiefes Judentum interpretiert. Man denke daran, daß Kant sofort als eine Art Mose begrüßt wurde [Hölderlin hat sich auf Kant als den ›Mose seiner Nation‹ bezogen] und daß Hegel in ihm einen verschämten Juden sah. ... Daß die *Anthropologie in pragmatischer Hinsicht* wenigstens eine eindeutig antisemitische (wörtlich anti-palästinensische) Anmerkung beinhaltet, ist nicht mit dem Beinah-Judentum Kants unvereinbar. Womit übrigens ist der Antisemitismus nicht vereinbar? Die Frage ist furchterregend, denn sie richtet sich ebenso sehr an die Juden, an die, die sich Juden nennen, wie an die Nicht-Juden, an die Antisemiten und an die, die keine Antisemiten sind und, vielleicht noch stärker an die Philo-Semiten.« (S. 110f.)

21 Über Kant und die Juden, siehe Sander L. Gilman, *Smart Jews: The Construction of the Image of Jewish Superior Intelligence*, Lincoln 1996, S. 15. Eine Auseinandersetzung mit der Rolle der Sprache in Kants Philosophie findet sich bei Peter Fenves, Introduction, in: *Raising the Tone of Philosophy: Late Essays of Immanuel Kant, Transformative Critique by Jacques Derrida*, hrsg. von Peter Fenves, Baltimore 1993, S. 1–48.
22 Solch eine Umkehrung der Funktion des Primären ist ein Kennzeichen der Beziehung des Dichters zu Gott im Werk Hölderlins. Der Dichter, derjenige, der den Ruf beantwortet, bringt Gott ins Sein oder etabliert die Existenz Gottes in der Temporalität und als Zukunft, auf der Erde. Gottes Abhängigkeit von demjenigen, der gerufen wird, impliziert Fragilität in der Konstitution des göttlichen Seins.
23 In Kafkas Parabel *Die Prüfung* behauptet der Diener: »Die Hauptsache ist jedenfalls, daß ich nicht zum Dienst gerufen werde, andere sind gerufen worden und haben sich nicht mehr darum beworben als ich, ja haben vielleicht nicht einmal den Wunsch gehabt, gerufen zu werden, während ich ihn wenigstens manchmal sehr stark habe.« (S. 317) Die Prüfung hängt davon ab, ob man gerufen wird, wie in K.'s mißlicher Lage in *Das Schloß* – sein Drama entwickelt sich aus der Nervenprobe des Gerufenwerdens, aber ohne Titel, und wird substantialisiert im Telefonanruf, der ihm seinen Titel verleiht.
24 In *The Last Trial: On the Legends and Lore of the Command to Abraham to Offer Isaac as a Sacrifice: The Akedah*, Woodstock 1993, beschreibt Shalom Spiegel den Weg, wie die rabbinische Tradition das Puzzle von Abrahams Abstieg einbezogen hat – in jeder Hinsicht *allein* – vom Berg Morija (»Also kehrte Abraham wieder zu seinen Knechten«, Gen. 22,19). Spiegel zeigt, wie viel Bedeutung die Interpretation hatte, die davon ausgeht, daß Isaak durch Abraham verwundet oder tatsächlich getötet worden ist, eine Interpretation, die in den frühen rabbinischen Kommentaren aufzutauchen begann. Um das 12. Jahrhundert herum sah Abraham Ibn Ezra eine Notwendigkeit, den Vers gegen diese Interpretation zu verteidigen: »›Abraham kehrt zurück – Und Isaak wird nicht erwähnt ... Aber wer behauptet, daß Abraham Isaak umgebracht und ihn verlassen habe, und daß Isaak später wieder ins Leben eintrat, sagt das Gegenteil von dem, was geschrieben steht.‹« (Zit. in: Spiegel, *Last Trial*, S. 8)
25 Und es gibt noch einen anderen Abraham, einen, der eine Absprache zwischen den imaginären und den realen Vätern zur Darstellung bringt – die entziehenden und kastrierenden, der Vater, der, Lacan zufolge, zum Großen Ficker aufstieg. (»Wenn wir also den Vater inkorporieren, um so böse mit uns selber zu sein, dann haben wir ihm, diesem Vater, vielleicht eine Menge vorzuwerfen. ... Auf der Ebene der Privation ist es der imaginäre Vater, ... nicht der reale Vater, [der] das Fundament des providentiellen Bildes Gottes bildet. Und die Funktion des Überichs ist letztlich, in letzter Hinsicht Haß auf Gott, ein Vorwurf der Gott gemacht wird, weil er die Dinge so schlecht eingerichtet hat.«) Schließlich: »Es geht um diese Wende, an der das Subjekt ganz einfach bemerkt, jeder weiß es, daß sein Vater ein Idiot ist, manchmal auch ein Gauner oder einfach ein armer Kerl oder meist ein Schwächling, wie es bei Freud der Fall war.« (Lacan, *Die Ethik der Psychoanalyse*, S. 366 f.) Oder bei Abraham.
26 In *Donner la Mort*, Paris 1999, schreibt Derrida über die unabänderliche Erbschaft, die uns durch Abraham auferlegt worden ist, durch denjenigen, der im Schweigen und Geheimen eingeschlossen ist, über den es keine Gewißheit gibt: »On ne sait plus le réinterpréter. On ne sait plus, car ce n'est plus une question de savoir.« (Klappentext) »Man kann ihn nicht mehr reinterpretieren. Man kann es nicht mehr, denn es ist nicht mehr eine Frage des Wissens.«

© 2002 University of Illinois Press © 2005 Verlag Brinkmann & Bose Berlin | Gestaltung u. Satz aus der Antique Olive: Erich Brinkmann | Druck: Albdruck | Bindung: Lüderitz & Bauer | Alle Berlin | 1. Auflage | 1000 Exemplare | Alle Rechte vorbehalten | ISBN 3-922660-88-6